杜詩鏡銓

4

問津

두 보(杜甫, 712-770)

시성(詩聖)이라 불리며, 이백과 함께 중국 최고의 시인으로 손꼽힌다. 공부원외랑을 지냈기에 두공부라 불리기도 한다.

양 륜(楊倫, 1747-1803)

자는 서화(西禾)로 강소성 출신이다. 많은 책을 읽어 어려서부터 명성이 났다. 건륭 4년(1781)에 과거에 합격하여 진사가 되었으며 광서성 여포현의 현령을 역임하였다. 만년에 강한서원(江漢書院)의 주강이 되었는데 따르는 문하생이 많았다. 특히 그는 두보시에 침잠하여 깊은 조예를 보였다. 저서로 『구백산방집(九柏山房集)』과 『두시경전(杜詩鏡銓』을 남겼다.

이 관 성

고려대학교 국문과 박사 수료

번역 『유연고 - 달빛아래 연경에서 노닐며』, 『전당시화』, 『두시경전』 1, 2, 3

공역 『해동사부』, 『조선간본 승암시화』, 『좌계부담』, 『옥오재집』, 『기려수필』

杜詩鏡銓 4

초판 1쇄 인쇄 | 2016년 12월 13일
초판 1쇄 발행 | 2016년 12월 19일

저 | 두 보　**편주** | 양 륜　**역** | 이관성

발행처. 문진 / **주소**. 대전광역시 유성구 대학로 31 한진오피스텔 2004호
등록. 제 2006-000011호 / **대표전화**. 042-933-6510 / **팩시밀리**. 042-367-5510 / 값. 40,000원
ISBN 979-11-87638-03-2 04820
978-89-92229-46-3 (세트)

• 잘못된 책은 구입처에서 교환해 드립니다.

이 도서의 국립중앙도서관 출판예정도서목록(CIP)은 서지정보유통지원시스템 홈페이지(http://seoji.nl.go.kr)와 국가자료공동목록시스템(http://www.nl.go.kr/kolisnet)에서 이용하실 수 있습니다.(CIP제어번호: CIP2016029719)」

杜詩鏡銓 4

杜甫 著
楊倫 編注
李濯成 譯

일러두기

1. 이 책은 두보시 전집을 편차하고 주석한 양륜의 『두시경전』을 번역하였다.

2. 대만 화정서국(華正書局)에서 1975년도에 간행한 『두시경전』을 저본으로 삼았다.

3. 이 책의 주에 보이는 주석가는 다음과 같다.

고주(顧注)	청 고수원(顧修遠)
구주(仇注)	청 구조오(仇兆鰲)
조주(趙注)	송 조언재(趙彦材)
주주(朱注)	청 주학령(朱鶴齡)
채주(蔡注)	송 채몽필(蔡夢弼)
포주(浦注)	청 포기룡(浦起龍)
학주(鶴注)	송 황학(黃鶴)

4. 주를 번역할 때 『두시경전』의 원문이 많은 생략되었을 경우, 번역자가 주 전체의 이해를 돕기 위해 생략된 부분도 보충하여 번역하였다.

5. ㊀ ㊁ ㊂은 원문의 두주(頭注)를 번역한 것이고 1, 2, 3은 원문의 주(註)를 번역한 것이다.

目次

권십삼 卷十三

권십사 卷十四

권십오 卷十五

권십육 卷十六

杜詩鏡銓卷十三

대력 연간에 두보가
기주(夔州)에 거처하며 지은 작품이다.

1. 삼협에서 경치를 보며

峽中覽物

曾爲掾吏趨三輔	일찍이 낮은 관리로 삼보 지역에서 분주하였으니[1]
憶在潼關詩興多	동관에 있을 때 기억하면 시흥이 넘쳐났지.
巫峽忽如瞻華嶽	무협은 문득 화악을 보는 것 같고
蜀江猶似見黃河	촉강은 더욱 더 황하와 비슷하네.
舟中得病移衾枕	배 안에서 병이 들어 거처를 옮기는데[2]
洞口經春長薜蘿	골짜기 입구에서 봄을 지내니 벽라는 자라네.
形勝有餘風土惡	경치는 너무나 아름다우나 풍토가 사나우니
幾時回首一高歌	언제나 고개 돌려 한번 크게 노래 부르나.[3]

1 '연리(掾吏)'는 화주(華州) 사공(司功)이 된 것을 이른다. 삼보는 경조(京兆), 부풍(扶風), 풍익(馮翊) 등을 가리킨다. 화주는 부풍에 속한다.

2 운안에서 기주로 옮겨 간 것을 이른다.

3 회수(回首)는 북쪽으로 돌아감을 이른다.

2. 정남에서 노닐 때를 회상하며[1]

憶鄭南

鄭南伏毒寺	정현 남쪽의 복독사는[2]
瀟灑到江心	말쑥하니 강 가운데 자리하였지.[3]
石影銜珠閣	바위 그림자는 전각 주렴에 비치고
泉聲帶玉琴	샘물 소리는 옥거문고 소리를 내었네.
風杉曾曙倚	바람 부는 삼나무에 이른 새벽 기대보고
雲嶠憶春臨	구름 낀 산길을 봄날 노닐 때 생각해보네.
萬里蒼茫水	만리로 흐르는 아득한 강물은
龍蛇只自深	용과 뱀이 다만 절로 깊이 자리하는구나.[4]

1 옛날에는 제목을 「억정남빈(憶鄭南玭)」이라고 하였다. 주주(朱注)에서, "정남은 화주(華州) 정현(鄭縣)의 남쪽을 이른다. 시의 의미를 자세히 살펴보면 다만 이 시는 정남사(鄭南寺)에서 옛날에 노닐던 것을 회상한 작품이다. 빈(玭)자는 아마도 잘못된 것이거나 혹은 더 들어간 글자일 것이다. 이제 초당본을 따라 빈(玭)자를 제거한다."라 하였다.

2 『유우석별집』에서, "외삼촌이 화주의 수령인데, 모시고 복독사에 올랐네.(舅氏牧華州 陪登伏毒寺)"라 하였는데, 바로 이 절을 말한다.

3 절이 강 중심에 있는 것을 이른다.

4 삼협의 강물이 아득하여 다만 용과 뱀의 굴이 되니, 강 중심에 자리 잡은 말쑥한 정남사보다 못한 것을 탄식하고 있다.

3. 평사 최공보에게 주다

贈崔十三評事公輔

飄颻西極馬	바람처럼 내달리는 서극의 말은
來自渥洼池	악와의 연못에서 나왔지.
颯飁[1]寒山桂	차가운 산의 계수나무에 바람 거세게 불고[2]
低徊風雨枝	비바람에 가지는 낮게 드리웠네.[3]
我聞龍正直	내 듣기론 용은 정직하다고 하는데[4]
道屈爾何爲	도가 굽었으니 그대는 어찌하려나.[一]
且有元戎命	장차 대장의 명령이 있으니[5]
悲歌識者知	슬픈 노래를 식자들은 아는구나.
官聯辭冗長	관직은 일없는 높은 자리 사양하고[6]
行路洗欹危	행로는 삼협의 위태로움 벗어나네.[7]
脫劍主人贈	검을 빼서 주인에게 주니[8]
去帆春色隨	떠나는 배에 봄빛이 뒤따르네.
陰沈鐵鳳闕	철봉궐은 그늘이 짙은데[9]
教練羽林兒	우림군을 훈련시키겠지.[二]
天子朝侵早	천자의 조회는 새벽부터 시작하고[10]
雲臺仗數移	궁궐의 의장병은 자주 옮겨 다니네.[11]
分軍應供給	신책군 나눠 출전에 대응하나[12]
百姓日支離	백성은 날로 뿔뿔이 흩어지네.
黠吏因封己	교활한 관리는 이 틈을 타 배를 채우고[13]
公才或守雌	재상은 간혹 자리만 지키고 있네.[14][三]
燕王買駿骨	연왕은 천리마의 뼈를 사고[15]
渭老得熊羆	문왕은 곰 아닌 강태공을 얻었네.[16]

活國名公在　　나라를 살리는데 명공이 있으니[17]
拜壇羣寇疑　　단에 절하자 뭇 도적이 두려워하네.[18]
冰壺動瑤碧　　식감(識鑑)은 구슬 같은 인재에 감동하니[19]
野水失蛟螭　　들판의 물은 교룡을 잃으리라.[20] [四]
入幕諸彦集　　막부에 들어서면 많은 인재가 모이겠지만
渴賢高選宜　　어진 이를 목마르게 찾으니 높은 자리는 마땅하네.
騫騰坐可致　　높이 오르는 건 쉽게 이를 수 있나니
九萬起於斯　　구만리도 이에서 일어나리라.
復進出矛戟　　거듭 승진하여 병사를 지휘하니[21]
昭然開鼎彝　　역사에 환하게 공업을 세우리라.[五]
會看之子貴　　마침 그대가 귀하게 됨을 보니
歎及老夫衰　　늙어버린 나 자신을 탄식하노라.
豈但江曾決　　어찌 다만 의논만 강물이 터진 듯하랴[22]
還思霧一披　　풍모는 안개가 걷힌 하늘을 보는 듯하네.[23]
暗塵生古鏡　　어두운 먼지는 옛거울에서 생겨나니
拂匣照西施　　경대 닦고 서시를 비춰보네.[24]
舅氏多人物　　외삼촌 집안은 인물이 많으니[25]
無慙困翮垂　　피곤한 날개 늘어트린 나에게 부끄러움이 없으리.[六]

시평 : 이 시는 문집에서 삽체(澀體)로 지어진 유일한 작품으로, 구법 또한 대단히 색다르다[離奇]. 노동(盧仝)과 맹교(孟郊)의 시파를 열었는데, 이런 시체(詩體)를 배우면 오벽(奧僻)한 곳으로 빠지기 쉽다.

[二] 최공보를 비유하여 작품을 시작하였는데, 세 번의 비유를 거듭 사용하였다.

[三] 이 단락은 조정으로 돌아가는 최공보를 전송하고 있다.

三 이 부분은 즉 시사(時事)에 대한 느낌을 말하였다.

四 이 부분은 대장이 최공보를 얻어 난리를 안정시키게 될 것을 이른다.

五 이 부분은 최공보가 공업을 세워 자신을 세상에 드러내기를 바라고 있다.

六 마지막 부분은 이별할 때 이 시를 주면서 칭송하며 부러워하는 뜻을 담고 있다.

1 '飁'의 음은 '似'와 '立'의 반절법이다.

2 『광운(廣韻)』에서, "삽습(颯飁)은 거센 바람이다."라 하였다. 사령운의 시에서, "남쪽지방은 항상 더우니, 계수나무가 차가운 산을 뒤덮네.(南州實炎德 桂木凌寒山)"라 하였다.

3 구주(仇注)에서, "말이 악와에서 왔다는 것은 최공보의 재주를 비유한 것이며, 계수나무가 비바람에 꺾였다는 것은 최공보가 세상에 굴욕을 당한 것을 비유하였다."라 하였다.

4 포주(浦注)에서, "용이 정직하다는 것은 임금을 가리켜서 한 말이다. 즉 『역』에서, '대인은 용덕(龍德)으로 정중한 자이다.'라 한 것을 이른다."라 하였다.

5 대장은 우림군(羽林軍)의 대장으로, 즉 최공보를 친기한 사람이다.

6 살펴보건대, 평사(評事)는 외직으로 나가 추안(推按)하는 일을 맡으니, 용관(冗官)이 아니다. 최공보는 평사의 임무를 받고 외주(外州)의 막료로 나갔었는데, 이에 다시 천거를 받고 우림군의 군직을 보임 받았다.

7 장차 삼협을 나가는 것을 이른다.

8 주인은 최공보의 막부 주인을 이른다.

9 『한서』에서, "건장궁(建章宮)의 동쪽은 봉궐(鳳闕)로, 높이는 이십 여 장이다."라 하였다. 『서도부(西都賦)』의 주에서, "둥그런 궐문 위에 철로 된 봉황을 만들어서 양 날개를 펼쳐놓았다."라 하였다.

10 세상이 어지러워 일이 많은 것을 이른다.

11 승여(乘輿)가 파천한 것을 이른다.

12 역사를 살펴보니, 이 당시 어조은(魚朝恩)이 신책군을 맡았는데, 그것을 좌우상(左右廂)으로 나눴다. 세력은 북군(北軍)이 더 뛰어났다.

13 『국어』에서, "무리를 이끌어 자신의 이익을 두텁게 한다.〔封己〕"

라 하였는데, 봉(封)은 두텁게 이익을 취한다는 의미이다.

14 『진서(晉書)』에서, "공유(孔愉)는 정승이 될 재주〔公才〕는 지녔지만 정승이 될 인망은 없다."라 하였다. 『노자』에서, "수컷의 강함을 알고서 암컷의 연약함을 지킨다."라 하였다.

15 고사가 『전국책』에 보인다.

16 『사기』「제세가(齊世家)」에서, "문왕이 장차 사냥하려 하는데, 점괘가 '잡은 것이 용도 아니고 이무기도 아니며 호랑이도 아니고 곰〔羆〕도 아니고, 바로 제왕을 돕는 자다.'라 하였다. 과연 태공을 위양(渭陽)에서 만나 같이 수레에 타고 돌아왔다."라 하였다.

17 명공은 즉 대장을 말한다.

18 의(疑)는 두려워한다는 의미이다.

19 장진(張溍)의 주에서, "요벽(瑤碧)은 두 구슬의 이름이다. 빙호는 밝은 식감을 가리킨다."라 하였다. 즉 재주 있는 선비는 구슬과 같이 귀한데, 대장이 그것을 알아본다는 의미이다.

20 군도(群盜)가 장차 토멸될 것을 말한다.

21 거듭 승진하여 군사를 통솔하게 된 것을 축하하고 있다.

22 일찍이 평사의 의논을 들으니 강하(江河)의 물이 막혔다가 터진 것 같음을 말한다.

23 『세설신어』에서 말하였다. "위개(衛玠)가 악광(樂廣)을 보고 말하기를, '이 사람을 보면 구름과 안개를 헤치고 맑은 하늘을 보는 것 같다.'고 하였다."

24 이전에 세상에 굴욕을 당하였다가 이제 뜻을 펼치게 됨을 말하고 있다. 작품을 시작할 때의 낙척된 상황과 호응한다.

25 최공보는 두보에게 외종이 된다.

4. 비서랑 이문의에게 받들어 보내다
奉寄李十五祕書文嶷 二首

避暑雲安縣　운안현에서 더위를 피하다가
秋風早下來　가을바람 불면 빨리 내려오세요.
暫留魚復浦　나는 잠시 어복 나루에 머무르고 있으니
同過楚王臺　함께 초왕대로 내려가시죠.[1]
猿鳥千崖窄　원숭이와 새들 사는 좁다란 수많은 벼랑 지나면
江湖萬里開　강과 호수가 만리나 펼쳐지겠지.
竹枝歌未好　죽지가는 그리 좋지 않으니[2]
畫舸莫遲回　화려한 배를 더디 몰지 마세요.[3]

行李千金贈　행장에 천금을 받았고
衣冠八尺身　의관 갖춘 팔척의 장부로다.
飛騰知有策　현달하였으니 계책을 갖추었겠고
意度不無神　헤아림은 귀신도 놀라네.
班秩兼通貴　벼슬과 녹봉이 모두 귀하니[4]
公侯出異人　왕실에서 뛰어난 인물 난 것이라.[5]
元成負文彩　원성처럼 문채를 지니고 있으니[6]
世業豈沈淪　대대의 가업을 어찌 단절시키랴.

㈢ 앞 편에서 시를 부치는 뜻을 다 말하였다면, 이 편에서는 다만 송축하는 말만 하였다.

1 『환우기(寰宇記)』에서, "초나라 궁궐은 무산현(巫山縣)의 서쪽 이백 보 거리에 있다. 양대는 옛 성의 안에 있으니 즉 양왕(襄王)이 노닐던 곳이다. 양운대(陽雲臺)는 높이가 백이십 장으로, 남으로 장강을 베고 있다."라 하였다. 두보가 이전에 이문의가 기주에 와서 만나게 되면 함께 삼협을 내려가자고 약속하였다.

2 구주(舊州)에서, "죽지가는 파투(巴渝) 지역에서 전해져 내려오는 음악으로 오직 삼협 사람들이 잘 부른다."라 하였다. 하우도(何宇度)의 『담자(談資)』에서 말하였다. "죽지가는 처완비원(悽惋悲怨)하다. 소동파가, '초나라 사람이 굴원과 가의를 애도하고 조상하는 슬픈 소리가 죽지가에 담겨 있다.'라 하였다."

3 빨리 도착하기를 재촉하여 삼협을 벗어나려 함이다.

4 『당서』에서, "비서랑은 종6품 이상이다."라 하였으니, 그러므로 통귀(通貴)라고 하였다.

5 이문의는 종실 집안사람이다.

6 『한서』에서, "위원성(韋元成)은 위현(韋賢)의 막내아들이다. 바르게 행동하고 몸가짐이 진중한 것은 아버지에게 미치지 못하였으나 문채는 더 뛰어났다."라 하였다.

5. 화양의 유 소부에게 주다[1]

貽華陽柳少府

繫馬喬木間　　높다란 나무 사이에 말을 묶고
問人野寺門　　들판 절 문이 어디 있는 지 물어보네.
柳侯披衣笑　　유 소부는 옷을 걷어 젖히고 웃는데
見我顏色溫　　나를 보는 안색이 따뜻도 하구나.
並坐石堂下　　나란히 석당 아래에 앉아
俛視大江奔　　큰 강물 내달리는 것을 굽어보네.
火雲洗月露　　뜨거운 구름은 달 이슬에 씻겨 지고[2]
絶壁上朝暾　　절벽 위로 아침 해 떠오르네.⊟
自非曉相訪　　새벽에 방문하지 않았다면
觸熱生病根　　열기에 병의 빌미가 생겼으리.
南方六七月　　남방의 육칠월은
出入異中原　　드나듦이 중원과 다르네.
老少多暍[3]死　　노인, 아이 많이도 더위 먹고 죽으며[4]
汗踰水漿翻　　땀이 범벅이 되어 번들거리지만,
俊才得之子　　준재인 그대를 만나는데
筋力不辭煩　　수고로움을 사양하지 않으리.
指揮當世事　　세상일에 대해 가르침을 주고
語及戎馬存　　전투에 대해서도 언급하네.
涕淚濺衣裳　　눈물 흘러 옷자락 적시니
悲風排帝閽　　슬픈 바람은 궁궐 문을 밀치네.
鬱陶抱長策　　훌륭한 계책을 안고 답답해하지만
義仗知者論　　예의는 지혜로워 논할 수 있네.

吾衰臥江漢　　나는 늙어 강한에 누워 지내는데
但愧識璵璠　　옥으로 알아주니 다만 부끄럽구나.
文章一小技　　문장은 작은 기예로
於道未爲尊　　도에 비해 보잘 것 없네.[5]
起予幸斑白　　반백인 나를 다행스럽게도 일으켜 주니
因是託子孫　　이로 인해 자손을 부탁하네.[6]
俱客古信州　　둘 다 옛날 신주의 떠돌이로[7]
結廬依毀垣　　초가 얽어 무너진 담장에 기대 있네.
相去四五里　　서로 거리가 겨우 사오 리
徑微山葉繁　　산길은 희미하여 낙엽에 덮였네.
時危挹佳士　　시절은 위태로워 뛰어난 선비 불러 모으는데
況免軍旅喧　　이곳은 시끄러운 군대가 없구나.
醉從趙女舞　　술에 취해 아리따운 여인 따라 춤추며
歌鼓秦人盆　　노래하면서 진나라 독을 두드리네.[8]
子壯顧我傷　　그대는 건강한데 아픈 나를 돌아봐주니
我驩兼淚痕　　나는 기쁨에 더욱 눈물 흘리네.
餘生如過鳥　　남은 인생은 날아가는 새와 같으리니[9]
故里今空村　　고향은 지금도 텅 빈 마을일지라.[10]

曰 처음부터 다만 손길 가는대로 그려내었는데, 대단히 운치가 넘치는 것을 알 수 있다.

1 『당서』에서, "화양현은 성도부(成都府)에 속한다."라 하였다.

2 화운(火雲)이 달 이슬에 씻겨 지게 된 것을 말한다.

3 '暍'의 음은 '於'와 '歇'의 반절법이다.

4 『한기(漢紀)』에서, "원봉 4년 여름에 크게 가뭄이 들어 많은 백성들이 더위를 먹고 죽었다."라 하였다. '갈(暍)'은 더위에 몸이 상한 것을 말한다.

5 두 구는 또한 유 소부가 문장으로 두보를 높였기 때문에 언급하였다.

6 구주(仇注)에서, "소부의 훌륭한 계책은 충분히 당대를 널리 구제할 수 있는데, 나의 문학은 작은 기예이니 대도(大道)와 무슨 관계가 있겠는가. 이에 나를 일으켜 준다는 탄식을 한 것이다. 또한 속마음을 비출 수 있는 사람이기 때문에 공의 자손을 그에게 부탁하고자 하였다."라 하였다.

7 『구당서』에서, "기주(夔州)는 본래 양나라 때의 신주이며, 수나라 때의 파동군(巴東郡)이다. 무덕 2년에 기주로 고쳤다."라 하였다.

8 이사(李斯)의 글에서, "독을 두드리며 쟁(箏)을 튕기고 넓적다리를 치며 노래를 부르는 소리가 귀를 상쾌하게 하는 것은 참으로 진(秦)의 소리이다."라 하였다. 양운(楊惲)의 글에서, "집이 본래 진나라에 있으므로, 능히 진나라 음악을 연주할 수 있다. 조나라 여인을 아내로 삼았기에 본래 비파를 잘 연주한다. 술을 마신 뒤에 하늘을 우러러보고 독을 쳐서 크게 노래 부른다."라 하였다. 『이아』에서, "'분(盆)'은 장군〔缶〕이다."라 하였다.

9 장협(張協)의 시에서, "사람이 영해 안에서 사는데, 문득 새가 눈앞에 지나는 듯하네.(人生瀛海內 忽如鳥過目)"라 하였다.

10 성도는 그 당시 최간(崔旰)이 난리를 일으켰는데, 기주는 군대의 혼란이 없었다. 그러므로 서로 만나 즐겁게 잔치하였다. 그러나 다만 남은 인생이 얼마 없는데 고향에는 돌아가기 어려우니 서로 마주하고 눈물을 흘릴 수밖에 없다.

6. 우레[1]

雷

大旱山嶽焦　　큰 가뭄에 산악도 시들었는데
密雲復無雨　　짙은 구름에도 비는 내리지 않네.
南方瘴癘地　　남방은 풍토병이 이는 곳으로
罹此農事苦　　이에 걸려 농사가 힘드네.
封內必舞雩　　지역 근방에 반드시 기우제를 지내[2]
峽中喧擊鼓　　삼협 안이 북치는 소리로 떠들썩하네.[3] [二]
眞龍竟寂寞　　비를 부르는 진룡은 끝내 고요하고
土梗空傴俯　　흙 인형만 부질없이 몸을 굽혀 기도하네.[4]
吁嗟公私病　　아! 국가나 개인이 모두 병들어
稅斂缺不補　　세수(稅收)가 구멍 나 채울 수 없네.
故老仰面啼　　노인은 하늘 바라보며 울부짖는데
瘡痍向誰數　　고통 받는 백성들은 누구 향해 따지랴.
暴尫或前聞　　절름발이 죽인 것은 간혹 이전에 듣기는 했는데[5]
鞭巫非稽古　　무당을 채찍질하는 것은 옛날에 찾아볼 수 없네.
請先偃甲兵　　우선 전쟁을 멈추라고 청하여
處分聽人主　　처분을 임금에게 들어야 하네.
萬邦但各業　　온 나라가 다만 각자 일에 충실하되
一物休盡取　　모든 물건을 다 징수해서는 안 되네.[三]
水旱其數然　　홍수와 가뭄은 그 운수가 그러한 것으로
堯湯免親覯　　요와 탕도 친히 겪지 않았는가.[6]
上天鑠金石　　하늘이 쇠와 돌을 녹여대는데[7]
羣盜亂豺虎　　군도가 승냥이, 범처럼 난리 일으키네.

二者存一端　　두 가지 중에 한 가지만 있는다면
愆陽不猶愈　　어그러진 양이 도적보다 낫지 않은가.[8]
昨宵殷其雷　　어제 저녁에 우레 쾅쾅 대고
風過齊萬弩　　바람이 지남에 수많은 쇠노가 울어대네.
復吹霾翳散　　다시 부니 비구름 흩어져
虛覺神靈聚　　부질없이 신령이 모였었구나.
氣暍腸胃融　　더위 먹은 기운에 내장이 녹은 듯
汗濕衣裳汙　　땀은 옷을 흥건히 적셔 더럽히네.
吾衰尤計拙　　나는 늙어 계책도 졸렬하니
失望築場圃　　실망하여 남새밭이나 가꾸네.

㈡ 장약육(蔣弱六)이 이르기를, "운치가 넘친다. 또한 당시 번진 세력에 아첨하는 자들을 은근히 기롱하고 있다."라 하였나.

㈢ 군사를 일으키고 세금을 무겁게 징수하는 것은 백성들이 대부분 근심하고 원망하는 바이다. 이것이 바로 가뭄이 일어나는 이유이다. 그러므로 두보가 비분강개하며 강력하게 주장하여 언설을 한층 더 나아갔으니 바로 이것이 근원을 탐색하는 의논이다.

1 가문 날에 마른 천둥만 쳐대는 것을 기록하였다. 이 아래로 두어 작품은 모두 가뭄을 읊었다.

2 『주례』에서, "사무(司巫)는 나라에 큰 가뭄이 들면 무당들을 거느리고 기우제를 지낸다."라 하였는데, 주에서, "'우(雩)'는 소리를 지르며 비를 내려달라고 비는 제사이다."라 하였다.

3 「신농기우서(神農祈雨書)」에서, "비가 내리기를 기원하다가 비가 내리지 않으면 무당을 죽인다. 무당을 죽여도 비가 내리지 않으면 땔나무를 쌓아 놓고 북을 치다가 산을 불사른다."라 하였다.

4 '토경(土梗)'은 진흙으로 빚은 인형을 말하니, 또한 『전국책』에 보이는 복숭아 인형과 흙 인형과의 대화를 암용하였다. '누부(僂俯)'는 몸을 굽혀서 신에게 기원함을 이른다.

5 『예기』에서 말하였다. "가뭄이 들자 목공(穆公)이 현자(縣子)를 불러 물었다. '하늘이 오래 비를 내리지 않아, 내가 절름발이를 죽이고자 하니 어떻게 생각하는가.'라 하였다." 그 주에서, "절름발이〔尫〕는 얼굴이 하늘을 향해 바라보기 때문에 하늘이 그를 불쌍하게 여겨 비를 내린다."고 하였다.

6 『한서·조조전(鼂錯傳)』에서, "요임금도 9년의 홍수를 겪었고, 탕임금도 7년의 가뭄을 당하였다."라 하였다.

7 「초혼(招魂)」에서, "열 개의 태양이 교대로 나오니 쇠와 금이 녹아 내렸다."라 하였다.

8 『좌전』에서, "봄에 어그러진 양이 없다."라 하였다. 살펴보건대, 이 당시에 촉 지역이 어지러워 여러 장수가 서로 공격하니 백성이 그 명령을 다 들을 수 없었다. 그러므로 가뭄을 구하는 도리는 신령에게 기도하거나 무당을 죽여서 이룰 수 있는 것이 아니라고 말하고 있다. 옛날의 해석은 다만 대략 방진(方鎭)을 평정해야 한다고 말하나, 그것은 시의 본지를 잃은 해석이다.

7. 산을 불사르다[1]

火

楚山經月火	초나라 산에 한 달을 불 놨으니
大旱則斯舉	크게 가뭄이 들면 이렇게 한다네.
舊俗燒蛟龍	옛날 풍속에 교룡을 불사르니
驚惶致雷雨	깜짝 놀라 뇌우가 이르렀다 하네.
爆[2]嵌[3]魑魅泣	산굴 불사르니 도깨비가 울고[4]
崩凍嵐陰昈	얼음 무너져 내리니 남기와 응달도 밝네.[5]
羅落沸百泓	불타서 무너지고 온 호수는 끓어오르니[6]
根源皆萬[7]古	산과 호수가 모두 태고적 모습이네.[一]
青林一灰燼	푸른 숲이 한번 잿더미로 변하니
雲氣無處所	구름이 머물 곳이 없네.[8]
入夜殊赫然	밤이 되니 더욱 빛을 발하는데
新秋照牛女	가을 들어서 견우와 직녀성에 비추네.[9]
風吹巨焰作	바람 불어 거대한 불꽃이 일며
河掉[10]騰烟柱[11]	일렁여 연기 기둥이 솟아오르네.
勢欲焚崑崙	기세는 곤륜산을 태울 듯[12]
光彌焮[13]洲渚	불빛은 더욱 강가에 환하네.[14]
腥至焦長蛇	기다란 뱀을 불사르니 비린내 진동하고
聲吼纏猛虎	사나운 범을 얽어매니 포효하는구나.
神物已高飛	신물인 용은 이미 높이 날아가니
不見石與土	돌과 흙에 얽매이지 않네.[15]
爾寧要謗讟	너희들은 어찌 신룡을 핍박하는가
憑此近熒侮	산을 태움은 속이고 모욕하는 일이로다.[16]

薄關長吏憂	높은 벼슬아치들 백성을 돌보지 않아서이니
甚昧至精主	지극한 정성으로 다스려야 함을 알지 못하는구나.[17]
遠遷誰撲滅	멀리 피해가니 누가 불을 끌 것인가
將恐及環堵	장차 집까지 닥쳐올까 두렵네.[18]
流汗臥江亭	땀이 비 오듯 하며 강가 정자에 누었는데
更深氣如縷	기운은 더욱 더 실낱같구나.

시평 : 권3의 「삼천관수창(三川觀水漲)」의 작품과 더불어 동일한 의미를 동일한 수법으로 표현하였다. 화가인 장남본(張南本)과 손지미(孫知微)의 붓으로도 이처럼 그려내지 못할 것이다. ○ 조자(造字)와 조구(造句)가 기이함을 보인다. 한유와 맹교의 연구(聯句) 및 구양수와 소동파의 금체(禁體)로 지어진 작품들이 모두 이에서 기원하였다.

㊂ 두보 시 가운데 부(賦)와 비슷한 것은 또한 『문선』을 정밀하게 공부한 것이다.

1 원주(原州)에서, "초나라 풍속에 크게 가뭄이 들면 북을 울리며 산을 태우니, 「신농서」의 내용과 같다."라 하였다.

2 '爆'의 음은 '皮'와 '教'의 반절법이다.

3 '嵌'의 음은 '邱'와 '銜'의 반절법이다.

4 '감(嵌)은 산굴을 이른다. 도깨비가 그 안에 숨어 지낸다.

5 「서경부(西京賦)」에서, "밝게 빛나 크게 열렸도다.(赫昈昈而宏敞)"라 하였는데, 이선(李善)의 주에서 "『비창(埤蒼)』에서, '호(昈)는 붉은 무늬다.'라 하였다."라 하였다. 또한 『광운』에서, "호는 밝은 것이다."라 하였다. 즉 오래 묵은 얼음덩이도 불에 의해 무너져 내리니 남기와 응달에도 모두 붉은 빛이 돈다는 말이다.

6 즉 불 탄 주위는 다 무너져 내리고 웅덩이 물은 모두 끓어오름을 말한다.

7 '萬'은 달리 '太'로 된 본도 있다.

8 「고당부(高唐賦)」에서, "바람이 멈추고 비가 개니, 구름이 머물 곳

이 없네.(風止雨霽 雲無處所)"라 하였다.

9 불빛이 하늘에 비치는 것을 말한다.

10 '掉'는 움직인다는 의미이다. 달리 '漢'으로 된 본도 있다.

11 '柱'는 '拄'와 통용한다.

12 『서경』에서, "곤륜산이 화염에 쌓이니 옥과 돌이 다 탔다."라 하였다.

13 '焮'은 '香'과 '靳'의 반절법이다.

14 『좌전』에서, "불이 이동하여 태웠다〔焮〕."라 하였는데, '흔(焮)'은 불살랐다는 의미이다.

15 『귀이집(貴耳集)』에서, "옛날부터 전해지는 말로 용은 돌을 보지 않으며(돌을 통과하며), 사람은 바람을 보지 않으며, 물고기는 물을 보지 않는다."라 하였다. 즉 교룡을 태워 비를 내리게 하고 싶지만 용은 이미 멀리 떠나버리고 부질없이 다른 사물에 피해를 끼침을 말하고 있으니, 어리석은 백성을 깨우치는 바이다.

16 장진(張溍)의 주에서, "교룡은 신물(神物)로 힘으로 다툴 대상이 아니다. 그런데 너희들이 산을 태우는 일로 어찌 교룡을 핍박하여 비를 내려달라고 으르고 있으니, 이러한 행위는 신물을 속이고 업신여기는 일에 가까우니, 이런 행위를 믿고 의지해서는 안 된다."라 하였다.

17 주주(朱注)에서, "이런 행위는 진실로 올바르지 못한 오랜 풍속이다. 가뭄은 실제로 높은 벼슬아치들이 백성의 일에 근심하지 않았기에 일어난 일이다. 정성으로 백성을 다스리는 일이 참으로 비를 기원하는 참된 도리임을 알지 못하고 있다."라 하였다.

18 『시경』에서, "장차 두렵고 장차 무섭구나.(將恐將懼)"라 하였다.

8. 찌는 듯한 더위

熱三首

雷霆空霹靂	우레는 부질없이 콰광대는데
雲雨竟虛無	비는 끝내 내리지 않는구나.
炎赫衣流汗	찌는 더위에 옷은 땀이 흐르고
低垂氣不蘇	맥이 빠져 기운은 힘이 없네.
乞爲寒水玉	차가운 수정이 되고프며[1]
願作冷秋菰	시원한 가을날 줄풀이 되고파.
何似兒童歲	어찌하면 어린 시절처럼
風涼出舞雩	무우에서 시원한 바람 맞을까.

瘴雲終不滅	덥고 습한 구름이 끝내 없어지지 않는데
瀘水復西來	노수는 다시 서쪽에서 흘러들어오네.[2]
閉戶人高臥	문을 닫고 사람은 높이 누었으며
歸林鳥卻回	숲으로 돌아가는 새도 날개를 돌리네.
峽中都似火	삼협은 모두 불덩어리인데
江上只空雷	강에는 다만 마른 우레만 치네.
想見陰宮雪	음궁의 눈을 상상하며[3]
風門颯沓開	바람의 문이 상쾌하게 열리기를 바라네.[4]

朱李沈不冷	붉은 오얏을 물에 담가도 시원하지 않고[5]
彫胡炊屢新	고량밥은 자주 새로 지어야 하네.[6]

將衰骨盡病	늙어가는 몸은 온통 병 투성이인데
被暍味空頻	더위 먹어 음식을 번거롭게 차리는구나.
欻翕炎蒸景	갑작스레 찌는 더위에
飄颻征戍人	바람처럼 떠도는 수자리 군인.
十年可解甲	십년이면 갑옷을 벗으려나[7]
爲爾一霑巾	그대들 위해 노상 눈물 적신다네.

1 『산해경』에서, "당정산(堂庭山)에서 수옥이 많이 난다."라 하였는데, 주에서 "수옥은 수정(水精)이다."라 하였다.

2 『후한서』의 주에서, "노수는 모우요(旄牛徼) 밖에서 솟아나와 주제(朱提)를 지나 극도(棘道)에 이르러 장강으로 흘러들어간다. 지금의 수주(巂州)에 있으니, 때때로 풍토병이 발생한다."라 하였다.

3 번흠(繁欽)의 「서부(暑賦)」에서, "비록 음궁에 의탁해도, 징벽(徵辟)의 깃발 피할 수 없네.(雖託陰宮 罔所避旃)"라 하였다.

4 또한 임금을 그리는 마음을 우의하였으며, 아울러 아랫사람의 사정이 위로 다 전달되지 않는 소감을 읊고 있다.

5 위문제의 글에서, "감과(甘瓜)를 시원한 샘에 담그고, 주이를 차가운 물에 담근다."라 하였다.

6 『초사』「대초(大招)」에서, "고량을 장만하였네.(設菰粱只)"라 하였는데, 주에서 "'고량(菰粱)'은 장실(蔣實 : 줄풀 열매)인데 곧 조호(彫胡 : 줄풀 열매)를 말한다."라 하였다. 송옥의 「풍부(諷賦)」에서, "주인의 딸이 나를 위해 고량밥을 짓네.(主人之女 爲臣炊彫胡之飯)"라 하였다. 매우 더워 밥이 금방 쉬기 때문에 자주 밥을 지어야 한다.

7 갑옷을 벗지 못함을 참으로 마음 아파하고 있다.

9. 칠월 삼일 정오 이후에 비교적 더위가 물러났는데 저물녘에 조금 더 시원해졌다. 편안하게 졸다가 시를 지어 장년의 즐거운 일을 논하여 원 조장에게 장난삼아 보내다

七月三日 亭午已後校[1]熱退 晩加小涼 穩睡有詩 因論壯年樂事 戲呈元二十一曹長

今玆商用事	이제 상음이 기운 발휘할 가을이니[2]
餘熱亦已末	남은 더위도 또한 이미 사라져 가네.
衰年旅炎方	노년에 무더운 지방에서 떠돌더니
生意從此活	생기가 이제부터 살아나도다.
亭午減汗流	정오부터 흐르는 땀이 줄어드니
比鄰耐人聒	이웃 사람들 모여 떠들어대네.
晩風爽烏匼[3]	저녁 바람에 오건이 시원하니
筋力蘇摧折	꺾였던 기운이 다시 살아나네.
閉目踰十旬	눈을 감고 백 일을 넘겼는데
大江不止渴	큰 강도 바짝 말랐구나.
退藏恨雨師	깊이 숨어버린 우사를 원망하고
健步聞旱魃	한발은 활보하고 다닌다 하네.[4]
園蔬抱金玉	남새밭의 채소가 금옥처럼 귀해지니[5]
無以供採掇	말라버려 캐올 수가 없네.
密雲雖聚散	짙은 구름이 비록 모였다 흩어졌다 하지만
徂暑終衰歇	여름 가도록 끝내 더위 가시지 않았네.[6]
前聖眘[7]焚巫	옛 성인은 무당 태워 죽임을 삼갔고[8]
武王親救暍	무왕은 몸소 더위 먹은 이를 구하였네.[9]

陰陽相主客	음양은 항상 서로 자리를 바꾸니
時序遞回斡	계절은 갈마들며 돌아가는구나.
灑落惟淸秋	상쾌하니 다만 맑은 가을이라
昏霾一空闊	짙푸른 하늘이 시원도 하네.
蕭蕭紫塞雁	쓸쓸한 장성의 기러기는[10]
南向欲行列	남쪽으로 줄지어 날아가려 하네.
欻思紅顔日	문득 추억하노니, 젊은 시절에
霜露凍堦闥	서리가 뜰 앞 섬돌 얼렸을 때를.
胡馬挾雕弓	날쌘 호마에 아로새긴 활을 차고
鳴弦不虛發	시위 울리니 모두가 명중이라.
長鈚[11]逐狡免	긴 화살로 교활한 토끼를 모는데[12]
突羽當滿月	보름달처럼 힘껏 당겨 화살을 쏘아대었지.[13] [一]
悵惘白頭吟	슬프구나, 흰머리 노인네의 읊조림이여
蕭條遊俠窟	쓸쓸하도다, 유협의 사귐이여.[14]
臨軒望山閣	난간에 서서 산의 누각을 바라보니[15] [二]
縹緲安可越	아득하니 어떻게 올라갈까.
高人鍊丹砂	고상한 사람은 단사를 만드니
未念將朽骨	장차 뼈가 썩을 것을 생각지도 않겠지.
少壯跡頗疏	젊었을 때 행동은 매우 거칠었으니
歡樂曾倏忽	쾌락도 일찍이 잠깐이었네.
杖藜風塵際	전쟁 통에 지팡이 짚고 있으니
老醜難剪拂	늙어 추하여 맵씨 다듬기도 어렵네.
吾子得神仙	우리 그대 신선이 되었는가
本是池中物	본래 이 연못의 사물이었는데.
賤夫美一睡	비천한 나는 잠을 달게 잤으니[16]
煩促嬰詞筆	무더위에 지쳐도 붓을 잡네.[17]

㈡ 이 부분은 젊었을 때 즐겼었던 일을 추억하고 있다.

㈢ 이 아래는 희롱하는 말로 쓴 것이다.

1 '校'는 '較'와 같다.

2 『월령』에서, "초가을 달은 그 소리가 상음(商音)이 난다. 운율은 이칙(夷則)에 해당한다."라 하였다.

3 '匼'의 음은 '遏'과 '合'의 반절법이다. 『설몽부(薛夢符)』에서, "'오압(烏匼)'은 오건(烏巾)이다."라 하였다.

4 『신이경(神異經)』에서, "남방에 키가 2-3척인 사람이 있는데, 벌거벗은 몸에 눈은 정수리 중앙에 있으며 바람처럼 내달리니 '하(鼠叚)'라 부르는데, 세속에서는 한발(旱魃)이라 부른다. 한발이 나타난 지역은 크게 가뭄이 든다."라 하였다.

5 채소가 금옥처럼 귀하다는 말이다.

6 『시경』에서, "유월에 더위가 가네.(六月徂暑)"라 하였다. 이 구는 여름이 가도록 끝내 비가 내리지 않음을 말한다.

7 '昚'은 옛 '신(愼)'자이다.

8 『좌전』에서 말하였다. "희공 21년 여름에 가뭄이 들자, 희공이 무당과 절름발이를 태워죽이려고 하였다. 장문중이, '가뭄에 하는 행위가 아닙니다.'라 하였다."

9 『제왕세기(帝王世紀)』에서, "무왕이 맹진(孟津)에서 와서 더위 먹은 사람을 만나보았다. 왕은 스스로 왼손으로 해를 가리고 오른손으로 부채질을 하였다."라 하였다.

10 『고금주』에서, "진나라가 장성을 쌓았는데, 흙색이 모두 붉었다."라 하였다.

11 '鈚'의 음은 '批'이다.

12 『광운』에서, "'비(鈚)'는 화살이다."라 하였다.

13 조언재가 말하기를, "'돌우(突羽)'는 깃화살을 쏘아 날아감을 이른다. '당만월(當滿月)'은 활을 보름달처럼 힘껏 당기고 화살이 그 안에 놓여 있음을 말한다."라 하였다.

14 노주(盧州)에서, "이것은 바로 권14 「장유(壯遊)」에 보이는, '제와 조 사이를 떠도니, 갖옷에 말 타고 자못 얽매임 없었네. 조력림에서 매를 부르고, 운설강에서 짐승을 좇았네.(放蕩齊趙間 裘馬頗淸狂 呼鷹皁櫪林 逐獸雲雪岡)'라 한 것을 이른다."라 하였다.

15 산의 누각은 원 조장이 살고 있는 곳이다.

16 방서에서 이르기를, "도사가 되기 위해 장생술을 수련하는 자는 잠을 경계하여야 한다."라 하였다.

17 『두억』에서, "원 조장이 단사를 즐겨 만들기에 끝에 이런 말을 하여 희롱한 것이다. 말하자면 즉 그가 비록 선술을 얻었으나 아직 우화등선하지 못하였으니 여전히 연못을 떠나지 못하는 용과 같은 신세이다. 그러나 나는 단잠을 잤으니 신선의 노님에 뒤지지 않는다."라 하였다.

10. 견우와 직녀
牽牛織女

牽牛出河西	견우성은 은하수 서쪽에서 뜨고
織女處其東	직녀성은 그 오른쪽에 자리 잡네.
萬古永相望	만고 세월 영원히 바라만 보니
七夕誰見同	칠석에 서로 만나는 걸 누가 보았는가.
神光竟難候	신비한 별빛은 끝내 살피기 어려우니
此事終蒙朧	이 일은 마침내 확신할 수 없구나.[1]
颯然精靈合	별빛 환한 정령의 결합이니
何必秋遂逢[2]	어찌 꼭 가을이 되어야만 만나랴.
亭亭新妝立	아름답게 새로 꾸미고 서서
龍駕具曾空	높다란 허공에 용을 멍에 지었네.[3]
世人亦爲爾	세상 사람들도 또한 직녀 위하여
祈請走兒童	기도하느라 아이들을 바쁘게 하네.
稱家隨豐儉	부유하고 가난함에 맞게 재물 내고
白屋達公宮	백성부터 관리까지 모두 비네.
膳夫翊堂殿	요리사는 제사 음식을 마련하며[4]
鳴玉凄房櫳	아녀자는 모두 나가 방이 썰렁하네.[5]
曝衣遍天下	이 날 온 천하가 옷을 말리고[6]
曳月揚微風	달을 이끌며 가는 바람이 불어오네.
蛛絲小人態	거미줄로 노는 아녀자의 장난
曲綴瓜果中	오이를 엮는 걸로 점치네.[7]
初筵裛重露	제사 자리 처음부터 향을 짙게 피워
日出甘所終	해가 떠야 기쁜 마음에 마치네.[8]

嗟汝未嫁女	아, 너희 시집가지 못한 처녀들이여
秉心鬱忡忡	마음이 항상 근심스럽겠구나.
防身動如律	몸가짐을 규범대로 하고㊀
竭力機杼中	길쌈질에 힘을 다하네.
雖無舅姑事	비록 시부모 섬기진 않지만
敢昧織作功	감히 옷 짜는 일에 어두우랴.
明明君臣契	임금과 신하 투합에 비유되니
咫尺或未容	작은 잘못에 간혹 버림을 받네.[9]
義無棄禮法	의리는 예법을 버리지 말아야 하며
恩始夫婦恭	은의는 부부가 공경함에서 시작되네.
小大有佳期	부부간이든 벼슬살이든 아름다운 만남 있으니
戒之在至公	지극히 공변되길 조심해야 하네.[10]
方圓苟齟齬	모난 것과 둥근 것은 서로 어긋나니[11]
丈夫多英雄	대장부는 절개의 영웅을 높이느니라.[12]

시평 : 소창래(邵滄來)가 말하기를, "칠석을 읊은 이전의 여러 시들은 의식과 종자(從子)의 성대함, 남녀간의 만남의 정, 이별의 아픔 등을 그려내는데 지나지 않았다. 오직 두보의 이 작품만은 그렇지 않은데, 처음 시작할 때 여덟 구에서 종래 칠석에 대한 견해를 뒤집어엎었으며 가운데 열네 구에서 걸교를 끌어다가 칠석의 풍속을 읊었고 마지막 단락에서 중요한 의논을 이끌어내었다. 이러한 수사법은 번안법(飜案法)으로, 대의(大義)를 은밀하게 말하였으나 힘이 굳세 불후의 작품이 될 것이니, 독창적인 창작 경계를 열어젖힌 진면목이 절로 드러날 것이다."라 하였다. ○ 혹자가 이르기를, "이 작품은 군자가 벼슬에 나아가는 도리를 탁의(託意)하였는데, 견우와 직녀의 일에 감회가 일어 지은 것이다."라 하였다.

㊀ 이 아래 부분은 주자가 취하여 「여계(女戒)」에 인용하였다.

1 주처(周處)의 『풍토기』에서 말하였다. "칠월 칠일 밤에 뜰을 청소한 뒤 자리와 상을 설치하여 술과 포, 그리고 과일을 준비한 뒤 향을 태운 뒤에 하고성(河鼓星)과 직녀성에 제사 지낸다. 말하자면 이 두 성이 만날 때 소년이 밤을 지새면서 자신의 원하는 것을 빈다. 혹자는 말하기를 '은하수 가운데 밝은 정백(正白)의 기운이 오색으로 빛나면 그것으로 조짐을 삼아 절을 하며 원하는 것을 빈다.'고 하였다." 『이아』에서, "하고(河鼓)를 견우라고 이른다."라 하였다.

2 '逢'은 달리 '通'으로 된 본도 있다.

3 사조(謝朓)의 「칠석부」에서, "용이 멍에 맨 수레를 천천히 돌려.(回龍駕之容裔)"라 하였다.

4 음식을 장만하여 진설함을 말한다.

5 포주(浦注)에서, "'명옥(鳴玉)'은 응당 가락지와 패물의 소리를 가리키니, 여인들이 모두 방에서 밖으로 나간 것을 이른다."라 하였다.

6 『서경잡지』에서, "태액지(太液池) 서쪽에 한무제가 세운 폭의루(曝衣樓)가 있는데, 칠석이 되면 궁녀들이 누대로 나가 옷을 햇볕에 말렸다."라 하였다.

7 『형초세시기』에서, "칠석에 민가의 부녀자들이 채색 실을 짜서 칠공침(七孔針)에 꿰어 놓은 뒤 뜰에 오이를 펼쳐 놓은 뒤에 걸교(乞巧, 부녀자들이 바느질을 잘하게 해 달라고 직녀성에 빌던 민간 풍속)를 하는데, 만약 거미가 오이 위에 거미줄을 치면 걸교를 얻었다고 여겼다."라 하였다.

8 저녁부터 아침까지 제사를 지냄을 이른다.

9 아주 작은 부분도 넘어서서는 안 됨을 말한다.

10 아내가 절개를 잃으면 반드시 남편에게 버림을 받으니 마치 신하가 절개를 잃으면 임금에게 업신여김을 당하는 것과 같다.

11 『초사』「구변(九辯)」에서, "둥근 끌로 네모난 구멍을 만드니, 나는 서로 이빨이 어긋나 들어가지 않음을 알겠네.(圜鑿而方枘兮 吾固知其鉏鋙而難入)"라 하였다.

12 주주(朱注)에서, "부부 사이의 의리는 군신간에도 통한다. 비록 지척만큼 가깝더라도 아름다운 때에 만나지 않으면 예를 저버리고 몸가짐을 잃어버리게 되니 대장부에게 천시되지 않겠는가."라 하였다. 구주(仇注)에서, "견우와 직녀가 은하수를 건넌다는 말은 본래 황당무계하다. 옛날 풍속의 걸교(乞巧)는 더욱 사사로운 감정이 깊다. 그러므로 견우와 직녀는 사사로이 만나는 일을 하지 않는다는 것을 말하여 남녀가 구차히 교합하는 도리가 없다는 것을 훙기하고 있다."라 하였다.

11. 찌는 듯한 더위에 최 평사에게 편지 삼아 보내다

毒熱寄簡崔評事十六弟

大火運金氣	대화성에 금 기운이 도니[1]
荊揚不知秋	형주, 양주는 가을을 모르겠네.
林下有塌翼	숲 아래에는 새가 날갯짓 멈추고[2]
水中無行舟	물 가운데는 배가 다니지 않네.
千室但掃地	온 사람들이 다만 땅을 쓸고 누우며[3]
閉關人事休	문을 닫아거니 세상 일이 멈췄네.
老夫轉不樂	노인네는 더욱 괴롭고
旅次兼百憂	나그네는 온갖 근심이 모여드네.
蝮蛇暮偃蹇	독사는 저물녘 똬리를 트니
空牀難暗投	빈 평상에 조용히 앉기가 어렵네.
炎宵惡明燭	더운 밤이라 밝은 촛불이 싫은데
況乃懷舊丘	더구나 고향 그리워할 여유 있으랴.
開襟仰內弟	옷깃 풀어헤치고 이종 동생 그리워하노니[4]
執熱露白頭	찌는 더위에 두건 벗고 흰머리 드러냈겠지.
束帶負芒刺	띠를 두르면 가시 짊어져 찌른 듯하니
接居成阻修	근처에 살아도 아득하게 멀리 느껴지네.
何當淸霜飛	언제나 맑은 서리 날릴 때 되어
會子臨江樓	강가 누대에서 그대와 만나서,
載聞大易義	『주역』의 의미를 들어보며
諷詠詩家流	시가의 풍류를 읊조려 볼까.[5]
蘊藉異時輩	너그럽고 온화함은 당대 무리들과 다르며
檢身非苟求	행동을 조심하니 구차하게 구함이 아니라.

皇皇使臣體	성대한 사신의 체모여[6]
信是德業優	참으로 덕업이 뛰어나구나.
楚材擇杞梓	초의 재목에 소태, 가래나무가 좋으며[7]
漢苑歸驊騮	한의 사원(沙苑)에 월따말이 들어가네.[8]
短章達我心	짧은 시로 나의 마음 전하노니
理待識者籌	이치는 식자를 기다려 헤아려보려 하네.[9]

1 『시경』에서, "칠월이면 대화성이 기울고.(七月流火)"라 하였는데, 주에서 "'대화(大火)'는 심성(心星)이다. 7월이 되면 이 별이 서쪽으로 기운다."라 하였다.

2 더워서 날 수 없음을 이른다.

3 구주(仇注)에서, "땅에 누워서 시원함을 찾고자 함이다."라 하였다.

4 『백첩(白帖)』에서, "외삼촌의 아들은 내형제가 된다. 육궐(陸厥)은 「답내형고희숙(答內兄顧希叔)」이란 시를 지었다."라 하였다.

5 최 평사는 분명히 『주역』과 『시경』의 학문에 뛰어났을 것이다.

6 『당서』에서, "평사의 임무는 지방 사신으로 나가 추안(推按)을 담당한다."라 하였다.

7 최 평사가 기주(夔州)로 사신 나온 것을 비유하였다.

8 최 평사가 장안으로 돌아가는 것을 비유하였다. 사원은 황제의 말을 기르던 곳이다.

9 말하자면 모든 일은 최 평사를 기다려 상의한다는 의미이다.

12. 노비 신행이 멀리 물 끌어오는 죽통을 수리하다[1]
信行遠修水筒

汝性不茹葷	너는 본성이 훈초를 먹지 않아
淸淨僕夫內	노비지만 맑고 깨끗한 마음 지녔네.
秉心識本源	사물의 본질을 쉽게 깨달아
於事少滯礙	일이 생기면 막힘이 없네.
雲端水筒坼	산꼭대기 구름 끝에 물 통로가 쪼개졌는데
林表山石碎	숲 너머 산 돌이 부서져 굴렀기 때문이지.[2]
觸熱藉子修	무더위 참고 네가 고친 덕분에
通流與廚會	막힌 곳 뚫려 부엌까지 흐르네.
往來四十里	오가는 사십 리 길에
荒險崖谷大	벼랑과 계곡은 험준도 하여라.
日曛驚未餐	날이 저무니 걱정에 밥도 먹지 않는데
貌赤愧相對	검게 그을리니 마주하기 부끄럽네.
浮瓜供老病	늙은이 병에 좋은 물에 담근 오이와
裂餠嘗所愛	항상 좋아하던 떡을 잘라서 주네.[3]
於斯答恭謹	이에 공손하게 '감사합니다' 하니
足以殊殿最	충분히 그 공에 보답함이라.[4]
詎要方士符	어찌하면 도사의 부절을 구하며[5]
何假將軍佩[6]	어떻게 장군이 찬 칼을 빌릴까.[7]
行諸直如筆	신행아, 강직함이 고필(古弼) 같으니[8]
用意崎嶇外	마음 씀이 험벽하지 않구나.

시평 : 신부맹이 이르기를, "'날이 저무니 걱정에 밥도 먹지 않는데, 검게 그을리니 마주하기 부끄럽네.(日曛驚未餐 貌赤愧相對)'라는 말에서 두보

가 아랫사람을 진정으로 걱정하는 것이 이와 같음을 알 수 있으니, 참으로 어진 사람의 마음 씀씀이다. 도연명이 그의 아들에게 종을 보내면서 이르기를, '종도 또한 사람의 자식이다. 잘 대우해줘라.'라 하였으니 현자(賢者)는 다 같은 마음을 지녔다."라 하였다.

1 원주(原州)에서, "멀리서 샘물을 끌어오는 죽통이다."라 하였다. 권16의 「과벌목(課伐木)」의 서(序)에 노비 신행(信行)이 보인다.

2 돌이 부서져 굴렀기에 물 통로가 쪼개진 것이다.

3 하증(何曾)은 떡을 십자 모양으로 찢어 먹었다고 하는 내용이 왕은(王隱)의 『진서(晉書)』에 보인다

4 포주(浦注)에서, "물에 담근 오이와 자른 떡을 나눠 준 것은 그의 노고에 대한 보답으로, 두보의 은의가 특별히 남다른 것을 보여준다."라 하였다. 옛날의 주석은 옳지 않다.

5 『여남선현전(汝南先賢傳)』에서, "갈현(葛玄)이 오대제(吳大帝) 손권(孫權)과 함께 누대 위에 앉아 있는데 기우제를 지내자고 요청하는 사람이 있었다. 이를 본 갈현은 '비는 쉽게 얻을 수 있다.'라 하고, 곧바로 부절을 써서 사묘(社廟)에 붙여놓으니, 곧바로 많은 비가 쏟아져 내려 길바닥에 물이 한 자나 찼다."라 하였다.

6 '佩'는 구본에는 '蓋'로 되어 있다.

7 『동관한기(東觀漢紀)』에서, "이이사(李貳師) 장군이 차고 있던 칼을 뽑아 산을 찌르니 샘물이 솟구쳐 나왔다."라 하였다.

8 구주(仇注)에서, "'행제(行諸)'는 '행호(行乎)'와 같은 말로 노비의 이름을 부른 것이다. 후위(後魏)에 고필(古弼)이 있었는데, 태무(太武)가 그의 강직함을 가상하게 여겨 등용하고 '필(弼)'이란 이름을 하사하였다. 그의 머리가 뾰쪽하여 당시 사람들이 그를 필공(筆公)이라 불렀다."라 하였다.

13. 종문을 재촉하여 닭장의 울책을 세우라고 하다[1]
催宗文樹雞柵

吾衰怯行邁	나는 늙어 먼 길이 두려운데
旅次展崩迫	머무는 곳은 더욱 험난하구나.[2]
愈風傳烏雞	중풍 치료에는 오자계가 좋다고 전해지니[3]
秋卵方漫喫	가을 계란을 바야흐로 만끽하네.[4]
自春生成者	봄에 알에서 깨어난 병아리
隨母向百翮	쉰 마리는 어미 닭 좇누나.
驅趁制不禁	이리저리 몰아도 자꾸 달아나니[5]
喧呼山腰宅	산 중턱 집에 닭 모는 소리 시끄럽네.⊟
課奴殺青竹	종에게 푸른 대를 쪄오라 시키면
終日憎赤幘	하루 내내 수탉을 욕하겠지.[6]
踏藉盤案翻	소반과 책상을 밟아 뒤집어엎으니
塞蹊使之隔	대로 좁은 길을 막아 격리시켜라.
墻東有隙地	담장 동쪽에 공터가 있어서
可以樹高柵	높은 울책을 세울 만하니,
避熱時未[7]歸	더위 피해 때로 집으로 돌아오지 않거든
問兒所爲跡	아이에게 거기 있는 지 살펴보게 하라.
織籠曹其內	달구가리 짜서 그 안에 떼로 가두어[8]
令入不得擲	집어넣고 차서 달아나지 못하게 하여야지.
稀間可[9]突過	좁은 틈 사이로 뛰쳐나오는 놈은
觜爪[10]還汙席	부리와 발톱으로 방석을 더럽힌다네.[11]
我寬螻蟻遭	나는 땅강아지, 개미가 들어와도 괜찮으며
彼免狐貉厄	닭들은 여우와 담비의 침입을 면하였네.[12]

應宜各長幼	응당 큰 닭과 어린 병아리를 나눠
自此均勍敵	비슷한 놈끼리 달구가리에 넣을 것이네.
籠柵念有修	달구가리와 울책을 잘 수리한 일로
近身見損益	몸에 돌이켜보면 손익을 알 수 있네.[13] ⊟
明明領處分	분명하게 시킨 일을 이해하여
一一當剖析	하나하나 마땅히 잘 감독하라.
不昧風雨晨	비바람 치는 새벽도 항상 울어대니
亂離減憂慼	난리에도 근심이 적구나.[14]
其流則凡鳥	그 종류는 평범한 새지만
其氣心匪石	그 마음은 신의가 있구나.[15]
倚賴窮歲晏	닭과 노닐며 세밑을 보내는데
撥煩去冰釋	번뇌를 멀리하여 얼음이 녹아내린 듯하네.
未似尸鄉翁	시향의 축계옹 같지 않으니[16]
拘留蓋阡陌	이곳에 머물러 공터나 덮어야지.[17]

시평 : 노문자(盧文子)가 말하기를, "닭장의 울책 만드는 일은 본래 하찮은 일인데, 두보가 읊조리니 문득 인(仁)과 의(義)가 지극한 것을 볼 수 있다. 병아리로 태어날 것을 생각하여 봄에 계란을 먹지 않은 것은 인이다. 사람이 짐승과 구별이 있으니, 울책과 달구가리로 몰아넣는 것은 의이다. 땅강아지와 개미도 죽이지 않고, 여우와 승냥이가 피해를 입히지 못한 것은 의 가운데 인이다. 닭과 병아리가 뒤섞이지 않고 비슷한 놈끼리 구별 지은 것은 인 가운데 의이다. 울책 만드는 일 하나를 가지고 이와 같은 지극한 이치를 뽑아내니, '아들을 잘 가르치고 권면한다.'고 하겠다."라 하였다.

㈡ 장상약(張上若)이 이르기를, "닭을 그려내면서 형신(形神)을 모두 드러내었으니, 한번 웃을만 하다."라 하였다.

㈢ 마지막 단락에서 닭은 키우는 이유를 밝히고 있으니, 도입 부분에 조응하며 그 내용을 변환하였다.

1 종문(宗文)은 두보의 큰아들이다. 울책을 세우고 달구가리를 짜는 것은 본래 노비의 일로, 그것을 감독하는 자는 종문이다.

2 임방(任昉)은 표(表)에서, "무너질 것 같은 급박한 마음을 맡길 곳이 없다."라 하였다. 이 구는 즉 마땅히 도움을 받아 양생을 하여야 함을 말하고 있다.

3 『본초강목』에서, "오자계(烏雌鷄)는 중풍과 습진 마비 등을 치료한다."라 하였다.

4 조주(趙注)에서, "봄에 난 계란은 품어 병아리로 기를 수 있다. 그러므로 가을 계란을 이제 먹을 수 있다."라 하였다.

5 '구진(驅趁)'은 닭을 몰아 오고가게 함을 이른다. 비록 몰기는 하지만 그렇더라도 금하지 못함을 이른다.

6 간보(干寶)의 『수신기(搜神記)』에서 말하였다. "안양성(安陽城) 남쪽에 정자가 있는데, 술수에 밝은 한 서생이 그 정자에 들어가 유숙하였다. 한밤중이 되자 붉은 누건〔赤幘〕을 힌 지가 찾아왔다. 뒤에 어떤 사람이, '저번 붉은 두건을 한 자는 누구요?'라 묻자, '서쪽 집의 늙은 수탉이다.'라 대답하였다."

7 '未'는 달리 '來'로 된 본도 있다.

8 '조(曹)'는 무리 지어 거처함을 이른다.

9 '可'는 달리 '苦'로 된 본도 있다.

10 '爪'는 달리 '距'로 된 본도 있다.

11 '희간(稀間)'은 울책 사이에 드문드문 난 작은 틈을 말한다. 울책을 뚫고 나와 방석을 더럽히니 달구가리를 짜지 않을 수 없음을 밝히고 있다.

12 『제민요술(濟民要術)』에서, "닭이 깃드는 곳은 마땅히 땅을 파서 달구가리를 만들어야 한다. 안에 판대기를 대면 닭이 편안하여 금새 살이 오르며 또한 여우와 삵의 침입을 면할 수 있다."라 하였다.

13 주주(朱注)에서, "달구가리와 울책을 수리한 것으로 인하여, 내 몸에 돌이켜 생각하면 손익의 이치가 모두 이와 같음을 볼 수 있다."라 하였다.

14 『시경』에서, "비바람 불어 어두워도, 닭은 울기를 그치지 않네.(風雨如晦 鷄鳴不已)"라 하였다. 이 구는 군자가 난세에 처하여도 상도(常道)를 잃지 않음을 비유하고 있으니, 그러므로 이로 말미암아 근심을 누그러트리려 하고 있다.

15 『시경』에서, "나의 마음은 돌이 아니라, 구를 수가 없구나.(我心匪石 不可轉也)"라 하였다. 이 구는 새벽에 우는 것을 맡아 저버리지 않음을 말한다.

16 『열선전』에서, "축계옹(祝鷄翁)이 시향(尸鄕)의 북쪽 산 아래에 거처하면서 백여 년 동안 닭을 길렀다. 닭이 천 마리가 넘었는데 모두 이름이 있어서, 이름을 부르면 그 놈이 다가왔다. 뒤에 오산(吳山)으로 올라가니 그가 있는 곳을 알 수 없다."라 하였다.

17 '천맥(阡陌)'은 곧 담장 동쪽의 공터를 이른다. 이 구는 축계옹은 마음대로 날아다녔는데 나는 그럴 수가 없으므로 이곳에 머물러 공터나 달구가리로 덮고 있음을 말하고 있다. 마지막 구는 스스로 쓴 웃음을 짓는다는 말이다.

14. 어린 종을 닦달하여 창이를 따오게 하다[1]

驅豎子摘蒼耳

江上秋已分	강가에 가을이 이미 깊고
林中瘴猶劇	숲에 풍토병이 더욱 심하네.
畦丁告勞苦	밭의 젊은이는 힘들다 하소연하는데
無以供日夕	조석 끼니 마련도 어렵구나.[2]
蓬莠獨不焦	쑥과 강아지풀만 오직 말라비틀어지지 않고
野蔬暗泉石	들판의 푸성귀는 시냇가에 숨어 있네.[3]
卷耳況療風	권이는 더구나 중풍을 낫게 한다니[4]
童兒且時摘	어린 종놈에게 때로 따오게 하네.
侵星驅之去	별 뜬 새벽에 내몰아
爛熳任遠適	환할 때 맘내로 멀리까지 가네.[5]
放筐亭午際	정오에 광주리를 쏟아
洗剝相蒙羃	씻고 닦아 행주로 덮어 놓네.[6]
登牀半生熟	반숙하여 식탁에 올려놓고[7]
下箸還小益	젓가락으로 조금씩 덜어 먹네.
加點瓜薤間	오이와 부추 사이에 놓일 수 있으며
依稀橘奴跡	음식의 맛을 돋우는 귤과 같네.[8]
亂世誅求急	난세에 가렴주구 더욱 급박하니
黎民糠籺窄	백성은 싸라기도 먹기 힘드네.[9]
飽食復何心	배불리 먹음은 더욱 무슨 마음인가
荒哉膏粱客	못됐구나, 고량진미 먹는 길손이여.
富家廚肉臭	부유한 집 부엌에 고기 냄새가 나는데
戰地骸骨白	전쟁통이라 해골이 넘쳐나네.[10]

寄語惡少年	나쁜 소년배에게 이르노니
黃金且休擲	황금을 함부로 던지지 마라.[11] ⊟

⊟ 소자상(邵子湘))이 이르기를, "이 작품은 소식과 황정견의 남상(濫觴)이 되었다."라 하였다.

1 『이아(爾雅)』의 주에서, "권이(卷耳)는 달리 '창이(苓耳)'라고 부르는데, 모양은 서이(鼠耳)와 비슷하니 소반처럼 떨기로 자란다."라 하였다. 육기(陸璣)의 『시소(詩疏)』에서, "잎은 호수(胡荽)와 비슷한데, 하얀 꽃에 줄기가 가늘다. 끓여서 먹을 수 있다."라 하였다. 『본초강목』을 살펴보건대, 권이(卷耳)는 지금의 창이(蒼耳)이다.

2 앞의 「칠월삼일(七月三日)」의 '남새밭의 채소가 금옥처럼 귀해지니(園蔬抱金玉)'라는 시구와 같은 의미이다.

3 쑥과 강아지풀, 푸성귀는 권이와 뒤섞여 자라는 것이다.

4 『본초강목』에서, "권이는 중풍과 습진, 마비, 팔다리의 경련 등을 치료한다."라 하였다.

5 구주(仇注)에서, "새벽에 갔다가 낮에 돌아오니, 장열(瘴熱)을 피하기 위해서이다."라 하였다.

6 구주(舊注)에서, "'멱(冪)'은 행주로 덮어 놓는 것을 말한다. 즉 흙을 씻고 잔털을 제거하고 행주로 덮어놓는 것을 이른다."라 하였다.

7 '상(牀)'은 식탁을 이른다.

8 『형주기(荊州記)』에서 말하였다. "오나라 단양태수(丹陽太守) 이형(李衡)이 무릉(武陵)에 감귤 천 그루를 심었다. 죽을 때 아들에게, '우리 고을에 천 마리의 나무 노비〔木奴〕가 있으니 해마다 비단 천 필을 얻을 수 있다.'라 하였다." 두예(杜預)의 「칠규(七規)」에서, "음식에 붉은 귤로 맛을 내고 향기로운 생선으로 섞는다."라 하였다. 『두억』에서, "옛날 사람들은 귤을 사용하여 음식의 맛을 조화롭게 하였으니, 이 구는 창이가 귤에 해당함을 말하고 있다."라 하였다.

9 『한서』「진평전(陳平傳)」에서, "또한 겨 속의 싸라기를 먹었다."라 하였다. 진작(晉灼)이 말하기를, "'覈'은 음이 '紇'이다. 서울 사람들은 거친 쌀가루를 흘두(紇頭)라고 부른다."라 하였다.

10 굶주려 죽은 사람이 많음을 이른다.

11 들판의 하찮은 푸성귀도 종을 내몰아 따오게 하는 어려운 시기에, 어떻게 재물을 아끼지 않는단 말인가.

15. 상추를 심다

種萵苣

비가 내려 이윽고 가을이 되었으니 당 아래 작은 밭을 가꾸어 이쪽저쪽에 조금 상추를 심었는데, 벌써 이십 일이 되었다. 상추는 아직 싹이 나오지 않고 다만 비름만 샛푸르니,[1] 당시의 군자가 간혹 늦게나마 낮은 벼슬을 얻었으나 쉽게 진급하지 못한 것이 떠올라 이 시를 지었다.[2]

既雨已秋 堂下理小畦 隔種一兩席許萵苣 向二旬矣 而苣不甲拆 獨野莧青青 傷時君子 晩得微祿 轗軻不進 因作此詩

陰陽一錯亂	음양이 서로 어긋나
驕蹇不復理	기(氣)가 넘쳐 다시 다스려지지 않네.[3] [一]
枯旱於其中	그 사이 메마른 가뭄이 드니
炎方慘如燬	남방은 불에 달군 듯 참혹하네.
植物半蹉跎	식물도 반은 메말라 스러지고
嘉生將已矣	벼도 장차 비틀어지겠지.[4]
雲雷忽奔命	구름과 우레가 문득 명을 받들며
師伯集所使	우사(雨師)와 풍백(風伯)을 모아 부렸다네.
指揮赤白日	붉어 하얀 해를 가리켜 바라볼 수 있는데[5]
澒洞青光起	아득하게 검푸른 기운이 일어나네.[6]
雨聲先以[7]風	빗소리는 바람을 앞세우니
散足盡西靡	흩날리는 빗줄기는 서쪽에서 다가오네.[8] [二]
山泉落滄江	산의 계곡물은 푸른 강으로 떨어지고
霹靂猶在耳	천둥은 아직도 울려 대네.
終朝紆颯沓	아침 내내 부드러운 바람이 살랑대니
信宿罷瀟灑	이틀 동안의 거센 비가 그쳤네.

堂下可以畦	당 아래에 텃밭을 지을 수 있으니
呼童對經始	어린 종놈 불러 만들기 시작하였네.
苣兮蔬之常	상추는 일반적인 채소라
隨事蓺其子	적당하게 씨를 뿌렸네.
破塊數席間	두어 자리 크기에 흙덩이를 부수고
荷鋤功易止	호미질 하니 쉽게 마쳤네.
兩旬不甲拆	이십 일에도 싹이 나오지 않아
空惜埋泥滓	부질없이 아까워하며 거름으로 덮었네.
野莧迷汝來	비름아, 너는 어디서 왔는고[9]
宗生實於此	떨기지어 자라 이곳을 채웠는가.[10]
此輩豈無秋	이 놈들도 어찌 가을이 오지 않으랴
亦蒙寒露委	또한 된서리 맞아 시들것이라.[11]
翻然出地速	갑작스럽게 빨리도 땅에서 솟아나
滋蔓戶庭毁	집 뜰에까지 길게 뻗어 길을 막네.[12]
因知邪干正	이에 알겠노라, 사악함이 정도를 범하여
掩抑至沒齒	평생토록 가리고 억압함을.
賢良雖得祿	현량은 비록 벼슬 얻으나
守道不封己	도를 지켜 자신을 이롭게 않나니.[13]
擁塞敗芝蘭	비좁고 답답하여 지란을 피폐케 하는데
衆多盛荊杞	가시나무는 많이도 번창하였구나.[14]
中園陷蕭艾	가운데 뜰이 쑥으로 덮여 있으면[15]
老圃永爲耻	노성한 정원사는 길이 수치로 여기나니.
登於白玉盤	상추는 궁중의 백옥 쟁반에 올라
藉以如霞綺	노을 비단에 올려져 진상되는데,[16]
莧也無所施	비름은 어디에도 쓸 데가 없으니
胡顏入筐篚	무슨 면목으로 광주리에 들어가리.[17][18]

㈡ 이와 같은 시는 비흥의 체재를 가장 잘 구현하였으니, 또한 『시경』을 본받아 지었다.

㈢ 소나기를 묘사함이 입신의 경지에 올랐다.

1 『본초강목』에서, "비름은 붉은 것과 흰 것 두 종류가 있다. 달리 세현(細莧)이라 부르기도 하는데, 세속에서는 야현(野莧)이라 부른다."라 하였다.

2 주주(朱注)에서, "상추를 빌려 두보가 자신을 비유하였다. 서문에서 '늦게나마 낮은 벼슬을 얻다.'는 구가 있으니, 이로 보면 글 뜻이 매우 분명하다."라 하였다.

3 채옹(蔡邕)의 시에서, "지독한 열기가 너무 거세네.(苦熱氣驕蹇)"라 하였다. 소자상의 주에서, "'교(驕)'는 햇빛이 강렬한 것이고, '건(蹇)'은 비가 메말라 버린 것이다."라 하였다.

4 『사기』에서, "신이 벼를 내려주었다."라 하였는데, 주에서 "'가생(嘉生)'은 벼〔嘉穀〕이다."라 하였다.

5 '지휘(指揮)'는 전국시대 초나라 노양공(魯陽公)이 한구(韓遘)와 한창 격전 중에 해가 저물자, 창을 들어 올려 해를 다시 멈추게 하였다는 고사를 암용(暗用)하였다. '적백일(赤白日)'은 즉 햇빛이 붉다가 점점 흰색으로 변한 것을 이른다. 이 구는 햇빛이 약해져 숨는 것을 말한다.

6 구름 기운이 모여들어 열기가 올라가는 것을 이른다.

7 '以'는 달리 '已'로 된 본도 있다.

8 사조의 시에서, "거세게 흩날리는 빗줄기.(森森散雨足)"라 하였다. 이 구는 빗줄기가 바람을 따라 스러지듯 옮겨감을 말한다.

9 비름이 어디서 날라 왔는지 알 수 없음을 이른다.

10 좌사의 「오도부(吳都賦)」에서, "높은 언덕에 군집으로 자라니, 그윽한 풀이 무성하네.(宗生高岡 族茂幽草)"라 하였다.

11 가을날 차가운 이슬이 내릴 때가 되면 오래되지 않아 마땅히 시들어 지게 됨을 말한다.

12 '훼(毁)'는 길을 덮어 막음을 이른다.

13 군자는 도를 지키기 때문에 소인이 자신을 위해 이익을 챙기는 것과 다르다. 그것은 마치 상추가 땅에서 나와 번성하지 못한 것이 비름이 쉽게 뻗어나가는 것만 못함을 비유하고 있다.

14　두 구는 또한 '지란(芝蘭)'과 '형기(荊杞)'로 사(邪)와 정(正)을 비유하여 말하고 있다.

15　『세설신어』에서 말하였다. "모백성이 항상, '차라리 난초가 되어 꺾이고 옥이 되어 부서질지언정, 들쑥이 되어 무성하고 약쑥이 되어 번성하지는 않겠다.'라 하였다."

16　사조(謝朓)의 시에서, "넓은 노을이 흩어져 비단을 이루고.(餘霞散成綺)"라 하였다. 조언재가 말하기를, "옛사람이 매번 비단 반찬〔綺饌〕이라고 하는데, 대개 귀한 집에서는 비단으로 음식의 깔개를 한다."라 하였다.

17　결말의 의미는 사특한 것은 끝내 올바름을 이길 수 없다는 것을 나타내고 있다. 쑥이 상추를 파묻어버리면 노성한 정원사는 마음을 아파한다. 그러므로 옥 쟁반의 노을 비단에 반드시 상추가 채워지고, 들판 비름이 올려 지는 일은 없다. 이것은 소인이 비록 군자를 가리지만 끝내는 사람들에게 귀하게 대접 받지 못함을 비유한 것이다.

18　이자덕(李子德)이 이르기를, "옛부터 악인을 쫓아내는 것은 다만 곧은 이를 등용함에 있으니, 이에서 두보의 경륜을 볼 수 있다."라 하였다.

16. 비

雨

峽雲行淸曉	삼협의 구름이 맑은 새벽에 날아오고
烟霧相徘徊	이내와 안개가 서로 떠도네.
風吹蒼江去	바람은 푸른 강으로 불어가고[1]
雨灑石壁來	비는 석벽에 뿌리며 다가오네.
凄凄生餘寒	서늘함에 한기가 일어나며
殷殷兼出雷	우르릉거리며 사방에서 우레가 치네.
白谷變氣候	백곡엔 기후가 변하였으니[2]
朱炎安在哉	더위는 어디로 갔는가.
高鳥濕不下	높이 나는 새는 땅 젖어 내리지 못하고
居人門未開	거주하는 사람은 문을 열지 않네.
楚宮久已滅	초 양왕의 궁궐은 오래 전에 이미 사라지니
幽佩爲誰哀	패옥 찬 신녀는 누굴 위해 슬퍼하나.[3]
侍臣書王夢	시신 송옥이 왕의 꿈을 편지로 전하니
賦有冠古才	부는 옛 작품 중에 으뜸이네.
冥冥翠龍駕	컴컴한 하늘에 푸른 용이 멍에 지니[4]
多自巫山臺	많은 비구름이 무산의 누대에서 오네.㊀㊁

㊀ 이자덕이 이르기를, "이 작품은 매우 담담하고 심원하지만, 그러나 절로 운치를 다하였다."라 하였다.

㊁ 초 양왕과 신녀의 무산에 내리는 비의 고사를 인용하였다. 그곳의

풍광을 아득하게〔飄緲〕 묘사하였다.

1 옛날에는 '去'가 '樹'로 되어 있었는데, 주자(朱子)가 '去'로 고쳤다.

2 두보의 시에서, "서강과 백곡이 나뉘고.(西江白谷分)"라 하였고, 또 "백곡에서 모여 놀기 좋네.(白谷會深遊)"라 하였는데, 백곡은 기주(夔州)의 지명으로 보인다. 『두억』에서, "백곡은 백제성의 골짜기이다."라 하였다.

3 초 양왕이 꿈속에서 신녀와 만나 즐겁게 보낸 고사를 인용하였다. 「신녀부(神女賦)」에서, "패옥을 흔들며, 수레의 옥 방울이 울리네.(搖佩飾 鳴玉鑾)"라 하였다.

4 주주(朱注)에서, "「하동부(河東賦)」에서, '푸른 용을 타고 황하를 건너네.(乘翠龍而超河兮)'라 하였는데, 이 구는 그 말을 빌려 비를 몰고 가는 용을 말하고 있다."라 하였다.

17. 비

雨

行雲遞崇高	지나는 구름은 갈마들며 높이 날고
飛雨靄而至	날리는 빗방울 자욱이도 내리네.
潺潺石間溜	콸콸 바위틈으로 떨어지고
汨汨松上駛	줄줄 소나무 위로 쏟아지네.
亢陽乘秋熱	뜨거운 햇빛이 가을 열기를 타니
百穀皆已棄	온갖 곡식이 모두 이미 말라비틀어졌네.
皇天德澤降	하늘이 은덕을 베풀어
燋卷有生意	시들은 초목이 생기를 되찾네.[1] ⊟
前雨傷卒暴	이전 비는 갑자기 쏟아져 안타까웠는데
今雨喜容易	지금 비는 천천히 내리니 기쁘도다.
不可無雷霆	우레가 반드시 울려야 하니
間作鼓增氣	우중(雨中)에 기운을 북돋기 때문이네.
佳聲達中宵	아름다운 그 소리는 한 밤중까지 이어지니
所望時一致	바라는 것은 모두 똑같네.
淸霜九月天	맑은 서리 내리는 구월에
髣髴見滯穗	들녘 떨어진 이삭 보듯 기쁘구나.
郊扉及我私	들판 나의 초가에도 비가 내리니
我圃日蒼翠	채소는 날로 푸르러지네.
恨無抱甕力	물동이 안을 힘이 없어 안타까웠는데[2]
庶減臨江費	이제 강에서 물 지고 올 필요 없겠지.[3]

㊀ 도개우(陶開虞)가 말하기를, "이 부분의 준담(雋淡)은 도연명, 위응물과 비슷하다."라 하였다. ○ 구름이 짙게 일어 바야흐로 비가 내리는 것을 묘사하고 있으니, 맨 처음 두 구는 그림 같다.

1 응거(應璩)의 편지에서, "지난 날 찌는 가뭄이 날로 더욱 심해져 돌이 녹아내리고 초목이 말라비틀어졌다."라 하였다.

2 『장자』에서, "자공이 한수의 남쪽을 지나다가 한 노인이 채마밭을 가꾸고 있는 것을 보았다. 그는 땅에 굴을 파고 우물에 들어가 물동이를 안고 나와 밭에 물을 뿌리고 있었다."라 하였다.

3 비가 내리니 강에 가서 물을 길러 나르는 수고가 필요 없다는 말이다.

18. 비[1]

雨二首

青山澹無姿　청산은 맑아 꾸밈이 없고[2]
白露誰能數　하얀 이슬을 누가 구별하랴.[3]
片片水上雲　뭉실 뭉실 물 위의 구름
蕭蕭沙中雨　두둑 두둑 모래밭의 비.[4]⊟
殊俗狀巢居　나무 위에 사는 풍속이 다르니[5]
層臺俯風渚　층층의 누대에서 바람 부는 물가 굽어보네.
佳客適萬里　귀한 손님 만리를 가니
沈思情延佇　어디쯤 갈까 우두커니 생각하네.
掛帆遠色外　돛을 올리고 멀리로 떠나니
驚浪滿吳楚　거센 파도는 오와 초에 넘실대리라.
久陰蛟螭出　오래 흐려 교룡이 나올 터인데
寇盜復幾許　도적은 몇 번이나 만날까.[6]

空山中宵陰　빈 산은 한밤중에도 흐려서
微冷先枕席　조금씩 냉기가 잠자리에 찾아드네.
回風起清曙　회오리바람 맑은 새벽에 들이치니
萬象萋已碧　온갖 사물은 축 늘어졌네.
落落出岫雲　뭉개 뭉개 산굴에서 피어나는 구름
渾渾倚天石　흠뻑 젖은 하늘에 기댄 바위.
日假何道行　해는 어떤 길을 빌려 다니나[7]
雨含長江白　비는 장강을 머금고 하얗게 내리네.

連檣荊州船　　줄 지어 선 형주의 배
有士荷戈戟　　전사는 창을 메고 있네.
南防草鎭慘　　남쪽으로 초진의 참혹함을 막으려[8]
霑濕赴遠役　　옷이 젖어도 먼 길 떠나네.
羣盜下辟山　　도둑떼가 이곳 벽산으로 내려오는데[9]
總戎備强敵　　총융은 강한 적을 대비해야 하네.
水深雲光廓　　물은 깊어 구름 사이 햇살이 비추고
鳴艣各有適　　배는 각기 제 갈 길 가는구나.[10]
漁艇自[11]悠悠　　고깃배는 절로 한가롭고
夷歌負樵客　　나무꾼은 오랑캐 노래 부르네.
留滞一老翁　　발이 묶인 한 늙은이
書時記朝夕　　시사(時事)를 조석으로 기록하네.[12] ㊂

㊀ 앞 시의 도입구 4구는 급하게 쏟아지는 비를 묘사하였는데, 이 시는 계속해서 내리는 비를 묘사하고 있다.

㊂ 구창주(仇滄柱)가 이르기를, "앞의 작품은 오와 초의 도적을 근심하였기에 멀리 떠나는 길손의 행차가 어려운 것을 걱정하였다. 이 작품은 삼협의 도적을 근심하였기에 병사들이 수고로울까 불쌍히 여겼다."라 하였다.

1 포주(浦注)에서, "이 작품은 앞에서 비를 읊은 두 작품과 읊고 있는 것이 다르다. 이 때 아마도 오(吳)와 촉(蜀)에 전쟁이 일어난 것 같다. 깊어가는 가을에 오랫동안 비가 내릴 때 지은 것 같으니, 지금 주학령 본의 편차를 따른다."라 하였다.

2 구 전체를 강엄(江淹)의 시구에서 인용하였다.

3 구주(仇注)에서, "운기(雲氣)가 덮고 있으니 산이 항상 맑고, 비가 많이 내려 젖으니 이슬을 구별하기 어렵다."라 하였다.

4 장약육(蔣弱六)이 이르기를, "이상 4구에서 이슬 같고 구름 같은

것이 산과 강으로 이어지는 것을 연속해서 보이는데, 다만 모래밭에 소리가 나서야 그것이 비인 것을 알게 되었다는 말이다. 경치를 묘사함이 입신의 경지에 들었다."라 하였다.

5 원진이 자신의 시에 주를 내면서, "파촉 사람들은 산비탈에 살면서 나무를 얽어매어 거주한다."라 하였다.

6 살펴보건대, 이 작품은 비를 마주하여 어떤 사람을 그리워하며 그가 도적을 만날까 걱정하고 있다. 아마도 지정(指定)한 사람이 있을 것인데, 모든 책에서 설명하지 않고 있다. 아래 작품의 '군도(群盜)' 또한 고찰할 수 없다.

7 구주(舊注)에서, "해가 다니는 길은 황도와 적도가 있는데, 오랜 비에 날이 흐리니 어떤 길로 다니는지 알 수 없다."라 하였다.

8 『두억』에서, "초진은 지명이다. 아마도 황초협(黃草峽)인 것 같다. 아마도 협의 서쪽에 난리가 일어나 총융(總戎)이 형주의 병사를 조련하여 막으려고 한 것 같다."라 하였다.

9 『당서』에서, "투주(渝州)에 벽산현(壁山縣)이 있다."라 하였다. 『송사』에서는 '벽산(辟山)'으로 지어졌는데, 중경부(重慶府)에 소속되어 있으니 아마도 이곳으로 보인다.

10 혼란 중에 배가 많고 적은지 알 수 없으니, 다만 노 젓는 소리로 그것을 알 수 있다는 말이다.

11 '自'는 달리 '息'으로 된 본도 있다.

12 마지막에서 어부와 나무꾼도 여유롭게 사는 것을 드러내어, 이곳에 발이 묶인 자신을 탄식하고 있다.

19. 비가 그치지 않다
雨不絶

鳴雨既過漸細微	울부짖던 비가 지나가자 점점 가늘어지며
映空搖颺如絲飛	실이 날리 듯 흔들리며 내리네.
階前短草泥不亂	계단 앞의 작은 풀은 진흙이 묻지 않고
院裏長條風乍稀	뜰 안 버들의 긴 가지에 바람이 멈추었네.[1] [一]
舞石旋應將乳子	나는 석연은 젖을 먹이듯 서로 붙어 다니고[2]
行雲莫自濕仙衣	지나는 구름은 아마도 선녀의 옷을 적시리라.[3]
眼前江舸何匆促	눈앞 강의 배는 어찌 그리 바쁘게도 가는가
未待安流逆浪歸	순풍 기다리지 않고 역랑 헤치며 돌아가네. [二]

[一] 장상약이 이르기를, "소나기 내린 뒤에 천천히 내리는 비를, 다른 사람은 제대로 그려내지 못한다."라 하였다.

[二] 이 작품은 섬려(纖麗)한 격조를 보이는데, 옥계생 이상은의 밑그림〔粉本〕이 된다.

1 구주(仇注)에서, "풀은 진흙에 더렵혀지지 않으니 비가 가는 것을 알 수 있고, 바람이 비록 잠깐 그쳤지만 비는 아직도 그치지 않고 있다."라 하였다.

2 나함(羅含)의 『상중기(湘中記)』에서, "석연(石燕)은 영릉현(零陵縣)에서 생산된다. 비바람을 만나면 제비처럼 날며 춤추고 그치면 돌이 된다."라 하였다. 『수경주』에서, "연산(燕山)에 돌이 있는데 감색에 제비 모양이다. 그 돌은 크기도 하고 작기도 한데, 번개가 치고 비가 내리면 서로 가까이 다가가는데 작은 것이 큰 것을 따라 나니, 마치 젖을 먹이는 모양이다."라 하였다.

3 '지나가는 구름'은 아침에는 구름이 되고 저녁에는 비가 되어 연인을 찾아간다는 무산 신녀의 고사를 인용하였다. '막(莫)'은 '아마도'란 의미이다. 황백산(黄白山)이 이르기를, "석연이 자식을 거느리고 신녀의 옷이 비에 젖은 것은 엄우가 말한 '시에는 별취(別趣)가 있으니 이치와 관련이 없다.'고 한 것이다."라 하였다.

20. 저물녘에 날이 개다

晩晴

晩[1]照斜初徹	저녁노을이 빗길 때 비로소 개니
浮雲薄未歸	뜬 구름은 엷어져 돌아가지 않네.
江虹明遠飮	강가 무지개 밝게 떠서 멀리 마시고[2]
峽雨落餘飛	삼협의 구름은 남은 비를 날리네.[3] ㊀
鳧雁終高去	오리와 기러기는 하늘 높이 날고[4]
熊羆覺自肥	곰들은 절로 살이 찌는구나.[5]
秋風客尙在	가을바람에 나그네는 아직도 떠도는데
竹露夕微微	대나무의 이슬은 저녁에 방울지네.

㊀ 전반부에서 경치를 그림처럼 그려내었다.

1 '晩'은 달리 '返'으로 된 본도 있다.

2 장정견(張正見)의 시에서, "거울은 봉우리에 뜬 달 같고, 강물은 계곡물 마시는 무지개 같네.(鏡似臨峰月 流如飮澗虹)"라 하였다. 전한의 연왕(燕王) 유단(劉旦)이 다스리던 때 커다란 무지개가 궁중에 내려와 우물물을 전부 마셨다.

3 구주(仇注)에서, "저녁 햇빛에 무지개가 뜨니, 마치 아래로 드리워 강물을 마시는 것 같다. 비가 그친 뒤 구름이 지나가는데 여전히 남은 빗방울을 머금고 날아간다."라 하였다.

4 날이 갠 것을 좋아하며 멀리 날아감을 말한다. 『두억』에서, "오리는 높이 날지 않는다. 글자에 아마도 오류가 있는 것 같다."라 하였다.

5 비가 내려 오랫동안 활동하지 못하더니, 이제 짐승들이 모두 자유롭게 움직일 수 있게 되었다. 이것으로 오랫동안 떠돌며 고향으로 돌아가지 못하는 자신이 처지를 홍기(興起)하였다.

21. 전중감 양 아무개가 장욱의 초서를 보여주다[1]

殿中楊監見示張旭草書圖

斯人已云亡　장욱이 이미 세상에 없으니
草聖祕難得　초성의 작품 숨겨져 얻기 어렵네.
及兹煩見示　양씨가 번거롭게도 나에게 보여주니
滿目一悽惻　눈에 가득 서글픔이 이네.[2]
悲風生微綃　슬픈 바람이 얇은 비단에 일어
萬里起古色　만리에 고풍이 창연하네.
鏘鏘鳴玉動　옥 구르는 듯 생동하고
落落羣松直　낙락장송처럼 굳센 필획이네.
連山蟠其間　산맥의 기운이 그 사이에 서렸고[3]
溟漲與筆力　필력은 아득한 바다와 같네.[4] [一]
有練實先書　비단이 있으면 먼저 글씨 써 보고
臨池眞盡墨　못물은 모두 먹물이 되었네.[5]
俊拔爲之主　걸출함을 위주로 하였는데
暮年思轉極　노년에 조예가 정점에 올랐네.
未知張王後　알지 못게라, 장지와 왕희지 후에
誰竝百代則　누가 백대의 법칙이 되려는가.[6]
嗚呼東吳精　오호라! 동오의 정수 장욱[7]
逸氣感淸識　빼어난 작품이 식자를 감동시키네.[8]
楊公拂篋笥　양감이 상자의 먼지를 털고
舒卷忘寢食　펴고 말며 감상하느라 침식을 잊네.
念昔揮毫端　옛날 붓끝 휘두르던 때 그리노니
不獨觀酒德　술 마시던 모습만 보고픈 게 아니라네.[9] [二]

㊁ 이자덕이 이르기를, "글씨를 묘사한 곳에서 큰 힘을 볼 수 있으니, 이것이 조물주의 재주가 손 안에 있는 것이다."라 하였다.

㊂ 평소 서로 맺은 깊은 정을 작품 말미에 한 번 드러내었다.

1 『당서』에서, "전중성감(殿中省監) 한 사람을 두는데, 천자의 복어(服御)를 맡는다."라 하였다.

2 장욱은 두보의 오랜 벗이므로 이렇게 말한 것이다.

3 『법서요록(法書要錄)』에서, "소사화(蕭思話)의 행초는 이어진 산이 다 보이는 것 같아 그 기세가 끊어지지 않는다."라 하였다.

4 사령운의 시에서, "아득한 바다는 끝이 보이지 않네.(溟漲無端倪)"라 하였다. 구주(仇注)에서, "옥이 구른다는 것은 청화(淸和)함을 비유한 것이며, 낙락장송처럼 굳세다는 것은 창경(蒼勁)함을 비유한 것이다. 산맥의 기운은 기복(起伏)이 장엄한 것이며, 아득한 바다는 호한(浩澣)이 장엄하다는 것이다."라 하였다.

5 위항(衛恒)의 『서세(書勢)』에서, "홍농(弘農) 장백영(張伯英)은 집에 의복이 있으면 먼저 글씨를 쓴 뒤에 염색하였다. 연못에 가서 글씨를 익혀 연못물이 모두 검게 되었다. 위중장(韋仲將)이 그를 초성(草聖)이라 불렀다."라 하였다.

6 「왕희지전」에서, "나의 글씨는 종요(鍾繇)에 비하면 비슷하지만, 장지(張芝)의 초서에 비하면 오히려 뒤처진다."라 하였다.

7 장욱(張旭)이 동오의 정기를 받았음을 이른다. 「장욱전」에서, "장욱은 동오 소주(蘇州) 사람이다."라 하였다. 이기(李頎)의 「증장전(贈張顚)」에서, "흰머리로 초서와 예서를 골몰하니, 당시 태호의 정기라 불리네.(皓首窮草隸 時稱太湖精)"라 하였다.

8 '훌륭한 식견〔淸識〕'은 양감(楊監)을 가리킨다.

9 유령(劉伶)은 「주덕송(酒德頌)」을 지었다. 두보의 「음중팔선가(飮中八仙歌)」에서, "장욱은 석 잔 마셔야 초서를 쓰는데.(張旭三杯草聖傳)"라 하였다. 대개 장욱의 좋은 작품은 술이 취한 뒤에 나온 것이 많다.

22. 전중감 양 아무개가 또 열두 폭 매 병풍을 보여 주었다 ⊟[1]

楊監又出畫鷹十二扇

近時馮紹正	근래의 풍소정은
能畫鷙鳥樣	매와 새 모습을 잘 그린다네.[2]
明公出此圖	양감이 이 그림을 꺼내 보여주니
無乃傳其狀	그의 그림을 모사한 것이 아닌가.[3]
殊姿各獨立	빼어난 자태로 각각 홀로 서 있는데
清絶心有向	맑고 깨끗한 기상으로 멀리 바라보네.
疾禁[4]千里馬	빠르기는 천리마와 같고
氣敵萬人將	기세는 만 사람을 상대하네.
憶昔驪山宮	기억하노니, 옛날 여산궁에 행차할 때
冬移含元仗	겨울에 함원전의 의장병 옮겼었지.[5]
天寒大羽獵	날이 추우면 크게 매 사냥을 벌였으니
此物神俱王	이 매는 기세가 넘쳤네.
當時無凡材	그 때 평범한 매가 없었으니
百中[6]皆用壯	날 때마다 씩씩하게 잡아들였네.[7]
粉墨形似間	모습 흡사한 그림을 보면서
識者一惆悵	식자는 한번 탄식하네.[8]⊟
干戈少暇日	사냥할 겨를이 적으므로
眞骨老崖嶂	진짜 매가 벼랑에서 늙어가네.
爲君除狡免	임금 위해 교활한 토끼 잡으리니
會是翻韝上	토시 위에서 몸을 솟구치네.[9]⊟

㈡ 이자덕이 이르기를, "그림을 읊으면서 문득 홍망의 감회를 부쳤으니 고장(高壯)하다고 이를 만하다."라 하였다.

㈢ 마지막 부분은 살아 있는 매를 빌려 자신의 감개를 우의하였으니, 입의(立意)가 매우 남다르다.

1 포주(浦注)에서, "'십이선(十二扇)'은 아마도 지금의 병풍 같은 종류일 것이다."라 하였다.

2 『명화기』에서, "풍소정은 개원 연간에 호부시랑이 되었다. 매와 닭, 꿩을 잘 그려 부리와 눈, 다리와 발톱, 털의 빛깔 등을 정확하게 묘사하는데 뛰어났다. 일찍이 궁궐의 오룡당(五龍堂)을 그렸는데, 비를 담은 구름이 내려앉은 모습을 묘사하였다."라 하였다.

3 주주(朱注)에서 말하였다. "사혁(謝赫)의 『화평(畵評)』에서, '그림에는 원래 있던 그림을 똑같이 모사하는 것이 있는데, 여섯 가지 법 중의 하나이다.'라 하였다. 장언원(張彦遠)이 말하기를, '고개지는 똑같이 모사하는 비법을 가지고 있었다. 옛날에 그런 그림을 좋아하였으니, 열 개 중에 일곱, 여덟은 그런 그림이었다. 궁중의 탑본도 있었는데, 그것을 궁탑(宮搨)이라 부른다.'라 하였다. 이 그림은 아마도 풍소정의 그림을 본뜬 모사작으로 보인다."

4 '禁'은 평성으로, 해당하다는 의미이다.

5 『구당서』에서, "동쪽 내전은 대명궁(大明宮)이고 정전(正殿)은 함원전이다. 현종이 항상 겨울 11월에 여산으로 행차하였다."라 하였다.

6 '中'은 거성으로 읽는다.

7 정우(鄭愚)의 「진양문(津陽門)」이란 시의 자주(自注)에서, "신왕(申王)은 고려의 붉은 매를 소유했고, 기왕(岐王)은 북산의 노란 송골매가 있다. 빼어난 기운과 아름다운 자태는 다른 것보다 월등하다. 황제가 매번 사냥할 때 반드시 수레 앞에 놓고 있다가, 새가 날면 눈짓을 보내 승부를 겨뤘다."라 하였다. 두보의 시에서, "날 때마다 잡으니 팔 위에 내려앉기 부끄러워하네.(百中爭能恥下韝)"라 하였으니, 양유기(養由基)의 고사를 차용하였다. 『전국책』에서, "초나라에 양유기(養由基)란 사람이 있었는데, 버들잎을 백보의 거리에서 쏘면 백발백중이었다."라 하였다.

8 풍소정은 개원 연간의 사람이다. 그러므로 여산에서 화려하게 사냥하던 때를 회상하였는데, 자신도 모르는 사이에 그림을 마주하고 탄식을 일으킨다는 말이다.

9 사냥할 겨를이 없으므로 매가 빈 산에서 늙어간다. 그러나 그 힘은 토끼를 잡을 수 있으니 비록 늙더라도 부릴 수 있다. 학주(鶴注)에서, "교활한 토끼는 아마도 최간(崔旰)의 무리를 가리키는 것 같다."라 하였다.

23. 촉으로 가서 상공 두홍점을 만나러 가는 전중 양감을 전송하다[1]

送殿中楊監赴蜀見相公

去水絶還波　흘러간 물은 다시 돌아오지 않고
洩雲無定姿　흩어진 구름은 어디로 갈까.[2]
人生在世間　사람이 이 세상에 살면서
聚散亦暫時　만남과 헤어짐은 잠시라네.
離別重相逢　이별하면 다시 만나리니
偶然豈足期　그 때를 어찌 기약하리오.
送子淸秋暮　맑은 가을날 저녁에 그댈 보내려니
風物長年悲　바라보는 경치는 오래 슬퍼 보이네.[3]
豪俊貴勳業　권세가는 입직을 높이 치니
邦家頻出師　나라에서 자주 군대를 출정하네.
相公鎭梁益　상공이 양주, 익주를 다스리니[4]
軍事無孑遺　군대 일을 조금도 소홀치 않네.[5]
解榻再見今　지금 인재를 다시 등용코져 하니[6]
用才復擇誰　어떤 인재를 가려 쓸 것인가.
況子已高位　더구나 그대는 이미 자리가 높지만
爲郡得固辭　고을 위해 굳게 사양만 하랴.[7]
難拒供給費　공급하는 비용을 거절하기 어렵지만
愼哀漁奪私　백성의 재물을 삼가 빼앗지 마라.
干戈未甚息　전쟁은 쉽게 그치지 않나니
紀綱正所持　기강을 바로 잡아야 하리라.[8]⊟
汎舟巨石橫　배는 커다란 바위를 비껴 지나가고

登陸草露滋	육로는 이슬에 젖어 있네.[9]
山門日易久	문을 나서면 오래 보기 어려우니[10]
當念居者思	이곳서 그리는 나를 생각해 주시게나.

⊟ 권12 「동원사군용릉행(同元使君舂陵行)」에 보이는 의미와 같으니, 그에게 권면하는 말이 간절하다.

1 상공(相公)은 두홍점(杜鴻漸)이다. 역사를 살펴보건대, 대력 원년(766) 12월에 두홍점이 황문시랑평장사로 촉에 절도사로 나갔다. 그러므로 상공이라 칭하였다.

2 구주(仇注)에서, "'설운(洩雲)'은 이리저리 흩어진 구름이다."라 하였다. 포조의 시에서, "흩어진 구름은 하늘가로 날아가고, 내달리는 파도는 끝도 없이 흘러가네.(洩雲去不極 馳波往不窮)"라 하였다.

3 『회남자』에서, "나뭇잎이 지면 오랫동안 슬퍼한다."라 하였다.

4 『초학기』에서, "검남도(劍南道)는 「우공」의 양주(梁州) 지역이다. 검각(劍閣) 이남을 나눠 익주(益州)가 되었다."라 하였다.

5 군대에 관한 일에 대해 조금도 빠트린 계책이 없다는 말이다.

6 『후한서』 「서치전(徐穉傳)」에서, "진번(陳蕃)이 태수가 되었는데, 오직 서치가 왔을 때만 특별히 걸상을 내어놓았고 그가 가면 그것을 달아놓았다."라 하였다.

7 주주(朱注)에서 말하였다. "『당지(唐志)』를 살펴보건대, 전중감은 종3품이므로 그 지위가 이미 높다. '득고사(得固辭)'는 사양을 해서는 안 된다는 말이다. 살펴보니, 두홍점이 이 당시에 양감을 불러 촉 지역의 군수로 삼으려고 하였다. 그러므로 이렇게 말한 것이다. 그러므로 아래 네 구에서 고을을 다스리는 방법으로 고하고 있다."

8 「경제기(景帝紀)」에서, "이천 석을 받는 벼슬아치는 인륜을 바로 잡아야 한다."라 하였다.

9 물길과 육로가 모두 지나가기 어렵다. 그러므로 길 위에서 오랫동안 지체할 것을 말하고 있다.

10 '久'는 달리 '夕'으로 된 본도 있다. 문을 나선다는 말은 기주와 삼협의 사이를 이른다.

24. 이문의와 이별하며 주다[1]
贈李十五丈別

峽人鳥獸居	삼협 사람은 소혈(巢穴)에 사는데
其室附層巓	그 집은 층층의 꼭대기에 있네.
下臨不測江	절벽 아래로 강이 흐르고
中有萬里船	배는 만리 길 떠나네.
多病紛倚薄	병이 많아 가까이 의지하여[2]
少留改歲年	해를 바꾸도록 잠시 머물렀지.
絶域誰慰懷	타향에서 누가 위로해주나
開顔喜名賢	명현을 대하니 기뻐 환하게 웃었네.
孤陋忝末親	고루한 나는 그대의 먼 친척으로
等級敢比肩	어깨 나란히 수업 받았지.
人生意氣合	평소 의기투합하여
相與襟袂連	손을 맞잡고 다녔네.
一日兩遣僕	하루에 두 번 노복을 보내고
三日一共筵	삼일에 한 번 술자리 열었네.
揚論展寸心	웅변은 내 마음 통쾌하게 하고
壯筆過飛泉	강건한 문필은 솟구치는 샘 같네.[3]
玄成美價存	위현성은 아름다운 명성 남겼고[4]
子山舊業傳	유신은 가업을 이었네.[5]
不聞八尺軀	듣지 못하였나니, 팔 척의 헌걸찬 풍채로
常受衆目憐	항상 많은 이들의 연민을 받누나.
且爲辛苦行	장차 힘들고 괴로운 여정 되리니
蓋被生事牽	삶의 굴레에 얽매여서라네.㊀

北廻白帝棹　　북으로 백제성으로 노를 젓고
南入黔陽天　　남으로 검양까지 들어가리.[6]
汧公制方隅　　견공이 변방을 다스리니[7]
逈出諸侯先　　자사(刺史)들과 비교가 되지 않네.
封內如太古　　백성들은 태고처럼 순박하니
時危獨蕭然　　시절이 위태로워도 여기만 고요하네.[8]
淸高金莖[9]露　　맑고 고상함은 금 선인장의 이슬 같고[10]
正直朱絲絃　　곧고 바름은 붉은 먹줄 같구나.[11]
昔在堯四岳　　옛날 요 임금 때 사악이 있었는데
今之黃潁川　　지금은 견공을 일컫네.[12]
于邁恨不同　　먼 길 떠나매 동행치 못해 한스러우니
所思無由宣　　그리운 이 뵐 길이 없구나.
山深水增波　　산은 깊고 물은 더욱 거세지만
解榻秋露懸　　가을 이슬에 매달린 걸상을 내놓으리라.[13]
客遊雖云久　　나그네 유랑이 비록 오래라지만
主要月再圓　　달이 다시 둥글면 또 만나세.
晨集風渚亭　　새벽까지 바람 부는 물가 정자에서 모여
醉操雲嶠篇　　술에 취해 「운교」를 노래하리.[14]
丈夫貴知己　　대장부는 지기(知己)를 아끼나니
歡罷念歸旋　　즐거움 다하면 곧 돌아오시라.[15]

⊟ 장상약이 이르기를, "변경으로 나와 떠도는 것은 생계에 얽매어 어쩔 수 없으니, 영웅으로 하여금 기운을 저상(沮喪)하게 만든다."라 하였다. ○ 이를 보면 앞의 「봉기이비서문의(奉寄李祕書文嶷)」에 보이는, '행장에 천금을 받았고.(行李千金贈)'라는 말은 아마도 과장된 말일 것이다.

1 ‘이십오(李十五)’는 권13 네 번째 작품에 보이는 ‘이문의(李文嶷)’를 말한다.

2 사령운의 시에서, “내 병들어 가깝게 의지하였네.(拙病相倚薄)”라 하였다.

3 조식(曹植)의 「왕중선뢰(王仲宣誄)」에서, “글은 봄날 꽃 같고, 생각은 용솟음치는 샘물 같다.”라 하였다.

4 『한서』에서, “위현(韋賢)은 『예기』와 『상서』에 정통하였고, 『시경』으로 교수를 역임하였다. 호는 추노대유(鄒魯大儒)이다. 그의 아들 위현성(韋玄成)은 명경과로 과거에 합격하여 승상을 역임하였다.”고 하였다.

5 『북주서(北周書)』에서, “유신(庾信)의 자는 자산(子山)이다. 그의 아버지 유견오(庾肩吾)는 양나라 태자의 기실(記室, 서기)을 맡았고 유신은 초선학사(抄選學士)가 되었다. 부자가 동궁에 있으면서 문장이 아름다웠다.”라 하였다. 현성(玄成)과 자산은 모두 부자가 현달하였으니, 이문의의 집안이 대대로 귀한 것을 비유하였다.

6 『당서』에서, “검주 검중군(黔中郡)은 강남서도에 속한다. 본래 삼국시기 오나라 검양군(黔陽郡)이었다.”라 하였다. 『일통지』에서, “검중은 지금의 진주부(辰州府)에 속한 곳이다.”라 하였다.

7 구주(舊注)에서, “견공은 이면(李勉)이다. 황제의 종실로, 정혜왕(鄭惠王)의 손자이다.”라 하였다.

8 숙종 초기에 이면이 양주 도독이 되었다가 하남윤(河南尹)으로 옮겼으며, 다시 강서(江西) 관찰사로 전임하였다. 이문의가 삼협에서 그를 찾아가 인사를 올렸으니, 이면이 강서에 있을 때이다. 위에서 ‘남으로 검양까지 들어가리.(南入黔陽天)’라 하였으니, 검양에서 예장(豫章)으로 가는 길을 취하였다.

9 ‘莖’은 달리 ‘掌’으로 된 본도 있다.

10 한 무제(漢武帝)가 감로(甘露)를 받으려고 세웠던 두 선인장(仙人掌) 기둥을 말한다. 하늘에서 내리는 이슬을 받아먹으면 오래 산다는 방사(方士)의 말을 믿은 무제가 이슬을 받을 반〔承露盤〕을 높이 27길이나 되게 만들었다. 거기서 받은 이슬에 옥가루를 타서 마셨다고 한다.

11 포조의 시에서, “곧기가 붉은 먹줄 같네.(直如朱絲繩)”라 하였다. 아울러 『후한서』 「당고전(黨錮傳)」의 ‘정직함이 화살 같으니 죽음으로 이르는 길이다.’라는 말을 인용하였다.

12 『한서』에서, "황패(黃霸)가 영천태수로 제수되자 모두들 신명(神明)하다고 칭송하였다. 뒤에 조정에 불려 들어가 승상이 되었다."라 하였다. 주주(朱注)에서, "『구당서』를 살펴보니, '이면이 탄솔(坦率)하고 검소하며, 옛 것을 좋아하고 기이한 것을 숭상하며, 청렴하고 간이(簡易)하여 종실의 모범이 되었다.'라 하였는데, 이 시에서 말한 것은 대개 실록의 기록을 인용하였다."라 하였다.

13 이 당시 이면이 강서 관찰사로 있었다. 그러므로 진번(陳蕃)의 고사를 인용하였다. 『후한서』「서치전(徐穉傳)」에서, "진번(陳蕃)이 태수가 되었는데, 오직 서치가 왔을 때만 특별히 걸상을 내어놓았고 그가 가면 그것을 달아놓았다."라 하였다.

14 왕융의 시에서, "흰 구름 낀 산을 감상하다가.(結賞白雲嶠)"라 하였다.

15 이문의가 예장에 도착하면 반드시 그곳에서 술과 시의 잔치를 즐길 것이다. 그러나 즐거움은 금세 다하리니, 오래 머물러 노닐면서 돌아올 것을 잊어서는 안 됨을 말하고 있다.

25. 백염산[1]

白鹽山

卓立羣峯外	여러 봉우리 위로 우뚝 솟았는데
蟠根積水邊	강가 옆에 자리 잡았네.[2]
他皆任厚地	다른 산은 두터운 대지 위에 있는데
爾獨近高天	이 산은 홀로 높은 하늘에 가깝네.[3]
白牓千家邑	하얀 편액 내건 천 호(戶)의 고을[4]
淸秋萬估船	맑은 가을 날 장사치의 만 배.
詞人取佳句	시인은 아름다운 구절을 짓지만
刻畫竟誰傳	졸렬한 작품을 끝내 누가 전하랴.㊀

㊀ 아무리 꾸며도 아름답지 못한 추녀의 '각화무염(刻畫無鹽)'이란 고사를 장난스레 인용하였다. 그러나 시어가 또한 운치가 있다.

1 『수경주』에서, "광계협(廣谿峽)은 삼협의 첫머리인데, 산 위에 신비스런 연못이 있다. 연못의 북쪽에는 백염애(白鹽崖)가 있는데, 높이가 천여 길이나 된다. 이곳에서 신비스런 연못을 굽어볼 수 있다. 토착민들이 높은 꼭대기에 흰 색을 보고 그렇게 이름 지었다."라 하였다.

2 『형주기』에서, "백염애 아래에 황룡탄(黃龍灘)이 있는데, 물살이 굉장히 빨라 배가 오르내리기 꺼려한다."라 하였다.

3 땅이 아닌 강 위에 자리 잡고 우뚝 솟았으므로, 이렇게 말하였다.

4 '백방(白牓)'은 흰색으로 패를 한 것으로 현재의 현액(懸額)이다.

26. 염예퇴

灩澦堆

巨石水中央	강물 한가운데 거대한 바위
江寒出水長	추워 얼어붙으면 물 위로 드러나네.[1]
沈牛答雲雨	소를 바치면 비가 내리며[2]
如馬戒舟航	말과 같아 지나는 배가 조심하네.[3]
天意存傾覆	하늘이 전복을 경계시키는데
神功接混茫	우뚝 선 신공은 넘실대는 파도에 맞서네.[4]
干戈連解纜	전쟁에 계속 닻 풀어 옮겨 다니는데[5]
行止憶垂堂	어디서든 항상 조심하여야지.[6]

시평 : 이장상(李長祥)이 이르기를, "두보가 기주와 촉의 산수를 읊은 시를 살펴보면, 검각 이전의 작품은 모두 오언 고시이며 구당 이후의 작품은 오언 율시가 많다. 모두 산수의 빼어남을 극진하게 묘사하였다. 매번 한 구를 읽을 때마다 독자로 하여금 그 산수를 실제로 보는 것 같게 하며 산수의 경치가 그렇게 된 원인을 알 수 있게 하였다. 그것은 두보의 근본이 심후하여 자연의 광대(廣大)함을 엿보았기 때문이니, 두보의 생각에는 이를 수 없는 궁극(窮極)이라는 것이 없다고 여겼다."라 하였다.

1 『환우기』에서, "염예퇴(灩澦堆)는 촉강의 중심에 있으며, 구당협의 입구이다."라 하였다. 『수경주』에서, "강 가운데 오롯한 바위가 있는데 음예석(淫豫石)이라 부른다. 겨울에 물이 빠지면 20여 길로 솟아나며 여름에는 잠긴다."라 하였다. 『악부』에서, "음예석은 말처럼 크며, 구당협은 내려갈 수 없네.(淫豫大如馬 衢塘不可下)"라 하였다.

2 '침우(沈牛)'는 권3의 「봉동곽급사탕동영추(奉同郭給事湯東靈湫)에 보이는, '높은 제관이 털 많은 소를 못에 바치네.(曾祝沉豪牛)'에

보이는 행위이다. 『수경(水經)』에서, "강물이 다시 동쪽으로 광계협(廣谿峽)을 지난다."라 하였는데, 그 주에서 "산 위에 신령스러운 연못이 있다. 날이 가물 때 절벽 위의 나무를 태워 그 재를 연못 안으로 던지면 곧 비가 내린다. 삼협 가운데 구당탄(瞿唐灘)가에 신묘(神廟)가 있는데 대단히 영험하여 장사치들이 오르내리면서 끊이지 않고 제사를 지낸다."라 하였다.

3 속담에 이르기를, "염예퇴는 코끼리 같아 구당협을 올라갈 수 없고, 염예퇴는 말과 같아 구당협을 내려갈 수 없다. 삼협 사람들은 염예퇴로 물 높이를 가늠하는 기준으로 삼는다."라 하였다.

4 하늘이 특별히 거석(巨石)을 이곳에 두어 위험을 무릅쓰고 여행하는 사람들을 경계시킨다. 그러나 넘실대는 파도 가운데 강물 중앙에 홀로 우뚝 서 있으니 더욱 조물주와 같은 신공(神功)을 볼 수 있다. 예전의 해석은 모두 명징하지 않다.

5 가는 곳마다 도적의 난리를 만난 것을 말한다. 이 당시 최간(崔旰)의 반란이 아직 평정되지 않았다.

6 「사마상여전」에서, "집에 천금을 가졌으면 마루 모서리에 앉지 않으며, 여행할 때 험준함을 걱정하며, 멈추면 난리가 일까 걱정한다. 그러므로 어디에서든지 경계하는 마음을 가진다."라 하였다.

27. 백제성
白帝

白帝城中雲出門	백제성 안은 구름이 에워싸고
白帝城下雨翻盆	백제성 아래는 비가 퍼붓네.[1]
高江急峽雷霆鬪	불어난 강물과 거센 삼협은 우레가 다투는 듯
古木蒼藤日月昏	고목에 등나무 우거져 해와 달이 희미하네.[2]
戎[3]馬不如歸馬逸	전쟁터 말은 돌아온 말처럼 편안하지 못하고[4]
千家今有百家存	천여 집은 지금 백여 집만 남았네.
哀哀寡婦誅求盡	아아 슬프도다, 과부들은 가렴주구로 다 앗기고
慟哭秋原何處村	어느 고을에서 살아야 할지 가을 들녘에서 통곡하네.㊀

㊀ 소자상이 이르기를, "대단히 뛰어난〔奇警〕 작품이다."라 하였다. ○ '물살 급한 강에 넘실대는 삼협.(急江高峽)'이라 하지 않고, '불어난 강물과 거센 삼협.(高江急峽)'이라고 하였으니, 이 강과 이 협을 절묘하게 묘사하였다.

1 장약육이 이르기를, "구름이 성 안에서 밖으로 나오고 비는 성 아래에 퍼붓는다. 이것은 백제성의 풍경을 상상하였다."라 하였다.

2 구주(仇注)에서, "강물에 거센 비가 들이쳐 일렁이므로 물소리가 우레가 다투는 것 같다. 나무는 흐린 날씨에 가렸으므로 해와 달빛이 희미하다. 전반부는 비 내리는 경치를 묘사하였으니, 아래 부분의 난리가 난 모습을 이끌었다."라 하였다.

3 '戎'은 달리 '去'로 된 본도 있다.

4 우연히 본 것을 읊조렸다.

28. 황초협[1]

黃草

黃草峽西船不歸	황초협 서쪽으로 배는 가지 못하고[2]
赤甲山下行人稀	적갑산 아래에 행인이 드무네.[3]
秦中驛使無消息	진 땅에 역리는 소식이 없고[4]
蜀道兵戈有是非	촉의 전쟁은 시비가 어지럽네.
萬里秋風吹錦水	만리의 가을바람이 금수에 불어오니
誰家別淚濕羅衣	어느 집 이별의 눈물이 비단 옷을 적시는가.[5]
莫愁劍閣終堪據	검각을 끝내 못 지킨 것만 근심하지 마라
聞道松州已被圍	들으니 송주도 이미 포위되었다고 하는구나.㊀

시평 : 주학령이 말하였다. "역사를 살펴보건대, 두홍점(杜鴻漸)이 촉에 도착해보니, 최간(崔旰)이 양자림(楊子琳), 백무림(柏茂林) 등과 각각 자사와 방어사를 제수 받은 상태였다. 두홍점은 최간이 주장(主將)을 마음대로 살해한 죄를 다스리지 못하였다. 그러므로 시에서 전쟁에 시비가 어지럽다는 말을 하였다. 대개 최간이 성도에서 난리를 일으키니, 양자림과 백무림이 토벌하였으므로 그 시비를 분별하지 않을 수 없다. 그러나 최간은 본래 서산(西山)에서 공을 세웠는데, 곽영예(郭英乂)가 그의 첩과 간통을 하였다. 이에 그가 분격하여 변란을 일으키니 그 죄는 전적으로 최간에게만 있는 것이 아니다. 얼마 지나지 않아 최간은 전쟁을 멈추고 두홍점을 따라 입조(入朝)하였다. 그런데 토번은 대대로 촉의 근심거리이므로 마지막 부분에서 검각만 걱정하지 말고 송주를 걱정하라고 말하고 있다. 송주는 이전에 토번에 함락되었는데, 여기서 '이미 포위되었다.'고 말하고 있으니 아마도 중간에 엄무가 수복하였던 것 같다."

㉡ 소자상이 이르기를, “기격(氣格)이 고색창연하다.”라 하였다.

1 이 시는 기주에 있으면서 멀리 촉에서 일어난 난리를 개탄하며 지었다. 마지막 부분에서 시상을 한 걸음 더 전개시켰으니, 마음이 더욱 절박하다.

2 『익주기(益州記)』에서, “부주(涪州) 황갈협(黃葛峽)에 상사애(相思崖)가 있다. 황갈협의 지금 이름은 황초협인데, 산의 풀이 노란색이 많다. 그러므로 그렇게 이름 지었다.”라 하였다. 호삼성(胡三省)이 이르기를, “황초협은 부주의 서쪽에 있다.”라 하였다. 살펴보건대, 두보의 권13 「비(雨)」에서, “줄 지어 선 형주의 배.(連檣荊州船)”와 “남쪽으로 초진의 참혹함을 막으려.(南防草鎭慘)”라고 하였으니, 이 구절과 서로 증거가 된다.

3 『형주도경(荊州圖經)』에서, “어복현(魚復縣)의 서북쪽에 적갑산(赤甲山)이 있는데, 동으로 백제성으로 이어져 있고 서쪽으로 큰 강을 마주하고 있다.”라 하였다. 『수경주』에서, “산이 매우 높고 큰데, 나무가 자라지 않는다. 돌은 모두 붉은 색인데, 토착민들이 ‘사람의 드러낸 어깨’와 같다고 하니 그러므로 적갑산이라 부른다.”라 하였다. 포주(浦注)에서, “‘돌아가지 못하고(不歸)’와 ‘행인이 드무네(行稀)’라는 말은 사람들이 많이 촉으로 수자리 간 것을 이른다.”라 하였다.

4 구주(仇注)에서, “일 처리에 대한 조정의 명령을 들을 수 없음을 이른다.”라 하였다.

5 두 구는 수자리를 보낸 집의 사람이 바람을 맞으면서 떠난 이를 그리워하는 서글픔을 말하고 있다.

29. 기주의 노래[一]

夔州歌十絶句

中巴之東巴東山　중파의 동쪽에 파동산이 있는데[1]
江水開闢流其間　강물이 산을 가르고 그 사이로 흐르네.
白帝高爲三峽鎭　높은 백제성은 삼협의 진산(鎭山)이 되고
瞿唐險過百牢關　험한 구당협은 백뢰관을 지나네.[2]

白帝夔州各異城　백제와 기주는 각각 성이 다르며[3]
蜀江楚峽混殊名　촉강의 초협은 이름이 혼란을 일으키네.[4]
英雄割據非天意　영웅이 이곳을 할거하니 하늘 뜻이 아니며
霸王幷呑在物情　패왕이 병탄하니 민심에 달려 있네.[5][二]

羣雄競起問前朝　전조에 여러 영웅들 다투어 일어났지만[6]
王者無外見今朝　왕이 통일하여 지금까지 이어지네.
比訝漁陽結怨恨　근래 어양에서 난 일으켜 원한 맺혔지만[7]
元聽舜日舊簫韶　순 임금의 소호를 다시 듣는 것 같네.[8][三]

赤甲白鹽俱刺[9]天　적갑산과 백염산은 모두 하늘을 찌르는데
閭閻繚繞接山巓　여염집은 이어져 산꼭대기를 마주하네.
楓林橘樹丹青合　단풍나무 숲과 귤나무는 단청에 어리고
複道重樓錦繡懸　복도의 층층의 누대에 비단이 걸렸네.[10][四]

瀼[11]東瀼西一萬家　낭동과 낭서에 일 만의 가옥[12]
江南江北春冬花　강남과 강북엔 봄과 겨울에 꽃이 피네.[13]
背飛鶴子遺瓊蘂　뒤집어 나는 학은 아름다운 꽃을 떨어트리고[14]
相趁鳧雛入蔣牙　종종거리는 오리 새끼들은 줄풀 싹으로 들어가네.[15] [五]

東屯稻畦一百頃　동쪽 둔영의 논은 일백 경이고[16]
北有澗水通青苗　북쪽 계곡물은 청묘파로 들어가네.[17]
晴浴狎鷗分處處　갠 날 갈매기는 이곳저곳 자맥질하고
雨隨神女下朝朝　비는 신녀 따라 아침마다 내리네.[18]

蜀麻吳鹽自古通　촉의 삼과 오의 소금은 예부터 유명하니
萬斛之舟行若風　가득 실은 배가 바람처럼 내달리네.
長年三老長歌裏　나이 지긋한 노인들이 길게 노래하면서
白晝攤錢高浪中　높이 파도치는 대낮에 투전을 하네.[19] [六]

憶昔咸陽都市合　기억하노니, 옛날 함양의 번성한 도회에서
山水之圖張賣時　산수의 그림을 펼쳐놓고 팔던 때를.
巫峽曾經寶屛見　무협에서 일찍이 귀중한 병풍을 보았는데
楚宮猶對碧峰疑　초궁은 아직도 푸른 봉우리 마주하고 있을까.[20] [七]

武侯祠堂不可忘　무후의 사당을 잊지 못하리니
中有松柏參天長　뜰 안의 송백은 하늘까지 닿았네.
干戈滿地客愁破　전쟁터 떠도는 나그네 근심도 멈추니
雲日如火炎天涼　불같은 해의 뜨거운 날씨도 서늘하구나.[21] [八]

閬風玄圃與蓬壺	선경(仙境)에 낭풍과 현포와 봉호가 있는데[22]
中有高唐天下無	이곳의 고당은 천하에 둘도 없네.[23]
借問夔州壓何處	묻노니, 기주의 제일 명승은 어디인가?
峽門江腹擁城隅	강 가운데 협문이 성 모퉁이를 끼고 도네.[九]

[一] 10수는 또한 죽지사 형식으로, 노경(老境)한 풍격을 보인다.

[二] 1-2수는 기주의 형승(形勝)을 기록하고 아울러 감개(感慨)함을 읊었다.

[三] 이 작품에서 비로소 읊으려는 내용을 처음으로 말했으니〔開筆〕, 아래의 4수를 일으켰다.

[四] 이 작품에서 적갑산과 백염산을 기술하였다.

[五] 이 작품은 낭동과 낭서를 기술하였다. ○ 이자덕이 이르기를, "정해진 평측을 따르지 않는 곳에서 절로 풍류를 볼 수 있다."라 하였다.

[六] 이 작품은 수로로 여행하기 편리함을 나타내었다.

[七] 위의 몇 작품에서 모두 실제의 경치를 묘사하였는데, 이 한 작품을 끼워 넣으니 앞뒤의 모든 작품이 더욱 생동감을 갖게 되었다.

[八] 이 작품은 특별히 무후의 사당을 기술하였다.

[九] 마지막 작품은 총결에 해당한다. 앞의 작품들과 호응하니 오로지 고당만을 읊은 것이 아니다.

1 『화양국지』에서, "유장(劉璋)이 점강(墊江) 경계로 위쪽을 파군(巴郡)으로 삼았다. 파서(巴西)와 파동의 가운데를 중파(中巴)라 한다."라 하였다. 『당서』에서, "기주(夔州)는 본래 신주(信州) 파동군이었다."라 하였다.

2 『당서』에서, "한중군(漢中郡)의 서쪽 현에 백뢰관(百牢關)이 있다."라 하였다. 『도경』에서 이르기를, "백뢰관은 제갈공명이 세웠는데, 양쪽에 절벽이 마주하고 있다. 60리에 걸쳐 이어져 있고, 한강(漢江)이 그 사이로 흐른다. 이 길은 금우(金牛)와 익창(益昌)으로 이어진다."라 하였다.

3 옛날 백제성은 기주성의 동쪽에 있었다.

4 구당협의 옛 이름은 서릉협(西陵峽)으로, 형주의 서릉협(西陵峽)과 이름이 같아 혼란을 일으킨다.

5 주주(朱注)에서, "영웅이 할거했다는 말은 공손술(公孫述)과 유언(劉焉) 등의 무리를 가리킨다. 패왕이 차지했다는 말은 한고조가 파촉을 중국에 포함시킨 것을 가리킨다."라 하였다. 구주(仇注)에서, "이 지역을 훔쳐 할거한 것은 하늘을 거역한 것이며 민심을 얻는 자가 왕이 되니, 그것은 덕에 달려 있지 지역의 험준함에 달려 있지 않다. 이 또한 옛날을 논하여 촉 지역의 반란군에게 경계한 것이다."라 하였다.

6 앞 시대에 촉을 할거한 자들을 이른다.

7 주부(朱浮)의 「책팽총서(責彭寵書)」에서, "어찌하여 보잘 것 없는 어양으로 천자에게 원한을 맺는가."라 하였다.

8 '순일소호(舜日簫韶)'는 현종이 촉에 들어온 때를 가리킨다. 두 구는 안록산이 반란을 일으킨 뒤 오직 촉 지역만은 근심이 없음을 말한다.

9 '刺'의 음은 '七'과 '跡'의 반절법이다.

10 노주(盧注)에서, "기주의 백성이 많고 부유한 것을 나타내었다."라 하였다.

11 '瀼'의 음은 '奴'와 '朗'의 반절법이다.

12 민가가 많은 것을 나타내었다. 『수경주』에서, "백제산의 성 동쪽 곁에 낭계(瀼溪)가 있으니, 그것으로 해자를 만들었다."라 하였다. 『입촉기(入蜀記)』에서, "기주 사람들은 산의 계곡에서 흘러 강으로 들어가는 것을 '낭(瀼)'이라고 한다. 거주민들이 좌우를 나눠 낭동, 낭서라고 부른다."라 하였다.

13 기후가 따뜻함을 나타내었다.

14 「해부(海賦)」에서, "오리 새끼가 뒤처지고, 학의 새끼는 보슬보슬.(鳧雛離縱 鶴子淋滲)"이라 하였다. 왕찬의 「백학부(白鶴賦)」에서, "신령한 산의 아름다운 꽃술을 먹네.(食靈岳之瓊蘂)"라 하였다.

15 「촉도부(蜀都賦)」에서, "강가 떨기의 줄풀을 뽑네.(攢蔣叢浦)"라 하였는데, 주에서 "'장(蔣)'은 줄풀의 이름이다."라 하였다.

16 『곤학기문』에서, "동쪽 둔영은 바로 공손술이 머물러 진을 치던 곳이다. 백제성과의 거리가 5리로, 밭이 백 경이 되니 쌀이 촉 땅에서 으뜸이다."라 하였다.

17 『일통지』에서, "청묘파(青苗坡)는 구당협의 동쪽에 있다. 물을 담아 밭에 대는데 백성들이 그 이로움을 얻는다."라 하였다.

18 두 구는 계곡물이 마르지 않음을 나타내었다.

19 장사치들이 위험을 두려워하지 않음을 나타내었다. 황생(黃生)의 주에서, "'탄전(攤錢)'은 주사위를 땅에 던지는 것으로 지금의 질박(跌博)이다."라 하였다.

20 초궁은 아득하여 찾을 수 없음을 말하고 있으니, 아마도 그림에서 본 것일 것이다.

21 이자덕이 이르기를, "이러한 작품들은 개산(開山)의 시조에 해당하니, 삼당(三唐)의 절구에 비하면 다른 종류이다."라 하였다.

22 낭풍과 현포는 곤륜산에 있고, 봉호는 동해에 있다.

23 『오선록(吳船錄)』에서, "양대(陽臺)의 고당관(高堂觀)은 내학봉(來鶴峰) 위에 있다."라 하였다. 고당관은 선령(仙靈)의 경치가 된다. 그러므로 봉호, 낭풍과 서로 비길 수 있다.

30. 여러 장수들[1]⊟⊟
諸將五首

漢朝陵墓對南山　　한나라 능묘는 험한 종남산을 마주하는데[2]
胡虜千秋尚入關　　오랑캐는 천년 뒤에 다시 소관(蕭關)에 쳐들어왔네.[3]
昨日玉魚蒙[4]葬地　　옛날에 옥어는 무덤에 묻혔는데[5]
早時金盌出人間　　벌써 금 그릇이 세상에 나도네.[6]
見愁汗馬西戎逼　　한혈마 탄 서융이 침략하니 두렵고[7]
曾閃朱旗北斗殷　　펄럭이는 붉은 깃발이 북두에 가득하네.[8]
多少材官守涇渭　　얼마나 많은 지휘관이 경수와 위수를 지키나[9]
將軍且莫破愁顏　　장군들은 앞으로 긴장한 얼굴 풀지 마시라.

시평 : 이 작품은 토번이 침략한 것으로 여러 장수를 책망하고 있다. 토번은 광덕 원년(763)에 장안을 한번 함락시켰으며, 영태 원년(765)에 다시 장안을 침략하였다. 이것이 최근의 가장 큰 우환이었으므로 도입구에서 언급하였다. 1-4구는 지난 일을 들어 걱정하고 있다. 토번의 재앙이 능침을 약탈하여 욕보이고 있으니 신하가 어찌 편안할 수 있는가? 5-8구는 경기(京畿) 지역에 최근 다시 침략의 기미가 있으니, 비록 잠시 저들이 물러갔지만 언제 쳐들어올지 모르니, 방비를 맡은 자들은 항상 경계하여 한시라도 편안하게 지내서는 안 됨을 말하고 있다.

韓公本意築三城　　한국공이 세 수항성을 쌓은 의도는[10]
擬絶天驕拔漢旌　　거친 돌궐이 한의 깃발 뽑아내지 못하게 함이네.[11]
豈謂盡煩回紇馬　　어찌 알았으랴, 회흘의 병마를 번거롭게 불러들여
翻然遠救朔方兵　　도리어 멀리 삭방의 군사를 구원할 줄을.[12]
胡來不覺潼關隘　　오랑캐가 올 때 동관의 험준함을 느끼지 못하였으나[13]
龍起猶聞晉水清　　황제가 일어나니 진수가 맑아졌다고 하네.[14]

獨使至尊憂社稷　　지존 홀로 사직을 걱정하게 하는가
諸君何以答昇平　　그대들은 무엇으로 태평성대 이루리오.

시평 : 이 작품은 회흘에게 군사를 빌린 것에 대해 여러 장수들을 책망하고 있다. 회흘이 당을 도왔으니 숙종이 장안과 낙양을 수복하고, 옹왕(雍王)이 사조의(思朝義)를 토벌할 때 모두 그들의 힘을 이용하였다. 그러나 끝내는 공을 믿고 당을 침략하였는데, 토번과 힘을 합하여 쳐들어왔다. 두보는 짐짓 당 고조가 진양에서 병사를 일으킬 때의 성대함을 서술하였고, 여러 장수들이 천자를 위하여 잘 방비하지 못하는 것을 탄식하고 있다. ○ 어떤 사람이 당이 잃어버린 땅을 수복할 때 회흘의 공이 큰 것을 가지고, 병사를 빌린 것이 옳지 않다고 여기는 태도는 합당하지 않다고 하였다. 그러나 두보는 「북정(北征)」에서 그들의 풍습을 무시하는 '이들은 젊은이를 높이나니(此輩少爲貴)'라고 하였으며,[15] 「유화문(留花門)」과 「견분(遣憤)」 등의 작품에서 회흘을 대단히 미워하고 있다. 더구나 이들이 다시 토번과 힘을 합쳐 당에 쳐들어 온 뒤임에랴! 만약 '오랑캐가 올 때(胡來)'라는 구절로 안록산을 가리킨다고 여긴다면 위아래 문장의 맥락이 연결되지 않는다.

洛陽宮殿化爲烽　　낙양의 궁전이 봉화대로 변했으니
休道秦關百二重　　진의 관문이 험준하다 이르지 마라.[16]
滄海未全歸禹貢　　창해는 전부 우공에 속하지 못하였으며[17]
薊門何處盡堯封　　계문의 어느 곳이 요의 아래에 다 들어갔는가.[18] [三]
朝廷袞職雖多預　　조정의 삼공(三公)에 비록 많이 이름 올렸지만[19]
天下軍儲不自供　　천하의 군수품을 자급하지 못하네.[20]
稍喜臨邊王相國　　그나마 다행은 변방에 온 왕진 상국이[21]
肯銷金甲事春農　　기꺼이 쇠갑옷을 녹여 봄농사를 지었다네.[22] [四]

시평 : 이 작품은 여러 장수들이 하북이 빼앗기는 것을 좌시하고 둔영의 제도를 제대로 시행하지 않는 것에 대해 책망하고 있는데, 짐짓 왕진을 거론하여 여러 번진(藩鎭)의 장수들을 부끄럽게 만들며 또 한편으론 권면하고 있다. 살펴보건대 이 당시에 번진이 각각 병사를 조련하여 성을

지키면서, 스스로 장수와 관리를 배치하여 내부에서 반란을 꾀하였다. 관보(關輔)와 하(河), 회(淮) 등지에서 진군을 멈춰 많은 병사들을 거느리고 있으니, 둔전을 마련하여 농사를 지어 지구전(持久戰)에 대한 계책을 마련하지 않는다면 전쟁을 수행할 수 없다. 이에서 대단히 뛰어난 두보의 원대한 식견을 알 수 있다. ○ 하의문이 이르기를, "지방의 절도사들이 공납을 바치지 않으니 기내(畿內) 지역에서 세금을 더욱 심하게 거둬 백성들이 바야흐로 쓰러질 지경인데 어느 겨를에 빼앗긴 땅을 수복하겠는가. 계문(薊門)에 둔전을 실시, 곡식을 저장하여 농사와 전투를 아울러 시행한다면, 부병 제도를 회복할 수 있어서 좋은 조건에서 적들을 상대할 수 있으니 안록산과 사사명의 잔당을 쓸어 평정할 수 있을 것이다. 이러한 논의는 대단히 투철하고 절실하다."라 하였다.

回首扶桑銅柱標	머리 돌려 남해의 구리 기둥 경계를 보니[23]
冥冥氛祲未全銷	어둑한 재앙의 기운이 다 사라지지 않았네.[24]
越裳翡翠無消息	월상의 비취는 진상된다는 소식이 없고[25]
南海明珠久寂寥	남해의 명주도 오랫동안 고요하네.[26]
殊錫曾爲大司馬	특별한 은사가 대사마 위해 베풀어지고
總戎皆揷侍中貂	대장들은 모두 시중의 담비 모자 썼네.[27]
炎風朔雪天王地	남방의 바람과 북방의 눈은 천자의 영토이니
只在忠臣翊聖朝	충신들이 당 왕조를 보필하였기 때문이네.[28] 五

시평 : 이 작품은 남쪽 변방이 소란한 것을 말미암아 조정에서는 마땅히 환관을 장수로 삼지 않아야 함을 풍자하고 있다. 개원 연간에 환관 양사욱(楊思勗)이 병사를 거느리고 안남(安南)과 오계(五溪)를 토벌할 때 잔인하게 많은 사람을 죽였기에, 월상이 공물을 바치지 않았다. 대종 초기에 환관 여태일(呂太一)이 광남(廣南)에서 구슬을 거둬들이고, 병력을 믿고 반란을 일으키니 남해(南海)가 소란스러웠다. 환관 이보국(李輔國)이 판원수행군사마(判元帥行軍司馬)가 되어 궁궐의 병사를 장악하였다. 다시 병부상서에 임명되니, 시에서 말한 '특별한 은사(殊賜)'는 이것을 가리킨다. 어조은(魚朝恩)이 환관으로 천하관군용선위처치사(天下觀軍容宣慰處置使)가 되었으며, 정원진(程元振)도 환관으로 진군대장군(鎭軍大將

軍)과 우감문위대장군(右監門衛大將軍)의 직함을 보태 궁궐을 담당하는 보응군(寶應軍)을 맡게 하니, 시에서 말한 '총융(總戎)'이다. 만약 여러 장수가 변방을 안정시키지 못한 것을 책망하였다고 이 시를 해석한다면, 두보의 앞뒤 시 가운데 그런 의미는 조금도 없다. 5-6구는 다만 명성과 지위가 더욱 높아진 것만을 말하고 있으니, 앞 작품의 '곤직(袞職)'과 중복되는 우를 범하였다.

錦江春色逐人來	금강의 봄빛은 사람을 따라 오고
巫峽清秋萬壑哀	무협의 맑은 가을은 골짜기마다 서럽네.[29]
正憶往時嚴僕射	기억하노니, 지난 날 복야 엄무와
共迎中使望鄉臺	함께 사신을 망향대에서 맞았는데.[30]
主恩前後三持節	임금의 은혜로 앞뒤 세 번 다스렸으니[31]
軍令分明數擧杯	군령이 분명하여 자주 술잔 들었네.[32]
西蜀地形天下險	서촉의 지형은 천하의 요새라
安危須仗出羣材	뛰어난 인재에게 안위를 맡겨야 하네.

시평 : 이 작품은 촉에 있는 장수에게 말한 것이다. 이 당시에 최간(崔旰)과 백무림(柏茂林) 등이 서로 싸웠는데, 두홍점(杜鴻漸)은 미봉책을 써서 절제사로 최간과 백무림 등을 임명하여 각 고을의 자사(刺史)로 삼자고 상소를 올리니 천자가 어쩔 수 없이 그의 말을 따랐다. 두홍점은 삼천(三川)부원수겸절도사로 천자의 은혜가 대단하였지만, 군령을 엄격히 한 것은 엄무에 훨씬 미치지 못하였다. 두보가 짐짓 현 상황에 느낌이 일어 옛날을 회상하면서, 반드시 엄무처럼 뛰어난 인재라야 서촉의 안위를 감당할 수 있으니 두홍점은 그러한 사람이 아닌 것을 안타까워하고 있다. 또한 두홍점이 촉에 들어와 군정(軍政)을 최간에게 맡기고 날마다 막료들과 술을 마시며 연회를 열었다. 그러므로 '군령이 분명하여 자주 술잔 들었네.(軍令分明數擧杯)'라 말하여 엄무의 군령을 회상하였으니, 실제로는 두홍점이 날마다 술을 마시며 군무에 힘쓰지 않아 천자의 은혜를 저버린 것에 대해 은밀하게 기롱하고 있다. 「팔애(八哀)」의 엄무를 다룬 시에서, '어찌 성도에 술이 없으랴만, 나라 걱정에 다만 조금 마시네.(豈無成都酒憂國只細傾)'라는 구절은 이 작품과 서로 호응하여 실상을 보이고 있다.

㈠ 다섯 작품의 원대한 계책은 정채(精彩)가 나니, 일월(日月)과 빛을 다툰다. ○ 소자상이 이르기를, "「추흥(秋興)」과 「제장(諸將)」은 두보의 칠언 율시 가운데 가장 뛰어나다. 침실고화(沈實高華)는 「추흥」이 낫고, 심혼창울(深渾蒼鬱)은 「제장」이 낫다. 「제장」이 「추흥」보다 못하다고 이르는 자들은 어린 아이의 천박한 식견이다."라 하였다.

㈡ 이 시와 권11의 다섯 수로 된 「유감(有感)」은 의논(議論)으로 작품을 지었다. 시사(時事)에 감분(感憤)한 곳은 강개온자(慷慨蘊藉)하니, 여러 번 읊조리게 만든다. 매 작품의 결말 부분에 더욱 자신의 진정(眞情)을 담았으니 이른바 '말한 자는 죄가 없고 듣는 자는 경계로 삼을 만하다.'에 해당하니, 『시경』과 나란히 둘 수 있다.

㈢ 구창주가 이르기를, "1-2구는 안록산과 사사명이 장안을 함락한 것을 돌이켜 본 것이고, 3-4구는 하북(河北)의 잔당을 말한다."라 하였다.

㈣ 문장의 개합(開合)이 변화무쌍하여 입신의 경지에 들었으니, 이 작품이 율시인지 깨닫지 못할 정도이다. 이러한 경계는 두보만이 오를 수 있는데, 후에 오직 유산(遺山) 원호문(元好問)만이 배웠다.

㈤ 앞의 세 수는 북쪽을 바라보고 탄식하며 지었고, 이 작품은 남쪽을 바라보며 지었다. 그러므로 '고개를 돌리며(回首)'란 말을 사용하였다.

1 유창(兪瑒)이 말하기를, "안록산이 반란을 일으킨 뒤로 천하의 군대를 동원하였는데, 오래 지나도 평정하지 못하였다. 두보가 짐짓 이 시를 지어 여러 장수들을 풍자하였다."라 하였다. 고신(顧宸)이 말하기를, "첫 번째 작품은 토번을 걱정하고 변방의 방비를 맡은 여러 장수들을 책망하고 있다. 다음 작품은 회흘에 분개하고 오랑캐 병사를 기용하는 여러 장수들을 책망하고 있다. 세 번째 작품은 변방의 장수로 나온 대신을 책망하고 있다. 네 번째 작품은 변방의 장수로 나온 환관을 책망하고 있다. 다섯 번째 작품은 두보 자신이 촉에 있을 때를 회상하면서 촉을 다스리는 장수를 부드럽게 풍자하고 있다. 그러므로 이 시의 제목을 총괄하여 '제장(諸將)'이라 한 것이다."라 하였다.

2 이 구는 종남산이 험준하고 견고하여 지킬 수 있음을 말하고 있다. 『장안지』에서, "종남산은 남전(藍田)의 여러 고을로 이어진다. 서한(西漢)의 여러 능침과 대신들의 분묘가 종남산을 마주하고 있다."라 하였다.

3 『후한서』 「유분자전(劉盆子傳)」에서, "적미(赤眉)가 장안에 들어

와 여러 능묘를 도굴하여 보물을 훔쳤다."라 하였다. 이 구는 한나라에 이런 일이 있었는데, 천년 뒤인 지금 다시 그런 일이 생길 줄은 생각하지도 못한 것을 말한다. 광덕 원년에 토번이 침입하니, 태상박사 유항(柳伉)이 상소를 올렸다. 그는 소장에서 견융이 함곡관을 침범하고 농(隴) 땅을 지나 칼에 피도 묻히지 않고 장안에 들어와 궁궐을 약탈하고 능침을 태울 것이라고 하였다. 이 시에서 말하는 것은 마땅히 이 사실을 가리키는데 차마 직접 거론할 수 없으므로 한나라의 일을 빌려 말하고 있다.

4 '蒙'은 덮였다는 의미이다.

5 『양경신기(兩京新記)』에서, "선정전(宣政殿)이 비로소 완성되었을 때, 매번 수십의 기마병이 나와 내달렸다. 고종(高宗)이 무당인 유명노(劉明奴)를 시켜 그들에게 그 이유를 물어보게 하였다. 귀신이 '나는 한나라 초왕 유무(劉戊)의 태자인데 이곳에 장사지냈다.'라 하였다. 유명노가 아뢰어 고종이 조서를 내려 개장(改葬)하려고 하였다. 다시 귀신이 '개장한다니 대단히 다행스럽다. 천자가 나의 옥어(玉魚) 한 쌍을 염해주었는데 지금도 썩지 않았으니 빼앗길까 두렵다.'라 하였다. 무덤을 파헤치니 옥어가 흠이 없이 완전하였다."라 하였다.

6 '작일(昨日)'과 '조시(早時)'는 변란은 갑자기 발생하니 항상 보호할 수 없다는 말이다. 『한무고사(漢武故事)』에서, "업현(鄴縣)에 어떤 사람이 시장에서 옥술잔을 팔고 있었다. 관리가 그것이 천자가 쓰던 물건이 아닌가 의심하여 체포하려고 하자 문득 사라져버렸다. 업현에서 그 잔을 보내왔는데, 이리저리 물어보니 바로 무릉(茂陵, 무제의 능침)에 묻은 물건이었다. 곽광이 관리를 불러 물으니, 시장에서 물건을 팔던 사람의 모습이 무제와 비슷하였다."라 하였다. 『남사(南史)』에서, "심형(沈炯)의 「경한무통천대표(經漢武通天臺表)」에서, '무릉의 옥 그릇이 마침내 세상에 나왔습니다.'라 하였다."라 하였으니, 바로 이 일을 인용하였다. 『수신기』에서 노충(盧充)이 최소부의 딸과 영혼 결혼식을 올린 내용을 싣고 있는데, 최소부의 딸이 노충에게 금 그릇을 주니, 노충이 시장에 가서 그 그릇을 팔았다. 최소부의 딸 이모가, '옛날 나의 여동생이 낳은 딸이 죽어 금 그릇 하나를 관속에 같이 묻었다.'라 하였다. 호응린이 말하기를, "이 구는 노충의 금 그릇〔金盌〕 고사에 무제의 옥 그릇〔玉盌〕 고사를 투영하여 한 구에 두 개의 고사를 혼용(混用)하였으나, 인용한 흔적이 없다. 마치 『사기』 「백이전(伯夷傳)」이 여러 경서(經書)와 자서(子書)를 뒤섞어 인용하였으나 완벽하게 녹여 문장을 구성한 것과 같으니, 이곳은 참으로 노련한 작가가 용광로처럼 녹여낸 묘처(妙處)로, 다만 위에 옥어(玉魚)란 말이 있어서 중복을 피하려고 한 것뿐만이 아니다."라 하였

다. 살펴보건대, 두보의 시에서 고사를 인용한 곳은 이와 같은 곳이 많다. 이 구절은 왕릉을 도굴하여 보물이 세상에 돌아다니는 것을 말한다.

7 「대종기(代宗紀)」에서, "영태 원년 8월에 복고회은(僕固懷恩)이 토번을 끌어들여 봉천을 침략하니, 장안이 두려움에 떨었다."라 하였다.

8 반고의 「연연산명(燕然山銘)」에서, "붉은 깃발이 하늘을 붉게 물들였다."라 하였다. 두보는 「역력(歷歷)」에서, "북두가의 진나라 성.(秦城北斗邊)"이라 하였다. 장진(張溍)의 주에서, "펄럭이는 붉은 깃발 때문에 북두성이 모두 붉게 된 것을 말하니, 오랑캐의 기운이 하늘을 가린다는 의미를 나타내었다."라 하였다.

9 이 구는 병력이 약하여 위태롭게 된 것을 근심하고 있다. 『한서』에서, "용감하고 힘이 센 중급의 지휘관〔材官〕이 발로 밟아 강한 쇠뇌를 잰다."라 하였다. 경수와 위수는 장안의 서북쪽에 있으니, 토번이 장안을 쳐들어올 때 지나는 길이다. 『통감』에서, "영태 원년 9월에 회흘과 토번이 병사를 합쳐 경양(涇陽)을 포위하였는데, 세모에 두 오랑캐가 북원(北原)으로 퇴각하여 진을 쳤다."라 하였다.

10 『구당서』「장인원전(張仁愿傳)」에서, "장인원은 경룡 2년에 한국공(韓國公)으로 봉해졌다. 신룡 3년에 하북에 세 개의 수항성(受降城)을 쌓았다. 이전에 삭방주(朔方州)는 돌궐과 황하로 경계를 삼았는데, 이 당시 묵철(默啜)이 서쪽으로 사갈(娑葛)을 공격하자 장인원이 빈틈을 타서 막남(漠南) 지역을 빼앗고 세 성을 쌓았는데, 첫 번째 성과 마지막 성이 통하게 만들었다. 이때부터 돌궐은 산을 넘어와 방목하지 못하여 삭방주에 다시 오랑캐의 침략이 없었다."라 하였다. 『신서(新書)』에서, "가운데 성은 남쪽으로 삭방을 마주하고, 서쪽 성은 남쪽으로 영무(靈武)를 마주하고, 동쪽 성은 남쪽으로 유림(榆林)을 마주한다."라 하였다.

11 회음후(淮陰侯) 한신이 배수진을 쳐서 조나라 깃발을 뽑아내었으니, 이 구는 오랑캐를 물리쳐 한나라가 세운 깃발을 뽑아내지 못하게 함을 말한다.

12 지덕 초기에 곽자의(郭子儀)가 삭방의 군대를 거느리고 회흘 병사의 지원을 받아 안경서(安慶緖)를 토벌하였다.

13 회흘이 복고회은의 꼬임에 넘어가 토번과 연합하여 침략하였다.

14 『수경주』에서, "진수(晉水)는 진양현(晉陽縣)의 서쪽에서 기원하여 동쪽으로 흘러 분수(汾水)로 들어간다."라 하였다. 일행(一行)의 「병주기의당송(幷州起義堂頌)」에서, "우리 고조(高祖)가 진수에서

용처럼 노닐고 태원(太原)을 봉황처럼 날았다."라 하였다. 『책부원귀』에서, "고조가 군대를 거느리고 용문현(龍門縣)에 머무르니, 대수(代水)가 맑아졌다."라 하였다. 『두시박의』에서, "동관(潼關)의 장점인 험준함을 잃어버린 것은 당의 부흥을 위해 회흘의 병사를 빌렸기 때문이다. 그러나 고조가 진양에서 군사를 일으킬 때 또한 일찍이 돌궐에게 병사를 요청하여 수(隋)의 난리를 평정하였다. 그 후에 돌궐이 공적을 믿고 곧바로 위교(渭橋)를 침범하였으나 끝내는 계략을 써서 섬멸하였으니, 그것은 태종(太宗)의 뛰어난 무공뿐 아니라 또한 영국공(英國公)과 위국공(衛國公)이 정벌에 힘쓴 공이다. 그러므로 이어지는 아래 두 구에서 말한 것은 곽자의에게 깊이 권면한 것이다."라 하였다.

15 「회흘전」에서, "그들은 날래고 강건하다. 처음에는 추장이 없었다. 물과 목초를 따라 이동한다. 말을 잘 타고 활을 잘 쏘며, 도적질과 노략질을 좋아한다."라 하였다.

16 『한기(漢紀)』에서, "진나라는 이만 명이 백만 명을 감당할 수 있다."라 하였는데, 주에서, "진나라 땅은 험준하고 견고하여 이만 명의 사람이 충분히 제후들의 백만 명을 감당할 수 있다."라 하였다. 『통감』에서, "천보 14년 12월에 안록산이 낙양을 함락하였으며, 15년 6월에 동관을 격파하였다."라 하였다.

17 창해는 치수(淄州)와 청주(靑州) 등을 가리킨다.

18 '어느 곳'은 노룡(盧龍) 등을 말한다. 『수경주』에서, "무왕(武王)이 요 임금의 후손을 계에 봉하였다. 지금 성안의 서남쪽에 계구(薊邱)가 있다. 그러므로 계문이라 이름 지었다."라 하였다. '요의 아래에 다 들었는가(盡堯封)'의 '진(盡)'은 「왕제(王制)」의 '북으로 항산이 다 들어가지 않고, 남으로 형산이 다 들어가지 않았다.'의 '진(盡)'과 같은 의미이다. 이 당시 절도사 이회선(李懷仙) 등이 안록산과 사사명의 잔당을 거둬들여 하북의 여러 고을을 차지하였다.

19 '雖多預'는 달리 '誰爭補'로 된 본도 있다. 주주(朱注)에서, "이 시의 '곤직(袞職)'은 『모시』에서 임금의 직분을 의미하는 '곤직'과는 의미가 다르다."라 하였다. 『후한서』 「법진전(法眞傳)」에서, "신은 바라건대 전하께서는 곤직을 더해 주십시오."라 하였는데, 주에서 "곤직은 삼공(三公)이다."라 하였다. 당의 여러 절도사들은 중서령평장사와 조정의 여러 벼슬을 겸하는 자가 많았다.

20 당의 부병(府兵) 제도는 병사에게 농사를 부과하여 군량을 자급하도록 하였다. 지금 부병의 제도가 무너져 천하의 군수품(軍需品)이 조정에서 보내주기를 바라고 있으므로, 이렇게 말하였다.

21 『구당서』에서, "광덕 2년에 왕진(王縉)이 동평장사(同平章事)에

제수되었다. 그 해 8월에 이광필(李光弼)을 대신하여 도통하남회서산남동도제절도행영사겸영동경유수(都統河南淮西山南東道諸節度行營事兼領東京留守)에 임명되었다. 해가 지난 뒤 하남부원수로 옮겼다."라 하였다.

22 왕진이 원재(元載)에게 달라붙었다. 그러므로 시에서 '그나마 기쁜 것은(稍喜)'이라 하였으니, 또한 만족스럽지 못하다는 표현이다.

23 『십주기(十洲記)』에서, "부상은 벽해의 묘방(卯方)의 지역에 있다."라 하였다. 이 시의 '부상(扶桑)'은 다만 남해를 가리킨다. 『남사(南史)』에서, "임읍국(林邑國)의 남쪽 경계에 마원(馬援)이 두 개의 구리 기둥을 세워 한나라와의 경계임을 나타내었다."라 하였다.

24 옛날에는 현종이 남조(南詔, 옛 타이족 왕국)에서 패한 것을 가리킨 것이라고 하였는데, 사실과 크게 어긋난다. 「대종기(代宗紀)」에서, "광덕 원년 12월 환관인 시박사(市舶使) 여태일(呂太一)이 광남(廣南) 절도사 장휴(張休)를 몰아내고 병사를 풀어 노략질 하였다."라 하였다. 마땅히 이 사실을 가리킨다.

25 월상(越裳)의 지역은 교지(交趾)와 인접해 있다. 『후한서』「가종전(賈琮傳)」에서, "교지는 땅에서 보배가 많으니, 명기(明璣)·취우(翠羽)·대모(瑇瑁)·이향(異香)·미목(美木) 등의 종류가 생산된다."라 하였다.

26 『영표록이(嶺表錄異)』에서, "염주(廉州)에 큰 연못이 있으니, 주지(珠池)라고 불린다. 해마다 자사가 제물을 바친다."라 하였다.

27 『당서』에서, "문하성에 시중(侍中)은 두 명으로 정3품인데, 황제의 명령을 출납하며 의식이 있을 때 황제를 돕는다. 좌우상시중서령과 함께 금빛 매미와 담비꼬리로 장식한 모자를 쓴다."라 하였다.

28 결구는 '어떻게 환관에게 천하의 병권을 맡기는가?'라는 의미로, 시어가 함축되어 겉으로 드러나지 않고 있다.

29 두 구는 기주(무협)에 있는 것이 촉(금강)에 있는 것만 못함을 나타내었다.

30 망향대는 성도의 북쪽에 있다. 두보가 막료였기 때문에 함께 가서 맞이하였다. 장상약이 이르기를, "이 구는 엄무가 겸손하여 임금을 높인 것을 나타내었다."라 하였다.

31 엄무가 첫 번째는 동천(東川)을 다스리고, 두 번째는 검남(劍南)을 다스렸다.

32 군령이 분명하였기에 여가에 술 잔 들어 즐길 수 있었다. 다만 일곱 글자로 표현하였지만 그 안에는 병법이 정돈되어 적의 예봉을 미리 꺾어서 술자리를 즐긴다는 의미가 담겨 있다.

31. 가을날의 흥취[1]

秋興八首

玉露凋傷楓樹林　옥 이슬에 단풍나무 잎은 우수수 지니
巫山巫峽氣蕭森　무산과 무협은 쓸쓸함이 가득하네.[2]
江間波浪兼天湧　강의 파도는 하늘에 닿을 듯 일렁이고
塞上風雲接地陰　변방의 풍운은 땅에 내려와 어둡구나.[3]
叢菊兩開他日淚　국화꽃이 두 번 피니 지난 날 추억해 눈물 떨구고
孤舟一繫故園心　외론 배를 잠시 매어놓으니 고향을 그리는 마음이라.[4]
寒衣處處催刀尺　겨울 옷 마련에 곳곳마다 가위 소리 분주하고
白帝城高急暮砧　백제성 높이 밤중에 다듬이 소리 울려 퍼지네.[二]

夔府孤城落日斜　기부의 외론 성에 지는 해는 빗겨 있고[5]
每依北斗望京華　매번 북두에 의지해 장안을 바라보네.[6]
聽猿實下三聲淚　원숭이 울음 세 번 들으면 눈물이 흐르는데
奉使虛隨八月槎　팔월의 봉명 사신을 헛되이 따랐네.[7]
畫省香爐違伏枕　상서성의 향로는 잠자리에서 멀고[8]
山樓粉堞隱悲笳　산의 누대와 성곽에 슬픈 피리 소리 은은하네.[9]
請看石上藤蘿月　바위 위 등라넝쿨 사이로 뜬 달을 보시라
已映洲前蘆荻花　환하게 모래톱 갈대꽃을 비추고 있구나.[三]

千家山郭靜朝暉　천 호의 산성에 아침 햇살 고요한데
日日江樓坐翠微　날마다 강가 누대 앉아 앞산 바라보네.[10]

信宿漁人還泛泛	이틀 밤 샌 어부는 아직도 배를 띄우고
清秋燕子故飛飛	맑은 가을 하늘에 제비는 날 놀리듯 나네.[11]
匡衡抗疏功名薄	광형처럼 상소 올렸지만 공명은 낮았고[12]
劉向傳經心事違	유향처럼 경전을 공부했지만 심사는 어긋났네.[13]
同學少年多不賤	함께 배웠던 소년들은 대부분 성공하여
五陵衣馬自輕肥	장안에서 귀하신 몸 되었다네.[14][三]

聞道長安似奕棋	듣자하니 장안은 바둑판 같다는데
百年世事不勝悲	백 년 동안 지난 일은 온통 슬플 뿐이네.
王侯第宅皆新主	왕후의 저택은 모두 주인이 바뀌고[15]
文武衣冠異昔時	조정의 문무 고관은 옛날과 다르네.[16]
直北關山金鼓震	장안 바로 북쪽에서 징소리 요란하고[17]
征西車馬羽書馳	서쪽 토벌군의 격문은 급히 내달리네.[18]
魚龍寂寞秋江冷	어룡은 고요하니 가을 강은 차가운데[19]
故國平居有所思	장안 고향에서 평화롭던 시절 그립구나.[20] [四]

蓬萊宮闕對南山	봉래궁은 종남산을 마주하고 있고[21]
承露金莖霄漢間	이슬 받는 구리 기둥은 높은 하늘에 뻗쳐있네.[22]
西望瑤池降王母	서쪽으로 요지에 내려앉는 서왕모가 보이고[23]
東來紫氣滿函關	동쪽에서 온 붉은 기운은 함곡관에 가득하네.[24] [五]
雲移雉尾開宮扇	구름 문양의 치미선(雉尾扇)이 궁궐에 걷혀지면[25]
日繞龍鱗識聖顏	햇빛이 용의 비늘에 어려 용안일 줄 알았네.[26]
一臥滄江驚歲晚	장강에 병들어 누워 가을 깊어감에 놀라니[27]
幾回青瑣點朝班	몇 번이나 궁궐 청쇄문에서 조반에 참여했던가.[28] [六]

瞿唐峽口曲江頭	구당협 입구와 곡강의 언저리가
萬里風烟接素秋	만리의 안개바람으로 가을이 가득하네.[29]
花萼夾城通御氣	화악루의 협성으로 천자가 노닐었는데[30]
芙蓉小苑入邊愁	부용원의 작은 정원으로 변방 근심이 전해드네.[31]
珠簾繡柱圍黃鵠	비단 기둥의 주렴은 노란 고니를 에워싸고[32]
錦纜牙檣起白鷗	비단 돛과 상아 노에 흰 갈매기가 날아오르네.[33]
回首可憐歌舞地	고개 돌려보니 가련쿠나 노래하고 춤추던 곳[34]
秦中自古帝王州	진중은 예로부터 제왕들의 터였으니.[35] 七

昆明池水漢時功	곤명지의 물은 한나라 때 만들었으니[36]
武帝旌旗在眼中	무제의 깃발들이 눈앞에 선하네.[37]
織女機絲虛夜月	직녀는 실을 짜느라 달밤을 헛되이 보내고[38]
石鯨鱗甲動秋風	돌 고래의 비늘은 가을바람에 움직이네.[39]
波漂菰米沈雲黑	물결 위의 고미는 짙은 먹구름 같고[40]
露冷蓮房墜粉紅	차가운 이슬에 연밥 익을 때 분홍 연꽃이 지네.[41]
關塞極天唯鳥道	변방의 요새는 하늘에 닿아 새만 다니는데[42]
江湖滿地一漁翁	강호의 드넓은 땅에 떠도는 어부 신세로다.[43] 八

昆吾御宿自逶迤	곤오산과 어숙천이 구불구불 이어지고[44]
紫閣峯陰入渼陂	자각봉의 산그늘은 미피호에 잠겨 있네.[45]
香稻[46]啄餘[47]鸚鵡粒	향기로운 쌀알은 앵무새가 쪼다 남은 것이요[48]
碧梧棲老鳳凰枝	벽오동 늙은 가지는 봉황이 깃들이네.[49]
佳人拾翠春相問	보석으로 장식한 미인들은 봄에 서로 인사하고[50]
仙侶同舟晚更移	신선과 나란히 배를 타고 돌아갈 줄 모르네.[51]
綵筆昔曾干氣象	화려한 붓은 옛날 자연의 기상을 능가했는데[52]

白頭吟望苦低垂　　흰머리로 읊조리고 장안 바라보다 괴로이 고개 떨구네.[53] ㈨

시평 : 학초망(郝楚望)이 이르기를, "여덟 수는 재주가 뛰어나고 기운이 두터우며 풍격이 높고 울림이 크니, 참으로 문단을 주도하며 한 시대의 독보적인 존재이다."라 하였다. ○ 진미공(陳眉公)이 이르기를, "구름과 노을이 하늘에 가득하여 수많은 모습으로 창공을 날며, 바람이 바다에 불어와 성난 파도가 용솟음친다는 표현이 두보의 「추흥」 여덟 수를 적절하게 비유한 말이다."라 하였다. ○ 왕완정(王阮亭)이 이르기를, "「추흥」 여덟 수는 모두 웅혼하고 풍려(豐麗)하며, 차분하면서도 통쾌하다. 그 가운데 장안에 대해 감흥을 일으킨 것은 대단히 번성했던 것을 말하면서 그 안에 자신의 감회를 부쳤다. 천천히 음미해보면 고향을 회상하고 대궐을 그리워하는 정과 지나간 일을 탄식하고 현재를 안타까워하는 마음, 그리고 오랑캐가 침범하고 소인이 나라를 병들게 만들며, 풍속이 옛날과 다르고 국운이 흥성했다가 쇠퇴하는 등 이른바 슬픔을 견딜 수 없는 것들은 참으로 시어의 표면에 드러내지 않았다. 근래 태사 왕몽루(王夢樓)가 '두보의 「추흥」 여덟 수는 망국의 한을 노래한 유신(庾信)의 「애강남부(哀江南賦)」와 비견할 수 있다.'고 하였는데, 이 논의는 또한 전 시대 사람들이 밝히지 못한 것이다."라 하였다.

㊀ 첫 번째 작품은 「추흥」이 지어진 발단을 말하고 있다. 강과 변새에서 비장함을 형상화하고, 국화떨기와 외로운 배에서 타향에서 발이 묶인 처량함을 묘사하였다. 마지막 두 구에서 앞 구의 내용을 메조지하면서 아래 작품의 발단이 된다. 그러므로 다음 작품은 '기부(夔府)의 외론 성'으로 시작하고 있다.

㊁ 이 작품은 해가 지는 것을 방금 보았는데 벌써 깊은 밤이 된 것을 말하고 있으니, 시간이 대단히 빠른 것을 알 수 있다. 이에 고향으로 돌아가지 못한 감회를 우의하였다. 그러므로 아래 작품에서 '일일(日日)'로 이어받았다.

㊂ 심확사(沈確士)가 이르기를, "위 작품은 기주의 저녁 풍경을 읊었고, 이 작품은 기주의 아침 풍경을 읊었다. '동학소년'은 장안의 경상(卿相)을 가리키니, 이러한 사람들을 등용하여 국사를 경영하게 하

니, 당연히 생각 없이 바둑을 두는 것과 같게 된다. 이렇게 말하여 아래 작품을 일으켰다."라 하였다.

四 이 작품은 위 작품을 이어받으면서 아래 작품을 일으켰으니, 중간에 매개 역할을 하는 문장이다. ○ 앞의 세 작품은 모두 기주를 배경으로 읊은 것이요, 이 작품부터는 옛날 장안의 일을 회상한 것이다. 앞의 작품은 자신의 처지를 개탄하였다면 이 작품은 세상에 대해 개탄하였으니, 모두 북두에 의지해 장안을 그리워하기 때문이다.

五 3-4구는 장안 궁궐의 장중함을 그리워하면서 한편으로 오랫동안 조정의 조회에 참여하지 못한 것을 탄식하고 있다.

六 1-6구는 곧바로 궁궐에서 조회하던 모습을 곧바로 서술하여 전개하였는데, 모두 옛날의 성대함을 읊조리고 있다. 7구는 시상을 전환하였는데, 필력이 대단히 굳세다. ○ 진추전(陳秋田)이 이르기를, "이 아래 네 작품은 문장의 개합(開闔)을 구사하지 않았지만, 한 줄기 신광(神光)이 일렁이는데 그 흔적을 찾을 수 없다."라 하였다.

七 이 작품은 장안의 곡강을 회상하면서 난리를 안타까워하고 있다.

八 이 작품은 장안의 곤명지를 회상하고 있는데, 한나라를 빌려 당의 현실을 말하고 있다. ○ 곤명지는 당나라 시기에 천자가 자주 행차하던 곳으로 곡강과 비슷하다. 그러므로 곡강 다음으로 언급하였다.

九 이 작품은 장안의 미피호를 회상하고 있다. 위 세 작품에서 모두 나라의 시사(時事)를 말하다가 두보 자신으로 눈길을 돌려 옛날 노닐던 일을 회상하는 것으로 전체 작품을 마무리 짓고 있다.

1 반악(潘岳)이 「추흥부」를 지었는데, 그것을 본받아 이름 지었다. 유창(俞瑒)이 이르기를, "몸은 무협에 있으면서 마음은 장안을 그리고 있는 것이 「추흥」 여덟 수의 대지(大旨)이다. '무협' · '기부' · '구당' · '강루, 창강, 관새'는 모두 두보 자신이 거처하고 있는 곳이며, '고국' · '고원' · '경화, 장안, 봉래, 곤명, 곡강, 자각' 등은 모두 마음으로 그리는 것이다. 이것이 여덟 작품 가운데 흐르는 시상의 전개이다."라 하였다.

2 『수경주』에서, "장강이 삼협을 지나 동쪽으로 흘러 신붕탄(新崩灘)을 지나 십여 리를 더 내려가면 대무산(大巫山)이 나온다. 그 산의 초입부터 끝까지는 160리로, 무협(巫峽)이라 부른다. 대개 산의 이름을 따서 명명하였다. 삼협 7백는 강 양쪽 기슭이 산으로 끊임없이 이어져 있어서, 정오나 자정이 아니면 해나 달을 볼 수가 없다."라 하였다.

3 고주(顧注)에서, "파도는 지상에 있는데 '하늘에 닿을 듯하다.'고

하였고 풍운은 하늘에 있는데 '땅에 닿을 듯하다.'고 하였으니, 대단히 어둡고 소슬한 형상을 말한다."라 하였다.

4 주주(朱注)에서, "두보가 기주에 도착하여 이미 두 번 가을을 지냈다. 이 당시에 배를 대놓고 삼협을 나가기를 기다리고 있었다. 그러므로 두 번 국화꽃이 피는 것을 보고 다만 지난 날을 그리는 눈물을 떨구고, 외론 배를 매어 놓았으니 고향을 그리는 마음이 인다."라 하였다.

5 『구당서』에서, "정관 14년에 기주를 도독부로 삼아, 귀주(歸州)·기주·충주(忠州)·만주(萬州)·부주(涪州)·투주(渝州)·남주(南州) 등 일곱 개의 고을을 감독하였다. 천보 원년에 운안군(雲安郡)으로 고쳤다."라 하였다.

6 진성(秦城)의 바로 위는 북두이다. 장안은 기주의 북쪽에 있으므로 북두를 기준으로 삼아 바라본다.

7 '사신 받들어 뗏목을 타고.(奉使乘槎)'는 장건의 고사를 인용하였다. 즉 『형초세시기』에서, "한 무제가 장건에게 명령을 내려 대하(大夏)로 사신 보내면서 황하의 근원을 찾게 하였는데, 뗏목을 타고 한 달을 지나니 어느 곳에 이르렀다."라 하였다. 8월에 뗏목을 탔다는 말은 또한 『박물지』의 내용을 인용하였다. 『박물지』에서 말하였다. "옛날부터 은하수는 바다와 통한다는 말들을 하였다. 근래 어떤 사람이 바닷가에 살았는데, 해마다 8월이 되면 한번도 빠트리지 않고 정확한 시기에 뗏목이 떠갔다가 돌아오는 것을 보았다. 이에 식량을 뗏목에 실고 떠났는데, 10여일이 지나 어느 곳에 이르렀다. 멀리 궁중을 바라보니 어떤 여자가 길쌈을 짜고 있었다. 한 사내가 소를 끌고 물가로 물을 먹이러 왔다가 그를 발견하고 깜짝 놀라 어떻게 여기에 왔냐고 물었다. 그 사람이 자초지종을 말하고 난 뒤, 이곳이 어디냐고 물었다. 그러자 소를 끄는 남자가 대답하기를, '그대가 돌아가서 촉군(蜀郡)의 엄군평(嚴君平)을 찾아가보면, 이곳이 어딘 줄 알게 될 것이다.'라 하였다. 이에 돌아와 군평에게 물으니, '모년 모월에 객성이 견우 별자리를 침범하였는데 연월을 따져보니 바로 그대가 은하수에 도착한 때로다.'라 대답하였다." 구주(仇注)에서, "엄무가 절도사가 되었을 때, 두보는 그의 군막에 참모로 들어갔다. 그러므로 이 구를 지었다. '헛되이 따랐다.'는 말은 사절(使節)을 따르긴 했으나 이룬 것이 없다는 말로 즉 한번도 장안의 궁궐에 가지 못한 것을 말한다."라 하였다.

8 『한관의』에서, "상서성 안은 모두 호분(胡粉)으로 벽을 칠하고, 자청색으로 경계를 나눠 옛날 열사를 그렸다. 상서랑이 번갈아 가며 숙직할 때 푸른 합사에 흰색의 무늬 비단 이불을 지급한다. 혹은 비단 휘장과 좌부동을 준다. 여자 시사(侍史) 두 사람이 향로를 받들어 향

을 태우면서 따라 들어가 의복을 지킨다."라 하였다.

9 산루(山樓)는 백제성의 누대를 말한다.

10 산이 누대 앞을 감싸고 있는 것을 말한다.

11 어부와 제비는 본 것을 가지고 떠도는 자신의 처지를 비유하였다. '고비비(故飛飛)'는 권5 「입추후제(立秋後題)」에 보이는 '가을 제비는 벌써 나그네 같구나.(秋燕已如客)'와 같은 의미이다.

12 「광형전」에서, "원제(元帝) 초기에 광형이 상소를 올려 시의에 적절한 말을 자주 아뢰었다. 황제가 그를 광록대부태자소부로 옮겨 주었다."라 하였다.

13 「유향전」에서, "선제(宣帝) 초기에 『곡량춘추』의 학관을 세우고 유갱생(劉更生)을 불러 『곡량춘추』를 연구하게 하였으며 석거각(石渠閣)에서 오경을 강론하게 하였다. 성제(成帝)가 즉위하가 이름을 향(向)으로 바꾸고 오경비서를 거느리게 하였다."라 하였다. 두보가 일찍이 상소를 올려 방관(房琯)을 구한 것이 광형의 공에 못지않았다. 황제를 가까이 모시는 자리로 옮겨 갔지만 한번 쫓겨난 뒤 다시 돌아가지 못하였다. 그러므로 '공명이 박하다.'고 하였다. 유향이 자주 봉사를 올려 비록 채용되지 않았지만 그래도 황제를 가까이 모셔 오경을 맡았다. 이에 반해 두보는 막부에서 늙어가며 평생을 자괴감 속에서 지냈으니 그러므로 '심사가 어긋났다.'라 한 것이다.

14 「서도부(西都賦)」에서, "북쪽으로 오릉을 바라보네.(北眺五陵)"라 하였는데, 주에서 "오릉은 장릉(長陵), 안릉(安陵), 양릉(陽陵), 무릉(茂陵), 평릉(平陵)이다."라 하였다. 『한서』에서, "녹봉 이천 석 이상을 받는 관리와 부자와 호협과 지주(地主) 등을 제릉(諸陵)으로 옮겼다."라 하였다.

15 두보가 장안에 있을 때 교유한 사람은 여양왕(汝陽王) 이진(李璡), 부마 정잠요(鄭潛曜) 등과 같은 부류이다.

16 여러 번장(蕃將)을 왕으로 봉한 것과 어조은(魚朝恩)을 판국자감으로 임명한 것 같은 종류이다.

17 회흘이 침략한 것을 말한다. 「자허부」에서, "징을 울려대네.(摐金鼓)"라 하였는데 주에서 "금고(金鼓)는 징이다."라 하였다.

18 토번이 침략한 것을 말한다.

19 『수경주』에서, "어룡은 가을로 밤을 삼는다. 용이 추분이 되면 하늘에서 내려와 연못에 칩거한다. 그러므로 가을로 밤을 삼는다."라 하였다.

20 3-4구는 조정에 변화를 말하였고, 5-6구는 변방에 전쟁이 일어

난 것을 말하였다. 이러한 때에 쓸쓸한 강에서 늙어가면서 용처럼 변화무쌍하고 신비막측한 기술을 끝내 발휘하지 못하고 있으니, 이 때문에 예전에 고향인 장안에서 평화롭게 거처하던 때를 회상하며 감개를 견디지 못하고 있다.

21 『당회요』에서, "대명궁(大明宮)은 용삭 3년에 봉래궁이라 불리었다. 북쪽의 높은 언덕위에 있어서 남쪽으로 종남산을 마치 손바닥 보듯 한다."라 하였다.

22 「서경부(西京賦)」에서, "선인장을 세워 이슬을 받으니, 두 줄기 기둥을 세웠네.(抗仙掌以承露 擢雙立之金莖)"라 하였는데, 주에서 "'금경(金莖)'은 구리기둥이다."라 하였다.

23 『한무내전(漢武內傳)』에서 말하였다. "7월 7일 무제가 재계하고 승화전(承華殿)에 거처하였는데, 홀연히 푸른 새가 서쪽에서 날아와 승화전 앞에 모여 앉았다. 동방삭이, '이것은 서왕모가 오려고 하는 것입니다.'라 하였다."

24 『관윤내전(關尹內傳)』에서, "함곡관 수령인 윤희(尹喜)가 일찍이 누대에 올라 동쪽 하늘 끝을 바라보니 붉은 기운이 서쪽에서 몰려오고 있었다. 이에 '응당 성인이 지나가겠구나.'라 생각하였다. 과연 노군(老君, 노자)이 푸른 소를 타고 동쪽에서 왔다."라 하였다. 고주(顧注)에서, "천보 원년에 전동수(田同秀)가 노자가 영창가(永昌街)로 내려오는 것을 보고서, '영보부(靈寶符)가 함곡관 수령인 윤희의 집 곁에 있겠구나.'라 생각하였다. 이에 임금이 사신을 보내 구하여 가져왔다."라 하였다. 구주(舊注)에서, "서왕모의 구절은 양귀비가 태진(太眞)으로 봉해진 것을 비유하였으며, 붉은 기운의 구절은 현원(玄元, 당나라의 시조로 모셔지는 노자를 말한다)이 영창(永昌)으로 내려온 것을 가리킨다. 비록 천보 연간의 태평성대를 기록하였으나, 그 사이에 방탕하여 잘 다스리지 못한 것을 대략 볼 수 있다."라 하였다. 지금 살펴보니 서쪽으로 요지를 바라보고 동쪽으로 함곡관을 바라본다는 것은 다만 궁궐의 기상이 끝도 없이 펼쳐진 것을 과장하여 말한 것으로, 그 사이에 풍자하는 의미가 저절로 시어 너머로 드러난다. 두보의 시는 매번 이처럼 쌍관(雙管, 두 가지 일을 동시에 묘사하는 수법)의 수법을 구사하였다. 노자에 대해서는 권1 「동일알현원황제묘(冬日謁玄元皇帝廟)」 참조.

25 『의위지(儀衛志)』에서, "당나라 제도에 치미로 된 장선(障扇)이 있다."라 하였다. 『당회요』에서 말하였다. "개원 연간에 소숭(蕭嵩)이 아뢰기를, '초하루와 보름날 선정전에서 조회를 받을 때 전하께서 엄숙히 거동하여 오르고 내리는 모든 행위를 중인들이 보는 것은 옳지 않습니다. 청컨대 우선(羽扇)을 만들어 주상께서 나갈 때는 우선

을 펼쳐 가리고 자리에 앉은 다음에 우선을 물리치게 하소서.'라 하였다."

26 이 구절은 두보가 「삼대례부(三大禮賦)」를 바치던 때를 회상한 것이다. 구주(仇注)에서, "'용린(龍鱗)'은 곤룡포의 용 무늬를 가리킨다."라 하였다.

27 '세만(歲晩)'은 본래 노년을 가리키는데, 또한 '깊어가는 가을'이란 의미도 가지고 있다.

28 구주(舊注)에서 말하였다. "누약(樓鑰)이 말하기를, "점(點)'은 '점(玷)'과 통용한다.'라 하였다. 속석(束晳)의 「보망(補亡)」에서, '새벽 꽃 같아 짝할 이 없으니, 욕되게 할 수 없네.(鮮侔晨葩 莫之點辱)'라 하였다. 육궐(陸厥)의 「답내형(答內兄)」에서, '다시 동룡문을 욕되게 하였네.(復點銅龍門)'라 하였는데 이 시에서 구사한 의미를 많이 사용하였다. 또한 초굉(焦竑)이 말하기를, '왕건의 시에서, '궁전 앞에서 각 반에 따라 나온 것을 알리고.(殿前傳點各依班)'라 하였는데, '점(玷)'자의 의미로 해석하지 않은 것이 비교적 낫다. 이 구는 조정에 나아간 것이 얼마 되지 않음을 말한다.'라 하였다." 오첨태(吳瞻泰)가 이르기를, "이곳은 습유로 있다가 관직을 옮긴 것을 말하였는데, 다만 그런 사실을 말한 것으로 다른 사람이었다면 여러 차례 수도 없이 읊조렸을 것이다."라 하였다.

29 양 원제의 『찬요』에서, "가을을 '백장(白藏)'이라 하는데 또한 '소추(素秋)'라고도 한다."라 하였다.

30 『구당서』에서, "남쪽 내전〔南內〕을 흥경궁(興慶宮)이라 하는데, 궁의 서남쪽 모퉁이에 화학상휘루(花萼相輝樓)가 있다. 개원 20년 6월에 범안급(范安及)이 화악루를 넓혀 부용원에 이르기까지 협성(夾城)을 쌓았다."라 하였다. 『수서』 「천문지」에서, "천자의 기운은 안은 붉고 밖은 황색이다. 천자가 유람하는 곳에 먼저 이 기운이 일어난다."라 하였다. '통어기(通御氣)'는 남내로부터 곡강에 이르기까지 모두 천자가 행차하던 곳이다. 백성을 교화하고 정사(政事)에 부지런한 것과는 무관하다.

31 『한서』에서, "소망지(蕭望之)가 소원(小苑)의 동문후(東門候)를 맡았다."라 하였는데, 소원은 의춘원(宜春園)을 가리킨다. 『일통지』에서, "부용원은 곧 진나라 의춘원이 있던 곳이다."라 하였다. 구주(舊注)에서, "안록산이 반란을 일으켰다는 소식이 전해지자 현종은 파천하려고 하였다. 화악루에 올라 술을 차려놓고 사방을 바라보며 슬퍼하였다."라 하였다. 두 구는 천자가 다니던 곳으로 변방의 외적이 침입한 근심이 전해지니, 참으로 사치가 망국의 계단이 되고 쾌락을 추구함이 몸을 망치는 원인이 됨을 볼 수 있다. 아래 문장에서 또다시

반복하여 탄식하며 읊조리고 있다.

32 『서경잡기』에서, "소제(昭帝) 원시 원년에 노란 고니가 건장궁의 태액지에 내려 앉으니, 황제가 노래를 지었다."라 하였다.

33 조정에서 벼슬 할 때를 돌이켜보니, 주렴과 비단 기둥은 곡강 주변 전우(殿宇)의 번화함을 말하며, 비단 돛에 상아 노는 곡강에서 물놀이 하는 화려함을 말한다. 궁실(宮室)이 빽빽하므로 노란 고니를 에워싼 것 같고 배가 많기 때문에 갈매기가 자맥질하다가 놀라서 날아오른다.

34 권2의 「낙유원가(樂遊園歌)」에서, "곡강의 푸른 장막에는 은빛 명패 널려 있네. 물을 스치듯 낮게 돌며 무희의 소매 펄럭이고, 구름따라 맑고 절절한 노래 소리 퍼져가네.(曲江翠幕排銀牓 拂水低回舞袖翻 緣雲淸切歌聲上)"라 하였는데, 이 시에서 말한 것은 아마도 이를 말한 듯하다.

35 반고의 「서도부」에서, "한의 장안은 세 번 제왕이 일어났으니. 주나라가 용처럼 일어났고 진나라가 호랑이처럼 바라보았네."라 하였다. 이 구는 진중(秦中)은 본래 옛 제왕들이 일어났던 곳인데, 지금은 노래하고 춤추는 유흥장으로 변했다가 나라가 몰락한 상황을 맞게 되었으니 매우 서글프다는 말이다.

36 『한서』의 주에서, "월수(越嶲)의 곤명국에 전지(滇池)가 있는데, 사방 삼백 리이다. 한나라 사신이 신독국(身毒國)에 국교를 맺으려 하였는데, 곤명지를 막아버렸기에 월수를 정벌하려고 하였다. 그러므로 곤명지를 그대로 본떠 만들어 수전(水戰)을 연습하였다."라 하였다. 『장안지』에서, "곤명지는 장안현의 서쪽 이십 리에 있다."라 하였다.

37 『평준서(平準書)』에서, "무제가 곤명지를 대대적으로 수리하고 십여 길 높이의 누선(樓船)을 건조하여 깃발들을 배 위에 늘여놓았는데 매우 장엄하였다."라 하였다. 구주(仇注)에서, "두보는 「기가엄양각노(寄賈嚴兩閣老)」에서, '궁궐의 의장대를 복구하지도 못했고, 헛되이 수전의 배를 수리하였네.(無復雲臺仗 虛修水戰船)"라 하였으니, 현종이 일찍이 이곳에 배를 놓았음을 알 수 있다.

38 '夜月'은 달리 '月夜'로 된 본도 있다. 조비(曹毗)의 『지괴(志怪)』에서, "곤명지에 두 개의 돌로 된 사람을 만들어서 동쪽과 서쪽에서 서로 마주 바라보게 하였으니, 견우와 직녀의 형상이다."라 하였다. 「서도부」의 주에서, "좌우에 견우와 직녀의 형상을 만들어 곤명지가 은하수를 본뜬 것을 의미하였다."라 하였다.

39 『서경잡기』에서, "곤명지에 옥석(玉石)으로 고래의 형상을 깎아

만들었다. 매번 우레가 치면 울부짖는데, 머리에서 꼬리까지 모두 움직인다."라 하였다.

40 『도경본초(圖經本草)』에서 말하였다. "'고(菰)'는 곧 능백(菱白)이다. 그 풀 가운데 검은 것을 능울(菱鬱)이라 부른다. 뒤에 열매가 맺힌 것이 조호미(雕胡米)다. 유견오의 시에서, '흑미가 줄풀 뿌리에서 생기네.(黑米生菰葑)'라 하였다." 『석문((釋文)』에서, "'봉(葑)'의 음은 '方'과 '用'의 반절법으로, 줄뿔의 뿌리이다."라 하였다. 『서경잡기』에서, "태액지 주변은 온통 조호, 자탁(紫蘀), 녹절(綠節) 같은 종류이다. 줄풀에 낱알이 있는 것을 장안 사람들은 조호미라고 부르며, 줄풀에 머리가 있는 것을 녹절이라고 부른다."라 하였다. 조주(趙注)에서, "'먹구름 같이 검다.(沈雲黑)'는 말은 고미(菰米)가 많은 것을 이르니, 눈앞이 온통 검은 것이 마치 짙은 먹구름 같다는 말이다."라 하였다.

41 『이아』에서, "'하(荷)'는 부거(芙渠)이다. 그 열매는 연(蓮)이며 뿌리는 우(藕)이며 줄기는 적(的)이다."라 하였는데, 주에서 "연(蓮)은 방(房)이다."라 하였다. 한유의 「곡강하화행(曲江荷花行)」에서, "어느 곳에 부용이 많은 지 물어보니, 곤명지에 배를 타고 비단 같은 경치 건너네.(問言何處芙蓉多 撑舟昆明渡雲錦)"라 하였는데, 주에서 "곤명지의 둘레는 사십 리로 부용꽃이 마치 구름비단처럼 피어 있다."라 하였으니, 곤명지의 연꽃은 분명히 예부터 있었다. 소주(邵注)에서, "연이 처음 씨를 맺을 때 꽃받침이 떨어진다. 그러므로 '분홍 꽃이 진다.(墜粉紅)'고 한 것이다."라 하였다. 살펴보건대, 3-6구는 곤명지의 맑은 가을 경물에 나아가 쓸쓸한 경치〔蒼涼〕에 그려내어 고향인 장안과 그곳의 옛 임금을 그리는 감회를 불러내었으니, 시어 너머에 처량함이 감돈다. 분분하게 홍성함을 말하거나 쇠퇴함을 말하여 독자에게 흥망성쇠의 원인을 깨우치게 하지만 직접적으로 언급하지 않고 있다.

42 기주에는 높은 산이 많은 것을 이른다.

43 '극천만지(極天滿地)'는 하늘과 땅을 올려다보고 굽어보면서 인생에 대한 감회가 일어난다는 의미이다. 이 구는 '강호가 비록 넓으나 돌아갈 곳이 없어 표류하는 어부와 같으니, 곤명지의 성대한 일을 언제나 다시 볼 수 있을까.'라는 것을 말하고 있다.

44 곤오와 어숙은 미피(渼陂)로 가는 도중에 경유하는 곳이다. 「우렵부(羽獵賦)」의 서문에서, "무제가 상림원을 넓혀 동남쪽으로 의춘원, 정호, 어숙, 곤오까지 이르게 하였다."라 하였다. 진작(晉灼)이 말하기를, "곤오는 지명으로, 그곳에 정자가 있다."라 하였다. 안사고(顔師古)가 말하기를, "어숙원은 장안성의 남쪽에 있으니, 지금의 어숙

천이다."라 하였다. 『삼진기(三秦記)』에서, "번천(樊川)은 달리 어숙천이라고 부른다."라 하였다. 『장안지』에서, "곤오정(昆吾亭)은 남전현(藍田縣)에 있다. 어숙천은 만년현(萬年縣)의 서남쪽 사십 리에 있다."라 하였다.

45 『장안지』에서, "종남산에 자각봉(紫閣峰)이 있다."라 하였다. 『통지(通志)』에서, "자각봉은 모양이 위로 솟아 마치 누각과 같다."라 하였다. 『두억(杜臆)』에서 말하였다. "호송(胡松)의 유기(遊記)에서, '미피의 위에 자각봉(紫閣峰)이 있고, 자각봉의 아래에 호수물이 매우 맑다. 산록을 빙 둘러싸고 있는데, 사방 넓이가 2-3리 정도 된다. 가운데에는 연꽃과 물오리, 기러기 등이 있다.'라 하였다." 권2의 「미피행(渼陂行)」 참조.

46 '香稻'는 달리 '紅豆'로 된 본도 있다.

47 '餘'는 달리 '殘'으로 된 본도 있다.

48 권2의 「여원소보연미피(與源少府宴渼陂)」에서, "하얀 밥을 수저로 뜨고.(飯抄雲子白)"라 하였다.

49 두 구는 미피호에서 생산되는 물산이 아름다운 것을 말한다.

50 「낙신부(洛神賦)」에서, "간혹 명주를 캐고 혹은 취우(보물의 일종)를 주었네.(或采明珠 或拾翠羽)"라 하였다. 또한 비창(費昶)의 시에서, "꽃피는 교외에 취우를 찬 사람.(芳郊拾翠人)"이라 하였다. '문(問)'은 곧 『모시』의 "온갖 패옥으로 문안하리라.(雜佩以問之)"의 '문(問)'과 같은 뜻이다. 이 구는 사녀(士女)들이 즐겁게 노니는 것을 말하였다.

51 『후한서』에서, "이응(李膺)이 곽태(郭泰)와 함께 배를 타고 강을 건너는데, 많은 손님들이 바라보고 신선인줄 알았다."라 하였다. 진정경(陳廷敬)의 주에서, "권2의 「성서피범주(城西陂泛舟)」에서, '푸른 눈썹 하얀 이의 미인 배에 있고, 피리와 퉁소 서글픈 소리 하늘 멀리 울리네.(青蛾皓齒在樓船 橫笛短簫悲遠天)'라 하였는데, 이것이 바로 '보석으로 장식한 미인들은 봄에 서로 인사하고.(佳人拾翠春相問)'의 의미이다. 또한 권2의 「미피행(渼陂行)」에서, '배는 삐걱거리며 운제산 절을 지내는데, 물 위로 남전관에 뜬 달 비춘다.(船舷暝戛雲際寺 水面月出藍田關)'라 하였는데, 이것이 바로 '신선과 나란히 배를 타고 돌아갈 줄 모르네.(仙侶同舟晚更移)'의 의미이다."라 하였다.

52 두보의 「추일기제정감(秋日寄題鄭監)」에서, "시를 지어 기상을 나누고.(賦詩分氣象)"라 하였는데, 곧 「미피행(渼陂行)」 등의 여러 작품을 가리킨다. 즉 산수(山水)의 기상을 붓이 능가한다는 말이다.

53 진주(陳注)에서, "이 '망(望)'자는 두 번째 수의 '망경화(望京華)'

와 호응한다. 이미 장안을 바라보았다가 다시 고개를 떨구니 이제 바라볼 수 없다. 붓이 자연의 기상을 능가했으니 옛날에 얼마나 웅장한 기세였던가. 흰머리로 고개 떨구니 지금은 어찌 그리 미약한가. 시가 여기에 이르면 눈물이 쏟아지니 그러므로 마침내 끝을 맺었다."라 하였다.

32. 옛 자취를 회고하며[1]

詠懷古跡五首

支離東北風塵際　동북의 전란에 떠돌아다니다가[2]
漂泊西南天地間　서남의 천지간을 유랑하네.[3]
三峽樓臺淹日月　삼협의 누대에서 오랜 세월을 보내고[4]
五溪衣服共雲山　오계의 옷을 입고 구름 산에 같이 살았네.[5]
羯胡事主終無賴　갈호의 임금 섬김은 끝내 교활하더니[6]
詞客哀時且未還　시인은 때를 슬퍼해도 장차 돌아가지 못하리.[7]
庾信生平最蕭瑟　유신의 평생은 가장 쓸쓸해도
暮年詩賦動江關　만년의 시부는 강관을 뒤흔드네.[8] ⊟

시평 : 이자덕이 이르기를, “다섯 작품은 사물을 빌려 흥(興)을 의탁함이 대단히 심원하다. 만고의 역사를 종횡하며 우주의 팔극을 삼켰다가 토해내는 국량이 있다.”라 하였다. ○ 유신과 송옥을 읊은 첫 번째와 두 번째 작품에서, 유신의 경우는 끝에 방점이 놓여 있고 송옥의 경우는 시작에 방점이 놓여 있다. 명비(明妃)를 읊은 세 번째 작품은 두 번째 구에 방점이 놓여 있으니, 변화를 구사한 것이 하나의 시법이다. 마지막 두 작품은 선주(先主)를 읊으면서 아울러 제갈무후를 언급하였고, 제갈무후를 언급하다가 또 연이여 한나라 왕조로 이어 갔으니 장법(章法)이 서로 같은 곳이 없다.

搖落深知宋玉悲　낙엽이 지니 송옥의 슬픔을 깊이 알겠는데[9]
風流儒雅亦吾師　풍류와 선비 기상은 또한 나의 스승이로다.⊟
悵望千秋一灑淚　서글피 천년을 바라보매 눈물이 구르니
蕭條異代不同時　쓸쓸하구나, 서로 시대가 같지 않구나.[10]
江山故宅空文藻　강산의 고택엔 헛되이 작품만 남았는데[11]

雲雨荒臺豈夢思	운우의 무도(無道)한 양대를 어찌 꿈에서라도 생각했으리.[12]
最是楚宮俱泯滅	무엇보다 초나라 궁궐도 같이 사라졌으니
舟人指點到今疑	뱃사공이 가리키는 곳은 믿을 수 없네.

시평 : 장소맹(蔣紹孟)이 말하기를, "이 작품은 송옥으로 말미암아 두보 자신의 평소 저술에 대한 감회를 나타내었다. 대개 예부터 작가들이 고심하여 작품을 구상하는 것은 세속 사람들이 이해할 바가 아니다. 지금 송옥이 '요락(搖落)'이란 말을 쓸 때의 감정을 두보가 생각해보니, 깊은 슬픔이 일어난다. 안타까운 것은 같은 시기에 살아 그와 함께 마음을 터놓고 이야기를 나누지 못한 것이다. 한편 운우의 무도한 양대는 본래 풍자하기 위해 끌어온 것인데, 지금 뱃사공이 초나라의 궁터를 가리킴에 다만 신녀와 양왕(襄王)의 생각만 일어나니, 송옥이 작품을 그리면서 나타내려는 마음은 천년 뒤 다른 시대의 사람들에게는 명백하게 전해지지 않는다. 두보의 시는 이와 같은 종류가 상당히 많으니, 그러므로 특별히 송옥에게 마음을 다 기울인 것이다."라 하였다. 다른 해석을 보면, 왕사석은 "초나라 궁궐이 이미 사라졌는데 뱃사공이 이곳을 지나면서 아직도 신녀의 전실이 사실인 것으로 의심하고 있는데, 문학 작품이 전해져 후대 사람들을 감동시킨 결과이다."라 하였으니, 해석이 너무나 천근하다.

羣山萬壑赴荊門	수많은 산과 골짜기는 형문으로 향하는데
生長明妃尙有村	명비가 나고 자란 고을이 아직도 있네.[13]
一去紫臺連朔漠	한번 궁궐 떠나니 사막으로 이어지는데[14]
獨留靑塚向黃昏	오직 푸른 무덤 남아 지는 해를 바라보네.[15]
畫圖省識春風面	화공은 봄바람에 고운 얼굴 대충 그렸지만[16]
環珮空歸夜月魂	패옥 두른 채로 달밤에 혼은 헛되이 돌아오네.[17]
千載琵琶作胡語	천년 전의 비파소리 오랑캐 말로 지어졌는데[18]
分明怨恨曲中論	원한이 곡조 속에 또렷하게 들리네.[19] [三]

시평 : 이자덕이 이르기를, "다만 명비에 대해 서술하고 처음부터 끝까지 한 마디 의논이 없지만 수많은 의미를 담지하고 있다. 후대의 시인들

은 모두 이에 미치지 못한다."라 하였다.

蜀主窺吳幸三峽	촉주가 오를 넘봐 삼협에 행차하더니
崩年亦在永安宮	붕어할 때 영안궁에 있었네.[20] 四
翠華想像空山裏	생각건대 화려한 깃발은 빈 산에 휘날리고
玉殿虛無野寺中	황폐한 궁궐터는 들판 절 안에 있네.[21]
古廟杉松巢水鶴	옛 사당 소나무에는 학이 둥지 틀고[22]
歲時伏臘走村翁	명절이면 제수(祭需) 사냥하느라 노인들 바쁘네.
武侯祠屋長鄰近	제갈무후 사당이 항상 이웃에 있으니[23]
一體君臣祭祀同	군신은 한 몸이라 제사도 같이 지내네.

諸葛大名垂宇宙	제갈량의 큰 이름 우주에 드리우니
宗臣遺像肅淸高	종신의 초상화는 근엄하며 청고하도다.[24]
三分割據紆籌策	천하 삼분은 작은 계책에 불과하니[25]
萬古雲霄一羽毛	만고의 구름 하늘에 한 깃털만 보였도다.[26]
伯仲之間見伊呂	이윤과 강태공이 무후와 짝할 만하니
指揮若定失蕭曹	지시가 만약 실행되었다면 소하, 조참은 무색하리.[27]
運移漢祚終難復	천명이 한에서 떠나 끝내 돌아오지 않아도
志決身殲軍務勞	군무에 힘쓰다 죽기로 각오하였네.[28]

시평 : 진추전이 이르기를, "천하삼분의 계책을 작게 여기고 제갈량 자체를 높이 인정하였는데, 결국 천하를 통일하지 못한 것은 하늘이 결정한 운명에 좌우된다. 식견이 높고 필력이 노성한 바탕 위에 장법을 변화시킴이 고금을 아우른다."라 하였다.

㊀ 다섯 작품은 옛날을 읊으면서 자신의 소회를 읊조리고 있다. 시의 내용을 마땅히 두 가지로 읽어내야 한다. 이러한 원류는 좌사의 「영사(詠史)」이다.

㊁ '역(亦)'자는 유신을 이어받아 온 것으로 '고개는 끊어졌지만 구름이 이어지는 오묘함(嶺斷雲連之妙)'이 있다.

㊂ 도개우(陶開虞)가 이르기를, "풍류가 한들거리니, 이 작품은 두보 시 가운데 운치가 넘친다."라 하였다. ○ 왕완정이 이르기를, "청구(靑邱) 고계(高啓)는 전적으로 이러한 종류의 시를 배웠다."라 하였다.

㊃ '행(幸)'과 '붕(崩)'은 소열(昭烈)을 존중하여 정통으로 삼은 것이다. 이것이 『춘추』의 필법이다.

1 이 다섯 작품은 옛 자취를 빌려 자신의 소회를 읊었다. 유신(庾信)은 난리를 피하여 건강(建康)에서 강릉(江陵)으로 돌아다녔다. 비록 촉 지역은 아니지만 일찍이 송옥의 집에 거처하였으니 두보의 유랑도 이와 비슷하다. 그러므로 유신의 일을 빌려 시의 서두를 삼았다. 다음은 송옥(宋玉)을 읊조리면서, 문장 창작의 어려움을 공감하여 서로에 대해 연민을 그리고 있다. 명비(明妃)를 읊조린 것은 높은 재주를 지녔으면서 불우한 삶을 산 이를 통하여 자신의 감개를 의탁하고 있다. 선주(先主)와 무후는 임금과 신하 사이의 의리에 대해 감회가 일어 지은 것이다. 어떤 이는 첫 번째 작품이 옛 자취와는 아무런 연관이 없다고 의심하여 따로 떼어 각각의 작품으로 구분하려고 하니, 어찌 그리 고루하단 말인가.

2 '지리(支離)'는 떠돌아다닌다는 의미이다.

3 두보가 안록산의 난리를 피하여 동북 지역에서 서남쪽으로 떠돌았으니, 반란군에게 함락된 곳에서 도망쳐 봉상(鳳翔)에서 천자를 배알하였다. 곧바로 관직을 버리고 진주(秦州)에서 객지 생활하다가 촉으로 들어갔으니, 건원2년부터 이때까지 벌써 8년이 되었다. 전란으로 인하여 선주(先主, 유비)와 제갈무후를 회상하였고, 유랑함으로 인하여 유신, 송옥, 명비(明妃)를 회상하였으니, 평범하게 고적(古跡)을 읊조린 것이 아니다.

4 권13의 「우(雨)」에서, "나무 위에 사는 풍속이 다르니, 층층의 누대에서 바람 부는 물가 굽어보네.(殊俗狀巢居 曾臺俯風渚)"라 하였으며, 권13의「증이십오장별(贈李十五丈別)」에서, "삼협 사람은 소혈(巢穴)에 사는데(峽人鳥獸居)"라 하였으니, 삼협 거주민의 집은 높은 산꼭대기에 붙어 있다.

5 이 구는 이 지역이 궁벽진 것을 말한다. 『수경주』에서, "무릉(武陵)에 오계(五溪)가 있는데, 그것은 웅계(雄溪), 만계(構溪), 역계(力溪), 무계(潕溪), 유계(酉溪) 등이다. 진계(辰溪)를 그 중 하나라고 치기도 한다. 시내를 끼고 좌우로 온통 오랑캐가 살기 때문에 오계만(五溪蠻)이라 부른다."라 하였다. 주주(朱注)에서 말하였다. "살펴보건대, 『환우기』에서, '검주(黔州) 부릉수(涪陵水)가 서북쪽으로 흐르다 부주로 들어갔다가 촉강으로 흘러들어간다.'라 하였다. 검주는 지금의 진주(辰州) 지역이니, 곧 오계수(五溪水)이다. 부수(涪水)는 투주(渝州)에 이르러 민강(岷江)과 합해진다. 충수(忠水)와 부수(涪水) 아래로는 오계수가 흘러들어간다. 이 시에서 '오계로 흘러내려간다.'는 말은 그 대략적인 형세를 말한 것이다." 『후한서』에서, "무릉의 오계만 지역 사람들은 모두 반호(槃瓠)의 후손이다. 반호는 개 종류이다. 고신씨(高辛氏)의 작은 딸을 얻어 6남 6녀를 낳았다. 나무 가죽을 짜서 풀과 열매로 물들여 의복을 다섯 가지 색으로 꾸며 입기를 좋아하는데, 옷에는 꼬리의 형태를 가지고 있다."라 하였다. 포주(浦注)에서, "오계는 호광(湖廣)과 진주(辰州)의 경계에 있으니, 이곳은 기주의 남쪽이다."라 하였다.

6 이 구는 수구(首句)의 '풍진(風塵)'을 이어받는다. 갈호는 안록산을 가리키는데, 안록산이 당을 배반한 것이 후경(侯景)이 양(梁)을 배반한 것과 같다.

7 이 구는 '표박(漂泊)'을 이어받는다. 두보가 고향을 그리는 것이 유신(庾信)이 강남을 슬퍼한 것과 같다.

8 「유신전」에서 말하였다. "유신이 주(周)나라에 있을 때 비록 지위와 명망이 드높았지만 항상 망해버린 고국 양나라를 그리워하였다. 이에 「애강남부」를 지었으니, 그 내용은 다음과 같다. '내가 중년이 되어 나라를 잃는 난리를 만났네. 이리저리 떠돌다가 만년에 이르렀네. 연의 노래 부르며 멀리 이별하니 슬픔이 그지없네. 초의 노인(굴원)을 만나니 눈물이 줄줄 흐르네. … 장군이 한번 떠나면 큰 나무도 시들고 장사가 돌아오지 않으니 차가운 바람이 불어오네.'라 하였다."

9 송옥의 「구변(九辨)」에서, "슬프구나 가을의 기운이여, 쓸쓸하구나 초목이 떨어져 시들어가는구나.(悲哉秋之爲氣也 蕭瑟兮草木搖落而變衰)"라 하였다. 살펴보건대, 송옥이 「구변」에서 한 말은 본래 망국을 그리워 한 것이다.

10 고주(顧注)에서, "두보 자신이 송옥처럼 쓸쓸한데 다만 시대가 다르기 때문에 서글피 바라본다는 말이다."라 하였다.

11 조언재(趙彦材)가 말하기를, "귀주(歸州)와 형주(荊州)에 모두 송옥의 집이 있는데, 여기서는 응당 귀주에 있는 것을 가리킨다."라 하

였다.

12 송옥의 「고당부(高唐賦)」에서, "옛날 선왕이 일찍이 고당에 유람하였다. 꿈에 한 부인이 나타나서, '저는 무산의 신녀입니다.'라 하자 왕이 그녀와 사랑을 나누었다. 그녀가 떠나면서 말하기를 '저는 무산의 남쪽, 높고 험한 산꼭대기에 있습니다. 아침에 떠도는 구름이 되고 저녁에는 지나가는 비가 되어 매번 아침저녁마다 양대(陽臺)의 아래에 있을 것입니다.'라 하였다. 왕이 아침에 보니 과연 그 말과 같았다. 그러므로 사당을 세워 조운(朝雲)이라 불렀다."라 하였다. 『한서』의 주에서, "송옥의 이 부는 초 양왕(襄王)과 무산 신녀의 일을 빌려 음혹(淫惑)한 것을 풍자하였다."라 하였다.

13 『한서』의 주에서, "왕소군(王昭君)은 본래 촉군(蜀郡) 자귀(秭歸) 사람이다."라 하였다. 석숭(石崇)의 「명군사(明君詞)」의 서문에서, "명군(明君)은 본래 소군으로 진문제(晉文帝)의 이름과 같아서 고쳤다."라 하였다. 『일통지』에서, "소군촌(昭君村)은 형주부(荊州府) 귀주(歸州)의 동북 사십 리에 있다."라 하였다.

14 「별부(別賦)」에서, "명비가 떠날 때 하늘을 우러러 장탄식을 하였다. 붉은 궁궐〔紫宮〕이 점점 멀어지자 관산이 끝도 없이 펼쳐졌다."라 하였다. 이선(李善)의 주에서, "자대(紫臺)는 자궁(紫宮, 궁궐)이다."라 하였다.

15 『귀주도경(歸州圖經)』에서, "번빙 지역에는 흰풀이 많이 자라는데 소군의 무덤은 유독 푸르다."라 하였다.

16 『서경잡기』에서, "원제(元帝)의 후궁이 매우 많아 화공으로 형상을 그리게 한 뒤, 황제가 그림을 보고 후궁을 불렀다. 그러므로 후궁들이 화공에게 뇌물을 주었는데, 소군은 자신의 미모를 믿고 홀로 주지 않았다. 이에 나쁘게 그려 마침내 황제가 부르지 않았다. 뒤에 흉노가 조회하러 왔다가, 미인을 구하여 알씨(閼氏, 왕비)로 삼으려 하였다. 황제가 소군을 가게 하였는데, 떠날 때 소군을 불러 보니 용모가 후궁 가운데 으뜸이었다. 황제가 후회하고, 그렇게 된 연유를 철저하게 조사한 뒤 화공을 모두 저자에서 죽여 버렸다."라 하였다.

17 주주(朱注)에서, "그림의 얼굴은 본래 참모습이 아니니, '그리지 않았다.'고 하지 않고 '대충 그렸다.'고 한 것은 완곡하게 표현한 것이다. '달밤에 혼이 돌아온다.'는 것은 끝내 한나라 궁궐을 잊지 못한 것을 밝힌 것이다."라 하였다.

18 『석명(釋名)』에서, "비파는 본래 오랑캐 지역의 말 위에서 연주하던 것이다. 손 앞을 밀쳐서 연주하는 것을 비(琵)라 하고, 당겼다가 밀쳐서 연주하는 것을 파(琶)라 한다."라 하였다.

19 『금조(琴操)』에서, "소군이 흉노에 있을 때 황제가 자신을 찾아주지 않은 것을 한스럽게 여겨 원망하는 노래를 지었는데, 후대 사람들이 그것을 「소군원(昭君怨」이라 명명하였다."라 하였다.

20 두 구는 사당의 제사가 시작된 이유를 설명하고 있다. 『촉지』에서, "선주가 손권이 관우를 습격하여 죽인 것에 분격하여 마침내 제군(諸軍)을 거느리고 오를 정벌하러 나서서 자귀(秭歸)에 머물렀다. 장무 2년에 효정(猇亭)에서 패배하여 걸어서 어복(魚復)으로 돌아왔다. 어복의 이름을 영안(永安)으로 고쳤다. 3년 4월에 선주는 영안궁에서 죽었다."라 하였다. 『환우기』에서, "궁은 주의 서쪽 7리에 있다."라 하였다.

21 원주(原注)에서, "대궐터는 지금의 와룡사(臥龍寺)가 되었고, 사당은 궁궐의 동쪽에 있다."라 하였다.

22 『포박자(抱朴子)』에서, "천년을 산 학이 때때로 울며 나무 위에 모여 앉는다. 천년이 되지 못한 학은 끝내 나무 위에 내려앉지 못한다."라 하였다. 『춘추번로(春秋繁露)』에서, "학(鶴)은 자정을 안다."라 하였는데, 주에서 "학(鶴)은 물새이다. 자정에 물 위에 있다가 생기(生氣)를 느끼면 매우 기뻐하며 운다."라 하였다.

23 『환우기』에서, "제갈무후의 사당은 선주의 사당 서쪽에 있다."라 하였다.

24 『촉지』「무후전」의 주에서 말하였다. "장엄(張儼)이 말하기를, '제갈량은 한 나라의 종신이요, 패왕의 어진 보좌관이다.'라 하였다."

25 '우(紆)'는 굽힘이다. 즉 권12「알선주묘(謁先主廟)」의 "뜻이 꺾이니 경륜이 무너졌네.(志屈偃經綸)"라는 의미와 같다.

26 『양서(梁書)』「유준전(劉遵傳)」에서, "이 또한 상서로운 봉황의 한 깃털이라도 충분히 오덕(五德)을 시험할 수 있다."라 하였다. 무후의 재주가 드높으니 마치 하늘 높이 나는 봉황과 같다. 세상에서는 다만 천하를 삼분한 공업을 자랑스럽게 여기지만, 그가 좁고 궁벽한 곳에 처한 까닭에 흉중에 담은 재주 가운데 백에 하나도 제대로 펼치지 못한 것을 알지 못한다. 세월이 지나 후대에 제갈량의 능력을 볼 수 있는 것은 다만 구름 속 하늘의 한 깃털일 따름이다. 이 해석은 『초씨필승(焦氏筆乘)』에서 가져온 것인데, 옛날의 여러 해석은 대부분 지리하다.

27 구주(舊注)에서 말하였다. "장보(張輔)의 「갈악우열론(葛樂優劣論)」에서, '공명은 이윤(伊尹), 여상(呂尙, 강태공)과 짝을 다툴 만하지만 어찌 악의(樂毅)와 나란히 서겠는가.'라 하였다. 후위(後魏)의 최호(崔浩)는 그의 논저에서, '제갈량은 소하, 조참의 아류도 될 수

없다. 진수(陳壽)가 제갈량을 폄하한 것은 실상을 잃은 것이 아니다.' 라 하였다." 두보의 이 작품은 이윤, 여상, 소하, 조참을 끌어들여 비교하여 논하였으니, 장보의 논의를 인정하고 진수를 인정한 최호의 논의를 배척하였다.

28 '지결신섬(志決身殲)'은 곧 몸을 다 바쳐 온 몸이 병이 들어 죽은 뒤에 그만 둔다는 말과 같다.

33. 양씨가 부르는 노래를 듣다

聽楊氏歌

佳人絶代歌	세상에 다시없는 미인이 노래하니
獨立發皓齒	우뚝 서서 하얀 이를 드러내네.
滿堂慘不樂	청중들은 서글픔에 침울한데
響下淸虛[1]裏	노래 소리는 허공을 울리네.[2]
江城帶素月	강가 성엔 흰 달이 떠 있는데
況乃淸夜起	더구나 맑은 밤에 앉아있으려니.
老夫悲暮年	늙은이는 만년이 애달프고
壯士淚如水	젊은이는 눈물이 물처럼 구르네.
玉杯久寂寞	옥 술잔도 오래 고요하고
金管迷宮徵	금관 악기도 음계를 잃어버리네.[3]
勿云聽者疲	청중이 괴로워한다고 말하지 마라
愚智心盡死	(음악을) 알던 모르던 죽고 싶은 마음 드누나.[4]
古來傑出士	예부터 걸출한 선비는
豈特一知己	어찌 다만 지기가 적으리오.
吾聞昔秦青	내 들으니, 옛날 주청은
傾側天下耳	온 천하의 귀를 기울이게 하였다더니.[5]

1 '淸虛' 달리 '浮雲'으로 된 본도 있다.

2 작품 전체가 노래 소리의 처절함을 형용하고 있는데, 우의(寓意)는 하지 않고 있다.

3 심약의 시에서, "관악기 현악기 규방에 울리네.(金管玉柱響洞房)"라 하였다. 주주(朱注)에서, "두 구는 그 노래를 듣는 자는 노래 소리에 감동하여 술잔을 멈추고 마시지 않으니, 곧 금관 악기도 그 때문에 순서를 잃고 연주하지 못함을 말한다."라 하였다.

4 노주(盧注)에서, "늙은이와 젊은이, 음악에 조예가 있든 없든 간에 당 안에 모인 모든 청중은 양씨의 노래를 듣고 괴로워하며 죽고 싶은 생각이 들게 된다. 이른바 '서글픔에 우울하다.(慘不樂)'는 의미이다."라 하였다.

5 『열자』에서, "설담(薛譚)이 주청(秦青)에게 노래하는 것을 배웠는데, 주청의 기술을 다 배우지 못하고 돌아가려 하였다. 주청이 그를 전송하면서 박자를 맞추며 슬프게 노래하자, 노래 소리가 숲을 뒤흔들며 지나가는 구름을 멈추게 하였다."라 하였다.

34. 강변의 누각에서 자다[1]

宿江邊閣

暝色延山徑	저녁 어스름이 산길로 밀려오며
高齋次水門	높은 누각은 수문으로 이어졌네.[2]
薄雲巖際宿	엷은 구름은 바위 틈에서 묵고
孤月浪中翻	외로운 달은 물결 위에 일렁인다.[3]
鸛鶴追飛靜[4]	황새와 학은 모두 날아가 고요하고
豺狼得食喧	승냥이와 이리는 먹이 좇느라 시끄럽네.
不眠憂戰伐	전란 걱정에 잠 못 이루는데
無力正乾坤	천지를 바로잡을 힘이 없구나.

시평 : 이자덕이 이르기를, "때와 장소를 묘사함에 조금도 부족함이 없다. 결말 부분은 참으로 직(稷), 설(契)과 같은 능력을 갖춘 말로, 시 전체가 웅건(雄健)하니 그에 부합한다."라 하였다.

1 '각(閣)'은 곧 아래 작품들에 보이는 서각(西閣)이다. 『연보』에서, "대력 원년(766) 가을에 두보는 기주의 서각에 머무르고 있었다. 이 작품은 아마도 아직 서각에 머무르기 전에 미리 가서 하룻밤 보낼 때 지은 것 같다."라 하였다.

2 양간문제의 시에서, "차가운 조수가 수문에 밀려오네.(寒潮浸水門)"라 하였다. 『두억』에서 말하였다. "『명승지』에 관기손(關耆孫)의 「구당관행기(瞿塘關行記)」를 싣고 있는데, '두보가 거처한 곳은 구당관 부근이다.'라 하였다." 즉 수문은 구당관이다.

3 구주(仇注)에서, "구름이 산꼭대기를 지나다가 바위에 머물러 잔다. 달이 물 위에 떠 있는데 물결이 일렁이니 마치 뒤치는 것 같다. 3-4구는 앞 1-2구를 나눠 받고 있다."라 하였다.

4 '精'은 달리 '盡'으로 된 본도 있다.

35. 서각에서 비를 바라보다
西閣雨望

樓雨霑雲幔	누각에 비가 내려 구름 휘장을 적시는데[1]
山寒著水城	추운 산은 물가 성으로 이어졌네.
逕添沙面出	좁은 길에 비 와도 모래 위로 졸졸 흐르고
湍減石稜生	여울 물 줄어 돌 모퉁이가 나오네.
菊蕊淒疎放	국화 꽃은 쓸쓸히 조금만 피고[2]
松林駐遠情	소나무 숲엔 심원한 운치 머무르네.
滂沱朱檻濕	빗줄기 거세져 붉은 난간 적시니
萬慮倚簷楹	처마 기둥에 기대 온갖 상념 떠올리네.[3]

1 '운만(雲幔)'은 누각이 높은 것을 말한다.

2 '소(疏)'는 다 피지 않은 것을 말한다.

3 3-4구에서 처음에 강물이 빠져 왕래할 수 있는 것을 말하였는데, 이제 뜻하지 않게도 비가 쏟아지게 되었다.

36. 서각에 세 번 찾아가 대창현의 엄 명부와 함께 유숙하기로 약속하였으나 그가 오지 않다[1]

西閣三度期大昌嚴明府同宿不到

問子能來宿	'그대 와서 유숙하실까'라 묻더니
今疑索故要	나에게 꼭 오라 한 것이 지금 의심스럽네.[2]
匣琴虛夜夜	갑 속의 거문고는 밤마다 헛되고
手板自朝朝	아침마다 수판 잡고 출근하네.[3]
金吼霜鍾徹	서리 내려 쇠종이 울리고[4]
花催蠟炬消	불꽃은 밀납초를 녹아내리네.[5]
早鳧江檻底	새벽 오리는 강가 난간 밑에 있는데
雙影謾飄颻	두 그림자 부질없이 날아오르네.[6]

1 『당서』에서, "대창현(大昌縣)은 기주에 속한다."라 하였다.

2 주주(朱注)에서 말하였다. "『운회(韻會)』에서, "고(故)'는 옛날에 '고(固)'와 통용하였다. 말하자면 '명부가 아직 오지 않았지만, 나에게 반드시 오기를 요구하였으니 아마도 뒤에 올 것이다.'라는 의미이다."

3 『진서(晉書)』「여복지(輿服志)」에서, "팔좌(八座, 고위 관료)는 홀을 잡고 그 나머지 경사(卿士)는 다만 수판(手板)을 잡는다."라 하였다. 이 구는 즉 명부는 부지런히 상관을 배알하니 그러므로 약속을 하였지만 오지 못한다는 말이다.

4 『산해경』에서, "풍산(豊山)에 아홉 개의 종이 있다. 이것은 서리가 내리면 울 줄 안다."라 하였는데, 주에서 "서리가 내리면 종이 울린다. 그러므로 '안다(知)'고 한 것이다."라 하였다.

5 두 구는 오랫동안 기다리다 밤이 깊어진 경치를 말하였다.

6 『후한서』에서, "왕교가 섭(葉)의 수령이 되었을 때, 조회에 자주

참여하였다. 황제가 태사를 시켜 그를 엿보게 하였다. 태사가 황제에게 말하기를 '그가 올 때면 두 마리 오리가 날아오는데, 이에 그물을 던져 잡아보니 거기에는 신발 한쪽만 있었습니다.'라 하였다. 이에 상방(尙方)에 조서를 내려 자세히 살펴보니 그 신발은 4년 전에 조정에서 상서의 관속에게 내린 신발이었다."라 하였다. 또한 일찍 와서 약속을 지키라는 말이다.

37. 서각에서[1]

西閣二首

巫山小搖落	무산은 잎이 조금 지니[2]
碧色見松林	푸른색을 송림에서 보네.
百鳥各相命	온갖 새들이 서로 울어대는데[3]
孤雲無自心	외론 구름은 메인 곳 없이 떠도네.[4] [一]
層軒俯江壁	층층의 난간에서 강가 절벽 굽어보니
要路亦高深	요로는 또한 높고도 깊구나.
朱紱猶紗帽	붉은 옷 벼슬아치가 사모 쓴 은자와 같으니[5]
新詩近玉琴	새로 시 지어 거문고에 연주하네.[6]
功名不早立	공명은 일찍 세우지 못하였고
衰疾謝知音	늙고 병들어 친구도 끊어졌네.
哀世非王粲	왕찬만큼 세상을 애달파하지 못하지만
終然學楚吟	끝내 월나라 노래를 부르는구나.[7]

懶心似江水	게으른 마음이라도 강물과 같아
日夜向滄洲	밤낮으로 창주를 향하네.[8]
不道含香賤	계설향 머금이 천하다고 이르지 마라[9]
其如鑷白休	흰머리 뽑는 것 그만두었네.[10]
經過凋碧柳	시들어버린 푸른 버드나무 지나서
蕭瑟倚朱樓	쓸쓸히 붉은 누대에 기대 있네.
畢娶何時竟	자식 결혼은 언제 다 마칠까[11]
消中得自由	소갈병 때문에 한가롭게 되었네.[12]

豪華看古往　　부귀의 위험을 역사에서 보았으니
服食寄冥搜　　단약을 찾아 신선이 되리라.[13]
詩盡人間興　　시로 인간의 흥을 다 그렸으니
兼須入海求　　모름지기 바다로 들어가 신선을 찾아보리.[14]

시평 : 송나라 장계(張戒)는 『세한당시화(歲寒堂詩話)』에서, "왕안석은 다만 공교로운 말이 시가 됨만 알고 졸렬한 말도 시가 됨은 알지 못한다. 황정견은 기이한 말이 시가 됨은 알지만 일상적인 말도 시가 될 수 있음은 알지 못한다. 두목(杜牧)의 시는 다만 화려하게 꾸밀 줄만 알고, 이하(李賀)의 시는 다만 화초와 벌나비만 알고 세상의 모든 것이 시가 되는 것은 알지 못한다. 오직 두보는 그렇지 않아서, 산림에 있으면 산림을 노래하고 사당에 있으면 사당을 노래하고, 공교로운 것을 만나면 공교롭게 그리고 졸렬한 것을 만나면 졸렬하게 표현하며 기이한 것을 만나면 기이하게 세속적인 것을 만나면 세속적으로 그린다. 모든 사물과 모든 의미를 읊조린 것이 모두 시가 된다. 그러므로 '많이 읊조려도 여운이 넘치네.(吟多意有餘)'라 하였으며 또한 '시로 인간의 흥을 다 그렸으니.(詩盡人間興)'라 하였다. 거짓이 없구나, 이 말이여."라 하였다.

㊀ 유수계가 이르기를, "3-4구 열 글자는 대단히 원망하면서도 의미를 다 드러내지 않았으니, 문장을 열고 닫음을 다 하였다."라 하였다.

1 두 작품은 서각에 거주할 때 소회를 읊은 것이다.

2 지기(地氣)가 따뜻하기 때문에 나뭇잎이 다 떨어지지 않는다.

3 「등루부(登樓賦)」에서, "새들이 서로 울다가 날개를 펴네.(鳥相鳴而擧翼)"라 하였다. 그 주에서 말하였다. "『대대례(大戴禮)』「하소정(夏小正)」에서, '운다는 것은 서로 명령함이다.'라 하였다."

4 도잠의 「빈사(貧士)」에서, "온갖 사물은 각각 의탁할 곳 있는데, 외론 구름은 홀로 의지할 곳 없네.(萬族各有託 孤雲獨無依)"라 하였다. 또한 「귀거래사」에서, "구름은 무심하게 산굴에서 나와.(雲無心而出岫)"라 하였다. 두 구는 사람은 각각 사귀는 무리가 있는데 나는 홀로 떠도니 마음이 아프다는 의미이다.

5 주주(朱注)에서, "사모는 당시에 은거하는 이의 옷이다."라 하였다.

6 이곳의 강산이 요충지로, 옛날 사람들이 일찍이 이곳에서 공명을 세웠다. 그러나 나는 비록 벼슬아치지만 은거한 이와 같으니 다만 맑은 시 읊조리며 스스로 감상할 따름이다.

7 왕찬은 「칠애(七哀)」를 지었다. 『사기』에서, "월나라 사람 장석(莊舃)이 초에서 벼슬하여 최고 높은 벼슬인 집규(執珪)가 되었는데 곧 병이 들었다. 초나라 왕이 '장석은 지금 부귀하다. 그래도 월나라를 그리워할까.'라 하고, 사람을 시켜 살펴보게 하니 월나라 노래를 부르고 있었다."라 하였다. 「등루부」에서, "장석은 현달하여도 월나라 노래 불렀네.(莊舃顯而越吟)"라 하였다. 즉 나의 재주가 왕찬만 못하나 다만 고향으로 돌아갈 생각은 같다는 말이다.

8 『신이경(神異經)』에서, "동해의 창랑주에 신선이 산다."라 하였다. 두 구는 앞 작품의 고향을 그리는 뜻을 이어받았다.

9 『한관의(漢官儀)』에서, "상서랑은 난초를 잡고 계설향(鷄舌香)을 머금은 뒤에 황제에게 일을 아뢴다."라 하였다.

10 『남사(南史)』에서, "울림왕(鬱林王)이 다섯 살이 되었을 때 고제(高帝)의 옆에서 놀았다. 고제가 좌우로 하여금 백발을 뽑게 하고 울림왕에게 '내가 누구냐.'라 물었다. 이에 '태옹(太翁, 원래는 할아버지 여기서는 증조) 황제입니다.'라 대답하자, '증조할아버지가 되어 백발을 뽑겠는가.'라 하고 그만 뽑게 하였다."라 하였다.

11 『후한서』에서, "상자평(向子平)은 아들과 딸이 모두 결혼한 뒤에 집안일에 상관하지 않겠다고 하였다."라 하였다.

12 『후한서』「이통전(李通傳)」에서, "본래 소갈병이 있었다."라 하였다. 『황제내경』「소문(素問)」에서, "많이 먹고 자주 소변을 보는 것을 소중(消中)이라 한다. 즉 소갈(消渴)이다."라 하였다. 마음이 도리어 병 때문에 한가롭게 되었다는 말이다.

13 『고시십구수』에서, "단약을 먹어 신선 되기를 구하고.(服食求神仙)"라 하였다. 부귀는 위험스런 상황을 초래할 수 있으니 신선이 되는 것이 훨씬 낫다는 말이다.

14 주주(朱注)에서, "두보의 「장유(壯遊)」에서 '지금도 남은 한이 있으니, 부상을 다 찾아보지 못함이네.(到今有遺恨 不得窮扶桑)'라 하였다. 또한 「유자(遊子)」에서 '봉래산에 만약 갈 수 있다면, 늙은 이 몸 신선을 찾아보리라.(蓬萊如可到 衰白問求仙)"라 하였다. 마지막 두 구는 곧 이와 같은 의미이다.

38. 서각의 밤
西閣夜

恍惚寒江暮	차가운 강이 저물녘 어슴푸레하니
逶迤白霧昏	하얀 안개가 짙게 피어오르네.
山虛風落石	산은 공허하여 바람이 돌에 부딪히고
樓靜月侵門	누각은 고요하여 달이 문틈으로 비추네.㊀
擊柝可憐子	딱따기 두드리는 가련한 사내여
無衣何處村	옷도 허름한 어느 고을 사람인가.[1]
時危關百慮	시절이 위태로워 온갖 근심 일어나니
盜賊爾猶存	도적들 네놈들은 아직도 있느냐.

㊀ 황백산(黃白山)이 이르기를, "'허(虛)'자를 놓으니 바야흐로 '낙(落)'자가 오묘한 것을 알겠고, '정(靜)'자를 놓으니 바야흐로 '침(侵)'자의 오묘함을 알 수 있다."라 하였다.

1 내가 추우니 다른 사람도 추울 것이라 소급한 것이다.

39. 밤
夜

露下天高秋水淸	서리 내려 하늘 높고 물 맑은 가을
空山獨夜旅魂驚	빈산 외론 밤에 나그네 마음 놀라네.
疎燈自照孤帆宿	머문 돛 배 한 척에 등불 희미하고[1]
新月猶懸雙杵鳴	다듬이 소리 울릴 때 달은 높이 걸렸네.[2] ⊟
南菊再逢人臥病	남쪽 국화 다시 보는데 나는 병이 들고[3]
北書不至雁無情	북쪽편지 오지 않으니 기러기는 정이 없구나.
步簷倚杖看牛斗	처마에 지팡이 기대고 북두성 바라보는데[4]
銀漢遙應接鳳城	은하수는 저 멀리 장안에 닿아 있구나.[5]

⊟ 청려(淸麗)한 풍격은 또한 의산 이상은의 시세계를 열었다.

1 지나가는 배는 고향으로 돌아갈 수 있는 것을 부러워하는데, 자신은 거기에 탈 수 없다.

2 양신(楊愼)의 『단연록(丹鉛錄)』에서, "옛사람은 다듬이질 할 때 두 여자가 마주 서서 몽둥이를 잡고 쌀을 빻듯 친다. 일찍이 육조 시대 다듬이질 하는 그림을 보니 이와 같다."라 하였다.

3 권13 「추흥(秋興)」에서, "국화꽃이 두 번 피니 지난 날 추억해 눈물 떨구고.(叢菊兩開他日淚)"라는 의미이다.

4 『초사』 「대초(大招)」에서, "기역자 집에 여섯 자 처마.(曲屋步櫩)"라 하였다. 고주(顧注)에서, "옛날 여섯 자를 '보(步)'라 하였다. 지금의 처마〔廊櫩〕는 대개 넓이가 여섯 자이다."라 하였다.

5 매번 북두성에 의지하여 장안을 바라본다는 의미이다. 대고(戴暠)의 시에서, "흑룡이 지나면서 위수를 마시고, 단봉은 내려 보다 성

위에 앉네.(黑龍過陰渭 丹鳳俯臨城)"라 하였다. 조언재가 말하기를, "진목공(秦穆公)의 딸이 퉁소를 불자 봉황이 그 성에 내려앉았다. 그로 인해 봉황성이라 불렀다. 그 뒤에 서울을 봉성(鳳城)이라 불렀다." 라 하였다.

杜詩鏡銓卷十四

대력 연간에 두보가
기주(夔州)에 거처하며 지은 작품이다.

1. 난파된 배[1]

覆舟二首

巫峽盤渦曉	무협에 소용돌이 이는 새벽
黔陽貢物秋	검양에 공물 바치는 가을.[2]
丹砂同隕石	단사는 운석처럼 무거우니[3]
翠羽共沈舟	비취새 깃도 배를 가라앉힌다네.[4]
羇使空斜影	떠도는 관리는 석양에 탄식하는데
龍宮閟積流	용궁은 깊은 강물에 비밀스럽네.[5]
篙工幸不溺	뱃사공은 다행히 빠져 죽지 않았으니
俄頃逐輕鷗	곧바로 가벼운 갈매기 따라 가네.[一]

竹宮時望拜	죽궁에서 때로 멀리 절 올리고[6]
桂館或求仙	계관에서 간혹 신선을 찾았네.[7]
姹女凌波日	타녀가 파도를 타는 날[8]
神光照夜年	신비로운 빛이 밤을 비추던 때.
徒聞斬蛟劍	부질없이 이무기 베던 칼이 있다고 들었으며[9]
無復爨犀船	다시 무소 뿔 태워 배를 비출 수 없네.[10]
使者隨秋色	관리는 가을 경치 따라
迢迢獨上天	홀로 아득한 하늘로 올라가네.[二]

㊁ 두 작품의 주지는 잘못된 것을 에둘러 간하고 있는데, 시어가 천하에 오묘하다. 후에 의산 이상은이 이러한 시풍을 가장 잘 본받았다.

㊂ 장상약이 이르기를, "타녀로 단약을 대신 표현하였으며, '능파(淩波)'로 가라앉은 배를 대신 표현하였으니, 시어가 대단히 공교롭다. 타녀가 파도를 타던 날(배가 가라앉은 날)은 참으로 신비로운 빛이 밤을 비추던 때이니, 선약을 구하는 것이 무익한 것을 깊이 드러내었다."라 하였다. ○ 천자가 아직 하늘에 올라가지 않았는데 사신이 이미 홀로 하늘에 올라갔다고 하였으니, 골계가 대단하다고 할 만하다.

1 포주(浦注)에서, "이 시는 단약을 채집하여 파는 배가 삼협의 강에서 난파된 것을 보고 지었다. 숙종은 말년에 도가에 빠졌는데, 이 당시에 아마 아직도 그런 관습이 있었던 것 같다. 그러므로 두보가 이 시를 지어 풍자하였다."라 하였다.

2 검양은 지금의 진주부(辰州府) 지역이다.

3 『본초강목』에서, "단사를 오래 복용하면 신명(神明)과 통하며 늙지 않고 몸이 가벼워진다. 신선이 변화하여 수은이 된다."라 하였다. 『연의(衍義)』에서, "진주(辰州)의 오랑캐 고을 노아정(老鴉井)에서 생산되는 단사가 가장 좋다."라 하였다. 『운회(韻會)』에서, "수은은 단사가 변하여 수은으로 된 것을 이른다."라 하였다. 『좌전』에서, "송(宋)나라에 하늘에서 다섯 개의 돌이 떨어졌다."라 하였다.

4 『이아』의 주에서, "취휼(翠鷸)은 연감색(燕紺色)과 비슷하다. 울림(鬱林)에서 생산된다."라 하였다. 『이물지(異物志)』에서, "비(翡, 물총새)는 붉은색이고 취(翠, 비취새)는 푸른색이다. 그 깃으로 장식을 만들 수 있다."라 하였다. 추양(鄒陽)의 편지에서, "깃을 쌓아도 배를 가라앉힌다."라 하였다.

5 용궁은 깊은 강물 안에 있으니, 즉 공물이 모두 이곳에 잠겨 있다는 말이다.

6 『한서』「예악지(禮樂志)」에서, "정월 첫 번째 신(辛)이 들어가는 날에 감천(甘泉)의 둥그런 언덕에서 제사를 지내는데 밤에는 계속 신비로운 빛이 사당의 제단에 모여 있다. 천자가 죽궁에서 멀리 절을 올리는데, 사당을 모시는 자는 모두 엄숙한 마음을 가진다."라 하였다.

7 『한서』「교사지(郊祀志)」에서, "공손경(公孫卿)이 말하기를, '신선은 누대에 거처하는 것을 좋아합니다.'라 하였다. 이에 천자가 장안(長安)에 명령을 내려 비렴계관(飛廉桂館)을 짓도록 하고, 공손경으

로 하여금 부절을 가지고 제구를 장만하여 신인(神人)을 기다리게 하였다."라 하였다.

8 『참동계』에서, "하상의 타녀는 가장 신령스럽다. 불을 만나면 하늘을 날고 세속의 먼지에 물들지 않는다."라 하였다. 『진일자주(眞一子注)』에서, "하상의 타녀는 즉 진홍(眞汞, 도가의 단약에 필요한 수은)이다." 도가의 「사상론(四象論)」에서, "서방의 경금(庚金)은 숙녀의 다른 이름이다. 그러므로 타녀라는 호칭이 있다."라 하였다. 「낙신부(洛神賦)」에서, "파도를 타고 걷지도 않으며.(凌波微步)."라 하였다.

9 『여씨춘추』에서, "형(荊) 지역 사람 차비(佽飛)가 보검을 얻었다. 강의 중류를 지날 때 배 양쪽에 이무기가 둘러싸니, 차비가 보검을 뽑아 이무기를 죽이고 무사히 강을 건넜다."라 하였다.

10 『진서(晉書)』에서, "온교(溫嶠)가 우저(牛渚)가에서 유숙하였는데, 강물이 얼마나 깊은지 헤아릴 수 없었다. 세상에서 그 아래에 괴물이 많이 산다고 하였다. 온교가 물소의 뿔을 태워 비추니 잠깐 사이에 온갖 기이한 형상을 가진 물속의 괴물이 불빛에 모습을 모였다."라 하였다.

2. 한중왕 이우(李瑀)의 서찰을 받들다
奉漢中王手札

國有乾坤大	나라는 드넓은 천지를 차지하고
王今叔父尊	왕은 지금 천자의 숙부로 존귀하네.[1] [一]
剖符來蜀道	부절 가지고 촉으로 왔다가
歸蓋取荊門	돌아갈 때 형문을 지나가네.[2]
峽險通舟過	험준한 삼협으로 배를 타고 지나니
江長注海奔	강은 기나길어 바다로 향해 달리네.
主人留上客	주인은 상객을 붙잡으니[3]
避暑得名園	더위 피하러 이름난 정원을 찾았네.[4]
前後緘書報	앞뒤로 편지를 보내 소식 전해오니
分明饌玉恩	진수성찬의 연회에 참여한 듯하네.[5]
天雲浮絶壁	하늘의 구름은 절벽에 떠 있고
風竹在華軒	바람 부는 대숲은 화려한 난간 앞에 있네.
已覺良宵永	이미 긴 밤 내내 날씨가 좋은데
何看駭浪翻	어찌 풍랑 일어 놀란단 말인가.[6]
入期朱邸雪	장안의 저택으로 돌아가면 눈 내릴 테고[7] [二]
朝傍[8]紫微垣	아침에는 궁궐에 나아가겠지.[9]
枚乘文章老	매승의 문장은 늙어버렸는데[10]
河間禮樂存	하간왕의 예악은 남아 있네.[11]
悲秋宋玉宅	슬프다, 가을날 송옥의 집에 머무르며
失路武陵源	무릉도원 가는 길 잃어버렸구나.
淹泊俱崖口	둘 다 절벽 입구에 머무르는데
東西異石根	동서의 다른 산에 떨어져 있네.[12]

夷音迷咫尺	오랑캐 노래는 지척에 들리고
鬼物傍黃昏	귀물은 황혼 무렵 다가오네.
犬馬誠爲戀	견마의 충심으로 임금을 그리노니[13]
狐狸不足論	참소하는 여우는 논할 것이 못되네.[14]
從容草奏罷	차분히 상소의 초를 마치면
宿昔奉淸樽	옛날 술자리의 정을 잊지 마시라.[15]

㈡ 장약육(蔣弱六)이 이르기를, "두 번째 구는 일상적인 말로 첫 번째 구를 이어받아 말하였는데, 대단히 존엄(尊嚴)하다."라 하였다.

㈢ 구창주가 이르기를, "더위를 피하는 것은 여름이고, 날씨 좋은 긴 밤은 가을에 속하며, 장안으로 돌아갈 때쯤 눈이 내리다고 하였으니, 시간을 순서대로 서술함이 분명하다."라 하였다.

1 이우(李瑀)는 현종의 아들로, 대송의 숙부이다.

2 한중왕이 이전에 봉주(蓬州) 장사로 좌천되었다. 이 당시에 지방관에서 파직되어 장안으로 돌아가는데 이릉(夷陵)으로 난 길을 지나갔다.

3 학주(鶴注)에서, "주인은 아마도 귀주(歸州) 태수를 가리키는 것 같다."라 하였다.

4 위 4구는 한중왕이 보내온 편지 안의 말이다.

5 「오도부(吳都賦)」에서, "편안하게 거처함을 자랑하니, 구슬 옷과 옥같은 반찬이네.(矜其宴居 珠服玉饌)"라 하였다. 즉 두보 자신이 그 연회에 참여한 것과 같다는 의미이다.

6 이 당시 아마도 거센 풍랑에 이우는 급히 떠나지 못한 것 같다.

7 『옥해(玉海)』에서 말하였다. "『한서』의 주에서 '지방관이 조정에 벼슬하면 조정에서 머무르는 집을 제공하였는데, 장안에 있는 것은 대개 이름난 저택이었다.'라 하였다." 제후는 붉은 대문을 달았으므로 '주저(朱邸)'라고 하였다.

8 '傍'은 달리 '望'으로 되어 있다. 그러면 아래 '傍'과 중복되지 않는다.

9 이상 여섯 구는 편지를 보고 멀리서 헤아려 본 것이다.

10 『한서』에서, "매승(枚乘)이 홍농도위가 되었다가 벼슬을 버리고 양(梁)을 유람하였다. 양왕의 빈객들이 모두 사부를 잘 지었는데 매승이 더욱 뛰어났다."라 하였다. 매승은 두보 자신을 비유한 것이다.

11 『한서』에서, "경제(景帝)의 아들 하간헌왕(河間獻王) 유덕(劉德)은 학문이 육예(六藝)를 통달하였으며 유술(儒術)을 익혔다. 무제 때에 천자에게 조회하러 왔는데, 예악을 바치자 삼옹궁(三雍宮)에서 천자가 그를 대하였다."라 하였다.

12 주주(朱注)에서, "'비추(悲秋)'는 한중왕을 가리키고 '실로(失路)'는 두보 자신을 이른다. 이 당시 한중왕은 귀주(歸州)에 있었으니, 귀주는 기주(夔州)의 동쪽에 있다."라 하였다.

13 조식의 표(表)에서, "견마(犬馬)가 주인을 그리는 정을 견디기 어렵습니다."라 하였다.

14 「장강전(張綱傳)」에서, "승냥이, 이리가 길을 막으니, 여우는 말해 무엇하리."라 하였다. 한중왕이 옛날에 참소를 당하여 쫓겨났다.

15 한중왕이 입조하여 아뢸 상소의 초를 잡으면 마땅히 옛날 나와 더불어 즐겁게 노닐던 때를 기억해주시라는 말로, 이곳을 떠난 뒤에 나를 잊지 말아달라는 부탁이다.

3. 한중왕의 수찰을 받들어보니, 위 시어와 소 존사가 죽었다는 소식이 있다

奉漢中王手札 報韋侍御蕭尊師亡

秋日蕭韋逝	가을날 소와 위가 타계하였다고
淮王報峽中	한중왕이 삼협에서 알려왔네.
少年疑柱史	젊은이가 장수한 주하사 못돼 의아하고
多術怪仙公	신선의 술수도 부질없어 괴이하네.[1]
不但時人惜	동시대 사람만 애석한 게 아니라
秖應吾道窮	응당 우리 도가 곤궁해지리.
一哀侵疾病	줄곧 병든 나를 애달파하니
相識自兒童	어릴 때부터 알고 지내서여지.
處處鄰家笛	곳곳마다 이웃의 피리 소리 들리니[2]
飄飄客子蓬	쑥대처럼 떠도는 나그네여.[3]
强吟懷舊賦	억지로 「회구부」를 읊조리지만[4]
已作白頭翁	이미 흰머리 늙은이 되었구나.[5] ㊀

㊀ 이자덕이 이르기를, "서리 내린 하늘에 학이 울어대니, 청절(淸切)함이 사람을 감동시킨다."라 하였다. ○ 한 구마다 한 번씩 전환하는데, 마치 구슬이 쟁반을 구르는 것 같다. 백낙천의 배율은 이런 종류의 시를 많이 배웠다.

1 구주(仇注)에서, "주하사(柱下史)인 노자는 오래 살았는데 위 시어는 젊은 나이에 죽었으므로 의아하다는 것이다. 소사(蕭史)는 봉황을 타고 신선이 되어 날아갔는데, 소 존사는 신선을 배웠으나 또한 죽었

으니 괴이하다는 것이다. 위 시어는 관직으로 비유하였고, 소 존사는 성(姓)으로 비유하였다."라 하였다.

2 상수(尙秀)의 「사구부(思舊賦)」의 서문에서, "이 때 해는 우연(虞淵, 해가 지는 곳)으로 지고 차가운 얼음은 쓸쓸하네. 이웃에 피리를 부는 자가 있는데, 소리가 높고 멀리까지 울리니 옛날 같이 노닐며 연회하던 즐거움이 생각이 난다. 음악 소리에 느낌이 일어 탄식하다가 이 부를 짓는다."라 하였다.

3 조식의 시에서, "쑥대 뿌리를 떠나 떠도니, 긴 바람 따라 너풀거리네. 비슷하구나, 떠도는 나그네가, 몸을 바쳐 멀리 수자리 가는 것과.(轉蓬離本根 飄飄隨長風 類此客遊子 捐軀遠從戎)"라 하였다.

4 반악은 「회구부(懷舊賦)」를 지었다.

5 마지막은 다시 자신을 위로하지만 절로 위태로운 것을 말한다.

4. 살아 있고 죽은 사람에 대해 읊다[1]

存歿口號二首

席謙不見近彈棊　탄기판에 있는 석겸을 오래 보지 못하고[2]
畢耀仍傳舊小詩　필요는 예전 지은 짧은 시를 전하네.[3]
玉局他年無限笑　옥 판에서 지난 날 한없이 웃었는데[4]
白楊今日幾人悲　무덤가 백양에 오늘 몇 사람이나 슬퍼할까.[一][三]

鄭公粉繪隨長夜　화가 정건(鄭虔)은 긴 밤을 따라갔고
曹霸丹青已白頭　화공 조패는 이미 흰머리 노인이네.[5]
天下何曾有山水　천하에 어찌 아름다운 산수화가 있으랴[6]
人間不解重驊騮　인간 세상에 화류마 중한 줄 모르네.[7]

시평 : 『용재속필(容齋續筆)』에서, “두보의 절구 「존몰구호(存沒口號)」는 각 작품마다 살아 있는 한 사람과 죽은 한 사람을 읊었다. 대개 석겸과 조패는 살아 있고, 필요와 정건은 죽었다. 노직 황정견은 「형강정즉사절구십수(荊江亭卽事絶句十首)」를 지었는데, 그 중 한 작품에서 ‘문을 닫고 시구 찾았던 진사도, 손님 맞아 붓 휘두르던 진관(秦觀). 정자 진사도는 따뜻한 식사나 하는지? 서풍은 내 눈물을 옛 등주로 불어주시오.(閉門覓句陳無己 對客揮毫秦少游 正字不知溫飽未 西風吹淚古藤州)’라고 하였다. 바로 이 체(體)를 사용하였는데, 이 당시 진소유는 죽고 진사도는 살아 있었다.”라 하였다.

㈡ 장난스레 지었으나, 절로 한 체재를 이룬다.

㈢ 이자덕이 이르기를, "'옥국(玉局)'의 두 구는 담담하면서도 슬프다. 아래 작품의 '천하(天下)' 두 구는 슬프면서 장엄하다. 둘 다 절창(絶唱)이다."라 하였다.

1 원주(原注)에서, "네 사람은 모두 예술에 노닌 사람이다. 그러므로 두보가 기록하였다."라 하였다.

2 「양기전(梁冀傳)」에서, "양기는 거문고를 잘 타고 탄기(彈棊)를 잘 두었으며 격오(格五, 투전의 일종)를 즐겼다."라 하였는데, 주에서 "『예경(禮經)』에서, "탄기(彈棊)'는 두 사람이 마주 앉아 대국하는데, 백과 흑 각각 여섯 매(枚)를 먼저 서로 마주보는 곳에 나열한 뒤 아래에서 소리치면 위에서 타격하면서 서로 친다. 대국은 돌로서 한다."라 하였다. 『고금시화(古今詩話)』에서, "탄기(彈棊)는 기보가 한 권 있는데, 당나라 현자들이 즐겼다. 판은 사방 오척이며, 중심이 마치 일산처럼 높다. 그 꼭대기에 작은 병이 있고 사방 모서리는 조금 솟아오르게 만들었다."라 하였다. 이의산의 시에서, "탄기하는 판에 가까이 가지마라, 중심은 평평하지 않으니.(莫近彈棊局 中心最不平)"라 하였으니, 그 중심이 높은 것을 이른다. 백낙천의 시에서, "탄기 판 벌어지는 일 가운데, 가장 오묘한 것은 길게 비스듬하게 놓는 것.(彈棊局上事 最妙是長斜)"이라 하였는데, 모퉁이에 길게 비스듬히 놓는 것이다. 한 발(發)에 판의 반절을 지나는 것은 기보 가운데 이런 법이 구비되어 있다.

3 원주(原注)에서, "도사 석겸은 오 지역 사람으로 탄기를 잘한다. 필요는 짧은 시를 잘 짓는다."라 하였다.

4 『수신기』에서, "남곡산(南谷山) 가운데 백옥의 탄기 판이 있다."라 하였다.

5 원주(原注)에서, "고사 형양(滎陽) 사람인 정건(鄭虔)은 산수화를 잘 그렸고, 조패(曹覇)는 말을 잘 그렸다."라 하였다.

6 정건은 이미 죽었기에 애석하니, 정건 이외에는 산수화를 잘 그린 사람이 없다는 말이다.

7 조패는 살아 있어도 또한 가련하다.

5. 보름달

月圓

孤月當樓滿	외론 달이 누대에 가득 뜨니
寒江動夜扉	차가운 강물에 밤 사립문이 흔들리네.[1] ⊟
委波金不定	흔들리는 물결에 금빛은 일렁이고[2]
照席綺逾依	자리에 비치니 비단이 더욱 곱구나.[3]
未缺空山靜	환하게 뜨니 빈 산이 고요하고
高懸列宿稀	높이 오르니 온갖 별이 희미하네.
故園松桂發	고향엔 솔과 계수 푸르를 테니
萬里共淸輝	만리 이역에도 맑은 달빛 비추네. ⊟

⊟ 맺는 부분에서 고향을 그리고 있는데, 그러한 생각을 말로 다 드러내지 않고 있다.

1 달빛이 강에 비춰서 흔들린다.

2 「교사가(郊祀歌)」에서, "달빛이 금빛 물결에 너울거리네.(月穆穆以金波)"라 하였다.

3 추양(鄒陽)의 「주부(酒賦)」에서, "비단으로 자리를 만들고.(綃綺爲席)"라 하였다. 구주(仇注)에서, "달빛이 파도에 비추니 금빛이 끊임없이 흔들린다. 달이 자리 위로 비추니 비단 무늬가 더욱 곱게 보인다. '금파의석(金波綺席)'의 네 글자를 도치하여 썼는데, 조방(趙汸)이 시가(詩家)에서 고어(古語)를 사용하는 법을 터득하였다고 하였다."라 하였다.

6. 한밤중에
中宵

西閣百尋餘　서각은 백 길 산 위에 있으니
中宵步綺疏　한밤중에 성근 비단 창가를 걸었네.[1]
飛星過水白　별똥별이 지나가니 강물은 환해지고
落月動沙虛　떨어지는 달은 모래사장에 어른거리네.
擇木知幽鳥　고요한 새는 나무를 가려 앉고
潛波想巨魚　커다란 물고기 물결에 잠겨서 헤엄치겠지.
親朋滿天地　친우는 천지에 가득하지만
兵甲少來書　전쟁에 오는 편지가 드무네.⊟

⊟ 우연히 바라보이는 경치를 시로 읊었는데 문득 훌륭한 작품을 이루었다.

1 「양기전(梁冀傳)」에서, "창은 모두 성근 비단으로 장식되어 있다."라 하였는데, 주에서 "비단 무늬를 새겼다."라 하였다.

7. 잠들지 못하고

不寐

瞿唐夜水黑	구당의 밤 강물은 검고[1]
城內改更籌	성안에 물시계는 깊어가네.
翳翳月沈霧	어둑어둑 달은 안개에 가리고
輝輝星近樓	반짝거리는 달빛은 누대에 가깝네.[2]
氣衰甘少寐	기운 쇠하니 짧은 잠도 달고
心弱恨容愁	마음 약하니 근심을 견딜 수 없구나.[3]
多壘滿山谷	많은 누대가 산골짜기에 가득하니
桃源何處求	무릉도원은 어디에서 찾을까.㊀

㊀ 유수계가 이르기를, "묘사가 지극히 완미(婉微)하다."라 하였다.

1 달이 지는 것을 말한다.

2 달이 넘어가 어둡기에 별이 가까이 비추는 것을 깨닫는다. 두 구는 곧 새벽이 다가오는 경치이다.

3 '약(弱)'자는 밖에 있는 어떤 대상에 대해 이길 수가 없으므로 한스러운 것을 이른다. '용(容)'자는 마음이 얼마나 크다고 수많은 근심을 아닌 척 거짓으로 꾸밀 수 있겠느냐는 말이다.

8. 멀리 노닐다
遠遊

江闊浮高棟	드넓은 강 빛은 높은 용마루에 뜨고
雲長出斷山	긴 구름에 허리 잘린 산이 드러나네.[1]
塵沙連越嶲	모래 먼지는 월수로 이어지고[2]
風雨暗荊蠻	풍우에 형만은 어둡네.[3]
雁矯銜蘆內	기러기는 갈대 머금고 날아가며[4]
猿啼失木間	숲 떠난 원숭이는 서글피 우네.[5]
敝裘蘇季子	헤진 갖옷의 소진(蘇秦)은
歷國未知還	나라 떠돌며 돌아갈 줄 모르네.

1 구주(仇注)에서, "햇빛이 강에 비치므로 물빛이 용마루에 떠오른다. 산허리가 구름에 끊어지고 나머지 산이 드러난다."라 하였다.

2 『한서』에서, "월수군(越嶲郡)은 본래 익주(益州)의 서남쪽에 있던 오랑캐 지역이었다. 무제(武帝)가 처음 차지하여 관청을 두었다."라 하였다. 『당서』에서, "수주(嶲州) 월수군은 검남도(劍南道)에 속한다."라 하였다. 『어람영창군전(御覽永昌郡傳)』에서, "월수군은 건녕(建寧)의 서북쪽 1700리에 있다. 건녕에서부터 높은 산이 연결되어 천중(川中)에 이르러 동서남북 8천 여리의 평지가 된다."라 하였다.

3 멀리로는 월수를 바라보고 가까이로는 형만을 바라보니, '원(遠)' 자를 대단히 잘 표현하였다.

4 장화(張華)의 부에서, "또 날개를 곧추세워 멀리 날아가고, 한갓 갈대 머금고 주살 피하네.(又矯翼而增逝 徒銜蘆而避繳)"라 하였다.

5 두 구는 멀리 날아가는 기러기를 부러워하며, 원숭이와 마찬가지로 슬픈 것을 말하고 있다.

9. 흰머리

垂白

垂白馮唐老	흰머리 풍당은 늙어가고[1]
淸秋宋玉悲	맑은 가을 송옥은 슬퍼하네.
江喧長少睡	강물 시끄러워도 노소(老少)들 조는데
樓逈獨移時	먼 누대로 홀로 거니네.
多難身何補	난리 많으니 몸을 어찌 보양하랴
無家病不辭	집 없으니 병이 끊이질 않네.
甘從千日醉	천 일 동안 취해도 좋으리니[2]
未許七哀詩	「칠애」 시를 지을 필요 없네.[3]

1 『한서』에서, "풍당은 나이 90이 넘어 낭관이 되었다."라 하였다. 두보 자신을 비유하였다.

2 『수신기』에서, "적희(狄希)는 중산(中山) 사람이다. 천일주(天日酒)를 만들 줄 아는데 마시면 천 일 동안 취해 있다."라 하였다.

3 조식과 왕찬, 그리고 장재(張載)는 모두 「칠애(七哀)」라는 시를 남겼다. 슬퍼해봐야 이로울 것이 없으니, 세상일을 잊고 한번 취해보자는 말이다.

10. 비가 개다
雨晴

雨晴[1]山不改	비가 내리가 개다하나 산은 그대론데[2]
晴罷峽如新	맑게 갠 삼협은 산뜻하구나.
天路看殊俗	하늘 끝에서 다른 풍속을 보니[3]
秋江思殺人	가을 강에 고향 생각 간절하네.
有猿揮淚盡	원숭이 울음에 눈물을 뿌리는데
無犬附書頻	자주 편지 보낼 개도 없구나.[4]
故國愁眉外	고향은 깊은 근심 속에 있으니
長歌欲損神	길게 노래하며 마음을 풀어보네.

1 '晴'은 달리 '時'로 된 본도 있다.

2 평소에 비가 오다가 개다가 하지만, 산의 모습은 다만 옛날처럼 변함없다.

3 구주(仇注)에서, "'천로(天路)'는 '하늘가〔天邊〕'란 말과 같다."라 하였다.

4 『술이기(述異記)』에서, "육기(陸機)가 데리고 있던 개의 이름은 황이(黃耳)였다. 육기가 낙양에 있을 때 오랫동안 집의 소식을 듣지 못하였는데, 편지를 죽통에 담아 개의 목에 매달으면, 황이는 곧 집으로 내달렸다. 이윽고 답서를 얻으면 다시 낙양으로 돌아왔다."라 하였다.

11. 낙엽이 지다

搖落

搖落巫山暮	낙엽 지는 무협의 저물녘
寒江東北流	차가운 강은 동북으로 흐르네.
烟塵多戰鼓	연기와 먼지는 전쟁터에 피어오르고
風浪少行舟	풍랑 일렁이니 지나는 배도 적구나.
鵝費羲之墨	거위는 왕희지의 먹을 낭비했고[1]
貂餘季子裘	소진(蘇秦)의 담비 가죽은 헤어졌네.[2]
長懷報明主	오랫동안 임금에게 보답하려 했는데
臥病復高秋	병들어 누워 다시 높은 가을 맞이하네.

1 『법서요록(法書要錄)』에서, "왕희지는 본성이 거위를 좋아하였다. 산음(山陰)의 담양촌에 사는 도사가 거위 10여 마리를 잘 기르고 있었는데, 왕희지가 찾아가 팔 것을 요청하였다. 도사는 '그대가 만약 『도덕경』 한 권을 베껴 준다면 거위 무리를 다 주겠다.'고 하였다. 이에 왕희지는 글씨를 써주고 거위를 바구니에 담아 돌아왔다."라 하였다.

2 『전국책』에서, "소진이 조나라에 벼슬하였는데, 조왕이 담비 갖옷과 황금으로 진나라에 유세하게 하였다. 소진이 진에 가서 열 번 상소를 올렸으나 유세가 먹혀들지 않고, 검은 담비 갖옷만 헤졌다."라 하였다.

12. 초각

草閣

草閣臨無地	초각은 물가에 서 있어
柴扉永不關	사립문을 항상 열어 놓네.㊀
魚龍廻夜水	어룡은 밤에 물로 돌아가고[1]
星月動秋山	별과 달은 가을 산에 움직인다.[2]
久露晴初濕	맑은 날에 이슬은 한참 내려야 땅이 젖고[3]
高雲薄未還	구름은 높이 떠서 돌아가지 못하네.[4]
泛舟慚小婦	배를 띄우니 젊은 아낙이 부끄러운데[5]
飄泊損紅顏	떠돌아다니다 홍안이 손상됐다 하더라도.[6]

㊀ 심확사(沈確士)가 이르기를, "두 구는 이어서 읽어야 하니, 그렇게 해야 오묘함을 볼 수 있다."라 하였다.

1 물결이 평평하고 고요하다는 말이다.

2 구주(仇注)에서, "'밤에 물로 돌아간다.'는 말은 가을이 되어 틀어박혀 지낸다는 의미이고, '가을 산에 움직인다.'는 말은 강물에 비춰 번쩍인다는 의미이다."라 하였다.

3 오랫동안 맑은 날씨이기에 이슬은 한참 동안 내려야 비로소 땅을 적신다.

4 이 구는 경치를 빌려 우의(寓意)하였다.

5 소주(邵注)에서, "촉 지역에는 부인들이 젓는 배가 많다."라 하였다.

6 포주(浦注)에서, "결련(結聯)은 우연히 배를 모는 아낙을 보고 노쇠한 자신에 대해 상심하고 있다."라 하였다. 저들은 젊은 나이에 떠돌아도 홍안이 상하였는데, 하물며 나는 늙은 나이에 나그네 되었으니 초췌한 몰골은 더욱 자괴감이 든다는 말이다.

13. 강에 비친 달

江月

江月光於水	강에 뜬 달은 물에서 빛나니
高樓思殺人	높은 누각에서 수심에 젖네.
天邊長作客	하늘가에서 오래 떠돌이 되니
老去一霑巾	늙어가메 노상 눈물 흘리네.
玉露團[1]清影	옥이슬은 맑은 그림자 반짝이고
銀河沒半輪	은하수 반은 빛을 잃었네.[2]
誰家挑錦字	뉘 집에서 비단 편지 짓는가[3]
燭滅翠眉顰	촛불 꺼지니 푸른 이마 찡그리네.[4]

1 '團'은 달리 '溥'으로 된 본도 있다.

2 은하수는 달이 가까이 다가가자 그 빛을 잃었다는 말이다.

3 『진서(晉書)』「열녀전」에서, "두도(竇滔)의 아내는 소혜(蘇蕙)로 자는 약란(若蘭)이다. 비단을 짜서 「회문선기도(回文璇璣圖)」란 시를 지어 두도에게 보냈다. 이쪽저쪽으로 순환하며 읽어도 시어가 매우 처량하였으니, 모두 340자가 된다."라 하였다.

4 조식의 「칠애(七哀)」에서, "밝은 달이 높다란 누각을 비추니, 흐르는 달빛 아래에 왔다갔다하네. 누대 위에 근심에 젖은 아낙 있으니, 비탄에 젖은 소리 끊이지 않네.(明月照高樓 流光正徘徊 上有愁思婦 悲歎有餘哀)"라 하였다. 즉 이 구에서는 임금을 그리는 생각을 우의하였다.

14. 강가에서
江上

江上日多病	강가에서 날로 병이 많은데
蕭蕭荊楚秋	형초땅의 가을은 쓸쓸하구나.
高風下木葉	높은 바람에 나뭇잎은 우수수 지고
永夜攬貂裘	긴 밤에 담비 갖옷 여미네.
勳業頻看鏡	공적 없어 자주 거울 보니 부끄럽고
行藏獨倚樓	진퇴 생각에 홀로 누대에 기대네.
時危思報主	시절 위태로워 임금에게 보답해야 하니
衰謝不能休	노쇠해도 쉴 수가 없구나.

시평 : 5-6구는 무한한 의미를 함축하고 있다. 송나라 진종(眞宗)이 일찍이 두보의 시를 읽다가, '두보의 다른 작품은 모두 이에 미치지 못한다.'라 하였다.

15. 깊은 밤에
中夜

中夜江山靜	깊은 밤 강산은 고요한데
危樓望北辰	위태로운 누대에서 장안을 바라보네.⊟
長爲萬里客	오래 만리의 떠돌이 되었으니
有愧百年身	백년 한평생 부끄러움 가득하네.
故國風雲氣	고향은 풍운이 일어나고[1]
高堂戰伐塵	고당엔 전쟁의 먼지 가득하네.[2]
胡雛負恩澤	되놈이 천자 은혜 저버렸으니
嗟爾太平人	아! 안일함을 즐기던 사람들이여.[3]

⊟ 이자덕(李子德)이 이르기를, "대단히 비장한 시어인데 질박하고 담박하게 묘사하였으니, 비장함은 정신에 있는 것이지 문면(文面)에 있지 않다."라 하였다.

1 '고국(故國)'은 장안을 가리킨다. '풍운이 일어난다.'는 말은 매우 변화가 심하다는 의미이다.

2 채주(蔡注)에서, "'고당(高堂)'은 두릉(杜陵)의 가옥을 가리킨다."라 하였다.

3 결구는 편안히 살다가 재앙을 불러들인 사람들은 꾸짖는 말이다. 안록산이 천자의 은혜를 저버리고 반역을 도모하였는데, 누가 그런 결과를 초래하였던가. 참으로 당시의 공경들이 변방의 방어에 게을리 하고 안일함을 탐하여 이런 지경에 이르렀다.

16. 근심을 풀어보다

遣愁

養拙蓬爲戶	못나게 살아 쑥대로 문을 얽으니
茫茫何所開	아득한 들판에 어찌 열어 놓으랴.
江通神女館	강은 신녀의 사당으로 통하고[1]
地隔望鄉臺	땅은 망향대에서 멀도다.[2]
漸惜容顏老	점점 얼굴은 늙어 안타까운데
無由弟妹來	형제자매 오지도 못하네.
兵戈與人事	전쟁과 세상 일 어긋나니
回首一悲哀	고개 돌려 한번 슬퍼하노라.⊟

⊟ 후반부 네 구는 대단히 곧바로 서술하였다.

1 『환우기』에서, “신녀묘(神女廟)는 무산현(巫山縣) 치소의 서북쪽에 있다.”라 하였다.

2 망향대는 성도(成都)에 있다. 그러므로 ‘땅이 멀다.’고 하였다.

17. 중구일에 많은 사람이 숲에 모이다[1]
九日諸人集于林

九日明朝是	중구일이 바로 내일인데
相要舊俗非	친우들은 고향에 벗이 아니네.[2]
老翁難早出	늙은이는 일찍 나서기 어려우니
賢客幸知歸	어진 손님들은 파할 때 도착을 양해하시라.[3]
舊采黃花賸	예전에 땄던 국화는 오늘도 있겠지마는
新梳白髮微	새 빗질에 백발은 드문드문.
漫看年少樂	부질없이 즐거워하는 젊은이를 보노라니
忍淚已沾衣	눈물 참아도 이미 옷깃 적시네.

1 시에서 '중구일이 바로 내일인데.(九日明朝是)'라 하였으니, 바로 모임 하루 전날에 지은 것이다. 이 시의 제목이 '많은 사람이 숲에 모였다.(諸人集于林)'라 하였으니, 「구일오수(九日五首)」에서 '홀로 마신다.〔獨酌〕'란 말과 같지 않다. 응당 대력 원년에 편차하여야 한다.

2 '구속(舊俗)'은 두보의 고향인 장안의 번천(樊川)을 말한다. 두 구는 좋은 시절을 맞이하여 손님을 불렀는데, 애석하게도 나그네 생활이라 흥취가 일지 않는다는 말이다.

3 생각해보건대, 여러 손님들과 두보가 높은 곳에 오르기로 약속하였는데, 두보가 제 때에 도달하지 못하여 손님들이 돌아갈 때쯤 두보가 오더라도 양해해 달라는 말이다.

18. 석양녘에

返照

楚王宮北正黃昏	초왕궁의 북쪽은 바로 해가 지려하고[1]
白帝城西過雨痕	백제성의 서쪽은 비가 지나갔구나.
返照入江翻石壁	석양이 강에 비치어 석벽이 일렁이고[2]
歸雲擁樹失山村	돌아가는 구름이 숲을 덮어 산마을이 안 보이네.
衰年肺病惟高枕	늘그막에 폐병 앓아 다만 베개 높이 베고
絶塞愁時早閉門	변방에서 시국 걱정하며 일찍 문을 닫네.
不可久留豺虎亂	못된 놈 난리에 오래 머물 수 없으니[3]
南方實有未招魂	남방에 실로 부르지 못할 혼이 있어라.[4] ⊟

시평 : 황백산(黃白山)이 이르기를, "전반부는 경치를 묘사하였으니 시속의 그림이다. 후반부는 정을 말하였으니, 종이 위로 눈물을 흐르게 만든다. 이 작품은 칠언 율시의 정종(正宗)으로 「백제성」에 비교해 더욱 뛰어나다."라 하였다. ○ 나이 들어 늙고 병이 많으며 시사(時事)에 느낌이 일어 고향으로 돌아갈 생각을 하는 것, 이 네 가지가 두보 시집의 큰 범주이다. 이것을 가지고 이렇게도 말하고 저렇게도 말하며, 뒤집어서 말하고 있는 그대로 말하여 그 정을 곡진하게 드러내었다. 이 작품은 이 네 가지가 모두 나타나는데, 특히 결어에서 더욱 처량한 정신을 볼 수 있다.

⊟ 이자덕이 이르기를, "문체가 성대하니, 두보 율시 가운데 더욱 빼어난 작품이다."라 하였다. 유수계가 이르기를, "글자마다 의미를 붙였다."라 하였다.

1 초왕궁은 무산현(巫山縣)의 서북쪽에 있다. 포주(浦注)에서, "'황

혼(黃昏)'은 고요한 밤을 가리키는 것이 아니라, 어슴푸레하게 해가 질 때를 말한다."라 하였다.

2 햇빛이 강에 들어갔으므로 석벽의 그림자가 물결에 일렁인다는 말이다.

3 학주(鶴注)에서, "이 때 양자림(楊子琳)이 최간(崔旰)을 공격한 지 얼마 되지 않았는데, 두보는 양자림이 장차 변할 것을 알았다. 3년이 지나 양자림은 과연 기주별가 장충(張忠)을 죽이고 그 성을 차지하였다."라 하였다.

4 이렇게 여러 번 반란군의 난리를 만나니 떠돌이 혼은 이미 놀라 흩어져버렸다는 말이다.

19. 피리를 불다
吹笛

吹笛秋山風月清	풍월 맑은 가을 산에 피리 소리 울리니
誰家巧作斷腸聲	뉘 집에서 애 끊는 소리 들려오나.
風飄律呂相和切	바람에 전해지는 음조는 처량키도 한데[1]
月傍關山幾處明	달빛 비추는 관산은 몇 곳이나 밝을까.[2]㊀
胡騎中宵堪北走	한밤에 오랑캐 기병은 북으로 달아날 만하고[3]
武陵一曲想南征	무릉의 한 곡조에 남쪽 정벌 상상하네.[4]
故園楊柳今搖落	고향의 버들은 지금쯤 시들어졌겠지[5]
何得愁中卻盡生	어찌 근심 속에서 인생을 다하리오.[6]

시평 : 이 시는 구마다 사물을 읊으면서 자신의 마음을 그려냈으니, 대단히 공교로운데 눈치 채지 못한다. 이것이 바로 대가(大家)이다.

㊀ 고수원(顧修遠)이 이르기를, "두 번째 연(聯)은 1구의 풍월(風月)을 나누어 받았다. 「야망(野望)」과 「입춘(立春)」 두 작품이 이와 같은 형식으로, 심전기의 「용지편(龍池篇)」을 본받았다.

1 「적부(笛賦)」에서, "율려가 이미 조화로운데, 슬픈 소리 서로 오르내리네.(律呂旣和 哀聲互降)"라 하였다. '절(切)'은 소리가 처절함을 이른다.

2 『악부』「횡취곡(橫吹曲)」에 「관산월(關山月)」이 있다. 그에 대한 『악부해제』에서, "이별을 슬퍼한 작품이다."라 하였다.

3 『세설신어』에서, "유월석(劉越石)이 오랑캐 기마병에게 몇 겹으로 포위되었는데, 달이 떠올 때 누대에 올라 맑은 곡조로 피리를 불었다. 적들이 듣고 처연하여 길게 탄식하였다. 한밤중에 호가(胡笳)를 연주

하니 적들이 모두 눈물을 흘리며 고향으로 돌아갈 생각을 가졌다. 새벽에 또다시 불어대니, 적들이 포위를 풀고 달아나버렸다."라 하였다. 주굉양(周宏讓)의 「장적토청기(長笛吐淸氣)」에서, "오랑캐 기병이 앞 다퉈 북으로 돌아가니, 월 지방이 괴로웠음을 잘 알겠네.(胡騎爭北歸 偏知越鄕苦)"라 하였다.

4 『고금주(古今注)』에서, "「무계심(武溪深)」은 마원(馬援)이 남쪽을 정벌할 때 지은 작품이다. 마원의 문생인 원기생(爰寄生)은 피리를 잘 불었는데, 마원이 시를 짓자 그에 맞춰 피리를 불었으니 그것이 「무계심」이다."라 하였다. 두 구는 비록 피리 부는 일을 인용하였으나 두보 자신이 난리에 염증을 내서 이곳을 떠나고자 하는 마음과 연관된다.

5 『구당서』「악지(樂志)」에서, "「양악부(梁樂府)」에서, '말에 올라 채찍질 하지 않고, 도리어 버들의 가지를 때리네. 말에 내려 횡적을 부니, 나그네를 근심 젖게 만드네.(上馬不捉鞭 反拗楊柳枝 下馬吹橫笛 愁殺行客兒)'라 하였는데, 이 노래는 원래 북쪽 지방의 횡적에서 나왔다."라 하였다.

6 조대강(趙大綱)이 말하기를, "피리 악곡에 「절양류(折楊柳)」가 있다. 그러므로 제목의 의미를 뒤집어 결말을 지었다. 즉 '고향의 버들은 가을이 되어 잎이 졌는데, 지금 어찌 다시 살아서 버들을 꺾을 수 있겠는가.'라는 의미이다. 대개 탄식하는 말을 하여 고향을 그리는 지극한 마음을 그려냈으니, 이것이 두보가 애가 끊어질 듯 아파한 것이다.

20. 가을날에 소감 정심의 호수 위의 정자를 읊어 보내다[1]

秋日寄題鄭監湖上亭三首

碧草違春意　　푸른 풀이 봄 뜻을 저버리니[2]
沅湘萬里秋　　원수, 상수는 만리에 가을이네.[3] ⊟
池要山簡馬　　호수 허리에 산간의 말[4]
月淨庾公樓　　달빛 맑은 유량의 누대.[5]
磨滅餘篇翰　　세월 흘러도 작품은 남을 테고
平生一釣舟　　평생 낚싯배 한 척뿐이네.[6]
高唐寒浪減　　고당은 차가운 물결이 줄고[7]
髣髴識昭邱　　어렷하게 소구인줄 알겠네.[8]

新作湖邊宅　　새로 호숫가에 집을 지으니
還聞賓客過　　빈객이 더욱 찾아든다고 들었네.[9]
自須開竹徑　　모름지기 대숲에 길도 내어야 하니
誰道避雲蘿　　높다란 넌출로 세속 피한다고 뉘 말하는가.[10]
官序潘生拙　　벼슬길은 반악처럼 졸렬하나[11]
才名賈傅多　　재주는 가의처럼 많구나.[12]
捨舟應卜地　　이제 배를 버리고 살 곳 찾아보리니[13]
鄰接意如何　　나를 이웃으로 삼으면 어떻겠소? ⊟

暫阻[14]蓬萊閣　　잠시 봉래각에 좌천되더니[15]

終爲江海人　　끝내 강해의 사람이 되었네.
揮金應物理　　금을 흩뿌리는 것은 당연한 것[16]
拖玉豈吾身　　옥을 잡는 것이 나와 무슨 상관이랴.[17]
羹煮秋蓴滑　　국이 끓으니 가을 순채가 부드럽고
杯凝[18]露菊新　　잔이 차니 국화주는 새롭네.[19]
賦詩分氣象　　호정의 기상을 한 구씩 나눠 지을 테니
佳句莫頻頻　　아름다운 구절이 아주 많지 않겠나.[20] [三]

[一] 황백산(黃白山)이 이르기를, "정심이 좌천되었기에 가을 풀을 빌려 흥을 부쳤다. 「송가각노출여주(送賈閣老出汝州)」의 '중서성의 오동나무, 부질없이 정원에 그늘만 남겼네.(西掖梧桐樹 空留一院陰)'와 함께 도입구에서 오묘함을 갖췄다."라 하였다.

[二] 구창주가 이르기를, "이 작품은 호수의 정자로부터 말을 시작하여 정심으로 시선을 옮겨왔다. 결처에서 그곳으로 가시 함께 거처하고 싶다고 하였으니 첫 번째 작품 6구의 의미를 거듭 펼쳤다."라 하였다.

[三] 이 작품은 정심으로부터 시작하여 호정(湖亭)으로 시선을 옮겨갔다. 결처에서 그의 시에 화답하고 싶다고 하였으니, 첫 번째 작품의 5구를 거듭 말하였다.

1　정심(鄭審)은 비서소감(秘書少監)이 되었다. 정심의 호수 정자는 강릉(江陵)에 있다.

2　「별부(別賦)」에서, "봄풀은 푸른 색.(春草碧色)"이라 하였다. '봄 뜻을 저버리고(違春意)'는 풀이 가을이 되어 노랗게 시든 것을 말한다.

3　소주(邵注)에서, "원수(沅水)는 진주(辰州)에 있고, 상수(湘水)는 장사(長沙)에 있다."라 하였다.

4　『진서』에서, "산간은 산도(山濤)의 아들이다. 가절(假節)로 양양(襄陽)의 절도사가 되었는데, 오직 술만 탐하였다. 습씨(習氏)가 아름다운 정원과 연못을 가지고 있었는데, 산간은 그곳에 술자리를 베풀어 곧바로 취하였다."라 하였다.

5 『진서』에서, “유량(庾亮)이 무창(武昌)을 다스렸는데, 모든 아전들이 달빛 아래 남루에 올랐다. 이윽고 유량이 도착하자 모든 사람들이 자리에서 일어났다. 유량이 천천히 말하기를, ‘제군은 그대로 있어라. 늙은이는 이곳에 오니 흥취가 깊구나.’라 하였다. 호상(胡床)에 기대어 자리가 파할 때까지 담소를 나누고 시를 읊었다.”라 하였다. 고주(顧注)에서, “누대는 지금의 무창현에 있다. 고을 치소(治所)에 있는 남루(南樓)가 아니다.”라 하였다. 정자는 형주(荊州)에 있다. 그러므로 형주와 관련 있는 산간과 유량의 고사를 인용하였다.

6 두 구는 두보 자신에 대하여 말한 것이니, (그곳으로 가서 낚시를 하고 싶은 마음에) 시를 지어 부쳤다.

7 주주(朱注)에서, “『한서』의 주를 의거해보면, ‘고당은 운몽(雲夢) 화용현(華容縣)에 있는데, 후인들이 무산신녀 때문에 드디어 무협에 있다고 전하였다.’라 하였다. 이 시의 ‘고당은 차가운 물결이 줄고.(高唐寒浪減)’와 「기주가(夔州歌)」의 ‘이곳의 고당은 천하에 둘도 없네.(中有高唐天下無)’는 무협에 있는 것을 가리켜 말하고 있다.”라 하였다.

8 「등루부」에서, “북으로 도목까지 이르고, 서로 소구에 다다랐네.(北彌陶牧 西接昭丘)”라 하였다. 이선(李善)이 주를 내어 말하였다. “『형주도기(荊州圖記)』에서, ‘당양(當陽)의 동남쪽 70리에 소왕(昭王)의 묘가 있다. 누대에 올라가면 보이므로, 이른바 소구라 한다.’라 하였다.”

9 정당시(鄭當時)의 고사를 암용(暗用)하였다. 『한서』에서, “정당시(鄭當時)의 자는 장(莊)이다. 항상 장안의 여러 교외에 역마를 놓고 빈객을 맞이하여 밤낮으로 놀았다.”라 하였다.

10 왕융(王融)의 시에서, “길에 여라 넝쿨 구름에 닿을 듯.(蘿徑若披雲)”이라 하였다. 『삼보결록(三輔決錄)』에서, “장후(蔣詡)는 대숲 아래 세 개의 좁은 길을 내었다.”라 하였다. 또한 “장중울(張仲蔚)이 거처하는 곳은 쑥대가 사람보다 컸다.”라 하였다. 두 구는 이러한 뜻들을 녹여 만들었으니, 즉 정심은 마땅히 대숲에 길을 내어 손님을 맞아야 하지, 한갓 높다란 넌출에 의탁하여 세속을 회피하려는 것이 아니라는 말이다.

11 반악의 「한거부(閑居賦)」의 서문에서, “약관에서 40살이 될 때까지 여덟 번 벼슬에서 변화가 있었으니, 한 번 승진하였으며 두 번 면직하였고 한 번 벼슬에서 쫓겨났으며 한 번 직무에 임명되지 않았고 세 번 자리를 옮겼다. 비록 통색(通塞)이 운수에 따르나 또한 졸렬한 결과이다.”라 하였다.

12 정심은 당시에 강릉에 귀양와 있었다. 그러므로 반악과 가의로 비

유하였다. '벼슬은 서툴지만 재주는 많다.(官拙才多)'는 말은 영리에는 담박하고 풍아(風雅)에는 두텁다는 의미이다.

13 두보 자신은 오랫동안 삼협을 벗어나려는 생각을 가졌다는 말이다.

14 '阻'는 달리 '住'로 된 본도 있다.

15 화교(華嶠)의 『후한서』에서, "학자들이 동관(東觀)을 노씨장실(老氏藏室)이라 하니, 도가의 봉래이다. 환제 때에 처음으로 비서감을 두었다."라 하였다.

16 『한서』에서, "소광(疎廣)이 태부가 되었다가 은퇴하고 고향으로 돌아갔다. 자주 집안에 황제와 태자가 내린 황금이 얼마나 남았냐고 물었는데, 재촉하여 팔게 하여 술과 안주를 장만하여 친척과 친우들을 불러 즐겁게 지냈다."라 하였다. 장협(張協)의 「영이소(詠二疏)」에서, "달인은 그만 만족할 줄 아니, 영화를 버리고 문득 없던 것처럼 하네. 금을 흩뿌려 삶을 즐기니, 세모에는 조금도 남지 않았네.(達人知止足 遺榮忽如無 揮金樂當年 歲暮不留儲)"라 하였다.

17 「서정부(西征賦)」에서, "푸른 끈이 휘날리며 명옥을 잡고, 궁궐문을 드나드는 자가 많다.(飛翠緌拖鳴玉 以出入禁門者衆矣)"라 하였다. 구주(仇注)에서, "금을 흩뿌리는 것이 이치에 당연하다는 것은 강해(江海)도 찬으로 즐길 만하다는 말이며, 옥을 잡는 것이 나와 무관하다는 것은 봉각에 오래 머물 필요가 없다는 말이다."라 하였다. 두 구는 앞의 두 구를 거듭 펼쳤다.

18 '凝'은 '迎'으로 된 본도 있다.

19 도잠(陶潛)의 시에서, "가을 국화는 아름다운데, 이슬 맞은 꽃잎을 따네. 한잔 술을 비록 혼자 마시지만, 다 마시면 절로 술병 따르네.(秋菊有佳色 浥露掇其英 一觴雖獨進 杯盡壺自傾)"라 하였다. 이것이 이른바 국화로 담은 술이다. 두 구는 또한 멀리서 호정(湖亭)의 경치를 상상한 것이다.

20 '莫頻頻'은 달리 '莫辭頻'으로 된 본도 있다. 조언재가 말하기를, "'막빈빈(莫頻頻)'은 좋은 구절이 아주 많이 있지 않겠느냐는 말이다."라 하였다.

21. 죽은 여덟 사람을 슬퍼하다
八哀詩

현재 도적이 그치지 않은 것에 상심하니 왕사례와 이광필에 시흥을 일으키며,[1] 옛 친구들을 탄식하고 현인을 그리는데 상국 장구령으로 끝맺는다.[2] 여덟 공은 앞뒤로 죽었으니, 죽은 순서대로 읊은 것은 아니다.[3][一][三]

傷時盜賊未息 興起王公李公 歎舊懷賢 終於張相國 八公前後存歿 遂不銓次焉

1) 사공 왕사례
贈司空王公思禮

司空出東夷　　사공은 동이족 출신으로
童稚刷勁翮　　어릴 때부터 굳센 힘을 길렀네.
追隨燕薊兒　　연계의 사내 따라 노닐었는데
穎銳物不隔　　송곳 자루 날카로워 재주 드러내었네.[4]
服事哥舒翰　　가서한 장군을 섬겼는데
意無流沙磧　　사막 오랑캐는 안중에도 없었네.[5]
未甚拔行間　　군중에서 아직 재주 드러내기 전에
犬戎大充斥　　견융이 크게 날뛰었네.[6]
短小精悍姿　　체구 작지만 날래고 용맹한 모습으로
屹然强寇敵　　우뚝하니 강한 도적과 맞싸웠네.[7]
貫穿百萬衆　　수많은 적 사이를 휘저으며
出入由[8]咫尺　　지척을 오가듯 하였네.
馬鞍懸將首　　말안장에 적장의 머리 매달았으며

甲外控鳴鏑	대오 밖에서 강한 화살 당겼네.[9]
洗劍青海水	청해의 물에 칼을 씻고
刻銘天山石	천산의 돌에 공적 새겼네.[三]
九曲非外蕃	구곡은 이제 남의 땅이 아니며
其王轉深壁	그곳 왕은 더욱 성벽 견고히 하네.[10]
飛兎不近駕	비토는 멍에를 매지 않고[11]
鷙鳥資遠擊	사나운 새는 멀리서도 공격하네.[12]
曉達兵家流	병법에 정통하였고[13]
飽聞春秋癖	『춘추』를 좋아한다고 소문났지.[14]
胸襟日沈靜	지모(智謀)는 날로 깊어지고
肅肅自有適	위의는 절로 엄숙해지네.
潼關初潰散	동관이 처음 무너졌을 때
萬乘猶辟易	천자는 오히려 몽진하였네.[15]
偏裨無所施	비장으로서 지휘할 수 없었는데[16]
元帥見手格	원수는 적에게 사로잡혔네.[17]
太子入朔方	태자가 삭방에 들어오고[18]
至尊狩梁益	지존이 양주와 익주를 지켰네.[19]
胡馬纏伊洛	오랑캐가 이수와 낙수를 차지하고
中原氣甚逆	중원에는 반란의 기운이 심하였네.
肅宗登寶位	숙종이 보위에 올라
塞望勢敦迫	신하들의 요청에 부응하였네.[20]
公時徒步至	공은 당시 걸어서 도착하여
請罪將厚責	죄를 청하니 곧 엄하게 다스리려 하였네.
際會清河公	이때 청하공 방관이[21]
間道傳玉冊	샛길로 와 전위 옥책을 전하였네.
天王拜跪畢	천자가 옥책에 절을 마친 뒤

讜論果冰釋　올바른 의논에 마침내 풀려났네.[22]
翠華卷飛雪　천자 깃발은 눈발에 휘날리고[23]
熊虎亘阡陌　곰과 범 같은 전사가 길가에 늘어섰네.[24]
屯兵鳳凰山　봉황산에 병사를 주둔하고[25]
帳殿涇渭闢　행재소는 경수와 위수에 설치했네.[26]
金城賊咽喉　금성은 적의 요충지라[27]
詔鎭雄所搤　조서 내려 놈들의 근거지를 진무케 하였네.[28]
禁暴淸無雙　폭도 진압하여 맑게 함은 둘도 없으니
爽氣春淅瀝　추상같은 기운은 봄날에도 서늘하네.[29]
巷有從公歌　거리에는 공을 기려 노래하며
野多靑靑麥　들에는 푸른 보리가 잘 자라네.[30]
及夫哭廟後　숙종이 사당에 곡한 뒤에
復領太原役　다시 태원의 전쟁을 지휘하였네.[31]
恐懼祿位高　봉록과 지위가 높은 것을 두려워하고
悵望王土窄　왕토가 좁은 것을 안타까워하였네.
不得見淸時　태평성대를 보지 못하고
嗚呼就窀穸　오호라! 마침내 돌아가셨네.[32]
永繫五湖舟　오랫동안 오호의 배에 묶여 있지만[33]
悲甚田橫客　슬픔은 전횡의 문인보다 깊구나.[34]
千秋汾晉間　영원히 태원 땅에는[35]
事與雲水白　공의 업적이 구름, 강물과 더불어 빛나리.[36]
昔觀文苑傳　옛날 「문원전」을 보았는데
豈述廉藺績　어떻게 염파와 인상여 같은 공적이 적혀 있던가.[37]
嗟嗟鄧大夫　아아! 대부 등경산은
士卒終倒戟　병졸들이 끝내 반란 일으켜 죽었네.[38] [四]

시평 : 첫 번째 작품은 네 구를 이용하여 시를 시작하였고, 네 구를 이용

하여 시를 마무리하였다. 처음 한 단락은 농우에서 공을 세운 일을 서술하였다. 그 뒤 두 단락에서, 한 단락은 무공을 지켜서 부흥시킨 공을 서술하였고, 한 단락에서는 태원을 지키다가 마침내 죽게 된 것을 아파하였다. 중간에 동관에서 패배한 일을 서술하였는데, 그 당시 그가 크게 기용되지 못한 것을 안타까워하고 있으니, 사실을 그대로 서술하는 가운데 내용을 보충하는 오묘함을 볼 수 있다.

㊀ 왕사석(王嗣奭)이 이르기를, "이 작품은 여덟 공의 전기인데 운문으로 기록하였으니, 두보가 처음으로 만든 체재로 이른바 시사(詩史)라 할 수 있다. 서문은 간략하면서도 요점을 담아내었으니, 또한 뒷사람이 미칠 바가 아니다."라 하였다.

㊁ 「팔애시(八哀詩)」는 또한 두보의 거작으로, 사마천과 천고를 다투려는 의도에서 지었다. 한유가 이를 많이 본받았다. 섭석림(葉石林)이 '한위 이전에는 장편이라도 십운(이십 구)을 넘지 않았다. 처음에는 서사(敍事)에 치우친 것으로 공교롭지 않다고 여겼는데, 이런 것으로 두보를 재단해서는 옳지 않다. 서사에 해당하는 반절을 제거해 버린다면 또한 오리 다리를 이으려고 학의 다리를 자른 것을 면치 못한다.'라 하였다.

㊂ 소자상이 이르기를, "대장(大將)을 묘사하였다."라 하였다. ○ 이상 네 구는 본래 '단소(短小)'로 시작되는 앞의 네 구와 대장을 이어서 서술하였다. 그런데 특별히 이 네 구를 집어넣어, 대장의 공적은 비록 우뚝하지만 그의 재주를 펼칠 기회를 얻지 못하였으니 동관의 패배는 군대를 잘못 지휘하여 죄를 받을 일이 아니라는 것을 보였다.

㊃ 여덟 작품은 모두 결처에서 감개함을 읊어 그들에 대한 애석한 정을 드러내었다. ○ 모든 작품 가운데 문학을 중시하였는데, 이 작품은 유독 문원(文苑)에 대해 폄하하는 시어를 사용하였다. 사건의 원인과 결과가 되며(문인이 장군이 되어 실패를 초래함), 또한 각각 그 사람을 따라 논의를 세웠다.

1 또한 엄무도 있다.

2 친구들은 이진, 이옹, 소원명, 정건이며 어진 이는 곡강 장구령이다.

3 주주(朱注)에서, "죽은 순서대로 차례를 한 것이 아니라는 의미이다."라 하였다. 살펴보건대, 곡강 장구령은 개원 28년에 죽었으니 여덟 사람 가운데 가장 먼저 죽었다."라 하였다.

4 송곳 자루가 나왔다는 말은 모수(毛遂)의 말을 인용하였으니, 그의 영민함과 날카로운 기상을 비유하였다. 하의문(何義門)이 이르기를, "이 구는 「상국장공구령(相國張公九齡)」의 '잘 다듬어진 금괴로다.(金璞無留礦)'와 같은 의미이다."라 하였다. 먼 지역 사람은 도움받을 곳이 없고 다만 자신의 재주로 현달하였다는 말이다. 『한서』에서, "왕사례는 고려 사람이다. 아버지 왕건위(王虔威)는 삭방(朔方) 장군이 되었는데, 왕사례는 어릴 때부터 전쟁터를 따라 다녔다. 나중에 영주(營州)에 들어와 살았다."라 하였다.

5 권5의 「관안서병과부관중대명(觀安西兵過赴關中待命)」에서, "담소하며 하북의 반란군 안중에도 없으니.(談笑無河北)"라는 의미이다.

6 견융은 토번을 이른다.

7 『사기』에서, "곽해(郭解)의 사람됨은 키가 작지만 날래고 용맹하였다."라 하였다. 『당서』에서, "왕충사(王忠嗣)를 따라 하서(河西)에 이르렀는데, 가서한과 함께 그의 휘하에 들어갔다. 가서한이 농우(隴右) 절도사가 되자 중랑장 주필(周佖)과 함께 가서한의 압아(押衙)가 되었다."라 하였다.

8 옛날에 '猶'자와 통용하였다.

9 선우(鮮于)의 주에서, "'갑외(甲外)'는 군진(軍陣)의 밖이다."라 하였다. 즉 유격하는 기마대로 적군을 공략하는데, 군대의 대열에서 벗어난 자를 말한다. 소주(邵注)에서, "'명적(鳴鏑)'은 효전(髐箭, 우는 살)이다."라 하였다. 윗구에서 전쟁에서 승리함을 보였고, 이 구에서는 오랑캐를 방어하는 것을 보였다.

10 『당서』에서, "천보 12년에 가서한은 토번의 대막문(大漠門) 등의 성을 공격하여 구곡(九曲) 지역을 전부 수복하였고 신책(神策)과 완수(宛秀)의 두 군대를 두었다."라 하였다. 『구당서』에서, "왕사례는 석보성(石堡城)을 점령한 공으로 관서병마사겸하원절도사에 보임되었다."라 하였다.

11 『서응도(瑞應圖)』에서, "'비토(飛兎)는 신마로 3만 리를 간다. 덕을 가진 명군이 다스리면 세상에 나온다."라 하였다.

12 왕사례의 재주로 겨우 변방의 장수가 되었는데, 그 실상은 지혜와 용기를 겸비하였으니 중요한 임무를 맡을 수 있다는 말이다.

13 『한서』「예문지(藝文志)」에서, "병가자류(兵家者流)가 있다."라 하였다.

14 『진서』에서, "두예(杜預)는 진남장군(鎭南將軍)이 되었는데, 『춘추좌전』을 병적으로 좋아하였다."라 하였다.

15 「항우전」에서, "인마(人馬)가 다른 곳으로 옮겨 피하였다〔辟易〕." 라 하였다. 피하여 다른 곳으로 옮겨 감을 이른다.

16 『당서』에서, "가서한이 동관을 지킬 때 왕사례는 원수부마군제독으로 있었다."라 하였다.

17 사로잡힌 것을 이른다. 「동방삭전」에서, "손으로 곰을 잡았다〔手格〕."라 하였다. 『안록산사적』에서, "가서한이 관진역(關津驛)에 이르렀을 때, 화발귀인(火拔歸人)이 여러 장수를 거느리고서 그의 말을 붙잡고 안록산에게 항복할 것을 요청하였다. 가서한이 말에서 내리자, 털끈으로 말의 배에다가 그의 다리를 묶고 고삐를 당겨 역에서 나왔다. 가서한이 화를 내어 채찍을 잡고 자신의 목에 매달려고 하였는데, 곧 채찍도 빼앗겼다. 말에 묶어 건우(乾祐)로 나아갔다가 낙양으로 보냈다."라 하였다.

18 숙종이 영무(靈武)에 도착한 것을 이른다.

19 현종이 촉으로 몽진한 것을 이른다.

20 『세설신어』에서, "옛날 안석 사안(謝安)이 동산(東山)에 있을 때, 선비들이 세상에 나가라고 재촉하였다〔敦迫〕."라 하였다. 숙종이 영무에서 즉위하여 나가서 싸우라는 신하들의 요청을 힘써 받아들여 사람들의 희망에 부응하였다는 말이다.

21 『당서』에서, "방관(房琯)은 청하군공에 봉해졌다."라 하였다.

22 현종의 옥책을 받은 뒤에 올바른 말을 받아들였기에 왕사례가 풀려난 것을 이른다. 『당서』에서, "가서한이 동관에서 패한 뒤에 왕사례는 행재소로 달려갔다. 숙종이 견고하게 수비하지 못한 것을 책망하여 장차 죽이려고 하였다. 마침 방관이 촉으로부터 상황의 책명을 가지고 도착하여 훗날을 도모하게 하자고 아뢰자 마침내 용서를 받았다."라 하였다.

23 '卷飛雪'은 달리 '飛雪中'으로 된 본도 있다. 구주(仇注)에서, "이 당시는 2월이었으므로 눈이 날렸다."라 하였다.

24 장수와 전사가 많은 것을 이른다.

25 『도경(圖經)』에서, "문왕 때에 봉황이 기산(岐山)에 와서 울었다. 이에 사람들이 봉황퇴(鳳凰堆)라 불렀으니, 봉상부(鳳翔府)에 있다." 라 하였다.

26 숙종이 봉상부에 이른 것을 말한다.

27 금성현은 경조부에 속하니, 지금의 흥평현(興平縣)이다.

28 '搤'은 '扼'과 통용한다. 「마원전」에서, "마원이 오계(五溪)의 오랑캐를 쳐부수고 호두(壺頭)로 진격하여 그들의 요충지를 움켜쥐었다."

라 하였다. 『당서』에서, "왕사례가 관내절도사에 임명되어 무공(武功)을 수비하였다."라 하였다. 살펴보건대 무공은 홍평과 인접한 지역이다.

29 항상 은혜를 베풀면서도 위엄을 보였으니, 봄날에 가을의 기상이 있는 것과 같다는 말이다.

30 『장자』에서, "푸르고 푸른 보리가 무덤가에 자라네."라 하였다. 「왕사례전」에서, "왕사례는 성을 잘 지켰는데, 군법을 엄정하게 하니 전사들이 어기지 못하였다."라 하였다. '공을 기리는 노래(從公歌)'는 왕사례로 하여금 함께 거느리게 한 것이며, '들에 보리가 많다.(野麥多)'는 적이 침입하지 않는다는 말이다.

31 『구당서』에서, "장안이 평정되자 왕사례는 먼저 들어가 궁궐을 맑게 하였다. 병부상서로 옮기고 곽국공(霍國公)에 봉해졌다. 이광필이 하양(河陽)으로 옮겨간 뒤 그를 대신하여 태원윤(太元尹)북경유수하동절도사를 맡았다가 곧이어 수사공(守司空)의 지위를 더하였다."라 하였다.

32 『좌전』의 주에서, "'둔(窀)'은 두텁다〔厚〕는 뜻이며, '석(穸)'은 밤이라는 뜻이다. '후야(厚夜)'는 긴 밤이란 의미이다."라 하였다. 『구당서』에서, "상원 2년 4월에 왕사례는 병으로 죽었다. 태위에 추증되고 시호는 무열(武烈)이다."라 하였다.

33 두보는 비록 기주(夔州)에 있으나, 항상 삼협을 벗어나려는 생각을 지녔다.

34 『고금주』에서, "「해로가(薤露歌)」와 「호리가(蒿里歌)」는 모두 죽음을 슬퍼한 노래이다. 본래 전횡의 문인들에게서 나왔다. 전횡이 자살하자 문인들이 슬퍼하며 그를 위해 슬픈 노래를 지었다."라 하였다.

35 분진(汾晉)은 곧 태원이다.

36 왕수(王洙)의 주에는, "왕사례가 태원을 다스릴 때 진무한 공이 컸다. 그러므로 천추의 뒤에도 그의 공은 마땅히 구름, 강물과 더불어 영원히 남아 있을 것이라는 말이다."라 하였다.

37 염파(廉頗)와 인상여(藺相如)의 일은 『사기』에 보인다.

38 『좌전』에서, "창을 거꾸로 돌려〔倒戟〕 공의 무리를 막았다."라 하였다. 『구당서』에서, "왕사례가 죽자 관숭사(管崇嗣)가 그를 대신하여 태원윤이 되었다. 몇 달이 지난 뒤 조정에서 등경산(鄧景山)을 불러 관숭사를 대신하게 하였다. 등경산은 문관으로 칭송을 받았는데, 태원에 도착하여 군리(軍吏) 가운데 자취를 감춘 자들을 조사하자, 군사들이 분기하여 마침내 등경산을 죽였다."라 하였다.

2) 사도 이광필[1]

故司徒李公光弼

司徒天寶末	사도는 천보 말년에
北收晉陽甲	북으로 진양의 병사를 거느렸네.[2]
胡騎攻吾城	오랑캐 기병이 우리 성을 공격하였지만
愁寂意不愜	뜻대로 되지 않아 근심하였네.[3]
人安若泰山	백성들은 태산처럼 편안하였고
薊北斷右脅	계북의 적은 오른쪽 어깨가 잘렸네.[4]
朔方氣乃蘇	삭방의 기운이 이에 다시 살아나
黎首見帝業	백성들이 제업을 보았네.[一]
二宮泣西郊	두 천자가 서교에서 눈물 흘리고[5]
九廟起頹壓	폐허 속에서 종묘를 다시 세웠네.[6]
未散河陽卒	하양의 병사를 해산하지 않았는데[7]
思明僞臣妾	사사명이 거짓으로 항복하였네.[8]
復自碣石來	다시 갈석산에서 반란을 일으켜[9]
火焚乾坤獵	천지간에 불사르고 노략질 하였네.[10]
高視笑祿山	자만에 빠져 안록산을 비웃으니[11]
公又大獻捷	공이 다시 큰 전공을 세웠네.[12]
異王冊崇勳	높은 공적으로 이왕에 봉해졌는데[13]
小敵信所怯	작은 적은 참으로 두렵구나.[14][三]
擁兵鎭河汴	병사를 통솔하여 하수와 변수에 출진하니[15]
千里初妥貼	천리가 비로소 평온하였네.
青蠅紛營營	소인배들이 어지러이 분란 일으키니
風雨秋一葉	풍우에 지는 가을 낙엽 신세로다.[16]
內省未入朝	안으로 살펴 입조하지 않더니

死淚終映睫	죽을 때 눈물이 끝내 눈썹에 어렸네.[17]
大屋去高棟	큰 집에 높다란 대들보가 무너진 듯
長城掃遺堞	장성에 많은 성가퀴를 없앤 듯.[18]
平生白羽扇	평생 삼군 지휘하던 백우선은[19]
零落蛟龍匣	교룡갑의 관속으로 떨어졌네.[20]
雅望與英姿	높은 명망과 빼어난 자태
悽愴槐里接	슬프도다! 괴리와 가까우니.[21]
三軍晦光彩	삼군은 광채를 잃었고[22]
烈士痛稠疊	열사는 하염없이 슬퍼하였네.
直筆在史臣	직필은 사신에게 있으니[23]
將來洗筐篋	장차 책 속에서 한을 씻으리라.[三]
吾思哭孤冢	내가 외론 무덤에 조곡(弔哭)하고 싶지만
南紀阻歸楫	남쪽 길은 뱃길이 막혔네.[24]
扶顚永蕭條	위태로운 나라 구하다 영영 쓸쓸해졌으니
未濟失利涉	강을 건너기 전에 배를 잃어버린 듯하네.
疲苶[25]竟何人	피곤으로 지친 사람은 끝내 누구인가[26]
灑涕巴東峽	파동의 삼협에 눈물을 뿌리네.

시평 : 이 작품은 앞부분에서 실경(實境)을 그려내었고 뒷부분에서는 허경(虛境)을 서술하였다. 첫 번째 단락에서 그의 업적을 서술하였는데 가장 핵심을 거론하였으니, 참으로 대가의 솜씨이다. 그렇지 않았다면 이루 다 서술하지 못하였을 것이다. 대개 이광필이 태원을 지켰기에 영무에서 숙종이 제업을 부흥할 수 있었으며, 하남에서 승리하였기에 사사명이 장안을 침략하지 못하였으니, 이것이 사도의 업적 가운데 가장 위대한 것이다. 중간 단락에서 그의 공훈과 작위가 높았는데 마침내 참소를 당하여 죽게 됨을 서술하였다. 이 아래로는 전적으로 그가 죽은 뒤 두보가 슬픔에 배회하며, 그가 왕실을 위하여 공훈을 세웠으나 좋게 인생을 끝마치지 못한 것을 안타까워하고 있다. 결말 부분에서 자신이 세상을 구제하려 하다가, 그가 죽었다는 소식에 탄식도 내지 못하니 더욱 애달

픈 감정이 절박한 것을 볼 수 있다. ○ 유후촌(劉後村)이 말하기를, "이 작품의 '평생 삼군 지휘하던 백우선은, 교룡갑의 관속으로 떨어졌네.(平生白羽扇 零落蛟龍匣)'라는 말은 시어가 대단히 비장(悲壯)하다. 또한 '소인배들이 어지러이 분란 일으키니, 풍우에 지는 가을 낙엽 신세로다. 안으로 살펴 입조하지 않더니, 죽을 때 눈물이 끝내 눈썹에 어렸네.(青蠅紛營營 風雨秋一葉 內省未入朝 死淚終映睫)'라는 말은 임회(臨淮)에서 참소와 비방을 걱정하고 두려워하는 모습을 형용하였으니, 두보 자신이 조정에 들어가지 않는다는 뜻을 분명하게 드러내었다."라 하였다.

㈡ 이자덕이 이르기를, "은하수를 거꾸로 쏟고, 장안과 낙양을 웅장하게 배치한 것과 같다."라 하였다.

㈢ 왕사례가 동관에서 패배한 것과 이광필이 동관에서 패배한 것과 조정에 들어가지 않은 것에 대하여 모두 매우 변론하였다. 이것은 어진 이를 위하여 숨긴 것으로 또한 『춘추』의 필법이다.

㈣ 구창주가 말하였다. "시비를 후세에 가려줄 것을 바라고 있는데, 순수한 신하를 위하여 그의 마음을 드러내주고 싶은 것이다. 이에서 두보의 드러낸 것을 감춰주고 보이지 않는 것을 천양(闡揚)하려는 뜻을 알 수 있다. 『후당서』「이광필전」에서, '사관이 힘써 표를 지어 아뢰었으니, 모두 두보의 시가 사실을 드러내었기 때문이다.'라 하였다."

1 주주(朱注)에서, "이광필이 이미 왕에 봉해지고 태보(太保)에 추증되었다. 그런데 두보가 시에서 사도로 일컬은 것은 그의 공적이 사도에 있을 때 크게 드러났기 때문으로, 아마도 당시 사람들의 호칭을 따랐던 것 같다."라 하였다. 「세병마(洗兵馬)」에서, "사도 이광필의 식감은 밝은 거울 매달은 듯.(司徒淸鑒懸明鏡)"이라 하였다.

2 『춘추공양전』에서, "진(晉)의 조앙(趙鞅)이 진양의 갑병(甲兵)을 거느리고 순인(荀寅)을 내쫓았다."라 하였다. 『구당서』에서, "태원(太原)은 한나라 때 진양현(晉陽縣)이었다."라 하였다.

3 적의 공격이 실패하여 실의하였다는 말이다.

4 「서역전(西域傳」에서, "옥문관(玉門關)을 열어 서역으로 통하여 흉노의 오른쪽 어깨를 잘랐다."라 하였다. 주주(朱注)에서, "태원은

유계(幽薊)의 서쪽에 있다. 그러므로 '오른쪽 어깨(右脅)'라고 하였다."라 하였다. 『구당서』에서, "곽자의(郭子儀)가 삭방절도사가 되어 이광필을 운중(雲中) 태수로 천거하자 하동절도부사에 임명되었다. 동관(潼關)을 방비하지 못할 때 호부상서겸태원윤북경유수에 임명하였다. 지덕 2년(757)에 사사명(史思明) 등 반란군의 네 두목이 십만 여병의 군사를 거느리고 태원을 공격하였는데, 이광필이 50여일을 막아내었다. 그들이 방비를 태만히 하자 출격, 대파하여 칠만 여명의 적병을 죽였다. 이에 검교사도(檢校司徒)에 올랐다가 곧이어 사공(司空)으로 옮겼다."라 하였다.

5 이 구는 상황인 현종이 장안으로 돌아온 것을 이른다. 『통감』에서, "상황 현종이 함양(咸陽)에 이르니, 숙종이 법가(法駕)를 준비하여 망현궁(望賢宮)에서 맞이하였다. 상황이 궁의 남쪽 누대에 있을 때, 숙종이 누대를 바라보고 말에서 내려 달려가 절을 올렸다. 현종이 누대에서 내려와 숙종의 등을 어루만지며 울었다."라 하였다. 살펴보건대 '서교(西郊)'는 촉에서 장안으로 돌아가는 길목에 있다.

6 구주(仇注)에서, "당시 안록산과 사사명이 난을 일으켰을 때, 안록산은 하북(河北)을 따라 동관(潼關)으로 향하였고, 사사명은 산우(山右)를 따라 진(秦)과 농(隴)을 넘보았다. 이광필이 서쪽으로 적을 눌러 맞닥트렸기에 삭방에 근심이 없었으며 숙종이 영무(靈武)에서 즉위하여 제업을 일으킬 수 있었고 마침내 장안을 수복하였다."라 하였다.

7 이 당시 곽자의 등이 새로 낙양을 수복하였으나 지키는 병사를 철수하지 않았다.

8 『통감』에서, "지덕 2년 12월에 사사명이 자신이 휘하에 있던 13주를 거느리고 항복하였다."라 하였다.

9 갈석(碣石)은 연 지방에 있다. 건원 원년(758)에 사사명이 다시 반란을 일으켰다. 2년에 사사명이 군대를 네 부대로 나눠 하수(河水)를 건너 변(汴)에 모인 다음 서쪽으로 정주(鄭州)를 공격하였다.

10 마치 사냥하는 것처럼 불 지르고 노략하였다는 말이다.

11 사사명은 자긍하며 안록산이 이룬 것이 없다고 비웃었다.

12 『당서』에서, "사사명은 스스로 천자의 자리에 올라 하남(河南)에서 병사를 풀어 노략질하였다. 이광필은 곽자의를 대신하여 삭방절도사와 천하병마부원수가 되어 사사명과 중단(中潬)의 서쪽에서 싸워 대파하였다. 또 회주(懷州)를 수복하고 안태청(安太淸)을 사로잡아 태묘에 포로로 바쳤다."라 하였다.

13 '이왕(異王)'은 이성(異姓)으로 왕에 봉해진 것이다. 『구당서』에

서, "보응 원년 5월에 이광필은 승진하여 임회군왕(臨淮郡王)에 봉해졌다."라 하였다.

14 어조은(魚朝恩)이 이광필을 재촉하여 사사명을 망산(邙山)에서 공격하라고 하였는데, 결국 패배하였다. 「광무기(光武紀)」에서, "유장군(광무제)은 평소 작은 적을 보면 겁을 내더니, 지금 큰 적을 보고 용맹하니 참으로 괴이하도다."라 하였다.

15 『통감』에서, "상원 2년 5월 다시 이광필을 하남부원수로 임명하여 팔도행영절도를 통솔하게 하니, 임회(臨淮)에 출진(出鎭)하였다."라 하였다.

16 공업을 세운 이광필이 죽은 것을 이른다. 이광필이 가을 7월에 죽었다. 그러므로 이렇게 말하였다.

17 『당서』에서, "북망산(北邙山)의 패배에 어조은은 그의 계책이 잘못된 것을 부끄럽게 여겼다. 그는 이광필을 대단히 꺼려하였는데, 정원진(鄭元振)은 더욱 그를 미워하여 날마다 함정에 빠트리려고 하였다. 내진(來瑱)이 정원진에게 참소를 입어 죽음을 당하자, 이광필은 더욱 두려워하였다. 토번이 장안에 침입하자 대종이 조서를 내려 이광필에게 조정에 들어와 도와달라고 하였는데, 이광필은 화를 입을까 두려워하여 밍기적거리며 들어가지 않았다. 광덕 2년 7월에 서주(徐州)에서 죽으니 태위(太尉)에 추증되었고 무목(武穆)이란 시호가 내려졌다."라 하였다. 『담빈록(譚賓錄)』에서, "이광필은 어조은이 해를 끼칠까 두려워하여 감히 조정에 들어가지 않았다. 전신공(田神功) 등이 그의 지휘를 받지 않자 치욕스럽게 여겨 병이 들어 죽었다."라 하였다.

18 『송서(宋書)』에서 말하였다. "단도제(檀道濟)가 참소를 입어 죽음을 당할 때, 두건을 벗어 땅에 던지며, '너는 너를 지키는 만리장성을 무너트리고 있다.'라 하였다."

19 배계(裵啓)의 『어림(語林)』에서, "제갈무후는 백우선으로 삼군을 지휘하였다."라 하였다.

20 『서경잡기』에서, "황제와 왕들을 장사 지낼 때 모두 구슬로 만든 옷 입히고 옥으로 만든 관에 넣는다. 옥갑의 모양은 개갑(鎧甲) 같은데 금장식을 연달아 붙인다. 금장식은 교룡과 봉황의 형상을 하고 있다. 세상에서는 교룡옥갑(蛟龍玉匣)이라 부른다."라 하였다. 살펴보건대 「곽광전(霍光傳)」에서 '구슬로 장식한 옥의(玉衣)와 관을 하사하니, 신하들도 또한 교룡갑(蛟龍甲)이라 칭하였다.'라 하였다. 『두억』에서, "'백우선이 떨어졌다.'는 말은 그의 재주를 다 발휘하지 못한 것을 애석하게 여긴 것이다."라 하였다.

21 「광필신도비(光弼神道碑)」에서, "부평현(富平縣) 선영의 동쪽에 공을 묻었다."라 하였다. 『장안지』에서, "괴리(槐里)의 옛 성은 흥평현(興平縣)의 동남쪽 10리에 있다."라 하였다. 한무제는 괴리의 무릉(武陵)에 안장되었다. 위청(衛青)과 곽거병(霍去病)의 묘는 무릉에서 3리 안에 있다. 이광필의 장지는 풍익(馮翊)에 있으니, 고조의 헌릉(獻陵), 중종의 정릉(定陵)과 가깝다. 그러므로 비유하였으니, 또한 죽어서도 오히려 임금을 그리는 마음을 나타내었다.

22 『국사보(國史補)』에서, "태위 이광필이 분양(汾陽)의 군대를 대신 거느렸는데, 군영과 망루와 깃발들이 정채롭게 크게 변하였다."라 하였다.

23 조정에 들어가지 못한 한을 씻을 수 있다는 말이다.

24 『시경』에서, "넘실거리는 강한의 물, 남쪽 나라에 물 대 주네.(滔滔江漢 南國之紀)"라 하였다.

25 '苶'의 음은 '乃'와 '結'의 반절법이다. '薾'로 쓰기도 하는데, 옳지 않다.

26 『장자』에서, "평생 피곤하게 노력하여도 어디로 돌아가야 할지 알 수 없다."라 하였다.

3) 좌복야 정국공 엄무

贈左僕射鄭國公嚴公武

鄭公瑚璉器　정공은 옥 같은 그릇으로

華岳金天晶　화악 금천왕의 정기를 받았네.[1] [一]

昔在童子日　옛날 어렸을 때부터

已聞老成名　이미 노련하다는 명성 날렸네.

嶷然大賢後　높다란 대현 이후에

復見秀骨淸　다시 빼어난 기상을 보네.[2]

開口取將相　입을 열면 장상을 얻을 수 있는데

小心事友生　조심하는 마음으로 벗을 사귀었네.

閱書百紙[3]盡　한번에 책을 많이 보았고

落筆四座驚　붓을 대면 만좌가 놀랐네.[4]

歷職匪父任　역임한 관직은 아버지가 맡지 않았으며[5]

嫉邪嘗力爭　사악함을 미워하여 온 힘 쏟았네.[6] [二]

漢儀尙整肅　엄숙한 한의 위의를 숭상하였는데[7]

胡騎忽縱橫　오랑캐 기병이 문득 날뛰었네.

飛傳自河隴　급한 전갈이 하농에서 오니

逢人問公卿　사람을 만나면 공경을 찾네.

不知萬乘[8]出　천자가 나간 걸 모르니

雪涕風悲鳴　눈에 눈물 흘리고 바람에 슬피 우네.

受詞劍閣道　검각의 길에서 조서 받고

謁帝蕭關城　소관성에서 천자 배알하였네.[9]

寂寞雲臺仗　적막하구나, 공신각의 의장병이여

飄颻沙塞旌　변방 사막에 흔들리는 깃발이로다.

江山少使者　강산에 사자는 적고

笳鼓凝皇情	둥둥 북소리에 천자의 마음이 어렸네.[10]
壯士血相視	장사는 피를 흘리며 서로 바라보고[11]
忠臣氣不平	충신은 마음이 편치 않도다.
密論貞觀[12]體	정관의 다스림을 자세히 살피고[13]
揮發岐陽征	기양에서 군사를 지휘하였네.[14]
感激動四極	사방의 백성이 감격하여 협력하니
聯翩收二京	곧이어 장안과 낙양을 수복하였네.
西郊牛酒再	서교에서 거듭 술과 고기로 군대 맞이하니[15]
原廟丹青明	원묘에 단청이 환해지네.[16]
匡汲俄寵辱	광형과 급암은 영욕을 맛보았고[17]
衛霍竟哀榮	위청과 곽거병도 끝내는 죽었도다.[18] [三]
四登會府地	네 번 회부의 장관에 오르고[19]
三掌華陽兵	세 번 화양의 병사를 맡았네.[20] [四]
京兆空柳色	경조에 버들이 빛을 잃고[21]
尙書無履聲	상서의 신발 끄는 소리가 없구나.[22]
羣烏自朝夕	많은 까마귀만 조석으로 날고[23]
白馬休橫行	백마는 내달리지 않네.[24]
諸葛蜀人愛	제갈량을 촉 사람은 사랑했고
文翁儒化成	문옹은 유교로 교화하였네.[25]
公來雪山重	공이 오니 설산이 안정되었고
公去雪山輕	공이 떠나니 설산이 위태로웠네.[26]
記室得何遜	기실로는 하손을 얻었고[27]
韜鈐延子荊	참모로 손초를 맞이하였네.[28]
四郊失壁壘	사방 변새에 전쟁이 사라지고
虛館開逢迎	빈 관에 인재를 맞이하였네.
堂上指圖畫	청당에서 지도를 보았고[29]

軍中吹玉笙	군중에서 옥피리를 불었네.
豈無成都酒	어찌 성도에 술이 없으랴만[30]
憂國只細傾	나라 걱정에 다만 조금만 기울였네.
時觀錦水釣	때로 금강에서 낚시를 하였고[31]
問俗終相幷	풍속 살펴 마침내 감싸 주었네.[32] 五
意待犬戎滅	견융이 멸망하길 기다렸기에
人藏紅粟盈	사람들은 곡식을 가득히 저장하였네.[33]
以玆報主願	이로써 천자의 바람에 보답하여
庶或[34]裨世程	거의 세상의 도를 일으켰더니,
炯炯一心在	변치 않던 마음 지녔으나
沈沈二豎嬰	병이 깊이 들고 말았네.[35]
顔回竟短折	안회는 끝내 요절하였고
賈誼徒忠貞	가의는 부질없이 충성하였네.[36]
飛旐出江漢	나는 명정이 강한으로 나오고
孤舟轉荊衡	외론 배가 두 형주를 지났네.[37]
虛無[38]馬融笛	마융의 피리가 사라졌으니[39]
悵望龍驤塋	서글피 용양의 무덤을 바라보네.[40]
空餘老賓客	부질없이 늙은 빈객만 남았으니
身上愧簪纓	선비의 복장이 부끄럽구나. 六

시평 : 첫머리에서 가문의 대대로 전해진 재주와 인품을 서술하였고, 다음 단락과 마지막 단락에서는 전적으로 그의 인생에서 중요한 곳을 검토하여 자세히 서술하였으며, 엄무의 평생 이력에 대해서는 다만 중간 단락에서 두어 구를 사용하여 총괄하여 서술하였으니, 이 또한 하나의 장법이다. ○ 촉을 진무한 것은 엄무의 일대 사업이며, 또한 두보를 알아준 감사의 마음이 있다. 천자를 호종하고 의견을 제출한 일은 본래 간략하게 서술하여 지나칠 수 있는데, 두보도 이 당시에 적에게 사로잡혔다가 도망쳐서 봉상(鳳翔)의 숙종을 배알하였으니, 당시의 정경(情景)이 눈에 선하였으므로 자신도 모르게 자세하게 언급하였다.

㊁ 장약육(蔣弱六)이 이르기를, "뛰어난 시어는 또한 『시경』의 「생민」과 「숭고」 등의 시에서 변화, 발전시켰다."라 하였다.

㊂ 장상약(張上若)이 이르기를, "충심으로 분격하는 기백을 묘사하였다."라 하였다.

㊂ 엄무는 촉을 진무한 이외에는 드러낼만한 별다른 공적이 없다. 그러므로 그가 벼슬길의 부침으로 일관하여 서술하였다. 그러나 다만 두어 말을 사용하여 그 골자만 뽑아 서술하였으니, 시어를 다듬는 것에 대해 자세히 볼 수 있다.

㊃ 그가 역임했던 관직을 일일이 언급하였으나, 흠이 되지 않는다.

㊄ 정공 엄무의 충성과 부지런함을 대략 묘사하였으나, 자연스러워 조금도 억지의 느낌이 없다.

㊅ 두보는 엄무의 지우를 가장 많이 받았다. 그러므로 결어는 다른 작품에 비해 더욱 정의를 극진하게 표현하였다.

1 『설문해자』에서, "'정(晶)'은 맑은 빛이다."라 하였다. 『구당서』에서, "현종 선천 2년(713)에 화악의 신을 봉하여 금천왕(金天王)으로 삼았다."라 하였다. 즉 그가 산악의 신령스럽고 빼어난 정기를 받았다는 말이다. 『구당서』 「엄무전」에서, "엄무의 자는 계응(季應)으로, 화주(華州) 화음(華陰) 사람이다."라 하였다.

2 『구당서』에서, "엄무는 중서시랑 엄정지(嚴挺之)의 아들로, 신령스런 기운이 빼어나서 보고 듣는 것을 잘 기억하였다. 어릴 때부터 성인의 풍모가 있었다."라 하였다. 『신당서』 「엄정지전」을 살펴보건대, 또한 생김새와 자질이 헌걸차고 빼어났다고 하였다.

3 '紙'는 달리 '氏'로 된 본도 있다.

4 『구당서』에서, "엄무는 책을 읽을 때 정밀한 뜻을 깊이 탐구하지 않고, 섭렵하였다."라 하였다.

5 『전한서』 「급암전」에서, "아버지가 맡은 일로 태자세마가 되었다."라 하였는데, 맹강(孟康)이 주에서 "대신은 자신이 하던 일에 그의 자제를 천거할 수 있다."라 하였다. '아버지가 하던 일이 아니다.(匪父任)'라는 말은 즉 그의 재주로 스스로 얻은 관직이지 집안의 음덕(蔭德)으로 얻은 것이 아니라는 것이다.

6 『구당서』에서, "엄무는 약관에 집안의 음덕으로 이름은 관직 명부에 올렸다. 가서한이 천자에게 아뢰어 판관(判官)으로 보임하였는데, 곧 시어사(侍御史)로 옮겼다."라 하였다.

7 시어사로 있던 던 것을 가리켜 말하였다.

8 '萬乘'은 '乘輿'로 된 본도 있다.

9 주주(朱注)에서, "평량부(平涼府)에 소관현이 있다. 서북쪽으로 영무(靈武)와 이웃하고 있다."라 하였다. 『구당서』「엄무전」에서, "지덕 초기에 엄무는 부절을 받고 행재소로 갔다. 방관(房琯)이 명신의 자제라고 평소 존중하였다. 이에 이르러 수망(首望)으로 천거하였는데, 그의 재략(才略)이 임무에 걸맞았다. 자주 진급하여 급사중(給事中)이 되었다."라 하였다. 살펴보건대, 이 작품에서 '급한 전갈이 하농에서 오니.(飛傳自河隴)'라 하고, 또 '검각의 길에서 조서 받고.(受詔劍閣道)'라 하였으니, 대개 안록산이 난리를 일으키자 엄무는 하농에서 현종의 수레가 있는 곳을 찾아 검각으로 달려왔다. 그런 뒤에 현종이 행재소로 보내니, 방관과 장호(張鎬)가 현종의 명으로 촉군에서 달려왔다. 이것을 증거로 삼아 유구(劉昫)의 『구당서』에 빠진 것을 보충할 수 있다.

10 안연지(顏延之)의 시에서, "피리와 북소리 어두운 강가에 울리고.(笳鼓震溟洲)"라 하였다. 즉 숙종의 의도가 적을 섬멸하는데 있다는 말이다. 구주(仇注)에서, "적막한 강산은 검각의 소식이 끊어진 것이며, 변방의 깃발과 피리, 북소리는 소관성에서 전쟁이 일어남을 이른다."라 하였다.

11 「별부(別賦)」에서, "목에 피를 흘리고 서로 바라보네.(刎血相視)"라 하였다.

12 '관(觀)'은 거성으로 읽는다.

13 『당서』「예문지」에서, "오긍(吳兢)이 『태종정관정요(太宗貞觀政要)』 한 권을 기술하였다."라 하였다.

14 기양은 즉 봉상(鳳翔)이다. 숙종이 봉상에 머물 때, 엄무가 장안 수복에 대해 의논을 제시하였다.

15 현종과 숙종이 서로 연이어 장안으로 돌아온 것을 이른다.

16 『한서』에서, "숙손통(叔孫通)이 원묘를 세울 것을 요청하였다."라 하였는데, 주에서 "'원(原)'은 거듭이란 의미이다. 이전에 종묘가 있었는데 지금 다시 세운다."라 하였다.

17 「광형전」에서, "광형이 자주 상소를 올려 시의적절한 말을 자주 올렸다. 건소 3년에 위현성(韋玄成)을 대신하여 승상이 되었다. 뒤에 유사(有司)가 광형이 땅을 마음대로 차지하였다고 아뢰자 마침내 면직되었다."라 하였다. 「급암전」에서, "그를 불러 중대부(中大夫)로 삼았다. 자주 심하게 간하자 궁내에 오래 머물지 못하고 동해(東海) 태수가 되었다."라 하였다. 이 구는 엄무가 경조윤에 임명되었다가 곧

파주(巴州)자사로 좌천된 것을 말한다.

18 「위청전」에서, "천자가 사신에게 대장군의 인(印)을 지니고 군중(軍中)으로 가게 하여 위청을 대장군으로 임명하였다. 뒤에 평양공주(平陽公主)에게 장가들어, 공주와 함께 장사지냈다. 무덤을 지을 때 여산(廬山)을 본떴다고 한다."라 하였다. 「곽거병전」에서, "공으로 표기장군에 봉해지니 녹봉이 대장군과 같았다. 원수 6년에 죽으니, 천자가 애통하게 여겨 속국(屬國)의 군대를 부려 장안에서 무릉(茂陵)까지 관을 옮겨 무덤을 만들었는데 기련산(祁連山)을 본떴다."라 하였다. 이 구는 엄무가 검남절도사로 있다가 죽은 것을 말한다. 뒤의 '서글픔에 용양의 무덤을 바라보네.(悵望龍驤塋)'라는 구와 함께 엄무의 장례 제도가 대단히 화려한 것을 말한다. 장진(張晉)의 주에서, "광형과 급암으로 엄무의 간쟁을 비유하였고, 위청과 곽거병으로 엄무의 장수로서의 지략을 비유하였다."라 하였다.

19 주주(朱注)에서, "'회부(會府)'는 성(省)의 관청이다."라 하였다. 역사를 살펴보건대 장안을 수복하자 엄무는 경조소윤에 임명되었다가 보응 원년에 경조윤에 임명되었다. 두 번 검남(劍南)의 절도사가 되었는데 모두 성도윤(成都尹)을 겸하였다.

20 『서경』「우공」에서, "화양(華陽)과 흑수(黑水)는 양주(梁州)에 있다."라 하였다. 엄무가 처음에 지방으로 나가 동천(東川)절도사가 되었다가, 뒤에 또 두 번 검남 절도사에 임명되었다. 곧 「제장오수(諸將五首)」에서, "임금의 은혜로 앞뒤 세 번 다스렸으니.(主恩前後三持節)"라 한 것이다.

21 『한서』「장창전(張敞傳)」에서, "장창이 경조윤이 되자 장대가(章臺街)로 말을 내달렸다."라 하였다. 당나라 사람의 시에 「장대류(章臺柳)」란 작품이 있다.

22 『한서』「정숭전(鄭崇傳)」에서 말하였다. "애제(哀帝) 때에 정숭이 상서복야(尙書僕射)가 되었다. 매번 임금을 뵐 때 가죽 신발을 질질 끌었는데, 그 소리가 들리면 임금이 웃으면서 '정상서가 오는구나.'라 하였다." 『당서』에서, "엄무가 다시 검남절도사가 되었는데, 검교이부상서(檢校吏部尙書)로 올랐다."라 하였다.

23 「주박전(朱博傳)」에서, "어사부(御史府) 안에 잣나무를 줄지어 심었다. 항상 들 까마귀 수천 마리가 그 위에 서식하였는데, 새벽에 떠났다가 저녁에 모여들었으니, 조석오(朝夕烏)라 불렀다."라 하였다. 엄무가 처음에 어사중승(御史中丞)에 있다가 동천절도사로 나갔으며 또 어사대부가 되었다.

24 이 구는 간쟁하는 사람이 없음을 이른다. 구주(舊注)에서 말하였다. "『후한서』에서, '장담(張湛)이 광록대부가 되자 항상 백마를 탔

다. 광무제가 매번 뛰어난 정치를 하였는데, 그를 보면 문득 '백마탄 사람이 또 간할 것이다.'라 하였다.'" 주주(朱注)에서 후경(侯景)이 백마를 타고 강을 건넌 일을 인용하였는데, 끝내 윗구와 연결되지 않는다.

25 『한서』「순리전(循吏傳)」에서, "문옹(文翁)이 촉의 군수가 되었다. 학교를 세우고 가르치니 아전과 백성들이 크게 교화되었다. 촉 지방에서 장안으로 공부하러 떠난 자가 제(齊)나 노(魯)와 비슷하였다."라 하였다.

26 구주(仇注)에서 말하였다. "역사에서 일컫기를 엄무가 촉에 있을 때 사물을 절제 없이 사용하여 백성들에게 세금을 심하게 거둬들였다. 다만 토번을 격파하여 염천(鹽川)을 수복하였으니, 그것은 당대 제일의 공적이었다고 하였다." 이 두 구는 사실의 기록이다.

27 『양서(梁書)』에서, "하손이 건안왕(建安王)의 기실이 되었다."라 하였다.

28 『진서』에서, "손초(孫楚)의 자는 자형으로, 석포(石苞)의 표기군사(驃騎軍事)로 참여하였다."라 하였다. 엄무가 일찍이 두보를 불러 참모로 삼았다. 그러므로 하손과 손초로써 자신을 비유하였다.

29 두보는 「봉관엄정공청사민산타강화도(奉觀嚴鄭公廳事岷山沱江畫圖)」를 지었다. 권11에 보인다.

30 두보는 권11의 「장부성도초당도중유작선기엄정공(將赴成都草堂途中有作先寄嚴鄭公)」에서, "비통에서 빚은 술은 달리 살 필요가 없었지.(酒憶郫筒不用酤)"라 하였다.

31 엄무가 두보의 초당에 찾아온 것을 이른다. 두보는 권9의 「봉수엄공기제야정지작(奉酬嚴公寄題野亭之作)」에서, "숨어 지내느라 금강의 물고기 낚시하네.(幽棲眞釣錦江魚)"라 하였다.

32 비록 한가롭게 노닐었지만 반드시 민간 풍속에 대해 살폈으니 그가 백성의 질고에 마음 쓰고 있음을 알 수 있다.

33 이 당시 토번이 평정되지 않아서 군인들에게 식량을 제공하느라 백성들이 고통을 받았다.

34 '或'은 달리 '獲'으로 된 본도 있다.

35 『좌전』에서 말하였다. "진후(晉侯) 누(獳)가 병이 들어 진(秦)에서 의원을 구하였다. 진백(秦伯)이 의원 수(綏)를 보냈다. 경공(景公, 즉 진후)이 꿈을 꾸었는데 병이 두 아이 모양으로 나타났다. '하나는 황(肓) 위에 있고 하나는 고(膏)의 아래에 있으니, 나는 어쩌면 좋겠는가.'라 하였다."

36 엄무가 죽었을 때 나이가 마흔이었다. 그러므로 안회와 가의로 비유하였다.

37 두보는 권12에 「곡엄복야귀츤(哭嚴僕射歸櫬)」이란 시를 지었다. 즉 널이 화음(華陰)으로 돌아가기 위해서는 강한과, 형주(荊州), 형주(衡州)를 지나야 한다는 말이다.

38 '無'는 달리 '橫'으로 된 본도 있다.

39 『후한서』「마융전(馬融傳)」에서, "거문고를 잘 연주하였으며 피리를 잘 불었다."라 하였다. 마융은 「장적부(長笛賦)」를 지었다. '군중에서 옥피리를 불었네.(軍中吹玉笙)'라는 구를 보면 엄무 또한 음악을 좋아하였는데, 지금은 이미 아득하여 다시 들을 수 없다는 의미이다. 일설에, '헛되이 마융의 피리 부네.(虛橫馬融笛)'라 하였으니, 즉 엄무가 이미 세상에 없으니 지음이 없다는 말이다. 그렇게 되면 아마도 아래의 '빈객(賓客)'의 구와 문세(文勢)가 중복된다.

40 『진서』「왕준전(王濬傳)」에서, "왕준이 용양장군이 되었다. 백곡산(柏谷山)에 장사지냈는데, 무덤을 크게 건축하여 장지가 사방 45리나 되었다."라 하였다.

4) 태자태사 여양군왕 이진

贈太子太師汝陽郡王璡

汝陽讓帝子	여양왕은 양황제의 아들로[1]
眉宇眞天人	아름다운 눈썹에 참으로 천재로다.[2]
虯髯似太宗	규룡 수염은 태종을 닮았고[3]
色映塞外春	풍모는 변새에 비추는 봄 풍경이네.[4][二]
昔者開元中	옛날 개원 연간에
主恩視遇頻	천자의 은혜를 자주 입었네.
出入獨非時	홀로 아무 때나 궁궐을 출입하고
禮異見羣臣	뭇 신하에 비해 특별한 예우 받았네.
愛其謹潔極	조심하고 개결함을 대단히 사랑하니[5]
倍此骨肉親	이 골육을 더욱 가까이 두었네.[6]
從容聽[7]朝後	차분하게 조회를 들은 뒤에
或在風雪晨	혹은 풍설이 몰아지는 새벽에,
忽思格猛獸	문득 맹수 잡을 것 생각하다가
苑囿騰淸塵	사냥터에서 맑은 먼지 피어오르네.[8]
羽旗動若一	화려한 깃발은 하나처럼 움직이고
萬馬肅駪駪	만 마리 말은 질서정연하게 달리네.[9]
詔王來射雁	여양왕에게 조서 내려 기러기 쏘라하니
拜命已挺身	명령을 받들어 이윽고 앞장서 나가네.
箭出飛鞚內	말을 내달리며 화살을 쏘는데
上又回翠麟	천자가 또 취린을 되돌리네.[10]
翻然紫塞翮	변방의 새가 맞아 날개를 뒤집다가
下拂明月輪	떨어지며 활시위를 스치네.[11][三]
胡人雖獲多	오랑캐가 비록 많이 잡았지만[12]

天笑不爲新	천자는 웃지 않았네.
王每中一物	여양왕이 매번 짐승을 맞히면
手自與金銀	손수 금은을 하사하였네.
袖中諫獵書	소매안의 「간렵서」를
扣馬久上陳	말고삐 잡고 한참 아뢰었네.
竟無銜橛虞	끝내 수레가 넘어지는 걱정은 없으나[13]
聖聰矧多仁	천자가 총명하고 더구나 어지시니,
官免供給費	관청은 공급하는 비용을 면하였고
水有在藻鱗	강에는 물고기들이 뛰노네.[14]
匪惟帝老大	천자가 늙어서 그만둔 게 아니라
皆是王忠勤	모두 여양왕이 충심으로 간해서라네.[三]
晚年務置醴	만년에 술자리 자주 열어
門引申白賓	집에 여러 문객들을 불러들였네.[15]
道大容無能	도량이 커서 무능한 이도 받아들이니
永懷侍芳茵	길이 좋은 자리에서 모심을 기억하네.
好學尙貞烈	학문을 좋아하고 곧은 의기 숭상하니
義形必霑巾	의형 그리다 눈물 적시네.[16]
揮翰綺繡揚	붓을 휘두르면 비단이 날아오르고
篇什若有神	시는 사람을 감동시키네.
川廣不可泝	강이 넓어 건너갈 수 없는데
墓久狐兎鄰	묘는 오래되어 여우와 토끼가 굴로 삼네.[17]
宛彼漢中郡	저 한중군의 왕은
文雅見天倫	공의 아우로 고상하네.
何以開[18]我悲	어찌하면 나의 슬픔을 풀어볼까
泛舟俱遠津	배를 띄워도 나루는 멀구나.[19]
溫溫昔風味	온화했던 그 시절 풍모여

少壯已書紳　　젊은이들은 마음 깊이 새겼네.
舊遊易磨滅　　옛날 노님은 쉽게 사라지는데
衰謝增酸辛　　늙어갈수록 슬픔은 깊어가네.

시평 : 여양왕의 사적은 유독 적다. 앞에서는 다만 사냥하는 일 한 가지를 빌려 그가 천자를 곁에서 가깝게 모신 것과 아울러 충심으로 간쟁한 것을 묘사하였다. 뒤에서는 벗들과 사귀는 것을 서술하면서 아울러 두보와 속마음을 내보이며 문학으로 교유한 것을 언급하였다. 결말 부분에서 여양왕을 슬퍼하면서 아울러 그의 아우를 언급하였으니, 장법이 간직이명(簡直易明)하다.

㈠ 발단 부분은 어떠한 기상인가. 참으로 백대를 도도하게 바라보고 있다.

㈡ 이자덕이 이르기를, "이 작품은 사마천의 「세가(世家)」의 체재에 사마상여의 「상림부」의 재주를 겸하였으니 참으로 뛰어난 작품이다."라 하였다.

㈢ 장상약이 이르기를, "한 사실을 빌려 생동감 있게 묘사하였는데, 천자의 은혜와 여양왕의 충성이 모두 드러나 있다."라 하였다.

1 『당서』에서, "양황제(讓皇帝) 헌(憲)의 본명은 성기(成器)로, 예종이 황태자로 책봉하였다. 현종이 위씨(韋氏)를 토벌한 공을 세우자, 천자에게 요청하여 태자의 자리를 양보하였다. 영왕(寧王)으로 봉해졌고, 죽자 양황제로 시호가 내렸다."라 하였다.

2 『위략(魏略)』에서, "한단순(邯鄲淳)이 조식(曹植)의 말재주를 보고 하늘이 낸 사람〔天人〕이라고 감탄하였다."라 하였다. 『당서』에서, "이진(李璡)은 눈썹이 아름다웠으며 활을 잘 쏘았다."라 하였다.

3 『유양잡조』에서, "태종은 규룡 수염을 지녔는데, 일찍이 장난삼아 수염을 활에 걸고 화살을 메겼다."라 하였다.

4 주주(朱注)에서, "변방은 봄 풍경이 적은데 봄 풍경이 변방에 비춘다고 말하였으니, 그의 아름다운 눈썹을 가진 풍모가 대단히 남다른 것을 표현하였다. 장건봉(張建封)의 시에서 '풍신이 강호에 일렁이네.(風神蕩江湖)'라는 말과 같다."라 하였다.

5 행동을 조심하고 깨끗하게 하였다는 말이다.

6 『갈고록(羯鼓錄)』에서, "여양왕은 번왕(藩王) 가운데 뛰어나 현종이 매우 사랑하였다. 그는 총명하고 지혜로워서 천자의 속마음을 잘 파악하였기에 매번 천자가 놀러나가면 조금도 곁에서 떠나지 못하게 하였다."라 하였다.

7 '聽'은 달리 '退'로 된 본도 있다.

8 사마상여의 「간렵서(諫獵書)」에서, "따르는 수레의 맑은 먼지를 가르고."라 하였다.

9 두 구는 사냥하는 행렬이 엄정한 것을 말한다.

10 취린(翠麟)은 준마다. 천자가 말을 급히 돌려 그가 활 쏘는 것을 돕는다는 말이다.

11 기러기가 떨어지며 활을 스친다는 말이다.

12 「장양부(長楊賦)」의 서문에서, "임금이 오랑캐들에게 짐승이 많다고 크게 자랑하며 오랑캐들로 하여금 손수 잡게 하고 그들이 잡은 것을 취하였는데, 임금이 가서 몸소 보았다."라 하였다.

13 「간렵서」에서, "길을 깨끗이 하고 가는데, 중앙으로 내달린다. 그러나 때로 말이 함궐(銜橛) 변고가 생기기도 한다."고 하였는데, 주에서 "'궐(橛)'은 수레 아래와 차축을 연결하는 갈고리이다. 말이 씹으면 간혹 깨져서 구심(鉤心)이 빠져나온다. 그러면 수레가 넘어져 사람이 다친다."라 하였다.

14 사냥을 그만두었기에 관청은 쉴 수가 있고 사물은 다치지 않는다.

15 『한서』에서, "초원왕(楚元王)이 젊어서 노목생(魯穆生), 백생(白生), 신공(申公) 등과 함께 부구백(浮邱伯)에게 시를 받았다. 원왕이 신공 등을 공경히 예우하였다. 목생은 술을 즐기지 않았기에, 원왕이 단술을 마련하였다."라 하였다. 『구당서』에서, "이진이 하지장(賀知章), 저연회(褚延誨) 등과 친하게 지냈으니, 시와 술을 즐겼다."라 하였다.

16 『공양전』에서, "정의롭고 엄숙한 기운이 얼굴에 나타났다."라 하였다.

17 『당서』에서, "이진은 천보 9년에 죽었다. 태자태부에 추증되었다."라 하였다.

18 '開'는 달리 '慰'로 된 본도 있다.

19 구주(仇注)에서, "한중왕 이우(李瑀)는 여양왕의 아우이다. '나루는 멀다.(俱遠津)'는 말은 두보는 기주에 있고 한중왕은 당시 귀주(歸州)에 있는 것을 이른다."라 하였다.

5) 비서감 강하 이옹

贈祕書監江夏李公邕

長嘯宇宙間　우주간에 길게 읊조리더니
高才日凌替　높은 재주 하루아침에 사라졌네.[二]
古人不可見　고인을 볼 수 없는데
前輩復誰繼　전배를 다시 누가 이을까.[1]
憶昔李公存　옛날 이공이 살아있을 때
詞林有根柢　문장은 근본이 있었네.[三]
聲華當健筆　힘찬 글씨는 명성에 부합하고[2]
灑落富清製　산뜻한 문장은 시원하였네.
風流散金石　풍류는 금석문에 펼쳐지고
追琢山嶽銳　새긴 비석은 산악처럼 높다랗네.[3]
情窮造化理　마음은 조화의 이치를 다 깨달았고
學貫天人際　학문은 우주와 인간을 관통하였네.
干謁走其門　비문 요청이 집에 쇄도하니
碑版照四裔　비판이 천하에 빛나네.
各滿深望還　각자 깊은 바람을 채우고 돌아가는데
森然起凡例　여러 체재에 맞게 갖추었네.
蕭蕭白楊路　쓸쓸한 백양나무 길도
洞徹寶珠惠　그의 비문으로 야광주처럼 빛나네.[4]
龍宮塔廟湧　용궁처럼 솟은 부도는[5]
浩劫浮雲衛　영원히 뜬 구름이 지키며,[6]
宗儒俎豆事　종유의 제단 앞 묘비는
故吏去思計　오랜 아전이 공덕으로 남기네.
眄睞已皆虛　잠깐 돌아보면 이미 헛되지만

跋涉曾不泥	멀리서 와 요청하면 지체하지 않았네.
向來映當時	본래 당시에도 빛났으니
豈獨勸後世	어찌 다만 후세에 전할뿐이랴.[7]
豐屋珊瑚鉤	산호 고리의 부잣집은[8]
麒麟織成罽	기린 문양 양탄자를 짜네.[9]
紫騮隨劍几	붉은 월따말은 칼집 이어 바쳐지니
義取無虛歲	해마다 의를 따져 취하였네.[10]
分宅脫驂間	집을 주거나 말을 주었으니[11]
感激懷未濟	감격하였으나 그는 마음이 흡족하지 않았네.[12]
衆歸賙給美	많은 사람을 구원한 아름다운 일이
擺落多藏穢	뇌물을 주었다는 더러움으로 떨어졌네.[13]
獨步四十年	사십 년 독보적인 존재로
風聽九皐唳	깊은 연못의 학 울음은 궁정에 들렸네.[14]
嗚呼江夏姿	오호라! 강하의 자태여[15]
竟掩宣尼袂	끝내 공자가 소매를 가렸구나.[16]
往者武后朝	옛날 측천무후의 조정 때
引用多寵嬖	그를 등용하여 많은 총애 받았네.
否臧太常議	태상의 의견에 반대 하였고[17]
面折二張勢	장씨의 세력을 무후 면전에서 꺾었네.[18]
衰俗凜生風	무너진 풍속에 엄격한 바람이 일고[19]
排蕩秋旻霽	가을 하늘의 기상으로 쓸어버렸네.[20]
忠貞負冤恨	충정은 원한을 짊어지니
宮闕深旒綴	궁궐은 깃발에 가렸도다.[21]
放逐早聯翩	일찍이 계속해서 쫓겨나니
低垂困炎癘	뜨거운 남방에서 힘겨워하였네.
日斜鵩鳥入	날 저물자 복조가 날아드니[22]

魂斷蒼梧帝　　혼은 창오의 순임금처럼 끊어졌네.[23]
榮枯走不暇　　영욕의 인생 잠시도 쉬지 않아
星駕無安稅　　관리로 편안히 정착하지 못하였네.[24] [三]
幾分漢廷竹　　조정의 부절을 반으로 나눴고[25]
夙擁文侯篲　　일찍이 문후의 비를 잡았네.[26]
終悲洛陽獄　　끝내 낙양의 옥에서 비명횡사하니[27]
事近小臣斃　　그 일은 내시가 죽은 것과 같네.[28]
禍階初負謗　　재앙의 그림자는 비방에서 시작하였는데[29]
易力何深嚌　　참소는 쉽다지만 어찌 그리 지독하게 씹는가.[30]
伊昔臨淄亭　　옛날 임치의 정자에서
酒酣託末契　　훈훈한 술자리에 못난 나와 우의 맺었네.[31]
重敍東都別　　낙양의 이별 뒤 다시 만났는데[32]
朝陰改軒砌　　아침 그늘이 난간의 섬돌로 옮겨 갔네.[33]
論文到崔蘇　　문장은 최융과 소미도를 들었는데[34] [四]
指盡流水逝　　손을 꼽으니 모두 죽었네.[35]
近伏盈川雄　　근래엔 영천 양형이 뛰어나다고 하고[36]
未甘特進麗　　특진 이교는 아름답다고 인정하지 않았네.[37]
是非張相國　　장상국과 시비를 다투어[38]
相扼一危脆　　서로 밀치더니 하나가 위태하네.[39]
爭名古豈然　　명성을 다툼이 예부터 어찌 그러했으랴
關楗[40]欻不閉　　관건을 문득 닫지 못해서라네.[41]
例及吾家詩　　우리 시가를 예로 들 때면
曠懷掃氛翳　　마음을 비우고 편견을 멀리했네.[42]
慷慨嗣眞作　　사진에게 화답한 시에 흥분하였으니[43]
咨嗟玉山桂　　아아! 옥산의 계수나무라 칭송하였네.[44]
鍾律儼高懸　　음률은 높은 수준에 오르고

鯤鯨噴迢遰　　문세(文勢)는 고래가 물을 뿜는 듯.[45] [五]
坡陀青州血　　청주에 피는 흘러넘치고[46]
蕪沒汶陽瘞　　문양의 무덤은 잡초에 덮여 있네.[47]
哀贈晩[48]蕭條　　슬픈 추증은 뒤늦어 쓸쓸하니[49]
恩波延揭[50]厲　　은혜의 파도가 넘실거려야 하네.[51]
子孫存如線　　자손은 실처럼 미약한데
舊客舟凝滯　　오랜 나그네는 배에 머물러 있네.[52]
君臣尙論兵　　군신은 아직도 전쟁을 논하고[53]
將帥接燕薊　　장수는 연계의 반란군을 맞이하네.[54]
朗詠六公篇　　낭랑하게 「육공」편을 읊조리며[55]
憂來豁蒙蔽　　어두움을 열어젖히려 근심하네.[56]

시평 : 이 시 또한 네 구로 시작하고 네 구로 작품을 메조지 하는데, 중간은 세 단락으로 나뉜다. 첫째 단락은 오로지 문장을 이야기 하였는데, 비문의 제작에 대해 특별히 자세하게 설명하여 그의 장점을 드러내었다. 다음 단락은 그가 기절(氣節)을 지녀 여러 번 좌천되거나 쫓겨난 것을 서술하였고, 세 번째 단락에서는 두 사람간의 우정을 서술한 것으로 시작하여 이옹이 문장을 논한 것을 자세하게 서술하였는데, 평가하는 사람들의 죽음을 슬퍼하면서 그들에 대해 한번씩 결론은 내리니 장법이 또한 특별하다. 결말 부분에서 시사(時事)에 감회가 미쳤는데, 그것은 이옹의 시를 따라 감발한 것이다. 대개 여섯 공은 모두 힘써 당 황실을 부지(扶持)하려 하였는데, 지금 어디서 그런 사람들을 등용하여 난리를 이겨낼 것인가. ○ 왕사석(王嗣奭)이 말하기를, “이옹의 재주와 명성은 대단히 높았는데 그의 죽음은 매우 처참하였으므로 두보가 너무나 안타까워하였다. 그러므로 ‘끝내 공자가 소매를 가렸구나.(竟掩宣尼袂)’라 하였으며, 또한 ‘그 일은 내시가 죽은 것과 같네.(事近小臣斃)’라 하였으며, 또 ‘청주에 피는 흘러넘치고.(坡陀青州血)’라 하였으니, 시어가 중복된 것을 두보 자신도 깨닫지 못하였다. 이 시의 기어(起語)는 호탕(豪宕)한데, 또한 겸하여 자신의 기세를 의탁하였다.

㊀ 왕완정(王阮亭)이 이르기를, "도입구는 또한 완적(阮籍)이 소문산(蘇門山)에서 만났던 은자의 맑은 휘파람 소리와 같으니, 그 소리는 난새와 학의 울음소리 같았다."라 하였다.

㊁ 소자상이 이르기를, "문장에 근본이 있다고 하였으니 바야흐로 그것이 문장의 본령임을 알 수 있다. 지금 문인들의 공통적인 병폐는 근본이 없는 것에서 기인한다."라 하였다.

㊂ 장상약이 이르기를, "이옹은 문득 일어났다가 문득 쫓겨났는데, 이러한 것을 잘 묘사하였다."라 하였다.

㊃ 구창주가 이르기를, "'논문(論文)'의 아래로는 당대의 문장을 개괄하여 논하였고, '예급(例及)'의 아래로는 한 사람(두심언)의 시를 전적으로 논하였다."라 하였다.

㊄ 선조를 드날리는 곳에 더욱 주의를 기울였으니, 어진 사람과 효자의 마음 씀씀이를 볼 수 있다.

1 구주(仇注)에서, "고인(故人)은 개괄하여 말한 것이요, 전배(前輩)는 이옹을 가리킨다."라 하였다.

2 건필(健筆)은 명성에 부합하였음을 이른다.

3 두 구는 이옹이 지은 비문을 말한 것이다. '산(散)'은 새겨져 펼쳐져 있다는 말이다. '추탁(追琢)'은 새긴다는 말이다. '산악처럼 날카롭다.(山嶽銳)'는 말은 비석의 형세가 높다란 것을 말한다.

4 무덤으로 가는 길은 어둑하고 음산한데 이옹의 비문을 얻으면 마치 보주(寶珠)가 환하게 빛나는 것 같다는 말이다.

5 탑묘(塔廟)가 마치 용궁처럼 솟아 있음을 이른다. 『낙양가람기(洛陽伽藍記)』에서 말하였다. "영녕사(永寧寺)의 부도가 불에 탔다. 뒤에 동래(東萊)에서 온 어떤 사람이 이르기를, '바닷가에서 부도를 보니 밝은 빛이 환하게 비추어 마치 새로 만든 것 같다. 바닷가 사람들이 전부 보았다.'라 하였다." 이 구는 이 고사를 암용(暗用)하였다.

6 주주(朱注)에서 말하였다. "『도인경(度人經)』에서 '원시천존(元始天尊)과 호겁지인(浩劫之人)이 우리 세상을 만들었다.'라 하였으며, 『광이기(廣異記)』에서 '유가에서는 세(世)라 이르고 불가에서는 겁(劫)이라 이르고 도가에서는 진(塵)이라 이른다.'라 하였다." 살펴보건대, 호겁(浩劫)은 무궁한 겁으로, 만고(萬古)라 말하는 것과 같다. 즉 이옹이 지은 비문은 호겁을 지나도 뜬 구름이 항상 지킨다는 말이다.

7 주주(朱注)에서 말하였다. "이 구는 '비록 비갈(碑碣)이 서 있긴 하

지만 눈을 돌릴 사이에 모두 텅 빈 자취가 되는데, 그래도 먼 길을 찾아 와 비문을 요청하면 조금도 지체하지 않고 써주었다. 그 비석이 현재를 밝게 비추고 훗날에 전해지는 것은 그 문장이 있기 때문이다.' 라는 것을 말하고 있다." 『구당서』에서, "이옹은 일찍이 재주와 명성을 드날렸는데, 특히 비문을 잘 지었다. 비록 좌천되어 지방관으로 있더라도 중앙 조정의 관리와 천하의 사관(寺觀)들은 금과 비단을 가지고 그에게 찾아와 문장을 요청하였다. 앞뒤로 지은 작품이 수백 편이 된다."라 하였다.

8 소전(蕭詮)의 시에서, "주렴이 산호 고리에 반쯤 걷혀있네.(珠簾半上珊瑚鉤)"라 하였다.

9 『한서』의 주에서, "'계(罽)'는 모직으로, 지금의 갈(毼)과 구유(氍毹) 등과 같은 종류이다."라 하였다. 기린은 모직으로 짠 것이다.

10 『구당서』에서, "이옹은 그의 글 값으로 바친 것을 받아들였으니 많을 때는 거만금이 되었다. 이 당시에 문장을 팔아 재물을 얻는 사람으로 이옹만한 이가 없다고들 하였다."라 하였다.

11 『오지(吳志)』에서, "주유(周瑜)가 도남의 큰 집을 손책에게 살라고 양보하였다."라 하였다. '타던 말을 준 것(脫驂)'은 안자(晏子)가 월석보(越石父)를 타던 말을 주고 대속(代贖)시킨 고사를 인용하였다.

12 사람들에게 재물을 나눠주니 사람들이 감격하였으나, 그는 아직도 마음이 흡족하지 않았다는 말이다.

13 『당서』에서 말하였다. "이옹을 미워하던 사람이 이옹이 뇌물을 제공하여 법을 어겼다고 고발하였다. 허창 사람인 공장(孔璋)이 상소를 올려 구원하기를, '이 사람이 잘하는 것은 고아와 가난한 이를 구원하며, 가난한 이에게 재물을 나눠주는 은혜를 베푸는 것입니다. 재물을 쌓았다가 곧바로 나눠주니 집안에 사사로이 모은 재산이 없습니다.' 라 하였다."

14 『당서』에서, "현종이 동쪽으로 가서 하늘에 제사를 지내고 돌아왔다. 이옹이 사부를 바치니 칭송하였다. 후에 장안에서 회시를 보러 갈 때〔計偕〕 내시를 시켜 그가 새로 지은 글을 찾아오게 하였다."라 하였다. 이옹은 문장은 하늘 너머까지 들린다. 그러므로 깊은 연못에서 학이 우는 것으로 비유하였다. 『사기』에 '학이 구고에서 울면 소리가 하늘까지 들린다.(鶴鳴九皐 聲聞于天)'는 말이 있다.

15 『당서』「재상세계표(宰相世系表)」에서, "후한의 회계태수 고양후(高陽侯)가 강하(江夏)로 이사하여 거주하여 마침내 강하 이씨가 되었다. 그 후손인 이원철(李元哲)이 광릉(廣陵)으로 이사하였는데, 이원철은 이선(李善)을 낳고, 이선은 이옹을 낳았다."라 하였다.

16 『공양전』에서, "노나라 왕이 서쪽으로 사냥을 나가 기린을 잡으니, 공자가 소매를 들어 얼굴을 닦으니 눈물이 옷을 적셨다."라 하였다. 이옹이 죽어서 도학이 어둡게 되었다는 의미이다.

17 『구당서』「위거원전(韋巨源傳)」에서, "태상박사 이처직(李處直)이 위거원의 시호를 논하면서, '소(昭)'가 어떠냐고 하자 이옹이 다시 논박하니 문사들이 그의 의견을 높이 쳤다."라 하였다.

18 『당서』에서, "이옹은 좌습유에 임명되었다. 중승 송경(宋璟)이 장창종(張昌宗) 형제의 모반 사정을 탄핵하였는데 무후가 들어주지 않았다. 이옹이 계하(階下)에 있다가 크게 소리치면서, '송경이 아뢴 것은 사직을 위한 대계이오니 폐하는 마땅히 들어주어야 합니다.'라 하자 무후가 낯빛을 풀며 송경이 아뢴 것을 허락하였다."라 하였다.

19 「부현전(傅玄傳)」에서, "현종이 부현을 낭중에 임명하자 귀한 이들이 두려워하며 대각에 바람이 일었다."라 하였다.

20 『이아』에서, "가을을 호천(旻天)이라 부른다."라 하였다. 이옹의 풍절(風節)은 공도(公道)로 하여금 다시 빛나게 하였다는 말이다.

21 구중궁궐에 거처하는 천자를 가린 것이 많다는 말이다.

22 「복조부(鵩鳥賦)」에서, "경자일이 저무니, 복조가 나의 집에 모여드네.(庚子日斜 鵩集予舍)"라 하였다. 복조가 날아들면 사람이 죽는다.

23 임금을 가까이 모시지 못함을 이른다. 오균(吳均)의 시에서, "아득한 구의산을 바라보며, 창오의 임금을 배알하고 싶네.(依依望九疑 欲謁蒼梧帝)"라 하였다. 이옹이 쫓겨난 곳은 대부분 남쪽 변방이므로, 가의(賈誼)의 장사와 순임금의 창오 고사를 인용하였다.

24 『당서』「이옹전」에서, "다섯 왕이 벌을 받게 되었는데 이옹은 장간지(張柬之)와 친하였기에 연좌되어 뇌주사호(雷州司戶)로 좌천되었다. 위씨(韋氏)가 평정되자 이옹은 조정에 불려 들어가 전중시어사에 임명되었다. 잠희(岑羲)와 최식(崔湜) 등이 이옹을 꺼려하자 애주(崖州) 사성(舍城)의 승(丞)으로 좌천되었다. 현종이 즉위하자 어사중승이 되었다. 요숭(姚崇)이 이옹을 드세다고 미워하여, 괄주사마(括州司馬)로 좌천되었다가 진주(陳州)자사로 승진되었다. 천자가 태산에 제사를 지내고 돌아올 때, 이옹이 사부를 바치자 천자가 기뻐하였다. 그러므로 자못 자만하였다. 본래 장열(張說)을 경시하여 서로 사이가 좋지 않았다. 마침 이옹의 원수가 이옹을 뇌물을 제공하여 법을 어겼다고 고발하자 옥에 갇혀 죽게 되었다. 허창 사람인 공장(孔璋)이 상소를 올려 이옹 대신 자신이 죽겠다고 요청하여, 사형을 감하여 흠주(欽州)의 준화위(遵化尉)로 좌천되었다. 개원 23년 괄주(括

州)자사로 승진하였고, 뒤에 치주(淄州)와 활주(滑州) 자사를 역임하였다. 천보 초기에 급군(汲郡)과 북해(北海) 태수가 되었다."라 하였다.

25 『한서』에서, "문제(文帝) 3년에 처음으로 군수에게 동호부와 죽사부를 만들어 주었다."라 하였는데, 안사고가 말하기를 "각각 그 반을 나누어 오른쪽은 서울에 남겨두고 왼쪽을 주었다."라 하였다.

26 완적의 「주기(奏記)」에서, "자하(子夏)가 서하(西河)에 있을 때 문후(文侯)가 비를 잡고 제자로 자처하였다."라 하였다. 『구당서』에서, "이 당시 모두 이옹을 의리를 중시하고 선비를 사랑하는 옛날 신릉군(信陵君)과 같은 사람이라고 생각하였다."라 하였다.

27 『후한서』「채옹전」에서, "이옹을 낙양의 감옥에 하옥시켰다."라 하였다.

28 『좌전』에서, "독을 바른 음식을 개에게 주니 개가 죽고 소신(내시)에게 주니 소신이 죽었다."라 하였는데, 이 부분은 신생(申生)의 원한에 대해 말하고 있다. 이옹이 곤장을 맞아 죽으니, 이에 대한 주는 작품의 마지막에 보인다.

29 장열(張說)에게 체포되어 진주(陳州)에서 이자를 비싸게 받았던 일이 발각되었다.

30 『설문해자』에서, "'제(嚌)'는 씹어댄다〔嘗〕는 의미이다."라 하였다. 주주(朱注)에서, "이 구는 즉 '사람을 참소하여 헐뜯기는 참으로 쉬우나, 어찌 그리도 한결같이 이렇게 심하게 씹어대어 재앙에 빠트린단 말인가?'란 의미이다."라 하였다. 다른 설명을 들어보면, 이인독(李因篤)은 "'제(嚌)'는 마땅히 '제(擠)'로 지어야 한다."라 하였다.

31 임치는 제남군(濟南郡)이다. 두보는 권1에서 「배이북해연역하정(陪李北海宴歷下亭)」이란 시를 남겼다.

32 구주(仇注)에서 말하였다. "두보와 이옹은 처음에 낙양에서 만났으니, 권1 「봉승위좌승장(奉贈韋左丞丈)」에서, '이옹이 절 찾아왔고.(李邕求識面)'라 하였다."

33 오래 앉아 있어서 시간이 흘러 그림자가 변해 갔다는 말이다.

34 '최소(崔蘇)'는 최융(崔融)과 소미도(蕭味道)를 가리킨다. 『당서』에서, "최융의 문장은 화려하고 아름다웠으니, 당시에 그와 비슷한 사람이 없었다."라 하였으며, "소미도는 9살에 문장을 지을 줄 알았다. 이교(李嶠)와 함께 문학으로 측천무후 시기에 이름이 났다."라 하였다.

35 '지진(指盡)'은 손가락을 꼽아 다 세었다는 말이다. 유정(劉楨)의

시에서, "가는 것은 흐르는 물과 같네.(逝者如流水)"라 하였다.

36 『당서』「양형전(楊炯傳)」에서, "양형은 영천(盈川)의 영졸(令卒)로 옮겨 갔다."라 하였다.

37 「이교전(李嶠傳)」에서, "신룡 3년에 특진동중서문하 3품에 올랐다."라 하였다. 장열(張說)이 말하기를, "영천 양형은 문장이 은하수를 기울여 물을 쏟는 것 같아 아무리 퍼내도 마르지 않는다. 이교는 문장이 좋은 금과 아름다운 옥과 같아 어떤 것을 지어도 모두 훌륭하다."라 하였다. 『조야첨재(朝野僉載)』에서, "이교와 최융, 소미도와 두심언은 문장사우(文章四友)이다. 세상에서 최, 이, 소, 두라고 부른다."라 하였으므로 두보의 시에서 아울러 언급하였다.

38 장상국은 장열(張說)이다.

39 유신(庾信)의 「최열비(崔說碑)」에서, "백 살이 되어 목숨이 위태롭다."라 하였다.

40 '楗'은 '鍵'과 통용한다.

41 『노자』에서, "정말로 잘 닫힌 문은 빗장이 없어도 열리지 않는다."라 하였다. 즉 이옹이 문장을 논함은 대단히 공정하였다. 다만 상국 장열의 의견에 시비를 가리다가 틈이 생겼는데, 마침내 서로 밀치다가 이옹은 위태롭게 되었다. 장열이 비록 박정하고 냉혹하지만 또한 재주를 드러내 자신을 드날린 이옹에 대해 취한 것이 있었다.

42 이옹은 재주 있는 이를 꺼려한 장열과 같지 않다는 말이다.

43 두보의 조부인 두심언(杜審言)의 문집에 「화이대부사진봉사존무하동(和李大夫嗣眞奉使存撫河東)」이란 작품이 있다.

44 『진서』에서 말하였다. "극선(郄詵)이 무제(武帝)에 대답하기를, '신이 현량과의 대책으로 뽑혔으니 천하제일입니다. 그러나 계수나무의 한 가지에 곤산의 옥 조각일 뿐입니다.'라 하였다."

45 조주(趙注)에서, "'종율(鍾律)'은 소리가 화아(和雅)한 것을 비유하였고, '곤경(鯤鯨)'은 기세가 웅장(雄壯)한 것을 비유하였다. 즉 북해 이옹이 두심언의 시에 이처럼 감탄한 것을 말한다."라 하였다.

46 청주는 곧 북해군(北海郡)이다.

47 『당서』에서, "북해군에 문양현을 설치하였다."라 하였다. 「이옹전」에서, "천보 5년에 좌교위병조참군 유적(柳勣)이 죄를 지어 감옥에 갇혔다. 이옹이 일찍이 유적에게 말을 보내주었는데, 길온(吉溫)이 사람을 시켜 이옹을 불러와 화복(禍福)에 대해 이야기를 나눈 뒤 은밀하게 재상에게 뇌물을 보냈다. 이임보(李林甫)는 평소 이옹을 꺼려하였는데, 이로 인해 이를 증거로 삼아 죄를 주었다. 형조원외랑

기순지(祁順之)와 감찰어사 나희석(羅希奭)에게 조서를 내려 북해군으로 보내 이옹을 장살시켰다. 그의 나이 일흔이었다."라 하였다.

48 '晩'은 달리 '免'으로 된 본도 있다.

49 『당서』에서, "대종 연간에 이옹에게 비서감을 추증하였다."라 하였다.

50 '揭'의 음은 '巨'와 '列'의 반절법이다.

51 『설문해자』에서, "'게(揭)'는 높이 든다는 의미이다."라 하였다. '넘실거려야 하네.(延揭厲)'라는 말은 즉 나라의 은혜가 미치긴 하였지만 아직도 그를 더 높여서 드날리게 될 것을 기대한다는 말이다.

52 「별부(別賦)」에서, "배가 물가에 머물러 있네.(舟凝滯於水濱)"라 하였다. 이옹의 자손은 이미 쇠락하였는데 두보 자신도 이미 변방의 늙은 나그네 되었으니, 그를 위해 원한을 풀어줄 수 없다.

53 이 당시 아직 토번이 평정되지 않았다.

54 하북의 여러 항복한 장수들이 안록산과 사사명의 반란을 이어 조정의 명령을 받지 않음을 이른다.

55 원주(原注)에서, "이옹은 「장환등오왕계적상육공(張桓等五王洎狄相六公)」이란 시를 지었다. 오왕은 장간지(張柬之), 환언범(桓彦範), 경휘(敬暉), 최원위(崔元暐), 원서기(袁恕己)이고 적상(狄相)은 적인걸(狄仁傑)이다."라 하였다.

56 동유(董逌)의 『광천서발(廣川書跋)』에서, "내가 「형주육공영(荊州六公詠)」의 석각을 보았다. 글자가 닳지 않았고 시는 더욱 뛰어나 호방한 기운이 격발되었으니, 마치 큰 거북의 네 다리를 잘라 동서남북 사극(四極)을 세운 것 같다. 그러므로 마땅히 두보가 언급하였다."라 하였다. 장진이 말하였다. "이 당시 조정은 어둠에 가려 어진 이와 간사한 이가 뒤섞여 있었다. 이옹이 읊었던 여섯 공은 모두 올바른 사람이다. 그러므로 '어두움을 열어 젖히려한다.(豁蒙蔽)'라 하였다."

6) 비서소감 무공 소원명

故祕書少監武功蘇公源明

武功少也孤	무공은 어려서 고아가 되어
徒步客徐兗	서주, 연주를 맨발로 떠돌았네.[1]
讀書東岳中	동악에서 책을 읽으니
十載考墳典	십 년 만에 수많은 책 보았네.
時下萊蕪郭	때때로 내무의 성곽으로 내려왔으니[2]
忍饑浮雲巘	뜬구름 산꼭대기에서 굶주렸기 때문이네.
負米晚爲身	늙어서야 쌀을 지어올 수 있었으니[3]
每食臉必泫	밥 먹을 때마다 뺨에 눈물이 흘렀네.
夜字照爇薪	밤에 글자는 섶을 태워 보았고[4]
垢衣生碧蘚	더러운 옷에는 검푸른 이끼가 생겼네.
庶以勤苦志	고생하며 부지런한 의지는
報茲劬勞願	힘들게 기르신 바람에 보답코자 함이네.
學蔚醇儒姿	학문이 깊은 순수한 선비로
文包舊史善	문장은 옛 역사를 넉넉하게 담았네.
灑落辭幽人	시원한 기상은 은자를 사양하고
歸來潛京輦	장안으로 조용히 들어왔네.[5]
射君東堂策	임금의 동당 책문을 맞히니[6]
宗匠集精選	문형(文衡)이 그를 가려 뽑았네.[7]
制可題未乾	천자가 허락하니 글이 마르기도 전에[8]
乙科已大闡	을과는 이미 널리 알려졌네.[9]
文章日自負	문장을 날로 자부하며
吏祿亦累踐	관리의 등급도 자주 올라갔네.
晨趨閶闔內	새벽에 대궐로 달려가는데

足踏宿昔趼　　옛날 군은 발바닥으로 걸었네.[10]
一麾出守還　　지방관으로 나갔다가 돌아오니[11]
黃屋朔風卷　　궁궐이 삭풍에 휩싸였네.
不暇陪八駿　　천자의 팔준마를 따를 겨를도 없이
虜庭悲所遣　　슬프게도 오랑캐 조정에서 그를 임명하였네.[12]
平生滿樽酒　　노상 술독에 빠져 지내며
斷此朋知展　　붕우들과 사귐도 끊어버렸네.[13]
憂憤病二秋　　근심과 울분에 병으로 두 해 보내니
有恨石可轉　　한스럽게도 돌은 굴러가는구나.[14] [三]
肅宗復社稷　　숙종이 사직을 수복하자
得無順逆辨　　순역의 구분이 없겠는가.
范曄顧其兒　　범엽은 아들을 돌아보았고[15]
李斯憶黃犬　　이사는 노란 개를 추억하였네.[16]
祕書茂松色　　비서소감은 짙푸른 솔의 절개이니[17]
再扈祠壇墠　　거듭 천자를 제단에 호종하였네.[18]
前後百卷文　　앞뒤로 지은 백여 권
枕藉皆禁臠　　높이 쌓여 있는데 모두 뛰어나네.[19]
制作[20]揚雄流　　문장은 양웅과 비슷하니
溟漲本末淺　　바다도 그 앞에선 얕구나.
青熒芙蓉劍　　푸른빛의 부용검이[21]
犀兕豈獨剸　　무소뿔만 어찌 자르리오.[22]
反爲後輩褻　　도리어 후배들에게 무시를 당하니
予實苦懷緬　　내가 참으로 괴롭게 여기네.
煌煌齋房芝　　빛나는 재실의 지초여
事絕萬手搴　　수많은 손 위에 올려지지 않는구나.[23]
垂之示來者　　기록하여 후대에 보일만 하니

正始徵勸勉　　정시의 문학으로 권면의 대상이 되네.[24] [三]
不要懸黃金　　황금을 찰 필요도 없는데[25]
胡爲投乳贙　　어찌하여 젖먹이는 현에게 던져졌는가.[26]
結交三十載　　삼십 년을 사귀었으니
吾與誰游衍　　나 이제 누구와 노닐 것인가.[27]
滎陽復冥寞　　형양도 다시 어두컴컴하니
罪罟已橫罥　　죄의 그물이 어지러이 얽혔네.[28] [四]
嗚呼子逝日　　오호라! 그대가 죽는 날
始泰則[29]終蹇　　태평함이 시작되고 난리가 멈췄네.[30]
長安米萬錢　　장안은 쌀값이 너무 비싸더니
凋喪盡餘喘　　굶주림에 허덕이다 굶어 죽었구려.[31] [五]
戰伐何當解　　전쟁은 언제나 그치려나
歸帆阻淸沔　　돌아가는 배는 맑은 면수에 멈춰있네.[32]
尙纏漳水疾　　아직도 장수에서 걸린 병 앓는데[33]
永負蒿里餞　　오래토록 상여 노래 저버리고 있네.[34] [六]

시평 : 이 작품은 유독 시간의 순서대로 서사(敍事)하였다. 대개 많은 말들을 하였으나 그 골자는 충효 두 글자이다. 첫 단락에서 고아로 가난하나 학문을 좋아함을 서술하였고, 다음 단락에서 그가 장성하여 벼슬에 나아간 것을 서술하였다. 세 번째 단락에서 반란군의 명령에 몸을 더럽히지 않음을 서술하였고, 다섯 번째 단락에서 문재(文才)와 아울러 곧은 절개를 서술하였다. 마지막 단락에서는 그가 늘그막에 곤궁하게 죽었는데, 두보 자신은 장안으로 돌아가 영전에 곡을 하여 애석함을 표현하지 못한 것을 서술하였다.

[三] 장약육이 이르기를, "'소고(少孤)' 두 글자는 이 작품 전체의 시안(詩眼)으로, 입신의 밑바탕이다."라 하였다.

㊁ 소원명을 읊으면서도 참으로 두보 자신에 대해 말하고 있다. 비서감이 반란군에 대항하여 절개를 지킨 것을 표현하면서 늠름하게 생동하는 것처럼 그렸다.

㊂ 장약육이 이르기를, "한탄하면서 피를 쏟아내고 있으니, 『이소』의 뜻을 담고 있다."라 하였다.

㊃ 소원명과 정건은 두보의 절친한 벗이다. 그러므로 소원명을 다루면서 같이 언급하였으니, 사마천의 합전체(合傳體)를 본받았다.

㊄ 호하객(胡夏客)이 말하기를, "무공 소원명이 어려서 고아가 되어 굶주림을 참고 노력하여 관리가 되었는데 다시 굶주려 죽으니, 이곳을 읽으매 세 번 탄식함을 금할 수 없다."라 하였다.

㊅ 이자덕이 이르기를, "두보는 소원명, 정건과 대단히 친밀하였으니, 그들을 읊은 시를 보면 눈물이 행간에 넘쳐난다. 그러나 이렇게 뛰어나고 호방하게 그려내지 않았다면, 두 사람이 어찌 천지와 더불어 길이 남겠는가?"라 하였다.

1 『당서』에서, "소원명은 경조 무공 사람이다. 처음의 이름은 소예(蘇豫)였다. 어려서 고아가 되어 서주(徐州)와 연주(兗州)를 떠돌며 지냈다."라 하였다.

2 『구당서』에서, "내무현(萊蕪縣)은 연주(兗州)에 속한다."라 하였다.

3 부모님이 살아 있을 때 봉양하지 못한 것을 이른다. 『공자가어』에서, "자로(子路)가 어버이를 위하여 쌀을 백리 밖으로 지어 날랐다."라 하였다.

4 『진중흥서(晉中興書)』에서, "범왕(范汪)이 집안이 가난하여 섶을 태우면서 책을 베꼈다."라 하였다.

5 원소(袁紹)의 「상헌제자리서(上獻帝自理書)」에서, "공족의 자제로서 서울에서 생장하였습니다."라 하였다. '잠(潛)'자에서 말을 달려온 것이 아님을 알 수 있다.

6 『진서』에서, "무제(武帝)가 여러 현량방정직언과로 뽑힌 이들을 동당(東堂)에 모아 책문(策問)을 시험하였다."라 하였다. 당나라에는 상서성에서 동당시(東堂試)가 있었다.

7 구주(仇注)에서, "종장(宗匠)은 문형(文衡, 시험 주관자)을 가리킨다."라 하였다.

8 채옹(蔡邕)의 「독단(獨斷)」에서, "뭇 신하들이 주청할 것이 있으면 상서령이 아뢰는데, 조서를 지어 '천자께서 답하기를, '허락한다.'고

한다.'라 하였다. 아무개 관리 누구에게 내리는 글도 또한 조서(詔書)라고 한다."라 하였다.

9 즉 조서가 바야흐로 내려져 이름이 이미 널리 알려졌다는 말이다. 『당서』에서, "여러 진사 시험을 볼 때 다섯 가지 조목에 대해 책문을 보고 대경(大經, 『예기』와 『좌전』) 일첩(一帖, 첨지)을 시험하여 모두 합격하면 갑제(甲第)가 되고 네 개 이상 합격하면 을제(乙第)가 된다."라 하였다. 「소원명전」에서, "소원명은 문사(文詞)에 뛰어나 이름이 났다. 천보 연간에 진사에 합격하였다."라 하였다.

10 발의 굳을 살을 '견(趼)'이라 한다. 즉 그가 가난한 데서 몸을 일으켰다는 말이다. 「소원명전」에서, "다시 집현원에서 시험을 보았다. 여러 차례 승진하여 태자유덕(太子諭德)에 올랐다."라 하였다.

11 안연지(顔延之)의 「영완함(詠阮咸)」에서, "몇 번 추천받아도 벼슬자리 못 얻다가, 대장기 들고 수령으로 나갔네.(屢薦不入官 一麾乃出守)"라 하였다.

12 반란군이 소원명을 그들의 관청에 보임한 것을 이른다.

13 반란군에게 갇혀 처량하고 쓸쓸한 상황을 말한다.

14 『시경』에서, "내 마음은 돌이 아니니, 굴러갈 수 없네.(我心匪石不可轉也)"라 하였다. 즉 그의 충정은 바꿀 수 없다는 말이다. 『당서』에서, "동평(東平) 태수로 나갔다가 조정에서 국자사업(國子司業)으로 그를 불러들였다. 안록산이 장안을 함락하자, 소원명은 병을 핑계대고 반란군의 벼슬을 받지 않았다."라 하였다.

15 『송서』에서 말하였다. "범엽(范曄)과 그의 아들 범애(范藹)가 사형에 임박하자, 범예(范藹)가 흙과 과일 껍질을 잡아 범엽에게 던졌다. 범엽이 '네가 나에게 화를 내느냐.'라 하였다. 범애가 '지금 어찌 화를 내겠습니까? 다만 부자가 함께 죽으니 슬프지 않을 수 없습니다.'라 하였다."

16 『사기』에서 말하였다. "이사(李斯)가 함양의 저자에서 허리를 잘리는 형벌을 받을 때, 그의 아들을 돌아보며 '너와 다시 노란 개를 이끌고 함께 상채(上蔡)의 동문 밖으로 나가 날쌘 토끼를 쫓으려 하였는데, 어찌 이제 그렇게 할 수 있겠느냐?'라 하였다." 『통감』에서, "지덕 2년에 반란군의 관리를 여섯 등급으로 나눠 죄를 정하였으니, 달해순(達奚珣) 등 열여덟 명을 죽였고, 진희열(陳希烈) 등 열일곱 명을 자진(自盡)케 하였다."라 하였다.

17 『세설신어』에서, "장백위(張伯威)는 추운 겨울날의 무성한 소나무와 같고, 깊은 밤에 아름다운 빛과 같다."라 하였다.

18 즉 소원명이 교사(郊祀)의 성대한 의식에 참여한 것을 이른다.

『당서』에서, "숙종이 장안과 낙양을 수복한 뒤에 소원명을 고공낭중 지제고에 발탁하였다. 뒤에 비서소감이 되었다가 죽었다."라 하였다.

19 즉 그 문장이 귀하다는 말이다. 『진서』「사혼전(謝混傳)」에서, "원제(元帝)가 처음에 건업(建業)을 진무할 때, 매번 돼지를 잡아 진수성찬을 차렸다. 목덜미 아래 고기가 더욱 맛이 좋았기에 그것을 원제에게 올리며 금련(禁臠)이라 불렀다."라 하였다. 『당서』에서, "「역원포전(易元苞傳)」을 소원명이 지었다."라 하였다. 또한 "소원명은 『전집(前集)』 삼십 권을 남겼다."라 하였다.

20 '制作'은 달리 '篆刻'으로 된 본도 있다.

21 『월절서(越絶書)』「보검편(寶劍篇)」에서, "빛을 드날리니, 마치 부용꽃이 막 핀 것 같다."라 하였다.

22 이우(李尤)의 『명검(名劍)』에서, "뭍에선 무소 뿔을 자르고 물에선 고래를 자른다."라 하였다. 주주(朱注)에서, "바다가 얕음을 보인다는 말은 그의 문장이 끝도 없이 드넓음을 찬미한 것이고, 검의 빛이 푸르게 빛난다는 말은 그의 문장이 남들보다 뛰어남을 찬미한 것이다."라 하였다.

23 '搴'의 음은 '蹇'이다. 이 구는 즉 이 지초는 수많은 사람들의 손에 받들어져야 하는데 소원명은 끝내 버림을 받고 말았다는 말이다. 『한서』에서, "무제(武帝)가 사당의 제사를 크게 흥기시켰다. 원봉 연간에 재실에 지초가 자라니 노래를 불렀다."라 하였다. 『통감』에서, "건원 2년에 천자는 왕서(王嶼)가 태을단(太乙壇)을 남교(南郊)의 동쪽에 짓자는 청을 받아들였다."라 하였다. 『구당서』에서, "상원 2년에 연영전(延英殿)의 어좌 들보에 지초가 자랐다. 한 줄기에 세 개의 꽃을 피웠는데 천자가 「옥령지(玉靈芝)」를 지었다."라 하였다.

24 『진서』「위개전(衛玠傳)」에서, "영가의 말기에 다시 정시 연간의 작품 수준을 듣게 될 줄은 몰랐다."라 하였다. 「소원명전」을 살펴보니, '숙종 연간에 재상 왕서(王嶼)가 기도를 올리자고 아뢰자 궁궐 안에 기도를 드리느라 밤낮을 보냈다. 내시가 권력을 휘둘러 제사에 필요한 물품을 과도하게 공급하였다. 이에 소원명이 자주 정치의 옳고 그름을 상소를 올려 간절하게 아뢰었다.'라 하였다. 그러므로 이 시에서 재실에서 지초를 캔 고사를 인용하여, 그의 지론이 올바르니 후대에 교훈이 되며 권면의 자료로 쓸 수 있음을 말하고 있다.

25 『진서』「주의전(周顗傳)」에서, "저 역적들을 죽여서 반드시 말통만큼 큰 금인을 팔뚝 위에 차리라."라 하였다.

26 '贙'의 음은 '畎'이다. 『이아』에서, "현(贙)은 힘이 세다."라 하였는데, 주에서 "현은 서해의 대진국(大秦國)에서 나온다. 개와 비슷한데,

젖을 먹이는 것은 힘이 세고 사납다."라 하였다. 즉 소원명은 본래 청개(淸介)한데, 마침내 권귀(權貴)들의 미움을 받았다. 당시에 소원명은 권간(權奸)들이 미워하고 시기하여 그들에게 꺾임을 당하였다. 그러므로 이런 말을 하였다.

27 『시경』에서, "너와 함께 노니네.(及爾游衍)"이라 하였다.

28 '횡(橫)'은 거성이다. 형양은 정건(鄭虔)을 가리킨다. 두보는 권 11의 「곡태주정사호소소감(哭台州鄭司戶蘇少監)」에서, "나쁜 소식이 일 년에 다 왔네.(凶問一年俱)"라 하였으니, 광덕 2년에 소원명과 정건이 죽었다.

29 '則'은 달리 '卽'으로 된 본도 있다.

30 '시태(始泰)'는 숙종이 나라를 중흥 시킨 것을 말하며, '종건(終蹇)'은 어지러운 해가 끝난 것을 이른다.

31 즉 「곡태주정사호소소감(哭台州鄭司戶蘇少監)」에서, "곡가가 비싸 굶어 죽었구나.(穀貴歿潛夫)"라 한 것과 같은 말이다. 『구당서』를 살펴보니, 광덕 2년에 쌀값이 천 문(文)으로 한 곡(斛)에 일만 전(錢)이나 되었다고 한다.

32 『산해경』의 주에서, "한수(漢水)가 강하(江夏)의 안륙현(安陸縣)에 이르러 장강의 줄기로 흘러들어가니, 즉 면수(沔水)이다."라 하였다.

33 유정(劉楨)의 시에서, "나는 고질병에 걸렸는데, 맑은 장수가로 쫓겨났네.(予嬰沈痼疾 竄身淸漳濱)"라 하였다.

34 『고금주(古今注)』에서, "호리(蒿里)는 상가(喪歌)이다. 사람이 죽으면 정신이 호리로 돌아가니, 상여를 붙잡는 사람들로 하여금 노래하며 보낸다."라 하였다.

7) 저작랑에서 태주사호로 좌천된 형양 정건
故著作郎貶台州司戶滎陽鄭公虔

鶢鶋至魯門　원거가 노의 성문에 이르러
不識鍾鼓饗　음악을 연주하는 성찬을 즐기지 않았네.[1]
孔翠望赤霄　공작과 비취새는 붉은 하늘 바라보며
愁入[2]雕籠養　조롱에 갇힐까 근심스레 걱정하네.[3]
滎陽冠衆儒　형양의 뭇 선비 중에 으뜸으로[4]
早聞名公賞　일찍이 이름난 공이 칭상하였네.[5]
地崇士大夫　지위는 사대부로 높았는데
況乃氣精爽　더구나 기운이 빼어나고 맑음에랴.
天然生知資　날 때부터 아는 자질로
學立游夏上　학문은 자유와 자하 위에 있네.
神農或闕漏　신농의 책도 간혹 빠진 게 있고
黃石愧師長　황석공도 그의 스승 되기 부끄럽네.
藥纂西極名　약은 서쪽 끝의 풀 이름 모았고[6]
兵流指諸掌　병법은 손바닥을 보는 듯하네.[7]
貫穿無遺恨　통달하여 작은 흠도 없는데
薈蕞[8]何技癢　『회최』를 어떻게 드러내볼까.[9]
圭臬星經奧　지리와 『성경』에 정통하였고
蟲篆丹青廣　서법과 그림까지 섭렵하였네.[10]
子雲窺未遍　양자운은 미처 두루 보지 못하였고
方朔諧太枉　동방삭의 해학은 매우 그릇되었네.[11]
神翰顧不一　신이한 붓은 고야왕처럼 한 가지가 아니며[12]
體變鍾兼兩　글씨체의 변화는 종요처럼 둘을 겸하였네.[13] [一] [二]
文傳天下口　문장은 천하 사람에게 전하고

大字猶在牓	큰 글씨는 아직도 방에 걸려 있네.
昔獻書畫圖	예전 서화도를 바칠 때
新詩亦俱往	새로 지은 시도 함께 갔지.
滄洲動玉陛	창주 그림이 옥계에 펼쳐지니
寡鶴誤一響	짝 잃은 학 울음소리 들리는 듯.[14]
三絶自御題	삼절이라 천자가 쓰니
四方尤所仰	사방이 더욱 우러러 보았네.[15]
嗜酒益疎放	술을 즐겨 더욱 분방하니
彈琴視天壤	거문고 뜯으며 천지를 바라보네.
形骸實土木	육신은 실로 토목 같고[16]
親近惟几杖	가까이 한 건 오직 궤장이네.[17]
未曾寄官曹	일찍이 벼슬살이 하지 않더니
突兀倚書幌	오롯이 광문관 책상에 앉았네.[18]
晩就芸香閣	만년에 운향각에 나아갔는데[19]
胡塵昏坱莽	오랑캐 먼지가 아득하게 어두웠네.
反覆歸聖朝	변심했다가 결국 성조로 돌아왔으나
點染無滌盪	더러움은 끝내 씻을 수 없구나.[20] 三
老蒙台州掾	늙어 대주의 아전이 되어
泛泛[21]浙江槳	절강에서 배를 띄웠네.[22]
履穿四明雪	헤진 신으로 사명산의 눈길 걸으며[23]
饑拾楢溪橡	굶주림에 유계의 도토리를 주웠네.[24]
空聞紫芝歌	부질없이 「자지가」 들었고[25]
不見杏壇丈	행단의 선생은 보지 못하였네.[26]
天長眺東南	커다란 하늘에 동남 모퉁이 바라보니
秋色餘魍魎	가을빛에 도깨비가 넘치네.[27]
別離慘至今	이별 뒤 지금까지 참담하니

斑白徒懷曩　　반백으로 부질없이 옛날 그리워하네.
春深秦山秀　　봄 깊어 진산은 아름답고
葉墜淸渭朗　　낙엽 지니 맑은 위수는 시원하였네.
劇談王侯門　　왕후의 문에서 떠들썩하게 이야기하고
野稅林下鞅　　들판 숲 아래에서 말을 멈추었네.
操紙終夕酣　　시를 지으며 밤새 술에 취하고
時物集遐想　　경치 읊어 경구(警句)를 지어보았네.[28]
詞場竟疎闊　　문단의 종장은 끝내 아득히 먼데
平昔濫推[29]奬　　평소 나를 지나치게 높였네.
百年見存歿　　백년 인생에 죽고 살지만
牢落吾安放　　그대 가니 내 누굴 의지하리.
蕭條阮咸在　　쓸쓸하도다, 조카가 남았지만
出處同世網　　세상의 그물에 똑같이 걸렸도다.
他日訪江樓　　훗날 강가 누대를 찾는다면
含悽述飄蕩　　슬픔 머금고 표랑(漂浪)을 읊으리라.[30]

시평 : 도입구에서 비체(比體)를 사용하였는데 정건의 성정과 품격이 모두 드러났다. 처음에 그의 문재(文才)를 서술하였고 다음으로 세상에서의 그의 행적을 서술하였으며, 마지막에 벗을 그리는 마음으로 매조지를 지었다. 아울러 그의 조카를 언급하였는데 「여양왕이진(汝陽王李璡)」의 형식과 동일하다.

二 학초망(郝楚望)이 이르기를, "강하 이옹 문장과 사호 정건의 널리 종합한 것은 반드시 두보의 준필(雋筆)이 있어야만 그 오묘한 경지를 곡진하게 표현할 수 있다."라 하였다.

三 이상은 정건의 재주와 학문이 넉넉한 것을 말하였고, 이하는 한 시절을 경동(傾動)시킨 것을 말하였다. 정건의 불우하여 뜻을 펼치지

못한 광경을 서술한 곳은 가장 사람을 감동시킨다.

㊂ 반란군에게 항복한 일은 다만 두 구로 말하였으니, 그를 대단히 변호하여 감싼 것이다.

1 원거는 바닷새이다. 『장자』에서, "옛날에 해조가 날아와 노나라 서울의 교외에 멈추었다. 노후(魯侯)는 이 새를 맞이하여 종묘 안에서 술을 마시게 하고 구소의 음악을 연주하며 소와 돼지, 양 고기를 대접하였다. 새는 그만 눈이 아찔해져서 걱정하고 슬퍼하며 사흘 만에 죽어버렸다."라 하였다.

2 '入'은 달리 '思'로 된 본도 있다.

3 장화(張華)의 「초료부(鷦鷯賦)」의 서문에서, "공작과 비취새가 가끔 붉은 하늘 끝까지 날아올라도 주살에 맞아 우모(羽毛)가 공물로 바쳐진다."라 하였다. 이상 네 구는 정건은 본래 고일(高逸)하여 작위를 받아 속박을 당하지 않음을 말한다.

4 『당서』에서, "정건은 정주(鄭州) 형양 사람이다."라 하였다.

5 원주(原注)에서, "이전 정건이 병에 걸렸었다. 지위가 높고 명망이 두터운 허국공(許國公) 소정(蘇頲)과는 본래 서로 알지 못하였는데, 일찍이 소정이 그의 재주와 명성을 사랑하여 몸소 병문안하며 망년지계를 맺었다. 이에 원근의 사람들이 아름다운 일이라고 여겼다."라 하였다.

6 원주(原注)에서, "정건은 『회최(薈蕞)』 등의 여러 책을 지은 것 이외에 『호본초(胡本草)』 7권을 지었다."라 하였다.

7 『당서』에서, "정건의 학문은 지리에 밝아 산천의 험이(險易)와 지역의 물산과 병기의 다과에 대해 자세히 알았다. 일찍이 『천보군방록(天寶軍防錄)』을 지었는데 말이 법 되고 여러 사실이 갖춰져 있으니, 여러 선비들이 그의 저서가 훌륭하다고 인정하였다."라 하였다. 주주(朱注)에서, "신농은 『본초(本草)』를 지었고 황석공은 장량에게 병법을 전해주었다. 이 구는 즉 정건이 지은 책에 신농이나 황석공의 책이 미치지 못한다는 말이다.

8 '薈'의 음은 '烏'와 '外'의 반절법이다. '蕞'의 음은 '在'와 '最'의 반절법이다.

9 『봉연문견기(封演聞見記)』에서, "천보 연간에 협률랑 정건이 들은 내용 중에 특이한 것을 모아 80여권을 지었다. 어떤 사람이 그의 초고를 훔쳐보고는 정건이 사사로이 나라의 역사를 지었다고 고발하였는데, 정건이 그 소식을 듣고 급히 태워버렸다. 뒤에 다시 모아 기록하였는데 대부분 잊어버렸는데도 40여권을 지었다. 책은 아직 이름

을 짓지 못하였는데, 국자사업 소원명이 『회최(薈稡)』라고 지었으니, 『이아』의 서문에 '여러 말을 모았다.〔薈稡〕'는 말을 취하였다."라 하였다. 살펴보건대 '稡'와 '蕞'는 음이 같으니, 모두 문자를 모은다는 의미를 지녔다. 고원지(高元之)의 『다감록(荼甘錄)』에서, "최(蕞)'는 작은 것.'이라고 하였는데 옳지 않다. 「석치부(射雉賦)」에서, "한갓(재주를 드러내고 싶어) 마음이 열이나 간질간질하다.(徒心煩而技癢)"이라 하였는데, 서원(徐爰)의 주에서 "재주를 드러내고 싶은 것을 '기양(技癢)'이라 한다."라 하였다. 살펴보건대 '양(懩)'은 '양(癢)'과 통용한다.

10 어환(魚豢)의 『위략(魏略)』에서, "한단순(邯鄲淳)은 전서(篆書)를 고색창연하고 우아하게 잘 썼다."라 하였다. 구주(仇注)에서, "규얼(圭臬)은 지리에 밝으며 성경(星經)은 천문에 정통하고 충전(蟲篆)은 서법에 뛰어나며 단청(丹靑)은 그림에 능통한 것을 말한다."라 하였다.

11 유진옹이 말하기를, "동방삭의 해학으로 비유한 것은 그가 현달하지 못한 것을 말한다. 이 구는 즉 정건의 학식이 양웅의 박람보다 낫고 정건의 의논은 동방삭의 해학과 다름을 말하고 있다."라 하였다.

12 '신한(神翰)'은 붓으로 그리는 것을 잘한다는 말이다. 『진서(陳書)』「고야왕전(顧野王傳)」에서, "벌레 같은 전서와 기이한 글자에 통하지 않음이 없다."라 하였다. 또한 그림을 잘 그렸기에 '한 가지가 아니다.(不一)'라 하였다.

13 『금호기(金壺記)』에서, "종요(鍾繇)는 삼색으로 쓰는 글씨에 공교로웠다. 특히 초서, 예서, 팔분체에 뛰어났다."라 하였다. 정건은 초서와 예서를 잘 썼다. 그러므로 '두 가지를 겸하였다.'고 하였다. 여총(呂揔)의 『속서평(續書評)』에서, "정건의 글씨는 바람이 지나가고 구름이 걷히며, 노을이 퍼지고 달이 떠오르는 것 같다."라 하였다.

14 장협(張協)의 시에서, "짝 잃은 학이 부질없이 슬피 우네.(寡鶴空悲鳴)"라 하였다. 이 구는 즉 그가 오랫동안 현달하지 못하다가 비로소 조금 재주를 펼친 것을 말한다.

15 『당서』에서 말하였다. "정건이 일찍이 시와 그림을 바치자 황제가 그 끄트머리에 서명하면서, '정건은 삼절(三絶)이다.'라 하였다."

16 「혜강전」에서, "토목으로 육신을 삼아 꾸미지 않는다."라 하였다.

17 그가 세속과 거리를 두었음을 알 수 있다.

18 『당서』에서, "현종이 광문관(廣文館)을 설치하여 정건을 박사로 삼았다. 정건은 명령을 받았으나, 광문조사가 어디에 있는지 알지 못하였다. 이에 재상에게 하소연하였다. 재상이, '천자께서 국학을 증

원, 광문관을 설치하여 어진 이를 거처하게 하였으니, 후세로 하여금 광문박사는 그대로부터 시작되었다고 할 것이니 또한 아름다운 일이 아닌가.'라 하니, 정건이 이에 벼슬에 나아갔다. 오랜 시간이 흘러 비에 건물이 무너져도 관리자가 수리를 하지 않아, 국자관이 드디어 폐지되었다."라 하였다.

19 어환(魚豢)의 『위략(魏略)』에서, "운향으로 종이에 좀이 스는 것을 피한다. 그러므로 장서대(藏書臺)를 운대라고 칭한다."라 하였다.

20 '점(點)'은 더러움이다. 태사공의 「보임안서(報任安書)」에서, "다만 비웃음만 사며 스스로 더러움이 될 뿐이다."라 하였다. 즉 적에게 항복한 더러운 자취를 씻을 수 없다는 말이다.

21 '泛泛'은 달리 '遐泛'으로 된 본도 있다.

22 『당서』에서, "정건이 저작랑으로 옮겼다. 안록산이 반란을 일으키고 백관을 겁박하여 동도로 옮겼다. 정건에게 수부낭중에 임명하였다. 거짓으로 중풍을 핑계대어 시령(市令)이 되기를 요청한 뒤, 몰래 밀서를 숙종이 있던 영무(靈武)로 보냈다. 반란군이 평정되자 죽음을 면하고, 대주사호참군사로 좌천되었다가 몇 년 뒤에 죽었다."라 하였다.

23 사령운의 「산거부(山居賦)」의 주(注)에서, "천태산과 사명산(四明山)이 이어져 있다. 사명산은 네모진 돌이 사면에 가득하니 자연스레 창을 열었다."라 하였다. 『사기』에서, "동곽선생(東郭先生)은 빈곤하였는데, 눈속에 신을 신고 가면 위쪽은 있는데 아래쪽은 없었다. 사람들이 모두 웃었다."라 하였다.

24 「천태부(天台賦)」에서, "유계를 건너 곧바로 나아가네.(濟楢溪而直進)"라 하였다. 『환우기』에서, "유계는 임해현(臨海縣)의 동쪽 35리에 있다."라 하였다. 『후한서』「이순전(李恂傳)」에서, "이 당시 흉년이 들어 신안관(新安關)의 아래로 이사하여 도토리를 주워 살았다."라 하였다.

25 깊은 산중으로 자취를 감춘 것을 이른다. 『고사전』에서, "네 노인이 진나라의 침입을 피해 상락산(商雒山)으로 들어가서, '크게 자란 붉은 영지여, 굶주림을 면할 수 있구나.(曄曄紫芝 可以療飢)'라는 노래를 지어 불렀다."라 하였다.

26 오랫동안 박사를 떠난 것을 이른다. 『장자』에서, "공자(孔子)가 치유(緇帷)의 숲 속에서 노닐고 행단(杏壇)에 앉아 쉬었다."라 하였다. 『예기』에서, "스승 앞에서 제자는 일장(一丈)거리에 앉는다."라 하였다. '행단의 선생'이란 광문관의 스승 자리를 가리킨다.

27 「천태부」에서, "비로소 도깨비의 길을 지나네.(始經魑魅之途)"라

하였다.

28 두보가 정건에게 준 「취시가(醉時歌)」에서, "맑은 봄 밤 술잔 들어 깊어 가는데.(淸夜沈沈動春酌)"라 하였으며, 또한 "서글프게 소리치는 노래 귀신이 감동하니.(但覺高歌有鬼神)"라 하였다. 이상 여섯 구는 장안에 있을 때, 두보와 정건이 함께 노닐며 연회하였던 즐거움을 말하였다.

29 '推'는 달리 '吹'로 된 본도 있다.

30 원주(原注)에서, "저작랑 정건과 지금의 비서감 정심(鄭審)은 문장으로 이름이 나란한데, 강릉으로 쫓겨났다. 그러므로 '조카(완함은 완적의 조카)의 강가 누대.'라는 말을 하였다."라 하였다. 살펴보건대 정심은 바로 정건의 조카이다.

8) 우복야 상국 장구령[1]

故右僕射相國張公九齡

相國生南紀	상국은 남쪽 지방에서 태어나[2]
金璞無留礦	잘 다듬어진 금괴로다.[3]
仙鶴下人間	선학이 인간 세상에 내려와
獨立霜毛整	하얀 날개 단정히 우뚝 섰네.[4]
矯然江海思	머리 들어 강해를 생각하다가
復與雲路永	다시 구름 길로 날아올랐네.[一]
寂寞想土階	차분하게 검소한 요순을 상상하니[5]
未遑等箕潁	소보와 허유처럼 은거할 겨를 없네.
上君白玉堂	임금의 백옥당에 올라[6]
倚君金華省	임금의 금화성에 나아갔네.[7]
碣石歲崢嶸	갈석산은 해마다 높아지고[8]
天池日蛙黽	천지에는 날마다 개구리 시끄럽네.[9]
退食吟大庭	물러나서도 태평시대 읊조리니[10]
何心記榛梗	어찌 남들의 시기를 마음에 두랴.[11]
骨驚畏曩哲	반란이 일어나니 이전 현인에 부끄럽고[12]
鬒變負人境	머리카락 세는데 공명을 세우지 못하였네.[13][二]
雖蒙換蟬冠	비록 초선관을 바꿔 써서[14]
右地恧多幸	우승상으로 물러난 것도 다행한 일이네.[15][三]
敢忘二疏歸	감히 이소처럼 돌아감을 잊었겠는가?[16]
痛迫蘇耽井	소탐의 우물이 마음 아프네.[17]
紫綬映暮年	붉은 인끈이 만년에 비췄으니
荊州謝所領	형주의 자사도 되지 못하였네.[18]
庾公興不淺	유량의 흥취는 얕지 않으며[19]

黃霸鎭每靜　　황패의 다스림은 항상 고요하였다네.[20]
賓客引調同　　빈객으로 문사를 맞이하여
諷詠在務屛　　공무에 틈틈이 시를 주고받았네.[21]
詩罷地有餘　　시를 읊조리면 여운이 깊고[22]
篇終語淸省　　노래로 부르면 시어가 맑네.[23]
一陽發陰管　　일양이 음관에서 일어나고[24]
淑氣含公鼎　　말끔한 맛이 솥에 담겨 있네.[25] [四]
乃知君子心　　이에 알겠네, 군자의 마음
用才文章境　　재주를 문장에 쓸 수밖에 없음을.[26]
散帙起翠螭　　책을 펼치면 푸른 이무기가 일어나
倚薄巫廬竝　　무산과 여부산까지 솟구치네.[27]
綺麗玄暉擁　　아름다운 시는 사현휘가 짓고
牋誄任昉騁　　전뢰는 임방이 붓을 휘두른 듯.[28]
自我[29]一家則　　스스로 일가의 법칙을 이루니[30]
未闕隻字警　　글자마다 모두 사람을 놀래키네.
千秋滄海南　　천추에 창해의 남쪽에서
名繫朱鳥影　　이름이 주조와 함께 빛나리라.[31]
歸老守故林　　늙어 고향으로 돌아왔는데
戀闕悄延頸　　대궐 그리워 근심스레 멀리 바라보았네.
波濤良史筆　　파도처럼 거침없던 어진 사필이[32]
蕪絶大庾嶺　　대유령 너머에서 매몰되었네.[33]
向時禮數隔　　예전에 서로 예의를 나누지 않아
制作難上請　　시를 지어 올리기 어려웠네.
再讀徐孺碑　　거듭 서유의 묘갈을 읽어보니[34]
猶思理烟艇　　더욱 찾아갈 배를 수리하고 싶네.

시평 : 마지막 작품은 또한 도입부에서 작품 전체의 의미를 총섭(總攝)하

고 있으며, 다음으로 장구령의 관직에서의 이력과 문장을 언급하였는데 또한 시간의 흐름에 따라 순차적으로 기술하고 있다. 마지막에 두보 자신의 생각을 읊으면서 마무리 짓고 있다. ○ 포이전이 말하였다. "이 작품은 「팔애」의 마지막 편으로, 모름지기 두보 일생의 마음을 그 안에서 같이 살펴보아야 한다. 식견이 더욱 높고 의미가 더욱 은미하니, 예부터 그것을 넘겨본 이가 적다. 개원 연간은 당이 흥성하였다가 쇠퇴하였던 시기이다. 장구령 이전에 요숭(姚崇)과 송경(宋璟), 장열(張說)과 한휴(韓休) 등은 모두 어진 재상이었으며, 장구령은 곧은 절개를 숭상하고 풍채(豊采)를 더욱 드러내었다. 이윽고 그가 죄를 받고 권력이 이임보에게 돌아가게 되자 조정은 오로지 그의 말에 눈치만 보았으며 자신에게 화가 미칠까 아무런 말도 하지 않았으니, 재상의 업무와 다스리는 일이 절로 땅에 떨어졌다. 장구령은 실로 몸으로 이러한 때를 지탱하였다. 두보는 앞의 일곱 공처럼 평소의 우아함으로 장구령을 읊지 않고, 다만 재상으로 작품을 끝맺으면서 어진 이를 그리는 마음을 의탁하고 있으니, 이것이 세상을 보는 탁월한 식견이다. 현종은 두보를 알아 발탁한 임금이다. 몸은 비록 그의 조정에서 벼슬을 하지 못하였지만 한두 번 부(賦)를 지어 바쳐 과거시험에 참여하기도 하였으니, 임금이 마음으로 알아 그를 등용하려 하였다. 그러나 이임보가 조정에 거처하며 재주 있는 이를 시기하니, 끝내 쫓겨나게 되어 병을 얻게 되었다. 요컨내 자신을 직(稷)과 설(契)에 비유하며 다시 세속으로 하여금 순박하게 만들려고 하였으니, 이 작품에서 '차분하게 검소한 요순을 상상하니, 소보와 허유처럼 은거할 겨를 없네.(寂寞想土階 未遑等箕潁)'라 한 것은 자신의 의지를 드러낸 것이다. 그런 뒤에 촉과 기주(夔州)에서 떠돌며 시편을 가다듬었으니, '이에 알겠네 군자의 마음, 재주를 문장에 쓸 수밖에 없음을.(乃知君子心用才文章境)'이라 한 것은 자신을 말한 것이다. 그러므로 재상 장구령과 두보 자신은 비록 명성과 지위가 천양지차지만, 세상에 내쳐지거나 작품을 남기는 등 그 행적은 같다. 이에 장구령을 빌려 자신의 전신(前身)으로 삼은 것이니, 서문에서 다만 그의 어짊을 말하였지만 시 안에서는 그의 빛나는 행적은 생략하고 오직 참소를 걱정하는 것으로 한 편의 종지(宗旨)를 삼았다. 이것이 또한 자신의 감회를 의탁하는 은미한 뜻이다. 태사공이 『사기』를 지은 것과 두보가 이 시를 지은 것은 모두 작품을 빌려 자신의 생각을 펼쳐낸 것이다. 『사기』에서 '일가의 말을 이뤘다.'라 한 것이나, 이 작품에서 '절로 내가 일가의 법이다.'라 한 것은, 그 의미가 이에 있다. 논하는 자들은 한갓 「장구령전」을 보고 '장구령이 안록산의 반상(反相)을 알아본 것으로 일생의 큰 절개라고 여기면서, 이 작품은 괘일루만(掛一漏萬)이라 비난한다. 그러나 『사기』 「관안열전」에서 빠트린 것이 많은 것을 알지는 못하고 있다. 다만 경솔하게 고인을 비평하지만 개미가 큰 나무를 흔드는 것을 면하지 못한다."

㊀ 포이전이 이르기를, "'학이 서서 깃이 단정하다.(鶴立毛整)'는 말은 벼슬을 지내면서 지조를 지킨 것을 아울러 일으켰고, '강해의 길이 멀다.(江海路永)'는 말은 벼슬에서 물러나 시를 지으며 지낸 것을 아울러 일으켰다. 네 구는 작품 전체의 의미를 요약하고 있다."라 하였다.

㊁ 유서월(兪犀月)이 말하기를, "장구령이 파직된 뒤에 천보의 난(안록산의 난)이 일어났으니, 『팔애(八哀)』의 작품은 장구령을 그리워하는 것에서 기인하였다. 죽은 사람의 차례를 지키지 않고 써 내려간 가운데 절로 의미가 존재한다."라 하였다.

㊂ 장약육이 이르기를, "이상 여섯 구는 그를 대신하여 크게 탄식을 토해내고 있는데, 묘사함이 대단히 깊다."라 하였다.

㊃ 이 부분은 장구령의 시를 칭송한 것으로, 시어를 쓴 것이 구차하지 않다.

1 장구령 앞에 '曲江' 두 글자가 들어간 판본도 있다.

2 주주(朱注)에서 말하였다. "『당서』에서, '상락(上洛)에서 남으로 강한(江漢)을 넘어 무당(武當)과 형산(荊山)을 지나 형양(衡陽)에 이르고, 다시 남쪽으로 산줄기를 따라 동구(東甌)에 도달하고, 다시 민중(閩中)에 이른다. 이것을 남기(南紀)라고 부른다.'라 하였다." 살펴보건대, 장구령은 소주(韶州) 곡강(曲江) 사람이다. 곡강은 영남(嶺南)에 있으니 그러므로 '남쪽 지방에서 태어났다.(生南紀)'라 하였다.

3 '礦'의 음은 '古'와 '猛'의 반절법으로, '鑛'과 통용한다. 구주(仇注)에서, "곽박(郭璞)의 부에서, '그 아래는 금광의 단약이다.'라 하였으며, 『설문해자』에서, "광(礦)'은 동과 쇠로 된 박석(璞石)이다.'라 하였으며, 『당기(唐紀)』에서, '태종이 위징에게 이르기를, '금이 광(鑛)에 있는 것이 어찌 귀하랴. 단련하여 기물로 만들어야 사람이 이에 보물로 여긴다.'라 하였으니, 즉 재주가 마땅히 세상에 쓰일 만하다는 말이다."라 하였다.

4 『구령가전(九齡家傳)』에서, “장구령의 어머니가 아홉 마리 학이 하늘에서 내려와 뜰에 모여드는 꿈을 꾸고 마침내 장구령을 낳았다.”라 하였다.

5 곧 임금을 요와 순처럼 만들겠다는 의미이다.

6 「서도부」의 주에서 말하였다. “『황도(黃圖)』에서, ‘미앙궁(未央宮)에 옥당전(玉堂殿)이 있다. 옥당전의 안에 열두 개의 문이 있는데, 그 계단은 모두 옥으로 만들었다.’라 하였다.”

7 『후한서』「반고전」에서, “반고〔班伯〕가 중상시(中常侍)에 임명되었다. 당시에 황제가 바야흐로 학문에 열중하였는데, 정관중(鄭寬中)과 장우(張禹)가 아침저녁으로 금화전(金華殿)에서 『상서』와 『논어』를 강의하였다. 황제가 반고에서 조서를 내려 수업을 받게 하였다.”라 하였다. 『한궁궐기(漢宮闕記)』에서, “금화전은 미앙궁의 백호전(白虎殿) 오른쪽에 있다. 비서성의 도서는 모두 이곳에 보관하였다.”라 하였다. 『당서』에서, “장구령이 진사 시험에 합격하여 교서랑에 임명되었다. 중서사인과 비서소감, 집현원학사와 중서시랑을 역임하다가 중서령으로 옮겼다.”라 하였다.

8 갈석산은 범양(范陽)에 있다. ‘쟁영(崢嶸)’은 높고 거대한 모양이다. 즉 그 형세가 점점 커진다는 말이다. 『통감』에서, “안록산이 해거란(奚契丹)을 토벌하다가 패배하니 장수규(張守珪)가 안록산을 참하라고 요청하면서 그를 잡아 장안으로 보냈다. 천자는 그의 재주를 아까워하여 그를 면직시키는 선에서 처벌을 마쳤다. 장구령이 ‘군율을 어기고 군대를 잃었으니 죽이지 않을 수 없습니다. 또한 그의 얼굴은 반골의 상을 지니고 있으니 죽이지 않으면 반드시 후환이 될 것입니다.’라 하니, 천자가 ‘경은 왕이보(王夷甫)가 석륵(石勒)을 알아본 것으로 안록산을 알아본다고 여겨 어진 신하를 헤치지 말라.’라 하고 마침내 그를 용서하였다. 안록산이 더욱 방자한 것은 이때부터이다.”라 하였다.

9 동방삭의 「칠간(七諫)」에서, “개구리와 맹꽁이가 아름다운 연못에서 노닌다.”라 하였는데, 주에서 “참소하고 아첨하며 입을 놀려 자신의 뜻을 이룬 것을 비유하였다.”라 하였다. 『당서』에서 말하였다. “이임보는 학문이 없었는데, 장구령의 학문이 뛰어나 천자에게 지우를 받은 것을 보고 그를 미워하였다. 후에 우선객(牛仙客)의 일로 천자의 마음이 불쾌해지자, 이임보가 ‘장구령은 책상물림으로 대체(大體)를 잃었습니다.’라 하였다.”

10 대정(大庭)은 옛날 태평성대를 이루는 시대이다. 두보의 「동원사군용능항(同元使君春陵行)」에서, “순박함은 대정 시대 같구나.(淳樸憶大庭)”라 하였다.

11 곽박의 「유선(遊仙)」에서, "날개를 그쳐 가시덤풀에 깃드네.(戢翼棲榛梗)"라 하였다. 왕수(王洙)의 주에서, "비록 벼슬에서 물러나더라도 지극한 다스림을 잊지 못하며, 남의 시기를 마음에 담지 않음을 이른다."라 하였다. 『본사시(本事詩)』에서, "장구령과 이임보는 같은 반열에 있었는데, 이임보가 장구령을 원수처럼 미워하였다. 장구령이 「해연(海燕)」이란 시를 지어 자신의 생각을 드러내었는데, '다른 사람과 다투려는 마음 없으니, 송골매여 나를 시기하지 마시게.(無心與物競 鷹隼莫相猜)'라 하였으나, 끝내 그에게 배척을 받았다."라 하였다.

12 「별부(別賦)」에서, "마음이 부러지고 뼈가 놀랐다.(心折骨驚)"라 하였다.

13 사조의 시에서, "누가 능히 머리가 세지 않으랴.(誰能鬢不變)"라 하였다. 조언재가 말하기를, "'외낭철(畏曩哲)'은 이전 현인에게 미치지 못할까 두렵다는 말이다. '부인경(負人境)'은 공명을 세우지 못한 것이 마음 아프다는 말이다."라 하였다.

14 중서령에서 파직된 것을 이른다. 『구당서』에서, "시중과 중서령은 초선관(貂蟬冠)을 썼다."라 하였다.

15 『당서』에서, "장구령이 이미 천자의 뜻을 거스르게 되어 속으로 두려움을 지녔는데, 마침내 이임보에게 몰려 위태롭게 되었다. 이윽고 천자가 백우선(百羽扇)을 내리자 이에 시를 지어 자신을 백우선에 비유하였다. 천자가 비록 좋은 작품이라는 답을 내렸으나 마침내 상서우승상으로 정치에서 물러났다."라 하였다. 주주(朱注)에서, "이임보가 시기하였으니 오히려 우승상으로 조정에서 물러나는 참담한 일도 다행이라는 말이다."라 하였다.

16 한나라 소광(疏廣)과 그의 조카인 소수(疏受)를 이른다.

17 「신선전(神仙傳)」에서, "소탐(蘇耽)은 추현(郴縣) 사람이다. 어머니를 효성스럽게 봉양하다가, 어느 날 갑자기 어머니를 떠나면서 '본성이 신선에 가까우니 마땅히 어머니를 봉양하지 못하고 이만 떠나겠습니다. 내년 천하에 질병이 돌면 뜰의 우물과 처마 옆의 귤나무 잎을 팔면 생계를 유지할 수 있습니다.'라 하였다. 과연 그 때가 되자 병든 사람이 귤잎을 먹고 우물물을 마시고 병을 나았다."라 하였다. 『당서』에서, "장구령이 공부시랑으로 옮기게 되자 벼슬에서 은퇴하기를 요청하였는데 허락을 받지 못하였다. 어머니가 타계하자 벼슬에서 물러났는데 슬픔을 견디지 못하고 몸이 상하였다. 자지(紫芝)가 앉은 자리 곁에서 나고 흰 비둘기와 흰 참새가 뜰의 나무에 둥지를 틀었다."라 하였다. 두 구는 즉 장구령이 오랫동안 벼슬에서 물러나려고 생각하였는데, 그것을 허락하지 않은 것에 대해 안타까워하고 있다.

18 『당서』에서, "장구령이 일찍이 주자량(周子諒)을 천거하여 어사로 삼았다. 주자량이 우선객을 탄핵하며 참위서(讖緯書)를 증거로 삼자 천자가 화를 내어 조당(祖堂)에서 곤장을 치고 양주(瀼州)로 보냈는데 도중에 죽었다. 장구령은 이로 인해 자리에 걸맞지 않은 사람을 천거하였다는 죄로 연좌되어 형주장사로 좌천되었다."라 하였다. 주주(朱注)에서, "살펴보건대 당나라 제도에 대도독부 장사는 종3품으로 붉은 인끈을 찬다."라 하였다.

19 『진서』에서 말하였다. "유량(庾亮)이 무창(武昌)을 다스렸는데, 모든 아전들이 달빛 아래 남루에 올랐다. 이윽고 유량이 도착하자 모든 사람들이 자리에서 일어났다. 유량이 천천히 말하기를, '제군은 그대로 있어라. 늙은이는 이곳에 오니 흥취가 깊구나.'라 하였다."

20 한서』에서, "황패(黃霸)가 영천태수로 제수되자 모두들 신명(神明)하다고 칭송하였다. 뒤에 조정에 불려 들어가 승상이 되었다."라 하였다. 이 구절은 유량과 황패로 장구령을 비유하였다.

21 『당서』에서, "장구령이 비록 직도(直道)로써 쫓겨났지만 근심으로 마음을 얽매지 않았다. 오직 문사(文史)로 즐기며 지내니, 조정의 관리들이 그를 뛰어난 인물이라 인정하였다."라 하였다. 『구당서』에서, "맹호연이 양양(襄陽)으로 돌아왔는데, 당시에 장구령이 형주를 다스리고 있었다. 맹호연을 불러 종사(從事)로 삼아 그와 수창하였다."라 하였다.

22 그 감염력이 깊고 두터운 것을 이른다.

23 『문심조룡』에서, "사룡 육운은 생각이 졸렬하지만 본래 청성(淸省)을 좋아하였다."라 하였다.

24 유신의 「옥률표(玉律表)」에서, "계절은 음관(陰管)에서 옮겨가고 기운은 양종(陽鍾)에서 움직인다."라 하였다.

25 조주(趙注)에서, "'일양이 관에서 발한다.'는 말은 그의 시가 들을 만하여 황종(黃鐘)의 음률 같다는 것이며, '말끔한 맛이 솥에 담겨 있다.'는 말은 그의 시가 음미할 만하여 태갱(太羹, 맑은 국)에 여러 맛을 조화롭게 섞은 것과 같다는 것이다."라 하였다.

26 구주(仇注)에서, "그가 세상을 구제할 재주를 지니고도 어쩔 수 없이 문장에 의탁한 것을 안타까워한다는 말이다."라 하였다.

27 「강부(江賦)」에서, "무려는 높다랗게 연달아 솟아있네.(巫廬嵬崛而比嶠)"라 하였다. 즉 무산과 여부산(廬阜山)을 이른다. 두 구는 장구령의 문질을 펼쳐놓으면 신물(神物)이 갑자기 일어나는데, 그 높이가 무산과 여부산에 닿을 정도라는 말이다.

28 그의 시와 문이 모두 뛰어난 것을 말한다. 『남사(南史)』에서, "사

현휘는 시를 잘 지었고, 언승(彦昇) 임방은 붓글씨를 잘 썼다."라 하였다.

29 '我'는 달리 '成'으로 된 본도 있다.

30 『사기』「자서(自序)」에서, "습유와 보궐로 일가의 말을 이뤘다."라 하였다.

31 재주와 명성이 남방에 드러나니 마땅히 열수(列宿)와 더불어 빛날 것이라는 말이다. 『천관서(天官書)』에서, "남궁(南宮)은 주조(朱鳥)이다."라 하였다. 『사기』「색은(索隱)」에서, "남궁은 적제(赤帝)로, 그 정수(精髓)가 주조(朱鳥)가 된다."라 하였다.

32 『구당서』에서, "장구령이 일찍이 국사를 감수하였다."라 하였다. 『당회요』에서, "『육전(六典)』을 장구령이 진상하였다."라 하였다.

33 「한부(恨賦)」에서, "끝내 이역에서 매몰되었네.(終蕪絶於異域)"라 하였다. 대유령은 소주(韶州)에 속한다. 즉 그 사람이 죽어 사필(史筆)이 마침내 끊어졌다는 말이다. 『당서』에서, "오래지나 시흥현(始興縣)의 수령으로 봉해졌는데, 고향으로 돌아가 성묘해달라고 요청하였다. 마침내 죽으니 나이가 68세였다. 시호는 문헌(文獻)이다."라 하였다.

34 『후한서』에서, "서치(徐穉)의 자는 유자(孺子)로, 예주(豫州) 남창(南昌) 사람이다. 남주(南州) 고사(高士)로 칭해졌다."라 하였다. 장구령의 「서징군갈(徐徵君碣)」에서, "당 개원 15년 외람되이 이 고을을 다스렸는데 이 지역의 풍류를 우러러보게 되었다. (진번(陳蕃)이 예장 태수(豫章太守)로 있을 적에 다른 빈객은 맞지 않고 오직 서치만을 위해서 특별히 전용 걸상 하나를 준비해 두고는) 서치가 와서 환담을 하고 떠나면 다시 위에 올려놓았는데, 이에 그 사람됨을 상상해본다. 그러므로 이렇게 묘갈을 짓는 것이 어찌 이 지역을 저버린 것이랴."라 하였다.

22. 천하를 유람하다[一]

壯遊

往昔[1]十四五	옛날 열너댓 살에
出遊翰墨場	한묵의 마당에서 노닐었네.
斯文崔魏徒	사문의 최상과 위계심은[2]
以我似[3]班揚	나를 반고와 양웅에 비견하였네.
七齡思卽壯	열일곱에 멀리 유람하렸으니
開口詠鳳皇	입을 열면 봉황을 노래하였네.
九齡書大字	열아홉에 장편을 지으니
有作成一囊	작품이 주머니를 채웠네.
性豪業嗜酒	본성 호방하여 술을 즐겼고
嫉惡懷剛腸	악을 미워하여 굳센 기상 품었네.[二]
脫略小時輩	시배를 물리치고
結交皆老蒼	노옹들과 친교하였네.
飮酣視八極	술에 취해 우주를 굽어보고
俗物多茫茫	속물을 아득히 멀리하였네.[4]
東下姑蘇臺	동으로 고소대로 내려와[5]
已具浮海航	이윽고 바다로 떠날 배를 장만하였네.
到今有遺恨	지금도 여한이 있으니
不得窮扶桑	부상을 끝까지 보지 못한 것이네.
王謝風流遠	왕융과 사안의 풍류는 멀고[6]
闔閭丘墓荒	합려의 묘소는 황폐하구나.[7]
劍池石壁仄	검지의 석벽은 기울고[8]
長洲芰荷香	장주원의 꽃들은 향기롭네.[9]

嵯峨閶門北	우뚝한 창문의 북쪽이여[10]
淸廟映廻塘	맑은 사당은 연못에 비추네.[11]
每趨吳太伯	매번 오태백에게 나아갈 때면
撫事淚浪浪	그 때 생각에 눈물이 줄줄 흐르네.
蒸魚聞匕首	물고기 배에 비수를 감추었고[12]
除道哂要[13]章	태수 인끈에 길을 쓸었구나.[14]
枕戈憶勾踐	창을 베니 구천이 생각나고
渡浙想秦皇	절강을 건너며 진시황을 상상하네.[15]
越女天下白	월녀는 천하에서 제일 옥 같고[16]
鏡[17]湖五月涼	경호는 오월에도 시원하네.[18]
剡溪蘊秀異	섬계는 골이 깊어 아름다우니[19]
欲罷不能忘	잊으려 해도 잊혀지지 않네.[三][四]
歸帆拂天姥	돌아가는 배는 천모산을 스치니[20]
中歲貢舊鄕	중년에 낙양의 향시에 합격하였네.[21]
氣劘[22]屈賈壘	기세는 굴원과 가의의 성채를 스치고[23]
目短曹劉牆	안목은 조식과 유정(劉楨)의 담장을 낮게 여기네.
忤下考功第	고공의 과거에 떨어지니
獨辭京尹堂	다만 경조윤의 관내를 떠났네.[24]
放蕩齊趙間	제와 조 사이를 떠도니
裘馬頗淸狂	갖옷에 말 타고 자못 얽매임 없었네.
春歌叢臺上	봄에는 총대 위에서 노래하고[25]
冬獵靑丘旁	겨울에는 청구 근처에서 사냥하였네.[26]
呼鷹皁櫪林	조력림에서 매를 부르고
逐獸雲雪岡	운설강에서 짐승을 좇았네.[27]
射飛曾縱鞚	날짐승 맞추느라 말을 내달렸고
引臂落鶖鶬	활을 당겨 무수리를 떨어트렸네.[28]

蘇侯據鞍喜　소후는 안장에 앉아 즐거워하니[29]
忽如攜葛彊　문득 갈강을 데리고 다닌 듯하였네.[30] [五]
快意八九年　팔구년을 경쾌하게 지내다가
西歸到咸陽　서쪽으로 함양(장안)에 도달하였네.
許與必詞伯　사귀는 이는 문단의 종장이었으며[31]
賞遊實賢王　더불어 노니는 이는 어진 왕이었네.[32]
曳裾置醴地　궁궐 술자리에 옷깃 이끌려
奏賦入明光　광명전에서 부를 바쳤네.[33]
天子廢食召　천자가 식사도 않고 조서를 내리니[34]
羣公會軒裳　화려한 여러 공들이 모여들었네.[35]
脫身無所愛　자리에 연연하지 않고 나와[36]
痛飮信行藏　실컷 마시고 운명에 맡겼네.
黑貂寧免敝　담비 갖옷이 어찌 해지지 않으랴
斑鬢兀稱觴　반백의 대머리로 헌수를 받네.[37]
杜曲換耆舊　두곡에서 만년을 지내니
四郊多白楊　사방은 온통 백양나무로다.[38]
坐深鄕黨敬　향당이 나를 공경하니
日覺死生忙　날로 생사의 갈림길이 다가오네.
朱門務傾奪　권귀들은 수탈을 일삼고
赤族迭罹殃　충신 해쳐 교대로 재앙에 걸렸네.[39]
國馬竭粟豆　나라의 말들이 조와 콩을 말려버리고[40]
官雞輸稻粱　관가의 투계는 벼와 기장을 남기지 않네.[41]
擧隅見煩費　이를 보면 낭비를 알 수 있으니[42]
引古惜興亡　옛날의 흥망성쇠에 안타까움이 이네.[43] [六]
河朔風塵起　하삭에 병마의 풍진이 일어나니[44]
岷山行幸長　민산으로 멀리 몽진 떠났네.[45]

兩宮各警蹕	두 임금 각자 길을 떠나
萬里遙相望	만리에서 멀리 서로 바라보네.[46]
崆峒殺氣黑	공동산의 살기는 드세고[47]
少海旌旗黃	숙종의 깃발이 노랗네.[48]
禹功亦命子	우임금이 또한 아들에게 명하니[49]
涿鹿親戎行	탁록에 몸소 싸우러 나갔네.[50]
翠華擁吳岳	천자 깃발이 오악을 감싸고[51]
螭虎噉豺狼	용과 호랑이는 이리를 물어뜯네.[52]
爪牙一不中	공격이 한번 성공하지 못하니[53]
胡兵更陸梁	오랑캐가 더욱 날뛰었네.[54]
大軍載草草	대군이 허둥지둥하니
凋瘵滿膏肓	깊은 병이 고황에 깊숙하였네.[55] [七]
備員竊補袞	자리 받아 외람되이 천자를 보좌하나[56]
憂憤心飛揚	근심스런 마음은 끝이 없구나.
上感九廟焚	위로는 구묘가 태워지고
上憫萬民瘡	아래로는 백성이 시름하네.
斯時伏青蒲	이 때에 소장을 올리고[57]
廷諍守御牀	천자 앞에서 다투었네.
君辱敢愛死	임금 욕보이니 감히 죽음 아끼랴
赫怒幸無傷	화를 냈으나 다행히 다치지 않았네.[58] [八]
聖哲體仁恕	성철한 천자가 인서를 베푸셔서
宇縣復小康	천하가 다시 조금 편해졌네.[59]
哭廟灰燼中	잿더미가 된 종묘에서 곡하고
鼻酸朝未央	미앙궁에서 조회하니 콧등이 시큰하네.
小臣議論絶	소신의 의견은 다시 올려지지 못하고
老病客殊方	늙고 병들어 이역에서 떠도네.

鬱鬱苦不展　　울분은 괴로워 풀어내지 못하니
羽翮困低昂　　잠깐 날았다가 곧 내려앉았네.[60]
秋風動哀壑　　가을바람은 슬프게 골짝을 울리고
碧蕙捐微芳　　푸른 혜초는 작은 꽃망울 떨구네.[61]
之推避賞從　　개지추는 주군의 상을 피하였고[62]
漁父濯滄浪　　어부는 창랑에서 떠났네.[63] [九]
榮華敵勳業　　영화는 공적을 세워 누리지만
歲暮有嚴霜　　세모에 서리는 매섭기만 하네.
吾觀鴟夷子　　내 보니 치이자피는[64]
才格出尋常　　재주와 인품이 매우 뛰어나네.[65]
羣凶逆未定　　반란의 무리 평정하지 못하였으니
側佇英俊翔　　뛰어난 이가 나타나길 기다리네.[十]

시평 : 유후촌(劉後村)이 이르기를, "이 작품은 56운을 압운(押韻)하였는데, 오언 고풍 가운데 가장 비장한 말이 많다. 비록 형경(荊卿)의 노래와 옹문(雍門)의 거문고와 고점리(高漸離)의 축의 음소와 질주도 이 작품의 질탕과 호방함만 못하다. 작품 안에 '양(揚)'자와 '낭(浪)'자 운을 겹쳐 사용하였는데 의미가 각각 다르다."라 하였다. ○ 장약육이 이르기를, "마지막 부분의 언설이 대단히 처량하여 쇠삽(衰颯)함을 면치 못하는데, 바로 이것이 열사가 만년에도 장대한 마음이 그치지 않는 것으로, 술이 불그스레 오를 때쯤이면 조조의 '장심은 그치지 않네.(壯心不已)'를 읊조리면서 흥에 겨워 타구를 깨트리는 모습을 상상할 수 있다. 제목이 오묘하니, 다만 전반부에만 해당한다. 어떤 이가 '전반부는 의미가 과장된 것을 면치 못하니, 이것은 문인의 큰소리에 불과하다.'고 한다. 그러나 요컨대 그 반대쪽 면목을 살펴서 피눈물이 열 말은 흐르는 것을 보아야 한다."라 하였다.

㊀ 포이전이 이르기를, "이 작품은 「팔애」를 이을 수 있으니, 두보 자신의 열전이 될 수 있다."라 하였다.

㊁ 이 단락은 한 폭의 유협소년도(遊俠少年圖)라 할 수 있다. '장(壯)'자와 '일(一)'자의 서술은 커다란 술잔을 띄우고 싶게 만든다.

㊂ 한 기운으로 읽어 내려가면 대단히 아득하다〔蒼茫〕. 이 단락은 젊었을 때의 유람을 서술하였다.

㊃ 강산과 인물을 번갈아가며 섞어 펼쳐내고 있으니, 자연스럽게 일탕(逸宕)하며 다채롭다. 이 단락은 오월(吳越)의 유람을 서술하고 있다.

㊄ 이 단락은 제와 조에서의 유람을 서술하였다. 이상은 모두 개원 연간에 있었던 일이다.

㊅ 이 단락은 장안에서 유람한 것을 서술하였으니, 천보 연간의 일이다.

㊆ 구창주가 이르기를, "두보 시집 안에 천보의 난리를 서술한 것이 모두 열두어 번인데 시어가 중복된 것이 없으니, 그의 재력(才力)이 변화에 넉넉한 것을 알 수 있다."라 하였다.

㊇ 이 단락은 난리가 난 뒤 두보가 봉상으로 달아나고, 장안이 수복된 뒤에 숙종을 따라 입조한 것을 서술하고 있으니, 숙종 초년의 일이다.

㊈ 마지막 단락에서는 관직을 떠난 뒤 오랫동안 떠돈 자취와 숙종, 대종의 일을 겸하여 서술하고 있다.

㊉ 결말 부분에서는 장대한 마음이 소진(消盡)하였는데, 이것이 바로 장대한 마음이 아직 다 사라지지 않는 반증이다.

1 '昔'은 달리 '者'로 된 본도 있다.

2 원주(原注)에서, "정주(鄭州)의 최상(崔尙)과 예주(豫州)의 위계심(魏啓心)이다."라 하였다. 『당과명기(唐科名記)』에서, "최상은 구시 2년 진사과에 합격하였다."라 하였다. 『당회요』에서, "신룡 3년에 관악과(管樂科)에 응시하였는데, 위계심이 급제하였다."라 하였다.

3 '似'는 달리 '比'로 된 본도 있다.

4 『세설신어』에서 말하였다. "혜강과 완적, 그리고 산도는 죽림에서 술을 마시며 흥겨워하였다. 왕융(王戎)이 그들을 찾아오면, 완적은 '속물(俗物)이 다시 왔구나.'라 하였다." 곧 속물은 부패한 사람이란 의미이다.

5 「월절서」에서, "창합(閶闔)에 고소대를 세웠는데, 삼백 리 밖에서도 보였다."라 하였다.

6 왕융(王戎)과 사안(謝安)은 동진 시기 강남으로 건너간 명문귀족이다.

7 「월절서」에서, “합려의 무덤은 오현(吳縣) 창문(閶門) 밖에 있는데, 명검인 반영(磐郢)과 어장(魚腸)으로 장사 지냈다. 장사 지낸 지 삼일이 지나 백호(白虎)가 그 위에 웅크리고 앉았기에, 호구(虎邱)라고 부른다.”라 하였다.

8 『일통지』에서, “호구산 위에 검지가 있다.”라 하였다.

9 『오군도경(吳郡圖經)』에서, “장주원(長洲苑)은 현의 서남쪽 70리에 있다.”라 하였다. 맹강(孟康)이 말하기를, “강의 삼각주로 정원을 꾸민 것이다.”라 하였다.

10 『오월춘추』에서, “합려가 서쪽으로 초를 정벌하려 하였다. 초는 서북쪽에 있었기에 창문(閶門)을 세워 하늘의 기운을 통하게 하고 다시 파초문(破楚門)이라 불렀다.”라 하였다.

11 『오군지(吳郡志)』에서, “태백묘(太伯廟)는 동한 시기 태수인 미표(糜豹)가 창문 밖에 설립하였다.”라 하였다.

12 「자객전」에서, “공자 오광(吳光)이 술을 마련하여 왕인 오료(吳僚)를 초대하였다. 전저(專諸)로 하여금 비수를 물고기 배속에 숨겨두고, 물고기를 바치면서 왕인 료를 찌르게 하였다. 료가 죽자 오광이 즉위하였으니, 이가 바로 합려이다.”라 하였다.

13 『설문해자』에서, “요장(腰章)의 요(腰)는 본래 요(要)로 지어야 한다.”라 하였다.

14 두 구는 옛날에는 바로 밑의 ‘渡浙想秦皇’의 아래에 있었는데, 그렇게 되면 오월(吳越)에 있었던 사실과 서로 연관이 없게 된다. 지금 구본(仇本)을 따라 위치를 바꾼다. 「주매신전(朱買臣傳)」에서, “주매신이 일찍이 회계 태수의 관저를 지키는 자를 따라 거처를 의지하면서 밥을 얻어먹었다. 회계태수에 임명되자 주매신은 이전 입던 옷을 입고 인수(印綬)를 속에 감추고 걸어서 고을의 관저로 돌아갔다. 곧바로 계시(計時)하는 곳으로 올라가니 아전들이 바야흐로 모여 술을 마시면서 쳐다보지 않았다. 주매신이 조금 인끈을 보여주자 관저를 지키는 자는 괴이하게 여겨 앞으로 나와 그의 인끈을 끌어 당겼다. 이에 인장을 보니 바로 회계태수의 인장이라, 좌중이 경악하였다. 수승(守丞)에게 아뢰고 서로 밀치면서 중앙 뜰에 진열한 뒤 절을 올렸다.”라 하였다. 또한 “회계태수가 이르렀다는 소식을 듣고 백성을 동원하여 길을 청소하였다.”라 하였다. 두보가 요장(要章)을 인용한 것은 아마도 이것을 가리킬 것이다. 옛날에는 아내의 일을 인용하였는데, 내용과 부합하지 않는다. 또 살펴보니 한나라 무제 때에 회계군은

오(吳)에 속하였고, 동한에 비로소 옮겨와 산음(山陰)을 다스렸다. 윗구는 은혜와 원수에 대해 느낌이 인 것이고 아랫구는 세리(勢利)에 탄식이 인 것이다.

15 「진본기(秦本紀)」에서, "진시황이 장강에 배를 띄워 단양(丹陽)을 지나서 전당(錢塘)에 이르렀다. 절강(浙江)에 임하니 파도가 거셌다. 서쪽 삼협에서 백이십 리를 지나왔다."라 하였다.

16 이백의 「월녀(越女)」에서, "옥같은 얼굴의 약야계 처녀.(玉面耶溪女)"라 하였다.

17 '鏡'은 달리 '鑑'으로 된 본도 있다.

18 「회계기(會稽記)」에서, "경호는 회계 산음의 경내에 있다."라 하였다. 『술이기』에서, "세상에 전하는 말로는 헌원씨가 이곳에서 거울을 주조하였기에 그렇게 이름 지었다고 한다. 거울을 갈던 바위는 아직도 남아있는데, 바위 주변은 항상 깨끗하여 풀이 자라지 않는다."라 하였다.

19 『구역지(九域志)』에서, "월주(越州)의 동남쪽 280리에 섬현(剡縣)이 있고, 현에는 섬계가 있다."라 하였다.

20 『오월군국지(吳越郡國志)』에서, "천모산은 괄창(栝蒼)과 이어져 있다."라 하였다. 『환우기』에서, "천모산은 섬현(剡縣)의 남쪽 80리 부근에 있다."라 하였다.

21 고향은 동경(東京, 낙양)을 이른다. 두보는 하남 공현(鞏縣)에 거주하였다.

22 '劘'의 음은 '摩'이다.

23 『좌전』에서, "도발하는 자는 나부끼는 깃발을 들고 적진 앞으로 달려가 스치고 돌아온다."라 하였다.

24 『당서』에서, "매해 11월이 되면 주현의 관감(館監)이 학문을 성취한 자를 천거하여 상서성에 보내 인재를 고르게 한다. 관학(館學)을 거치지 않는 사람을 향공(鄕貢)이라 하는데 모두 첩(牒)을 가지고 주현에 와 스스로 올린다. 이윽고 성(省)에 이르면 호부(戶部)에 모여 살펴본 뒤 고공원외랑에 맡겨 그들을 시험 보게 한다."라 하였다. 주주(朱注)에서, "살펴보건대 두보는 향공으로 고공제(考功第)에 떨어졌으니, 24살 이전의 일이다."라 하였다.

25 『사기』의 안사고의 주에서, "총대(叢臺)는 본래 육국(六國)이 패권을 다투던 시기 조왕(趙王)의 오래된 누대이다. 한단성 안에 있다."라 하였다.

26 『환우기』에서, "청구(青邱)는 청주(青州) 천승현(千乘縣)에 있

다. 제나라 경공이 이곳에서 사냥하였다."라 하였다.

27 채몽필(蔡夢弼)이 말하기를, "조력림과 운설강은 모두 제나라 지역에 있다."라 하였다.

28 『초사』「대초(大招)」에서, "곤홍이 새벽에 무리 짓는데, 무수리도 섞여 있네.(鵾鴻群晨 雜鶖鶬只)"라 하였다. 『시경』에서, "무수리는 다리에 있고.(有鶖在梁)"라 하였는데, 모장(毛萇)이 말하기를 "'추(鶖)는 독추(鵚鶖)이다."라 하였다. 『비아(埤雅)』에서, "무수리는 모양이 학과 같은데, 그것보다 크다."라 하였다.

29 원주(原注)에서, "소후(蘇侯)는 감문주조 소예(蘇預)이다."라 하였다. 살펴보건대 소예는 즉 소원명(蘇源明)이다. 권11의 「회구(懷舊)」의 자주(自注)에서, "소공의 이전 이름은 예(預)였는데, 천자의 이름과 같아 이를 피하려고 원명으로 고쳤다."라 하였다.

30 『진서(晉書)』「산간전(山簡傳)」에서 말하였다. "채찍을 들어 갈강(葛彊)에게 묻기를 '너는 왜 병주(幷州)의 아이들과 어울려 다니느냐.'라 하였다." 갈강은 산간이 사랑하던 장수이다. 이 당시 소원명은 두보와 함께 사냥하였다. 그러므로 갈강으로 두보 자신을 비유하였다.

31 잠삼과 정건 등의 무리를 가리킨다.

32 여양왕 이진(李璡)을 가리킨다.

33 「삼대례부(三大禮賦)」를 바친 것을 이른다.

34 현종이 두보를 집현원(集賢院)에서 조서를 기다리게 하였다.

35 헌상(軒裳)은 수레와 복식이 화려한 것을 이른다.

36 하서위(河西尉)에 임명되었으나 부임하지 않은 것을 이른다.

37 자신의 나이가 이미 늙었다. 그러므로 자제들이 잔을 올려 헌수(獻壽)한 것을 이른다.

38 두 구는 늙어 기운이 쇠약한 것을 탄식하였다.

39 「해조(解嘲)」에서, "객이 수레바퀴를 화려하게 꾸미려고 하는데, 한번 넘어지면 우리 집안이 멸족되는 것을 모르는구나."라 하였다. 이 구는 이임보와 양국충이 조정의 선비를 함정에 빠트린 것을 이른다.

40 『고공기(考功記)』에서, "국마(國馬)가 이끄는 끌채."라 하였다. 즉 명황이 기르던 춤추는 말을 이른다. 춤추는 말들이 장안으로 돌아왔다는 것을 말한다. 구주(舊注)에서, "상황(上皇 : 현종)이 백 필의 말에게 춤을 가르치니 술잔을 물고 축수를 올렸다. 안록산이 장안을 정복할 때, 그것을 모두 낙양으로 옮겼는데, 두 서울을 회복한 뒤에 응당 예전 그대로 돌려놓았을 것이다."라 하였다.

41 관계(官鷄)는 투계를 이른다. 자세한 내용은 권17의 「투계(鬪鷄)」에 나온다.

42 이 한 가지 일을 들어보면 다른 씀씀이를 미뤄 알 수 있다.

43 구주(仇注)에서, "이상 여섯 구는 조정의 일을 개탄한 것이고, 그 위 여섯 구는 늙어가는 자신을 탄식한 것이다."라 하였다.

44 안록산이 병사를 일으킨 것을 이른다.

45 현종이 촉으로 몽진한 것을 이른다.

46 현종과 숙종의 부자가 다른 곳에 처한 것을 이른다.

47 숙종이 평량(平涼)에 이르러 병사를 수습하여 국토를 회복하려 한 것을 이른다.

48 『동궁고사(東宮故事)』에서, "태자는 소해(小海)에 비유된다."라 하였다. 이 구는 숙종이 영무에서 즉위한 것을 이른다. 그러므로 '깃발이 노랗다.(旌旗黃)'고 하였다. 『통감』에서, "천보 15년 7월에 천자가 영무에서 즉위하였다."라 하였다. 이 두 구는 주주(朱注)에서, '동서(東西)에서 모두 전쟁을 일으켰다.'고 하였는데, 그렇게 해석하면 매우 이해하기 어렵다. 포주(浦注)는 소해는 광평(廣平)을 가리킨다고 하였는데, 그것 또한 옳지 않다. 영무에 있을 때, 광평은 아직도 태자에 오르지 않았다.

49 우는 순의 선양을 받아 다시 아들에게 전했다. 그러므로 숙종이 아들에게 명하여 몸소 정벌에 나선 것을 비유하였다.

50 치우(蚩尤)로 안록산을 비유하였다. 숙종이 광평왕 이숙(李俶)을 천하병마원수로 삼은 것을 이른다.

51 숙종이 봉상(鳳翔)에 이른 것을 이른다. 『구당서』에서, "지덕 2년에 견양군(汧陽郡) 오산(吳山)을 서악(西岳)으로 고쳤다."라 하였다.

52 두독(杜篤)의 「논도부(論都賦)」에서, "울부짖는 무리가 마치 범 같고 이무기 같네.(虓怒之旅 如虎如螭)"라 하였다. 『통감』에서, "천자가 봉상에 이르니, 농우와 하서, 안서와 서역의 병사들이 모두 모여들었다."라 하였다.

53 『시경』에서, "기보여, 우리는 왕의 발톱과 이빨이다.(祈父 予王之爪牙)"라 하였다.

54 「서경부(西京賦)」에서, "괴수들이 날뛴다.(怪獸陸梁)"라 하였다. 두 구는 방관(房琯)과 진도사(陳濤斜)의 패배를 말한다.

55 곽자의(郭子儀)가 청구(淸溝)에서 패배한 것을 이른다. 『통감』에서, "적의 유격병이 태화관(太和關)에 이르니 봉상의 천자가 크게 놀랐다. 곽자의는 병사를 거느리고 봉상에 이르니, 적이 날랜 기병 9천

으로 장사진을 쳤다. 관군이 공격하자, 수미(首尾)를 양쪽으로 펼쳐 협공하니 관군이 궤란하였다. 곽자의는 무공(武功)으로 후퇴하였다." 라 하였다.

56 두보는 이 당시에 봉상의 숙종을 알현하고 좌습유에 임명되었다.

57 방관을 구하려고 소장을 올린 것을 말한다. 『한서』에서, "원제(元帝)가 태자를 바꾸려고 하자, 사단(史丹)이 청포석에 엎드려 울면서 간하였다."라 하였다.

58 『연보』에서, "두보는 방관을 구하려고 소장을 올렸는데, 천자가 노하여 삼사에 조서를 내려 추문하였다. 재상인 장호(張鎬)가 구하여 죽음을 면하였다."라 하였다.

59 장안을 수복한 이후를 이른다.

60 잠시 등용되었다가 곧바로 쫓겨난 것을 이른다.

61 두보가 참소를 받고 관부에서 나갔다. 두 구는 경치에 나아가 우의하였다.

62 진후(晉侯)가 자신을 좇아 망명한 이들에게 상을 내렸다. 개지추(介之推)는 금상(錦上)에 숨었다. 두보는 일찍이 숙종을 호종하였기에 이렇게 말한 것이다.

63 「굴원전」에서 말하였다. "어부가 뱃전을 두드리며 떠나면서, '창랑의 물이 맑거든 나의 갓끈을 씻고, 창랑의 물이 흐리거든 나의 발을 씻으리.'라 하였다." 개지추와 어부는 모두 두보 자신을 비유한 것이다.

64 「화식전(貨殖傳)」에서, "범려(范蠡)가 제나라로 가서 이름은 치이자피(鴟夷子皮)로 바꿨다."라 하였다.

65 이상 네 구는 영화는 공업(功業)을 세워 누리나, 좋게 끝맺는 자가 드물다. 그러므로 범려가 오호(五湖)로 숨어 버린 것을 배우고자 한다는 말이다.

23. 옛날의 유람을 읊다

昔遊

昔者與高李	옛날 고적, 이백과 더불어[1]
晚登單父臺	저물녘 단보대에 올랐네.[2]
寒蕪際碣石	차가운 황무지는 갈석산에 닿으니
萬里風雲來	만리에 풍설이 몰아치네.[一]
桑柘葉如雨	뽕나무 잎은 비처럼 떨어지고
飛藿共[3]徘徊	나는 콩 껍데기는 어울려 맴도네.[4]
淸霜大澤凍	맑은 서리에 큰 호수가 어니
禽獸有餘哀	짐승들이 많이도 슬퍼하네.
是時倉廩實	이 때 창고는 꽉 차고
洞達寰區開	천하는 막힘이 없네.[5]
猛士思滅胡	용맹한 전사는 오랑캐 섬멸을 다짐하고
將帥望三台	장수는 정승을 바라보았네.[6]
君王無所惜	군왕은 지나치게 상을 내려
駕馭英雄才	영웅을 부리는구나.
幽燕盛用武	요동에 군사를 크게 부리며
供給亦勞哉	물자 넉넉하게 위로하네.
吳門轉粟帛	오문에서 식량과 비단을 옮기는데
泛海陵蓬萊	바다에 배로 봉래를 건너네.
肉食三十萬	고기로 삼십 만 대군을 먹여
獵射起黃埃	내몰며 활 쏘니 누런 먼지 일어나네.[7][二]
隔河憶長眺	강을 사이 두고 멀리 바라볼 때 추억하니
靑歲已摧頹	청춘은 이미 꺾이고 시들었네.[8]

不及少年日	젊을 때로 돌아갈 수 없고
無復故人杯	다시 벗들과 술잔 나눌 길 없네.
賦詩獨流涕	시를 지으며 홀로 눈물 흘리고
亂世想賢才	어지러운 세상에 어진 인재 생각하네.
有能市駿骨	준마의 뼈를 살 수 있으니
莫恨少龍媒	신마(神馬)가 적다고 한하지 마라.
商山議得失	상산사호가 시비를 논하니[9]
蜀主脫嫌猜	촉주는 혐의를 그만두었네.[10]
呂尚封國邑	여상은 국읍에 봉해졌고
傅說已鹽梅	부열은 선정을 베풀었네.[11]
景晏楚山深	해 저물고 초산은 깊은데
水鶴去低回	물가 학은 떠나다가 낮게 돌아오네.[12]
龐公任本性	방통은 본성에 따라
攜子臥蒼苔	처자 거느리고 푸른 이끼에 누우리라.[13] 三 四

一 소자상이 이르기를, "작품을 시작하는 솜씨가 고적, 이백과 흡사하니 어찌 조화공의 재주가 아니겠는가."라 하였다.

二 먼저 옛날 동쪽으로 노닐 던 일을 서술하면서, 당시 현종이 변방의 장수를 총애한 것을 기록하고 있다. 이것은 동쪽으로 유람함을 말미암아 아울러 언급한 것이다.

三 마지막 단락에서 인재 등용에 대한 언급을 발전시켜 자신으로 결말을 맺고 있다.

四 '처자를 거느리고(携子)'는 또한 '벗을 보지 못한다.(故人不見)'는 말과 은밀하게 호응한다.

1 원주(原注)에서, "고적과 이백이다."라 하였다.

2 『구당서』에서, "단보는 오래된 읍으로 송주(宋州)에 속한다."라 하였다.

3 '共'은 달리 '去'로 된 본도 있다.

4 완적의 시에서, "가을 바람이 나는 콩에 불어오네.(秋風吹飛藿)"라 하였다. 『광운(廣韻)』에서, "곽(藿)은 대두(大豆)의 잎이다. 또는 풀 이름이다."라 하였다.

5 도로가 막힘이 없는 것을 이른다.

6 채주(蔡注)에서, "안록산이 범양절도사를 거느리고 평장사를 구하였다."라 하였다.

7 안록산이 해거란(奚契丹)을 토벌한 일을 가리킨다. 이에 대한 자세한 내용은 권3의 「후출새(後出塞)」에 보인다.

8 진자앙의 「춘대인(春臺引)」에서, "미인을 보지 못하였는데, 청춘이 마침내 달아날까 두렵네.(遲美人兮不見 恐青歲之遂遒)"라 하였다.

9 사호(四皓)가 태자를 변론하여 폐해지는 것을 면하였다.

10 『촉지(蜀志)』에서 말하였다. "선주(先主)가 말하기를, '나에게 공명이 있는 것은 물고기에 물이 있는 것과 같다.'라 하였다." 처음에 숙종의 아들인 광평왕(廣平王)이 큰 공을 세우자 장량제(張良娣, 숙종의 황후)가 시기하여 참소하였다. 이필(李泌)이 변호하자 이에 몸을 보존하였다.

11 곽자의(郭子儀)에게 분양왕(汾陽王)에 작호가 내려졌다. 또한 일찍이 중서령이 되었다. 네 구는 이전에 명확한 해석이 없었다. 지금 살펴보니 위 두 구는 이업후(李鄴侯)를 가리키고, 아래 두 구는 곽자의를 가리킨다. 이 당시 곽자의는 어조은(魚朝恩)의 시기를 받았고 이필은 형산(衡山)에 은거하고 있었다. 두보의 뜻은 조정에서 두 공에게 정치를 전적으로 맡기면 장수와 재상의 자리에 인재를 기용하여 난리를 태평시대로 바꿀 수 있다는 것이다. 그러나 문장의 의미를 살펴보면 연결과 맺음이 분명하지 않으니 이른바 '정공의 슬픔에는 은미한 말이 많다.(定哀多微詞)'에 해당한다. 이 말은 존자(尊者)를 위하여 휘(諱)하며 그 과실을 현저하게 드러내고자 아니하여 살짝 그 뜻만 보인 것을 뜻한다.

12 이 구 또한 홍(興)을 띠고 있다.

13 『후한서』에서, "방덕공(龐德公)은 양양(襄陽) 사람이다. 처자를 이끌고 녹문산에 올라가 약초를 캐면서 살며 다시 돌아오지 않았다."라 하였다. 주주(朱注)에서 말하였다. "'준마를 산다.(市駿)'는 구 아래로는 '인군이 어진 이를 구한다면 상산사호와 공명, 태공과 부열 등이 인재들이 세상이 어찌 적으랴. 나는 초산에서 떠돌고 있으니 끝내 방통처럼 은거하리라.'는 의미이다."

24. 소회를 풀어보다㈠

遣懷

昔我遊宋中	옛날 내가 유람하던 송중은[1]
惟梁孝王都	양효왕의 도읍이었네.[2]
名今陳留亞	명성은 지금의 진류에 버금가며[3]
劇[4]則貝魏俱	번화함은 패주와 위주를 합쳐 놓았네.[5]
邑中九萬家	읍중에는 구만의 가옥
高棟照通衢	높은 용마루가 넓은 거리에 비추네.
舟車半天下	배와 수레는 천하의 절반이고
主客多歡娛	주인과 손님은 너무도 즐겁구나.
白刃讎不義	흰 칼날은 불의에 복수하니
黃金傾有無	가진 황금을 나 쏟아 붓네.
殺人紅塵裏	홍진의 세속에서 사람을 죽이면
報答在斯須	곧바로 보복을 받네.[6]
憶與高李輩	추억하노니 고적, 이백과
論交入酒壚	우정을 논하며 술을 마셨지.
兩公壯藻思	두 분은 문사가 장엄하였는데
得我色敷腴	나를 보고 매우 기뻐하였네.[7]
氣酣登吹臺	술에 취해 취대에 올라[8]
懷古視平蕪	너른 황무지 바라보고 회고에 젖었네.[9]
芒碭雲一去	망탕산의 구름은 흘러가 버리고[10]
雁鶩空相呼	기러기는 부질없이 서로 부르네.[11]
先帝正好武	선제(현종)는 참으로 전쟁을 좋아하니
寰海未凋枯	사해가 아직 피폐하기 전이라네.

猛將收西域	용맹한 장수는 서역을 수복하고[12]
長戟破林胡	긴 창으로 임호를 쳐부수네.[13]
百萬攻一城	백만 대군으로 한 성을 공격하였는데
獻捷不云輸	승리는 고하고 패배는 말하지 않았네.[14]
組練氣如泥	정예병이 진흙처럼 무너지니
尺土負百夫	한 치 땅을 위해 백 명의 전사 저버렸네.[15]
拓境功未已	변경을 개척하는 전쟁 끊이지 않으니
元和辭大鑪	천지에 온화한 정치는 사라졌네.[16]
亂離朋友盡	난리에 벗들도 다 죽고
合沓歲月徂	하염없이 세월만 가네.
吾衰將焉託	내 늙었으니 어디에 의탁할까
存歿再嗚呼	삶과 죽음의 갈림에 다시 탄식하네.[17]
蕭條益堪愧	외로움에 더욱 부끄러운데
獨在天一隅	홀로 하늘가 구석에 남았네.
乘黃已去矣	명마는 이미 떠났고
凡馬徒區區	둔마는 한갓 보잘것없네.[18]
不復見顏鮑	다시 안연지와 포조를 볼 수 없으니[19]
繫舟卧荊巫	배를 대고 형주의 무협에 누웠네.[20]
臨餐吐更食	식사 마주해 토해도 다시 먹으니
常恐違撫孤	항상 자손 보지 못할까 두렵네.[21]

시평 : 이자덕이 이르기를, "송중(宋中)은 명승지이며 고적과 이백은 위인으로, 두보의 이 작품에 그려졌으니 천고에 길이 남을 것이다."라 하였다. ○ 의미와 풍격이 모두 앞 작품과 비슷하다. 대개 앞 작품에서 부족했던 말을 다시 길게 말한 것이다.

㊂ 소자상이 이르기를, "자신을 알아주는 벗과 아름다운 곳을 유람한 것은 죽을 때까지 마음에 남는다. 그러므로 여러 번 작품에 그려내도 번거롭지 않다."라 하였다.

1 지금의 하남(河南) 귀덕부(歸德府)이다.

2 『한서』에서, "양효왕이 수양(睢陽)에 성을 쌓았다."라 하였다. 『일통지』에서, "귀덕부는 한나라 수양현으로, 양나라에 속한다."라 하였다.

3 『당서』에서, "변주(汴州) 진류군은 하남도(河南道)에 속하니, 지금의 개봉부이다."라 하였다. 『사기』 「역생전(酈生傳)」에서, "진류는 천하의 중심으로 사통오달의 지역이다."라 하였다.

4 '극(劇)'은 대단히 번화〔煩劇〕하다는 의미이다.

5 패주(貝州)는 지금의 동창부(東昌府) 은현(恩縣)이며, 위주(魏州)는 지금의 대명부(大名府) 지역이다. 『당서』를 보면 둘 다 하남도에 속한다.

6 고을이 크며 협객이 많음을 말한다. 유우석의 「변주청벽기(汴州廳壁記)」에서, "이 지역은 네 번 싸움을 치렀기에 풍속이 무예를 숭상한다. 또한 큰 도회지이기 때문에 풍속이 호화롭다."라 하였다.

7 「고악부」에서, "안색이 참으로 기뻐하였네.(顔色正敷腴)"라 하였다. 즉 대단히 기뻐함을 말한다.

8 『수경주』에서 말하였다. "『진류풍속전(陳留風俗傳)』에서, '이 고을에 창힐(蒼頡)과 사광(師廣)의 성이 있으며, 그 위에 열선들의 취대(吹臺)가 있다. 양왕이 증축하였다.'라 하였다." 『원화군국지』에서, "취대는 개봉현(開封縣)의 동남쪽 6리에 있다."라 하였다.

9 『당서』 「두보전」에서, "두보가 고적과 이백을 따라 변주를 지나가면서 취대에 올랐다. 강개함에 젖어 옛날을 회상하였는데, 사람들은 헤아리지 못하였다."라 하였다.

10 『한서』에서, "고조가 망탕산에 숨었는데, 그가 거처하는 위에는 항상 구름이 떠 있었다."라 하였다. 응소(應劭)가 말하기를, "망(芒)은 패국(沛國)에 속하고, 탕(碭)은 양국(梁國)에 속한다."라 하였다. 『당서』에서, "탕산현은 송주에 속한다."라 하였다.

11 『서경잡기』에서, "양효왕의 토원(兎園)에는 안지(雁池)가 있고, 안지에는 학주(鶴洲)와 부저(鳧渚)가 있다."라 하였다.

12 서역은 토번을 이른다. 맹장은 왕충사(王忠嗣)와 가서한(哥舒翰) 등이다.

13 『통감』의 주에서, "거란은 전국 시기 임호 지역이다. 이곳에 토벌을 나선 이는 장수규(張守珪)와 안록산이다."라 하였다.

14 속여서 남의 공을 가로채고, 패배하였어도 보고하지 않은 것을 말한다.

15 '부(負)'자는 마땅히 저버린다는 의미로 해석해야 할 것 같다. 즉 한 척의 땅을 위해 한갓 백 명의 목숨을 잃었다는 말이다.

16 『장자』에서, "천지를 큰 화로로 삼는다."라 하였다. 즉 정치가 화평함을 잃었다는 말이다.

17 이백은 보응 원년(762)에 죽고 고적은 영태 원년(765)에 죽었다.

18 '승황(乘黃)'은 고적과 이백을 이르고, '범마(凡馬)'는 자신을 이른다.

19 또다시 안연지(顔延之)와 포조(鮑照)로 두 공을 비유하였다.

20 장재(張載)의 시에서, "서쪽으로 민산령을 보니, 우뚝 솟아 형주의 무협 같네.(西瞻岷山嶺 嵯峨似荊巫)"라 하였다.

21 힘을 내서 식사를 더 하는 것은 나그네로 떠돌다 죽어 두 집안의 자손을 보지 못할까 두렵기 때문이라는 말이다.

25. 옛날에
往在

往在西京日	예전 장안에 있을 때
胡來滿彤宮	오랑캐가 대궐을 더럽혔지.
中宵焚九廟	한밤에 종묘를 불사르니㈠
雲漢爲之紅	은하수도 붉게 되었네.
解瓦飛十里	무너진 기와는 십리를 날아가고[1]
繐帷紛曾空	비단 장막은 높은 허공에 어지럽네.
疚心惜木主	마음 아프게도 신주가 나무라
一一灰悲風	하나하나 슬픈 바람에 재가 되었네.
合昏排鐵騎	황혼에 철기가 밀치고 들어와[2]
淸旭散錦騣	맑은 새벽에 비단 말이 어수선하네.[3]
賊臣表逆節	적신은 반역을 드러내고
相賀以成功	서로 성공을 축하하였네.[4]
是時妃嬪戮	이 때에 비빈들은 살육 당하고
連爲糞土叢	연이어 거름덩이가 쌓였네.[5]
當宁陷玉座	천자의 옥좌는 무너지고[6]
白間剝畫蟲	보불(黼黻)은 곤충 그림이 찢어졌네.[7] ㈡
不知二聖處	두 천자가 있는 곳을 알지 못하니[8]
私泣百歲翁	백세의 노인도 슬피 우네.
車駕旣云還	천자 수레가 이윽고 돌아오니
楹桷欻穹崇	종묘의 기둥과 서까래는 금세 높다랗네.[9]
故老復涕泗	노인들은 다시 눈물 흘리고
祠官樹椅桐	사관은 가래, 오동나무 심네.[10]

宏壯不如初　　웅장함은 처음만 못하지만
已見帝力雄　　이미 천자의 힘이 위대함을 보았네.
前春禮郊廟　　전년에 교묘에 예를 올리고[11]
祀事親聖躬　　제사는 천자께서 몸소 지냈네.[12]
微軀忝近臣　　미천한 나도 근신에 끼어
景從陪羣公　　여러 공 따라 천자를 곁에 모셨네.
登階捧玉冊　　계단 올라 옥책문 받드니
峩冕聆金鍾　　높다란 면류관에 금종 소리 들렸네.
侍祠恧先露　　은혜 먼저 받아 제사 참여하니 부끄럽고[13]
掖垣邇濯龍　　출입하던 액원은 탁룡궁에 가까웠네.[14]
天子惟孝孫　　천자는 오직 효성스러우니
五雲起九重　　오색구름이 구중궁궐에서 일어나네.[15]
鏡奩換粉黛　　경대의 분대를 바꾸고
翠羽猶葱朧　　푸른 깃은 더욱 빛나더라.[16] [三]
前者厭羯胡　　이전엔 갈호를 미워하였는데[17]
後來遭犬戎　　지금은 견융의 침입을 만났네.[18]
俎豆腐羶肉　　제기는 비린내 고기로 썩어나고
罘罳行角弓　　부시는 각궁이 널려 있네.[19]
安得自西極　　어찌하면 장안으로부터[20]
申命空山東　　텅 빈 산동에 명령을 전하여,[21]
盡驅詣闕下　　전부 대궐 아래로 달려가고
士庶塞關中　　백성으로 관중을 막게 하랴.[四]
主將曉逆順　　대장은 반역자를 잘 아는데
元元歸始終　　백성은 마음이 변함없었네.
一朝自罪己　　천자가 죄를 자신으로 돌리니
萬里車書通　　천하에 수레와 책이 통하네.

鋒鏑供鋤犁	병장기는 농구가 되고
征戍聽所從	수자리는 명령을 듣네.
冗官各復業	이름뿐인 관리도 일을 맡고
土著[22]還力農	토착민은 다시 농사에 힘쓰네.[23]
君臣節儉足	군신은 절약하고 검소하며
朝野懽呼同	조야는 모두 기쁨에 넘치네.
中興似國初	중흥은 국초와 비슷하고
繼體同太宗	정통을 이음은 태종과 같네.
端拱納諫諍	단정히 앉아 간쟁을 받아들이니
和風日沖融	온화한 기풍은 날로 무르녹네.
赤墀櫻桃枝	종묘 뜰의 앵도와 복숭의 나무는
隱映銀絲籠	은빛 사롱에 아롱거리네.
千春薦靈寢	이 열매 천년을 영침에 바치니
永永垂無窮	영원히 끝이 없으리라.
京都不再火	장안에 다시 전화(戰火) 일지 않으리니
涇渭開愁容	경수와 위수는 근심은 펴리라.[24] [五]
歸號故松柏	돌아가 선영에 통곡하리니[25]
老去苦飄蓬	늙어가매 쑥대처럼 떠도니 괴롭도다.

시평 : 이 작품은 다만 '늙어가며 쑥대처럼 떠도는 것'을 말미암아 '고향의 선영으로 돌아가 통곡하고 싶은 마음'이 일어났는데, 자신도 모르는 사이에 종묘의 훼손과 중건을 읊으면서 마음속 가득한 충성과 울분으로 인해 국가의 장래에 대해 무한히 걱정하여 장편의 이 작품을 지었다. 결말에서 자신에 대해 읊었으니 이 시가 지어진 원인이다. 그러나 국사(國事)를 주로 삼아 읊다가 자신을 겸하여 드러냈으니, 장법을 변화시키는 실마리를 파악하기 쉽지 않다. ○ 노문자(盧文子)가 말하기를, "이 작품은 효치(孝治)를 중시하였으므로 종묘의 훼손과 중건의 내용에 대해 자세하게 말하였는데, 상세하고 생략하는 사이에 은미한 의미를 담았다. 숙종이 장안을 수복한 것에 대해서는 치구(治具)를 생략하였고 대종이

수복한 것에 대해서는 국가를 다스리며 백성을 편안하게 하는 방법을 자세히 언급하였다. 이에서 숙종은 스스로 분발하지 못하였기에 대종이 이어받은 초기에 다시 토번의 침략이 일어나는 원인이 된 것을 알 수 있다. 만약 대종이 장안을 수복한 뒤에 또다시 허물을 자신에게 돌리고, 관리를 감독하여 농사에 힘쓰며, 절약하여 백성을 풍족하게 하고, 간쟁을 받아들이지 않는다면 아마도 촉으로 몽진을 떠난 전철을 다시 밟을 수 있으며 섬주(陝州)로 달아난 일이 뒤에 또 발생할 수 있다."라 하였다.

㈠ 종묘가 이 작품의 주된 소재이다.

㈡ 읊조리는 사이에 사람으로 하여금 분기에 머리카락이 관을 뚫고 서게 만들며, 또한 눈물을 흘려 고개를 들 수 없다. 당시의 군신이 이 작품을 보았다면 어찌 잠시라도 베개를 편히 할 수 있으랴. ○ 이 부분은 천보 연간에 안록산의 장안을 함락한 것을 기록하였다.

㈢ 이 부분은 지덕 초기에 숙종이 장안을 수복한 것을 기록하였다.

㈣ 이 부분은 광덕 초기에 토번이 장안을 함락한 것을 기록하였다. ○ 포이전이 이르기를, "이 단락의 '안득(安得)' 두 글자는 작품의 끝부분까지 이어지니, 온전히 난리가 대단히 심하면 다스려질 것을 생각하는(亂極思治) 말이다. 당시 절도사의 교만함, 부병(府兵)의 폐지, 관민(官民)이 본업을 잃는 것, 군신의 사치 등을 반대로 읊은 것으로, 참으로 이런 말은 헛된 기대에 지나지 않는다. 그러나 '천자가 죄를 자신에게 돌린다.'는 말은 또한 난을 돌이켜 다스림의 기반이 될 수 있다."라 하였다.

㈤ '경도(京都)'를 읊은 구는 앞의 안록산을 말한 한 단락을 받고, '경위(涇渭)'를 읊은 구는 견융을 말한 한 단락을 이어받고 있으니, 두 구는 작품 전체의 내용을 갈무리하고 있다.

1 또한 종묘가 높은 것을 알 수 있다.

2 '합혼(合昏)'은 황혼이다.

3 騌은 달리 '幪'으로 된 본도 있다. 『광운』에서, "노새를 몽(騌)이라 한다."라 하였다. 안록산이 장안과 낙양을 함락한 뒤에 궁궐의 보물을 전대에 담아 말에 실어 범양(范陽)으로 운반하였다. 그러므로 '비단 말이 어수선하다.(散錦騌)'고 한 것이다. 서릉의 시에서, "금 안장이

비단 덮개로 덮여 있네.(金鞍覆錦幪)"라 하였으니, '몽(幪)'은 안장을 싸는 것이다.

4 『통감』에서, "진희열(陳希烈)이 만년에 총애를 잃자 천자를 원망하였다. 그는 장균(張均), 장기(張垍) 등과 함께 반란군에게 항복하였다."라 하였다.

5 「왕명군사(王明君詞)」에서, "옛날엔 갑속의 옥이었더니, 지금은 거름 밭의 꽃이로다.(昔爲匣中玉 今爲糞土英)"라 하였다. 『행촉기(幸蜀記)』에서, "안록산이 장통유(張通儒)로 하여금 곽국공주, 영왕비(永王妃) 등 80여 사람을 해치게 하였다. 또한 황손비와 공주 36명을 해쳤다."라 하였다.

6 사조의 시에서, "옥좌가 더욱 쓸쓸하네.(玉座猶寂寞)"라 하였다.

7 「경복전부(景福殿賦)」에서, "밝고도 밝은 흰색의 사이.(皎皎白間)"라 하였는데, 이선(李善)의 주에서 "청쇄문(青瑣門)의 곁을 흰색으로 칠하였다."라 하였으며, 사씨의 주에서, "백간(白間)은 보의(黼衣, 천자의 하의)이다. 곤충과 꿩을 그려 장식한다."라 하였다.

8 현종과 숙종을 이른다.

9 『좌전』에서, "붉은 기둥과 새긴 서까래"라 하였는데, 기둥은 종묘의 기둥이며 서까래(桷)는 연(椽)이다.

10 『시경』에서, "(종묘에) 가래, 오동, 노, 옻나무를 심어.(椅桐梓漆)"라 하였다. 구주(舊注)에서, "가래와 오동을 심어 장차 다시 예악을 일으키려는 것이다."라 하였다.

11 '전춘(前春)'은 '전세(前歲)'라 말하는 것과 같다.

12 『구당서』「숙종기」에서, "건원 원년 여름 4월 신해에 구묘(九廟)가 완성되자, 법가(法駕, 천자의 수레)를 준비하여 신주를 맞이하여 신묘(新廟)에 들였다. 갑인에 천자가 몸소 구묘에 제향하고 마침내 원구(圓丘)에서 제사를 지냈다."라 하였다.

13 주주(朱注)에서, "두보 자신은 신진의 소신(小臣)으로 제사의 반열에 참여하여 천자를 모셨다. 그러므로 천자의 은혜를 먼저 받은 것이 부끄럽다고 한 것이다."라 하였다.

14 『후한서』「환제기(桓帝紀)」에서, "노자를 탁룡궁(濯龍宮)에서 제사 지냈다."라 하였다. 즉 이 당시 습유가 되어 액원(掖垣)에 출입하였으니, 그곳은 궁금(宮禁, 천자 거처)에 매우 가까운 것을 말한다.

15 동중서의 「우박대(雨雹對)」에서, "오색의 구름이 나타나면 경사스러운 징조입니다."라 하였다.

16 『후한서』「음후기(陰后紀)」에서, "천자가 백관을 거느리고 음후

의 능에 올라 어상(御牀)에 엎드렸다. 태후의 경대 안의 물건을 보고 감정이 복받쳐 슬프게 울면서, 화장하는 물건들을 바꾸라고 하였다." 라 하였다. 취우(翠羽)는 능을 장식하는 물건이다.

17 안록산의 난리를 가리킨다.

18 대종(代宗) 시기에 토번이 장안을 함락한 것을 이른다.

19 『예기』에서, "윗부분을 깎아 통하게 만든 나무〔疏屛〕는 천자 사당의 장식품이다."라 하였는데, 정현의 주에서 "'병(屛)'은 나무를 말하는데, 지금의 부시(罘罳 : 새가 앉지 못하게 하기 위하여 전각(殿閣)의 처마 밑을 싸서 치는 철망)이다."라 하였다. 『옹록(雍錄)』에서, "부시는 나무를 깎아서 만든다. 가운데를 텅 비게 만드는데, 정사각형으로 만들거나 또는 혹은 정사각형이 연쇄적으로 이어진 모양이다. 거기에 그물 모양 같은 창〔網戶〕을 내는데, 문양을 연속하여 얽어 짜서 만든 모양이 마치 그물 같다. 그러다가 세상에서 마침내 그물을 짜서 처마 아래에 설치하여 새가 내려앉지 못하게 하였다."라 하였다. 채주(蔡注)에서, "윗구는 제기를 더럽힌 것을 이르고, 아랫구는 종묘를 어지럽힌 것을 이른다."라 하였다.

20 서극은 장안이다.

21 하북(河北)의 모든 진(鎭)을 가리킨다.

22 '著'의 음은 '直'과 '略'의 반절법이다.

23 『두억』에서, "이 당시 번진(藩鎭)은 조정에 표를 올려 벼슬을 제수 받은 경우가 많았다. 조정에서 비록 관직을 베풀어 주었으나 하는 일이 없었으므로 이름뿐인 관리도 다시 일을 맡게 되기를 바란 것이다. 각 번진에서 장정을 뽑아 병사를 삼으니 백성들이 본업을 버리고 난리를 좋아하였다. 그러므로 토착민이 농사에 힘쓰기를 바랐다."라 하였다.

24 경수와 위수는 토번이 장안을 침략할 때 지나던 길이다.

25 장안으로 돌아가 조상의 묘소에 찾아뵌다는 말이다.

杜詩鏡銓卷十五

대력 연간에 두보가
기주(夔州)에 거처하며 지은 작품이다.

1. 기부에서 소회를 적다

夔府書懷四十韻

昔罷河西尉	옛날 하서위를 사양할 때
初興薊北師	계북의 군대를 처음 동원하였지.[1]
不才名位晚	재주 없어 명성과 지위 늦으니
敢恨省郎遲	상서성 낭관이 낮다고 감히 한하랴.
扈聖崆峒日	공동산에서 천자 호위하였고[2]
端居灔澦時	촉의 염예에서 단정히 지냈네.
萍流仍汲引	부평초처럼 떠도는데 엄무가 잡아당겨
樗散尚恩慈	못난이가 천자 은혜 받았네.[3]
遂阻雲臺宿	마침내 운대의 근무는 끊겨졌지만[4]
常懷湛露詩	항상 천사의 은혜를 생각하네.[5]
翠華森遠矣	눈에 선한 천자 깃발은 아득한데
白首颯淒其	흰머리로 쓸쓸히 늙어가네.
拙被林泉滯	졸렬하니 산수간에 머무르고
生逢酒賦欺	살면서 술과 시에 속임을 당하였네.[6]
文園終寂寞	문원은 끝내 고요하고[7]
漢閣自磷緇	한각은 절로 변하였네.[8]
病隔君臣議	병으로 군신간의 논의를 멀리하니
慚紆德澤私	천자의 은택을 굽혀 참담하였네.
揚鑣驚主辱	욕된 몽진에 호종하며[9]
拔劍撥年衰	늙은이 칼을 뽑아 분기탱천하네.[一]
社稷經綸地	사직을 경륜하기 시작하고
風雲際會期	천자와 영웅이 만났는데,

血流紛在眼	피는 어지러이 흘러 눈앞에 보이니
涕泗亂交頤	눈물은 줄줄 두 뺨에 흐르네.[10]
四瀆樓船泛	네 강에 누선을 띄우고[11]
中原鼓角悲	중원엔 뿔피리 구슬프네.[12]
賊壕連白翟	도적의 해자는 백적과 이어졌지만[13]
戰瓦落丹墀	기와 무너지듯 적군은 와해되었네.[14]
先帝嚴靈寢	선제의 영침은 엄숙하고[15]
宗臣切受遺	종신이 전권을 위임 받았네.[16]
恒山猶突騎	항산은 아직도 기병이 내달리고
遼海競張旗	요해는 다투어 깃발을 펼치네.[17]
田父嗟膠漆	농부는 군비(軍費)에 탄식하고[18]
行人避蒺藜	행인은 마름쇠를 피하네.[19]
總戎存大體	원수(元帥)는 법도를 지키는데
降將飾卑詞	항복한 장수가 비열한 말을 꾸미네.[20]
楚貢何年絶	초의 공물은 언제 끊겼는가[21]
堯封舊俗疑	요동은 배반할까 의심스럽네.[22]
長吁翻北寇	북방의 도적이 변절하니 길게 탄식하며
一望卷西夷	쳐들어오는 서쪽의 오랑캐가 눈에 가득하네.[23] [二]
不必陪玄圃	(이러한 때) 현포로 유람하는 왕을 모실 필요 없고[24]
超然待具茨	무엇보다 구자산에서 현자를 기다려서,[25]
凶兵鑄農器	흉한 병기 녹여 농구 만들고[26]
講殿闢書帷	어전에서 강론하며 글로 휘장 만들었으면.
廟算高難測	조정의 계책은 높아 헤아리기 어려운데
天憂實在茲	늙은이 부질없는 근심은 바로 이것인데,
形容眞潦倒	초라하게 늙어버린 모습으로
答效莫支持	나라에 조금도 보탬이 되지 못하는구나.[27] [三]

使者分王命　사자가 군비조달 왕명을 받들고[28]
羣公各典司　여러 관리들은 자신의 임무를 수행하는데,[29]
恐乖均賦斂　세금을 가혹하게 거둬들이니
不似問瘡痍　백성의 아픔은 묻지도 않는구나.
萬里煩供給　만리 장안으로 바치는데 분주하니[30]
孤城最怨思　외론 성에 원망이 가득하네.[31] [四]
綠林寧小患　녹림의 도적이 어찌 작은 근심이랴[32]
雲夢欲難追　운몽의 일은 후회해도 소용없네.[33]
卽事須嘗膽　지금부터 이전 실수 반성하고[34]
蒼生可察眉　백성의 마음 깊이 살펴야 하네.[35]
議堂猶集鳳　조당(朝堂)엔 아직도 인재가 모여 있으니[36]
貞觀是元龜　정관의 다스림을 모범으로 삼아야 하네.[37]
處處喧飛檄　곳곳에서 격문이 시끄럽게 날아들고
家家急競錐　집집마다 작은 이익을 다투느라 급하네.[38]
蕭車安不定　명신 소육이 다스려도 안정되지 않는데[39]
蜀使下何之　촉으로 사신은 어찌 그리 자주 내려오는가.[40]
釣瀨疎墳籍　여울에서 낚시하며 책은 멀리하고 [五]
耕巖進奕棊　바위 밑에 밭 갈며 바둑을 즐기네.[41]
地蒸餘破扇　기주는 더워 부채가 자주 찢어지고
冬暖更纖絺　겨울에도 따뜻하니 가는 갈옷 입네.[42]
豺遘哀登粲　도적 만나 슬픔 노래한 왕찬[43]
麟傷泣象尼　기린 잡혀 눈물 흘린 공자.[44]
衣冠迷適越　유자(儒者)로 월에 가 떠돌았고[45]
藻繪憶遊睢　화려한 문채의 수수(睢水)에서 노닐 때 기억하네.[46]
賞月延秋桂　가을 계수나무 아래서 달빛 감상하고
傾陽逐露葵　이슬 맞은 해바라기처럼 태양을 바라보네.[47]

大庭終返樸　　순박한 대정으로 끝내 돌아갈 수 있으니[48]
京觀且僵尸　　적들을 모조리 죽여야 하네.[49]
高枕虛眠晝　　베개 높이 베고 부질없이 낮에 조는데
哀歌欲和誰　　슬픈 노래에 화답하는 이 누구인가?[50]
南宮載勳業　　공훈 세운 장군을 남궁에 그리니[51]
凡百愼交綏　　모든 이들은 삼가 후퇴하지 마라.[52] [丙]

시평 : 이자덕이 이르기를, "난리가 일어난 자초지종을 말하고 있으며, 두보 자신이 세상에 나아갈 것인지 숨을 것인지에 대한 확신이 없어 슬퍼하고 있다. 이 작품은 집안의 기록이 되며 국가의 역사를 보충할 것이다. 대개 사마천 같은 서술의 재주를 바탕으로 시를 통해 표현하였다."라 하였다. ○ 포이전이 이르기를, "이 작품은 자신의 감회를 서술하고 있는데, 노쇠함과 비천함을 탄식한 의미는 깊지 않고 임금에 대한 걱정과 신하들의 수고에 대한 염려가 간절하다. 강호에 있으면서 대궐을 걱정하고 있으니 이른바 식사할 때마다 임금을 잊지 않는다는 말에 해당한다. 번진 세력이 이미 대단히 강성한데다 서북 지역이 어지러우니 병사들이 쉴 수가 없다. 그러므로 군량미 공급이 줄어들지 않으며 백성들은 더욱 곤핍을 당한다. 이 시는 이러한 내용을 줄곧 이야기하고 있다. 군량미를 괴롭게 공급하는 것을 다만 기주의 상황만 이야기한 것은 실제 목격한 것을 기록한 것이다. 처음과 끝의 마지막 단락은 두보 자신의 소회에 대해 읊고 있으며 중간의 두 단락은 시사를 읊으면서 국가에 대한 소회를 말하고 있다. 그 중간의 여덟 구는 허사(虛寫)로 탄식을 자아내는데 위아래의 핵심[關捩]이 되며 대략 단락을 이처럼 마무리하고 있다. 전반부는 자신을 먼저 읊고 나라를 나중에 읊었으니 이것은 옛일을 회상하면서 분격이 따라 일어난 것이요, 후반부는 나라를 먼저 읊고 자신을 나중에 읊었으니 이것은 기주에 있으면서 기주를 읊은 것이다. 이것이 곧 이 시의 제목인 「기부에서 소회를 적다.(夔府書懷)」는 것인데, 두보가 마음을 아파하는 것은 후반부의 백성의 곤궁에 있지만 그 병의 근원은 전반부의 세상의 난리에 있다. 첫 단락의 자서(自敍)는 말을 내달리고 칼을 휘둘러 국시(國是)를 진기시키고 있으며, 마지막 단락의 자서는 적들을 내몰아 죽여 나라의 걱정을 거둬들이고 있다. 이를 통해 자신에 대한 탄식은 가볍고 국가에 대한 근심은 간절한 것을 알 수 있으니, 방대한 장편이 문장마다 세밀하고 조리가 있다."라 하였다.

㊀ 처음부터 여기까지는 모두 자신에 대해 서술하였으니, 대의는 '내가 일찍이 조정에서 은혜를 받았기 때문에 비록 변방의 궁벽진 곳에 있다고 하더라도 국사를 도외시할 수 없다.'는 것이다.

㊁ 이 단락의 앞 10구는 안사의 난을 추술(追述)하였고, 뒤 10구는 번진세력이 병사를 거느린 것에 대해 깊이 탄식하고 있다. 아울러 토번과 회흘에 대해서도 언급하였다.

㊂ 8구를 삽입하여 중간의 돈탕(頓宕, 기복(起伏))을 만들었으니, 앞을 묶고 뒤를 일으켰는데 문정(文情, 문장의 정취)이 무한하다.

㊃ 이 단락은 기주의 백성이 곤핍한 것을 마음 아파하고 있다.

㊄ '조뢰(釣瀨)'부터 끝까지는 다시 기주에서 떠돌고 있는 자신을 서술하면서 관직에 있는 모든 이들에게 공을 세워 난리를 멈추라고 책망(責望)하고 있다.

㊅ 결처에서 한편으로 기롱하고 한편으로 권면하고 있는데, 줄곧 미친 듯이 소리치며 간절하게 바라고 있다.

1 천보 14년(755)에 두보는 하서위를 제수 받았는데 부임하지 않았다. 이 해에 안록산이 반란을 일으켰다.

2 공동산은 평량(平涼)에 있다. 두보는 숙종을 봉상(鳳翔)에서 배알하고 공동산에는 가지 않았는데, 시에서 그렇게 말한 것은 이미도 숙종이 평량의 공동산에서 봉상으로 왔기 때문일 것이다.

3 엄무가 표를 올려 공부원외랑에 제수된 것을 이른다.

4 숙(宿)은 숙직(宿直)을 말한다. 채질(蔡質)의 『한의(漢儀)』에서, "상서랑은 운대에 숙직한다."라 하였다.

5 「담로」는 천자가 제후에게 연회를 베푼 시이다.

6 『서경잡기』에서, "양효왕(梁孝王)이 토원(兎園)에 여러 유사(遊士)를 불러 모았는데, 추양(鄒陽)이 「주부(酒賦)」를 지었다."라 하였다. 즉 술에 취하여 날마다 사부(詞賦)에 빠져 있다는 말이다.

7 『한서』에서, "사마상여가 효문원령(孝文園令)에 임명되었다가 뒤에 병이 들어 그만두었다. 그 후 무릉(茂陵)에 거처하였다."라 하였다.

8 한각(漢閣)은 교서각에 근무한 양웅을 말한다. 『한서』「양웅전(揚雄傳)」에서, "양웅이 천록각(天祿閣)의 교서가 되었다. 임금의 사자가 와서 양웅을 잡아가려고 하자, 양웅은 천록각 위에서 뛰어내려 거의 죽을 뻔하였다. 왕망(王莽)이 그 까닭을 묻었는데, 일찍이 양웅에게 기자체(奇字體)를 배웠던 유분(劉棻)이 대답하기를 '양웅은 당신이 천자를 배반하려 한 사실을 모릅니다.'라 하였다. 이에 왕망은 조

서를 내려 그의 죄를 묻지 않았다."라 하였다. 사령운의 시에서, "갈리고 물들어 맑고 밝음을 그만두었네.(磷緇謝淸曠)"라 하였다. 즉 두보 자신은 비록 조정의 반열에 이름을 걸었지만 삼협에서 병들어 누워 끝내 낙척하게 되었으니, 대개 촉의 양웅과 사마상여로 자신을 비유하고 있다.

9 천자의 수레가 삼협으로 몽진 간 것을 이른다.

10 즉 숙종이 봉상에 있을 때 안사(安史)의 난이 바야흐로 극성하였다는 말이다.

11 한나라에 누선장군(樓船將軍)이 있다.

12 두 구는 물과 육지로 병사를 동원한 것을 이른다.

13 『한서』「흉노전」에서, "진문공이 융적(戎狄)을 칠 때 서하(西河)와 은락(圁洛)의 사이에 거처하였는데, 앞을 적적(赤翟)이라 부르고 뒤를 백적(白翟)이라 불렀다."라 하였다. 주주(朱注)에서 말하였다. "살펴보건대 당의 부주(鄜州)와 연주(延州)는 춘추시대의 백적 지역이다. 안록산이 반란을 일으킨 뒤에 경기(京畿), 부주, 방주(坊州)가 모두 내응하였으므로 '백적과 이어졌다.'고 하였다."

14 「광무기(光武紀)」에서, "광무가 왕망의 병사를 곤양성(昆梁城)의 서쪽에서 크게 격파하였는데, 때마침 우레와 바람이 크게 일어 기와가 전부 날아가 버렸다."라 하였다. 『통감』에서, "지덕 2년 9월에 광평왕 이숙(李俶)이 삭방 등의 군사를 거느리고 장안성의 서쪽에서 반란군과 싸웠다. 오시부터 유시까지 베어 죽인 적병이 6만이나 되었다. 반란군들이 크게 무너지고 대군은 장안으로 들어왔다."라 하였다.

15 「양종묘등가(梁宗廟登歌)」에서, "신궁은 엄숙하고, 영침은 고요하네.(神宮肅肅 靈寢微微)"라 하였다. '선제(先帝)'는 숙종을 가리킨다. '영침이 엄숙하다(嚴靈寢)'는 말은 장안을 수복한 뒤에 먼저 영침과 태묘를 수리하였다는 의미이다.

16 '종신(宗臣)'은 곽자의(郭子儀)를 가리킨다. 『당서』를 살펴보니 다음과 같이 말하였다. "보응 원년(762) 건묘월(2월)에 천자가 기분이 좋지 않았다. 곽자의를 불렀는데, 그가 대궐에 들어가니 천자는 누운 상태로 '하동(河東)의 일은 그대에게 모두 일임하겠다.'라 하였다." 그러므로 시에서 '전권을 위임 받았다.(切受遺)'고 하였다.

17 항산과 요해는 모두 하북(河北) 지역이다.

18 『손무자(孫武子)』에서, "아교와 옻칠의 재료, 수레와 병사의 비용으로 하루에 천금이 든다."라 하였다.

19 『육도(六韜)』에서, "좁은 길과 작은 길에는 철로 만든 마름쇠를 깐다.〔張鐵蒺藜〕"라 하였다. 여조겸이 말하기를, "아교와 옻은 활을 만드는 재료인데 가혹하게 거둬들이기 때문에 농부들이 탄식한다. 철마름쇠는 말을 방어하는 것으로 땅에다 뿌리니 행인들이 피한다."라 하였다.

20 주주(朱注)에서 말하였다. "살펴보니 『통감』에서, '사조의(史朝義)가 죽자 반란군의 장수인 전승사(田承嗣) 등이 항복하였다. 부원수 복고회은(僕固懷恩)이 반란군이 평정되면 총애를 잃을까 두려워하여 상소를 올려 전승사 등에게 군사를 나눠 주고 하북에 그대로 남게 하였으니, 그들은 절로 복고회은의 무리가 되었다. 이로 말미암아 번진 세력이 준동하여 제압하지 못하게 되었다.'라 하였다. 두보의 시에서 '원수는 법도를 지키는데, 항복한 장수가 비열한 말을 꾸미네.(總戎存大體 降將飾卑詞)'라 한 것은 바로 그 일을 기록한 것이다. 그러나 '법도를 지킨다.(存大體)'는 표현은 조정을 위하여 사실을 숨긴 것이다."

21 『좌전』에서 말하였다. "관중이 초나라를 책망하기를 '너희들이 공납할 포모(包茅, 제사에 바치는 술을 거르는데 사용함)를 바치지 않았다.'라 하였다."

22 즉 권13의 「제장(諸將)」에 보이는 '창해는 전부 우공에 속하지 못하였으며, 계문의 어느 곳이 요의 이래에 다 들어갔는가 (滄海未全歸禹貢 薊門何處盡堯封)'라는 구절과 같은 의미이다.

23 즉 권13의 「추흥(秋興)」에 보이는 '장안 바로 북쪽에서 징소리 요란하고, 서쪽 토벌군의 격문은 급히 내달리네.(直北關山金鼓震 征西車馬羽書馳)'라는 구절과 같은 의미이다. 『두억』에서, "옛날에는 따랐는데 지금은 반역하였으므로 '번(飜)'이라고 하였다. 온 국력을 동원하여 쳐들어오니 '권(卷)'이라고 하였다."라 하였다.

24 곤륜(崑崙)은 달리 현포라고 불린다.

25 『장자』에서, "황제(黃帝)가 장차 구자산(具茨山)에서 대외(大隗)를 만나려 길을 가다가, 양성(襄城)의 들판에서 이르러 그를 보좌하던 일곱 성인이 모두 길을 잃었다. 이 때 말을 키우던 동자를 만나 길을 물었다."라 하였다. 살펴보건대 대종이 일찍이 섬주(陝州)로 몽진을 떠났다. 그러므로 주 목왕(穆王)과 황제의 고사를 인용하였다.

26 『노자』에서, "병장기는 흉기(凶器)이다."라 하였다. 『공자가어』에서, "칼과 창을 녹여 농기구를 만들었다."라 하였다.

27 살펴보건대, 이 당시 환관이 권력을 마음대로 휘두르고 여러 번진이 각각 강병을 휘하에 두니, 나약한 대종(代宗)은 반란군을 토벌하

지 못하였다. 비록 집현원대제를 통하여 여러 신하들에게 명령을 내리고 재상이 국자감에서 항상 정치에 대해 논하더라도 국사에는 조금도 보탬이 되지 않았다. 그러므로 시에서, '내가 어찌 반드시 천자를 시종할 필요가 있는가? 다만 조정에서 도를 갖춘 어진 이를 구한다면 무기를 녹일 수 있고 어전에서 강론도 펼칠 수 있으므로 태평성대도 어렵지 않게 이룰 수 있다. 그런데 지금 조정의 생각은 어떤지 알 수 없는데, 나는 기인(杞人)처럼 부질없이 이런 것을 근심하고 있는데, 다만 늙고 병들어 아무런 보탬이 되지 못하니 탄식만 인다.'고 하였다. 뒤에 보이는 '무덤과 시체만 뒹굴고.(京觀且僵尸)'라는 말을 보면 이 부분에서 '무기를 녹이고 강론을 펼친다.'고 한 것은 마땅히 풍자하는 말로 보아야 하니 또한 권11 「유감(有感)」에서 '임금이 먼저 전쟁을 그쳐, 화산 기슭으로 말을 돌려보내시라.(大君先息戰 歸馬華山陽)'와 권16의 「추일기부영회(秋日夔府詠懷)」에서, '나라는 모름지기 전쟁을 해야 하지만, 사람들은 싸움이 그치기를 바라네.(國須行戰伐 人憶止戈鋋)'라 한 것과 같은 의미이다. 옛날에는 송축하는 말이라고 여겼는데, 올바른 해석이 아니다.

28 군량을 조달〔索餉〕하는 관리를 이른다.

29 백성을 다스리는 관리를 이른다.

30 권12 「상백제성(上白帝城)」에서 '세금 거둬 강제로 장안으로 보내네.(賦斂強輸秦)'라는 의미와 같다.

31 '외론 성(孤城)'은 기주를 가리킨다.

32 『후한서』 「유원전(劉元傳)」에서, "도망한 모든 사람들이 녹림(綠林)에 모여들어 숨었다."라 하였다.

33 두 구는 백성이 장차 도둑이 될 것이라는 말이다. 노주(盧注)에서 말하였다. "『좌전』에서, '초 소왕(昭王)이 회수와 장강을 건너 운중(雲中)으로 들어가니, 도적이 공격하였다.'라 하였는데, 그 주에서 '운중(雲中)은 운몽택(雲夢澤) 안이라고 하였다.'" '욕난추(欲難追)'는 후회해도 소용없다는 말이다.

34 『오월춘추』에서, "월왕이 오나라에 빚진 원한을 갚고자 하여 문에 쓸개를 매달아놓고 출입할 때 맛을 보았다."라 하였다.

35 『열자』에서, "진(晉)에 극옹(郄雍)이란 사람이 있었는데, 그는 도둑의 눈썹과 속눈썹 언저리 사이를 잘 살펴 그 도둑의 마음을 알았다."라 하였다. 구주(仇注)에서, "'상담(嘗膽)'은 이전의 실수를 통렬하게 반성함을 이르며, '찰미(察眉)'는 백성의 마음을 깊이 살핌을 이른다."라 하였다.

36 『후한서』에서, "등즐(鄧騭) 등이 모두 봉조청(奉朝請, 은퇴한 이

의 명예 벼슬)이 되어 중요한 일이 발생하면 조당(朝堂)에 모여 공경(公卿)들과 함께 의견을 제시하였다."라 하였다.

37 유곤(劉琨)의 「권진표(勸進表)」에서, "전대의 일은 잊지 마시고 후대의 모범이 되시라."라 하였다. 즉 마땅히 백성을 사랑하였던 태종처럼 해야 함을 이른다.

38 강엄(江淹)의 글에서, "아주 작은 이익〔刀錐之利〕을 다툰다."라 하였다.

39 『후한서』 「소육전(蕭育傳)」에서, "남군(南郡)의 강에 도적이 많게 되자, 소육을 태수로 삼았다. 천자는 소육이 나이가 많은 명신이라 여겨 삼공의 사거(使車)로 소육을 태워 대전으로 오게 하여 임명장을 받게 하였다."라 하였다.

40 「사마상여전」에서, "당몽(唐蒙)이 계략을 써서 야랑(夜郎)과 통하기 위해 파촉의 관리와 군졸 천여 명을 징발했다. 또한 주변의 군(郡)에서도 그들의 군량을 대기 위해 동원한 인력이 만여 명이나 되었다. 당몽은 한나라 법을 시행하여 그들의 거수(渠帥)를 죽이니 파촉의 백성들이 크게 놀라 두려워했다. 황제가 듣고 상여를 사자로 보내 백성들에게 해명하도록 했다."라 하였다. 즉 '조정에는 인재가 많은데 어찌하여 정관의 다스림을 본받지 않아서 도적떼가 일어나고 가렴주구가 극심하게 되었는가. 비록 수레 타고 임명서 받은 소육 같은 명신이 다스린다 하더라도 오히려 인정되지 못할 것인데 저 촉으로 가는 사신은 자주 내려오니 무슨 쓸모가 있겠는가.'라는 말이다.

41 '조뢰(釣瀨)'는 엄자릉(嚴子陵) 고사를 인용하였고 '경암(耕巖)'은 정자진(鄭子眞) 고사를 인용하였다. 『서경잡기』에서, "두릉의 두보는 바둑을 잘 두었으니 천하의 제일이었다."라 하였다. 두 구는 즉 독서에 게으르고 자못 유예(遊藝)를 좋아한다는 말이다.

42 두 구는 기주의 풍토를 말한다.

43 왕찬(王粲)의 「칠애(七哀)」에서, "서경의 난리는 형용할 수 없으니, 바야흐로 도적의 근심을 만났구나.(西京亂無象 豺虎方遘患)"라 하였다. '등찬(登粲)'은 '누대에 오른 왕찬'을 이른다. 왕찬은 「등루부(登樓賦)」를 지었다.

44 조주(趙注)에서, "전하는 기록에 공자의 머리는 니산(尼山)을 닮았다고 한다."라 하였다.

45 『장자』에서, "송나라 사람이 장보관(章甫冠)을 가지고 월나라에 팔러 갔다. 월나라 사람은 머리를 자르고 몸에 문신을 하였기에 관은 아무 쓸모가 없었다."라 하였다.

46 '睢'의 음은 '수(雖)'이다. 이 구는 즉 젊었을 때의 문채(文采)를 말

한다. 진림(陳琳)의 글에서, "수(睢)와 환(渙)에서 노니는 자들은 화려한 문채(文采)를 배운다."라 하였다. 『진류풍속전(陳留風俗傳)』에서, "양읍현(襄邑縣)의 남쪽에 수수(睢水)와 환수(渙水)가 있다. 수수와 환수 지역에서 나온 문장(文章, 일종의 화문(花紋))으로 종묘와 황제의 말을 꾸민다."라 하였다. 두보가 젊었을 때 일찍이 송주(宋州)에서 노닐었기 때문에 '수수에서 노닐 때 기억하네.'라 하였다.

47 조식(曹植)의 시에서, "해바라기가 태양을 바라보는 것처럼.(若葵藿之傾太陽)"이라 하였다. 두 구는 즉 한가한 신세지만 나라 걱정을 잊지 않는 것을 말한다. 가을 계수나무(秋桂)와 이슬 맞은 해바라기(露葵)는 모두 당시 계절을 읊은 것이다.

48 『장자』에서, "옛날에 용성씨(容成氏)와 대정씨(大庭氏)가 결승문자를 사용하였는데, 이 시기는 지극한 태평시대의 다스림이다."라 하였다.

49 『좌전』에서, "옛날 명철한 임금이 불경한 이들을 정벌하여 그 가운데 힘이 센 자들을 잡아 죽이고 흙으로 덮었으니 그것을 대륙(大戮)이라 한다. 이에 그러한 것이 경관(京觀)이다."라 하였는데, 주에서 "시체를 쌓아놓고 흙으로 그 위를 덮는 것을 경관이라 이른다."라 하였다. 이 당시 조정은 고식(姑息)을 숭상하였다. 그러므로 두보가 천자의 정벌을 펼쳐서 나라의 위엄을 떨치고자 한 것이다.

50 화답하려는 자가 누구인가라는 말이다.

51 『후한서』에서, "영평 연간에 도화서에서 남궁(南宮)의 운대(雲臺)에 28명의 장군을 그렸다."라 하였다.

52 『좌전』에서, "진(晉)나라 사람과 진(秦)나라 사람이 나와 싸우다가 둘 다 물러났다(交綏)."라 하였는데, 주에서 "옛날에는 수레를 물리는 것을 '수(綏)'라 한다. 진(秦)과 진(晉)이 아직 싸우려는 의사가 견고하지 않았기에 무기를 서로 마주치기 전에 싸우려다가 둘 다 물러난 것이다. 그러므로 '교수(交綏)'라 하였다."라 하였다. 이위공(李衛公)이 말하기를, "'수(綏)'는 여섯 고삐를 합친 것이다. 여섯 고삐를 합친 수레를 맞부딪쳤다가 물리는 것은 말을 서로 맞부딪쳤다가 물러난다는 말과 같다."라 하였다. 황학(黃鶴)이 말하기를, "두 구는 대신(大臣)과 제장(諸將)을 깊이 경계하는 말로 공훈을 세우면 화상이 운대에 그려지므로 마땅히 후퇴를 하지 말아야 하니, 의지가 견고하지 않고도 공을 세울 수는 없다. 당시에 토번이 장안을 함락하니 관리들이 달아나고 제진(諸鎭)은 구원하러 오지 않았다. 그러므로 특별히 언급한 것이다."라 하였다. 두보의 「모추왕배도주수찰(暮秋枉裴道州手札)」에서, '임금을 요순으로 만드는 일은 그대들에게 부탁하노니, 얼른 요직을 차지하고서 몸 바칠 일을 생각하시라.(致君堯舜付公等早據要路思捐軀)'라는 의미와 같다.

2. 팽주자사 왕륜을 곡하다[1]

哭王彭州掄

執友嗟淪沒	친한 벗이 아, 죽었다고 하니
斯人已寂寥	이 사람 이제 가버렸구나.
新文生沈謝	새로운 문장은 심약과 사령운 같고[2]
異骨降松喬	남다른 풍골은 적송자나 왕자교 같네.[3] [一]
北部初高選	경기위 자리 처음부터 높이 오르고[4] [二]
東牀[5]早見招	일찍 황실의 사위가 되었네.[6]
蛟龍纏倚劍	교룡이 검을 감싸고 있으며[7]
鸞鳳夾吹簫	난봉이 퉁소를 불고 있네.[8] [三]
歷職漢庭久	조정에서 오랫동안 벼슬하였는데
中年胡馬驕	중년엔 오랑캐 말이 어지러웠네.[9]
兵戈闇兩觀	전쟁으로 서울의 양관이 닫히니[10]
寵辱自三朝	세 조정에서 영욕을 맛보았네.[11]
蜀路江干窄	촉으로 가는 강 길은 좁고
彭門地里遙	팽문은 멀기도 하네.[12]
解龜生碧草	인장 풀어 녹이 생겼으며[13]
諫獵阻青霄	충간은 높은 하늘에 막혔네.[14]
頃壯戎麾出	곧 장수가 깃발 앞세우고 나가니[15] [四]
叨陪幕府要	외람되이 막부의 요직을 맡았네.[16] [五]
將軍臨氣候	장군은 기후를 살피고[17]
猛士塞風飆	용맹한 전사는 바람을 막네.[18]
井漢泉誰汲	샘을 파서 물을 누가 긷는가
烽疎火不燒	봉화 성그니 불 피우지 않네.[19]

前籌自多暇　　미리 계책하니 절로 한가롭고
隱几接終朝　　안석에 기대 날을 보내네.
翠石俄雙表　　푸른 돌이 곧 묘표가 되니[20]
寒松竟後凋　　차가운 소나무 끝내 뒤에 시들었네.
贈詩焉敢墜　　준 시를 어찌 감히 무시하랴만[21]
染翰欲無聊　　붓을 적셔도 의욕이 없네.
再哭經過罷　　다시 곡하니 관은 지나가는데[22]
離魂去住銷　　간 자나 남은 자가 혼은 녹아버렸네.[六]
之官方玉折　　관에 바야흐로 옥이 쪼개지고[23]
寄葬與萍漂　　장사 지내도 부평초처럼 떠도는구나.[24]
曠望渥洼道　　악와의 길을 아득하게 바라보며
霏微河漢橋　　하한의 다리는 자욱하네.[25]
夫人先即世　　부인은 먼저 타계하고
令子各清標　　아들은 모두 뛰어나네.
巫峽長雲雨　　무협에 운우는 길고
秦城近斗杓　　진성에 북두 자리는 가깝네.[26]
馮唐毛髮白　　풍당은 머리가 하얀데
歸興日蕭蕭　　돌아가려는 마음은 날로 쓸쓸하네.[27][七]

시평 : 왕사석이 말하기를, “앞부분에서 ‘남다른 풍골은 적송자나 왕자교 같네.(異骨降松喬)’라 하였고, 뒷부분에서 ‘차가운 소나무 끝내 뒤에 시들었네.(寒松竟後凋)’라 하였으니, 왕륜은 아마도 수를 누리다가 죽었을 것이다. 게다가 훌륭한 아들이 있으므로, 두보가 곡을 하지만 시가 그렇게 슬프지 않으니 다만 뜻을 같이하는 벗이 죽었으므로 그 정을 잊지 못하는 것이다.”라 하였다.

㈡ 구창주가 말하기를, "3-4구는 왕륜의 재주와 인품을 이른다."라 하였다.

㈢ 이하 4구는 결혼과 벼슬을 이야기 하고 있다.

㈢ 유수계가 이르기를, "만시(挽詩)에는 이런 성대한 꾸밈이 있다."라 하였다.

㈣ 먼저 왕륜의 이력을 언급하고 있다.

㈤ 뒤에 그와 사귀는 정을 말하였다.

㈥ 이 단락은 슬퍼하면서도 겸하여 위로를 하고 있다.

㈦ 탄식이 자기 자신으로 귀결되어 작품을 맺고 있다.

1 구주(仇注)에서, "두보가 처음 성도에 도착했을 때 「시어사 왕륜이 술을 가지고 초당에 찾아오기로 약속하였다.(王十七侍御掄許攜酒至草堂)」란 작품을 지었다. 왕륜은 이전에 어사로 있다가 파직되었는데 뒤에 엄무의 막부에 있었으며, 다시 팽주자사로 옮겼다가 죽었다."라 하였다.

2 심약과 사령운을 말한다.

3 적송자와 왕자교를 말한다.

4 『위지』에서, "무세가 21살에 효렴으로 천거되어 낙양북부위(洛陽北部尉)가 되었다."라 하였다. 즉 왕륜이 처음으로 관직을 제수 받은 것은 경기위(京畿尉)인 것을 말하다.

5 『두억』을 따른다. 옛날에는 '作堂'으로 되어 있다.

6 '동상에서 배를 두드린다는 고사'는 황희지의 일을 인용하였다. 진(晉)나라 때 태위(太尉) 치감(郗鑒)이 일찍이 문생(門生)을 시켜 왕도(王導)의 집안에서 사윗감을 구하게 했을 때, 왕도가 그 문생에게 동상(東廂)으로 가서 자제들을 두루 보게 하였는데, 문생이 돌아가서 치감에게 말하기를 '왕씨의 여러 젊은이들이 모두 훌륭했습니다. 그러나 자기들을 간선한다는 소식을 듣고 다른 사람들은 모두 스스로 몸가짐을 단정히 하고 있었는데, 오직 한 사람은 동쪽 평상에서 큰 배를 드러내 놓고 밥을 먹으면서 홀로 그런 소식을 듣지 못한 것처럼 하였습니다.'라고 하자, 치감이 그를 훌륭한 사윗감으로 여겨 마침내 사위로 삼았는데 그가 바로 왕희지(王羲之)였다. 왕륜은 아마도 종실과 혼인을 했을 것이다. 그러므로 아래에 소사의 고사를 인용한 '난봉(鸞鳳)'이란 시어가 있다.

7 『월절서(越絶書)』에서 말하였다. "설촉(薛燭)이 말하기를, '칼을 만들 때 교룡이 화로를 받들고 천지가 숯을 보관하였다.'라 하였다."

8 『선전습유(仙傳拾遺)』에서, “소사(蕭史)가 피리를 잘 불자 진나라 목공(穆公)이 딸 농옥(弄玉)이 소사를 좋아하였다. 이에 목공은 소사에게 딸을 시집보냈다. 소사는 날마다 농옥에게 피리 부는 것을 가르쳤는데, 봉황의 울음소리 같았다. 이에 봉황이 그 집으로 날아왔다. 목공은 그들을 위해 봉대(鳳臺)를 지어주었다.”라 하였다.

9 안록산의 난리를 이른다.

10 「동경부(東京賦)」에서, “대궐에 양관을 세웠네.(建象魏之兩觀)”라 하였다.

11 현종, 숙종, 대종을 이른다.

12 『수경주』에서, “이빙(李冰)이 촉의 수령이 되었는데, 저도현(氐道縣)에 있는 천팽산(天彭山)을 보았다. 두 봉우리가 마주보는 모양이 마치 대궐 같았다. 그래서 천팽문이라 불렀다.”라 하였다.

13 사령운의 시에서, “경평 연간에 벼슬에서 물러나.(解龜在景平)”라 하였는데, 주에서 “‘해귀(解龜)’는 차고 있던 거북 인장을 풀어버린다는 말이다.”라 하였다. 『한표(漢表)』에서, “이천 석을 녹봉으로 받는 관리는 은 인장에 거북 끈을 한다.”라 하였다. ‘생벽초(生碧草)’는 인장에 녹이 폈다는 말이다. 유종원의 시에서, “열흘 정도 지나 인장의 글씨에 녹이 생겼네.(印文生綠經旬合)”라 하였으니, 바로 이러한 의미이다. 옛날의 주는 맞지 않다.

14 ‘간렵(諫獵)’은 한 무제에게 사냥하지 말 것을 간청한 사마상여의 「간렵소(諫獵疏)」의 고사를 인용하였다. 이 또한 양륜이 촉에서 벼슬하였으므로 촉 지역 출신인 사마상여의 고사가 제대로 들어맞는다. 이 구는 그가 시어로서 파직되었는데 황제에게 충심으로 아뢴 것이 없음을 안타까워하고 있다.

15 엄무가 촉을 진무한 것을 이른다.

16 두보가 왕륜과 함께 참모로 부름을 받았다.

17 ‘기후(氣候)’는 용병할 때의 기상 상태를 이른다. 유흠의 『칠략(七略)』에 「기후고허(氣候孤虛)」 20권이 있다.

18 즉 「대풍가(大風歌)」의 의미이다. 「대풍가」에서, “큰 바람 일어 구름이 날아가네. 어찌 용맹한 전사 얻어 사방을 지키지 않으랴.”라 하였다.

19 조언재가 말하기를, “군대가 있는 곳은 반드시 먼저 우물을 파며, 긴급한 사태가 발생하면 자주 봉화를 올린다. 지금 왕륜이 위로는 군기(軍機)를 돕고 아래로는 병사들을 훈련시키니 지모가 뛰어나다. 우물을 파서 깁지 않으며 봉화를 피우지 않는 것은 곧 변경이 무사한

것으로, 모두 그의 계책으로 이룬 것이다."라 하였다.

20 쌍표는 무덤가에 세우는 것이다. 반악의 「회구부(懷舊賦)」에서, "우뚝한 쌍표, 줄지은 송추.(巖巖雙表 列列松楸)"라 하였다.

21 왕륜이 두보에게 준 시를 이른다.

22 조언재가 말하기를, "'재곡(再哭)'은 이전에 왕륜의 죽음을 곡하였고 지금 그의 관이 기주를 지나니 다시 곡한다는 뜻이다."라 하였다.

23 안연지의 「제굴원문」에서, "난초는 향기 내다 시들고, 옥의 무늬는 쪼개졌네.(蘭薰而摧 玉縝則折)"라 하였다.

24 이전에 촉에서 임시로 장사지낸 것을 상상한 것이다.

25 구주(舊注)에서, "'악와도(渥洼道)'는 천마가 오는 곳으로 아래의 왕륜의 아들에 해당하고, '하한교(河漢橋)'는 오작이 만든 것으로 아래의 부인에 해당한다."라 하였다.

26 『설문해자』에서, "'표(杓)'는 북두 자루다."라 하였다. 『춘추운두추(春秋運斗樞)』에서, "북두칠성 가운데 첫 번째부터 네 번째까지는 머리〔魁〕가 되고, 다섯 째부터 일곱 번째까지는 자루〔杓〕가 되며, 이것을 합쳐 북두〔斗〕가 된다."라 하였다. 주주(朱注)에서, "『천관서』를 살펴보니, '괴(魁)는 삼성(參星)의 머리를 베고 있고 표(杓)는 화산(華山)으로부터 서남쪽에 해당한다.'고 하였으니, 진성은 바로 위가 곧 북두자루이다."나 하였다.

27 왕륜의 상은 분명히 장안으로 돌아가 장사지낼 것이다. 그러므로 이에 고향이 떠올라 눈물을 흘리며 자신의 처지를 슬퍼한 것이다.

3. 우연히 짓다
偶題

文章千古事　　문장은 천고의 일이라
得失寸心知　　득실은 마음만이 아네.
作者皆殊列　　작가는 모두 빼어나니
名聲豈浪垂　　명성이 어찌 헛되이 전하랴.
騷人嗟不見　　『이소』 같은 문장 보지 못했지만
漢道盛於斯　　한의 시도가 이에 성대하였네.
前輩飛騰入　　전배들이 하늘 높이 날아오르니
餘波綺麗爲　　그 여파도 기려하였네.
後賢兼舊制　　후현이 옛 체재를 겸하니
歷代各淸規　　역대로 각각 맑은 법도 되었네.[1] [一]
法自儒家有　　법은 유가에서 채용하였는데[2]
心從弱歲疲　　마음은 어릴 때부터 수고스러웠네.
永懷江左逸　　강좌의 빼어난 시인을 길이 생각하고
多謝[3]鄴中奇　　업중의 훌륭한 문인에게 많이 양보하네.[4]
騄驥皆良馬　　문인들 모두 천리마로[5]
騏驎[6]帶好兒　　조조 부자가 그들을 거느렸네.[7]
車輪徒已斲　　수레바퀴를 한갓 깎긴 했지만[8]
堂構惜仍虧　　전승의 도는 애석하게도 어그러졌네.[二]
漫作潛夫論　　부질없이 『잠부론』을 지었는데[9]
虛傳幼婦碑　　헛되이 어린 아낙의 비석을 전하네.[10]
緣情慰漂蕩　　감정을 읊어 떠돎을 자위하는데[11] [三]
抱疾屢遷移　　병을 안고 자주 옮겨 다니네.

經濟慚長策　　살림은 좋은 계책이 없으니
飛棲假一枝　　한 가지 빌려 잠시 깃드네.
塵沙傍蜂蠆　　모래밭은 벌과 전갈이 숨어 있고
江峽繞蛟螭　　강협엔 이무기가 똬리 틀었네.[12]
蕭瑟唐虞遠　　쓸쓸한 당과 우는 아득히 멀고
聯翩楚漢危　　계속되는 초와 한의 다툼은 위태롭네.[13]
聖朝兼盜賊　　성스런 조정에 도적이 날뛰고
異俗更喧卑　　변방 지역은 더욱 시끄럽네.[14]
鬱鬱星辰劍　　별자리 비추던 답답한 검
蒼蒼雲雨池　　구름 짙던 연못의 교룡.[15]
兩都開幕府　　양도에 막부를 열고
萬寓[16]插軍麾　　수많은 집에 군기를 꽂았네.
南海殘銅柱　　남해는 구리기둥이 조용한데[17]
東風避月支　　동풍은 월지를 피하네.[18]
音書恨烏鵲　　편지는 한스럽게 전해지지 않고
號怒怪熊羆　　성난 울부짖음에 곰인가 의아하네.
稼穡分詩興　　농사지으며 시흥을 일으키고
柴荊學土宜　　땔나무하며 토질을 아네.
故山迷白閣　　고향 산 백각봉이 아른거리고
秋水憶皇[19]陂　　가을 물에 황피가 그립구나.[20]
不敢要佳句　　감히 아름다운 시구 바라지도 않아
愁來賦別離　　근심에 젖으면 이별을 노래하네.

시평 : 장약육이 이르기를, "전반부는 문장에 대해 말하고 후반부는 처한 상황에 대해 말하고 있는데, 문장의 잘잘못과 인생의 고락은 모두 촌심이 아는 것이다. 앞부분은 말은 짧지만 뜻은 핵심을 말하고 있고, 뒷부분은 말은 자세하며 정이 이어지고 있으니, 두보 일생의 심적(心跡)이 여기에 다 있다."라 하였다.

㊀ 첫머리에서 시학을 서술하였는데, 시의 원류를 모두 거론하는 가운데 자연스럽게 분파를 구별하고 있다. 마땅히 「희위육절구(戲爲六絶句)」의 '거짓된 체재를 가려 없애야.(別裁僞體)'와 '더욱 많은 스승을 삼아야 하네.(轉益多師)'라는 말과 함께 살펴보아야 한다.

㊁ 시학을 전하기 어려움을 탄식하고 있다.

㊂ 이 아래는 세상을 떠도는 자신의 행적을 서술하고 있으니 문장에 전념할 수 없음을 탄식하고 있다. 그러므로 마지막 두 구를 써서 결론을 맺고 있다.

1 『두억』에서, "소릉 두보가 일생 정력을 문장에 발휘하여 비로소 한 부 시집을 완성하였는데, 이 편이 바로 한 부 두시(杜詩)의 총서에 해당하며 처음 두 구에 총서의 요지를 담았다. '문장은 천고의 일이라.(文章千古事)'는 말은 모름지기 천고의 식견을 지녀야 한다는 것이며, '득실은 마음만이 아네.(得失寸心知)'라는 말은 마음에 천고를 갖추어야 한다는 것이다. 이것이 문장가의 비밀장(秘密藏)이며 고금 입언의 표준이 된다. '작가는 모두 빼어나니 명성이 헛되이 전해지지 않았다.'라는 말은 천고 문인을 총괄(總括)하는 말로, 그들의 성취가 비록 같지는 않지만 마음으로 홀로 깨닫는 것이 있다는 것이다. 『시경』은 시가의 비조(鼻祖)이며 『이소』의 체재는 그의 후손이다. 『이소』 같은 작가를 보지 못하였어도 『시경』을 알 수 있다. 소무(蘇武)와 이릉(李陵)이 오언고시를 주창하여 한나라의 시도가 이에 성대해졌으니 이것이 또한 시의 대종(大宗)이다. 건안(建安), 황초(黃初) 연간의 선배들이 하늘 높이 날아올랐으니 육조에 이르러 기려한 문풍도 그 여파로 하찮게 여길 수 없다."라 하였다.

2 장원(張遠)의 주에서, "두보의 조부인 두심언이 시로 이름을 날렸기에 이렇게 말한 것이다."라 하였다. '유가유(儒家有)'는 즉 이른바 '시는 우리 집의 일'이라는 말과 같은 의미이다.

3 '謝'는 달리 '病'으로 된 본도 있다.

4 조언재가 말하기를, "'강좌일(江左逸)'은 혜강, 완적, 포조, 사령운 등의 무리이고, '업중기(鄴中奇)'는 건안 칠자를 이른다."라 하였다.

5 『전론(典論)』에서, "지금의 문인으로 공융, 진림, 왕찬, 서간, 완우, 응창, 유정 등 이렇게 7명이 학문에 부족한 것이 없고 문장에 거짓이 없다. 모두 천리마를 타고 말발굽을 나란히 하며 함께 내달리는 것 같다."라 하였다.

6 '騏驎'은 달리 '麒麟'으로 된 본도 있다.

7 조조 부자를 이른다. 두 구는 즉 '업중(鄴中)'의 구절을 빌려 서로 비유하였으며, 아래 내용을 일으키고 있다.

8 『장자』에서 말하였다. "윤편(輪扁)이 제환공을 대하여 말하기를, '바퀴를 깎을 때 너무 헐렁하게도 너무 빡빡하게 하지 않는 것은 손의 감각으로 체득해서 마음에서 호응하는 것입니다. 신이 신의 자식에게 가르쳐줄 수 없고 신의 자식도 신에게 배울 수 없습니다. 이 때문에 70의 늙은 나이인데도 바퀴를 깎고 있습니다.'라 하였다."

9 『후한서』에서, "왕부(王符)의 자는 절신(節信)으로, 은거하면서 30여 편의 책을 저술하여 당시의 잘잘못을 기롱하였는데, 자신의 이름을 드러내지 않고자 하여 책의 이름을 『잠부론』이라 명명하였다."라 하였다.

10 『위략(魏略)』에서, "한단순(邯鄲淳)이 「조아비(曹娥碑)」를 지었는데, 채옹이 그 뒤에 쓰기를 '황견유부외손제구(黃絹幼婦外孫虀臼)'라고 썼다. 양수(楊修)가 읽고서 곧바로 그 뜻을 알았다. 조조가 30리 정도 가서 그 뜻을 알고서, '황견(黃絹)은 색사(色絲)니 절(絶)자이며, 유부(幼婦)는 소녀(少女)이니 묘(妙)자이다. 외손(外孫)은 여자의 아들이니 호(好)자이며, 제구(虀臼)는 매운 것을 받아들이는〔受辛〕 도구로 사(辭)자이다. 즉 절묘한 좋은 문장〔絶妙好辭〕이란 의미다.'라 하였다." 이 구는 즉 바퀴를 비록 절묘하게 깎더라도 이어 전수할 사람이 없는 것을 말하니, 곧 나의 저작을 끝내 이어받을 사람이 없다는 의미이다.

11 육기의 부에서, "시는 정을 말미암아 비단을 펼쳐내네.(詩緣情而綺靡)"라 하였다.

12 두 구는 촉 지역에 도적의 난리가 많음을 말한다.

13 조언재가 말하기를, "치도는 당과 우보다 성대한 때가 없었고, 전쟁은 유방과 항우 때보다 위급한 때가 없었다. 그러므로 나란히 들어 말하였다."라 하였다.

14 「무학부(舞鶴賦)」에서, "인간세상의 시끄럽고 비속함을 싫어하네.(厭人寰之喧卑)"라 하였다.

15 주주(朱注)에서 말하였다. "'성신검(星辰劍)'은 장화(張華)의 일을, '운우지(雲雨池)'는 주유(周瑜)의 말을 인용하였다. 기주(夔州)에서 떠돌아다니는 것이 보검이 감옥에 묻혀 나오지 않은 것과 같으며, 교룡이 연못에 있어 뛰어오르지 못한 것과 같음을 비유하고 있다. 뇌차종(雷次宗)의 「예장기(豫章記)」에서, "붉은 기운이 견우와 북두성 사이에 비추었다. 장화(張華)가 뇌공장(雷孔章)에게 묻자, 뇌공장이 '보물의 정기가 예장의 풍성(豐城)에 있다.'라 대답하였다. 이에 뇌공

장을 풍성현령으로 삼아 풍성에 도착하여 감옥을 파자 두 검이 나왔다. 그날 저녁 견우성과 북두성의 사이에 비추던 기운은 더 이상 보이지 않았다. 뇌공장이 이에 그 칼 하나를 남겨 두고, 하나는 갑에 담아 올렸다. 후에 장화가 해를 당하게 되자 이 칼이 날아서 양성(襄城)의 물속으로 들어가 버렸다."라 하였다.

16 '寓'는 '宇'와 같다.

17 남월(南粵)이 비로소 평정된 것을 이른다. 『남사(南史)』에서, "임읍국(林邑國)의 남쪽 경계에 마원(馬援)이 두 개의 구리 기둥을 세워 한나라와의 경계임을 나타내었다."라 하였다.

18 토번이 자주 침범함을 이른다. 안사고가 말하기를, "월지는 서역 너머에 있는 나라이다."라 하였다. 또한 『좌전』의 '남방의 풍악(風樂)은 굳세지 않다.〔南風不競〕'이란 말을 암용(暗用)하고 있다.

19 '皇'은 옛날에는 '黃'으로 되어 있으니, 잘못이다.

20 백각봉와 황피는 장안 부근에 있다.

4. 고식안에게 주다[1]

贈高式顔

昔別是何處　　옛날 이별하던 곳 이 어디쯤인가㊀
相逢皆老夫　　다시 만나니 모두 늙었구나.
故人還寂寞　　친구는 더욱 쓸쓸한데
削迹共艱虞　　둘 다 힘든 삶에 괴롭고 걱정뿐이네.[2]
自失論文友　　글을 논하던 벗을 잃은 뒤로[3]
空知賣酒壚　　술집을 알아도 부질없구나.[4]
平生飛動意　　평생 동안 꿈틀거리던 생각
見爾不能無　　그댈 보니 다시 솟아오르네.

㊀ 유수계의 말은 번역을 하지 못했다. 번역자 주

1 고적은 「송중송족질식안(宋中送族姪式顔)」에서, "안타깝다 그대 지우 만나지 못하니, 이와 같은 그대 재주 사랑스럽네. 세상 오백 년에, 일 천 리의 우리 집.(惜君才未遇 愛君才若此 世上五百年 吾家一千里)"이라 하였다. 살펴보건대, 이 시는 황공(黃公) 주막의 일을 인용하였으니, 고적이 죽은 뒤의 작품인데 여러 본에서 모두 편차를 잘못하였다. 이제 단복(單復) 본을 따라 기주에서 지은 시에 편차하였다.

2 『장자』에서, "공자가 위(衛)에서는 발자취를 지우면서 도망갔다."라 하였다.

3 고적을 가리킨다.

4 『진서』 「왕융전(王戎傳)」에서 말하였다. "왕융이 일찍이 황공의 주막을 지나다가 뒤에 오는 수레의 손님에게 이르기를, '내가 옛날에 해강, 완적과 이곳에서 술을 실컷 마시며 죽림의 유람에도 그 말석에

참여하였다. 혜강과 완적이 죽은 뒤로 나는 세속에 얽매였는데, 지금 보니 비록 주막이 가깝더라도 산하처럼 멀게 느껴진다.'라 하였다." 또한 두보의 「견회(遣懷)」에서, "추억하노니 고적, 이백과, 우정을 논하며 주막에 들었지.(憶與高李輩 論交入酒壚)"라 하였다.

5. 이조의 팔분소전을 노래하다[1]

李潮八分小篆歌

蒼頡鳥跡旣茫昧	창힐의 새발자국 이미 아득하니[2] [一]
字體變化如浮雲	자체의 변화는 뜬구름처럼 알 수 없네.
陳倉石鼓又[3]已訛	진창의 석고도 이미 와전되었는데[4]
大小二篆生八分	대전, 소전에서 팔분체가 나왔네.[5]
秦有李斯漢蔡邕	진에 이사가, 한에 채옹이 있었는데[6]
中間作者絶不聞	중간에 작자가 끊겨져 들리지 않았네.
嶧山之碑野火焚	역산의 비석은 들불에 타버리고
棗木傳刻肥失眞	대추나무에 새긴 것은 두꺼워 참모습 잃었네.[7]
苦縣光和尙骨立	광화 연간 고현의 비석은 아직 우뚝 서 있는데[8]
書貴瘦硬方通神	글씨는 여윔과 굳셈이 적절히니 신묘함과 통하였네. [二]
惜哉李蔡不復得	아쉽게도 이사와 채옹을 다시 볼 수 없지만
吾甥李潮下筆親	나의 생질 이조의 글씨가 그들과 가깝다네.
尙書韓擇木	상서 한택목과[9]
騎曹蔡有鄰	기조 채유린이 있네.[10]
開元已來數八分	개원 이래 팔분서 쓰는 몇 사람 있었는데
潮也奄有二子成三人	이조에겐 두 아들이 있으니 모두 세 사람이라.
況潮小篆逼秦相	더구나 이조의 소전은 진 승상 이사와 핍진하니
快劍長戟森相向	쾌검과 긴 창이 삼엄하게 마주보는 것 같네.
八分一字直百金	팔분서 한 글자는 백금의 값어치라
蛟龍盤拏肉屈[11]强	교룡이 똬리 튼 듯 필획이 굳세네.[12]
吳郡張顚誇草書	오군의 장전이 초서를 자랑하지만[13]
草書非古空雄壯	초서는 옛것이 아니라 부질없이 웅장하기만하네.

豈如吾甥不流宕　　어찌 유탕하지 않은 우리 생질만 같으랴[14]
丞相中郎丈人行　　승상(이사)과 중랑(채옹)의 높은 경지라네.[15] [三]
巴東[16]逢李潮　　파동에서 이조를 만났는데
逾月求我歌　　달이 지나도록 시를 지어달라고 하네.
我今衰老才力薄　　내가 이제 늙어빠져 재력이 떨어지니
潮乎潮乎奈汝何　　이조야, 이조야, 너를 어떻게 노래하랴.[17] [四]

[一] 이 시는 한유와 소동파의 시조가 된다.

[二] 먼저 전서의 원류를 서술하고 있다.

[三] 이조의 서법을 칭송하고 있다.

[四] 미성(尾聲)은 노래의 난(亂, 마무리)과 같으니 대단히 탄상(歎賞)하고 있다.

1 주월(周越)의 『서원(書苑)』에서, "이조는 소전을 잘 썼다. 이사(李斯)의 「역산비(嶧山碑)」를 본받아 당시에 이름을 드러내었다."라 하였다. 조명성(趙明誠)의 『금석록(金石錄)』에서, "당 혜의사(慧義寺) 「미륵상비(彌勒象碑)」는 이조가 팔분체로 쓴 것이다. 이조의 글씨는 처음에는 존중받지 못하였으니, 당시에 다만 두보만 시로 칭송하였다."라 하였다.

2 위항(衛恒)의 「서세(書勢)」에서, "황제(黃帝)의 사관인 저송(沮誦)과 창힐(蒼頡)이 새 발자국을 보고 서계를 처음으로 만들었다."라 하였다.

3 '又'는 달리 '文'으로 된 본도 있다.

4 『원화군현지』에서, "석고문은 봉상 천흥현의 남쪽에 있다. 돌의 모양이 마치 북과 같은데 그 숫자가 열 개였다. 대개 주 선왕(宣王)이 사냥하는 일을 기록하였는데, 사주(史籀)의 대전(大篆)이다."라 하였다. 학주(鶴注)에서, "봉상부 보계현은 본래 진창현이다."라 하였다. 왕후지(王厚之)의 『석고문고정』에서, "석고에 거칠게 북의 형태가 남아 있고 글자가 곁에 새겨져 있다. 돌의 자질은 단단하여 지금의 방앗대 같다. 한유는 선왕의 석고라 하였고 위응물은 문왕(文王)의 석고

라 하였는데, 선왕이 새긴 것이다."라 하였다. 정대창(程大昌)의 『옹록(雍錄)』에서 또한 성왕(成王)의 석고라고 하였다.

5 위항의 「서세」에서, "선왕의 태사주가 대전(大篆) 15편을 저술하였는데, 고문과 간혹 다르기에 당시 사람들이 그것을 주서(籀書)라고 불렀다. 진의 이사(李斯)가 『창힐편』을 지었고 조고(趙高)가 『원력편』을 지었으며, 호무경(胡毋敬)이 『박학편』을 지었는데 모두 사주(史籀)의 법식을 취하였다. 간혹 대단히 생략하거나 고쳤으니 그것을 소전(小篆)이라 한다."라 하였다. 주월의 『서원』에서, "팔분이라는 것은 진나라 우인(羽人) 상곡(上谷)의 왕차중(王次仲)이 예서를 꾸면서 만들었다. 종요는 그것을 장정서(章程書)라 불렀다."라 하였다. 「채문희별전」에서 말하였다. "신의 부친인 채옹이 말하기를 '정막(程邈)의 예자(隷字)를 잘라 팔분을 버리고 둘을 취하며 이사의 소전을 잘라 이분을 버리고 팔을 취하였기에 팔분이라 명하였습니다.'라 하였다." 또한 "모두 팔자(八字)와 비슷한데 모양이 물결에 쓰러지는 것 같습니다."라 하였다.

6 장회관(張懷瓘)의 『서단(書斷)』에서, "이사는 소전이 입신의 경지에 올랐고 대전은 오묘함에 들었다. 백개(伯喈)는 팔분과 비백이 입신의 경지에 올랐고 대전과 소전, 예서는 오묘함에 들었다."라 하였다.

7 봉연(封演)의 『문견기(聞見記)』에서, "역산의 비는 진시황이 돌을 깎아서 이사의 소전으로 새겼다. 후위(後魏)의 태무(太武)가 산에 올라 사람으로 하여금 밀쳐 쓰러트렸다. 그러나 역대로 모사하고 베껴 법식으로 삼았으니, 고을 사람들이 그런 명령을 받드느라 곤핍을 당하자 그 아래에 땔나무를 놓고 들에 불을 놓아 태워버렸다. 이 때문에 비석이 손상되어 모사할 수 없게 되었다. 그러나 여전히 구하는 사람들이 그치지 않자, 고을 수령이 이전 탁본을 구하여 석비 위에 새겼다. 몇 조각을 완성한 뒤 고을의 관사에 놓자 필요한 사람들이 베껴갔다. 지금 세상에 전해지는 「역산비」는 모두 새로 조각한 비석이다."라 하였다. 지금 두보의 시에서 '대추나무에 옮겨 새긴 것'은 아마도 다시 번각(飜刻)한 것일 것이다.

8 '立'은 달리 '力'으로 된 본도 있다. 『금석록』에서, "고현(苦縣)의 「노자명(老子銘)」은 채옹의 문장이며 글씨라고 예부터 전해진다."라 하였다. 유사경(劉思敬)의 『임지만기(臨池漫記)』에서, "노자는 고 지역 사람이다. 지금의 박주 진현으로, 고을에 명도궁(明道宮)이 있으며 궁 안에 한나라 광화 연간에 세운 비석이 있다. 채옹의 글씨이며 마영경이 지었다. 글자의 획이 굳세다."라 하였다.

9 『구당서』「숙종기」에서, "상원 2년 4월에 우산기상시 한택목이 예부상서가 되었다."라 하였다. 『선화서보(宣和書譜)』에서, "한택목은

창려 사람이다. 예서와 팔분체를 잘 쓰며 풍류가 우아하여 세상에서 채옹이 다시 살아왔다고 하였다."라 하였다.

10 두천(竇泉)의 「술서부(述書賦)」에서, "위포와 채린의 공부는 높은 수준으로, 사람의 의표를 넘어서 거의 천진(天眞)에 가깝다."라 하였다. 『서사회요(書史會要)』에서, "채유린은 채옹의 18대손으로 벼슬이 우위솔부병조참군에 이르렀다. 팔분체를 잘 썼는데 서법이 험경(險勁)하였다."라 하였다.

11 '屈'은 '倔'과 통용한다.

12 검과 창이 서로 마주하고 교룡이 똬리를 틀었다는 것은 즉 이른바 여윔과 굳셈이 신묘함에 통했다는 의미이다.

13 『구당서』에서, "오군(吳郡)의 장욱(張旭)은 초서를 잘 썼으며 술을 즐겼다. 매번 술에 취한 뒤에 붓을 찾아 휘갈겨 썼는데, 붓끝의 변화가 심오하여 마치 귀신이 돕는 것 같았다."라 하였다. 장전은 장씨 미치광이라는 의미이다.

14 초서는 유탕함에 잘못되는데, 전서와 팔분체는 그렇지 않다. 이 부분은 초서에 대해 말하고 있다.

15 '行'의 음은 '下'와 '浪'의 반절법으로 협음이다. 『한서』「흉노전」에서, "한의 천자는 우리 장인 항렬이다."라 하였다. 즉 전후의 무리를 이른다.

16 '東'은 달리 '江'으로 된 본도 있다.

17 조언재가 말하기를, "한퇴지의 「석고가」에서, '소릉엔 사람 없고 적선도 죽으니, 재주가 박하여 석고에 어찌하랴.(少陵無人謫仙死 才薄將奈石鼓何)'라 하였으니, 이 시의 마지막 두 구절을 모방하였다."라 하였다.

6. 구당협 입구[1]

峽口二首

峽口大江間　　협곡의 입구는 큰 강 사이에 있어

西南控百蠻　　서남의 온갖 오랑캐를 막아서네.[2]

城攲連粉堞　　성은 기울어 낮은 성가퀴로 이어지고

岸斷更青山　　벼랑 끊겼다가 다시 청산이네.

開闢當天險　　개벽 이래 천험의 요새인데

防隅一水關　　강 위의 관문으로 변방을 방어하네.[3]

亂離聞鼓角　　난리에 북과 뿔피리 소리 들리는데

秋氣動衰顏　　가을 기운이 노쇠한 얼굴에 내려앉네.[一]

時清關失險　　태평 시절엔 관문이 역할하지 않았는데

世亂戟如林　　세상이 어지러우니 창이 숲을 이뤘네.

去矣英雄事　　가버렸구나, 영웅의 일이여

荒哉割據心　　무모하구나, 할거하려는 음모여.[4]

蘆花留客晚　　갈대꽃은 나그네를 늦도록 머물게 하고

楓樹坐猿深　　단풍나무엔 원숭이 깊숙이 앉아 우네.

疲苶煩親故　　지친 인생이 친구를 번거롭게 하니

諸侯數賜金　　제후가 자주 돈을 보내네.[5][二]

㊁ 이 작품은 형승지를 보면서 세상이 어지러운 것을 슬퍼하고 있다. 3-4구는 협곡 입구의 경치를 서술하고 있고, 5-6구는 오랑캐를 제어하는 형세를 서술하고 있다.

㊂ 이 작품은 지난 일을 소급하면서 떠도는 신세를 슬퍼하고 있다. 1-4구는 치란의 이유를 밝혔고, 5-8구는 기주에서 떠도는 상황을 말하였다.

1 즉 구당협의 입구다. 하의문(何義門)이 이르기를, "협구는 형문(荊門)과 호아(虎牙) 두 산의 사이에 있으니, 초의 서쪽 변방이다."라 하였다.

2 『당서』「지리지」에서, "검남의 여러 오랑캐는 92종류로, 성읍도 없으며 추계(椎髻, 머리를 끌어올려 정수리 위에 틀어 감아 맨 머리모양)에 가죽옷을 입는다."라 하였다.

3 구주(舊注)에서, "협곡의 입구에 관문이 있는데 철쇄로 막아 놓았다."라 하였다. 구주(仇注)에서, "산의 형세가 기울었기에 성과 성가퀴가 모두 기울었다. 협곡 곁에는 험준한 산이 첩첩하기에 깎아지른 절벽으로 산이 보인다. 천험이 이와 같은데 또 강 위에 관문을 설치하였으니 참으로 온 촉 지역을 제어하고 있다고 할 수 있다."라 하였다.

4 구주(仇注)에서, "'영웅(英雄)'은 1구를 이어받았으니, 광무제나 소열이 촉을 평정한 것을 이른다. '할거(割據)'는 2구를 이어받았으니 공손술이나 이특이 촉을 어지럽힌 것을 이른다."라 하였다.

5 원주(原注)에서, "주인 백(柏) 중승이 자주 월급을 나눠 보내준다."라 하였다.

7. 천지[1]

天池

天池馬不到	천지에는 말도 못가니[2]
嵐壁鳥纔通	남기 덮인 절벽에 새가 겨우 지나가네.
百頃靑雲杪	드넓게 푸른 구름 펼쳐지고
曾波白石中	흰 돌 위로 층층의 물결 이네.
鬱紆騰秀氣	이내 피어올라 경치 아름답고
蕭瑟浸寒空	싸늘한 기운은 차가운 하늘로 오르네.
直對巫山峽	곧바로 무산협을 마주하는데
兼疑夏禹功	하의 우가 판 것인가 의심하네.[3] [一]
魚龍開闢有	어룡은 개벽부터 있었고
菱芡古今同	마름은 고금에 변함 없네.
聞道奔雷黑	내달리는 번개가 검다고 들었으며[4]
初看浴日紅	목욕하는 선홍의 해를 처음 보네.
飄零神女雨	떨어지는 신녀의 비
斷續楚王風	간간이 부는 초왕의 바람.[5]
欲問支機石	지기석을 묻고자 하며[6]
如臨獻寶宮	대궐에 보물을 바치고자 하네.[7] [二]
九秋驚雁序	구월 가을에 줄지은 기러기 놀라는데
萬里狎漁翁	만리 타향에 어부와 희롱하네.
更是無人處	사람이 살지 않는 곳이니
誅茅任薄躬	초가 지어 피곤한 몸 맡겨야지.[8] [三]

시평 : 이자덕이 이르기를, "산을 묘사할 때는 우뚝한 풍경을 그렸고, 물을 묘사할 때는 그윽한 운치를 다하였다."라 하였다.

㈠ 머리 부분에서 천지의 아름다운 경치를 기술하였다.

㈡ 다음으로 천지의 경물을 기술하였다.

㈢ 마지막 부분에서 이곳에 살고 싶은 마음을 서술하였다.

1 『전촉총지(全蜀總志)』에서, "천지는 기주부의 관청 동쪽에 있으며 무산현의 관청에 또한 있다."라 하였다.

2 구주(仇注)에서, "연못은 산 정상에 있다."라 하였다.

3 우임금이 판 것인가 의심한다는 의미이다.

4 곽박의 시에서, "빨리 내달려 달리는 우레를 타네.(迅駕乘奔雷)"라 하였다.

5 송옥의 「풍부(風賦)」에서, "초양왕이 난대의 궁에서 노니는데, 바람이 거세게 불어왔다."라 하였다.

6 『집림(集林)』에서 말하였다. "옛날에 사람이 황하의 근원을 찾아 나섰다. 어떤 부인이 빨래하는 것을 보고 물으니, '이곳이 은하입니다.'라 대답하였다. 그리고 돌 하나를 주니 받아 돌아왔다. 엄군평에게 물으니, '직녀의 지기석이다.'라 대답하였다." 『형초세시기』에서 지기석에 관한 장건(張騫)의 일을 싣고 있다.

7 「목천자전」에서, "천자가 서쪽으로 순행하여 양우산(陽紆山)에 이르렀다. 하백(河伯)과 풍이(馮夷)가 도읍으로 삼아 거주하던 지역이다. 이곳 사람들은 자신을 하종씨(河宗氏)라 불렀다. 천자는 벽옥을 강물에 던져 예를 올렸다. 이에 하백이 『하도보전(河圖寶典)』을 천자에게 주고, 천자의 보물을 알려주었다."라 하였다. 즉 이 구절은 천지의 신이한 경치를 말한 것이다.

8 사납고 가벼운 기주의 풍속을 싫어하였기에 사람이 없는 이곳으로 오고 싶은 것이다.

8. 남쪽 끝에서[1]

南極

南極青山衆	남쪽 끝은 청산이 많으며
西江白谷分	서강이 백곡에서 나뉘네.[2]
古城疎落木	고성엔 잎 진 나무 성글고
荒戍密寒雲	황폐한 망루엔 차가운 구름 짙네.
歲月蛇常見	사철 뱀을 항상 보며
風颷虎忽聞	바람에 호랑이 포효 문득 들려오네.
近身皆鳥道	주변은 모두 새나 다니는 길이며
殊俗自人羣	풍속 다르니 종족도 다르네.
睥睨登哀柝	성 위에 슬픈 딱따기 소리 들리고[3]
蝥弧照夕曛	깃발은 석양에 빛나네.[4]
亂離多醉尉	난리에 술에 취한 관리 많으니
愁殺李將軍	이장군을 근심스럽게 만드네.[5]

시평 : 포이전이 이르기를, "1-4구는 협 안의 풍경을 말하였고, 중간의 4구는 협 안의 토속을 말하였으며, 마지막 4구는 협 안의 당시 일을 말하고 있다. 남쪽 지방에 거처하는 것을 싫어하여 경치를 보고 감회를 일으켜 지은 작품이다."라 하였다.

1 황희(黃希)가 말하기를, "이 작품은 『이아』에서 말한 사극(四極) 가운데 남극을 인용하였으니, 기주는 장안에서 대단히 남쪽에 있다."라 하였다.

2 『두억』에서, "서강은 백곡에 이르러 나누어지니, 초와 촉의 경계이

다.”라 하였다.

3 『고금주』에서, “여장(女牆)은 성 위의 작은 담장이다. 달리 비예(睥睨)라고 부른다.”라 하였다. 즉 성 위에서 사람들을 내려 본다는 의미이다.

4 『좌전』에서, “정(鄭)이 허(許)를 정벌할 때 영고숙(潁考叔)이 정백의 깃발인 무호(蝥弧)를 잡아 먼저 올랐다.”라 하였다.

5 「이광전(李廣傳)」에서, “이광이 남전의 남산에 은거하였는데 일찍이 밤에 나갔다가 돌아올 때 정(亭, 초소)에 이르면 패릉위가 취하여 소리를 지르며 이광을 붙잡았다. 이광의 말몰이꾼이, ‘옛 이 장군입니다.’라 하자, 패릉위가 ‘지금 장군도 밤에 돌아다니지 못하는데, 옛날 장군은 말할 것도 없다.’라 하고 이광을 정에 잡아두었다.”라 하였다. 두보가 옛날 벼슬하였는데 지금 사람들에게 속임을 당할까 두려웠기에 이렇게 말한 것이다. 살펴보건대 두보의 시에, ‘낮은 관리에 굴복하고.(一命須屈色)’와 ‘낮은 아전이 가장 경시하니.(小吏最相輕)’라고 하였는데, 이는 ‘취한 위(尉)의 일’에 느낀 바가 있어서 그런 것이다.

9. 구당의 양 절벽
瞿唐兩崖

三峽傳何處	삼협으로 어느 곳이 전해지는가
雙崖壯此門	두 벼랑 사이 이 문은 장대하네.
入天猶石色	하늘까지도 여전히 바위가 보이고
穿水忽雲根	강물 속으로 벼랑이 깊숙하네.[1]
猱玃鬚髯古	원숭이들 수염을 길게 늘이고[2]
蛟龍窟宅尊	교룡의 굴은 높기도 하네.[3]
羲和冬馭近	희화는 겨울에 가까이 몰다가
愁畏日車翻	해가 뒤집어질까 근심하네.[4] ㊀

시평 : 이자덕이 이르기를, "시는 기(奇)를 구사하는 것이 가장 어렵지만, 이것을 사용하지 않는 것은 무슨 이유인가. 두보의 대단히 기(奇)하면서도 질박함을 잃지 않는 것은 능히 할 수 없다. 또한 더욱 기(奇)할수록 더욱 청(淸)함을 볼 수 있으니 어찌 이렇게 할 수 있겠는가."라 하였다.

㊀ 결어는 더욱 기이하니〔奇〕 높고 험한 양면을 다 드러내었다.

1 3구는 협곡의 험준함을 말하고 4구는 벼랑이 깊은 것을 말한다.

2 『술이기』에서, "원숭이가 오백 살이 되면 변화하여 확(玃)이 된다."라 하였다.

3 산이 높고 물이 험하기 때문에 사물들이 오랫동안 깊은 곳을 차지하여 숨어 지낸다. 두 구는 도입구를 나눠 설명하고 있다.

4 『회남자』에서, "해를 여섯 말이 끄는 수레에 태우고 희화가 몰았다."라 하였다. 이우(李尤)의 노래에서, "어찌하면 장사를 얻어 해를 뒤집을까.(安得壯士翻日車)"라 하였다.

10. 구당에서 옛날을 회상하다[1]
瞿唐懷古

西南萬壑注	서남에서 수많은 골 물 쏟아져
勍敵兩崖開	두 절벽을 맞닥뜨려 열었네.[2]
地與山根裂	땅은 산의 뿌리와 찢어지니
江從月窟來	강은 월굴에서 흘러오네.[3]
削成當白帝	깎아지른 산은 백제성과 마주하고
空曲隱陽臺	빈 골짜기에는 양대를 숨겼네.
疎鑿功雖美	물길을 낸 공적은 비록 훌륭하지만[4]
陶鈞力大哉	조물주의 힘은 더욱 위대하도다.㊀

㊀ 이 작품과 앞의 작품은 모두 대단히 핍진하게 묘사하였는데 이 작품이 더욱 고혼(高渾)하다.

1 본집 이외의 시로, 오약과 곽지달, 황학 본에 보인다.

2 '경적(勍敵)'은 맞닥뜨린다는 의미와 같다.

3 황생(黃生)의 주에서, "산은 땅에 붙어 있는데, 찢어졌다는 것은 지세(地勢)가 그렇게 만들었다는 것이다. 땅이 산과 찢어진 다음에 강물이 이곳으로 흘러들어왔으니, 문득 아래 '도균(陶鈞)'의 의미를 포함하고 있다.

4 「강부(江賦)」에서, "파동의 협곡은 하후가 뚫었다."라 하였다.

11. 밤에 서각에서 묵고 새벽에 원 조장에게 올리다
夜宿西閣 曉呈元二十一曹長

城暗更籌急	어두운 성에 시계 소리 급하고
樓高雨雪微	높은 누대에 눈이 조금 내렸네.[1]
稍通綃幕霽	비단 장막에 개인 빛이 조금 들어오고[2]
遠帶玉繩稀	멀리 보이는 옥승은 희미하네.[3]
門鵲晨光起	문 앞 까치는 새벽빛에 날기 시작하고
檣烏宿處飛	돛대에서 자던 까마귀도 날아오르네.[4]
寒流江甚細	차가운 강물 매우 부드럽게 흐르니
有意待人歸	돌아가려는 사람을 기다리는 듯.[5]

1 '눈이 조금 내렸다'란 말은 점점 갠다는 의미이다.

2 『설문해자』에서, "휘장〔帷〕이 위에 있는 것이 막(幕)이다."라 하였다. '초막(綃幕)'은 비단으로 장막을 만든 것이다.

3 희미한 별들이 아직 지지 않음을 말한다. 사조의 시에서, "옥승(북두)이 건장궁에 낮네.(玉繩低建章)"라 하였다.

4 하늘이 밝아지니 배가 이미 다니기 시작한다.

5 포주(浦注)에서, "밤에 눈이 내리다가 새벽에 개니, 문을 열고 돛대를 바라보았다. 멀리 천천히 흐르는 강물 바라보니 빨리 노 젓기를 재촉하는 것 같다. 시간의 흐름에 따라 시를 진행시켰으니, 삼협을 벗어나려는 생각을 드러낸 것이다."라 하였다.

12. 서각에서 되는대로 읊어 원 조장에게 올리다
西閣口號 呈元二十一

山木抱雪稠	산의 나무에 짙은 구름이 깔리고
寒空[1]繞上頭	차가운 하늘 꼭대기에 구름이 감싸네.[2]
雪崖纔變石	절벽에 눈 내리자 돌들이 변하고
風幔不依樓	주렴에 바람 들이치자 누대에서 떨어질 듯.
社稷堪流涕	사직 걱정에 눈물이 흐르는데
安危在運籌	안위는 운영 여하에 달렸네.
看君話王室	왕실에 대한 그대의 말은
感動幾銷憂	감동스러워 근심 녹일 것 같네.[3]

1 '空'은 달리 '江'으로 된 본도 있다.

2 '繞'는 구름을 가리켜 말한 것이다.

3 원 조장은 아마도 세상을 구제할 마음을 가졌을 것이다.

13. 서각의 밤
閣夜

歲暮陰陽催短景[1]	세모의 시간은 짧은 그림자 재촉하고
天涯霜雪霽寒宵	변방의 눈서리 그친 밤은 춥도다.
五更鼓角聲悲壯	오경의 고각 소리는 비장하고[2]
三峽星河影動搖	삼협에는 은하수 그림자가 흔들거리네.[3] ㊂
野哭千家聞戰伐	들판에서 곡하는 많은 이들에게 전쟁 소식 들으며
夷歌是[4]處起漁樵	이곳에서 어부나 목동에게 민요를 듣네.
臥龍躍馬終黃土	제갈량과 공손술도 끝내 흙이 되었으니[5]
人事音書漫寂寥	세상의 소식은 마음에 둘 필요 없네.[6] ㊂

시평 : 소동파가 말하기를, "칠언율시의 위려(偉麗)한 것으로 두보의 「봉화가지사인조조대명궁(奉和賈至舍人早朝大明宮)」의 '따뜻한 날에 깃발의 용과 뱀 꿈틀대며, 바람 잔 궁전에 제비 참새 높이 나네.(旌旗日暖龍蛇動 宮殿風微燕雀高)'와 「각야」의 '오경의 고각 소리는 비장하고, 삼협에는 은하수 그림자가 흔들거리네.(五更鼓角聲悲壯 三峽星河影動搖)'라는 구절이 있다. 이후로는 적막하여 좋은 작품이 없다. 구양영숙이 이르기를, '푸른 물결 만고에 흘러 다하지 않고, 흰 새 쌍으로 날아 절로 한가롭네.(蒼波萬古流不盡 白鳥雙飛意自閑)'와 '수많은 말 울지 않고 호령 들으니, 여러 번진 일 없이 즐겁게 농사짓네.(萬馬不嘶聽號令 諸蕃無事樂耕耘)'라는 구절이 두보의 시구와 앞을 다툴 만하다. 내가 또한 이르기를 '종고의 명령 엄한 삼경의 달, 맹수의 들판에 자니 수많은 아궁이 연기.(令嚴鐘鼓三更月 野宿貔貅萬竈烟)'와 '노포가 아침에 변방 옥관에 달려 전해지고, 승전보가 밤에 감천궁에 전해지네.(露布朝馳玉關塞 捷書夜到甘泉宮)'라는 구절이 또한 그들 수준에 근접한다."라 하였다.

㈡ 3-4구는 밤에 날이 갠 뒤에 보러 나온 것이다.

㈢ 오첨태(吳瞻泰)가 이르기를, "'인사(人事)'는 위의 '야곡(野哭)'과 '이가(夷歌)'를 이어받아 묶은 것이고, '음서(音書)'는 '천애(天涯)'와 '삼협(三峽)'을 이어받아 묶은 것이니, 관쇄(關鎖)가 대단히 주밀하다."라 하였다.

1 '景'은 '影'과 같다.

2 맑은 날 고각(鼓角) 소리는 더욱 밝게 들린다.

3 장약육(蔣弱六)이 이르기를, "삼협의 가장 물살이 거센 곳에 눈서리가 내려 밝게 빛나기 때문에 은하수가 흔들리는 것을 볼 수 있다. 또한 소리가 비장하니 사람으로 하여금 혼백을 놀라게 만든다."라 하였다.

4 '是'는 달리 '幾'로 된 본도 있다.

5 와룡 제갈량과 약마 공손술은 모두 기주에 사당이 있기 때문에 언급한 것이다.

6 어진 이나 어리석은 이나 모두 티끌로 돌아가니 적막한 인생을 따질 필요가 있을까. 마지막 두 구는 고인을 빌려 자신의 마음을 풀어내고 있다.

14. 낭서에서 추운 날 바라보며[1]
瀼西寒望

水色含羣動 강물엔 여러 사물들이 움직이는데
朝光切太虛 아침 햇빛은 태허에 떠 있네.[2]
年侵[3]頻悵望 한 해가 가려하니 자주 슬프게 바라보는데
興遠一蕭疎 감흥에 멀리 보면 온통 쓸쓸하네.
猿掛時相學 원숭이는 서로 매달리는 것 때로 배우고[4]
鷗行炯自如 갈매기는 자유롭게 밝게도 날아가네.
瞿唐春欲至 구당에 봄이 오려고 하니
定卜瀼西居 낭서에 거처를 잡아야겠네.

시평 : 이자덕이 이르기를, "가슴에 거리끼는 한 물건도 없으므로 만상(萬象)이 신령함을 드러내었다. 그러나 학문을 좋아하고 깊이 생각하여 마음으로 그러한 원인을 알지 못한다면 어디에서부터 착수할 수 있겠는가."라 하였다.

1 『수경주』에서, "백제산의 성 동쪽 곁에 낭계(瀼溪)가 있으니, 그것으로 해자를 만들었다."라 하였다. 『입촉기(入蜀記)』에서, "기주 사람들은 산의 계곡에서 흘러 강으로 들어가는 것을 '낭(瀼)'이라고 한다. 거주민들이 좌우를 나눠 낭동, 낭서라고 부른다."라 하였다. 포주(浦注)에서, "이 시는 낭 지역에 거주할 때 지은 것이다. 대개 서각에서 임시로 거주할 때 험준하여 세상과 떨어져 있었으니, 오래전부터 이곳을 떠나 다른 곳으로 가려고 하였다. 뒷부분의 「만등낭상당(晩登瀼上堂)」에서, '자못 옹색한 벼랑을 면하였네.(頗免崖石擁)'와 '산밭에는 보리가 언덕이 없고.(山田麥無隴)'라 하여 조금 탄탄한 곳에서 삶을 도모하였으니, 이 시의 의미가 있는 곳을 알 수 있다.

2 차가운 아침에 물빛이 대단히 밝게 비추는데 위로 태허(太虛, 허공)와 이어져 있다. 그러므로 수중에 사물들이 모두 환하게 비친다. '군동(群動)'은 즉 아래에서 말하는 원숭이, 학 등을 가리킨다.

3 '侵'은 달리 '終'으로 된 본도 있다.

4 사령운의 「유명산지(遊名山志)」에서, "원숭이가 서로 손을 잡고 매달려 벼랑에서 내려와 물을 마시는데 백 장(丈)이나 이어져 있는 것을 보았다."라 하였다.

15. 백제루
白帝樓

漢漢虛無裏　　아득한 허공 속으로
連連睥睨侵　　성가퀴 이어져 침범하였네.[1]
樓光去日遠　　누대에 비친 빛은 해로부터 멀고
峽影入江深　　협곡의 그림자는 강에 깊숙이 들었네.[2]
臘破思端綺　　겨울 다 하니 한 장 비단 생각하고[3]
春歸待一金　　봄이 돌아오니 일금을 기대하네.[4]
去年梅柳意　　작년 매화와 버들 보며 떠오른 생각이
還欲攪邊心　　더욱 변방 떠도는 마음 어지럽히네.

1 성이 높아 위로 하늘에 닿을 듯함을 말한다. '비예(睥睨)'는 성가퀴이다.

2 구주(仇注)에서, "햇빛이 물에 비춰 그 빛이 위로 반사되는데, 누대가 높기 때문에 빛이 해에서 먼 것이며, 협곡이 강에 임하여 그림자가 아래로 드리웠는데 강물이 빠졌기에 협곡의 그림자가 깊은 것이다."라 하였다.

3 「고시」에서, "객이 먼 곳에서 와서, 나에게 비단 한 장을 주네.(客從遠方來 遺我一端綺)"라 하였다.

4 『한서』에서, "일금(一金)이 만전의 값어치가 나간다."라 하였다. 이 구절은 즉 겨울이 다하여 봄이 돌아오니 봄옷을 만들어 행장을 꾸릴 수 있음을 말하고 있다.

16. 백제성의 누대
白帝城樓

江度寒山閣	강은 차가운 산의 각도를 지나고[1]
城高絶塞樓	높다란 성의 변방의 누대.
翠屛宜晩對	푸른 병풍 산은 저물녘 마주하기 좋고[2]
白谷會深遊	백제성 골짜기는 깊이 유람하기 좋네.
急急能鳴雁	잘 우는 기러기는 빨리도 날아가고[3]
輕輕不下鷗	내려앉지 않는 갈매기는 경쾌도 하다.[4] ⊟
夷陵春色起	이릉에 봄빛이 일어나니[5]
漸擬放扁舟	조각배 띄울 생각이 점점 깊어가네.

⊟ 5-6구는 고사를 써도 깨달을 수 없는데, 두 개의 허자를 구사하여 조물주의 사물을 만들어낸 오묘함을 지녔다.

1 '각(閣)'은 각도(閣道)를 이른다.

2 「천태부(天台賦)」에서, "절벽이 우뚝 선 푸른 병풍 같은 산을 잡고(搏壁立之翠屛)"라 하였다.

3 『장자』에서 말하였다. "장자가 친구집에서 머물렀는데, 친구가 종에게 기러기를 죽여 삶아오라고 하였다. 종놈이 '한 놈은 울고 한 놈은 울지 않는데 어떤 놈을 잡을까요.'라 묻자, 주인이 '울지 않는 놈을 잡아라.'라 하였다."

4 『열자』에서, "해상에 어떤 사람이 살았다. 매일 아침 갈매기를 따라 놀았는데 그 갈매기 숫자가 수 백 마리였다. 그 아버지가 '네가 갈매기를 잡아오너라. 내가 구경하겠다.'라 하였다. 다음날 갈매기는 춤을 추기만하고 내려앉지는 않았다."라 하였다. 두 구는 기러기와 갈매기를 보니 춘흥이 일어난 것을 말한다.

5 이릉은 섬주(峽州)를 이르니 기외(夔外)에 있다.

17. 새벽에 백제성과 백염산을 바라보며[1]

曉望白帝城鹽山

徐步攜斑杖	얼룩 대 지팡이 짚고 천천히 걷다가
看山仰白頭	허연 머리 들어 산을 바라보네.
翠深開斷壁	끊어진 절벽이 열린 곳으로 푸르름이 짙고
紅遠結飛樓	나는 듯한 누대가 선 곳에서 붉은 단청 머네.[2]
日出清江望	해 솟을 때 맑은 강에서 바라보니
暄和散旅愁	환한 햇살이 나그네 시름 덜어주네.[ㅌ]
春城見松雪	봄 성에 눈 쌓인 소나무 바라보며
始擬進歸舟	돌아가는 배 띄워 볼까 생각하네.

[ㅌ] 두보의 시는 매번 대우에 얽매이지 않는다.

1 『방여승람』에서, "백염산(白鹽山)은 백제성의 동쪽 17리에 있다."라 하였다.

2 구주(仇注)에서, "끊어진 절벽이 열린 곳으로 짙은 푸른색이 보이고 지붕이 날아갈 듯한 누대가 서 있는 곳에 멀리서 붉은 단청이 보인다. 이 구절은 도장법(倒裝法)을 사용하였다."라 하였다.

18. 서각에서 햇볕을 쬐며
西閣曝日

凜冽倦玄冬	차디찬 겨울에 게으름피우며
負暄嗜飛閣	비각에서 즐겨 햇볕을 쬐네.
羲和流德澤	희화가 은택을 베푸니
顓頊愧倚薄	전욱은 춥지 않은 날씨 부끄러워하네.[1]
毛髮具自和	머리카락은 모두 생기가 돌고
肌膚潛沃若	피부도 천천히 윤택해지네.[2]
太陽信深仁	태양의 깊은 인을 믿노니
衰氣欻有託	늙은이가 이에 의지하네.
攲傾煩注眼	몸을 뒤척이며 자주 해를 바라보니[3]
容易收病脚	다리 병이 조금은 낫는 듯하네.[4]
瀏灕[5]木杪猿	빙글 재주넘는 나무 끝의 원숭이
翩躚山巓鶴	펄럭이며 나는 산꼭대기의 학.[6]
朋知苦聚散	벗은 괴로이 만났다 헤어지니
哀樂日已作	슬픔과 즐거운 날 많기도 하였네.
即事會賦詩	경치 보며 곧바로 시를 짓는데
人生忽如昨	인생이 바로 어제 같구나.
古來遭喪亂	옛날부터 어지러운 세상 만나면
賢聖盡蕭索	어진 성인이 모두 사라졌었지.
胡爲將暮年	어찌할까, 장차 늙어지면
憂世心力弱	심력이 이미 약한데 세상 걱정 견딜까.[7]

1 「월령」에서, "초겨울 달에 해당하는 임금은 전욱이다."라 하였다. 즉 날씨가 따뜻하여 한기가 침범할 수 없음을 말한다.

2 『시경』의 주에서, "'옥약(沃若)'은 윤택한 모양이다."라 하였다. 조언재가 말하기를, "날이 따뜻하여 탕에 따뜻한 물을 넣은 것 같다."라 하였다.

3 이리저리 뒤척이며 해를 향해 누워 있는 것을 말한다.

4 두보의 「객거(客居)」에서, "다리 병에 가지 못할까 누워 근심하고.(臥愁病脚廢)"라 하였다.

5 '瀏灕'는 달리 '流離'로 된 본도 있다.

6 이는 서각 앞에 보이는 것으로 인해 자득한 정취를 일으킨 것이다.

7 이렇게 짧은 시간에 소요(逍遙)하는데 다른 것은 아직 생각해볼 수 없음을 말한다.

19. 서각을 떠나지 못하고[1]

不離西閣二首

江柳非時發	강가의 버들은 때에 앞서 피고
江花冷色頻	강기슭의 꽃은 추위에도 자주 피네.[2]
地偏應有瘴	변방이라 응당 풍토병 있으리니
臘近已含春	납일 가까워 이미 봄기운 머금었네.[3]
失學從愚子	배울 때 놓친 모자란 아들 내버려두고
無家任老身	집 없는 늙은 몸은 정처 없구나.
不知西閣意	아지 못게라, 서각의 뜻은
肯別定留人	나를 보내려나, 참으로 잡아두려는 것인가.[4]㊀

西閣從人別	서각은 사람이 떠나는 것 놔두니
人今亦故亭	사람이 이제 짐짓 머물려고 하네.[5]㊁
江雲飄素練	강에 뜬 구름은 하얀 비단 너울거리듯
石壁斷空青	석벽은 푸른 하늘을 잘라놓았네.[6]
滄海先迎日	창해의 해를 먼저 맞이하고
銀河倒列星	은하는 별자리를 거꾸로 드리우네.[7]
平生耽勝事	평소 아름다운 경치 탐하였는데
吁駭始初經	처음 이곳 지날 때 놀라기도 하였지.[8]

㈡ 떠나는 것과 멈추는 것을 서각에게 묻고 있으니, 기이하다.

㈢ 이 부분은 서각을 대신하여 답하고 있으니 기이하다. 우울한 마음을 표현하였다.

1 『두억』에서, "제목에서 '떠나지 못하고'라 하였으니 서각에서 사는 것이 싫다는 의미이다."라 하였다.

2 완전히 춥지 않은 것을 알 수 있으니, 빈(頻)자를 빌려 이 지역이 따뜻한 것을 표현하고 있다.

3 4구는 경치를 보고 시를 일으켰으니, 자신의 고향과 다른 원방(遠方)의 기후를 나타내었다.

4 조언재가 말하기를, "서각의 뜻은 기꺼이 나로 하여금 떠나게 하려는 것인가? 아니면 참으로 나를 잡으려고 하는 것인가."라 하였다.

5 『복고편(復古編)』에서, "'정(亭)'은 '정(停)'과 통용한다."라 하였다. 즉 이 구는 서각이 사람을 잡아두려는 것이 아니라 사람이 스스로 머물려고 한다는 의미이다.

6 구름이 하늘거리며 떠 있기에 산이 잘렸다. 두 구는 서각 위의 근경을 말하고 있다.

7 구주(仇注)에서, "새벽에 누대에 오르니 바다의 해를 먼저 맞이하고, 밤에 창을 보면 은하가 거꾸로 보인다."라 하였다. 두 구는 서각 위에서 본 원경이다. '도열성(倒列星)'은 심전기의 시에 보이는 '은하가 집 낮은 곳으로 들어오네.(天河入戶低)'와 같은 의미이다.

8 옛날에 살 곳을 정한 것은 다만 이러한 아름다운 경치를 즐겼기 때문이었다. 그렇지만 오래 머물러 떠나지 않는 것은 바라는 것이 아니다. 떠나고 싶지만 떠날 수 없는 마음을 그려내고 있으니, 주주(朱注)는 옳지 않다.

20. 백 중승과 아들, 조카 두어 사람의 벼슬 임명장을 보고 부자와 형제 등 훌륭한 네 명을 기술하며, 한편 조서를 노래하다[1]

覽柏中丞兼子姪數人除官制詞 因述父子兄弟四美 載歌絲綸

紛然喪亂際	어지러운 난리를 만났는데
見此忠孝門	이런 충효의 가문을 보네.
蜀中寇亦甚	촉중은 도적질이 심하였으니
柏氏功彌存	백씨의 공이 더욱 높네.[2]
深誠補王室	깊은 정성으로 왕실을 도왔으니
戮力自元昆	장자(長子)부터 힘을 다 바쳤네.[3]
三止錦江沸	세 번 금강이 끓어오름을 막았고[4]
獨淸玉壘昏	홀로 어두운 옥루를 맑게 하였네.
高名入竹帛	높은 이름 역사책에 기록되고
新渥照乾坤	새로운 은총이 천지를 밝혔네.[5]
子弟先卒伍	자제는 대오의 앞에 섰으니
芝蘭疊璵璠	지초, 난초에 옥을 포개놓았네.
同心注師律	동심으로 군율을 지키고
灑血在戎軒	전거(戰車)에 피를 뿌렸네.
絲綸實具載	조서에 사실이 기록되었으며
紱冕已殊恩	벼슬 임명은 남다른 은혜로다.
奉公擧骨肉	백 봉공이 자제를 등용하여
誅叛經寒溫	추위와 더위 겪으며 반군 토벌하였네.
金甲雪猶凍	쇠갑옷은 눈 속에서도 얼어붙고

朱旗塵不翻	붉은 깃발은 먼지 뒤집어썼네.[6]
每聞戰場說	매번 전장터 이야기 들으면
欻激懦氣奔	문득 나약한 기운 격발시키네.
聖主國多盜	성주의 나라에 도적이 많으니
賢臣官則尊	현신의 벼슬은 더욱 높아지네.[7]
方當節鉞用	만약 절도사로 기용하였더라면[8]
必絶祲沴根	반드시 재앙의 뿌리를 잘라버렸을 텐데.
吾病日迴首	내가 마음 아파하며 날마다 돌아보니
雲臺誰再論	운대의 공을 누가 다시 논하랴.
作歌挹盛事	노래 지어 성대한 일 부르노니
推轂期孤騫	바퀴 밀어 높이 날아올랐으면.[9]

1 『두시박의』에서 말하였다. "「연보」에서, '두보가 기주에 이르렀을 때 백 중승은 기주도독이 되었다. 두보가 「사상표(謝上表)」를 지었다.'라 하였다. 백 도독은 바로 백무림(柏茂林)으로, 중승은 그가 겸직했던 벼슬이다." 살펴보건대, '림(林)'은 달리 '琳'으로 된 본도 있다. 주주(朱注)에서, "두보는 「촉주백이별가장중승명(蜀州柏二別駕將中丞命)」이란 작품이 있는데, 이 시의 '백이(柏二)'는 곧 사미(四美) 가운데 한 사람이다."라 하였다.

2 최간(崔旰)이 곽영예를 죽이자, 백무림이 공주(邛州)의 아장으로 병사를 일으켜 최간을 토벌하였다.

3 장자는 백 중승을 가리킨다.

4 백 중승이 최간을 공격할 때의 일을 가리킨다.

5 주주(朱注)에서, "백무림은 두홍점(頭鴻漸)이 조정에 아뢰어 공주자사가 되자, 그는 공남방어사에 충임되었다. 곧이어 절도사에 올랐으나 얼마 지나지 않아 면직되었다."라 하였다. 살펴보건대, 공남절도사에서 면직되었다가, 다른 관직에 임명된 기록이 없으니 아마도 곧바로 기주도독에 임명된 것 같다.

6 두 구는 눈 앞에 보이는 듯한 경관을 읊었다.

7 반란군의 난리를 만나 백 중승의 공업이 더욱 드러남을 말한다.

8 백무림이 절도사에서 도독으로 임명될 때까지 벼슬을 잃었다. 그러므로 이 시에서, '만약 절도사로 기용했더라면.(方當節鉞用)'이라 하였다. 또 「관연(觀宴)」을 보니, '언제면 절도사의 신표인 취절이 와.(幾時來翠節)'라 하였으니, 애석하게 여긴 것이다.

9 『당서』「풍당전(馮唐傳)」에서, "상고에 왕이 장수를 보낼 때는 무릎을 꿇고 수레바퀴를 밀었다."라 하였다. 이 당시 최간이 서천(西川)을 마음대로 주물렀기에 조정에서 백무림을 무겁게 등용했으면 하는 바람이다.

21. 거울을 보고 지어 백 중승에게 올리다
覽鏡呈柏中丞

渭水流關內	위수는 관내를 흘러가고
終南在日邊	종남산은 태양 옆에 있네.
膽銷豺虎窟	도적의 소굴에 마음 녹아내리고[1]
淚入犬羊天	오랑캐의 하늘에 눈물 흘리네.[2]
起晚堪從事	늦게 일어나니 공무를 볼 수 있으랴
行遲更學仙	걸음이 늦으니 신선술을 배울 수 있으랴.[3]
鏡中衰謝色	거울에 늙어빠진 모습 보이니
萬一故人憐	조금이나마 그대는 날 불쌍하게 여기소서.

1 최간이 촉에서 난리를 일으킨 것을 이른다.

2 이 당시 토번이 여러 차례 변방을 침입하였다.

3 구주(舊注)에서, "대개 벼슬하는 자는 반드시 일찍 일어나는데, 늦게 일어났으니 어찌 공무를 볼 수 있으랴. 신선을 배우는 자는 반드시 몸을 가볍게 하여 빨리 걷는데, 걷는 것이 늦으니 더욱 신선을 배울 수 있으랴. 두 구는 늙어버린 의미를 담고 있다."라 하였다.

22. 백 중승을 모시고 장사들에게 베푼 연회를 보다
陪柏中丞觀宴將士二首

極樂三軍士　　너무도 즐거워하는 삼군의 병사
誰知百戰場　　누가 알리오, 수많은 전투 치른 줄.[一]
無私齊綺饌　　차등 없이 맛난 음식 똑같이 나누고[1]
久坐密金章　　오래 앉았다가 금 인장에게 다가가네.[2]
醉客霑鸚鵡　　취한 손님은 앵무 술잔 적시고[3]
佳人指鳳凰　　가기(歌妓)는 봉황 재상 가리키네.[4]
幾時來翠節　　언제나 절도사의 푸른 부절이 내려오면
特地引紅粧　　특별히 관기들을 거느리고 올까.

繡段裝簷額　　수놓은 비단으로 처마를 꾸미고[5]
金花帖鼓腰　　금빛 꽃을 북의 허리에 붙였네.[6]
一夫先舞劍　　한 장부가 먼저 검무를 추자[7]
百戲後歌樵　　뒤따라 온갖 장난으로 초동의 노래 부르네.[8]
江樹城孤遠　　강가 나무 가득한 성은 멀리 외떨어지고
雲臺使寂寥　　운대의 사신은 고요하구나.[9]
漢朝頻選將　　한의 조정에서 자주 장수 뽑으니
應拜霍嫖姚　　응당 표요 곽거병에 배수되리라.[二]

㊀ 기구(起句)가 돌올한데, 웃음 속에 눈물이 있다.

㊁ 장약육(蔣弱六)이 이르기를, "앞 작품의 마지막 4구는 담소하면서 축송하고 있으며, 이 작품의 마지막 4구는 감개하면서 바라는 내용이다. 그러므로 중복된 것이 아니다."라 하였다.

1 하손(何遜)의 시에서, "옥반에 진미를 담아 전하고.(玉盤傳綺食)"라 하였다. '음식에 차등이 없다.'는 것은 사졸과 고락을 같이 한다는 의미이다.

2 금장(金章)은 마땅히 백 중승을 가리킨다. 오래 앉았다가 서로 가까이 다가간다는 것은 신분을 잊고 서로 정을 나눈다는 의미이다.

3 『영표녹이(嶺表錄異)』에서, "앵무라(鸚鵡螺)는 나선형으로 뾰쪽하다가 굽었는데 붉은색으로, 앵무새의 부리와 같기 때문에 그렇게 이름 지어졌다. 껍질을 장식하여 술잔을 만들었는데, 기이하여 즐길 만하다."라 하였다.

4 『당회요』에서, "연재 원년(694)에 비단 도포를 궁에서 내어 3품 이상의 문무관원에게 나눠 주었다. 그 도포의 무늬는 재상은 봉황으로 장식하였고, 상서는 마주하는 두 마리 기러기로 장식하였다."라 하였디.

5 구주(仇注)에서, "지금의 결채(結綵)와 같은 종류이다."라 하였다.

6 『송서』에서, "소사화(蕭思話)는 10여 세에 세요고(細腰鼓)를 쳤다."라 하였다.

7 포주(浦注)에서, "장사가 취한 뒤에 일어나 춤을 추며 즐겼다."라 하였다.

8 조언재가 말하기를, "기주 삼협의 초동의 노래를 장난스레 불렀으니, 참으로 모든 종류의 음악을 즐김을 알 수 있다."라 하였다.

9 공적을 기록한 사신을 이른다.

23. 백 중승의 명을 받들어 강릉에 기거하는 위백옥 상서의 모친에게 가게 된 촉주의 별가 백이를 전송하면서, 아울러 행군사마로 있는 사촌 동생 두위에게 보여주다[1]

奉送蜀州柏二別駕將中丞命　赴江陵起居衛尚書太夫人 因示從弟行軍司馬位

中丞問俗畫熊頻	중승이 자주 화웅 타고 민간을 살피느라[2]
愛弟傳書綵鷁新	사랑하는 아우에게 화려한 익선 타고 편지 전하네.
遷轉五州防禦使	백 중승이 다섯 고을의 방어사로 옮겨 가니[3]
起居八座太夫人	위 상서의 모친에게 문안 가는 것이네.[4]㊀
楚宮臘送荊門水	초의 궁에서 섣달에 형문의 물길로 전송하니
白高雲偸碧海春	백제성 구름은 푸른 바다의 봄빛을 훔쳤네.[5]㊁㊂
報與惠連詩不惜	사혜련에게 시를 아끼지는 않는다고 전해주면[6]
知吾斑鬢總如銀	내 수염이 온통 은처럼 흰 것을 알리라.[7]

㊀ 포이전이 이르기를, "차련(次聯)과 같은 것은 가릉 연간의 시인들이 실컷 읊조렸으니 싫증을 낼 것이나, 두보에게 있어서는 장중(莊重)함에 해가 되지 않는다."라 하였다.

㊁ 3-4구는 빈주(賓主)가 유대(流對)하고, 5-6구는 시간과 지역을 아울러 들었다.

㊂ 형초(荊楚)와 백벽(白碧)은 또한 절구대법(折句對法)을 사용하였다.

1 별가는 중승의 아우이다. 『구당서』「대종기(代宗紀)」에서, "대력

원년 5월 형남절도사 위백옥(衛伯玉)에게 검교공부상서를 더해 주었다."라 하였다.

2 『후한서』「여복지(輿服志)」에서, "삼공과 열후의 수레는 녹교(鹿較), 웅식(熊軾)에 검은 깃발을 단 수레를 탄다."라 하였다. 장진(張溍)의 주에서, "자주 민간을 살피기 때문에 몸소 갈 겨를이 없어서 사람을 보내 문안을 올리는 것이다."라 하였다.

3 『당서』「방진표(方鎭表)」에서, "광덕 2년에 기주, 충부, 부주에 모두 방어사를 두어 기주를 다스렸다. 원래 기주, 협주, 충주, 귀주, 만주 등 다섯 고을을 거느려 형남절도에 예속시켰다."라 하였다. 백 중승은 당시에 아마도 도독에서 방어사로 옮긴 것 같다.

4 『초학기』에서, "당은 여섯 상서와 좌우 복야를 합쳐서 팔좌라 하였다."라 하였다. 『후한서』「잠팽전(岑彭傳)」에서, "대장추(大長秋)는 초하루와 보름에 태부인에게 안부를 물었다."라 하였다. 그 주에서, "한나라 법에 열후의 어머니를 바야흐로 태부인이라 칭한다."라 하였다.

5 모기령이 이르기를, "초궁과 백제성은 촉주(蜀州)로써 말하였으며, 형문과 벽해(碧海)는 강릉(江陵)으로써 말하였다. 강(江)과 한(漢)은 본래 바다로 연결되니, 세속을 떠나 거처하는 위부인을 아울러 가리키고 있다."라 하였다. 이 구절은 즉 초궁의 납월에 얼음이 풀려 강물이 빠르게 흐를 때 배가 형문으로 내려가는 것을 통쾌한 마음으로 바라보고 있다. 백제성의 구름이 맑게 개어 물과 하늘이 같은 색이니 봄이 푸른 바다에서 일어나는 것을 깨닫게 되었음을 말하고 있다. 즉 이른바 '납월이 가까워 이미 봄기운 머금었네.(臘近已含春)'라는 뜻이다.

6 『송서』에서 말하였다. "사혜련이 문장을 잘 지었다. 족형인 사령운이 칭하하면서, '매번 사혜련을 대하면 문득 아름다운 구절이 떠오른다.'라 하였다."

7 고주(顧注)에서, "즉 이전에 머리가 샌 것은 본래 시를 괴롭게 짓기 때문이지만, 지금 따로 시 한 수를 지어 붙이려 하지 않는 것은 아니다. 그러나 시 한 작품을 두 가지로 사용하고 있으니 참으로 늙어서 많이 지을 수 없기 때문이다."라 하였다.

24. 형남병마사 태상경 조공의 대식국의 칼을 노래하다[1]

荊南兵馬使太常卿趙公大食刀歌

太常樓船聲嗷嘈	태상의 누선이 떠들썩하니[2]
問兵刮[3]寇趨下牢	병법 묻고 도적을 몰아 하뢰로 달려가네.[4]
牧出令奔飛百艘	목사가 명령을 급히 내어 수많은 배가 날아가며[5]
猛蛟突獸紛騰逃	사나운 교룡과 내달리는 짐승이 어지러이 달아나네.[6]
白帝寒城駐錦袍	차가운 백제성에 금포 입은 태상이 머물더니
玄冬示我胡國刀	겨울에 우리에게 오랑캐 나라의 칼을 보여주었네.
壯士短衣頭虎毛	장사는 짧은 전투복에 호랑이 털모자 썼는데
憑軒拔鞘[7]天爲高	난간에 기대어 칼을 뽑으니 하늘 높이 솟구치네.[8]
翻風轉日木[9]怒號	바람 일며 해가 돌고 나무가 사납게 울며[10]
冰翼雲[11]澹傷哀猱	얼음이 날고 구름이 담담하여 원숭이가 슬피 우네.[12]
鐫錯碧罌[13]鸊鵜[14]膏	푸른 독으로 갈고 필제 기름을 칠하여[15]
鋩鍔已瑩虛秋濤	칼날이 투명한 가을날 물처럼 밝네.[16]
鬼物撇捩辭坑壕	귀신은 참호를 넘어 달아나고[17]
蒼水使者捫赤條	창수 사자는 붉은 끈을 만지작거리며[18] ⊟
龍伯國人罷釣鼇	용백국 거인도 자라 낚기를 그만두네.[19] ⊟
芮公廻首顏色勞	예공이 촉으로 고개 돌려 고민하다가[20]
分閫救世用賢豪	병권 맡겨 세상을 구제할 어진 호걸 등용하였네.
趙公玉立高歌起	조공이 옥처럼 서니 기개 서린 노래 일어나며[21]
攬環結佩相終始	칼자루 옆에 차고 함께 끝을 맺으려 하였네.[22]
萬歲持之護天子	만세토록 움켜쥐고 천자를 보호하리니
得君亂絲與君理	그대 얻으매 헝클어진 실을 그대와 함께 다스리리라.[23]
蜀江如線如針水	촉강은 실이나 바늘 같이 흘러가고[24]

荊岑彈丸心未已　　탄환 같이 작은 형산의 멧부리에 마음은 놓이지 않네.[25]
賊臣惡子休干紀　　적신이 그대 미워해도 기강을 범하지 못하고
魑魅魍魎徒爲耳　　도깨비와 귀신도 부질없을 따름이로다.
妖腰亂領敢欣喜　　허리와 머리를 잘라버리니 감히 희희낙락하랴
用之不高亦不庳　　높은 자리 낮은 자리 가리지 않고 베어 버리리니[26] [三]
不似長劍須天倚　　다만 장검이 하늘에 빛을 쏘아 올릴 뿐이 아니리라.[27]
吁嗟光祿英雄弭　　아! 광록의 영웅스런 계책으로 난리 막을 테니[28]
大食寶刀聊可比　　대식국의 보도와 에오라지 짝이 되리라.[四]
丹青宛轉麒麟裏　　기린아에게 화려함 완연하고
光芒六合無泥滓　　육합에 뻗친 빛에 더러움 없어라.[五]

시평 : 장약육이 이르기를, "온갖 보물로 장식하여 지면 가득 기괴한 빛이 가득하다. 조자(造字)와 조구(造句)가 한유와 이하(李賀)의 사이에 있다. 두보는 다만 우연의 기이한 시상을 드러내려 하였는데, 골력과 기상은 다른 사람이 미칠 수 없다."라 하였다. ○ 구마다 운자를 사용하였으니, 이것이 바로 백량체(柏梁體)이다. 문득 또한 전유(轉韻)을 사용하여 절로 한 풍격을 이뤘다.

[一] 포이전이 이르기를, "'짧은 전투복에 칼을 뽑는다.'는 말은 우선 일층의 면모를 드러낸 것이고, '바람 일며' 이하 네 구는 정면으로 면모를 드러낸 것이며, '귀신' 이하 3구는 뒤로 일층의 면모를 드러낸 것이다."라 하였다.

[二] 소자상이 이르기를, "대단히 기괴하니 생각으로 이를 수 있는 경지가 아니다. 이 부분은 호도(胡刀)의 밝고 날카로움을 지극히 형상하였다."라 하였다.

[三] 이 말이 난적들의 간담을 서늘하게 한다.

[四] 이는 조공이 칼을 사용하여 난리를 멈출 것을 말한다.

[五] 조공에게 기대하는 말로 결말을 짓고 있다.

1 구주(仇注)에서, "기주는 형남절도에 예속되어 있다. 조 태상(太常)이 반란군을 몰아붙여 이곳에 이르렀으니 아마도 영태 원년 최간이 반란을 일으켰을 때이다. 두보가 조 태상을 만난 것은 추측컨대 아직 고향으로 돌아가지 않았을 때이다."라 하였다. 주주(朱注)에서, "태상경은 조(趙)가 겸직한 벼슬이다."라 하였다. 『구당서』에서, "대식(大食)은 본래 파사(波斯)의 서쪽에 있다. 무기와 칼이 무겁고 날카로우며, 그들의 풍속은 전투에 용맹하다."라 하였다.

2 신신술을 배운 마명생(馬明生)의 시에서, "천지간이 떠들썩하니, 시끄러운 소리 어찌 들리지 않을까.(嗷嘈天地間 囂聲安得附)"라 하였다.

3 '刮'은 '削'의 의미이다.

4 하뢰는 기주와 협주의 입구에 있다.

5 관리들이 기다리며 맞이하는 것을 이른다.

6 도적이 달아나는 것을 비유하였다.

7 '鞘'의 음은 '所'와 '交'의 반절법이다.

8 검빛이 위로 번쩍인다는 의미이다.

9 '木'은 달리 '水'로 된 본도 있다.

10 살기가 허공에 가득함을 이른다.

11 '雲'은 달리 '雪'로 된 본도 있다.

12 구주(仇注)에서, "'익(翼)'은 난다는 의미이다. 기세가 바람과 해를 돌리고, 빛이 얼음이나 구름에 가깝다고 한 것은 칼의 날카로움을 말한 것이다."라 하였다.

13 '罌'의 음은 '英'이다.

14 '鷿鵜'의 음은 '匹題'다.

15 '전(鐫)'은 깎는다는 의미이며, '착(錯)'은 간다는 의미이다. '영(罌)'은 목이 긴 병으로 기름을 담는다. 『이아』의 주에서, "필제는 오리와 비슷한데 조금 작다. 기름은 칼날을 빛나게 한다."라 하였다. 살펴보건대 필제의 기름은 매우 독하여 도검에 바른다.

16 칼날이 가을날 물처럼 밝은 것을 말한다.

17 '별렬(撇捩)'은 달아난다는 말이다. '사갱호(辭坑壕)'라는 말은 참호를 넘어 달아났다는 말이다.

18 『수신기』에서 말하였다. "진나라 때 어떤 사람이 밤에 강을 건너다가 한 길이 넘는 사람을 보았다. 그는 손에 칼을 비켜 차고 서 있었는데, 누구냐고 물으니, '나는 창수(蒼水)의 사자다.'라 하였다." 적조

(赤條)는 붉은 색의 실로 만든 끈으로, 칼을 장식하는 것이다.

19 『열자』에서, "용백국(龍伯國)에 거인이 살았는데, 다리를 들어 몇 걸음 걷지 않아도 오주(五州)의 끝까지 다다랐으며 한번 낚시하면 여섯 마리 커다란 자라를 낚았다."라 하였다. 주주(朱注)에서, "칼날이 연마하여 대단히 밝기 때문에 귀신이 보고 모두 놀라 도망가고, 창수사자도 겨우 칼날을 문지르며 자라를 낚시하는 사람도 그 자리를 피한다는 말이다."라 하였다.

20 구주(舊注)에서, "예공(芮公)은 형남절도사다."라 하였다. 『구당서』「위백옥전」에서, "광덕 원년에 강릉윤에 임명되었다가 형남절도에 충임되었다. 대력 원년에 다시 절도사가 되었다. 2년에 양성군왕에 봉해졌다."라 하였으니, 아마도 예공이 진급하여 양성에 봉해졌기 때문인지 역사를 확인하기 어렵다. 예공은 위백옥을 가리킨다.

21 환온의 편지에, "절조 지켜 굴하지 않고 옥처럼 설 것이니 맹세코 항복하여 욕을 당하지 않으리라."라 하였다.

22 '남환결패(攬環結佩)'는 칼자루를 쥐었다가 찬다는 의미이다.

23 사승(謝承)의 『후한서』에서 말하였다. "방저(方諸)가 낭중이 되었는데, 장제(章帝)가 엉클어진 실을 방저에게 주면서 정리하라고 하였다. 이에 방저가 칼을 뽑아 세 차례 자르더니. '큰 도리에 어긋나지만 형세를 잘 이용해야 하니 일에 임해서는 마땅히 이렇게 해야 합니다.'라 하였다." 또한 『북제서』에서 말하였다. "신무(神武)가 여러 아들에게 엉클어진 실을 정리하게 하였다. 문선(文宣)이 칼을 뽑아 잘라버리면서, '어지러운 것은 반드시 참해야 한다.'라 하였다." 즉 이 구는 형남의 예공이 서쪽을 돌아보고 근심하다가 어진 이를 등용하여 세상을 구제하려 하였다. 이에 조공(趙公)이 일어나 호응하여, 처음부터 끝까지 이 칼을 차고 난리의 싹을 제거하여 왕실을 튼튼하게 하려 한다는 의미이다.

24 구주(舊注)에서, "촉강이 구당에 이르면 협곡이 되니 마치 실을 묶은 것 같다."라 하였다.

25 「등루부(登樓賦)」에서, "형산의 높은 멧부리를 가리고.(蔽荊山之高岑)"라 하였다.

26 「사치부(射雉賦)」에서, "매단 칼을 잡고 뛰어난 기술에 의지하네. 수레 앞이 무거워 가라앉고 앞이 가벼워 높이 들려도 높지 않고 낮지 않으니.(捺懸刀 騁絶技 如轅如軒 不高不埤)"라 하였는데, 주에서 "'비(埤)'는 짧은 것이다. '비(埤)'와 '비(庳)'는 옛글자에서 통용하였다."라 하였다.

27 송옥의 「대언(大言)」에서, "장검은 하늘 밖까지 빛나네.(長劍耿耿

倚天外)"라 하였다. 이 부분의 의미는 다음과 같다. 즉 조공이 이 칼로 보잘 것 없는 형촉(荊蜀)의 반란군을 평정함에 어려움이 없을 것이다. 기강을 범한 저 적신들을 이 칼로 허리와 목을 베어버릴 것이니, 고하(高下) 간에 차등을 두지 않을 것이다. 어찌 하늘까지 빛이 퍼지는 장검이라고 다만 과장스럽게 말하겠는가.

28 광록(光綠)은 조공이 아마도 이전에 이 벼슬을 하였을 것이다. '영웅미(英雄弭)'는 즉 그의 웅대한 계책이 충분히 난리를 막을 수 있다는 말이다.

25. 왕 병마사의 두 마리 각응[1]

王兵馬使二角鷹

悲臺蕭瑟石巃嵷	비애의 누대 쓸쓸하고 바위 험준하며[2]
哀壑杈枒浩呼洶	슬픈 골짜기에 나무 얽고 물소리 세차네.[3]
中有萬里之長江	가운데로 만리의 장강이 흐르는데
廻風滔[4]日孤光動	회오리바람에 물결은 해를 덮어 한줄기 빛이 흔들리네.[5] ㊀
角鷹倒翻壯士臂	각응이 몸을 뒤집어 장사의 팔뚝에 앉으며
將軍玉帳軒翠[6]氣	장군의 옥장에는 푸른 기운이 피어오르네.[7] ㊁
二鷹猛腦絛徐墜	두 마리 매의 사나운 머리가 끈이 서서히 풀리자[8]
目如愁胡視天地	근심스런 원숭이처럼 눈을 뜨며 천지를 바라보네.[9]
杉雞竹兎不自惜	삼계와 죽토는 이제 목숨 부지 어렵고[10]
孩[11]虎野羊俱辟易	어린 호랑이와 들 양도 모두 놀라 피하네.[12]
韝上鋒稜十二翮	토시 위 열두 깃촉의 칼날 같은 모습[13]
將軍勇鋭與之敵	장군의 용맹과 더불어 짝하리라. ㊂
將軍樹勳起安西	장군은 공을 세워 안서에서 일어났으니[14]
崑崙虞泉入馬蹄	곤륜과 우연을 말 타고 들어갔네.[15]
白羽曾肉三狻[16]猊	백우전으로 일찍이 세 사자를 잡았으니[17]
敢決豈不與之齊	과감한 결단이 어찌 각응과 같지 않으랴.
荊南芮公得將軍	형남의 예공이 장군을 얻은 것은
亦如角鷹下翔[18]雲	또한 각응이 구름에서 내려온 것과 같네.
惡鳥飛飛啄金屋	악조가 날아와 천자의 금옥을 쪼니[19]
安得爾輩開其羣	어찌하면 각응의 무리를 모아
驅出六合梟鸞分	난새와 구분하여 올빼미를 육합으로 몰아낼까.[20] ㊃

시평 : 왕사석이 말하기를, "이 시는 돌연히 허공에서 내려왔으니, 마치 우르렁거리는 우레와 번쩍이는 번개에 소나기가 갑자기 내리는 것과 같아 사람으로 하여금 놀라게 만든다. 아래 부분에서 왕 병마를 각응에 대응하여 말할 때, 비유 대상의 변환에 그 실마리를 찾을 수 없으면서도 의미가 갈마들며 드러나고 있다. 전편이 기발한데 한 글자도 헛되이 놓은 것이 없으니, 어찌 천고의 영웅으로 보지 않으랴."라 하였다.

㈠ 시작하는 부분이 기굴삼용(奇崛森聳)하다. 우선 일층으로 형용하는데 수법이 대단히 높으며 시어가 일반적인 생각 너머에 있으니 마치 귀신이 도운 것 같다.

㈡ 각응을 갑자기 떨어트리고 곧이어 장군으로 들어가니 절주와 박자가 매우 긴요하다.

㈢ 두보 시에는 운자는 바뀌었는데 의미는 전환하지 않으며, 의미는 전환하였는데 운자는 바뀌지 않은 것이 많은데, 이와 같은 종류가 그것이다.

㈣ 각응으로 왕 병마를 비유하고, 또한 왕 병마로 각응을 비유하니, 필의(筆意)의 변환이 대단하다.

1 『비아(埤雅)』에서, "응요(鷹鷂)의 정수리에는 각진 털이 조금 자란다. 지금 통틀어 그것을 각응이라고 부른다."라 하였다. 왕 병마사는 아마도 형남절도사의 명을 받아 병사를 거느리고 기주에 온 사람일 것이다.

2 조식(曹植)의 시에서, "높은 누대에 슬픈 바람이 많네.(高臺多悲風)"라 하였다.

3 숲에서 시냇물 소리가 들리는데, 그 소리가 크게 들린다는 의미이다.

4 '滔'는 달리 '陷'으로 된 본도 있다.

5 '회풍도일(廻風滔日)'의 '도(滔)'자는 즉 하늘에 물결이 일렁인다는 의미이다. 왕 병마의 장막이 아마도 누대 위에 있을 것이다. 그러므로 먼저 매를 부르는 곳으로부터 시를 시작하였다. 황생(黃生)의 주에서, "시작하는 부분에서 각응을 위하여 형세를 조장하였는데, 강산이

어둡고 햇빛이 애처롭게 표현하였으니 모두 각응의 숙살(肅殺)의 기세를 돕는 것이다."라 하였다.

6 '翠'는 달리 '勇'자로 된 본도 있다.

7 『운곡잡기(雲谷雜記)』에서, "옥장은 병가(兵家)에서 주술하는 방법이다. 주장(主將)이 그 방향으로 군장(軍帳)을 설치하면 군대가 견고하여 침범할 수 없다. 그 법은 『황제둔갑(黃帝遁甲)』에서 나왔다. 옥장(玉帳)은 달이 앞의 세 방위에 섰을 때를 취한다. 즉 월건인(月建寅)이면 사(巳) 방향이 옥장이 된다."라 하였다. 「감천부(甘泉賦)」에서, "푸른 기운이 너울너울 거리네.(颺翠氣之宛延)"라 하였다. 이선(李善)이 말하기를, "이 구는 즉 궁관(宮觀)이 높기 때문에 취기가 그 옆에서 너울거린다."라 하였다. 조언재의 주에서, "앞 난간에서 장사의 팔뚝으로 매가 날아 앉고, 옥장을 여니 푸른 기운이 오른다는 의미이다."라 하였다.

8 장차 날아오를 것을 말한다.

9 주주(朱注)에서, "부현(傅玄)의 「원후부(猿猴賦)」에서, '눈썹을 오그리고 이마를 찡그리니 근심하는 듯 화를 내는 듯, 늙은이 같다가 달리 원숭이 새끼 같다가.(揚眉蹙頞 若愁若嗔 旣似老公 又類胡兒)'라 하였으니, 이 시의 '근심하는 원숭이〔愁胡〕'는 여기에서 나온 말이다."라 하였다. '시천지(視天地)'는 눈동자가 위아래를 보며 불안한 것을 이른다.

10 『임해이물지(臨海異物志)』에서, "삼계(杉鷄)는 머리에 긴 노란 털이 있으며 볏과 뺨이 푸른색이다. 항상 삼나무 아래에 있다. 죽토(竹兎)는 들토끼처럼 작은데 죽엽을 먹는다."라 하였다.

11 '孩'는 달리 '溪'로 된 본도 있다.

12 어린 호랑이는 젖먹이 호랑이와 같다. 『본초강목』에서, "산양은 즉 『이아』에서 말한 완양(羱羊)으로, 달리 야양(野羊)이라 불린다. 싸움을 좋아하여 죽음에 이르기도 한다."라 하였다.

13 부현(傅玄)의 「응부(鷹賦)」에서 "왼눈은 기운 것 같고, 오른쪽 눈은 뒤집힌 듯. 굳센 날개촉 12개, 굴레는 가벼운 몸에 연결되었네.(左目若側 右視如傾 勁翮二六 機連體輕)"라 하였다.

14 『구당서』에서, "정관 17년(643)에 안서도호부를 설치하였다. 우전(于闐, 코탄)의 서쪽과 파사(波斯, 페르샤)의 동쪽 지역은 16개의 도호부를 설치하여 복속시켰다."라 하였다. 왕 병마사가 일찍이 서역에서 공을 세웠을 것이다.

15 『회남자』에서, "해가 우연(虞淵)으로 들어간다."라 하였다. 당에서는 연(淵)을 휘하여 천(泉)이라 한다.

16 ‘狻’의 음은 ‘先’과 ‘丸’의 반절법이다.

17 『이아』에서, “산예(狻猊)는 잔묘(虦猫)와 같은데 호랑이와 표범을 먹는다.”라 하였는데, 주에서 “사자다.”라 하였다. ‘육산예(肉狻猊)’라는 말은 잡아서 고기로 만든다는 의미이다.

18 ‘翙’은 달리 ‘朔’으로 된 본도 있다.

19 또한 최간(崔旰)을 가리킨다.

20 「변명론(辨命論)」에서, “올빼미와 난새는 날개를 같이 하지 않는다.”라 하였다.

26. 왕감 병마사가 '근처의 산에 희고 검은 두 마리의 매가 있는데 그물 든 자가 오랫동안 잡으려고 하여도 끝내 잡지 못하였다.'고 말하면서, 생김새가 여타의 매들과 다르니 섣달 이후 봄이 와서 더위를 피해 훨훨 날아가면 가을날 높은 하늘 날아오를 굳센 깃을 아득하여 볼 수 없을 테니 나에게 시를 지어달라고 부탁하였다

見王監兵馬使說 近山有白黑二鷹 羅者久取 竟未敢得 王以爲毛骨有異他鷹 恐臘後春生 騫飛避暖 勁翮思秋之甚 眇不可見 請余賦詩二首

雪[1]飛玉立盡淸秋	눈처럼 날고 옥처럼 서서 맑은 가을 다 갈 때[2]
不惜奇毛恣遠遊	뛰어난 깃털 아끼지 않고 마음 내키는 대로 멀리서 날아왔네.[3]
在野只敎心力破	들판에 있으면 사냥꾼 심력만 낭비케 하는데[4]
於人何事網羅求	사람에게 어찌 그물로 잡게 만드는가.
一生自獵知無敵	일생을 스스로 사냥하매 적수 없다고 자부했는데[5]
百中爭能恥下韝	백발백중의 재주 다투다가 토시에 내려앉으니 수치스럽네.[6]㊀
鵬礙九天須卻避	구천 하늘 가리는 붕새도 피해 달아나야 하니[7]
兎藏三窟莫深憂	세 굴에 숨은 토끼는 깊이 근심하지 말라.[8]

시평 : 이자덕이 이르기를, "두 작품은 한 마디 시어도 기이하지 않은 것이 없다. 포백숙속(布帛菽粟) 같은 일반적인 작품 사이에서 용이 울고 호랑이가 포효하며 폭포가 떨어져 산이 우는 맛이 있다."라 하였다. ○ 고수원이 이르기를, "황석공이 장자방을 비교에서 알아보았으나 곡성에서 늙어갔으며, 방덕공이 공명에게 상 아래에서 절을 올리게 하였으나 녹문에서 오랫동안 은거하였으니, 이른바 '일생을 스스로 사냥하매 적수 없

다고 자부했는데, 백발백중의 재주 다투다가 토시에 내려앉으니 수치스럽네.(一生自獵知無敵 百中爭能恥下韝)'라는 말에 해당하는 사람들이다. 위 무제가 유세하여 주유를 오게 하였으나 자신의 본심을 알아보는 그를 끌어들이지 못하였으며, 환온이 호걸이라 여겨 경략 왕맹을 불렀으나 나라를 천단하려는 혐의를 풀지는 못하였으니, 이른바 '사냥꾼의 그물 교묘하게 설치해도 헛되니, 봄날 기러기와 함께 돌아갈 때 시샘 받으리.(虞羅自覺虛施巧 春雁同歸必見猜)'라는 말에 해당하는 사람들이다. 천고 역사를 통해 고인(高人)과 기사(奇士)가 출처할 때의 마음은 위 28글자에서 찾을 수 있으니, 역사를 꿰뚫고 있는 두보의 흉중을 알 수 있다."라 하였다.

黑鷹不省人間有　　이런 검은 매가 인간 세상에 있을 줄 몰랐는데
度海疑從北極來　　바다 건너 아마도 북쪽 끝에서 왔으리라.
正翮摶風超紫塞　　날개 펴고 바람 박차 자새를 넘었으리니[9]
玄冬幾夜宿陽臺　　겨울날 양대에서 몇 밤을 묵었을까.
虞羅自覺虛施巧　　사냥꾼의 그물 교묘하게 설치해도 헛되니
春雁同歸必見猜　　봄날 기러기와 함께 돌아갈 때 시샘 받으리.[10]
萬里寒空秖一日　　만리의 차가운 하늘도 하루면 날아가니
金眸玉爪不凡材　　황금 눈동자 옥빛 발톱이 범상치 않구나.[11]

시평 : 구설(舊說)에 매는 왕 병마사를 비유한다고 하였으나, 두보 자신의 처지를 우의한 것으로 보는 것만 못하다. 그렇게 보는 것은 작품 안에 '멀리 떠도는 나그네가 북쪽으로 돌아가려는 생각'을 노출하였기 때문이다. ○ 두 마리 매는 산에 있으니, 본래 왕감이 소유한 것이 아니며, 또한 두보가 직접 본 것도 아니다. 그러므로 매의 모습에 대해 구상을 할 수 없다. 다만 그물을 펼쳐도 잡을 수 없다는 말과 가을을 그리워하는 굳센 날개라는 말에 나아가 매의 빠르고 날렵하며 영특하고 뛰어난 자태를 모사하였으니 단순하게 흰 매와 검은 매를 구분하여 서술한 것이 아니다. 『두억』에서 '두 시가 다른 작품보다 뛰어난 것은 기백이 웅위하여 기교를 부리는 시인의 술수에 빠지지 않았기 때문이다.'라 하였는데, 참으로 그렇다.

㊂ 노덕수(盧德水)가 말하기를, "'일생(一生)' 두 구에서 기품이 있으면서 구차하지 않은 매를 상상할 수 있다."라 하였다.

1 '雪'은 달리 '雲'으로 된 본도 있다.

2 눈과 옥은 흰 털색을 비유하였다.

3 두 구는 즉 맑은 가을이 다 갈 때 변새에서 날아온 것을 말하니, 즉 서(序)에서 말한 '굳센 깃으로 가을 하늘 그린다.'는 것이다. 『유양잡조』에서, "막북(漠北)의 흰 매는 체구가 장대하여 5근이 넘는다. 가는 얼룩무늬에 짧은 목을 지녔는데 매과 중에 으뜸이다. 사막의 북쪽에 사는데 원근을 가리지 않고 날아가, 대주(代州)와 중산(中山)을 향해 날아간다. 또한 방주(房州)의 흰 매, 어양(漁陽)의 흰 매, 동도(東道)의 흰 매 등이 있다.

4 즉 사냥꾼의 심력을 헛되이 수고롭게 만들었으니, 서에서 말한 '그물을 든 자가 오랫동안 잡으려고 하여도 끝내 잡지 못하였다.'는 것이다.

5 유신(庾信)의 시에서, "들판의 매는 스스로 사냥하고, 강가의 갈매기는 홀로 고기 잡네.(野鷹能自獵 江鷗解獨漁)"라 하였다. 주주(朱注)에서 말하였다. "매는 사냥을 시키는 것인데. 지금은 들판의 매이므로 '스스로 사냥한다.'고 하였다."

6 사람의 부림을 받지 않는다는 말이다. 『동관한기(東觀漢紀)』에서 말하였다. "태수 환우(桓虞)가, '착한 아전은 말 잘 듣는 매를 부리는 것과 같으니, 토시에서 내려와 사냥감을 잡는다.'라 하였다."

7 『후유명록(後幽明錄)』에서 말하였다. "초의 문왕이 사냥을 좋아하니 어떤 사람이 매 한 마리를 바쳤다. 문왕이 대단히 뛰어난 자태를 보고 운몽(雲夢)에서 사냥하였다. 여러 다른 매들이 다투어 사냥하는데 이 매는 멀리 구름 끝을 바라볼 뿐 사냥하지 않았다. 이윽고 날개가 매우 하얀 어떤 새가 날아오자, 이 매가 곧바로 몸을 솟구쳐 올라가 번개처럼 곧바로 날아갔다. 곧이어 깃이 눈처럼 떨어지고 피가 비처럼 내렸다. 큰 새가 땅에 떨어졌는데, 양 날개가 수십 리에 달하였다. 사물에 대해 널리 아는 군자가, '이 새는 붕추(鵬雛)다.'라 하였다."

8 『한서』에서 말하였다. "장강(張綱)이 이르기를, '승냥이와 이리가 조정에서 자리 잡고 있는데, 어찌 여우와 너구리 따위를 따지겠는가.'라 하였다." 마지막 연은 뜻이 참으로 이 고사와 같다. 일설에, 이인독(李因篤)이 이르기를, "비록 토끼가 세 굴에 숨었더라도 또한 능히

제압할 수 있으니 교활함은 걱정할 것이 못된다."라 하였다.

9 장연(張綖)의 주에서, "'자새(紫塞)'는 안문(雁門)이다. 그 산이 높이 은하수에 솟았으니 기러기도 날아 넘지 못한다. 두 산이 끊어진 곳으로 지나기 때문에 안문이라 부른다. 그러나 이 매는 그것을 넘을 수 있다."라 하였다.

10 「월령」에서, "초겨울 달에 기러기는 북쪽을 향해 날아간다."라 하였다. 서(序)에서 이른바 '섣달 이후 봄이 와서, 더위를 피해 훨훨 날아가면.(臘後春生 騫飛避暖)'에 해당한다. 검은 매의 모양이 특이하므로 시기를 당한다는 말이다.

11 포이전이 이르기를, "두보는 이제 늙었는데도 아직 이러한 시어를 짓고 있으니, 굳센 기상은 옛날과 같다."라 하였다.

27. 닭 잡는 노래
縛雞行

小奴縛雞向市賣	종놈이 시장에 팔려고 닭을 잡는데
雞被縛急相喧爭	붙잡힌 닭은 기를 쓰며 시끄럽게 울어대네.
家中厭雞食蟲蟻	집안 사람들은 벌레 먹는 닭을 싫어하나
不知雞賣還遭烹	닭은 팔면 삶아 지는 것은 알지 못한다네.
蟲雞於人何厚薄	사람에게 벌레와 닭이 어찌 좋고 나쁘랴
吾叱奴人解其縛	나는 종을 꾸짖어 결박을 풀어주라 하였네.
雞蟲得失無了時	닭과 벌레의 가치는 따질 수 없으니
注目寒江倚山閣	산의 누각에 기대 차가운 강물 바라본다네.[1] ㊀

시평 : 조차공이 말하기를, "이 작품의 오묘함은 낙구(落句)에 있다. 황노직의 「서포지사서당(書酺池寺書堂)」에서, '조금 빈접하고 크게 어리석기론 사마귀가 매미를 잡는 형국이오, 남은 것을 덜어 부족한 것을 채우는 것은 외발이 노래기를 불쌍히 여긴 것이라. 조정에서 물러나 북창 아래에서 꿈을 꾸면, 풍월 이는 한 줄기 강에 어선이 떠가네.(小詰大癡螳捕蟬 有餘不足夔憐蚿 退食歸來北窓夢 一江風月趁魚船)'라 하였는데, 시를 아는 자라면 황노직의 시를 통해 이 작품의 의미를 절로 알 것이다."라 하였다.

㊀ 하의문이 이르기를, "이 시는 붓을 댈 대마다 의미가 전환하였다."라 하였다. ○ 장적, 왕건, 원진, 백거이 등은 모두 이런 풍격의 시를 배웠으나 높은 수준에 도달하지 못하였다.

1 진후산(陳後山)이 이르기를, "닭과 벌레의 가치를 따지는 것은 차라리 둘 다 잊어버리고 도에 귀의함만 못한 것을 이른다."라 하였다. 결구는 심원한 의미를 기탁하고 있다.

28. 난간을 부러트린 것을 노래하다[1]

折檻行

嗚呼房魏不復見	오호라, 방현령과 위징을 다시 볼 수 없으며[2]
秦王學士時難羨	진왕(태종)의 학사를 때로 부러워하기도 어렵네.[3]
青衿胄子困泥塗	선비의 자제들은 진흙 속에서 곤욕 당하니[4]
白馬將軍若雷電	백마장군 어조은은 우레나 번개 같네.[5]
千載少似朱雲人	천년 역사에 주운 같은 사람 적으니
至今折檻空嶙峋	지금 절함은 속절없이 우뚝하네.[6]
婁公不語宋公語	누공은 말하지 않았고 송공은 말하였으니[7]
尙憶先皇容直臣	더욱 선황(현종)이 직신을 받아들임을 생각하네.

시평 : 영태 원년(765) 3월에 좌복야 배면(裵冕)과 우복야 곽영예(郭英乂) 등 문무의 신하 13명에게 명하여 집현전대제로 삼아 황제의 질문에 대답하도록 하였으니, 태종 시기 영주 학사를 설치했던 의도를 본받은 것이다. 그러나 이 당시 환관이 정치를 전횡하였다. 그 다음해 8월에 국자감석전에 어조은이 육군(六軍)의 여러 장수들을 거느리고 청강(聽講)하니 경대부의 자제들이 모두 주자(朱紫)를 입고 제자가 되었다. 어조은이 마침내 판국자감사가 되었는데, 집현전대제의 모든 신하들이 입을 닫고 한마디도 바른 말을 하지 않았다. 그러므로 이 시를 지어 기롱한 것이다. 1-2구는 대제(待制)의 신하들이 정관의 성대한 시기에 미치지 못함을 탄식하고 있다. 청금(青衿)의 3-4구는 교화가 무너져 중인(中人, 환관)의 자제가 정권을 잡아 횡행한 것을 이른다. 당시 대신은 입을 닫아걸고 배부르게 지냈으니 조용하게 지냈던 누사덕의 행동을 본받고 충심으로 곧은 말을 하였던 송경의 행동을 본받지 않았다. 그러므로 절함(折檻)으로 풍자한 것이다. 집현전의 여러 신하들 가운데 위징이나 송경 같은 이가 없으니, 선황(현종) 때처럼 조정에서 직신을 용납하지 못한다고 이를 수 없다.

1 『한서』 「주운전(朱雲傳)」에서, "주운이 상방참마검(尙方斬馬劍)을 청하여 아첨하는 신하 한 사람의 머리를 베어 여러 신하들을 경계시키겠다고 하였다. 황제가 그 대상이 누구냐고 묻자, '안창후 장우(張禹)입니다.'라 대답하였다. 황제가 크게 노하여 어사에게 명하여 주운을 대전 아래로 잡아끌어 내리라고 하였다. 주운이 대전의 난간을 잡고 버티자 난간이 부러졌다."라 하였다. 그 주에서 "함(檻)은 난간 앞의 울〔欄〕이다."라 하였다.

2 방현령(房玄齡), 위징(魏徵)을 말한다.

3 『당서』에서 말하였다. "무덕 4년에 태종이 천책상장군이 되었다. 도적이 조금 평정되자 이에 문학관을 짓고 어진 인재들을 불러 모았다. 그들을 세 번(番)으로 나누고 갈마들며 문학관에 거처하게 하였는데, 그들을 18학사라고 불렀다. 그 안에 뽑힌 자들은 천하 사람들이 존모하였으니, 그들을 '영주(瀛洲, 신선이 사는 곳)에 올랐다.'라 하였다."

4 환관 어조은(魚朝恩)에게 모욕을 당한 것을 이른다.

5 『위지』에서, "방덕(龐德)이 항상 흰 말을 탔기에 그를 백마장군이라 불렀다."라 하였다. 주주(朱注)에서, "살펴보건대 이 당시에 어조은이 감뮤위대장군 겸 신책군사를 맡고 있었다."라 하였다. '약뢰전(若雷電)'은 그 형세가 우레나 번개처럼 사나운 것을 이른다.

6 『용재수필』에서, "지금은 궁전의 정 중앙 한 간에만 오직 난간을 설치하지 않으니, 그것을 절함(折檻)이라 이른다. 대개 한나라 이래로 서로 전한 것이 이와 같다."라 하였다.

7 '누공(婁公)'은 누사덕(婁師德)을 이르며, 송공(宋公)은 송경(宋璟)을 이른다.

29. 입춘

立春

春日春盤細生菜	입춘의 봄 소반에 부추가 보드라우니[1]
忽憶兩京梅發時	문득 장안과 낙양의 매화 피던 때가 생각나네.
盤出高門行白玉	부귀가에서 백옥 소반 내어 돌렸는데[2]
菜傳[3]纖手送青絲	섬섬옥수로 부추를 보내왔네.[4]
巫峽寒江那對眼	무협의 차가운 강을 어찌 마주 바라보랴
杜陵遠客不勝悲	두릉의 먼 나그네는 슬픔을 이기지 못하네.
此身未知歸定處	이 몸은 돌아가 머물 곳을 모르겠나니[5]
呼兒覓紙一題詩	아이 불러 종이 찾아 시나 한 수 짓네.㊀

㊀ 소자상이 이르기를, "노경(老境)한 풍조를 보인다."라 하였다.

1 『척언(摭言)』에서, "동진의 이악(李鄂)이 입춘일에 무와 미나리로 채반(菜盤)을 만들어 손님에게 주었다."라 하였다. 『사시보경(四時寶鏡)』에서, "입춘일에 봄 떡과 생채를 담은 것을 춘반이라 부른다."라 하였다. 황생(黃生)의 주에서, "생채는 부추다. 그러므로 청사(青絲)라고 한다."라 하였다.

2 고문(高門)는 통상적으로 부귀한 집을 가리킨다. 『장자』에서, "장의란 사람은 부잣집, 가난한 집을 두루 쫓아다니며 명리를 얻기에 급급하였다."라 하였다.

3 '전(傳)'은 지내다〔經〕는 의미이다.

4 채소의 가닥이 대단히 부드럽기 때문에 반드시 섬섬옥수가 필요하다.

5 장안과 낙양에 상대하여 말하였다.

30. 강가의 매화

江梅

梅蘂臘前破	매화 꽃봉오리 섣달 전에 터지더니
梅花年後多	해 지나 매화꽃이 많이도 피었네.㊀
絶知春意好[1]	봄날이 좋은 지 분명히 알겠거니
最奈客愁何	나그네 시름은 정말 어찌할까.
雪樹元同色	눈과 나무는 원래 같은 색이라
江風亦自波	강 바람도 또한 절로 이는구나.
故園不可見	고향을 볼 수 없으니
巫岫鬱嵯峨	무협의 봉우리는 답답하게도 높다랗네.

시평 : 이자덕이 이르기를, "매화를 묘사하는데 빠지지 않고 강가로부터 착안하였으니 이런 것이 바로 고수의 솜씨이다."라 하였다. ○ 봄날 강의 고요한 물결에 매화가 비쳐 보이는 상황을 5-6구에서 대구를 통해 표현하고 있으니 참으로 말을 덧붙여 설명하지 않아도 아름답다.

㊀ 방허곡이 이르기를, "기구의 10글자는 이미 매화가 피는 과정을 다 설명하고 있다."라 하였다.

1 '好'는 달리 '早'로 된 본도 있다.

31. 뜰의 풀꽃

庭草

楚草經寒碧	초 지역 풀은 추위를 겪어도 푸르니[1]
庭春入眼濃	뜰의 봄빛이 눈에 가득 들어오네.
舊低收葉擧	이전 시들은 잎 다시 살아나며
新掩卷牙重	새로 거꾸러져 말린 잎도 다시 자라나네.[2]
步履宜輕過	걸음은 마땅히 가볍게 지나야 하고
開筵得屢供	잔치 열어 자주 풀꽃 감상하겠지.[3]
看花隨節序	계절에 따라 꽃을 구경하지만
不敢强爲容	억지로 꾸미지도 못하는구나.[4]

1 이 지역이 따뜻하기 때문이다.

2 고주(顧注)에서, "이전에 노랗게 시든 풀들이 지금 다시 생기를 모아 일어나고 고개를 떨구던 것들이 다시 곧추선 것을 볼 수 있다. 비바람을 맞아 쓰러져 피지 못하고 말려 있던 잎도 다시 피며 거꾸로 넘어진 것도 다시 살아난 것을 볼 수 있다. 각 구의 처음 두 글자는 모름지기 생략된 것으로 읽어야 한다."라 하였다.

3 풀빛이 또한 완상함을 제공한다는 말이다.

4 주주(朱注)에서, "뜰의 화초가 핀 것은 절로 계절을 따른 것인데 오직 나의 초췌한 몸은 억지로 꾸미지도 못한다는 말이다."라 하였다. 마지막 두 구는 뜰의 풀보다 못한 신세를 탄식하고 있다.

32. 왕 십오와 전각에서 만나다[1]

王十五前閣會

楚岸收新雨	초의 강기슭에 새 비가 그치고
春臺引細風	봄날 누대에 실바람 불어오네.
情人來石上	다정한 주인이 돌 위로 나와[2]
鮮鱠出江中	신선한 횟감을 강에서 내오네.
鄰舍煩書札	이웃에게 서찰을 부탁하여 보내고
肩輿强老翁	가마 보내 노인을 억지로 불러내네.
病身虛俊味	병든 몸이라 진미가 부질없어도
何幸飫兒童	아이들이라도 배부르니 얼마나 다행인가.[3] ㈡

㈡ 가볍게 가볍게 언급한 것이 절로 좋다.

1 왕 십오의 전각이지 서각(西閣)이 아니다.

2 포조의 시에서, "술잔 남겨 정인을 기다리네.(留酌待情人)"라 하였다.

3 포주(浦注)에서, "비가 걷히고 바람이 선선히 불 때 왕군(王君)이 바위 위의 전각에 회를 장만하고 서찰과 가마를 보내 두보를 부르며 아울러 아이들에게도 음식을 나눠주니, 정성스럽게 두보를 대하는 의사가 이와 같다. 그러므로 시를 지어 기록하였다."라 하였다.

33. 늙고 병든 몸

老病

老病巫山裏	무산에서 늙고 병들어
稽留楚客中	초에서 나그네 되어 떠도는 몸.
藥殘他日裹	전날 마련한 약봉지는 비어가고
花發去年叢	꽃은 작년 떨기에서 피는구나.
夜足霑沙雨	밤에 백사장 흠뻑 적시는 비
春多逆水風	봄에 물결 거스르는 거센 바람.
合分雙賜筆	두 자루의 붓을 받아야 하는데[1]
猶作一飄蓬	오히려 바람에 날리는 쑥대가 되었네.

1 『한관의(漢官儀)』에서, "상서령복승랑은 한 달에 붉은 대롱의 큰 붓을 한 쌍씩 주는데, 전서로 북궁저작(北宮著作)이라고 적혀 있다."라 하였다.

34. 최 평사 아우가 말을 보내기로 약속했는데 오지 않자, 응당 그가 '노인이 비에 젖은 진땅을 보고 외출하기 두려워 아마도 좋은 약속을 어길 것이다.'라 여겼을 것이기에, 붓을 들어 장난삼아 편지를 보내다

崔評事弟許相迎不到 應慮老夫見泥雨怯出 必愆佳期 走筆戲簡

江閣邀賓許馬迎	강가 전각에 손님 맞으러 말을 보내기로 약속하기에
午時起坐自天明	날이 밝을 때 일어나 한낮까지 앉아 있었네.
浮雲不負青春色	떠가는 구름은 푸른 봄빛을 저버리지 않는데
細雨何孤白帝城	가랑비는 어찌 백제성을 저버리는가.
身過花間霑濕好	꽃 사이 노닐면 옷 젖어도 좋고
醉於馬上往來輕	말 위에서 취하면 왕래가 편하네.
虛疑皓首衝泥怯	부질없이 백수 노인이 진흙탕 겁내리라 여겼으리니
實少銀鞍傍晚行	실은 저물녘에 은안장 얹은 말 없기 때문이라네.

35. 근심에 젖어[1]

愁

江草日日喚愁生	강가의 풀은 날마다 근심을 불러오며 자라고
春[2]峽泠泠非世情	봄날 협곡의 맑은 물은 세상의 정이 아니더라.
盤渦鷺浴底心性	소용돌이에 자맥질하는 백로는 무슨 마음일까
獨樹花發自分明	외론 나무에 꽃 피니 절로 또렷하네.[3]
十年戎馬暗南國	십년의 전쟁으로 남쪽 지방은 어둡고
異域賓客老孤城	이역의 나그네는 외론 성에서 늙는구나.
渭水秦山得見否	위수와 진산의 장안을 볼 수 있을까?
人今罷病虎縱橫	잔혹한 세금에 백성들은 지치고 힘드네.[4]

시평 : 채거후(蔡居厚)의 『채관부시화(蔡寬夫詩話)』에서, "두보의 '소용돌이에 자맥질하는 백로는 무슨 마음일까, 외론 나무에 꽃 피니 절로 또렷하네.(盤渦鷺浴底心性 獨樹花發自分明)'라는 구절은 오체(吳體)가 된다. '집집마다 가마우지를 길러, 끼니마다 황어를 먹이네.(家家養烏鬼 頓頓食黃魚)'라는 구절은 배해체(俳諧體)가 된다. '강가 인가의 복숭아 나뭇가지.(江上人家桃樹枝)'는 신구(新句)가 된다. 비록 장난삼아 지은 것 같지만 그러나 두보 시의 격력(格力)에 해가 되지 않는다."라 하였다.

1 원주(原注)에서, "억지로 장난삼아 오체(吳體)를 지어본다."라 하였으니, '희(戲)'라고 한 것은 정률(正律)이 아님을 밝힌 것이다. 『두억』에서, "두보는 흉중에 불평하여 억눌린 기운이 있으면 매번 요체(拗體)를 사용하여 풀어내었다."라 하였다.

2 '春'은 달리 '巫'로 된 본도 있다.

3 포주(浦注)에서, "풀이 날마다 자라니 초췌한 나의 모습과 비슷할까 두려운 것이며, 맑게 흘러가는 강물은 쓸쓸한 나를 대하는 것 같아

우울하다. 근심에 젖은 사람이 대하는 것은 하나도 마음에 드는 것이 없으므로 백로가 자맥질하고 꽃이 피는 것도 괴이한 일이니, 근심을 다만 피상적으로 아는 사람과는 다르기 때문이다. 아래에서 근심의 이유를 스스로 말하고 있다."라 하였다.

4 장총(張璁)이 말하기를, "'호종횡(虎縱橫)'은 세금이 가혹한 것이다. 당시 장안은 제오기(第五琦)가 주장한 십묘세일법을 적용하여 많은 백성들이 유리걸식하였다."라 하였다.

36. 대낮의 꿈

晝夢

二月饒睡昏昏然	이월에는 많이 자도 흐리멍덩하니
不獨夜短晝分眠	밤이 짧아서 낮에 나눠 자도 부족하네.
桃花氣暖眼自醉	복사꽃 기운 따스해 눈이 절로 취하고
春渚日落夢相牽	봄날 물가에 해가 지면 꿈이 나를 이끄네.[1]
故鄉門巷荊棘底	고향 마을은 가시덤불 아래 있고
中原君臣豺虎邊	중원의 군신은 반란군 곁에 있네.
安得務農息戰鬪	어찌하면 농사 힘쓰고 전쟁 멈추며
普天無吏橫索錢	온 세상에 돈을 착취하는 관리 없게 할까.[2] ⊟

⊟ 소자상이 이르기를, "이 작품은 칠언율시의 변격으로 기운이 절로 창망(蒼莽)하다. 대가는 참으로 모름지기 이런 기상이 있어야 한다."라 하였다.

1 오주(吳注)에서, "이월에 정신이 흐리멍덩하여 많이 자는 것은 다만 밤이 짧아서 낮에 졸려 그런 것뿐만 아니라 기후가 따뜻하여 정신이 노곤하기 때문이다. 그러므로 해가 져도 꿈이 아직 깨지 않는다고 한 것이다."라 하였다.

2 고주(顧注)에서, "하반부 4구는 잠에서 깨어 근심할 때 하는 말이다. 두보는 눈을 감으면 꿈이고 눈을 뜨면 근심이니, 이에 이르러 또 다시 걱정에 잠을 이루지 못하고 있다."라 하였다.

37. 번민을 풀어서 장난스레 노 조장에게 드리다[1]
遣悶戲呈路十九曹長

江浦雷聲喧昨夜	강 포구에 우레 소리 어제 밤에 요란하더니
春城雨色動微寒	봄날 성에 비올 기색이 약간의 한기에 일어나네.
黃鸝並坐交愁濕	꾀꼬리 나란히 앉아 서로 비에 젖음을 시름하고[2]
白鷺羣飛太劇乾	백로는 떼 지어 날며 날개 마르지 않을까 걱정하네.[3]
晚節漸於詩律細	만년 되니 시율에 점차 정밀해지지만[二]
誰家數去酒盃寬	뉘 집을 자주 찾아가도 술을 넉넉히 대접하랴.
唯君最愛淸狂客	오직 그대만이 청광의 나그네를 매우 아껴
百遍相過[4]意未闌	백번을 찾아가도 마음 변하지 않네.

시평 : 구창주가 이르기를, "두보가 일찍이 「강상치수여해세료단술(江上值水如海勢聊短述)」에서, '늙어가며 시를 함부로 지으니.(老去詩篇渾漫與)'라 하였으며, 이 작품에서 ' 만년 되니 시율에 점차 정밀해지지만.(晚節漸於詩律細)'이라 하였으니, 어떤 의미가 있는가. '율세(律細)'는 마음을 정밀하게 쓴 것을 이르고, '만여(漫與)'는 손에서 나올 때 순수하며 완숙한 것을 이른다. 완숙은 정밀한 곳에서 나오는 것이니 두 말의 의미를 합쳐서 봐야 한다. 즉 이른바 '마음 흡족하면 날아 움직일 것 같고.(意愜關飛動)'란 경지에 해당한다."라 하였다.

[二] 소자상이 이르기를, "안온하다는 것과 세밀하다는 말에서, 두보의 고심을 알 수 있다."라 하였다.

1 두보 본집에 실리지 않은 작품으로, 원씨(員氏)가 수록하였다.
2 『고악부』에서, "까마귀가 8-9 새끼를 낳으니, 진씨의 계수나무 사

이에 줄지어 앉았네.(烏生八九子 端坐秦氏桂樹間)"라 하였으니, 이 작품의 '좌(坐)'는 이곳에서 나왔다.

3 소주(邵注)에서, "꾀꼬리가 비를 두려워하면서 앉아 있으니, 서로 비에 젖는 것을 근심하는 것 같다. 백로는 빗속을 나니 날개가 마르지 않을 것이다. 두보가 빗속에 체류하였기에 이런 경치를 마주하고 고민이 늘어갔다."라 하였다.

4 '過'는 달리 '看'으로 된 본도 있다.

38. 늦봄에

暮春

臥病擁塞在峽中	병들어 누워 삼협에 갇혔으니[1]
瀟湘洞庭虛映空	소상과 동정호는 부질없이 하늘이 비치네.
楚天不斷四時雨	초의 하늘엔 사시사철 비가 그치지 않고
巫峽常吹萬[2]里風	무협엔 노상 만리의 바람이 불어오네.
沙上草閣柳新暗	백사장 초가엔 버들이 새로 녹음지고
城邊野池蓮欲紅	성 옆의 들판 연못엔 연꽃이 붉어지려 하네.
暮春鴛鷺立洲渚	늦봄 원앙은 모래톱에 서 있다가
挾子翻飛還一叢	새끼 데리고 날아올라 모두 모이네.[3] ㊀

㊀ 소자상이 이르기를, "시가 트이고 활달하니, 늙어서 더욱 왕성한 기운이 있다."라 하였다.

1 『두억』에서, "두보는 본래 초봄에 삼협을 내려가려고 하였는데 병이 나서 늦봄이 될 때까지 배를 타고 내려가지 못하였다. 그러므로 병들어 누워 체류하게 된 것을 개탄하고 있다."라 하였다.

2 '萬'은 달리 '千'으로 된 본도 있다.

3 주주(朱注)에서, "『설문해자』에서, '총(叢)'은 모인 것이다.'라 하였으니, '일총(一叢)'은 원앙이 새끼를 데리고 모여 날아간다는 의미이다."라 하였다.

39. 즉흥적으로

卽事

暮春三月巫峽長	늦봄 삼월에 무협은 길기도 한데
皛[1]皛行雲浮日光	하얗게 지나가는 구름이 햇빛에 떠 있네.[2]
雷聲忽送千峯雨	우레 소리는 갑자기 천 봉우리에 비를 보내니
花氣渾如百和香	꽃향기는 마치 백화향을 사른 듯.[3]㊀
黃鶯過水翻迴去	꾀꼬리는 강물 지날 때 몸을 뒤집어서 날고[4]
燕子銜泥濕不妨	제비는 진흙 물고 젖어도 신경 쓰지 않네.
飛閣卷簾圖畫裏	비각에 주렴 걷으니 그림 같은 경치인데
虛無只少對瀟湘	드넓은 광경에 다만 소상강만 빠졌구나.[5]

㊀ 3-4구는 늦봄의 풍경을 절실하게 묘사하였다.

1 '皛'의 음은 '胡'와 '了'의 반절법이다.

2 구름이 햇빛 사이로 떠서 지나가니, 바로 우레와 비가 곧 일어날 조짐이다.

3 소주(邵注)에서, "한무제 때에 월지국에서 백화향을 보내왔다. 비가 지날 때 꽃 향기가 진동함을 말한다."라 하였다.

4 비가 두렵기 때문에 몸을 뒤집어서 난다.

5 마지막 구는 삼협을 나갈 수 없음을 이른다.

40. 패상에서 노님을 회상하며[1]

懷灞上遊

悵望東陵道	동릉의 길을 서글피 바라보나니[2]
平生灞上遊	평소 패상에서 노닐었었지.
春濃停野騎	봄 짙어 가면 들판에 말 세우고
夜宿敞雲樓	밤에 높다랗게 트인 누대에서 잤었지.[3]
離別人誰在	헤어진 뒤에 뉘가 그곳에 남았나
經過老自休	패상 갈 일은 늙어 절로 사라졌네.
眼前今古意	눈앞에 고금의 일을 회상하노니
江漢一歸舟	강한에 돌아가려는 배 한 척.[4]

1 패상은 지명으로, 장안의 동쪽 30리에 있다.

2 고주(顧注)에서, “동릉은 즉 장안의 동문으로, 진나라 동릉후가 오이를 심었던 곳이다.”라 하였다.

3 두 구는 삼협 안의 깊숙하여 군색한 지형이 사람을 힘들게 한 것에 상대하여 말한 것이다.

4 패상에 갔던 일이 이미 오래되어 만사가 모두 아득해졌다. 다만 빨리 돌아가려는 마음만 있다.

41. 비가 개다

晴二首

久雨巫山暗	오랜 비에 무산이 어둡더니
新晴錦繡文[1]	맑게 개니 비단에 수놓은 무늬라.
碧知湖外草	푸른 것은 호숫가 풀이러니
紅見海東雲	붉은 것은 바닷가 동쪽의 구름이로다.[一]
竟日鶯相和	종일 꾀꼬리 서로 화답하고
摩霄鶴數羣	학은 무리지어 하늘 높이 날아가네.
野花乾更落	들꽃은 말라서 떨어지는데
風處急紛紛	세찬 바람에 어지러이 날리네.

啼烏爭引子	울어대는 까마귀는 새끼를 데리고 가고
鳴鶴不歸林	우는 학은 숲으로 돌아가지 않네.
下食遭泥去	내려 먹이 쪼려다 진흙 만나 떠나고[2]
高飛恨久陰	높이 날며 오래 흐린 날을 한스러워 하네.[3]
雨聲衝塞盡	변방 울리는 빗소리 그치고
日氣射江深	햇빛은 강물 깊이 비추네.
回首周南客	머리 돌려 바라보는 주남의 나그네
驅馳魏闕心	높다란 대궐로 내달리는 마음.

㈡ 비가 갠 아름다운 풍경이 마치 그림 같다.

1 '文'은 달리 '紋'으로 된 본도 있다.

2 오래 비가 내렸다가 잠깐 개었으므로, 진흙이 아직도 젖어 있다.

3 까마귀도 내가 먹을 것을 구하려는 것과 같은데 나는 새처럼 높이 날지 못하니, 즉 마지막 두 구를 일으켰다.

42. 비

雨

始賀天休雨	하늘이 비를 그쳐 금방 감사했는데
還嗟地出雷	우레 울리니 다시 탄식 이네.
驟看浮峽過	소나기가 협곡을 지나가더니
密作渡江來	짙은 비가 강을 건너오네.
牛馬行無色	지나가는 우마는 행색이 초라하고[1]
蛟龍鬭不開	교룡의 싸움은 끝이 없네.
干戈盛陰氣	전쟁이 음기를 성하게 만들었으니
未必自陽臺	아마도 양대와 연관이 없으리.

1 두보의 「추우(秋雨)」에서, "오가는 마소를 알아볼 수 없으니.(去馬來牛不復辨)"라 하였다.

43. 달

月三首

斷續巫山雨	무산에 비가 오락가락하더니
天河此夜新	오늘밤 은하수는 산뜻하구나.
若無青嶂月	만약 푸른 봉우리에 달이 없었다면
愁殺白頭人	노인은 근심에 시달렸으리.
魍魎移深樹	도깨비는 깊은 숲으로 달아나고[1]
蝦蟆沒半輪	두꺼비는 반쪽 달을 삼켰네.[2]
故園當北斗	고향에도 북두성 비출 텐데
直想照西秦	달빛 비추는 장안이 그립네.[一]

併照巫山出	무산을 다 비추는 달이 나오니
新窺楚水清	새로 맑은 초수를 들여다보네.[3]
羈棲愁裏見	떠돌며 근심 속에 바라보니
二十四迴明	스물네 번째 뜨는 달이로다.[4]
必驗升沈體	달이 뜨고 지는 것을 안다면
如知進退情	차고 기우는 실정도 알리라.
不違銀漢落	은하를 저버리고 먼저 지지 않으니
亦伴玉繩橫	또한 새벽별과 짝하여 나란하네.[5] [二]

萬里瞿唐月	만리 변방 구당협에 뜬 달은
春來六上弦	봄 이래로 여섯 번째 상현달이네.[6] [三]

時時開暗室　　때때로 어둔 방을 밝히고
故故滿青天　　자주 푸른 하늘에 가득하였네.
爽合風襟靜　　바람 이는 옷깃에 밝게 비춰 고요하고
高當淚臉懸　　눈물 흘리는 뺨을 높이 비춰 매달렸네.
南飛有烏鵲　　남으로 나는 까마귀와 까치는
夜久落江邊　　밤이 깊어 강변으로 내려앉네.[7]

㊀ 1-4구는 날이 개어 달이 뜬 것을 기뻐하였다. 시의 앞부분에서 '떠돌며 지내는 내용'으로 실마리를 만들어, 그것을 맺었다. ○ 이자덕이 이르기를, "박노(樸老)한 가운데 절로 풍류가 드러나니 다른 작가들이 미칠 수 없다."라 하였다.

㊁ 두 해의 달을 통틀어 계산하였다.

㊂ 이 시는 전적으로 상현달을 가리켰다.

1 달의 밝은 곳을 말한다.

2 어두운 곳을 말하니, 바로 상현달을 가리킨다.

3 또한 비가 온 뒤의 풍경을 말한다.

4 기주에서 떠돈 지 벌써 두 해라는 말이다.

5 은하수는 하늘이 밝을 때 비로소 진다. 두 구는 달을 구경하느라 항상 밤을 지샌다는 말이다.

6 또한 두 해를 통틀어 계산한 것이다. 구주(舊注)는 옳지 않다.

7 '까마귀와 까치 남으로 날아가네.(烏鵲南飛)'라는 위 무제의 시를 인용하여 결말을 맺고 있으니, 참으로 타향에 떠도는 감회를 드러내었다.

44. 새벽 비
晨雨

小雨晨光內	새벽 동 틀 때 가랑비 왔는데
初來葉上聞	처음 내릴 때 잎 위에 들리더라.
霧交纔灑地	안개 끼자 비로소 땅을 적시고
風折旋隨雲	바람 바뀌자 곧 구름을 따라왔네.
暫起柴荊色	잠시 잡목의 본색이 드러나고
輕霑鳥獸羣	가볍게 짐승의 무리를 적시네.
麝香山一半	사향산의 반면이[1]
亭午未全分	한낮에도 분명하지 않네.[旦]

旦 이자덕이 이르기를, "본 것은 다만 눈앞에 있는 것인데, 그러나 두보가 아니면 이처럼 끄집어 내지 못한다."라 하였다.

1 『기주도경』에서, "사향산은 기주의 동남쪽 155리에 있다. 산에서 사향이 생산되므로 그렇게 이름 지었다."라 하였다.

45. 집을 지어 들어가다[1]

入宅三首

奔峭背赤甲　뒤로 적갑산의 봉우리 내달리고
斷崖當白鹽　벼랑 끊어진 백염산을 마주하고 있네.[2]
客居愧遷次　떠돌이로 살며 옮겨 다녀 부끄러웠는데
春色漸多添　봄 경치가 점점 다채로워지네.
花亞欲移竹　꽃이 눌리니 대나무를 옮겨야 하고[3]
鳥窺新捲簾　새가 엿보니 다시 주렴을 걷네.
衰年不敢恨　노년에 감히 한스러워 않으니
勝概欲相兼　아름다운 경치를 마주하여서라네.[一]

亂後居難定　난리 뒤라 거처 정하기 어려운데
春歸客未還　봄이 돌아왔건만 나그네는 돌아가지 못하네.
水生魚復浦　물은 어복포에서 일어나고[4]
雲暖麝香山　구름은 사향산에 따뜻하네.
半頂梳頭白　반이나 빠진 흰머리 빗고
過眉拄杖斑　눈썹보다 높은 얼룩 지팡이 짚었네.[5]
相看多使者　많은 사신들을 바라보며
一一問函關　일일이 함곡관에 대해 물어보네.[6][二]

宋玉歸州宅　송옥이 살던 귀주의 집에서
雲通白帝城　구름이 백제성으로 이어졌네.[7]

吾人淹老病	늙고 병든 나는 이곳에 붙잡혀
旅食豈才名	떠돌며 지내니 어찌 재명이 같으랴.[8]
峽口風常急	삼협 입구는 바람이 항상 거세니
江流氣不平	강물은 거세게 일렁이며 흘러가네.㊂
只應與兒子	다만 아이들과 더불어
飄轉任浮生	부평초 인생에 맡겨 떠돌아다니네.

㊀ 첫 번째 작품은 적갑산의 승경을 기록하였다.

㊁ 두 번째 작품은 고향 생각을 일으킨다.

㊂ 바람이 거세고 물결이 높으니, 이곳에 거처할 수 없음을 알 수 있다. 이에 오래지 않아 곧바로 낭서로 옮긴 것인가.

1 『연보』에서, "대력 2년(767) 봄에 두보는 서각에서 적갑(赤甲)으로 옮겨 살았다."라 하였다. 학주(鶴注)에서, "적갑과 낭서는 모두 봉절현 북쪽 30리에 있나."라 하였다.

2 고주(顧注)에서, "두 산의 형세를 말하여 집의 향배를 밝히고 있다."라 하였다.

3 구주(仇注)에서, "꽃이 대나무 가지에 눌리고 있는데, 꽃을 사랑하기에 반드시 대나무를 옮겨야 한다."라 하였다.

4 소주(邵注)에서, "적갑성은 본래 어복현(魚復縣)의 옛 이름이다."라 하였다. 『지지(地志)』에서, "기주는 어복현을 다스린다. 염예(灩澦)는 바람과 파도가 거세고 번개가 치니 큰 물고기도 올라가지 못한다. 그러므로 어복포라 이름 지었다."라 하였다.

5 구주(仇注)에서, "'반정(半頂)'은 머리숱이 적은 것을 이른다. '과미(過眉)'는 지팡이가 긴 것을 이른다."라 하였다.

6 왕응린(王應麟)이 말하기를, "동관(潼關)에서 함곡관에 이르기까지 섬주(陝州)와 화주(華州)의 두 고을을 지났는데, 모두 도림새(桃林塞)라고 부른다. 이 당시 주지광(周智光)이 화주를 장악하고 반란을 일으켰다."라 하였다.

7 두 곳의 거리가 멀지 않은 것을 알 수 있다.

8 두보 자신이 송옥과 같지 못함을 말하였다.

46. 적갑산

赤甲

卜居赤甲遷居新　적갑산에 거처 정해 이사와 거주하면서
兩見巫山楚水春　무산과 초수의 봄을 두 번 보았네.[1]
炙背可以獻天子　해바라기의 즐거움을 천자에게 바칠 수 있고
美芹由來知野人　맛있는 미나리는 들사람도 잘 알고 있다네.[2]
荊州鄭薛寄詩近　형주의 정심과 설거는 시를 보낼 만큼 가깝지만[3]
蜀客郄[4]岑非我鄰　촉객인 극앙과 잠삼은 내 이웃이 아니라네.[5]
笑接郎中評事飲　낭중과 평사를 웃으며 맞이하여 술 마시니[6]
病從深酌道吾眞　병들어도 흠뻑 취하며 내 속마음 털어놓네.⊟

⊟ 이 작품은 당풍의 퇴폐적인 모습이 잘 드러난다.

1 지난 봄부터 기주에 와 있었다.

2 혜강(嵇康)의 「절교서(絶交書)」에서, "야인(野人)이 등에 햇볕에 쬐는 것과 맛있는 미나리를 지존(至尊)에게 바치려고 한 것은 비록 정성스러운 마음이지만 또한 대단히 현실을 잘 알지 못한 것이다."라 하였다. 등에 햇볕을 쬐는 고사는 『열자』에서 나왔다. 고주(顧注)에서, "봄날에 산에 거처하며 일이 없으니, 다만 등에 햇볕에 쬐는 즐거움을 천자에게 바칠 수 있다. 맛있는 미나리를 야인이 스스로 알고 있는데, 이밖에 가진 것이 없다는 내용이다. 참으로 거처하는 곳이 황폐하고 비루함을 알 수 있다."라 하였다.

3 정심(鄭審)과 설거(薛據)를 이른다.

4 '郄'의 음은 '隙'이다.

5 극앙과 잠삼을 이른다. 주주(朱注)에서 말하였다. "『태백집』에 「송

극앙적파중(送郄昂謫巴中)」이란 작품이 있다. 또한 「파주비(巴州碑)」에서, '극앙은 「배엄사군무모춘오언(陪嚴使君武暮春五言)」 두 수의 작품을 남감에서 지었는데, 시가 매우 전려(典麗)하다.'라 하였으니, 아마도 두보의 친구일 것이다. 이 당시 가주자사 잠삼은 상공 두홍점(杜鴻漸)의 막부에 있었다. 그러므로 촉객(蜀客)이라 하였다."

6 조언재가 말하기를, "평사는 아마도 평사 최공보(崔公輔)일 것이며, 낭중은 고찰할 수 없다."라 하였다.

47. 살 곳을 정하다[1]

卜居

歸羨遼東鶴	요동 학이 돌아간 것 부럽고[2]
吟同楚執珪	초의 집규처럼 고향 노래 불러보네.[3]
未成遊碧海	푸른 바다로의 유람을 이루지 못하였고
著處覓丹梯	산에서 머물 곳을 찾았네.[4]
雲嶂寬江北	구름 덮은 봉우리는 강 북쪽이 드넓으니
春耕破瀼西	봄 파종 위해 낭서의 땅을 가네.[5]
桃紅客若至	복사꽃 붉을 때 나그네 온다면
定似昔人迷	옛날 사람들이 길 헤매던 것과 똑같으리.

1 이 작품은 적갑산에서 낭서로 옮겨가려 할 때 지은 것이다.

2 『수신후기(搜神後記)』에서 말하였다. "정령위(丁令威)는 본래 요동 사람이었다. 뒤에 학으로 변하여 고향으로 돌아와 성문의 화표주에 내려앉았다가 공중에서 배회한 뒤에 '집 떠난 지 천 년만에 지금 돌아오니 성곽은 변함없는데 사람은 다 변하였다.'라 하였다."

3 『사기』에서, "월나라 사람 장석(莊舃)이 초에서 벼슬하여 최고 높은 벼슬은 집규(執珪)가 되었는데 곧 병이 들었다. 초나라 왕이 '장석은 지금 부귀하다. 그래도 월나라를 그리워할까.'라 하고, 사람을 시켜 살펴보게 하니 월나라 노래를 부르고 있었다."라 하였다.

4 3구는 동쪽으로의 유람을 이루지 못함을 말하였고, 4구는 살 집을 거듭 찾음을 말하였다.

5 그 지역이 넓고 평평하기 때문에 땅을 갈아 파종할 수 있다. '파(破)'는 흙을 갈아 부순 것을 이른다.

48. 늦봄에 낭서의 새로 빌린 초가를 읊다[1]

暮春題瀼西新賃草屋五首

久嗟三峽客　오랫동안 삼협의 나그네 신세 탄식하더니
再與暮春期　다시 늦봄과 만났네.[2]
百舌欲無語　백설조는 울지 않으려 하고
繁花將幾時　활짝 핀 꽃은 얼마나 가려나.
谷虛雲氣薄　텅빈 골짜기에 구름이 엷고
波亂日華遲　어지러운 물결에 햇빛은 더디 지네.[3]
戰伐何由定　전쟁은 어찌하면 평정될까
哀傷不在玆　봄날 애상은 풍광에 있지 않네.[4] ⊟

此邦千樹橘　이 고을에 천 그루 귤나무 있지만
不見比封君　봉군에 비견됨은 보지 못하였네.[5]
養拙干戈際　전쟁 통에 졸렬함 기르며
全生麋鹿羣　사슴들과 어울리며 목숨 부지하네.
畏人江北草　사람 두려워 강가 북쪽 풀숲에서 살고
旅食瀼西雲　낭서의 구름처럼 떠돌며 지내네.[6]
萬里巴渝曲　만리 파투의 음악을
三年實飽聞　삼년동안 실로 실컷 들었네.[7]

綵雲陰復白　채색 구름이 흐렸다가 다시 밝아지고[8]
錦樹曉來青　아름다운 나무는 새벽 되니 푸르도다.[9]

身世雙蓬鬢　양 귀밑머리 쑥처럼 흰 신세
乾坤一草亭　천지간에 초가집 하나뿐이라네.
哀歌時自惜　슬피 노래 부르며 스스로를 안타까워하고
醉舞爲誰醒　취하여 춤추니 누굴 위해 깨랴.
細雨荷鋤立　가랑비 맞으며 호미 들고 서 있으니
江猿吟翠屛　푸른 산 아래 강에서 원숭이 우는구나.[二][三]

壯年學書劍　젊을 때 학문과 검술 배웠지만
他日委泥沙　뒷날 진창에 버려두었네.
事主非無祿　임금 섬겨 녹봉이 없지 않았으나
浮生卽有涯　부평초 인생은 곧 끝이 보이네.[10]
高齋依藥餌　높은 집에서 약에 의지하고
絶域改春華　변방에서 봄 꽃이 바뀌네.
喪亂丹心破　난리에 단심이 조각나니
王臣未一家　왕과 신하가 한 집안이 아니구나.[四]

欲陳濟世策　세상 구제할 계책을 펼치고자 하나
已老尙書郞　이미 늙어빠진 상서랑.
不息豺狼鬪　반란군의 전투 멈추지 못하는데
空慚鴛鷺行　부질없이 조정의 반열에 서니 부끄럽네.
時危人事急　시절 위태로워 사람 일도 다급하고
風逆羽毛傷　역풍에 깃털 상한 것 같네.
落日悲江漢　지는 해에 강한은 슬프고
中宵淚滿牀　한밤중에 눈물이 침상에 가득하네.

㊀ 포이전이 이르기를, "다섯 작품은 거처를 정한 처음에 지었으니, 서글픈 신세를 곡진하게 묘사하였다. 대개 어쩔 수 없이 이곳에 몸을 의탁한 것이다."라 하였다. ○ 이 작품은 늦봄에 나아가서 연시(聯詩)의 시작을 말하였으니, 대의를 총괄하였다.

㊁ 세 번째 작품에서 바야흐로 새로 빌린 초옥에 대해 언급하고 있다.

㊂ 장척암(張惕菴)이 이르기를, "이러한 결구는 황산곡이 많이 본받았다."라 하였다.

㊃ 마지막 두 작품은 회포를 말하였으니, 제목의 의미를 설명하고 있다. 앞의 '전쟁은 어찌하면 평정될까, 봄날 애상은 풍광에 있지 않네.(戰伐何由定 哀傷不在茲)'라는 두 구와 호응한다.

1 『연보』에서, "대력 2년 3월에 두보는 낭서로 옮겨 거주하였다."라 하였다. 주주(朱注)에서, "송(宋) 비사규(費士戣)의 「조사고재기(漕司高齋記)」에서, '두보가 기주에 있을 때 각각 거처하던 곳마다 그 집을 읊었다. 후인들이 그 장소에 나아가 초상을 세우고 고재(高齋)로 명명하였다.'라 하였는데, 지금 동둔(東屯)과 백제성에 초상이 모두 남아 있으며, 낭서는 거주한 뒤에 폐하였다."라 하였다. 살펴보건대, 『도경』에 실려 있는 조해(漕廨)는 즉 이 시에서 말한 초옥의 옛터이다.

2 '기(期)'는 만났다는 의미이다.

3 구주(仇注)에서, "골짜기 안에 구름이 피어오르는데, 봄날이 맑으니 구름이 엷다. 파도에 햇빛이 일렁이는데 봄날이 길기에 더디 진다는 의미이다."라 하였다.

4 봄날이 빠르게 흘러가니 참으로 슬프다. 그러나 세상의 난리가 바야흐로 심하니 마음 아픈 것은 봄날에 있지 않다.

5 『사기』「화식전」에서, "봉(封)이란 영지에서 조세를 걷는 것이다. 천호의 영지를 가진 임금은 세수(歲收)가 20만전이다. 촉한 강릉의 천 그루의 귤나무를 가진 사람은 천호의 제후와 세수가 같다."라 하였다. 지역의 생산이 적으니, 이곳에 의탁하여 거주하는 것은 목숨을 부지하는데 불과함을 말한다.

6 장약육이 이르기를, "강북의 풀은 짙어 그늘이 지고, 낭서의 구름은 오가며 정처가 없다. 그러므로 흥(興)을 의탁하였다."라 하였다.

7 두 번째 작품은 낭서에 거처를 정한 이유를 설명하고 있다.

8 잠깐 비가 내렸다가 금세 비가 그친다는 말이다.

9 붉은색은 옅어지고 푸른색은 짙어진다는 말이다. 두 구는 집 앞의 봄날 풍경이다.

10 '비무록(非無祿)'은 이전에 벼슬을 받을 것을 이른다. '즉유애(卽有涯)'는 후에 더 이상 희망이 없음을 이른다.

49. 강에 비가 내리니 정 전설을 그리워하다[1]
江雨有懷鄭典設

春雨闇闇塞峽中	변방 삼협에 봄비가 짙게 내리니
早晩來自楚王宮	조만간 초왕의 궁궐에서 오겠지.[2]
亂波紛披已打岸	어지러운 파도는 드세게 몰아와 절벽에 부딪히고
弱雲狼藉不禁風	하늘 가득 가벼운 구름은 바람에 흘러가네.
寵光蕙葉與多碧	비의 은혜 입어 난초 잎은 더욱 푸르르고
點注桃花舒小紅	방울 맺힌 복사꽃은 붉은 꽃망울 터트리네.
谷口子眞正憶汝	곡구의 정자진은 참으로 그대 떠올리게 만드는데[3]
岸高瀼滑[4]限西東	낭의 높고 미끄러운 절벽이 동서를 나눴네.[5] ⊟

⊟ 두보는 만년에 칠언율시가 시율에 벗어난 것이 많았다.

1 『당서』에서, "동궁의 관리에 전설랑(典設郎) 네 명이 있다."라 하였다.

2 송옥의 「고당부(高唐賦)」에서, "옛날 선왕이 일찍이 고당에 유람하였다. 꿈에 한 부인이 나타나서, '저는 무산의 신녀입니다.'라 하자 왕이 그녀와 사랑을 나누었다. 그녀가 떠나면서 말하기를 '저는 무산의 남쪽, 높고 험한 산꼭대기에 있습니다. 아침에 떠도는 구름이 되고 저녁에는 지나가는 비가 되어 매번 아침저녁마다 양대(陽臺)의 아래에 있을 것입니다.'라 하였다. 왕이 아침에 보니 과연 그 말과 같았다. 그러므로 사당을 세워 조운(朝雲)이라 불렀다."라 하였다.

3 양자(揚子)의 『법언(法言)』에서, "곡구(谷口)의 정자진(鄭子眞)이 바위 아래에서 밭 갈며 농사짓고 살았는데, 그의 이름이 서울에 널리 알려졌다."고 하였다.

4 '滑'은 달리 '闊'로 된 본도 있다.

5 이 당시 두보는 낭서에 있었는데, 정 전설랑은 아마도 낭동에 있었을 것이다.

50. 한식에 종문과 종무에게 보여주다[1]

熟食日示宗文宗武

消渴遊江漢	소갈병 걸려 강한에서 노닐며
羈棲尙甲兵	떠돌아다니는데 아직도 전쟁 중.
幾年逢熟食	몇 해던가 한식을 만난 것이
萬里逼淸明	만리 타향에서 청명이 다가왔네.[2]
松柏邙山路	송백 우거진 북망산의 길[3]
風花白帝城	바람에 꽃 지는 백제성.
汝曹催我老	너희들이 나의 늙음을 재촉하노니
回首淚縱橫	고개 돌려 눈물만 줄줄 흐르네.[4]

1 구주(舊注)에서, "진나라 사람들은 한식을 열식절(熱食節)이라 부른다. 이날 불로 때는 것을 금하기에 미리 음식을 익혀 장만하였다가 먹는다."라 하였다.

2 한식은 청명 이틀 전에 있다.

3 『원화군현지』에서, "북망산(北邙山)은 하남부(河南府) 언사현(偃師縣) 북쪽 2리에 있다."라 하였다. 양전기(楊佺期)의 「낙성기(洛城記)」에서, "북망산은 오랜 세월 낙양 동쪽 구원(九原, 영혼이 사는 곳)이다."라 하였다. 두보의 선영은 낙양에 있는데 떠돌아다니느라 성묘를 하지 못하였기에 이렇게 표현하였다.

4 마지막 두 구는 느끼는 바가 매우 깊어서 우는 것이니, 다만 성묘를 오랫동안 하지 않아서 우는 것이 아니다. 자손이 자라 어른이 되면 백발이 더욱 늙음을 재촉하니 나 또한 송백 옆 무덤의 주인이 될 것이기 때문에 눈물이 나오는 것이다. 즉 다음 작품을 일으킨다.

51. 또 두 아이에게 보이다
又示兩兒

令節成吾老	좋은 절기에 나는 늙어버렸으니
他時見汝心	훗날 죽어 너희들 마음을 보리라.[1]
浮生看物變	떠도는 인생이 사물의 변화를 보니[2]
爲恨與年深	한스러움은 나이와 더불어 깊어 가네.
長葛書難得	장갈현의 아우 편지는 받기 어렵고[3]
江州涕不禁	강주의 누이는 눈물 줄곧 흘리겠지.[4]
團圓思弟妹	아우, 누이와 단란할 날 그려보니
行坐白頭吟	서서나 앉아서나 백두의 노옹은 읊조리누나.㊀

㊀ 조상을 생각하다가 인하여 아우와 누이에게 생각이 미치니, 또한 노인의 정감은 그렇게 될 수밖에 없다.

1 유진옹(劉辰翁)이 말하기를, "훗날 부모를 그리는 너희들의 마음을 볼 때라는 말은, 즉 내가 죽고 난 뒤의 한식에 그럴 수 있다는 의미이다."라 하였다.

2 '물(物)'은 철에 따라 생산되는 물건을 말한다.

3 『구당서』에서, "장갈현(長葛縣)은 허주(許州)에 속한다. 수나라는 그 지역을 나눠 허창현을 설치하였다."라 하였다.

4 강주 심양군은 강남서도(江南西道)에 속한다. 본래 구강군으로 천보 원년에 이름을 바꿨다. 조언재가 말하기를, "장갈과 강주에는 아마도 두보의 아우와 누이가 살고 있을 것이다."라 하였다.

52. 아우 두관의 편지를 보니 중도를 떠나 이미 강릉에 도착하였는데, 이번 삼월 말에 행차가 기주에 이를 것이라고 하였다. 기쁨과 슬픔이 아울러 일어났는데, 단란하게 지낼 기대에 시를 지어 이 일을 기록하니 느낌이 시어에 드러날 것이다

得舍弟觀書 自中都已達江陵 今玆暮春月末行李合到夔州 悲喜相兼 團圓可待 賦詩卽事 情見乎詞

爾到[1]江陵府	네가 강릉부에 도착하였다고 하니
何時到峽州	언제나 섬주에 이를 것인가?
亂離生有別	난리에 살아 이별하였지만
聚集病應瘳	모여 산다면 병은 응당 나으리라.
颯颯開啼眼	눈물 젖은 눈을 재빨리 닦고
朝朝上水樓	아침마다 물가 누대에 오르네.
老身須付託	늙은 몸이 의지할 곳이 있으니
白骨更何憂	백골이 된들 무엇을 근심하리오.㊀

㊀ 소자상이 이르기를, "아우를 그리는 두보의 모든 작품은 감정이 절절하게 표현되어 있다. 일편(一片)의 진기(眞氣)가 행간 사이로 유로(流露)되었으니, 모든 작품이 절실한 것을 알 수 있다."라 하였다.

1 '到'는 달리 '過'로 지어진 본도 있다.

53. 아우 두관이 곧 이를 것을 기뻐하며 다시 단편을 짓다
喜觀卽到復題短篇二首

巫峽千山暗	무협의 천 산은 어둑한데
終南萬里春	만리 떨어진 종남산은 봄이겠지.
病中吾見弟	병중에 내 너를 보게 되었으니
書到汝爲人	편지 이르러 네가 살은 지 알았네.[1]
意答兒童問	생각건대, 아이의 물음에 답하였으며[2]
來經戰伐新	오는 길에 새 전쟁을 겪었으리.[3]
泊船悲喜後	배를 대고 슬픔과 기쁨을 나눈 뒤에[4]
款款話歸秦	즐겁게 고향으로 돌아갈 얘기 나누자.[一]

待爾嗔烏鵲	너를 기다리며 까마귀, 까치에게 화내고
抛書示鶺鴒	편지 던져 할미새에게 보여 주었네.[5]
枝間喜不去	가지 사이 까치는 지저귀며 날아가지 않고
原上急曾經	들판의 아우는 어려움 일찍이 겪었지.
江閣嫌津柳	강가 누각에서 나루의 버들을 미워하고[6]
風帆數驛亭	바람 돛배 보며 역말을 헤아려보네.
應論十年事	응당 십년 동안의 일 이야기 나누리니
撚絶始星星	아우도 머리털 빠지고 세기 시작하였으리.[7]

㊂ 유수계가 이르기를, "정사(情事)를 대단히 적절하게 그려냈으며 시어가 매우 지극하다."라 하였다. 장약육이 이르기를, "감정을 이 정도로 그려내었으니 참으로 조화공의 붓이다."라 하였다.

1 이전에 아직도 아우의 생사가 어떤지 알지 못하였다.

2 『두억』에서, "편지를 개봉할 때, 아우의 아들이 옆에서 누구에게 보내는 편지라고 묻는 것을 두보가 상상하였다는 의미이다."라 하였다.

3 노주(盧注)에서, "이 해에 곽자의가 주지광(周智光)을 토벌하였는데 대장인 혼감(渾瑊)과 이회광(李懷光)에게 명하여 위수가에 주둔하게 하였으니, 이른바 '오는 길에 새 전쟁을 겪었으리.'라는 의미이다."라 하였다.

4 집안에 들어가기 전이다.

5 네가 오는 소식을 물어보려는 의도이다. 『시경』「상체(常棣)」의 '할미새'의 의미를 원용하였다.

6 버들이 시야를 가린 것을 미워한 것이다.

7 사령운의 시에서, "하얀 백발을 드리우고.(星星白髮垂)"라 하였다. 생각해보건대, 아우의 나이도 노인이 거의 되었을 것이다.

54. 옛 집으로 돌아가는 혜자를 전송하다[1]

送惠二歸故居

惠子白駒瘦	파리한 흰 나귀 탄 혜자여
歸溪惟病身	병든 몸으로 시내로 돌아가는구나.
皇天無老眼	하늘 아래 노련한 안목이 없으니
空谷滯斯人	빈 골짜기에 이 사람을 머물게 하는가.
崖蜜松花熟	벼랑에는 송화 꿀이 익어가고[2]
山杯[3]竹葉新	산속 술잔에 죽엽주가 신선하네.[4]
柴門了無事	초가엔 끝내 아무 일 없으니
黃綺未稱臣	신하라 칭하지 않은 사호(四皓)와 같지 않은가.[5]㊀

㊀ 이자덕이 이르기를, "시의 풍격이 창웅(蒼雄)하고 담탕(淡宕)하며, 괴로워도 능히 온화하게 읊었으니 음률에 노련한 자가 아니면 지을 수 없다."라 하였다.

1 제목이 달리 "「혜자가 동계를 지났다는 소식을 듣다.(聞惠二過東溪)」"로 되어 있는 본도 있다. 본집 이외의 시로 오약(吳若) 본에 보인다. 혜자가 누구인지 알 수 없으나, 아마도 깨끗한 인물로 세상에 나와 지우를 받지 못한 사람으로 보인다.

2 벼랑의 꿀은 바로 벌이 송화를 빚어 만든 것이다.

3 '山杯'는 달리 '村醪'로 된 본도 있다.

4 장화(張華)의 시에서, "창오산의 죽엽주가 맑네.(蒼梧竹葉淸)"라 하였으니, 죽엽은 술 이름이다.

5 황생(黃生)의 주에서, "하황공(夏黃公)과 기리계(綺里季) 등의 상산사호는 오히려 세상에 한번 나왔는데 혜자는 신하로 칭하지 않은 사호와 같으니, 혜자가 대단히 고아한 인물임을 드러내고 있다."라 하였다.

55. 낭중 설거에게 보내다[1]

寄薛三郎中璩

人生無賢愚	인생은 잘난 이, 못난 이 없이[一]
飄飆若埃塵	먼지처럼 세상을 떠도네.
自非得神仙	스스로 신선이 되지 않는다면
誰免危其身	누가 위태로운 처지를 면하랴.
與子俱白頭	그대와 나는 머리가 셀 때까지
役役常苦辛	세상일에 항상 괴롭구나.
雖爲尙書郎	비록 상서랑이 되었지만[2]
不及村野人	시골 사람보다도 못하네.
憶昔村野人	생각해보니, 옛날 시골 사람은
其樂難具陳	그 즐거움이 다 말하기 어렵다네.
藹藹桑麻交	농부들과 격의 없이 사귀니
公侯爲等倫	공후와 차이가 없구나.
天未厭戎馬	하늘이 전쟁을 싫어하진 않지만
我輩本常貧	우리들은 본래 항상 가난하다네.[3]
子尙客荊州	그대는 아직도 형주에서 떠돌고
我亦滯江濱	나도 또한 강가에 막혀 있다네.[二]
峽中一臥病	협중에 줄곧 병으로 누웠으니
瘧癘終冬春	학질로 겨울과 봄을 지냈다네.
春復加肺氣	봄에 다시 폐병이 나니
此病蓋有因	이 병은 원인이 있어서지.
早歲與蘇鄭	젊어서 소원명, 정건과 함께[4]
痛飮情相親	흠뻑 취하며 친하게 지냈네.

二公化爲土	두 공은 죽어 흙이 되었는데
嗜酒不失眞	술을 즐겨 천진(天眞)을 잃지 않았네.
余今委脩短	나는 지금 수요(壽夭)도 맡겼으니
豈得恨命屯	어찌 박한 운명을 한하랴.[5]
聞子心甚壯	듣노니, 그대 마음이 매우 장대하여
所過信席珍	지나는 곳마다 참으로 자리의 보배로다.
上馬不用扶	말에 오를 때 부축 받지 않으니
每扶必怒嗔	매번 부축하면 반드시 화를 낸다네.
賦詩賓客間	빈객 사이에서 시를 지을 때
揮灑動八垠	붓을 휘두르면 천지를 감동시키네.
乃知蓋代手	이에 세대를 아우르는 재주인지 알겠노니
才力老益神	재력은 늙을수록 더욱 신묘하네.[6] 三
青草洞庭湖	청초호와 동정호는
東浮滄海漘	동쪽으로 창해와 이어지네.
君山可避暑	군산은 더위를 피할 만한데[7]
況足采白蘋	더욱이 마름을 딸 수 있네.
子豈無扁舟	그대 어찌 조각배가 없으리
往復江漢津	강한의 나루를 오고 갈.
我未下瞿唐	나는 구당협을 내려가지 못했으니
空念禹功勤	부질없이 부지런한 우공을 생각하네.[8]
聽說松門峽	듣기론, 송문협을 내려갈 땐[9]
吐藥攬衣巾	약을 토하여 옷을 더럽힌다네.
高秋卻束帶	높은 가을에 띠를 단단히 메고
鼓枻視青旻	노를 저으며 푸른 하늘 바라보리니.[10]
鳳池日澄碧	중서성의 봉황지는 날마다 맑고 푸르러
濟濟多士新	훌륭한 선비들이 많기도 하다네.

余病不能起	나는 병들어 출세할 수 없지만
健者勿逡巡	건강한 그대는 머뭇거리지 마시라.[11]
上有明哲君	위에 명철한 임금이 있으니
下有行化臣	아래에 교화 행하는 신하가 있으리.[四]

[一] 이러한 오언고시는 백낙천과 비슷하다.

[二] 첫 단락에서 빈주(賓主)를 같이 서술하고 있으니, 난리를 만나 나그네가 된 이유를 말하고 있다.

[三] 다음 단락에서 빈주를 나눠 서술하고 있으니, 둘 다 흰머리로 세속에 얽매어 있는 가운데도 또 각각의 성쇠를 나눠 서술하고 있다. 저 설거는 부러울 만하며 나의 처지는 안타까울 뿐이다.

[四] 마지막 단락은 빈주를 교대로 서술하고 있으니, 구당협을 나가 조정에 돌아가는 것은 이미 둘 다 할 수 없지만, 그러나 아직도 기회를 타서 일을 할 수 있음을 설거에게 바라고 있다.

1 한유의 「설공달묘지(薛公達墓誌)」에서, "아버지 설거(薛據)는 상서낭중으로 급사중에 추증되었다."라 하였다. 구주(仇注)에서, "이 당시 설거는 형주에서 장차 북쪽인 장안으로 돌아가려고 하였으니, 두보가 시를 보내주었다."라 하였다.

2 두보와 설거는 모두 일찍이 낭관이 되었었다.

3 곧 이른바 병사들의 몸이 귀해도 서생과는 도가 다르다는 의미이다.

4 소원명(蘇源明)과 정건(鄭虔)을 이른다.

5 장수와 요절도 오히려 생각하지 않는데, 빈부는 더욱 더 마음에 두지 않는다는 말이다.

6 상번(商璠)이 말하기를, "설거의 사람됨이 굳세고 아울러 기백을 지니고 있기에 그의 문장 또한 그렇다는 말이다."라 하였다.

7 일통지에서, "군산은 동정호의 안에 있다."라 하였다.

8 채주(蔡注)에서, "우공이 비록 부지런하지만 오히려 삼협을 파서 강물이 평평하게 흐르지 못한 것을 말한다."라 하였다.

9 『두억』에서 말하였다. "「반조(返照)」에서, '송문은 그림과 같네.

(松門似畵圖)'라 하였다. 대개 송문협은 기강(夔江)의 하류에 있다."

10 구주(仇注)에서, "송문협은 험하기 때문에 마음이 놀라 약을 토하니, 반드시 깊은 가을 물이 빠진 뒤에야 바야흐로 노를 저어 동쪽으로 갈 수 있다."라 하였다.

11 「원소전(袁紹傳)」에서 말하였다. "동탁이 황제를 폐하고 자신이 등극하려 하자 원소가 화를 내면서, '천하의 건자(健者)가 어찌 다만 동공(董公)뿐이랴.'라 하였다."

56. 저물녘 낭수가의 당에 오르다
晩登瀼上堂

故躋瀼岸高	일부러 높은 낭수의 기슭에 오르니
頗免崖石擁	자못 옹색한 벼랑을 면하였네.
開襟野堂豁	들판 집이 툭 트여 가슴이 시원하고
繫馬林花動	흔들리는 숲 꽃 사이에 말을 묶었네.
雉堞粉如雲	성가퀴는 눈처럼 하얗게 분바르고
山田麥無隴	산밭에 보리는 두둑도 없네.[1]
春氣晩更生	봄기운이 저물녘 다시 일어나고
江流靜猶湧	강줄기는 고요하나 더욱 힘차네.㊀
四序嬰我懷	네 계절 지나 나의 감회 어리고
羣盜久相踵	여러 도적들이 오래 잇이어 일어났네.
黎民困逆節	백성은 반란에 곤핍을 당하고
天子渴垂拱	천자는 태평을 갈구하네.
所思注東北	동북의 낙양을 그리워하는데[2]
深峽轉脩聳	깊은 삼협은 더욱 길고도 우뚝하네.
衰老自成病	늙어빠져 절로 병이 들었으니
郎官未爲冗	낭관도 한가롭지 않도다.
淒其望呂葛	처량하게 여망과 제갈량을 고대하고
不復夢周孔	다시 주공과 공자를 꿈꾸지 못하네.
濟世數嚮時	지난 번 여러 차례 세상을 구했던
斯人各枯冢	이 사람들은 모두 말라버린 무덤이 되었네.[3]
楚星南天黑	초의 별은 남쪽 하늘에 어둡고
蜀月西霧重	촉의 달은 서쪽 안개에 덮였네.[4]

安得隨鳥翎	어찌하면 나는 새를 따라 갈까
迫此懼將恐	두려움이 장차 다가오는데.[5]

㊁ 이자덕이 이르기를, "빼어나면서 부화(浮華)하지 않으니 강락 사령운 시와 비슷하다."라 하였다.

1 높고 낮은 보리들이 별처럼 이리저리 흩어져 있음을 이른다.

2 서남 지역에서 떠돌고 있기 때문에 이렇게 말하였다.

3 방관(房琯), 장호(張鎬), 엄무(嚴武) 등으로, 두보가 세상을 구제할 인물로 기대하였다. 두보 자신도 이미 늙고 세상을 구제할 사람들도 모두 죽었으니 이 때문에 탄식하는 것이다.

4 두 구는 또한 난리의 상황을 비유하였다.

5 군도(群盜)를 걱정한 것이다.

57. 술에 취해 말에서 떨어지니, 여러 공들이 술을 가지고 문안 오다

醉爲馬墜 諸公攜酒相看

甫也諸侯老賓客	두보는 제후의 늙은 빈객으로
罷酒酣歌拓金戟	술에 취해 불콰하게 노래하며 금빛 창을 휘두르네.[1]
騎馬忽憶少年時	말을 타니 문득 소싯적이 생각나는데[2]
散蹄迸落瞿唐石	말발굽 아래로 구당협의 돌들이 떨어지더라.
白帝城門水雲外	백제성 문의 강물과 구름 너머로
低身直下八千尺	몸을 낮춰 곧바로 팔천 척을 내려갔네.[3]
粉堞電轉紫游韁	흰 성가퀴에 붉은 고삐가 번개처럼 지나고[4]
東得平岡出天壁	동으로 평평한 언덕에 이르니 하늘 높이 절벽 솟았어라.[5]
江村野堂爭入眼	강촌의 들판 집들이 다투어 눈에 들어오고
垂鞭嚲[6]鞚凌紫陌	늘어트린 채찍에 느슨한 말굴레로 화려한 거리를 돌아다니네.
向來皓首驚萬人	예전부터 흰머리로 많은 사람 놀라게 하였으니
自倚紅顏能騎射	젊어서 말 타고 활 쏘았기 때문이지.[7] 【一】
安知決臆追風足	어찌 알았으니, 마음대로 한껏 바람을 좇으니[8]
朱汗驂驔[9]猶噴[10]玉	붉은 땀 흘리며 내달리는데 마치 옥을 뿜어내듯 하더니,[11]
不虞一蹶終損傷	생각지도 못하게 한번 고꾸라져 몸을 다쳤으니
人生快意多所辱	인생의 결의는 항상 욕을 당하는구나.
職當憂戚伏衾枕	응당 근심하며 이불 속에 누워 있어야 하니
況乃遲暮加煩促	더구나 만년에 번뇌를 더하는구나.
朋知來問腆我顏	붕우들이 위문하여 나의 얼굴이 붉어지는데

杖藜强起依童僕　　지팡이 짚고 종놈에게 의지하여 억지로 일어나네.
語盡還成開口笑　　인사 마치고 다시 한바탕 웃고 난 뒤
提攜別掃淸谿曲　　손 맞잡고 맑은 계곡으로 가 술자리 마련하네.
酒肉如山又一時　　순식간에 술과 안주가 산더미처럼 쌓이고
初筵哀絲動豪竹　　슬픈 거문고 연주에 피리가 따라 우네.
共指西日不相貸　　조금도 쉬지 않는 서쪽 해를 가리키다가[12]
喧呼且覆杯中淥　　시끄러이 외치며 술잔 술을 비우네.
何必走馬來爲問　　어찌 말 타고 와 위문할 필요 있었는가
君不見嵇康養生被殺戮　　그대들은 보지 못하였나, 「양생론」 지은 혜강도 참살 당한 것을.[13]㊂

시평 : 학초망이 이르기를, "앞부분의 경치에 대해 묘사가 넉넉하고, 사조(詞藻)가 풍류가 있으며 정과 흥이 감개에 넘치니 대단히 아름답다." 라 하였다.

㊀ 먼저 술에 취한 뒤에 말을 내달리는 모습을 서술하고 있다.
㊁ 말에서 떨어져 상처를 입은 뒤 탄식을 발하고 있다.

1 유신의 시에서, "술에 취해 금빛 창을 휘두르네.(醉來拓金戟)"라 하였다.

2 늙음을 망각하였다는 의미이다.

3 성문으로부터 구당협으로 내달려 내려간 것을 이른다.

4 『진중흥서(晉中興書)』에서 말하였다. "태화 연간에 업하(鄴下) 지역의 동요에서, '푸르고 푸른 임금 길의 버들이여, 백마가 붉은 고삐를 흔들거리네.'라 하였다." 분 바른 흰 성가퀴를 지나면서 붉은 고삐가 번개가 치는 것처럼 빨리 내달린다는 의미이다.

5 평평한 언덕이 하늘 높다란 절벽 아래에 있다. 그러므로 강촌을 가까이 하여 화려한 거리를 돌아다닌다.

6 '𩫖'의 음은 '典'과 '可'의 반절법이다.

7 '射'의 음은 '食'과 '亦'의 반절법이다. 즉 말을 타는 것은 어렸을 때부터 익혔기 때문에 비록 늙었지만 두렵지 않다는 것이다.

8 '결억(決臆)'은 '마음대로'라는 의미이다.

9 '驔'의 음은 '담(潭)'이다.

10 '噴'은 본래 '歕'으로 지어야 한다. 음은 '善'과 '問'의 반절법이다.

11 사납게 내달려 제어하기 어려움을 이른다. 노조린의 시에서, "아름다운 활은 밤에 소리 울리고, 철마는 새벽에 내달리네.(琱弓夜宛轉 鐵馬曉驂驔)"라 하였다. 『목천자전』에서 말하였다. "천자가 동쪽으로 황택으로 유람을 갔다. 궁중의 악관에게 노래를 부르게 하니, '황택이여, 그 말이 모래를 뿜어내니, 황인의 위의로다. 황택이여, 그 말이 옥을 뿜어내니, 황인이 오래 살으리라.'라 하였다." 살펴보건대, 언덕을 밟으면 모래를 뿜고 물을 내달리면 옥을 뿜으니, 모두 말의 웅장하고 사나운 기세를 말한 것이다.

12 흐르는 시간이 재빠르다는 의미이다.

13 혜강은 『양생론』을 지었는데, 뒤에 동시(東市)에서 죽음을 당하였다. 재앙이 오는 것은 또한 일 없이 편안히 거처하다가 생긴 것이니, 반드시 이번 일로 경계를 삼을 필요는 없다는 의미이다.

58. 하북 여러 도의 절도사들이 조회하였다는 말을 듣고 기쁨에 즉흥적으로 절구를 짓다[1]

承聞河北諸道節度入朝 歡喜口號絶句十二首

祿山作逆降天誅　안록산의 반란에 하늘이 벌을 내리고[2]
更有思明亦已無　사사명의 반란도 또한 이미 사라졌네.[3]
洶洶人寰猶不定　흉흉한 세상은 아직도 안정되지 못했는데
時時戰鬪欲何須　때때로 전쟁 일으키니 무엇을 바라서인가.

社稷蒼生計必安　사직과 백성을 반드시 안정시켜야 하는데
蠻夷雜種錯相干　오랑캐 잡종이 뒤흔들어 놨구나.[4]
周宣漢武今王是　지금 황제는 주 선왕과 한 광무 같으니[5]
孝子忠臣後代看　효자와 충신이 많음을 후대에 보리라.[一]

喧喧道路好歌謠　왁자지껄한 도로에 노랫소리 좋으니
河北將軍盡入朝　하북의 장군이 모두 입조하였네.
始是乾坤王室正　비로소 천지와 왕실이 바르게 되었는데
卻教江漢客魂銷　문득 강한의 나그네는 혼이 녹아내리네.[6][二]

不道諸公無表來　제공이 조회하지 않음을 말하지 않았지만
茫茫庶事遣人猜　모든 일이 사람들에게 의심을 일으켰네.[7]
擁兵相學干戈銳　서로들 병사 움켜쥐고 무기를 날카롭게 하니
使者徒勞萬里[8]迴　사신이 부질없이 수고롭게 만리 길 돌아온다네.[9][三]

鳴玉鏘金盡正臣	옥을 울리고 종소리 단아하니 모두 바른 신하라[10]
修文偃武不無人	문을 닦고 무를 멈추니 인재가 없지 않도다.
輿王會靜妖氛氣	왕을 도와 사악한 기운 고요하게 하니
聖壽宜過一萬春	황제의 춘추는 일만 년을 지나리라.[四]

英雄見事若通神	영웅은 일을 보면 신명이 통한 듯 처리하지만
聖哲爲心小一身	성철의 마음가짐은 자신의 몸을 작게 여기네.[11]
燕趙休矜出佳麗	연과 조는 아름다운 미인 자랑하지 마라
宮闈不擬選才人	궁궐에는 재인을 가릴 필요가 없느니라.[12] [五]

抱病江天白首郎	강가에서 병에 누운 백수의 낭관
空山樓閣暮春光	빈산의 누각에 비추는 늦봄의 빛.
衣冠是日朝天子	의관 갖추고 천자에게 조회하는 이 날
草奏何時入帝鄉	언제나 문장 지어 장안에 들어갈까.[13] [六]

澶[14]漫山東一百州	넓고 아득한 산동의 일백 고을[15]
削成如案抱青邱	책상처럼 깎여 평평한데 청구를 안고 있네.[16]
包茅重入歸關內	제수(祭需)를 다시 올리고 관내를 바치니
王祭還供盡海頭	왕의 제수는 모두 발해 초입에서 바치네.[17] [七]

東逾遼水北滹沱	동으로 요수를 지나고 북으로 호타하를 넘어[18]
星象風雲氣共和	별자리와 풍운의 기운이 모두 온화하네.
紫氣關臨天地闊	자기관은 드넓은 천지를 마주하고[19]
黃金臺貯俊賢多	황금대는 많은 준재를 모았네.[20]

漁陽突騎邯鄲兒	어양의 돌기병과 한단의 전사[21]
酒酣竝轡金鞭垂	술에 불콰하여 나란히 고삐 잡고 금빛 채찍 드리웠네.
意氣卽歸雙闕舞	의기로 곧바로 귀순하여 도성 안에서 춤추니
雄豪復遣五陵知	호걸들이 다시 오릉에 보내져 이름 날리네.[22] [八]

李相將軍擁薊門	이광필 장군이 계문을 지켰는데[23]
白頭惟有赤心存	흰머리에 일편단심 지녔네.
竟能盡說諸侯入	마침내 제후들을 전부 유세하여 조회하게 하니[24]
知有從來天子尊	이전부터 천자가 존귀한 것을 알게 하였네. [九]

十二年來多戰場	십이 년 전부터 전쟁이 많았는데[25]
天威已息陣堂堂	천자의 위엄으로 당당한 진을 멈추었네.[26]
神靈漢代中興主	신령한 한 대의 중흥의 임금이여
功業汾陽異姓王	공업은 이성의 분양왕이 세웠구나.[27] [十]

시평 : 주학령이 말하기를, "하북의 제장(諸將)들이 마음대로 명령을 내리고 조회하지 않았다. 두보는 본래 이를 매우 염려하였기에 그들이 조회하였다는 소식을 듣고 기뻐하여 이 시를 지었다. 첫머리에서 안록산과 사사명를 거론하고 주 선왕과 한 광무제로 용동(聳動)시켰으며, 효자와 충신으로 권면하였다. 마지막 두 작품에서 이광필과 곽자의를 거론하여 의표(儀表)로 삼았으니, 입의가 이처럼 심원하다."라 하였다. ○ 포이전이 이르기를, "12수는 장편의 의논으로 서사(敍事)를 안고 있으니, 기전(紀傳)이나 논찬(論贊)과 서로 표리가 된다. 전대 사람들이 이른바 '돈후준영(敦厚雋永)하니, 내룡(來龍)이 멀어 혈맥을 맺은 것이 깊다.'라는 말이 이 시와 같다. 만약 작품마다 의미를 구하고 구절마다 해석을 찾는다면 반은 먼지 덮인 국, 흙 뿌려진 밥과 같을 것이다."라 하였다.

一 1-2수는 파제(破題)하기 전에 있으니, 한 수는 경계시키고 한 수는 권면하고 있다. 노포(露布)로 바꿔 읽어도 무방하다.

二 이 작품부터 파제에 해당한다. 마지막 구에서 급하게 자신에 대해 언급하고 있으니 자신에 대한 우려〔關切〕를 볼 수 있다.

三 이 작품은 위 작품을 이어받아 잘못된 곳을 지적하고, 아래 작품이 이어 나오게 하였다.

四 이 작품은 기뻐서 읊조리는 시의 정문(正文)에 해당하니, 만약 마지막 맺는 곳에 놓는다면 용렬해 질 것이다.

五 위 작품에서 황제를 극력 찬송하였다면, 이 작품에서는 세상을 근심하는 명철한 심사를 급히 드러내었으니, 두 작품에서 두보의 충성과 고민을 볼 수 있다.

六 언급이 다시 자신에게 미쳤다. 이 작품은 윗부분의 내용을 묶고 아랫부분을 일으켰다.

七 이하 세 작품은 모두 대단히 기쁜 뜻으로 서술하여 기쁜 마음을 기록하고 있으니, 또한 제목에 해당하는 정문(正文)이다.

八 이 작품은 제진(諸鎭)의 반졸(反卒)을 개유시키고 있다.

九 이 작품은 하북의 절도사들이 조회한 것을 이광필의 공으로 돌리고 있다.

十 이 작품은 난리를 멈추고 세상을 다스린 것을 곽사의에게 돌려 추숭하였다. ○ 마지막에서 임금과 신하를 나란히 찬미하면서 대단히 칭송하며 드날리고 있으니, 번신(藩臣)을 감동시키는 것이 지극하다.

1 주주(朱注)에서, "역사를 살펴보니 대력 2년 정월에 회남절도사 이충신(李忠臣)이 조회하였고, 3월에 변송절도사 전신공(田神功)이 조회하였고, 8월에 봉상절도사 이포옥(李抱玉)이 조회하였다. 하북절도사가 입조한 일은 역사에 기록되지 않았으니, 아마도 두보가 기주에 있을 때 다만 소문을 들은 것으로 실제로 그런 것 같지 않다."라 하였다.

2 안록산은 아들 안경서(安慶緖)에게 죽임을 당하였다.

3 첫머리에서 안록산과 사사명을 제기하였으니, 재앙의 근본을 기록한 것이다.

4 『구당서』에서, "안록산은 영주 유성 출신의 잡종 오랑캐 사람이다. 본래 성은 없고 이름은 알락산(軋犖山)이었다. 사조명은 본명은 졸간(窣干)으로, 영주 영호주 출신이며 돌궐과의 잡종인 오랑캐이다."라 하였다.

5 한무(漢武)는 광무제를 이른다.

6 조주(趙注)에서, "떠도는 신세로 조정에 돌아가지 못하는 자신을 슬퍼하고 있다."라 하였다.

7 하북의 제도(諸道)가 이전에 조회하지 않았을 때 의심을 받을 만한 것을 말하고 있다.

8 '萬里'는 달리 '百萬'으로 된 본도 있다.

9 「유감(有感)」에서, '제후는 봄에 조공하지 않으니, 사자는 날마다 외지로 나가네.(諸侯春不貢 使者日相望)'라 한 구절과 같은 의미이다.

10 반역을 멈추고 귀순한 것을 취하였다. 수구(首句)는 바르게 전환한 것으로〔正轉〕, 위 작품과 긴밀히 호응한다.

11 천하를 옮겨 자신을 받들지 않는다는 말이다.

12 『통감』에서, "대력 원년 10월 황제의 생일에 제도(諸道)의 절도사들이 금과 비단, 기복(器服), 보배, 준마 등을 바치며 헌수하였는데, 모두 가격이 민전(緡錢) 24만전이나 되었다. 상곤(常袞)이 그것을 받지 말라고 요청하였으나 듣지 않았다."라 하였다. '연조(燕趙)의 재인(才人)'은 즉 보배 등의 물건을 인하여 미인을 대표하여 말한 것이다.

13 조정에 들어가 조하(朝賀)하지 못한 것을 안타까워하고 있다.

14 '澶'의 음은 '市'와 '連'의 반절법이다.

15 「서경부」에서, "넓고 아득히 이어졌는데, 가까운 곳에 진을 짓네.(澶漫靡迤 作鎭於近)"라 하였다. 산동은 즉 하북도(河北道)로, 태항산의 동쪽을 이른다.

16 '삭성여안(削成如案)'은 이미 이 지역이 평정된 것을 비유하였다. 『환우기』에서, "청구(青邱)는 청주(青州) 천승현(千乘縣)에 있다. 제나라 경공이 이곳에서 사냥하였다."라 하였다.

17 포주(浦注)에서, "'해두(海頭)'는 치주와 청주의 군대를 가리킨다. 치주와 청주는 동쪽으로 발해를 마주하고 있다."라 하였다.

18 대요수와 소요수는 모두 지금의 요동 지역을 지난다. 호타하는 산서(山西)의 대주(代州)에서 발원하여 직례성(直隸省) 보정부(保定府)를 지난다.

19 조주(趙注)에서, "자기관은 곧 함곡관이다."라 하였다.

20 『상곡군도경(上谷郡圖經)』에서, "황금대는 역수의 동남쪽 18리에 있다. 연나라 소왕이 대 위에 천금을 두고 천하의 선비를 불러 모았다."라 하였다. 이 작품은 노룡(盧龍)과 성덕(成德)의 군사를 가리

켜 말하고 있다.

21 『후한서』에서 말하였다. "오한(吳漢)이 팽총(彭寵)에게 말하기를, '어양의 돌기병은 천하에 유명하다.'라 하였다." 『당서』에서, "자주(磁州)에 한단현이 있는데 하북도에 속한다."라 하였다.

22 왕수(王洙)의 주에서, "한(漢)의 오릉은 호협들이 모이는 곳이다. 옛날에 반란의 무리들을 지금 나라에서 등용하고 있으니, 그들이 귀순하기를 고무시키는 것이다."라 하였다.

23 주주(朱注)에서, "이광필은 현종과 숙종 시기에 일찍이 범양절도사가 되었으며, 또 유주대도독부장사를 겸하였다. 광덕 2년에 이미 죽었으니, 이 언급은 추모한 것이다."라 하였다.

24 『구당서』에서, "이광필이 날랜 기병을 거느리고 서주(西州)로 들어갔다. 전신공(田神功)이 급히 하남으로 돌아가고, 상형(尙衡), 은중경(殷仲卿), 래진(來瑱) 등이 모두 연달아 대궐에 귀순하였다."라 하였다.

25 천보 14년(755)부터 대력 2년(767)까지이다.

26 『손무자(孫武子)』에서, "당당한 진을 깨트릴 수 없다."라 하였다.

27 「곽자의전(郭子儀傳)」에서, "보응 원년 2월에 분양군 왕으로 올려 봉하였다."라 하였다.

杜詩鏡銓卷十六

대력 연간에 두보가
기주(夔州)에 거처하며 지은 작품이다.

1. 지나는 길손이 나를 찾아오다

過客相尋

窮老眞無事	곤궁한 늙은이 참으로 일이 없어
江山已定居	강산에 이미 거처를 정했네.
地幽忘盥櫛	외진 지역이라 세수와 빗질도 잊었지만
客至罷琴書	객이 온다니 거문고와 책을 물리쳤네.
掛壁移筐果	벽에 걸어놓은 광주리의 과일 담아 내오고
呼兒間[1]煮魚	아이 불러 삶은 생선을 섞어 놓네.
時聞繫舟楫	마침 배 대는 소리 들리니
及此問吾廬	이곳에 와서 나의 집을 찾겠지.㊀

㊀ 이야기처럼 청공(淸空)하다.

1 '間'은 달리 '問'으로 된 본도 있다.

2. 종놈이 오다[1]

豎子至

樝[2]梨纔綴碧	사리는 이제 겨우 푸른빛을 띠는데[3]
梅杏半傳黃	매실과 살구는 반쯤 익어 누른빛이네.
小子幽園至	어린 종놈이 그윽한 과수원에서 오니
輕籠熟柰香	가벼운 광주리에 익은 사과가 향기롭네.[4]
山風猶滿把	산바람은 여전히 손에 가득 불어오고
野露及新嘗	들 이슬은 신선할 때 새로 맛보네.㊁
欹枕江湖客	강호의 나그네 병들어 누었으니
提攜日月長	오래토록 과일을 따 왔으면.[5]

㊁ 왕우중이 말하기를, "5-6구는 신선의 영험한 기운을 띠고 있다."라 하였다.

1 두보는 「시요노아단(示獠奴阿段)」이란 시를 지었다. 또한 「동저모도(東渚耗稻)」에서 종인 아단을 보내 묻게 한 일이 있으니, 이 시의 종은 바로 아단인 것을 알 수 있다.

2 '樝'의 음은 '莊'과 '加'의 반절법이다.

3 『본초강목』에서, "산 사과는 배와 비슷한데 떫다."라 하였다.

4 「촉도부」에서, "붉은 앵두는 봄에 익고 흰 능금은 여름에 익는다."라 하였다. 『본초강목』에서, "사과는 지금은 빈파(頻婆)라고 부른다."라 하였다.

5 '강호의 나그네'는 두보 자신을 이른 것이다. 포주(浦注)에서, "마지막 말은 참으로 한 두 가지에 호응하니, 과수원의 과일이 차차 익거든 때에 맞춰 가져다주기를 바란다는 의미이다."라 하였다.

3. 과수원에서[1]

園

仲夏流多水　　한여름에 시냇물 많이 불어
清晨向小園　　상쾌한 새벽에 작은 과수원으로 향하였네.
碧溪搖艇闊　　푸른 시내는 작은 배 흔들며 넓게 흐르고
朱果爛枝繁　　붉은 과일은 가지에 빛나며 주렁주렁 달렸네.
始爲江山靜　　처음엔 강산이 고요하여 매입했는데
終防市井喧　　마침내는 시끄러운 시장을 멀리할 수 있네.[2]
畦蔬繞茅屋　　채마밭 채소가 초가를 두르고 있으니
自足媚盤飧　　자급하며 밥상의 반찬을 좋아하네.⊟

⊟ 1-4구는 과수원에 갈 때까지의 경관을 읊었고, 5-8구는 과수원에 가게 된 이유를 말하고 있다.

1 구주(仇注)에서, "과수원은 낭서의 시내 너머에 있으며 별도로 원두막이 있다. 이 작품은 낭서에서 배를 띄워 내려가면서 작은 과수원을 바라본 것이다."라 하였다.

2 두보의 시에서, "시장은 낭서의 꼭대기까지 미치네.(市暨瀼西巓)"라 하였는데, 아마도 낭서에서 두보의 거처는 시장에 가까웠을 것이다. 그러므로 별도로 과수원을 매입하여 편히 쉴 수 있는 곳으로 삼았다.

4. 집으로 돌아오다[1]

歸

束帶還騎馬	허리띠 묶고 다시 말 탄 뒤
東西卻渡船	왔던 길 다시 배를 타고 건넜네.[2]
林中纔有地	숲속에 겨우 이곳을 차지했는데
峽外絶無天	협곡 밖으로 전혀 하늘이 보이지 않네.[3]
虛白高人靜	마음을 비우면 고인처럼 고요해 지겠지만[4]
喧卑俗累牽	시끄럽고 비루한 세속에 얽매어 있구나.
他鄕悅遲暮	타향에서 만년에 즐겁게 지내면서
不敢廢詩篇	감히 시작을 그만두지 못하겠네.[5]

1 이 작품은 과수원에서 집으로 돌아온 것을 읊었다.

2 「감림(甘林)」에서, "숲에 들어가 나의 옷을 벗고.(入林解我衣)"라고 하였는데, 집으로 돌아가려면 마땅히 허리띠를 묶고 말을 타야 한다. 또한 말을 몰고 배를 타서 건너야 한다.

3 아래구로 윗구를 형용하고 있다. 즉 평지에 잔잔한 시내가 흐르고 높은 산이 사방에 우뚝하다는 의미이다.

4 『장자』에서, "빈 방에서 순수함이 생긴다."라 하였다.

5 이 지역이 넓고 평평하여 거처할 만하지만, 다만 시장이 가까워 시끄럽다. 이에 고인처럼 마음을 다스릴 수 없으니 오직 시를 지어 흥을 풀어볼 뿐이다.

5. 채소밭의 관리가 채소를 보내다[1]

園官送菜

채소밭의 관리가 채소 한 묶음 보냈는데 본래의 수량을 날로 빼먹는다. 더구나 고거(苦苣)나 마치(馬齒) 같은 좋지 못한 나물로 좋은 채소라고 속임에랴. 소인이 군자를 시기하여 해치는 것을 상심하노니, 채소는 말할 것도 못 된다. 이에 비유하여 시를 짓는다.[2]

園官送菜把 本數日闕 矧苦苣馬齒 掩乎嘉蔬 傷小人妬害君子 菜不足道也 此而作詩

淸晨送菜把	맑은 새벽에 한 묶음 채소를 보내오니
常荷地主恩	항상 태수의 은혜를 입었네.
守者愆實數	관리자가 실제 숫자를 속이고
略有其名存	대략 그 명목만 적어두었네.
苦苣刺如針	고거는 바늘처럼 찌르고[3]
馬齒葉亦繁	마치는 잎이 너무 무성하네.[4]
青青嘉蔬色	싱그럽게 푸른빛의 좋은 채소는
埋沒在中園	채소 밭 가운데 묻혀 있네.
園吏未足怪	채소밭 관리가 당연하게 생각하니
世事固堪論	세상일이 참으로 이와 같도다.
乃知苦苣輩	이에 알겠네, 고거 같은 것이
傾奪蕙草根	향초의 자리를 빼앗는 것을.
小人塞道路	소인배가 도로를 막으니
爲態何喧喧	그 행태가 얼마나 떠들썩한가.
又如馬齒盛	또한 잘 자란 마치 같아

氣擁葵荏昏	해바라기, 들깨를 어둡게 가리네.[5]
點染不易虞	너무나도 선악이 뒤바뀌었으니
絲麻雜羅紈	실과 마가 비단과 뒤섞였네.
一經器物內	한번 그릇에 올리어지면
永挂麤刺痕	길이 더러운 흔적 남으리.[6]
志士採紫芝	지사는 은거하며 자지를 캐니
放歌避戎軒	크게 노래하며 높은 수레 피하네.
畦丁負籠至	밭고랑의 농부가 삼태기를 메고 와서
感動百慮端	느꺼움 일어 온통 근심하네.㈠㈡

㈠ 소자상이 이르기를, "한유와 소동파가 대단한 힘을 들여 이러한 시풍을 배워 두보보다 나은 경지에 올랐다."라 하였다.

㈡ 본래 채소밭의 관리가 식료(食料)를 빼돌리는 것은 관습적인 것인데 돌연 이러한 상황을 끄집어내어 세태에 대해 감개를 토해내니, 시인의 풍자하는 지취를 얻었다고 할 수 있다. ○ 이 시는 「종와거(種萵苣)」의 주제와 비슷하다.

1 서문이 있다. 주주(朱注)에서, "살펴보건대, 「송채(送菜)」에서 '항상 지주의 은혜를 입네.(常荷地主恩)'라 하였으며, 「송과(送瓜)」에서, '송백이 기 지역에 뒤덮였네.(柏公鎮夔國)'라 하였으니, 즉 지주는 백(柏) 도독이며, 도독은 곧 무림(茂琳)인 것을 알 수 있다."라 하였다.

2 『두억』에서, "당시 건장한 병졸들이 요행이 얻은 공으로 관직을 차지한 뒤에 지사나 은자를 무시한 경우가 많았다. '소인(小人)'은 아마도 이런 무리들을 가리켜 말한 것으로 보인다. 다만 작품 말미에 '융헌(戎軒)' 두 글자로 의미를 드러내니, 시인이 말을 삼감이 이와 같다."라 하였다.

3 『본초강목』에서, "고거는 곧 야거(野苣)다. 들에서 자라는 것을 달리 편거(編苣)라고 부른다."라 하였다.

4 『본초도경』에서, "마치현(馬齒莧)은 비록 비름 종류이지만 싹잎이 인현(人莧)과 전혀 비슷하지 않다. 먹을 수 있으며 조금 시다."라 하였다.

5 해바라기와 들깨는 좋은 채소이다. 마융의 「광성송(廣成頌)」에서, "계임(桂荏)과 부규(鳧葵)"라 하였다. 『이아소』에서, "'소(蘇)'는 달리 계임(桂荏)이라 부른다. 입 아래가 붉은 색으로 매우 향기가 난다."라 하였다.

6 고거와 마치로 한번 그릇에 올리어지면 그 더러움이 길이 남아 있으니, 소인의 두려운 행태가 이와 같음을 말한다.

6. 채소밭의 사람이 오이를 보내다

園人送瓜

江間雖炎瘴	강가는 비록 덮고 습하지만
瓜熟亦不早	오이 익는 것이 빠르지 않다네.
柏公鎭夔國	백무림 공이 기 지역을 다스리니
滯務茲一掃	밀렸던 일을 한꺼번에 처리하였네.
食新先戰士	새로운 음식은 전사에게 먼저 지급하는데
共少及溪老	그 은혜 시냇가 노인에게 미쳤네.[1]
傾筐蒲鴿青	광주리 가득한 푸른 오이에[2]
滿眼顏色好	눈을 크게 뜨고 기쁜 얼굴 짓네.㈠
竹竿接嵌竇	죽간을 바위 샘 구멍에 잇고[3]
引注來鳥道	높은 산 조도에서 물을 끌어오네.
浮沈亂水玉	수정처럼 어지럽게 물에서 떠다니는데[4]
愛惜如芝草	지초처럼 매우 아낀다네.[5]
落刃嚼冰霜	칼로 잘라 맛보면 얼음처럼 시원하니
開懷慰枯槁	가슴이 상쾌하여 늙은이를 위로한다네.
許以秋蒂除	가을날 오이 꼭지를 따서 보낸 다니
仍看小童抱	어린 아기 크기만 할 것이리라.[6]
東陵跡蕪絶	동릉의 자취 묵어 사라지고[7]
楚漢休征討	초와 한도 정벌을 멈추었네.[8]
園人非故侯	채소밭 사람은 옛날 제후가 아니니
種此何草草	오이 심고 어찌 근심할 필요 있나.[9]㈡

㊁ 이자덕이 이르기를, "본색을 감상할 만하다."라 하였다. 1-8구는 오이를 보내는 까닭을 드러내고 있다.

㊂ 9-16구는 오이를 먹는 것을 자세히 그리고 있다. 오이를 보낸 사람을 위로하면서 작품을 맺고 있다.

1 '공소(共少)'는 '분감(分甘, 은혜를 베풂)'이란 말과 같다. 「송문제기(宋文帝紀)」에서 말하였다. "사굉미(謝宏微)가 말하기를, '은혜를 많이 베풀어 곤핍하지 않게 해야 합니다.'라 하였다."

2 사씨(謝氏)의 주에서, "'포합(蒲鴿)'과 이수(貍首)'는 오이를 부르는 명칭이다. 푸른 오이의 색이 마치 산비둘기와 같은 것을 이른다."라 하였다.

3 '감두(嵌竇)'는 바위에서 솟는 샘이다.

4 '수옥(水玉)'은 즉 수정(水精)이다. 두보의 시에, "수정처럼 차가운 오이를 먹네.(瓜嚼水精寒)"라 하였다.

5 『광아(廣雅)』에서, "토지(土芝)는 오이이다."라 하였다. 진나라 혜함(嵇含)의 「과부(瓜賦)」에서, "그 이름은 용담(龍膽)으로 그 맛은 좋으니 이것을 토지라고 이른다."라 하였다.

6 가을에 ᄋ이를 또다시 싸서 보낼 것이라는 말이다.

7 『삼보황도(三輔黃圖)』에서, "장안의 패성문(覇城門)은 푸른색을 띤다. 그러므로 청문(靑門)이라고 부른다. 진나라 동릉후(東陵侯) 소평(邵平)이 이곳에 숨어 지내면서 다섯 색깔의 오이를 길렀다."고 한다.

8 이미 지난 일이 되었음을 말한다.

9 『시경』에서, "수고로운 사람은 근심하고 근심하도다.(勞人草草)"라 하였는데, 주에서 "초초(草草)는 근심하는 마음이다."라 하였다. 살펴보건대, '초(草)'자는 중운(重韻)으로 운은 같지만 의미가 다르니, 두보의 시에서 항상 이렇게 사용하였다.

7. 종에게 나무를 베어오게 시키다
課伐木

종인 백이, 신수, 신행 등에게 골짜기에 들어가 음목(陰木)을 베어오게 하니,[1] 날마다 네 그루를 베어왔는데 가지와 줄기가 반듯하니 곧다.[2] 새벽에 가서 저물녘에 돌아와 마당 안에 쌓아놓았다. 내가 머무는 집에 울타리가 있어 틈이 생기면 보수하였는데, 대나무를 쪄서[3] 지탱하면 집이 조금 안전해진다. 산에 호랑이가 있는데 울타리가 있으면 들어오지 않으니, 만약 호랑이가 날카로운 발톱과 이빨을 믿는다면 반드시 어두운 밤에 쳐들어올 것이다. 기주 사람들은[4] 집의 벽에 백도를 줄지어 심고 흙손질하여 담장을 만든 다음[5] 대나무로 엮어 막으니,[6] 호랑이가 접근하면 어려운 지경에 빠지게 된다. 빈객이 말들이 해를 당할까 걱정하였는데,[7] 이제 두려움 없이 살게 되어 다행으로 여겨 편안한 마음으로 쉰다.[8] 이에 시를 지어 종무에게 보여 읊조리게 하였다.[9] ⊟

課隷人伯夷辛秀信行等 入谷斬陰木 人日四根止 維條伊枚 正直挺然 晨征暮返 委積庭內 我有藩籬 是缺是補 截伐篠簜 伊仗支持 則旅次於小安 山有虎知禁 若恃爪牙之利 必昏黑摚[10]突 夔人屋壁列[11]樹白菊[12] 鏝爲牆 實以竹 示式遏 爲與虎近 混淪乎無良 賓客憂害馬之徒 苟活爲幸 可默息已 作詩示宗武誦

長夏無所爲	긴긴 여름에 할 일 없어
客居課奴僕	나그네로 지내며 종놈에게 일을 시키네. ⊟
淸晨飯其腹	맑은 새벽에 든든하게 밥을 먹이고
持斧入白谷	도끼를 쥐고 백곡으로 들어갔네.[13]

靑冥曾巓後	푸른 하늘의 높은 산꼭대기 뒤로
十里斬陰木	십리 뒤에서 음목을 베어내네.
人肩四根已	한 사람이 네 그루 어깨에 메고
亭午下山麓	정오에 산기슭을 내려오네.
尙聞丁丁聲	여전히 도끼 소리 들리니
功課日各足	일과를 날마다 각각 채우네.
蒼皮見[14]委積	푸른 나무는 정원에 쌓이고
素節相照燭	하얀 대나무는 촛불에 비치네.[15]
藉汝跨小籬	너에 의지하여 작은 울타리 만들고
當仗苦虛竹	속 빈 고죽(苦竹)으로 엮었네.[16]
空荒咆熊羆	곰이 포효하니 괜시리 두렵고
乳獸待人肉	어린 호랑이는 사람 고기를 기다리네.
不示知禁情	담장 쳐서 금하지 않는다면
豈惟干戈哭	어찌 다만 전쟁에서 다친 것뿐이랴.
城中賢府主	성안에 어진 태수는
處貴如白屋	귀하면서도 검소하게 거처한다네.
蕭蕭理體淨	깨끗하고 맑게 다스리니[17]
蜂蠆不敢毒	벌과 전갈이 감히 쏘지 못하네.[18]
虎穴連里閭	호랑이 굴이 마을로 이어지니
隄防舊風俗	방책은 예전부터의 풍속이라네.[19]
泊舟滄江岸	푸른 강기슭에 배를 대니
久客愼所觸	오랜 떠돌이에 호랑이 습격 조심하네.
舍西崖嶠壯	서쪽 절벽 높다란 곳에 집을 지으니
雷雨蔚含蓄	뇌우에 은밀하게 숨어들리라.[20]
牆宇資屢修	담장은 여러 번 수리하였지만
衰年怯幽獨	노쇠하니 외떨어진 것이 두렵구나.

爾曹輕執熱	너희들이 선뜻 나서주어
爲我忍煩促	나를 위해 힘든 것도 참아내네.
秋光近青岑	가을빛이 푸른 산에 가까우니
季月當泛菊	구월에 응당 국화주를 마시리라.[21]
報之以微寒	날이 약간 춥다고 하니
共給酒一斛	술 한 말을 내 주도록 하라.

㊁ 진소유(秦少游)가 이르기를, "두보의 시는 고금에 으뜸이지만, 운이 없는 산문은 거의 읽을 수 없는 수준으로 이 시의 서문이 그에 해당한다. 그렇지만 자체로 고졸(古拙)의 멋이 있다."라 하였다.

㊂ 종백경(鍾伯敬)이 이르기를, "이러한 시에서 집안의 자잘한 일들을 묘사할 때 뱃속 가득 조화공이 있어서 시법(詩法)에 온전히 부합한다."라 하였다.

1 『주례』에서, "한겨울에 양목(陽木)을 베고 한여름에 음목을 벤다."라 하였는데, 정현의 주에서 "양목은 산의 남쪽에 자라고 음목은 산의 북쪽에 자란다."라 하였다.

2 『시경』의 주에서, "가지를 조(條)라고 하고, 줄기를 매(枚)라고 한다."라 하였다.

3 『서경』「우공」의 주에서, "조(篠)는 전죽(箭竹)이며, 탕(簜)은 왕죽이다."라 하였다.

4 『용재수필(容齋隨筆)』에서, "황노직(黃魯直)의 「숙서주대호관음원(宿舒州大湖觀音院)」에서, '함부로 나다니지 말라고 서로 경계하니, 달이 어두우면 호랑이가 습격하네.(相戒莫浪出 月黑虎夔藩)'라 하였다. '기(夔)'자의 뜻은 다가와 습격한다는 의미로 사용하였는데, 그 출처를 찾을 수 없다. 두보의 「과벌목(課伐木)」의 서에서 '기(夔)'자를 사용하여 말하였는데, 황노직이 그것을 따다 쓴 것이다. 그러나 두보는 이 당시 기부(夔府)에 있었으니, 시를 지으면서 '기인(夔人)'이라 한 것은 기주 사람들의 풍속을 서술한 것일 뿐이니, 본래 다가와 습격한다는 의미가 없다. 황노직이 잘못 사용한 것이다."라 하였다.

5 포주(浦注)에서, “나무를 줄지어 심는 것은 나무를 심어 기둥을 삼으려고 한 것이며, 그것을 대나무로 엮은 뒤 흙을 바른다.”라 하였다.

6 『시경』에서, “잔학한 자들을 막네.(式遏寇虐)”라 하였다.

7 『장자』에서, “말에게 해를 끼치는 것을 제거할 따름이다.”라 하였으니, 여기서는 응당 호랑이를 가리켜 말한 것이다.

8 울타리를 보수하여 머무는 집이 안정되니, 차분히 지내면서 편안히 쉴 수 있다는 말이다.

9 두보 자신이 나그네가 되어 떠도는 어려움을 아들 종무에게 알게 하려는 것이다.

10 ‘撑’은 달리 ‘搪’으로 된 본도 있다.

11 ‘列’은 달리 ‘例’로 된 본도 있다.

12 ‘蓟’는 달리 ‘菊’으로 된 본도 있다.

13 두보의 시에서, “서강과 백곡이 나뉘고.(西江白谷分)”라 하였고, 또 “백곡에서 모여 놀기 좋네.(白谷會深遊)”라 하였는데, 백곡은 기주(夔州)의 지명으로 보인다. 『두억』에서, “백곡은 백제성의 골짜기이다.”라 하였다.

14 ‘見’은 달리 ‘成’으로 된 본도 있다.

15 ‘창피(蒼皮)’는 나무를 가리키고, ‘소절(素節)’은 대나무를 이른다.

16 주주(朱注)에서, “나무를 베어 울타리의 말뚝을 만들고 또한 고죽을 엮어 가려 막는다. 서문에서 말한 ‘대나무를 쪄서 지탱하면’이라는 말이 이것이다.”라 하였다.

17 ‘이체(理體)’는 다스림을 말한다. ‘치(治)’자는 당 고종의 휘라 피하였다.

18 벌과 전갈은 도적을 가리킨다.

19 구주(仇注)에서, “도둑이 이 지역을 침범하지 못하는 것은 백공(柏公)이 정치를 쇄신하였기 때문인데, 다만 호랑이가 울타리 너머 마을을 넘보기 때문에 아직도 방비가 필요하다.”라 하였다.

20 이곳으로 호랑이가 숨어드는 것을 이른다.

21 『풍속기(風俗記)』에서, “중양절에 서로 만나 산에 오른 뒤 국화주를 마시니 이를 등고회(登高會)라 부른다. 달리 범국(泛菊)이라고도 한다.”라 하였다.

8. 초가에서[1]

柴門

泛舟登瀼西	배를 띄워 낭서로 갔다가
回首望兩崖	머리 돌려 구당협을 바라보네.[2]
東城乾旱天	동성은 마른 하늘이 쨍쨍하니[3]
其氣如焚柴	그 기세는 땔나무를 태우는 듯.[4]
長影沒窈窕	기다란 산 그림자는 뿌옇게 가려지고[5]
餘光散谽谺	해 진 뒤 여광은 텅 빈 골에 흩어지네.[6]
大江蟠嵌根	큰 강은 벼랑 아래를 굽이치고[7]
歸海成一家	바다로 흘러들어 하나가 되네.
下衝割坤軸	쏟아져 내려오며 지축을 뒤흔들고
竦壁攢鏌鋣	우뚝 선 절벽은 막야 검을 꽂아놓은 듯.[8]
蕭颯灑秋色	소슬한 바람에 가을 풍경 청명하고
氛昏霾日車	황혼녘 해는 흙비에 가렸네.
峽門自此始	협곡은 여기서 시작되는데
最窄容浮查	정말 좁아 뗏목이나 띄울런가.
禹功翊造化	우임금이 조물주를 도와
疏鑿就敧斜	막힌 데 뚫어 기운 데로 물길 내었네.[9]
巴[10]渠決太古	파거의 강물이 태고 적부터 흘러[11]
衆水爲長蛇	여러 강물이 길게 굽이치네.
風煙渺吳蜀	바람과 연기 사이로 오촉은 아득한데
舟楫通鹽麻	배로 소금과 마를 실어 나르네.[12] ㊂
我今遠遊子	나는 지금 멀리 떠나온 나그네
飄轉混泥沙	이리저리 발길 가는 대로 떠도네.

萬物附本性　　만물은 본성을 따르니
約身不願奢　　가난한 신세 사치를 바라지 않네.
茅棟蓋一牀　　초가는 겨우 침상 들일만하고
淸池有餘花　　맑은 연못엔 철 지난 꽃만 드문드문.
濁醪與脫粟　　막걸리와 현미
在眼無咨嗟　　눈앞에 있으니 탄식할 일 없네.
山荒人民少　　산은 거칠어 사람은 적고
地僻日夕佳　　땅은 외떨어져도 황혼엔 아름답네.
貧窮[13]固其常　　빈천은 참으로 당연한 것
富貴任生涯　　부귀는 운명에 맡겨야지.
老于干戈際　　전쟁 통에 늙어 가는데
宅幸蓬蓽遮　　집은 다행히도 쑥대로 가렸네.
石亂上雲氣　　어지러운 바위에서 구름이 피어오르고[二]
杉淸[14]延日華　　산뜻한 삼나무에 햇살이 퍼지네.
賞妍又分外　　좋은 풍경 감상은 분수에 넘치지만
理愜夫何誇　　마음이 흡족하니 어찌 자만하리오.
足了垂白年　　인생을 여기서 마치기 충분하지만
敢居高士差　　감히 고사라고 자처하리오.[15]
書此豁平昔　　시를 읊어 평소 감회를 펼쳐내는데
廻首猶暮霞　　고개 돌려보니 아직 저녁노을 흐르네.[三]

[一] 포이전이 이르기를, "전반부는 끝도 없이 펼쳐진 기이하고 험준한 경치를 대단히 진탕(震盪)하게 그려내고 있다. 아래 부분에서 그린 편안하고 한가로운 모습과 광경이 반대가 된다."라 하였다.

[二] 소자상이 이르기를, "빼어난 구절이다."라 하였다.

[三] 두 번 '회수(回首)'를 사용하였으니 퇴고에서 실수하였다.

1 포주(浦注)에서 말하였다. "이 당시 두보는 일을 보러 나가 삼협 사이에서 떠돌다가, 배를 타고 낭서로 돌아가며 이 시를 지었다. 전반부는 강기슭에 올라 기이하고 험준한 삼협의 형세를 묘사하였고, 후반부는 피곤한 발을 쉬면서 이 정도면 만족한다는 자신의 처지를 자술하고 있으니 험난한 세상을 보고 고달픈 마음을 쉬려는 생각을 볼 수 있다. 주된 의미는 후반부에 있기 때문에 제목을 '시문(柴門)'이라 하였다."

2 구당협의 양쪽 벼랑을 이른다.

3 구주(仇注)에서, "백제성은 기주의 동쪽에 있다. 그러므로 동성이라 부른다."라 하였다.

4 습하고 더우며 가문 것이 이와 같다.

5 이어진 산이 한기(旱氣)에 가려진 것을 이른다.

6 '谽谺'는 옛날에는 '哈呀'로 되어 있다. 「상림부」에서, "골짜기가 커다랗게 입을 벌리고.(谽呀豁開)"라 하였는데, 주에서 "'함하(谽谺)'는 골짜기가 휑하며 큰 모양이다. '함하(谽谺)'와 같은 의미이다."라 하였다. 이 구는 햇빛이 반사되어 되비쳐 텅 빈 골짜기 사이에 비치는 것을 말한다.

7 『집운(集韻)』에서, "'감(嵌)'은 벼랑이 비탈져서 험준한 것이다."라 하였다.

8 '막야(鏌鎁)'는 칼 이름이다. 산의 협곡이 우뚝 솟은 것을 말한다.

9 『수경(水經)』에서, "장강은 다시 동쪽으로 광계협(廣谿峽)을 지난다."라 하였는데, 주에서 "이곳이 바로 삼협의 첫머리다. 협곡에 구당탄, 황룡탄이 있는데, 옛날 우임금이 뚫어서 장강으로 통하게 만들었다."라 하였다.

10 '巴'는 달리 '巨'로 된 본도 있다.

11 『수경주』에서, "청수(淸水)는 파거현(巴渠縣)의 동북쪽에 있는 파령(巴嶺)의 남쪽에서 기원한다. 요중(獠中)이 곧 파거수(巴渠水)이다. 서남쪽으로 흘러 그 고을에 이르고 다시 서쪽으로 흘러 삼협으로 들어간다."라 하였다.

12 기주(夔州)는 형촉(荊蜀)의 가운데 있는데, 오의 소금과 촉의 마가 모이는 곳이다.

13 '窮'은 달리 '賤'으로 된 본도 있다.

14 '淸'은 달리 '靑'으로 된 본도 있다.

15 차(差)는 '무리'를 뜻한다. 구주(仇注)에서, "차(差)는 차등이란 의미를 지닌다. 운(韻)은 본래 음을 따른다."라 하였다.

9. 괴엽 냉면[1]

槐葉冷淘

青青高槐葉	푸르고 푸른 저 높은 괴엽을
採掇付中廚	따다 모아 주방으로 보내네.
新麪來近市	새 국수를 가까운 저자에서 사오니
汁滓宛相俱	국물과 건더기가 완전히 갖춰졌네.
入鼎資過熟	솥에 넣어 면발을 푹 익히면
加餐愁欲無	먹을 때 금세 사라질까 걱정이네.[2]
碧鮮俱照箸	푸르고 고와 온통 젓가락에 비추는데[3]
香飯兼苞蘆	향그런 음식과 함께 그릇에 내오네.[4]
經齒冷於雪	이를 대면 눈보다 시린데
勸人投比珠	진주 내 주듯 먹으라 권하네.
願隨金騕褭	원컨대 금빛 요뇨를 따라[5]
走置錦屠蘇	비단 황궁으로 내달려 올렸으면.[6]
路遠思恐泥[7]	길이 멀어 아마도 막히겠지만
興深終不渝	깊은 충심은 끝내 사그라지지 않네.
獻芹則小小	미나리를 바치는 건 보잘 것 없지만
薦藻明區區	나물을 올림에 정성은 드러나네.
萬里露寒殿	만리 떨어진 노한전[8]의
開冰清玉壺	시원한 옥병에서 얼음을 꺼내,
君王納涼晚	임금을 늦게까지 시원하게 한다면
此味亦時須	이 냉면을 때로 올려야지.[三]

㊀ 이것이 이른바 한 끼 식사를 하는 동안에도 임금을 잊지 못한다는 것이다. 이러한 말은 두보에게 있어서 지극한 본성에서 나온 것이니, 상투적이라고 하여 하찮게 여겨서는 안 된다.

1 장진(張溍)의 주에서, "괴엽은 맛이 차가우면서 씁쓰레하다. 냉도는 이미 익힌 면을 칭하는 것으로, 괴엽의 즙을 면에 부어 만든다."라 하였다.

2 『두억』에서, "면을 끓일 때 지나치게 익으면 면발이 줄어든다. 그러므로 먹을 때 면이 쉽게 줄어든다."라 하였다.

3 '벽선(碧鮮)'은 면의 색깔을 말한다. 「오도부(吳都賦)」에서, "옥은 윤기 흐르고 벽은 곱네.(玉潤碧鮮)"라 하였는데, 주에서 "벽(碧)은 푸른색을 띤 아름다운 돌이다."라 하였다.

4 주주(朱注)에서, "『설문해자』에서 '노(盧)는 밥그릇이다. 달리 노(籚)라고도 한다.'라 하였다. 이 시의 노(蘆)는 아마도 노(籚)의 잘못일 것이다. '포(苞)'는 『관자(管子)』에 보이는 '길에 굶어 죽는 사람이 있다.(道有遺苞)'란 말의 '포(苞, 즉 殍)'와 의미가 같다. 즉 이 구는 냉도(冷淘)와 향기로운 음식을 밥그릇에 담아 사람에게 주려는 의미이다."라 하였다. 구주(舊注)에서는 포로(苞蘆)를 갈대순(蘆笋)이라 하였는데, 그러면 향반과 아무런 연관이 없게 되므로 위아래의 의미가 매끄럽게 연결되지 않는다.

5 노조린의 시에서, "한나라에 금빛 요뇨가 있네.(漢家金騕褭)"라 하였다. 황희(黃希)가 말하기를, "준마를 가리켜 금빛 요뇨라고 한다. 한나라 무제(武帝)가 금을 주조하여 기린의 편자와 요뇨의 편자를 만들었다."라 하였다.

6 도소(屠蘇)는 천자의 집을 이른다. 도소는 본래 도소(廜廯)로 지어야 한다. 복건(服虔)의 『통속문(通俗文)』에서, "집이 평평한 것을 도소(廜廯)라고 이른다."라 하였다. 소자운(蕭子雲)의 「설부(雪賦)」에서, "평평한 집의 높은 그림자가 지네.(沒廜廯之高影)"이라 한 것이 그 예이다. 『광운』에서, "도소는 또한 술 이름이다. 설날에 마시면 뜨거운 기운을 제거할 수 있다. 또 모양이 집과 비슷한 큰 모자를 역시 도소라고 부른다."라 하였다. 『진지(晉志)』에서 말하였다. "동요에 '도소라는 모자는 두 귀를 덮네(屠蘇障日覆兩耳)'라 하였다." 이 구는 조정에 바친다는 의미이니 마땅히 도소(屠蘇)의 본래 의미로 해석해야 한다.

7 니(泥)는 막힌다는 의미의 거성으로 읽어야 한다.

8 「서경부(西京賦)」에서, "이미 새로 영풍관을 짓고, 다시 노한을 지

어 저장하였네.(旣新作於迎風 增露寒與儲胥)"라 하였는데, 주에서 "영풍과 노한은 관(館)의 이름이다."라 하였다. 『장안지(長安志)』에서, "운양(雲陽)의 감천궁(甘泉宮)에 이 관들이 있다."라 하였다.

10. 후원의 산기슭을 오르며
上後園山脚

朱夏熱所嬰	붉은 여름에 열기는 찌는 듯한데
清旭[1]步北林	맑은 새벽에 북쪽 숲을 거니네.
小園背高岡	작은 정원은 높은 멧부리를 등지고 있으니
挽葛上崎崟	칡넝쿨 부여잡고 험준한 봉우리 오르네.
曠望延駐目	드넓은 시야에 멀리 눈여겨보는데
飄颻散疏襟	풀어헤친 옷깃은 이리저리 펄럭이네.
潛鱗恨水壯	헤엄치는 물고기는 물이 거세 한스럽고
去翼依雲深	날아가는 새는 깊은 구름 속으로 사라지네.[2]
勿謂地無疆	대지가 끝없이 드넓다고 말하지 마라
劣於山有陰	산의 응달보다 못하리니.[3]
石榞[4]遍天下	천하가 나무껍질로 연명하니[5]
水陸兼浮沈	물가나 뭍이나 모두 떠돌이 신세로다.
自我登隴首	내가 높은 농 땅에 올라온 뒤로[6]
十年經碧岑	십년 동안 푸른 멧부리 지나다녔네.
劍門來巫峽	검문에서 무협으로 오면서부터
倚薄浩至今	지금까지 드넓게도 산길 걸었네.
故園暗戎馬	고향은 전쟁으로 암울하니
骨肉失追尋	형제를 찾을 수 없네.
時危無消息	때는 위태로워 소식이 없는데
老去多歸心	늙어 가매 돌아갈 마음뿐이로다.
志士惜白日	뜻 있는 선비는 시간이 아깝고
久客藉黃金	오랜 나그네는 돈이 필요하네.

敢爲蘇門嘯　　감히 소문산에서 휘파람 불며[7]
庶作梁父吟　　「양보음」을 지어 부르랴.[8] ⊟

⊟ 두보의 만년 오언고시는 이와 같이 껄끄러워 유창하지 못하고〔蹇澁〕 발전 없이 막힌 듯한〔沈滯〕 작품이 많은데, 주자는 졸렬함을 쓸어낸 호방한 붓 솜씨에 비유하였으니, 이와 같은 작품은 참으로 배울 수 없다.

1　'旭'은 달리 '旦'으로 된 본도 있다.

2　주주(朱注)에서, "두 구는 은둔한 선비는 모름지기 깊숙한 곳에 있어야 한다. 그러므로 아래에서 구주(九州)가 비록 크다고 해도 세상에서 숨어 지낼만한 이 산의 음지만 못하다고 한 것이다."라 하였다.

3　산의 북쪽을 '음(陰)'이라 한다.

4　'榞'의 음은 '原'이다.

5　심존중(沈存中)이 이르기를, "석원(石榞)은 나무 이름이다. 씨는 궁궁(芎藭)과 비슷하고 껍질은 굶주림을 면할 수 있다."라 하였다. 포주(浦注)에서, "석원은 아마도 이 산에서 자라는 것 같다. '편천하(遍天下)'라는 말은 천하가 모두 석원의 껍질을 먹고 있다는 의미이다."라 하였다.

6　두보가 나그네가 된 것은 건원 2년 진주(秦州)에서 떠돌 때부터 시작한다.

7　『진서』「완적전」에서, "완적은 항상 소문산(蘇門山)에서 손등(孫登)을 만났다. 돌아오는 도중 고개를 반쯤 내려오면 봉황의 울음 같은 소리가 들렸는데, 그것은 손등의 휘파람 소리였다."라 하였다.

8　세상에 명성이 알려져 출세하려는 것을 추구하지 않는다는 의미이다. 후반부는 산자락 오르는 것을 말미암아 근래 길 위에서 떠돌며 고생한 것에 대한 감회가 일어나게 되고 마침내 늙어버렸는데도 고향으로 돌아가지 못한 탄식을 일으키고 있다.

11. 신주 관리 왕음이 북쪽 조정으로 돌아감을 받들어 전송하다
奉送王信州崟北歸

朝廷防盜賊	조정에서 도적을 막으려 하고
供給愍誅求	공물은 가렴주구를 걱정하였네.
下詔遷郎署	조서를 내려 낭서의 낭관을 옮기고
傳聲典信州	소식을 전하여 신주를 맡게 하였네.
蒼生今日困	백성들이 오늘날 곤핍 당하니
天子嚮時憂	천자가 접때부터 근심하였네.
井屋有烟起	민가에는 밥 짓는 연기가 피어오르고
瘡痍無血流	상처에는 이제 피가 흐르지 않네.[1] ⊟
壤歌惟海甸	격양가는 다만 바닷가 지역에서 부르고
畫角自山樓	경계 시키는 뿔피리 산의 망루에서 울리네.
白髮寐常早	백발에 잠자리는 항상 일찍 들고
荒榛農復秋	황폐한 농사는 다시 가을이구나.[2]
解龜踰臥轍	조정에서 부르니 수레 막은 이들 물리치고[3]
遣騎覓扁舟	말을 보내주고 또한 작은 배를 찾네.[4]
徐榻不知倦	서치(徐穉)에게 걸상 냄을 게을리 않았으니[5]
潁川何以酬	영천 진번에게 어떻게 갚을까.[6]
塵生彤管筆	붉은 대롱 붓에서 먼지가 나고[7]
寒膩黑貂裘	검은 담비 갖옷은 추위에 헤어졌네.
高義終焉在	뛰어난 덕행은 앞으로 어디서 볼까
斯文去矣休	사문은 이제 끝장이로다.
別離同雨散	이별은 비가 흩뿌림과 같고[8]

行止各雲浮　　가고 멈춤은 구름이 떠도는 것이네.[二]
林熱鳥開口　　숲은 더워 새는 지저귀고
江渾魚掉頭　　강물은 미지근하여 물고기가 머리를 내놓네.
尉佗雖北拜　　위타는 비록 북쪽으로 절하는데[9]
太史尙南留　　태사는 아직도 남쪽에서 떠도네.[10]
軍旅應都息　　전투는 응당 모두 그쳐야 하고
寰區要盡收　　국내는 모름지기 전부 거느려야 하네.
九重思諫諍　　궁궐에 들어가면 간쟁에 앞장서고
八極念懷柔　　천하를 부드럽게 달래야 하네.
徙倚瞻王室　　떠돌이는 왕실을 바라보며
從容仰廟謀　　조용히 조정의 계책을 우러르네.
故人持雅論　　벗은 정론을 지녔으니
絶塞豁窮愁　　변방의 근심에 찌든 이를 위로하리라.
復見陶唐理　　다시 도당의 다스림을 보리니
甘爲汗漫遊　　세상 밖에서 노니리라.[11] [三]

[一] 도입부에서 왕음이 기주를 다스린 공적을 서술하고 있다.

[二] 다음으로 두보 자신의 석별의 정을 서술하고 있다.

[三] 마지막 부분은 조정에 들어가 공을 세울 것을 바라고 있으니, 응당 앞에서 말한 의미를 전환하고 있다.

1 왕음이 기주(夔州)를 다스린 이후로 백성들의 곤핍이 마침내 사라졌다.

2 두 구는 두보 자신이 기주에 떠도는 상황을 서술하고 있다.

3 사령운의 시에서, "경평 연간에 벼슬에서 물러나.(解龜在景平)"라 하였는데, 주에서 "'해귀(解龜)'는 차고 있던 거북 인장을 풀어버린다

는 말이다."라 하였다. 『한표(漢表)』에서, "이천 석을 녹봉으로 받는 관리는 은 인장에 거북 끈을 한다."라 하였다. 『후한서』에서, "후패(侯覇)가 임회태수가 되었다. 조정에서 그를 부르자 백성들이 그를 붙잡고 통곡하였으며 사자의 수레를 가로막거나 혹은 길을 막고 누워 버렸다."라 하였다.

4 『세설신어』에서, "장빙(張憑)이 일찍이 단양윤(丹陽尹) 유담(劉惔)을 배알하였는데, 유담이 그를 묵어가게 하여 다음날 배를 타고 돌아왔다. 잠시 뒤에 유담이 나와서 전령을 시켜 장효렴(張孝廉, 장빙)의 배를 찾아 그와 함께 배에 타니 당시 사람들이 영광스럽게 여겼다."라 하였다. 효렴은 효렴과(孝廉科)에 선발된 사람을 말한다.

5 『후한서』「서지전(徐穉傳)」에서, "진번(陳蕃)이 태수가 되었는데, 오직 서치가 왔을 때만 특별히 걸상을 내어놓았고 그가 가면 그것을 달아놓았다."라 하였다.

6 영천(潁川)은 진씨(陳氏)의 본관이다. 즉 영천 진씨인 진번(陳蕃)으로 왕음을 비교하였다. 말하자면, 왕음이 지금 이 고을 관리를 그만두고 조정으로 돌아가면서, 나를 찾아오느라 배를 찾고 책상을 특별히 내려주어 나에게 예의를 베푸는데, 나는 장차 무엇으로 이를 보답하겠는가라는 의미이다.

7 두보가 낭관을 이미 그만둔 것을 말한다.

8 왕찬의 시에서, "바람은 흐르고 구름은 흩어지니, 한 번 이별은 비와 같네.(風流雲散 一別如雨)"라 하였다.

9 『한서』에서, "고조가 육가(陸賈)를 시켜 위타(尉佗)에게 도장을 하사하고 남월왕으로 삼았다. 육가가 위타를 달래 교외에 나와 맞이하며 북쪽을 향해 신하라 칭하고 한나라의 조서를 받들라고 하였다. 이에 위타가 북쪽을 향해 절을 올렸다."라 하였다. 위타는 아마도 최간(崔旰)의 무리를 가리키는 것이다. 이 당시 최간이 입조를 요청하였다.

10 두보 자신이 이곳에서 머물러 벗어나지 못한 것을 탄식하고 있다.

11 『회남자』에서 말하였다. "약사(若士)가 노오(盧敖)에게 이르기를, '나는 한만(汗漫)과 함께 구해(九垓) 밖에서 노닌 사람이다.'라 하였다." 한만은 천유(天遊)를 즐기는 자이다. 왕음은 아마도 장안으로 들어가 조정의 관리가 될 것이다. 그러므로 그가 간언하여 정치가 제대로 되기를 바라는 것이다.

12. 늦여름에 종숙인 황문시랑을 모시고 조정으로 가는 고향의 동생 두소를 전송하며[1]

季夏送鄉弟韶陪黃門從叔朝謁

令弟尙爲蒼水使	아우는 아직도 창수의 사자 노릇 하고 있지만[2]
名家莫出杜陵人	두릉 사람보다 뛰어난 집안은 없다네.[3]
比來相國兼安蜀	근래 재상께서 촉 땅을 다스리다가
歸赴朝廷已入秦	조정으로 돌아가니 벌써 중원에 들어갔으리.
捨舟策馬論兵地	배를 놓고 말을 달려 전장터로 가서[4]
拖玉腰金報主身	금 허리띠에 옥 장식 매달고 주군께 보답할 몸이라.
莫度清秋吟蟋蟀	맑은 가을 귀뚜라미 읊조릴 생각 마시게[5]
早聞[6]黃閣畫麒麟	황문의 얼굴 기린각에 그려졌다는 소식 빨리 듣고 싶네.㊀

㊀ 두 사람을 읊으면서 한 번은 안타깝게 여기고 한 번은 자랑하였으니, 시어는 간략하지만 의미는 제대로 전달되었다.

1 『당서』에서, "두홍점(杜鴻漸)이 황문시랑동평장사로 촉을 진무하였다. 대력 2년 6월에 촉에서 조정으로 돌아갔다."라 하였다.

2 원주(原注)에서, "두소(杜韶)는 근래 겸개강사가 되어 성도 외강을 통하여 삼협을 배로 내려갔다."라 하였다. 『오월춘추』에서 말하였다. "우(禹)가 형악(衡嶽)에 올랐다. 꿈에 붉은 비단 옷을 입은 남자를 보았는데, 스스로 창수(蒼水)의 사자라고 칭하면서, '요 임금께서 그대(文命은 우의 이름)를 이곳으로 보냈다는 소식을 들었기에 찾아왔다.'라 하였다."

3 '막출(莫出)'은 그보다 뛰어난 것은 없다는 말이다.

4 두소가 삼협을 나간 뒤에는 마땅히 육로를 따라 장안으로 돌아갈 것이다. 그러므로 '배를 놓고 말을 탄다.'고 하였다.

5 「성주득현신송(聖主得賢臣頌)」에서, "귀뚜라미는 가을을 기다려 운다."라 하였다. 구주(仇注)에서, "두소의 여행은 6월에 있었으니, 그가 중도에 머뭇거리다가 가을날 귀뚜라미 울음소리를 듣지 말라고 부탁한 것이다."라 하였다.

6 '聞'은 달리 '開'로 된 본도 있다.

13. 열다섯 번째 아우 시어가 촉으로 사신 가는 것을 전송하며

送十五弟侍御使蜀

喜弟文章進	아우의 문장이 발전하여 기쁘니
添余別興牽	나의 석별의 정은 더욱 깊구나.
數杯巫峽酒	두어 잔 무협의 술
百丈內江船	백 길의 내강의 배.[1]
未息豺狼鬪	도적과의 전투 그치지 않으니[2]
空催犬馬年	부질없이 못난이의 나이만 재촉하네.
歸朝多便道	조정에 돌아갈 때 편안 길이 많을 테니
搏擊望秋天	가을에 그들을 공격하기 바라네.[3]

1 구주(舊注)에서, "강물이 투주로부터 합주 위까지를 내강이라 부르고, 투주로부터 융로를 지나 촉 위까지를 외강이라 부른다."라 하였다. 양용수가 이르기를, "외강은 즉 민강(岷江)이고, 내강은 즉 부강(涪江)이다."라 하였다.

2 최간(崔旰)의 무리가 공격한 것을 이른다.

3 고주(顧注)에서, "두보는 자신이 반란군을 토벌하지 못함을 한스럽게 여겼다. 그러므로 아우가 조정에 돌아간 뒤 그들을 치기를 바라고 있다."라 하였다.

14. 염예퇴

灩澦

灩澦既沒孤根深	염예퇴는 이미 잠겨 외론 바위 뿌리 깊은데
西來水多愁太陰	서쪽에서 오는 큰 물에 구름 낀 하늘이 걱정이네.[1]
江天漠漠鳥雙去	강과 하늘이 아득한데 새는 쌍으로 날고
風雨時時龍一吟	비바람 때때로 불며 용은 울부짖네.
舟人漁子歌回首	뱃사공과 어부는 노래 부르며 고개 돌리고
估客胡商淚滿襟	장사치는 슬픔에 눈물이 옷깃을 적시네.[2]
寄語舟航惡年少	말하노니, 배를 타는 사나운 젊은이들아
休翻鹽井擲黃金	염정의 우물 퍼내서 돈을 좇지 마라.[3] ⊟

시평 : 『석림시화』에서 말하였다. "시에서 쌍자(雙字, 疊字)를 사용하는 것은 대단히 어렵다. 모름지기 오언시나 칠언시에서 세 글자나 다섯 글자를 제외하고 나머지 두 글자에 정신과 흥치가 온전히 드러나야 바야흐로 공교롭고 오묘하다. 예를 들면 두보의 '한없이 지는 잎은 우수수 떨어지고, 끝도 없는 긴 강은 세차게 흘러내리네.(無邊落木蕭蕭下 不盡長江滾滾來)'라 한 것과 '강과 하늘이 아득한데 새는 쌍으로 날고, 비바람 때때로 불며 용은 울부짖네.(江天漠漠鳥雙去 風雨時時龍一吟)'라고 한 구절은 매우 뛰어나다고 하겠다. 근래 왕안석의 '새로 서리 내려 끝없이 하얗고, 저물녘 정원 숲은 이따금 푸르네.(新霜浦漵綿綿白 薄晚園林往往青)'와 소동파의 '짙은 화로 향기 처음 피어오르는 밤, 늘어진 꽃 그림자 흔들거리는 봄.(浥浥爐香初泛夜 離離花影欲搖春)' 등은 모두 두보의 앞 작품에 짝할 수 있다."

㊀ 왕완정(王阮亭)이 이르기를, "참으로 만 명의 장부에 해당하는 담력이 있다. 이 작품은 돈좌와 비장을 둘 다 가지고 있다."라 하였다.

1 양천(楊泉)의 「오호부(五湖賦)」에서, "태음이 비밀스럽게 여긴 바.(太陰之所毖)"라 하였다. 말하자면, 비가 많이 내리고 음산하여 사람으로 하여금 근심스럽게 만든다는 의미이다. 다음 아래 두 구는 태음의 형상을 말하고 있다.

2 뱃사공과 어부는 바람과 파도를 두려워하지 않는다. 그러므로 이익고 염예퇴를 벗어나 스스로를 다행스럽게 여긴다. 장사치는 위험을 보면 슬퍼한다. 두 구의 용의(用意)는 각각 다르다.

3 주주(朱注)에서, "염정의 물을 펴서 많은 이익을 좇는다면 반드시 우물에 빠질까 하는 걱정이 생긴다. 그러므로 두보가 경계시킨 것이다."라 하였다.

15. 7월 1일에 종 명부의 수루에서 짓다
七月一日題終明府水樓二首

高棟曾軒已自涼　　높은 용마루 층층의 추녀 이미 절로 시원한데
秋風此日灑衣裳　　오늘은 가을바람에 옷깃이 날리네.
翛然欲下陰山雪　　속세 벗어나 음산의 눈이라도 날릴 기세이니[1]
不去非無漢署香　　떠나지 않음은 향기로운 관청보다 나아서지.[2]
絶壁過雲開錦繡　　절벽에 구름 지나니 비단이 펼쳐지고
疎松隔水奏笙簧　　물 건너 성긴 소나무는 생황을 연주하는 듯.
看君宜著王喬履　　그대 마땅히 왕교의 신발 신어야 하니[3]
眞賜還疑出尙方　　상방의 황제 하사품을 신선이 신는 지 여기네.[4][一]

宓子彈琴邑宰日　　복자천이 거문고 타며 읍재로 있던 때[5]
終軍棄繻英妙時　　종군이 비단 신표 버리던 패기어린 수재 시절.[6]
承家節操尙不泯　　가풍 이은 절조는 아직도 사라지지 않았으니
爲政風流今在茲　　그 위정과 풍류는 지금 이곳에 있네.
可憐賓客盡傾蓋　　손님을 아껴 갖은 정성을 다하는데
何處老翁來賦詩　　노인은 어디에서 와서 시를 짓는가.
楚江巫峽半雲雨　　초강과 무협은 비구름에 반쯤 젖고
淸簟疎簾看奕棋　　맑은 대자리와 성긴 주렴 사이로 바둑 두고 있구나.[二][三]

시평 : 이자덕이 이르기를, "수루(水樓)를 묘사함에 한 글자도 다른 자리로 옮길 수 없다고 할 수 있다. 그러나 절로 촉박하거나 협소한[迫隘] 병이 없다."라 하였다.

㊀ 구창주가 이르기를, "이 작품은 수루(水樓)를 읊조린 것에서 시작하였지만 결처는 종 명부에게 귀결하고 있다."라 하였다.

㊁ 이 작품은 종 명부(明府)에 대해 언급을 시작하였다가 결처에서 수루에 대한 언급으로 끝맺고 있다. ○ 산곡 황정견은 매번 이러한 품격을 본받았다.

㊂ 장약육(蔣弱六)이 이르기를, "장안에서 천리 머나먼 곳에서 얼굴을 마주하니 절로 놀랍고 절로 웃음이 나오니, 감개를 일으키면서도 대단히 함축하고 있다."라 하였다.

1 『광지(廣志)』에서, "대군(代郡)의 음산(陰山)은 오월에도 눈이 녹지 않고 있다."라 하였다.

2 수루(水樓)의 시원함은 향기를 머금은 아름다운 관청보다 낫다. 이곳에 머물러 떠나지 않는 까닭은 누대 위에서 바라보는 경치가 대단히 좋기 때문이다.

3 이곳에서 선경(仙境)이 멀지 않음을 말하고 있다.

4 원주(原注)에서, "종 명부는 공조 관원이다. 봉절(奉節, 경치 좋기로 이름난 지역)의 수령을 겸하기에 이 구에서 이렇게 말하였다. 황제가 우두커니 아뢰는 것을 보는 것이 진(眞)이다. 『후한서』에서, "왕교가 섭(葉)의 수령이 되었을 때, 소회에 자주 참여하였다. 황제가 태사를 시켜 그를 엿보게 하였다. 태사가 황제에게 말하기를 '그가 올 때면 두 마리 오리가 날아오는데, 이에 그물을 던져 잡아보니 거기에는 신발 한쪽만 있었습니다.'라 하였다. 이에 상방(尙方)에 조서를 내려 자세히 살펴보니 그 신발은 4년 전에 조정에서 상서의 관속에게 내린 신발이었다."라 하였다.

5 『여씨춘추』에서, "복자천(宓子賤)이 단보(單父)를 다스리는데 당(堂)에서 내려오지 않고 거문고를 연주하면서도 고을을 잘 다스렸다."라 하였다.

6 『한서』에서, "종군(終軍)은 18살의 나이에 걸어서 관문으로 들어갔다. 관문의 관리가 종군에게 비단 신표〔繻〕를 주자, 종군이 '이것은 무엇이오.'라 물었다. 관리가 '다시 돌아올 때 증표를 삼아야 한다.'고 하였다. 그러나 종군은 비단 신표를 던져버리고 갔다. 뒤에 알자(謁者)가 되어 각 고을을 순찰하였는데, 관찰사가 되어 동쪽으로 관문을 나갈 때 관문의 관리가 '이 사람은 전에 비단 신표를 버린 자이다.'라 하였다."라 하였다. '수(繻)'는 비단의 조각이다. 비단의 윗부분을 찢은 다음 합하여 부신으로 삼는다. 「서정부(西征賦)」에서, "어린 종군은 산동의 영재이다.(從童山東之英妙)"라 하였다.

16. 행관 장망이 들녘을 순찰하고 수로로 돌아가다[1]

行官張望補稻畦水歸

東屯大江北	동쪽 둔영은 큰 강의 북쪽에 있는데[2]
百頃平若案	백 마지기 평야가 마치 책상 같네.
六月青稻多	유월에 벼가 푸르름 짙어가고
千畦碧泉亂	넓은 들녘에 물이 넘치네.
插秧適云已	모내기가 마침 다 마쳤으니
引溜加溉灌	물길 끌어와 물을 대네.
更僕往方塘	종을 교대로 연못에 보내고
決渠當斷岸	도랑 열어 언덕으로 흐르게 하네.
公私各地著	공사간에 각각 편안히 거처하니[3]
浸潤無天旱	가뭄 없이 물이 넘쳐서라네.
主守問家臣	장관이 가신 장망에게 물으니[4]
分明見溪畔	분명하게 논둑을 살폈다고 답하네.
芊芊炯翠羽	시퍼런 색은 비취새 날개처럼 빛나고[5]
剡剡生銀漢	벨 듯한 날카로움은 은하수에서 생기네.
鷗鳥鏡裏來	갈매기는 거울 속에 날아오고
關山雪邊看	관산은 눈 속에 보이네.[6] ⊟
秋菰成黑米	가을날 줄풀은 흑미를 만드는데[7]
精鑿傳白粲	도정하여 흰쌀밥에 섞네.[8]
玉粒足晨炊	옥 낱알은 새벽밥에 좋고
紅鮮任霞散	홍미는 노을이 흩어진 듯.[9]
終然添旅食	마침내 나그네 식량에 보태니
作苦期壯觀	농작의 노고는 풍년을 기약하네.[10]

遺穗及衆多	이삭 남겨 많은 백성에게 주리니
我倉戒滋漫	나의 창고는 넘치는 것을 경계하리.[11] ㊂

㊀ 하의문(何義門)이 이르기를, "청신(淸新)하여 즐길 만하다."라 하였다.

㊂ 이 작품은 두보의 전가(田家)시로, 또한 정제(整齊)되고 빼어나다. 다만 왕유와 저광희의 고묘(高妙)함에는 미치지 못한다.

1 주주(朱注)에서, "행관(行官)은 농촌을 순시하는 자이다. 한문공(韓文公)의 「답맹간서(答孟簡書)」에서, '행관이 남쪽에서 와서 길주로 돌아간다.'라 하였는데, 아마도 당나라 시대에 이러한 관직이 있는 것 같다."라 하였다.

2 '大江北'은 달리 '枕大江'으로 된 본도 있다. 『곤학기문』에서, "동쪽 둔영은 바로 공손술이 머물러 진을 치던 곳이다. 백제성과의 거리가 5리로, 밭이 백 경이 되니 쌀이 촉 땅에서 으뜸이다."라 하였다.

3 『한서』「식화지」에서, "백성을 다스리는 방법은 지착(地著)을 기본으로 한다."라 하였는데, 주에서 "지착(地著)은 안주함을 이른다."라 하였다.

4 가신(家臣)은 즉 행관인 장망(張望)을 이른다.

5 「귀전부(歸田賦)」에서, "푸른색이 시퍼렇네.(碧色肅其芊芊)"라 하였다.

6 앞 2구는 벼가 푸른 것을 말하고, 여기 2구는 논물의 명징함을 말한다.

7 『도경본초(圖經本草)』에서 말하였다. "'고(菰)'는 곧 능백(菱白)이다. 그 풀 가운데 검은 것을 능울(菱鬱)이라 부른다. 뒤에 열매가 맺힌 것이 조호미(雕胡米)다. 유견오의 시에서, '흑미가 줄풀 뿌리에서 생기네.(黑米生菰葑)'라 하였다."

8 『좌전』의 주에서, "벼 1섬을 찧어 3말을 얻는 것을 '정(精)'이라 하고, 4말을 얻는 것을 '착(鑿)'이라 한다."라 하였다. 즉 이 구는 줄풀밥을 흰쌀밥에 섞어 익힌다는 말이다.

9 선우(鮮于)의 주에서, "강(江)과 제(淛) 지역 사람들은 홍미(紅米)

를 홍선(紅鮮)이라 부른다."라 하였다.

10 장관(壯觀)은 풍부하게 수확하는 것을 이른다.

11 주학령이 이르기를, "'급중다(及衆多)'는 타인에게 이롭게 한다는 말이다. '계자만(戒滋漫)'은 자신의 것을 덜어낸다는 말이다. 고인의 마음 씀은 이와 같았다."라 하였다.

17. 가을에 행관 장망이 동둔의 벼농사를 감독하고 필 지역으로 향할 때, 새벽에 계집종 아계와 노비 아단을 보내 인사를 하였다[1]⊟

秋行官張望督促東渚[2]耗[3]稻向畢　淸晨遣女奴阿稽竪子阿段往問

東渚雨今足　동둔에 비가 지금 충분하여
佇聞粳稻香　우두커니 벼의 향기를 맡네.
上天無偏頗　하늘은 치우침이 없으니
蒲稗各自長　잡초와 피도 잘 자라네.
人情見非類　사람이란 잡초를 찾아내니
田家戒其荒　농부는 황폐해질까 걱정이네.
功夫競搰搰　젊은이는 앞 다퉈 힘을 쏟아
除草置岸旁　잡초 뽑아 논둑 옆에 버리네.
穀者命之本　낟알은 목숨의 토대이니
客居安可忘　객지에 살며 어찌 잊으랴.
青春具所務　푸른 봄부터 모두 바빠
勤墾免亂常　부지런히 농사 지며 도리를 지키네.
吳牛力容易　오나라 소는 부리기 편하니[4]
並驅紛遊場　나란히 몰며 논밭을 가네.
豐苗亦已槪　잘 자란 모는 이미 빽빽해졌고[5]
雲水照方塘　연못에 구름이 비치네.
有生固蔓延　싹을 틔우면 길게 뻗나니[6]
靜一資隄防　주의하고 뽑아 제방에 던져두네.
督領不無人　감독하는 사람이 없지 않지만

提攜頗在綱　　요점을 잡아 실행에 옮겨야하네.[7]
荊揚風土煖　　형주, 양주는 풍토가 따뜻해도
肅肅候微霜　　서늘한 엷은 서리가 내릴 시기로다.
尙恐主守疏　　더욱 두려운 건, 장관이 우활하여
用心未甚臧　　마음을 꼼꼼하게 쓰지 못할까 하는 것.
淸朝遣婢僕　　맑은 아침에 노복을 보내
寄語踰崇岡　　높은 멧부리 넘어 말을 전하네.
西成聚必散　　추수에 거둬들이면 꼭 나눠줘야 하니
不獨陵我倉　　오직 나의 창고만 넘쳐서는 안 되네.[8]
豈要仁里譽　　어찌 어질다는 명예를 구하랴
感此亂世忙　　이 난세에 바쁘면 감사하지.
北風吹蒹葭　　북풍은 갈대에 불어오고
蟋蟀近中堂　　귀뚜라미는 중당에 다가오네.
荏苒百工休　　세월 흘러 모든 일이 한가하면[9]
鬱紆遲暮傷　　울적하여 만년에 쓸쓸하리.[10]

시평 : 유서월(兪犀月)이 이르기를, "이 작품은 소쇄청진(瀟灑淸眞)하니 도연명의 일파인데, 약간 침울한 생각을 가미하였기에 서로 같지 않다."라 하였다. ○ 황백산(黃白山)이 이르기를, "권13의 「신행수수통(信行修水筒)」에서 노비 신행을 대단히 칭송하였는데 이 작품에서, '더욱 두려운 건 장관이 우활하여, 마음을 꼼꼼하게 쓰지 못할까 하는 것.(尙恐主守疏用心未甚臧)'이라고 하였으니 두 사람의 차이를 볼 수 있다."라 하였다.

㊁ 아계와 아단은 두보의 종으로 또한 다른 작품에 보인다.

1 동저(東渚)는 즉 동둔(東屯)이다.

2 '秏'는 달리 '지'로 된 본도 있다.

3 구주(舊注)에서, "모(秏)는 뽑아내는 것이다. 벼에게 해를 주는 잡초와 피를 제거함을 이른다."라 하였다.

4 『세설신어』에서 말하였다. "만분(滿奮)이 말하기를 '신은 오나라 소와 같으니 달을 보고 헐떡거립니다.'라 하였다." 그 주에서, "오나라 소는 물소다."라 하였다.

5 '穊'의 음은 '几'와 '利'의 반절법이다. 달리 개(漑)라고도 한다. 『한서』에서, "깊이 밭 갈아 종자를 빽빽이 심는다."라 하였는데, 주에서 "기(穊)는 빽빽하다는 의미이다."라 하였다.

6 잡초와 피가 길게 자라는 것을 이른다.

7 『서경』에서, "그물에 벼리가 있어야 한다."라 하였다. 포주(浦注)에서, "『좌전』의 '나라의 기강을 세울 만한 공복'이란 의미를 함께 사용하고 있다."라 하였다.

8 「자전부(藉田賦)」에서, "나의 창고는 언덕과 같고, 나의 곳집은 구릉 같네.(我倉如陵 我庾如坻)"라 하였다.

9 「월령」에서, "서리가 내리면 온갖 일이 멈춘다."라 하였다.

10 4구를 매조지한 것으로, 필 지역으로 향하면 일이 한가로운 세모가 될 것이니 마침내 스스로 만년을 애처롭게 여길 것이다.

18. 비에 막혀 낭서의 감림으로 돌아가지 못하다[1]

阻雨不得歸瀼西甘[2]林

三伏適已過	삼복이 마침 이미 지났으니
驕陽化爲霖	뜨거운 햇빛이 장마가 되었네.
欲歸瀼西宅	낭서의 집으로 돌아가려 해도
阻此江浦深	강나루가 깊어져 길이 막혔네.
壞舟百板坼	부서진 배의 갑판은 이리저리 쪼개지고
峻岸復萬尋	높다란 강기슭은 다시 만길이나 치솟았네.
篙工初一棄	뱃사공은 처음부터 온전히 포기하니
恐泥勞寸心	지체될까 두려워 애만 타는구나.[3] [二]
佇立東城隅	동성의 모퉁이에 우두커니 서서
悵望高飛禽	높이 나는 새를 서글피 바라보네.[三]
草堂亂玄圃	어지러워졌을 초당의 현포는[4]
不隔崑崙岑	아름다운 곤륜산에서 멀지 않은데.
昏渾衣裳外	짙은 어둠은 옷자락까지 스며들어[5]
曠絶同曾陰	층층의 구름에 가려 있구나.[6]
園甘長成時	과수원의 감귤이 익을 때라
三寸如黃金	세 치 크기로 황금처럼 노랗네.[7]
諸侯舊上計	제후들이 옛날에 장부를 올렸는데[8]
厥貢傾千林	그 공납은 천 그루를 다 바쳤네.[9]
邦人不足重	백성들은 귀중하게 여기지 않으니
所迫豪吏侵	교활한 아전들의 침탈에 괴로워서라네.[10]
客居暫封殖	객지에 거처하며 잠시 길렀는데
日夜偶瑤琴	밤낮으로 거문고 소리 들리네.[11]

虛徐五株態	여유로운 다섯 그루의 모습이[12]
側塞煩胸襟	기울어져 가슴을 답답하게 만드네.[13] ㊂
安得輟雨足	어찌하면 비구름을 물리쳐
杖藜出嶇嶔	지팡이 짚고 험한 산길로 나설까.
條流數翠實	가지 위에 두어 푸른 과일이 흔들리는데[14]
偃息歸碧潯	푸른 강물 건너 돌아와 편히 쉬겠지.[15]
拂拭烏皮几	검은 가죽 안석을 털어 내며
喜聞樵牧音	초동, 목동의 노래 즐거이 듣겠지.[16]
令兒快搔背	아이에게 등을 시원하게 긁게 하며
脫我頭上簪	머리 위의 비녀도 벗어 두리라.

㊀ 두보 시는 '공니(恐泥)'라는 말을 즐겨 쓰는데, 아름답지 않다.

㊁ 이 탄식은 낭서로 돌아가지 못하기 때문이다.

㊂ 이 부분은 멀리서 감림의 광경을 상상한 것이다.

1 포주(浦注)에서, "감림은 즉 낭서의 과수원이다. 이 당시 잠시 백제성에 머물렀는데 비에 막혀 있었다."라 하였다.

2 '甘'은 '柑'과 같다. 아래도 이와 같다.

3 이상 4구는 타고 건너갈 배가 없음을 이야기하고 있다.

4 낭서의 초당을 이른다. 현포는 과수원을 이른다.

5 혼혼(昏渾)은 비 기운을 말한다.

6 '曾陰'은 '層陰'과 같으니, 층층의 짙은 구름 한 무리를 이른다. 노주(盧注)에서, "지척의 초당이라는 말은 현포와 곤륜을 비유한 것이 아니라 빗기운이 옷에 스며드는데 짙은 구름이 가로막고 있으니 갈 수 없어 어찌하란 것인가의 의미이다."라 하였다.

7 『남사(南史)』「유의강전(劉義康傳)」에서, "3촌의 큰 감귤을 취하여 이바지하였다."라 하였다.

8 『한서』에 '계해(計偕)'라는 말이 있는데, 주에서 "계(計)는 장부를 올린다는 의미이다."라 하였다.

9 『당서』에서, "기주는 세공(歲貢)은 감귤이다."라 하였다.

10 조주(趙注)에서, "감귤은 본래 공납에 사용되는데 백성들은 도리어 귀중하게 여기지 않으니, 그것은 교활한 아전들의 침탈을 괴롭게 여기기 때문이다."라 하였다.

11 채주(蔡注)에서, "바람에 울리는 소리를 듣는 것이 마치 아름다운 거문고를 연주하는 것 같다."라 하였다.

12 『시경』에서, "그 여유롭고 천천히 하랴.(其虛其邪)"라 하였는데, '邪'의 음은 '徐'이다. 『이아』에서는 '虛徐'로 되어 있다.

13 말하자면 감귤나무가 비바람에 넘어져 바람 길이 막히니 가슴이 이로 인해 답답하고 괴롭다는 의미이다.

14 유효의(劉孝儀)의 「녹이부(綠李賦)」에서, "푸른 구슬이 가지에 가득하여 구르네.(綠珠滿條流)"라 하였으니, 가지 위에 과일이 흔들리는 것을 이른다.

15 취실(翠實)은 새로 나온 밀감을 가리키며, 벽심(碧潯)은 낭수(瀼水)를 가리킨다.

16 비가 내리면 초동과 목동은 나가지 않는다.

19. 또다시 후원의 산기슭을 오르며
又上後園山脚

昔我遊山東	옛날 내가 산동에서 유람하니
憶戲東嶽陽	동악의 남쪽에서 놀던 때 추억하네.
窮秋立日觀	늦가을 일관암에 올라서서[1]
矯首望八荒	목을 빼고 사방을 둘러보았네.[2]
朱崖著毫髮	주애군은 터럭처럼 보이고[3]
碧海吹衣裳	벽해의 바람은 옷깃에 불어오네.[4]
蓐收困用事	욕수는 힘을 쓰지 못하고
玄冥蔚强梁	현명은 강하여 제멋대로라네.[5]
逝水自朝宗	흐르는 물은 동쪽으로 가고
鎭石各其方	진산은 각 지역을 맡았네.[6]□
平原獨憔悴	중원만 유독 피폐하니[7]
農力廢耕桑	농부는 농잠(農蠶)을 포기하였네.
非關風露凋	비바람의 재해 때문이 아니며
會是戍役傷	다만 전쟁의 상처 때문이라네.[8]
於時國用富	당시에 나라가 부유했다면
足以守邊疆	변방을 방비할 수 있었으며,
朝廷任猛將	조정에서 맹장에게 맡겼다면
遠奪戎馬場	전장터를 휩쓸었을 텐데.
到今事反覆	지금도 일은 되풀이되니
故老淚萬行	노인들은 눈물을 하염없이 흘리네.
龜蒙不可見	귀산과 몽산도 볼 수 없는데[9]
況乃懷舊鄉	더구나 고향으로 돌아가길 바라랴.

肺萎屬久戰	폐는 마르는데 오래 싸우고[10]
骨出熱中腸	피골은 상접한데 속은 타들어가네.
憂來杖匣劍	근심 속에 칼집 채 짚고
更上林北岡	다시 숲의 북쪽 기슭을 오르네.
瘴毒猿鳥落	풍토병에 원숭이, 새와 어울리고
峽乾南日黃	삼협이 마르니 남방의 해는 노랗네.
秋風亦以起	가을바람이 또다시 불어오니
江漢始如湯	강한은 비로소 일렁이기 시작하네.
登高欲有往	높은 데 오르니 떠나고 싶은데
蕩析川無梁	난리에 무너져 시내에 다리가 없구나.
哀彼遠征人	불쌍도다, 저 멀리 수자리 온 사람이여
去家死路傍	집을 떠나와 길가에서 죽었구나.
不及祖父塋	조상의 무덤에 묻히지 못하고
纍纍塚相望	서로 마주보며 무덤이 빽빽하구나.[11] ㊂

시평 : 유수계가 이르기를, "앞의 「상후원산각(上後園山脚)」을 토대로 지었다. 문득 옛날 동악에 올랐을 때 중원을 굽어본 것을 읊은 다음 현재의 상황에 대해 내용을 전환하였으니, 감정의 실마리가 멀리서부터 흘러왔다. 그러므로 끝에서 비통함으로 맺고 있다."라 하였다.

㊁ 소자상이 이르기를, "높고 드넓은 기상이 문득 이태백과 비슷하다."라 하였다.

㊂ 높은 곳에서 경치를 바라보던 중에 문득 매우 감개한 분위기로 빠져들었다. 「석유(昔遊)」와 「견회(遣懷)」 등의 작품과 같은 형식이다.

1 『태산기(泰山記)』에서, "서쪽 바위는 선인의 석문(石門)이 되고 동쪽 바위는 개구(介邱)가 되고 동쪽 바위는 일관이라 부른다."라 하였다.

2 주주(朱注)에서, "살펴보건대 개원 말기에 두보는 제(齊)와 조(趙)를 유람하였으니 「망악(望嶽)」이란 작품을 지었다. 이 시에서 '동악의 남쪽에서 놀던 때 추억하네. 늦가을 일관암에 올랐으며(憶戲東嶽陽 窮秋立日觀)'라 했으니 뒤에 또 대산(岱山)의 정상에 올랐다."라 하였다.

3 『한서』에서, "무제가 월나라를 정벌하고 주애군(珠崖郡)을 설치하였다. 남해 가운데 있는 것 중 하나가 주애이다."라 하였다. '저호발(著毫髮)'은 멀리서 바라보니 매우 작다는 말이다.

4 『십주기(十州記)』에서, "동쪽에 벽해(碧海)가 있는데, 넓이가 아득하여 동해와 나란하다. 물은 짜지 않고 짙푸른 색을 띤다."라 하였다.

5 시를 지을 당시는 아마도 가을에서 겨울로 들어서는 때인 듯하다. 욕수는 금신(金神)으로 서방을 맡으며, 현명은 수신(水神)으로 북방을 맡는다. 늦가을에 욕수는 바야흐로 물러나고 현명은 막 오는 때이니, 장안은 점점 쇠퇴하고 안록산은 범양에서 강포함을 비유하고 있다.

6 구주(舊注)에서, "진석(鎭石)은 『주례』에서 말하는 구주의 진산(鎭山)과 같은 의미이다."라 하였다.

7 평원은 중원(中原)이란 말과 같다.

8 구주(仇注)에서, "강과 산은 옛날과 같은데 중원은 유독 피폐해졌으니, 백성들이 전쟁에 상처를 입었기 때문이다."라 하였다.

9 귀산과 몽산 두 산은 동악에 가깝다.

10 기침병을 앓으면서 싸우는 신세를 말한다.

11 수자리 온 사람에게 자신의 처지를 의탁하여 읊었으니, 대개 떠돌아다니기 때문에 객사할지 걱정한 것이다.

20. 감귤나무 숲
甘林

捨舟越西岡　배를 대고 서쪽 산마루 넘어
入林解我衣　숲으로 들어가 옷을 벗어 두네.
青芻適馬性　싱싱한 꼴은 말의 입맛 돋우고
好鳥知人歸　어여쁜 새는 사람이 돌아오자 지저귀네.
晨光映遠岫　새벽빛은 먼 산봉우리에 비치고
夕露見日晞　저녁 이슬은 해가 비치자 보이네.
遲暮少寢食　늘그막에 잠과 음식 줄어드는데
清曠喜荊扉　산뜻하고 시원하니 사립문도 좋네.[一]
經過倦俗態　지나오며 세속의 행태에 질렸는데
在野無所違　들녘에 있으니 거스르는 게 없네.
試問甘藜藿　묻노니, 거친 음식도 맛나니
未肯羨輕肥　비단 옷과 고기가 부럽지 않네.
喧靜不同科　시끄럽고 고요함은 같지 않으니
出處各天機　선택은 천성에 따르네.
勿矜朱門是　기와집을 자랑하지 않으면 옳고
陋此白屋非　초가를 누추하게 여기면 잘못이네.[1][二]
明朝步鄰里　다음 날 이웃 마을을 걷는데
長老可以依　장로는 믿고 의지할 수 있네.
時危賦斂數　시절이 위태로워 세금을 자주 걷으니
脫粟爲爾揮　곡식 껍질 벗겨 나에게 주네.[2]
相攜行豆田　손을 맞잡고 콩밭으로 가는데
秋花藹菲菲　가을날 꽃이 무성하게 피었네.

子實不得喫	콩알은 먹을 수가 없으니[3]
貨市送王畿	저자에 팔아 서울로 보내네.
盡添軍旅用	전부 군수용으로 보태니
迫此公家威	관리들이 가혹하게 몰아대서라네.
主人長跪問	주인이 무릎을 꿇고 묻기를[4]
戎馬何時稀	"전쟁은 언제나 멈출까요."
我衰易悲傷	나는 늙어 쉬이 슬퍼하는데
屈指數賊圍	적에게 포위된 때 손으로 헤아리네.[5]
勸其死王命	왕명에 죽기를 권하노니
愼勿遠奮飛	삼가 멀리 달아나지 마시라.[6]㊂

시평 : 주학령이 말하였다. "『구당서』를 살펴보니 대력 원년 3월에 청묘지전에 세금을 부과하였으니 어사부 차사에게 명하여 징수하였다. 또한 제오기의 십묘세일법을 적용하여 도망친 호구를 편입하였다. 2년 9월에 토번이 영주와 빈주를 침입하자, 곽자의에게 조서를 내려 군사를 거느려 경양에 진을 치게 하니 서울의 방비가 삼엄하였다. 그러므로 이 작품에서, '시절이 위태로워 세금을 자주 걷으니.(時危賦斂數)'와 '저자에 팔아 서울로 보내네.(貨市送王畿)', 그리고 '전쟁은 언제나 멈출까요.(戎馬何時稀)'라는 말을 하였다."

㊀ 앞부분에서 숲으로 돌아온 정경을 서술하고 있다.

㊁ 전반부는 또한 도연명의 시구와 비슷하다.

㊂ 이 부분은 돌아온 뒤 당시 상황에 감개한 것을 서술하였다.

1 구주(仇注)에서, "보잘 것 없는 음식과 초가집은 고요하여 살 만하며, 비단 옷과 고기, 기와집은 시끄러워 나온다는 말이다."라 하였다.

2 포주(浦注)에서, "손으로 불러 준 것이니, 가난함을 불쌍히 여긴 것이다. 즉 앞의 「추행관장망독촉동저모도(秋行官張望督促東渚耗

稻)」에 보이는 '어찌 어질다는 명예를 구하랴, 이 난세에 바쁘면 감사하지.(豈要仁里譽 感此亂世忙)'라는 뜻과 같다."라 하였다.

3 자실(子實)은 콩알이 열매를 맺은 것을 말한다.

4 주인은 즉 장로이다.

5 천보 연간의 난리 이후를 이른다.

6 '원분비(遠奮飛)'는 도망하여 멀리 간 것을 이른다. 장상약이 이르기를, "가렴주구가 심하면 백성들은 도망가니 천하의 일은 물을 필요도 없다. 마지막 두 구는 백성들에게 국가의 위급에 봉사하라고 권면하고 있으며 또한 탐관오리를 경계하고 있다."라 하였다.

21. 한가한 날에 작은 텃밭에서 병으로 소일하면서 가을 채소를 경작하는데, 밭가는 소를 재촉하고 아울러 눈에 보이는 것을 기록하다

暇日小園散病 將種秋菜 督勤耕牛 兼書觸目

不愛入州府	성 안에 들어감을 좋아하지 않나니
畏人嫌我眞	나의 참모습을 싫어하는 사람들이 두려워서라네.
及乎歸茅宇	초당으로 돌아오게 되니
旁舍未曾嗔	이웃집은 화를 내지 않네.
老病忌拘束	늙고 병들면 속박을 꺼려하나니
應接喪精神	손님 접대는 정신을 손상하네.
江村意自放	강촌에선 마음이 절로 편하고
林木心所欣	숲속에선 마음이 흡족해지네.⊟
秋耕屬地濕	가을 밭갈이는 땅이 젖어야 하니
山雨近甚匀	산에 비가 근래 흡족하게 내렸네.
冬菁飯之半	겨울 무는 밥의 반에 해당하며[1]
牛力晩來新	소의 힘은 저물녘 솟구치네.[2]
深耕種數畝	깊이 밭 갈아 몇 마지기 씨를 뿌리니
未甚後四鄰	사방 이웃보다 크게 늦지 않았네.
嘉蔬旣不一	좋은 채소가 하나가 아니니
名數頗具陳	이런저런 종자를 자못 갖춰놓았네.
荊巫非苦寒	형과 무 지역은 그렇게 춥지는 않으니
採擷接青春	푸른 봄날에 캐고 딸 수 있으리.
飛來兩白鶴	백학이 짝을 지어 날아와
暮啄泥中芹	저녁에 진흙 속 미나리를 쪼네.

雄者左翮垂	숫놈은 왼쪽 깃이 쳐져있으니
損傷已露筋	상처 입어 뼈가 드러났네.
一步再流血	한 걸음마다 거듭 피를 흘리는데
尙驚矰繳勤	아직도 주살에 놀라 경계하네.
三步六號叫	세 걸음에 여섯 번 울어대니
志屈悲哀頻	뜻이 꺾여 슬픔이 깊구나.
鸞凰不相待	봉황이 상대하지 않으니
側頸訴高旻	고개 들어 높다란 하늘에 하소연하네.
杖藜俯沙渚	지팡이 짚고 모래톱을 굽어보는데
爲汝鼻酸辛	너를 보니 코가 시리구나.[3] ㊂

㊁ 이 부분의 시어는 도연명의 시어와 대단히 비슷하다. 후반부에 들어서는 또한 『고악부』의 풍격과 비슷하다.

㊂ 이 작품은 제목에 따라 세 부분으로 묘사하였다.

1 「남도부(南都賦)」에서, "가을 부추 겨울 무.(秋韭冬菁)"라 하였는데, 주에서 "'청(菁)'은 만청(蔓菁)이다."라 하였다. 진장기(陳藏器)의 『본초습유(本草拾遺)』에서, "무청(蕪菁)을 북쪽 사람들은 만청이라 부르며 촉 지방 사람들은 제갈채(諸葛菜)라고 부른다. 다른 여러 채소에 비교하면 그 이로움이 많다."라 하였다.

2 포주(浦注)에서, "채소의 효력은 밥의 반에 해당한다. 그러므로 모름지기 소로 쟁기질하여 경작해야 한다."라 하였다.

3 구주(仇注)에서, "텃밭 앞의 학이 날개를 늘어뜨리고 슬프게 우는데 봉황이 돌아보지 않으니, 다만 하늘을 우러러 하소연하고 있다. 세상을 떠도는 나그네 신세가 이와 비슷하다. 그러므로 학을 보고 코끝이 시리다."라 하였다. 채몽필이 말하였다. "『고악부』의 「염가하상행(豔歌何嘗行)」이 있는데 달리 「비곡행(飛鵠行)」이라 한다. 이 작품에서 '흰 고니 짝을 지어 서북으로 내려오는데, 삼삼오오 줄을 지어 날아가네. 암놈이 갑자기 병을 얻어서 행렬을 따를 수가 없네. 5리를

날아가다가 한번을 뒤돌아 보고 6리를 가다가 한번 그 곁에 배회하네. 내가 그대를 입에 물고 가려해도 입이 봉해져서 그럴 수 없고, 내가 그대를 업고 가려해도 날개는 어찌 꺾이었나. 즐거이 새로 사귀었건만 근심스레 생이별이라. 망설이며 무리를 돌아보는데 눈물은 하염없이 흐르네.(飛來雙白鵠 乃從西北來 十十五五 羅列成行 妻卒被病 行不能相隨 五里一反顧 六里一徘徊 我欲銜汝去 口噤不能開 我欲負汝去 毛羽何催頹 樂哉新相知 憂來生別離 躊躇顧群侶 淚下不自知)'라 하였다. 두보의 이 작품은 온전히 「염가행」 사해(四解)의 내용을 끌어 썼다."

22. 비[1]

雨

山雨不作泥	산에 내린 비는 진창이 되지 않으며
江雲薄爲霧	강가 구름은 엷어 안개가 되네.
晴飛半嶺鶴	비 갤 때 나는 고개 중간의 학[2]
風亂平沙樹	바람에 흔들리는 모래톱의 나무.[一]
明滅洲景微	명멸하는 삼각주의 경치는 희뿌옇고
隱見巖姿露	희미한 바위의 자태는 드러나네.[二]
拘悶出門遊	근심에 젖어 문을 나서 노니는데
曠絶經目趣	세상 드문 경치 눈에 들어와 흥취 일으키네.
消中日伏枕	소갈병에 낮에도 베개에 엎드리니
臥久塵及屨	누운 지 오래라 신발에 먼지가 쌓였네.
豈無平肩輿	어찌 평평한 가마가 없을까마는
莫辨望鄉路	고향 바라보는 길을 찾지 말자.
兵戈浩未息	전쟁은 끝없어 그치지 않으며
蛇虺反相顧	독사는 나를 물려고 하네.
悠悠邊月破	하염없이 변방 달이 지나가고[3]
鬱鬱流年度	빠르게 해는 흘러가네.
針灸[4]阻朋曹	침뜸 맞느라 벗들과 멀어지고
糠籺對童孺	아이들과 함께 벼를 빻네.
一命須屈色	낮은 관리에게도 굽혀야 하며
新知漸成故	새로 안 이도 점점 질려가네.[5]
窮荒益自卑	빈한하고 병들어 더욱 비루해지는데
飄泊欲誰訴	떠도는 심정을 누구에게 하소연할까.

尫羸愁應接　　파리한 몸으로 사람 응대 근심스러우니
俄頃恐乖迕　　이전부터 배척당할까 두렵구나.
浮俗何萬端　　경박한 풍조는 어찌 그리 많은가
幽人有高步　　은자(隱者)는 높은 지조 지녔네.
龐公竟獨往　　방통은 마침내 홀로 떠났고
尙子終罕遇　　상자평은 결국 만날 수 없네.[6]
宿留洞庭秋　　동정의 가을을 기다리니[7]
天寒瀟湘素　　소상강은 본래 날이 춥네.
杖策可入舟　　지팡이 짚고 배에 올라
送此齒髮暮　　치발이 빠지는 세모를 보내려네.

二 도입구의 4구는 가는 비가 잠깐 갰다가 곧바로 어두워지는 경치를 묘사하였다.

三 그림도 묘사를 따라갈 수 없나.

1 포주(浦注)에서, "이 작품은 비를 마주하고 근심을 털어보려 지은 작품이다."라 하였다.

2 구주(仇注)에서, "『금경(禽經)』에서 '학은 양을 좋아하고 음을 싫어한다. 이에 맑을 때 잠시 날고 비가 내리는 것을 보면 날지 않는다.'라 하였다. 그러므로 날다가 고개 중간에 멈춘 것이다."라 하였다.

3 심전기의 시에서, "이별한 뒤 달이 여러 번 흘렀네.(別離頻破月)"라 하였다.

4 '灸'의 음은 '究'이다.

5 인정(人情)은 오래되면 옛것을 싫어하게 된다는 말이다.

6 『고사전(高士傳)』에서, "상자평(尙子平)이 가사(家事)를 돌보지 않고 금경(禽慶)과 더불어 오악의 명산을 유람하였으니, 그가 죽은 곳을 알지 못한다."라 하였다.

7 「교사지(郊祀志)」에서, "해상에 기다리며 머물렀다.〔宿留〕"라 하였는데, 주에서 "숙류(宿留)는 기다리는 바가 있는 것을 이른다."라 하였다.

23. 가을바람[1]

秋風二首

秋風淅淅吹巫山	가을바람 우수수 무산에 불어오니
上牢下牢修水關	상뢰와 하뢰에선 수관을 정비하네.[2]
吳檣楚柁牽百丈	오와 초의 배를 대 밧줄로 끄는데[3]
暖向成都寒未還	따뜻할 때 성도로 와서 추워져도 돌아가지 못하네.[4]
要路何日罷長戟	중요한 길목은 언제나 전쟁이 그치랴
戰自靑羌連白蠻	싸움은 청강에서 백만으로 이어졌네.[5]
中巴不得消息好	중파 땅엔 좋은 소식이 들리지 않고[6]
暝傳戍鼓長雲間	저물녘 들리는 수루의 북소리 구름 속으로 퍼지네.[7] [一]

秋風淅淅吹我衣	가을바람 우수수 옷깃에 불어오니
東流之外西日微	동으로 흐르는 물 너머로 지는 해가 희미하네.[8]
天淸小城擣練急	맑은 날 작은 성에는 다듬이질 급하고
石古細路行人稀	오래된 좁은 돌길에 행인은 드무네.
不知明月爲誰好	아지 못게라, 밝은 달은 누굴 위해 고운가
早晩孤舟他夜歸	조만간 외론 배로 다른 날 밤에 돌아가야지.
會將白髮倚庭樹	모름지기 백발이 되어 정원 나무에 기대리니
故園池臺今是非	고향의 연못과 누대는 지금 어떨까.[9] [二]

시평 : 조차공이 이르기를, "두 작품은 눈앞의 경치를 그리며 부드럽게 함축하였는데, 처량한 느낌이 다하지 않는다."라 하였다.

㈡ 이 작품은 온전히 실경을 묘사하였다.

㈢ 소자상이 이르기를, "율시로 가정하고 읽으면 더욱 고로(高老)함을 느낀다."라 하였다. ○ 이 작품은 온전히 허경을 묘사하였다. 붓끝의 변화를 파악할 수 없으니 노성한 두보의 득의의 작품에 해당한다.

1 앞 작품은 촉의 난리를 안타까워한 것이며 뒤 작품은 고향 생각이 일어나 읊은 것이다. 특별히 가을바람을 빌려 흥을 일으켰다.

2 『십도지(十道志)』에서, "삼협 입구 지역을 섬주(峽州), 상뢰, 하뢰, 초, 촉 등으로 나뉜다."라 하였다. 구주(舊注)에서, "상뢰는 무협(巫峽)이고 하뢰는 이릉(夷陵)이다."라 하였다.

3 왕주(王周)의 『협선구(峽船具)』의 서문에서, "강기슭의 바위는 이빨 같아, 삼으로 꼬아 만든 끈으로 앞에서 끌거나 그렇지 않으면 튼튼한 대나무를 골라 쪼개서 뚝삼을 사용하여 질긴 끈으로 만들어 이어 붙여 끈다. 그것을 '백장(百丈)'이라 부른다."라 하였다. 『입촉기』에서, "삼협을 올라갈 대는 오직 뱃머리에 백장을 묶어 끌고 돛을 펼치지 않는다. 백장은 커다란 대나무로 네 번 쪼개어 만드는데 크기가 사람 팔뚝만하다."라 하였다.

4 포주(浦注)에서, "오와 초의 배는 아마도 군량과 수자리 병사를 운반하는 배일 것이나. 따뜻할 때 수관(水關)을 지나 서쪽으로 갔는데 날이 추워도 아직 돌아오지 못하니, 난리가 그치지 않아서이다."라 하였나.

5 『통감』의 주에서, "청강(青羌)은 강족의 한 부족이다."라 하였다. 『수경주』에서, "청의현(青衣縣)에 옛날 청의강국(青衣羌國)이 있었다."라 하였다. 『당서』에서, "가주(嘉州)는 본래 양(梁)나라의 청주(青州)이다. 고을에 청의수(青衣水)가 있다."라 하였다. 『양익기(梁益記)』에서, "준주(雋州)의 준산(雋山)은 만(蠻)과 접경을 이룬다. 오만(烏蠻)과 백만(白蠻) 등이 있다."라 하였다. 이 당시 충주(忠州)와 투주(渝州) 사이에 자주 많은 산적이 준동하였는데, 강족과 만족도 난리를 타서 소란을 일으켰다.

6 『화양국지』에서, "유장(劉璋)이 점강(墊江) 경계로 위쪽을 파군(巴郡)으로 삼았다. 파서(巴西)와 파동의 가운데를 중파(中巴)라 한다."라 하였다.

7 운간(雲間)은 북소리가 높이 퍼진다는 말이다.

8 『두억』에서, "물이 동쪽으로 흐르고 해가 서쪽으로 진다고 하였는데 비록 경치에 나아가 읊조렸다고 하나, 또한 세월이 파도처럼 흘러가 늘그막의 시간이 얼마 남지 않은 것을 탄식하고 있다."라 하였다.

9 고향이 황폐하여 남아 있지 않을까 걱정한 것이다.

24. 반딧불이를 보고
見螢火

巫山秋夜螢火飛	무산의 가을밤에 반딧불이 날아다니다
疏簾巧入坐人衣	성긴 주렴으로 교묘하게 들어와 내 옷에 앉네.[1]
忽驚屋裏琴書冷	방안 거문고와 책의 찬 기운에 문득 놀라서
復亂簷前星宿稀	다시 처마 앞을 어지러이 섞여 나니 별빛 희미하네.[2]
卻繞井欄添箇箇	문득 우물가를 에워 돌며 숫자가 불어나더니[3]
偶經花蕊弄輝輝	우연히 꽃술 희롱하며 날아 반짝반짝 거리네.[4]
滄江白髮愁看汝	푸른 강가에서 백발에 근심스레 너를 보니
來歲如今歸未歸	내년에도 지금처럼 돌아가지 못할손가.㊀

㊀ 소자상이 이르기를, "유려(流麗)함이 실정에 걸맞으니, 이 작품은 영물시의 최고 경지라 할 수 있다."라 하였다. ○ 황백산이 이르기를, "글자 속에서 반딧불이가 오가거나 모였다가 흩어지는 모습, 원근과 고하의 정경을 일일이 그려내고 있다."라 하였다.

1 포주(浦注)에서, "'좌인의(坐人衣)'는 사람의 옷에 앉는다는 말이다."라 하였다. 구주(舊注)에서, "날아다니는 반딧불이가 사람의 옷에 앉을 이치가 없다. 그러나 바야흐로 주렴을 드리우고 밤에 앉아 있는데 문득 반딧불이가 옷에 들어온 것을 문득 보았기에 아래에서 '홀경(忽驚)'이라 한 것이다."라 하였다.

2 방에 들어온 반딧불이를 따라 밖으로 나와 보니 무리 지어 나는 반딧불이를 보게 되었다.

3 불빛이 우물가를 비춘다는 의미이다.

4 반딧불이 불빛이 반짝거려 명멸함이 일정하지 않은 것을 표현한 것으로, '농(弄)'자는 사물을 묘사함이 공교롭다.

25. 시냇가에서

溪上

峽內淹留客	삼협에서 오래 머문 나그네
溪邊四五家	시냇가의 네댓 집.
古苔生迮[1]地	묵은 이끼는 좁은 길옆에 자라고
秋竹隱疏花	가을 대는 성긴 꽃을 숨겼네.
塞俗人無井	변방 풍토는 민가에 우물이 없고
山田飯有沙	산밭의 곡물 밥에는 모래가 섞였네.
西江使船至	서강에 사신의 배 이르면
時復問京華	때로 다시 서울 소식 물어보네.[2]

1 '迮'는 달리 '窄'으로 된 본도 있다.

2 고주(顧注)에서, "'속무정(俗無井)'이란 말에서 시냇물로 밥을 지음을 알며, '반유사(飯有沙)'란 말에서 시냇물로 쌀을 일궈 씻음을 알 수 있다. 마지막 두 구는 이 냇물이 곧바로 대강(大江)으로 이어진 것이 기쁘니, 오래 머물면서 차마 곧바로 떠나지 못하는 까닭이다."라 하였다.

26. 나무 아래에서[1]

樹間

岑寂雙柑樹	높다랗고 고요한 두 감귤나무
婆娑一院香	살랑살랑 정원 가득한 향기.
交柯低几杖	뒤섞인 가지는 안석과 지팡이께까지 드리우고
垂實礙衣裳	늘어뜨린 열매는 옷과 부딪히네.
滿歲如松碧	한 해 내내 소나무처럼 푸르다가
同時待菊黃	동시에 국화처럼 노랗기를 기다리네.[2]
幾回霑葉露	몇 번이나 잎사귀 적신 이슬 맞으며
乘月坐胡牀	달빛 받고 호상에 앉아 있었던가.[3]

1 포주(浦注)에서, "나무는 낭서의 초가 옆에 있는 것을 말하니 만약 과수원의 감귤나무라면 두 그루에 그치지 않는다."라 하였다.

2 송벽(松碧)은 가지가 뒤섞일 때의 색이며, 국황(菊黃)은 열매를 늘어뜨릴 때이다.

3 『연번로(演繁露)』에서, "지금의 교상(交牀)은 본래 오랑캐에서 왔는데 처음 이름은 호상(胡牀)이었다. 수나라에서는 교상이라 하였으며 당나라 때는 다시 승상(繩床)으로 바뀌었다."라 하였다.

27. 하얀 이슬[1]

白露

白露團甘子	하얀 이슬이 감귤에 맺혀 있으니
淸晨散馬蹄	맑은 새벽에 어지러이 말을 타고 가네.
圃開連石樹	과수원은 바위벼랑까지 이어진 나무들이 펼쳐지고
船渡入江溪	배를 타고 장강으로 들어가는 시내를 건너네.[2]
憑几看魚樂	안석에 기대어 물고기 노는 것을 보다가
回鞭急鳥棲	말을 돌려 오니 새들이 바삐들 깃드네.[3]
漸知秋實美	점차 가을 열매가 맛난 것이 소문나
幽徑恐多蹊	깊숙한 산길에 샛길이 많아질까 걱정이네.[4]

1 두보에게는 감귤 농장이 있었는데, 이곳에 아침에 갔다가 저녁에 돌아왔으니 반드시 감귤을 사랑하여 자주 찾아가 살펴보았을 것이다. 제목은 다만 앞의 두 글자를 따서 만들었다.

2 포주(浦注)에서, "'연석수(連石樹)'는 바위벼랑까지 이어진 나무로 시내 너머에서 이미 보인다. '입강계(入江溪)'는 강으로 흘러들어가는 시내로 과수원에 이르러 배를 대고 올라간다."라 하였다.

3 날이 이미 진 것을 말한다.

4 사람들이 훔쳐갈까 걱정이라는 말이다.

28. 비

雨

萬木雲深隱	수많은 나무가 구름 깊이 숨었고
連山雨未開	이어진 산마다 비가 그치지 않네.
風扉掩不定	사립문에 바람 부니 닫아도 흔들리고
水鳥過仍廻	물새들은 지나갔다가 바로 돌아오네.
鮫館如鳴杼	인어의 집에서는 베틀이 우는 듯[1]
樵舟豈伐枚	나무꾼의 배가 어찌 나무를 베랴.[2]
淸涼破炎毒	시원한 기운이 더운 독기를 씻어 가면
衰意欲登臺	늙은이 마음 누대에 오르고 싶네.

시평 : 황백산이 이르기를, "두보 시에서 바람을 읊은 시구, 즉 '사립문에 바람 부니 닫아도 흔들리고.(風扉掩不定)', '주렴에 바람 들이치자 누대에서 떨어질 듯.(風幔不依樓)', '바람 부는 주렴의 위를 매단 고리.(風簾自上鉤)', '바람 부는 대나무에 길은 빗겨 있네.(風前竹徑斜)' 등은 모두 바람을 절묘하게 그린 솜씨이다."라 하였다.

1 「강부(江賦)」에서, "인어는 폭포에 집을 짓는다.(鮫人搆館於懸流)"라 하였다.

2 『시경』에서, "그 작은 나뭇가지를 치네.(伐其條枚)"라 하였는데, 주에서 "가지를 조(條)라 하고 줄기를 매(枚)라 한다. 베틀이 울리고 나뭇가지를 치는 듯한 것은 모두 빗소리를 형용한 것으로 비가 세차게 내리는 형세를 묘사하였다. 옛날 해석은 합당하지 않다.

29. 밤비[1]

夜雨

山雨夜復密	산에 내리던 비가 다시 굵어져
廻風吹早秋	회오리바람이 이른 가을에 부네.
野涼侵閉戶	들판 서늘한 기운이 닫힌 문으로 스며들고
江滿帶維舟	강엔 물이 넘쳐 매인 배만 덩그렇네.[2]
通籍恨多病	궐문 드나들 땐 한스럽게도 병이 많았고
爲郎忝薄遊	낭관이 되어서는 외람되이 널리 떠도네.
天寒出巫峽	날 추워지면 무협을 나가리니
醉別仲宣樓	형주 중선루도 취하며 이별하리.[3]

1 포주(浦注)에서, "이 작품과 다음 작품은 함께 연속해서 읽어야 한다. 비가 내리니 감상에 젖어 삼협을 나가 북으로 돌아간 홍(興)을 일으켰다."라 하였다.

2 구주(仇注)에서, "들판 기운이 쌀쌀함을 내달려 문틈으로 스며드니, 가을바람이 일찍 부는 것을 안다. 강물은 가득 불어 배가 매어 있으니, 밤에 비가 다시 굵어지는 것을 안다."라 하였다.

3 기주에 있을 때는 삼협을 나가리라 생각하고 형주로 가면 또한 누대를 떠날 것이라는 말이니, 생각은 온통 북쪽으로 돌아가고 싶다.

30. 다시 읊조리다
更題

只應踏初雪	다만 첫눈 밟을 때가 되면
騎馬發荊州	말을 타고 형주를 떠나리라.
直怕巫山雨	오직 무산의 비는 두려우니
眞傷白帝秋	참으로 백제성의 가을에 마음 아프네.[1]
羣公蒼玉佩	여러 공은 수창옥을 차고[2]
天子翠雲裘	천자는 취운구를 입으셨네.[3]
同舍晨趨侍	같은 관청의 관리는 새벽에 달려가 모시리니
胡爲淹此留	어찌하여 여기 오래 머무르랴.㊀

㊀ 황백산이 이르기를, "대여섯번 점층하여 돌아가려는 의도를 강화시켰으니 참으로 쓸쓸한 경치와 대조가 된다. 작품 전체에 도서법(倒敍法)을 사용하였다."라 하였다.

1 이 부분은 앞 작품에서 다하지 못한 의미를 거듭 펼치고 있다. 즉 본래 눈을 밟고 형주에 이르고 곧바로 형주를 떠나 북으로 돌아가고 싶은데, 무산에 내린 비에 길이 지체되며 백제성에 가을이 깊어가고 있음을 말한다.

2 『예기』에서, "대부는 수창옥을 차고 비단으로 인끈을 짠다."라 하였다.

3 송옥의 「풍부(諷賦)」에서, "주인의 딸은 해를 받는 꽃으로 가리고 취운의 갖옷을 입는다.(主人之女 翳乘日之華 被翠雲之裘)"라 하였다.

31. 친아우 두관이 신부를 맞이하러 남전으로 가기에 전송하며 두 작품을 주다[1]

舍弟觀歸藍田迎新婦 送示二首

汝去迎妻子	너는 돌아가 처자를 이끌어서
高秋念卻回	높은 하늘 가을에 돌아오너라.[2]
卽今螢已亂	지금 반딧불이 이미 어지러우니
好與雁同來	가을 기러기와 함께 돌아올 수 있으리.
東望西江永	동으로 길이 흘러가는 서강을 바라보나니[3]
南遊北戶開	남으로 내려가 북쪽 창문 열어 놓겠네.[4]
卜居期靜處	조용한 곳에 살 곳을 정하리니
會有故人杯	함께 술 마실 친구가 있어서지.[5]

楚塞難爲路[6]	초의 변방에는 길을 가기 어렵지만
藍田莫滯留	남전에서 오래 머물지 말게나.
衣裳判[7]白露	하얀 이슬 내릴 터니 옷을 장만하고
鞍馬信[8]淸秋	맑은 가을날 말 가는대로 달려오게.
滿峽重江水	여러 강물이 협곡에 가득하면[9]
開帆八月舟	돛을 달아 팔월에 배 띄우리.[10]
此時同一醉	이때 함께 온통 취하리니
應在仲宣樓	응당 중선루에 자리 잡았겠지.⊟

㊂ 앞의 작품은 본래 진(秦)으로 돌아가려는 생각으로 지은 것이고, 이 작품은 아우와 함께 강릉에서 살려는 생각에 지은 것이다. 나그네가 부평초나 쑥대처럼 정처가 없으니 참으로 처량하도다.

1 두관(杜觀)은 이전에 기주에 와서 공을 찾아보았다. 이 작품은 그를 진(秦)으로 돌려보내 가족을 만나게 하면서, 삼협을 나갈 때 만날 것을 약속하며 준 것이다.

2 돌아올 때를 미리 계산하였다.

3 주주(朱注)에서 말하였다. "촉 지역의 강은 서쪽에서 기주로 오는데, 기주는 초의 상류가 되며 촉 지역의 강이 끝나는 곳이다. 그러므로 '서강이 길다.(西江永)'라 하였다."

4 「오도부(吳都賦)」에서, "북쪽 창문을 열어 해를 향하네.(開北戶以向日)"라 하였다. 이 당시 두관이 남전으로 돌아갔으니 아마도 동으로 구당협을 나가 장차 강릉(江陵)에서 살려고 했을 것이다. 강릉은 남전의 남쪽에 있으니 그러므로 '내가 너를 동쪽 아래로 보내는데, 다만 길게 흐르는 서강을 바라보면서 네가 남쪽에서 오기를 기다려 마땅히 북쪽 창문을 열어놓겠다.'고 한 것으로 간절하게 기다림을 표현하였다. 응당 뒤의 「기관(寄觀)」과 함께 살펴야 한다.

5 구주(仇注)에서, "당시 형주에는 의지할 만한 친구가 있었다. 그러므로 그 지역에 살려고 하였다."라 하였다.

6 '路'는 달리 '別'로 지어진 본도 있다.

7 '判'은 '拚'과 통한다.

8 '信'은 '任'과 통한다.

9 포조의 「무성부(蕪城賦)」에서, "거듭된 강 두 나루터의 깊숙한 곳.(重江複關之隩)"이라 하였다. 촉 지역의 강은 하나가 아니므로 중강(重江)이라 하였다.

10 3-4구는 아우가 육로로 오는 것을 말하며, 5-6구는 공이 스스로 물길을 지나 가는 것을 말한다.

32. 다섯 째 아우 두풍이 홀로 강좌에 있는데 근래 3-4년 동안 적막하게도 소식이 없으니 심부름꾼을 찾아 이 두 수를 보내다

第五弟豐 獨在江左 近三四載 寂無宵息 覓使寄此二首

亂後嗟吾在	난리 후에 살아있는 나를 탄식하며
羈棲見汝難	힘겹게 떠도는 어려운 처지의 너를 보노라.
草黃騏驥病	풀이 누러니 천리마가 병들고
沙晩鶺鴒寒	모래톱의 저물녘에 할미새는 추워하네.[1]
楚設關城險	초 땅에 험준한 관문과 성곽이 늘어서고[2]
吳呑水府寬	오 땅은 드넓은 수부를 삼키고 있네.[3] ㊀
十年朝夕淚	십년을 아침저녁으로 눈물 흘리노니
衣袖不曾乾	옷소매는 일찍이 마르지 않노라. ㊁

聞汝依山寺	듣자하니 너는 산사에 의지하고 있다던데
杭州定越州	항주나 월주, 어디에 정했느냐.[4]
風塵淹別日	난리 통에 헤어진 날이 오래되었는데[5]
江漢失淸秋	강한에서 맑은 가을을 멍하니 보내네.[6]
影著啼猿樹	내 그림자 원숭이 우는 나무에 드리워도
魂飄結蜃樓	내 마음은 신기루 맺힌 바다로 달려가네.[7]
明年下春水	내년 봄물이 불어 내려갈 때
東盡白雲求	동쪽 끝 흰구름 속에서 찾으리라.

㈡ 돌아올 때를 계산하고 앞으로 살 곳을 계획하여 아우가 떠났다가 오기를 온 마음으로 말하고 있는데, 정성으로 시어를 놓고 있다.

㈢ 이자덕이 이르기를, "감정은 진솔되고 언어는 구슬프니 또한 여러 가지가 모두 완벽하다."라 하였다. ○ 시어는 지극히 슬프다고 할 수 있는데 그렇지만 끝내 그 한검(寒儉)스러운 표현이 병이 되지 않는다. 그것은 다만 드넓은 학식을 지녔을 뿐만 아니라 또한 시 짓는 솜씨가 뛰어나기 때문이다.

1 구주(仇注)에서, "3구는 난리 뒤에 가난하고 늙어버린 가련한 자신을 이어받은 것이고, 4구는 힘겹게 떠도는 어려운 처지의 아우를 이어받았다."라 하였다.

2 『후한서』「군국지(郡國志)」에서, "파군(巴郡) 어복현(魚復縣)에 한관(扞關)이 있다."라 하였다. 자신이 아우에게 갈 수 없음을 말한다.

3 아우가 있는 상황을 알 수 없음을 말한다.

4 『당서』에서, "항주 여항군(餘杭郡)과 월주 회계군(會稽郡)은 모두 강남서도(江南西道)에 속한다."라 하였다. 즉 네가 항주의 산사에서 의지하고 있느냐, 아니면 월주에 머무르고 있느냐는 말이다.

5 이 구는 난리가 일어나서 헤어질 때를 추억하고 있다.

6 무심하게 가을 정경을 마주하고 있다는 말이다.

7 『사기』「천관서」에서, "바닷가에 신기(蜃氣)가 누대 모양을 이루고, 너른 들판의 기운은 궁궐을 이룬다."라 하였다. 조언재가 말하기를, "5구는 자신이 있는 곳이므로 '영착(影著)'이라 하였고, 6구는 아우 두풍이 있는 곳이므로 '혼표(魂飄)'라 하였다. 또한 '제원수(啼猿樹)'는 애가 끊어지는 듯한 자신의 슬픔을 비유한 것이고, '결신루(結蜃樓)'는 형제가 서로 아득하게 떨어져 있으니 또한 배를 띄워 내려갈 수 없음을 비유한 것이다."라 하였다.

33. 시어사 정 판관을 충임하러 형주에 가는 이 공조를 보내며 거듭 주다[1]

送李功曹之荊州充鄭侍御判官重贈

曾聞宋玉宅　일찍이 송옥의 고택에 대해 들으니
每欲到荊州　매번 형주에 가고 싶었네.[2]
此地生涯晩　이곳 기주에서 만년을 보내는데
遙悲水國秋　멀리 가을날의 수국 그리며 슬퍼하네.[3]
孤城一柱觀　외로운 성에는 일주관이 있고[4]
落日九江流　흐르는 구강으로 해가 지겠지.[5]
使者雖光彩　사자는 비록 광채가 나겠지만
靑楓遠自愁　푸른 단풍에 멀리서 스스로 근심하시겠지.㊀

㊀ 전반부는 감회를 묘사하였으며, 마지막은 석별의 정을 지극히 드러내었다. ○ 시격(詩格)은 또한 양양 맹호연에 가깝다.

1 포주(浦注)에서, "아마도 이전에 시를 주었는데, 현재 산일한 것 같다."라 하였다.

2 『수경주』에서, "의성(宜城)의 성 남쪽에 송옥의 집이 있다."라 하였다.

3 이곳은 기주를 이르고 수국은 형주를 이른다. 기주에서 사는 삶은 매우 어려운데 나이도 이미 만년이 되었다. 그러므로 강릉에 살고 싶어 멀리 바라보고 슬퍼한 것이다.

4 『저궁고사(渚宮故事)』에서, "송(宋)의 임천왕(臨川王) 유의경(維義慶)이 강릉(江陵)의 절도사가 되었다. 나공주(羅公洲)에 매우 장대한 누대를 세웠는데, 다만 기둥이 하나였다."라 하였다.

5 주주(朱注)에서 말하였다. "「우공(禹貢)」에서 '구강을 지나 동릉(東陵)에 이른다.'라 하였는데, 그 주에서 '강이 아홉 길로 나뉜다. 구강은 형주에 있다.'라 하였다."

34. 왕 판관을 전송하며
送王十六判官

客下荊南盡	나그네 모두 형주 남쪽으로 내려가노니
君今復入舟	그대 지금 다시 배에 오르네.
買薪猶白帝	땔나무 살 때는 아직 백제성이겠지만
鳴櫓已沙頭	삐걱거리는 노가 이미 사두에 도착하였겠지.[1]
衡霍生春早	형곽에는 봄이 빨리 찾아왔고[2]
瀟湘共海浮	소상강은 바다처럼 물이 불었겠네.[3]
荒林庾信宅	황량한 숲에는 유신의 집이 있을 테니[4]
爲仗主人留	주인이 머무르면 나도 의지하리다.[5]

1 구주(舊注)에서, "강릉에 오 지역 배가 이르면 성곽 밖의 사두(沙頭)에 정박한다."라 하였다. 『방여승람』에서, "사두는 강릉성에서 15리 떨어져 있다."라 하였다. 두 구는 곧 이백의 '천리의 강릉을 하룻만에 돌아가네.(千里江陵一日還)'란 의미이다.

2 『이아주』에서, "형산은 달리 곽산이라 한다."라 하였다.

3 왕 판관은 아마도 강릉에서 호남으로 가는 것 같다. 봄이 오면 물이 불기 때문에 소상강이 바다와 같다고 한 것이다.

4 여지고(余知古)의 『저궁고사(渚宮故事)』에서, "유신(庾信)이 후경(侯景)의 난리 때문에 건강(建康)에서 도망하여 강릉으로 돌아가 송옥의 옛집에 거처하였다. 송옥의 집은 성의 북쪽 3리에 있다."라 하였다.

5 주인은 왕 판관을 이른다. 먼저 도착하면 곧 지주가 된다. 당시 두보도 삼협을 내려가려고 하였다.

35. 두 상공의 막부로 가는 이 비서를 전송하다[1]

送李八祕書赴杜相公幕

青簾白舫益州來	푸른 주렴의 하얀 배는 익주에서 오는데[2]
巫峽秋濤天地廻	무협의 가을 물결에 하늘과 땅이 도네.
石出倒聽楓葉下	바위 솟구쳐 단풍잎 지는 소리 거꾸로 들리고[3]
櫓搖背指菊花開	노를 저으니 국화 핀 벼랑을 뒤로 가리키네.[4]㊀
貪趨相府今晨發	상공 막부에 빨리 가려고 오늘 새벽에 출발하니
恐失佳期後命催	아름다운 기약 어길까봐 늦게 온 명령을 재촉하네.[5]
南極一星朝北斗	남극의 별 하나 북두성을 조회하니
五雲多處是三台	오색구름 많은 곳이 바로 삼태성이라네.[6]㊁

㊀ 묘사하기 어려운 경치를 묘사함이 뛰어나다.

㊁ 남과 북, 삼(三)과 오(五)는 한 구 안의 대구이며 일성(一星)과 다처(多處)는 두 구의 호대(互對)이니, 대구법의 변화처를 볼 수 있다.

1 주주(朱注)에서, "역사를 살펴보니 두홍점(杜鴻漸)이 조정에 돌아왔다가 곧 평장사로 산검 부원수를 거느렸다. 그러므로 상공의 막부라 칭한 것이다."라 하였다.

2 『권유록(倦遊錄)』에서, "유준(劉濬)의 백 개의 노가 달린 흰 배는 비단 돛과 푸른 주렴을 달았다."라 하였다. 여기서는 관청의 배를 이른다. 살펴보건대, 익주(益州)는 바로 성도(成都)이다.

3 배가 절벽 아래로 지나는데 다만 바위 위로 단풍잎 지는 소리만 들리고 나무는 보이지 않음을 이른다.

4 모기령이 이르기를, "바위 벼랑이 가로로 솟았기에 낙엽 소리가 위에 있다. 그러므로 '도청(倒聽)'이라 하였다. 노를 재빨리 저어 나는

듯이 가기 때문에 국화가 핀 벼랑이 문득 뒤로 옮겨간다. 그러므로 '배지(背指)'라 하였다. 3구는 상하 두 층으로 설정하여 읽어야 하며, 4구는 앞뒤로 나누어 읽어야 한다."라 하였다.

5 『두억』에서, "3-4구는 배가 빠르게 가는 것을 형상하였고, 5-6구는 빨리 가는 이유를 밝혔다."라 하였다.

6 모기령이 이르기를, "『한서』「천문지」에서 '남극성은 익주의 분야 가운데 자수(觜宿)와 삼수(參宿) 곁에 있으며 삼태는 삼공을 나타내는데 북두성의 곁에 있다.'라 하였다. 당시 두홍점 상공이 조정에 돌아갈 때 이 비서가 익주에서부터 장안까지 따라와 부임하였다. 그러므로 '남극성이 북극을 향한다'고 하였으니, 삼공이 북두의 곁에 있기 때문이다."라 하였다.

36. 이 비서와 이별하며 주다[1]

贈李八祕書別三十韻

往時中補右	지난날 중서성의 우보궐에 임명되어[2]
扈蹕上元初	주상 초기에 호종하였지.[3]
反氣淩行在	반란의 기운이 행재소에 침범하고
妖星下直廬	요성은 임시 궁궐에 내려앉았지.[4]
六龍瞻漢殿	임금 수레가 한나라 궁궐을 바라보고
萬騎略姚[5]墟	수많은 기병이 요허를 내달렸네.[6]
元朔廻天步	북방에서 천자 발걸음 되돌리니[7]
神都憶帝車	새 임금의 도읍에서 황제 수레 기억하네.[8]
一戎纔汗馬	한번 전장 나서 노고를 다하니
百姓免爲魚	백성들이 물고기 밥 신세 면하였네.
通籍蟠印螭	궐문 드나들 때 교룡 도장 흔들리며[9]
差肩列鳳輿	황제 수레 옆에서 어깨 나란하였지.[10]
事殊迎代邸	태자를 대저에서 맞이한 일과 다르며[11]
喜異賞朱虛	주허후를 상 준 기쁨과 다르네.[12]
寇盜方歸順	도둑놈들이 바야흐로 귀순하니
乾坤欲宴如	천지가 평안해지겠네.[13]
不才同補袞	재주 없는 나도 함께 간관 되니
奉詔許牽裾	조서 받들어 간하게 되었네.
鴛鷺叨雲閣	조정의 관리로 운각에 참여하였는데[14]
騏驎滯石渠	뛰어난 기린은 석거각에서 막혀있었네.[15] ⊟
文園多病後	사마상여가 병이 많은 뒤에
中散舊交疎	혜강과 옛 사귐이 멀어졌네.[16]

飄泊哀相見　　떠돌며 슬퍼하다가 서로 만나니
平生意有餘　　평소의 정이 넘치는구나.
風烟巫峽遠　　바람과 안개 낀 무협은 아득하고
臺榭楚宮虛　　누대와 정자의 초나라 궁궐은 비어 있네.[17]
觸目非論故　　눈에 보이는 이는 옛날을 이야기할 수 없는데[18]
新文尙起予　　새로운 문장은 더욱 나를 흥기시키네.
淸秋凋碧柳　　맑은 가을에 푸른 버들은 시들고
別浦落紅蕖　　이별의 포구에는 붉은 연꽃이 지네.
消息多旗幟　　소식은 대부분 전쟁 이야기며
經過歎里閭　　마을 지날 때는 탄식이 이네.[19]
戰連脣齒國　　연이은 제후국에서 전투 벌어지며
軍急羽毛書　　군사 급하여 격문이 날아드네.[20]
幕府籌頻問　　막부의 회의에 자주 질문을 받았고[21]
山家藥正鋤　　산속 집에서 약을 캐고 있었네.[22]
台星入朝謁　　삼태성이 궁궐에 입조하고
使節有吹噓　　사절이 그대를 추천하였네.[23]
西蜀災長弭　　서촉에 재앙이 오래 멈추고
南翁憤始攄　　남쪽 노인들의 울분이 비로소 풀어지네.[24]
對敭[25]抏[26]士卒　　사졸을 마구부려 손상시키고[27]
乾沒費倉儲　　창고의 물건을 횡령하여 낭비하네.[28]
勢藉兵須用　　형세가 병사를 쓸 수밖에 없으니
功無禮忽諸　　무례한 장수들의 공적을 무시할 수 있으랴.[29] 三
御鞍金騕褭　　안장 얹은 금빛 준마 하사받고
宮硯玉蟾蜍　　궁궐의 연적은 옥 두꺼비라네.[30]
拜舞銀鉤落　　천자 모실 때 은빛 획이 날아가고
恩波錦帕舒　　은혜는 비단 말 싸개에 베풀어지네.[31]

此行非不濟	이번 행차가 세상을 구원하지 못함은 아니지만[32]
良友惜相於	좋은 벗 서로 만난 지 오래되었네.[33]
去棹依顏色	떠나가는 배를 한참 바라보며
沿流想疾徐	행로에 여정이 빠르고 늦은 지 상상하네.[34]
沈綿疲井臼	오래 병 앓으며 집안일에 피곤하고[35]
倚薄似樵漁	곤궁한 살림에 나무 베고 고기 잡네.
乞[36]米煩佳客	쌀을 요구하여 훌륭한 길손을 번거롭게 하고
鈔詩聽小胥	시를 지어 아전들에게 들려주네.[37]
杜陵斜晚照	두릉에 저녁 햇살 비끼고
潏水帶寒淤	휼수는 차가운 삼각주를 끼고 있네.[38]
莫話清溪髮	맑은 시내에 비치는 머리칼이
蕭蕭白映梳	쓸쓸하게도 빗질에 흰색이 비춘다고 말하지 마라.[三]

시평 : 황백산이 이르기를, "이 당시 많은 장수들이 병사를 연합하여 최간(崔旰)을 토벌하였는데 승부가 결정 나지 않았다. 두홍점이 절도사를 최간에게 양보하고 제장(諸將)들로 하여금 병사를 물리치게 하였다. 두보는 아마도 이 일에 분개하여 작품 안에서 토로하였다. '서촉에 재앙이 오래 멈추고, 남쪽 노인들의 울분이 비로소 풀어지네.(西蜀災長弭 南翁憤始攄)'라 하였는데 비록 칭송하는 말을 구사하였지만 실상은 재앙은 그치지 않았고 울분은 풀어지지 않았다. '무례한 장수들의 공적을 무시할 수 있으랴.(功無禮忽諸)'라는 말은 '임금에게 무례한 이를 보거든 빨리 죽이라.'는 계문자(季文自)의 말을 사용한 것이다. 최간이 주장(主將)을 죽이고 반란을 일으켰으니 그 죄는 응당 죽임을 당해야 하는데 지금 제장(諸將)들과 함께 조정의 명령을 받들어 벼슬에 임명되었으니 공과 죄가 분명하지 못하다. 이에 계문자의 말을 소홀히 할 것인가. 두보는 이 비서에게 준 시에서 두홍점에게 고할 말을 우의하였으니 두홍점이 일을 어리석게 처리한 일에 대해 깊이 풍자하고 있다."라 하였다.

㈠ 도입구에서 숙종 초기에 두보와 이 비서가 같이 벼슬하며 호종(扈從)했던 일을 서술하고 있다.

㈡ 다음으로 기주에서 서로 만난 일을 서술하고 있으니, 그가 막부의 주장(主將)을 따라 입조한 것이 기쁘고 그가 당시의 어려운 점을 조정에 들어가 고하기를 바라고 있다.

㈢ 마지막에서 다시 정감을 서술하며 작품을 맺고 있다. 이 비서가 은혜 받은 것을 축하하며 반면에 떠도는 자신의 처지를 슬퍼하고 있다.

1 포주(浦注)에서, "이 비서는 이전에 봉상(鳳翔)에서 숙종을 호종하여 장안으로 돌아와 두보와 함께 입조하였다. 뒤에 기주에서 공을 방문하였다. 이 당시 이 비서는 두홍점을 따라 장안에 들어갔는데, 두보가 이 시를 주었다."라 하였다.

2 구주(舊注)에서, "두보는 숙종 초기에 좌습유에 임명되었는데, 이 비서는 아마도 이 시기에 우보궐에 있었다. '중(中)'자는 우보궐은 중서성에 속함을 뜻한다."라 하였다.

3 주상 초기에 호종한 것을 말한 것이지, 숙종의 연호를 가리킨 것이 아니다.

4 그 당시 봉상에 반란군이 침입하리라는 경계가 교대로 보고되었다.

5 '姚'는 달리 '嬀'로 된 본도 있다.

6 『한서』에서 말하였다. "「세본(世本)」에서 '규허(嬀虛)는 한중군(漢中郡) 서성현(西城縣)의 서북쪽에 있다. 순임금이 거처하였다.'라 하였다." 『제왕세기(帝王世紀)』에서, "안원(安原)을 규허라고 부르는데 혹은 요허(姚虛)라고 부르기도 한다."라 하였다. 숙종이 봉상(鳳翔)에 머물렀는데, 봉상은 한중(漢中)과 접경이다.

7 숙종이 이전에 영무(靈武)에서 즉위하였는데, 영무는 삭방(朔方)에 있다. 그러므로 '회천보(廻天步)'라 하였다.

8 『위서(魏書)』「이충전(李沖傳)」에서, "새 도읍을 확장하여 왕업을 넓혔다."라 하였다. 『사기』「천관서」에서, "북두는 황제의 수레가 되어 중앙에서 운행하면서 사방을 제어한다."라 하였다. '억제거(憶帝車)'는 즉 도성 사람들이 모두 임금 수레가 있는 곳을 기억하고 있다는 말이다.

9 채옹의 「독단(獨斷)」에서, "옥새는 도장이니, 도장이란 신의이다. 천자의 옥새는 옥 규룡과 호랑이 끈으로 만들었으니, 옛날에는 높으나 낮으나 함께 사용하였다."라 하였다.

10 두보와 이 비서가 함께 관리로 천자를 시종함을 이른다.

11 구주(仇注)에서, "숙종이 국토를 회복하고 장안에 들어간 것은 대통(大統)을 잇고 자리를 계승한 것이 아니다. 그러므로 황태자를 맞이하여 등극한 것과 다르다."라 하였다.

12 『한서』「문제기(文帝紀)」에서, "뭇 신하들이 천자의 수레를 받들고 가서 대저(代邸)에서 대왕(代王)을 맞이하였다. 미앙궁에 들어가 황제의 자리에 오르고, 주허후(朱虛侯)를 이천석에 봉하였으며 금 천 근을 하사하였다."라 하였다. 채몽필이 말하기를, "주허후는 제나라 도혜왕(悼惠王)의 아들이다. 이 비서는 반드시 당나라 종실일 것이다. 그러므로 그로 비유한 것이니, 이 비서가 특별하게 발탁되지 못한 것을 애석하게 여겼다."라 하였다.

13 장안과 낙양 두 서울을 비로소 수복한 것을 이른다.

14 「추흥부(秋興賦)」의 서문에서, "내가 태위연겸호분중랑장으로 산기성에 숙직할 때 고각이 구름에 잇닿았기에 햇볕이 들어오기 어려웠다."라 하였다.

15 『삼보고사(三輔故事)』에서, "천록각(天祿閣)과 석거각(石渠閣)은 모두 미앙궁의 북쪽에 있으니 비서(秘書)를 간직하던 곳이다."라 하였다. '도운각(叨雲閣)'은 두보 자신을 말하고, '체석거(滯石渠)'는 이 비서를 이른다. 아마도 이 비서는 우보궐에서 비서성으로 옮겨간 것으로 보인다.

16 두 구는 벼슬을 버린 이후를 말한다.

17 허(虛)자는 중복되는 운인데, 운은 같지만 뜻은 다르다.

18 옛날을 같이 이야기할 사람이 없다는 말이다.

19 황폐해진 것을 탄식한다는 말이다.

20 『위무제주사(魏武帝奏事)』에서, "만약 급한 일이 생기면 주살에 깃을 꽂으니, 그것을 우격(羽檄)이라 한다."라 하였다. 최간(崔旰)이 양자림(楊子琳), 백무림(柏茂林)과 함께 힘을 합쳐 장헌성(張獻誠)과 싸운 것을 가리킨다.

21 원주(原注)에서, "산검원수(山劍元帥) 두홍점 상공이 처음에 굴욕적으로 막부에서 작전을 세울 때 참여하였는데, 이후 조정에 배알하였으니 이번 부임은 두 번째이다."라 하였다.

22 원주(原注)에서, "이 비서는 근래 청성산(青城山) 속에서 요양하고 있다."라 하였다.

23 태성과 사절은 모두 두홍점을 가리킨다. 이 비서는 응당 두홍점의 표문으로 추천을 받아 입조하였을 것이다. 그러므로 아래에 모두 주

대(奏對)한 일을 말하였다.

24 구주(舊注)에서, "남옹(南翁)은 남방 초 지역 노인이다."라 하였다.

25 '敭'은 '揚'과 같다.

26 '抏'의 음은 '五'와 '官'의 반절법이다.

27 『육기집(陸機集)』에서, "황제의 복을 널리 드날렸다."라 하였다. 「상림부(上林賦)」에서, "사졸의 정수를 손상시키고, 창고의 재물을 소비하였네.(抏士卒之精 費府庫之財)"라 하였는데, 주에서 "'온(抏)'은 손상하다는 의미이다."라 하였다.

28 『사기』「장탕전(張湯傳)」에서 말하였다. "처음에 아전이 되어 횡령〔乾沒〕하였다." 『사기정의(史記正義)』에서, "건몰이란 이익을 주지 않고 다른 사람의 물건을 취하는 것이다."라 하였다.

29 비서가 입대(入對)할 때 마땅히 병사는 늙고 재물은 손상된 것을 아뢰었을 것이다. 다만 촉 전 지역의 형세는 바야흐로 병력에 의존하여 군대를 동원하지 않을 수 없다. 또한 무례한 장수들에게 공훈을 보태 주었으니 그들을 소홀히 하여 위문(慰問)하지 않겠는가.

30 『서경잡기』에서, "광천왕(廣川王)이 진영공(晉靈公)의 무덤을 파서 옥 두꺼비 하나를 얻었다. 크기가 주먹만 하고 배는 텅 비어 5홉의 물을 담을 수 있다. 새 옥처럼 빛과 윤기가 나는데, 그것으로 물을 담는 연석을 만들었다."라 하였다.

31 금파(錦帕)는 곧 비단 머리싸개로, 말의 안장을 장식한다. 즉 이 비서의 이번 행차는 천자의 은사(恩賜)를 받들어 말에는 비단 머리싸개를 둘렀으며, 또한 입직하여 천자 곁에서 글을 쓸 때 은빛 갈고리 같은 글씨가 떨어지는 것을 볼 수 있다.

32 세상을 구원하지 못함이 아님을 말한다.

33 초공(焦貢)의 『역림(易林)』에서, "근심이 풀어지고 걱정이 없어지니 좋은 벗 가까이 지낸다."라 하였다.

34 떠나가는 배가 빠르게 또는 느리게 가는 것을 상상한다는 말이다.

35 「풍연전(馮衍傳)」에서, "아녀자들은 항상 스스로 집안일을 꾸려간다."라 하였다.

36 '걸(乞)'은 거성이다.

37 소서(小胥)는 소리(小吏)이다.

38 『방언(方言)』에서, "강 안에 살 수 있는 곳을 '주(洲)'라고 한다. 삼보(三輔) 지역을 '어(淤)'라 한다."라 하였다. 두릉과 흩수는 두보가 옛날에 거처가 있던 곳이다.

37. 시흥사에 거처하는 이 비서와 이별하며[1]
別李祕書始興寺所居

不見祕書心若失　비서를 보지 못할 땐 마음을 잃은 듯하더니
及見祕書失心疾　비서를 보게 되니 마음의 병이 나았네.
安爲動主理固然　안정되게 마음을 움직이면 이치는 견고해지니
我獨覺子神充實　나는 홀로 그대 정신의 충실함을 아네.[2]
重聞西方止觀經　거듭 서방의 『지관경』을 들었으니[3]
老身古寺風泠泠　옛 절에 의탁한 늙은 몸에 바람은 청량하네.
妻兒待米且歸去　처자가 먹을 걸 기다려 돌아간다고 하니
明日杖藜來細聽　내일 지팡이 짚고 가서 자세히 들어보려네.⊟

⊟ 유수계가 이르기를, "이 작품은 뇌락진솔(磊落眞率)하니, 단편의 작품이나 어의(語義)가 통창하다."라 하였다.

1 이 비서는 아마도 선학(禪學)에 깨달음이 있는 것 같다. 그가 거처한 곳이 바로 정수처(靜修處)이기 때문이다.

2 앞의 「가일소원산병(暇日小園散病)」에서 '손님 접대는 정신을 손상하네.(應接喪精神).'라 하였으니, 이 구절의 내용과 반대로 살펴보아야 한다.

3 황희(黃希)가 말하기를, "『마하지관(摩訶止觀)』은 진(陳)과 수(隋) 사이의 국사 천태지자(天台智者)가 말한 것으로 모두 10권이다."라 하였다. 양신이 말하기를, "지(止)는 능히 즐거움을 버리고 관(觀)은 능히 괴로움을 떠난다."라 하였다. 지금 살펴보니 지관(止觀)은 마땅히 시선을 거두어들이고 듣는 것을 돌이킨다〔收視反聽〕는 의미로 봐야 하니, 그렇게 하면 위 2구와 의미가 연결된다.

38. '군불견(君不見)' 시체로 소혜에게 편지 삼아 보내다[1]

君不見簡蘇徯

君不見道邊廢棄池	그대는 보지 못하였나 도로변 버려진 연못을
君不見前者摧折桐	그대는 보지 못하였나 앞에 쓰러진 오동나무를.
百年死樹中琴瑟	백년 묵은 죽은 나무가 거문고에 알맞고[2]
一斛舊水藏蛟龍	한 섬의 오랜 물에도 교룡이 숨어드네.
丈夫蓋棺事始定	장부의 일은 관 두껑 덮어야 결정되는데
君今幸未成老翁	그대 다행이도 아직 노인이 되지 않았으니
何恨憔悴在山中	산속에서 파리하게 지냄을 어찌 한스러워 하리오.
深山窮谷不可處	높은 산 깊은 골짜기는 지낼 곳이 못되니
霹靂魍魎兼狂風	벼락과 도깨비와 미친 바람이 괴롭힌다네.[3] ⊟

⊟ 이자덕이 이르기를, "고의(古意)가 넘치는 작품이다."라 하였다.

1 추측해보면 소혜는 재주 있는 사람으로 보인다. 그러므로 두보가 벼슬하라고 권면하였다.

2 유신(庾信)의 「의연주(擬連珠)」에서, "용문의 죽은 나무는 아직도 함지(咸池)의 노래를 안고 있다."라 하였다.

3 포주(浦注)에서, "결말 부분에서 「초혼(招魂)」의 내용을 암용(暗用)하였다."라 하였다.

39. 소혜에게 주다[1]

贈蘇四徯

異縣昔同遊	다른 고을에서 옛날 같이 노닐었으니
各云厭轉蓬	각각 떠도는 쑥대 신세 염증이 나네.
別離已五年	헤어진 지 이미 오 년
尙在行李中	아직도 여행 중에 있네.[一]
戎馬日衰息	전투마는 날로 지쳐가는데
乘輿安九重	임금 수레는 궁궐에서 편안하네.[2]
有才何棲棲	재주 있지만 어찌 그리 고생스러운가
將老委所窮	장차 늙어가며 곤궁한대로 맡기네.[3]
爲郎未爲賤	낭관 되어 아직 미천하지 않으니
其奈疾病攻	질병을 고쳐보는 게 어떨지.
子何面黧黑	그대는 얼굴이 어쩌면 검기도 한가
焉得豁心胸	어찌하면 마음을 활짝 펴 보려나.[4]
巴蜀倦剽劫	파촉은 노략질이 만연하니
下愚成土風	백성들도 풍습을 이뤘네.[5]
幽薊已削平	유계는 이미 평정되었는데
荒徼尙彎弓	거치른 변방은 아직도 활을 당기네.
斯人脫身來	이 사람이 몸을 빼내 왔으니
豈非吾道東	어찌 우리 도가 동으로 온 게 아닌가.[6]
乾坤雖寬大	천지가 비록 너그럽다고 하지만
所適裝囊空	행장이 텅 비어 있는 처지라네.
肉食哂菜色	부자는 가난한 이를 업신여기고
少壯欺老翁	젊은이는 노인을 속이네.

況乃主客間	더구나 주인과 객 사이에는
古來偪側同	옛날부터 핍박이 심했지.
君今下荊揚	그대 지금 형주, 양주로 내려가는데
獨帆[7]如飛鴻	외론 배는 나는 기러기 같으리라.
二州豪俠場	두 고을은 호걸과 협객이 모여드니
人馬皆自雄	사람과 말이 모두 절로 뛰어나네.
一請甘饑寒	우선 청하노니 굶주림과 추위를 달게 여기고
再請甘養蒙	다시 청하노니 힘써 지혜를 기르시게나.[8]㊂

㊁ 소자상이 말하였다. "마치 대화하는 것 같다. 이상 4구는 돈좌(頓挫)를 지극히 하였다."

㊂ 후반부는 차가운 세태에 대해 통렬하게 서술하면서 그가 절조를 지켜 스스로 온진하기를 바라고 있다. 두보는 소혜의 부친의 친구이므로 이처럼 정성스럽게 말하였다.

1 당시 소혜가 형양(荊揚)으로 내려가려고 하자 두보가 이 시를 주었다. 아래 작품과는 다른 의미를 지녔는데 포주(浦注)에서는 억지로 끌어다가 합치려고 하니 옳지 않다.

2 당시 하북(河北)의 여러 장수들이 입조하였다는 소식을 들었다.

3 곤궁은 운명에 맡긴다는 말이다.

4 4구는 벼슬 하지 않는다면 그만이겠지만 소혜의 재주로 떠도는 것을 면치 못하기 때문에 그를 대신하여 울울한 심사를 펼치고 있다.

5 포주(浦注)에서, "당시 산적이 많았으니, 다만 최간의 난리를 가리켜서 말한 것이 아니다."라 하였다.

6 소혜가 기주에 온 것을 이른다. 「마융전(馬融傳)」에서 말하였다. "정현이 마융에게 인사하고 돌아가려고 하자, 마융이 '정현이 지금 떠나니 우리 도가 동쪽으로 가는구나.'라 하였다."

7 '범(帆)'은 거성이다.

8 '감기한(甘饑寒)'은 육식을 부러워하여 경솔하게 행동하지 말라는 말이고, '감양몽(甘養蒙)'은 젊은이와 다퉈 그들에게 멀리함을 당하지 말라는 말이다.

40. 소혜와 이별하며[1]

別蘇徯

故人有遊子	벗에게는 유람하는 아들이 있으니[2]
棄擲傍天隅	하늘가에서 버림을 받았네.
他日憐才命	이전에 재주와 운명을 안타까워했는데
居然屈壯圖	지금도 커다란 포부가 굽혀 있네.[3]
十年猶塌翼	십년 동안 아직도 날개가 꺾인 듯[4]
絶倒爲驚呼	넘어져 있으니 놀라 소리치는구나.
消渴今如此	지금 이처럼 소갈병에 걸렸으니
提攜愧老夫	늙은이는 도와줄 힘이 없어 부끄럽네.[5]
豈知臺閣舊	어찌 알리, 대각의 친구가[6]
先拂鳳凰雛	먼저 새끼 봉황을 붙잡아 줄 줄을.
得食翻蒼竹	푸른 대 뒤집어 열매 찾고
棲枝把翠梧	푸른 오동 붙잡아 가지에 깃들이겠지.[7]
北辰當宇宙	북극성은 우주를 차지하고
南嶽據江湖	남악은 강호에 자리 잡았네.
國帶烟塵色	나라에는 전쟁의 기색이 만연하고
兵張虎豹符	군대에는 호표부가 전해지네.[8]
數論封內事	자주 지역 안의 일을 논하고
揮發府中趨	군대 지휘하며 부중에서 내달리네.[9]
贈爾[10]秦人策	그대에게 진 사람 채찍을 주노니[11]
莫鞭[12]轅下駒	바퀴 아래 망아지에게 채찍질 하지 말게.[13] ㈠ ㈢

㊁ 이자덕이 이르기를, "정의(情意)는 참되고 기상은 크다."라 하였다.

㊂ 앞의 작품은 그가 자신을 잘 수렴하길 바라며 결론은 지었고, 이 작품은 그가 잘 시작하길 바라며 결론을 짓고 있으니, 의미가 서로 표리가 된다.

1 원주(原注)에서, "소혜가 호남(湖南)의 막부로 부임하다."라 하였다.

2 고인(故人)은 소혜의 부친을 가리킨다.

3 지난번에 그가 불우한 것을 애석하게 여겼는데, 지금도 변함없이 세상에 쓰임이 되지 못함을 말하고 있다.

4 진림(陳琳)의 격문에서, "충의의 무리들이 머리를 늘어뜨리니 날개가 꺾인 것 같다."라 하였다.

5 자신에게 소혜를 도와줄 힘이 없는 것을 이른다.

6 호남 막부의 주장(主將)을 가리킨다. 그 사람은 소혜의 부친 및 두보와 친구일 것이다.

7 의탁할 바 있는 것을 말한다.

8 역사를 고찰해보니 대력 원년 9월에 토번이 영주(靈州), 빈주(邠州)를 침입하자, 장안의 경계가 삼엄하였다. 당시 호남에 아마도 군대를 이동하는 움직임이 있었을 것이다. 『한서음의(漢書音義)』에서, "구리 호부(虎符)가 첫 번째고 표부(豹符)는 다섯 번째이다. 병사를 일으켜 보낸 사자가 고을에 이르면 합쳐본다."라 하였다.

9 『고악부』에서, "공부에서는 사뿐사뿐 걷고, 부중에서는 느긋하게 천천히 걷네.(盈盈公府步 冉冉府中趨)"라 하였다.

10 '爾'는 달리 '汝'로 지어진 본도 있다.

11 『좌전』에서, "진백(秦伯)이 사회(士會)로 하여금 떠나게 하자, 진의 대부 요조(繞朝)가 채찍을 주었다."라 하였는데, 주에서 "'책(策)'은 말채찍〔馬撾〕이다."라 하였다.

12 글자의 원래 의미와 뜻이 같다.

13 『한서』「관부전(灌夫傳)」에서 말하였다. "주상이 내사에게 화를 내면서 '오늘 조정에서의 논의는 몸을 움츠리고 멍에에 매인 망아지처럼 구는구나.'라 하였다."

41. 최이와 헤어지며 인하여 설거와 맹운경에게 보내다[1]

別崔潩因寄薛據孟雲卿

志士惜妄動	지사는 경거망동 조심하나니
知深難固辭	지우가 깊어 고사하기 어려웠으리.[2]
如何久磨礪	어찌하여 오랫동안 갈고 닦았으랴
但取不磷緇	다만 닳고 검어지지 않으려고 힘썼는가.[一]
夙夜聽憂主	아침부터 밤까지 근심 젖은 주인 모시고
飛騰急濟時	날고 뛰어 급히 세상을 구원하시게.[3]
荊州遇薛孟	형주에서 설거와 맹운경을 만나면
爲報欲論詩	그들의 시를 보고 싶다고 전해주시게.

[一] 4구까지는 뜻이 깊고 붓이 기세가 넘친다〔夭矯〕. 율시로 고의(古意)를 품고 있다.

1 원주(原注)에서, "내제(內弟, 처남) 최이가 호남 막부의 관직에 부임하였다."라 하였다.

2 포주(浦注)에서, "최이의 사람됨을 추측해보면 지조가 있어서 가볍게 움직이지 않는 자일 것이다. 그러므로 처음 2구에서 이렇게 말하였다."라 하였다.

3 구주(仇注)에서, "3-4구는 1구를 이어받았으니 남과 타협하지 않고 독선적인 자세를 풍자하였으며, 5-6구는 2구를 이어받았으니 부지런히 맡은 일을 하라고 권하고 있다."라 하였다.

42. 무협의 허름한 초가에서 시어사로 풍주와 낭주로 가는 넷째 외삼촌에게 올리다[1]

巫峽敝廬奉贈侍御四舅別之澧朗

江城秋日落　　강가 성에 가을 해가 지고
山鬼閉門中　　산 귀신은 닫힌 문안에 있네.[2]
行李淹吾舅　　사신으로 머물던 우리 외삼촌께서
誅茅問老翁　　초가집의 늙은이를 방문하였네.[3]
赤眉猶世亂　　적미도 때문에 아직도 세상은 어지럽고[4]
青眼只途窮　　지기(知己)가 있어도 인생은 곤궁하네.[5]
傳語桃源客　　도원의 객들에게 말을 전해 주시오
人今出處同　　지금 출처를 같이 하고 싶은 사람이 있다고.[6] ⊟

⊟ 왕우중이 이르기를, "행이(行李)와 주모(誅茅)는 차대법(借對法)을 사용하였다."라 하였다.

1 『일통지』에서, "풍주(澧州)는 지금의 악주부(岳州府)에 속한다. 낭주(郎州)는 지금의 상덕부(常德府)이다."라 하였다.

2 적막한 모습을 극진하게 묘사한 것으로, 시어사가 방문하니 '빈 골짜기에 발자국 소리가 들린다.(空谷足音)'는 기쁜 마음을 볼 수 있다.

3 유신(庾信)의 「소원부(小園賦)」에서, "송옥의 집에 띠풀을 베었네.(誅茅宋玉之宅)"라 하였다. 이 구는 외삼촌이 공이 살던 곳을 방문한 것을 이른다.

4 서한(西漢) 말기에 번숭(樊崇)이 군대를 일으켰는데, 이를 적미적(赤眉賊)이라 부른다.

5 옛날에는 '청안(青眼)'을 자신이 그렇게 한다고 여겼다. 그러나 지

금 살펴보니 두보의 시에, '만난다면 반갑게 맞이해 줄 것이리.(相見眼終靑)'라 하였으니 이는 이별하는 사람의 관점에서 말한 것이다. 이 구는 즉 지기가 없지는 않지만 나를 지원해주는 사람은 없음을 말한다.

6 두보 자신은 세상을 피해 숨은 진나라 사람과 같다는 말이다. 도원은 낭주에 있으므로 마지막 구처럼 말하였다.

43. 맹씨[1]

孟氏

孟氏好兄弟	맹씨는 참 좋은 형제로
養親惟小園	부모 봉양에 작은 과수원뿐이라네.
承顔胼手足	뜻 받드느라 손발에 못이 박이고
坐客强盤飱	길손 붙잡아 굳이 음식을 대접하네.
負米夕葵外	저녁 아욱국 이외 쌀을 짊어오고
讀書秋樹根	가을 나무 밑동에서 글을 읽네.
卜鄰慙近舍	이웃 골라 가까이 살기가 부끄러우니
訓子學先[2]門	자식 가르치는데 먼저 배우도록 하리라.[3]㊀

㊀ 이자덕이 이르기를, "군자가 모친을 봉양하는 한 폭의 그림을 보는 것 같으니, 극진한 정에 깊은 운치를 묘사하였다."라 하였다.

1 두보는 「과맹십이창조십사주부형제(過孟十二倉曹十四主簿兄弟)」를 지었다.

2 '先'은 달리 '誰'로 된 본도 있다.

3 마지막은 맹자 어머니가 이웃을 고른 일을 인용하고 있다.

44. 우리 일가[1]

吾宗

吾宗老孫子　　우리 집안 늙은 손자는
質朴古人風　　질박하여 고인의 풍모 지녔네.
耕鑿安時論　　밭 갈고 우물 파며 현실을 즐기고
衣冠與世同　　의관도 세상과 똑같이 하네.
在家常早起　　집에 있을 때 항상 일찍 일어나고
憂國願年豐　　나라 걱정하여 풍년 들기 기원하네.
語及君臣際　　주로 임금과 신하의 도리를 언급하며
經書滿腹中　　경서는 배 안에 가득하네.㊂

시평 : 장상약이 이르기를, “인정이 도리에 맞지 않는 것은 다른 사람과 좋아하는 것이 다르기 때문이고, 집안이 가난한 것은 게으름 때문이고, 세상이 어지러운 것은 황정(荒政) 때문이다. 중간의 네 구는 대단히 참되고 위대한 두숭간의 모습이다. 마지막에 또 그가 경술에 통달한 것을 칭송하고 있으니, 대의를 알기에 마땅히 벼슬해야 하지만 숨어 지내는 것을 애석하게 여기고 있다.”라 하였다.

㊂ 질박한 작품으로 주인공의 대단히 고아함을 묘사하였다.

1　원주(原注)에서, “위창조(衛倉曹) 두숭간(杜崇簡)을 말한다.”라 하였다.

45. 설 판관이 보내준 시에 받들어 화답하다
奉酬薛十二丈判官見贈

忽忽峽中睡	깜박깜박 삼협에서 조는데
悲風方一醒	슬픈 바람이 바야흐로 한번 깨우네.
西來有好鳥	서쪽에서 온 아름다운 새는
爲我下青冥	나를 위해 푸른 하늘에서 내려오네.
羽毛淨白雪	깃털은 백설처럼 깨끗한데
慘澹飛雲汀	서글프게 구름 덮인 물가에서 나네.[1]
既蒙主人顧	이윽고 주인이 돌아보게 되자[2]
擧翮唳孤亭	날아올라 외로운 정자에서 우네.[一]
持以比佳士	이를 아름다운 선비에게 비견하며
及此慰揚舲	또한 배를 띄우려는 마음을 달래보네.[3]
淸文動哀玉	맑은 문장은 슬픈 옥에서 일어나고[4]
見道發新硎	새 숫돌에서 나온 듯한 도를 보네.
欲學鴟夷子	치이자 범려를 배우고자 하며[5]
待勒燕山銘	연연산에 공명 세길 때를 기다리네.[6]
誰重斷蛇劍	누가 거듭 뱀을 베어버릴 검인가[7]
致君君未聽	임금에게 올려도 임금은 받아주지 않네.[二]
志在麒麟閣	뜻은 기린각에 있으니
無心雲母屛	운모병풍에는 마음 두지 않네.[8]
卓氏近新寡	탁문군이 근래 새로 과부되니
豪家朱門扃	권세가는 붉은 대문 걸어 잠갔네.
相如才調逸	사마상여의 빼어난 재주로
銀漢會雙星	은하수에서 두 별이 만났네.[9]

客來洗粉黛	손님이 오니 분과 먹을 씻어내고[10]
日暮拾流螢	날이 저물면 나는 반딧불이를 모았네.[11]
不是無膏火	기름 등불이 없는 게 아니라
勸郎勤六經	그대 육경을 익히라고 권면해서라네.[三]
老夫自汲澗	노부는 스스로 계곡에서 물을 깃는데
野水日泠泠	들판의 물은 날로 차가워지네.
我歎黑頭白	나는 검은 머리 세는 것을 탄식하는데
君看銀印青	그대는 은 인장이 푸르구나.[12]
臥病識山鬼	병에 누우니 산 귀신을 알아보고
爲農知地形	농사짓느라 지형도 볼 줄 아네.
誰矜坐錦帳	누가 비단 장막 안에 앉는 걸 좋아하랴만[13]
苦厭食魚鯹	생선 먹는 것은 너무나 질리도다.[14] [四]
東西兩岸坼	동서 양 기슭은 툭 터지고
橫水注滄溟	가로 흐르는 물은 큰 바다로 흘러가네.
碧色忽惆悵	푸른 강물에 문득 서글퍼지는데[15]
風雷搜百靈	바람과 우레는 온갖 신령을 불러내네.
空中右[16]白虎	허공에 오른쪽은 백호가 있고[17]
赤節引娉婷	붉은 부절은 신녀 빙정을 불러 오네.
自云帝季女	스스로 천재의 막내딸이라 하며[18]
噀[19]雨鳳凰翎	봉황의 날개로 비를 뿜네.[20]
襄王薄行跡	양왕은 오간 행적이 드무니[21]
莫學令威丁	천년 만에 온 정령위는 배우지 마시라.[22]
千秋一拭淚	천년에 눈물 한 번 닦는데
夢覺有餘馨	꿈에서 깨어보니 여운이 남아 있네.[23] [五]
人生相感動	사람은 서로 느낌이 통하며
金石兩青熒	금석도 서로 빛이 비추나니.[24]

丈人但安坐	어른은 다만 편안히 앉아
休辯渭與涇	시비를 변론하지 마시라.
龍蛇尙格鬪	용과 뱀은 아직도 다투고 있으니
灑血暗郊坰	뿌린 피가 교외 들판을 어둡게 하네.[25]
吾聞聰明主	나는 들으니 총명한 군주는
活[26]國用輕刑	나라를 살리는데 가벼운 형벌을 쓴다네.
銷兵鑄農器	무기를 녹여 농기구를 만드니
今古歲方寧	지금이나 옛날이나 해마다 편안하다네.
文王日儉德	문왕이 날마다 검덕을 실천하니
俊乂始盈庭	준수한 인재가 비로소 대궐에 가득했네.[27]
榮華貴少壯	영화는 젊은이에게 귀하니
豈食楚江萍	어찌 초강의 부평초를 먹으랴.[28] 内

시평 : 풍반(馮班)이 말하였다. "이 작품은 처음에는 이해하지 못할 것 같은데 3-4번 읽으면 대략 그 의미를 파악할 수 있다. 처음에 아름다운 새가 서쪽에서 날아온 것을 말하니, 이는 설 판관이 보내 준 시가 당도한 것을 말한다. '맑은 문장(淸文)' 이하는 설 판관이 시를 보내온 의미에 대해 설명하고 있다. 말하자면 '그가 바야흐로 치이자를 배워 월나라를 패자(霸者)로 만들고 연연산에 공적을 세기고자 하나 뱀을 베어버릴 만한 날카로운 재주를 당대 임금이 알아주지 못해 안타깝다. 그러나 뜻이 공훈을 세우는 데 있으니 어찌 운모병풍의 남녀간의 즐거움에 빠지랴.' 아마도 설 판관은 임공에서 사마상여처럼 과부를 얻었는데, 시를 두보에게 보내 그것을 해명하려 했던 것 같다. 그러므로 그 의미를 이와 같이 풀어내고 있다. 그 아래에서 드디어 말하기를, '설 판관은 사마상여처럼 빼어난 재주를 지녀 부호가에서 탁문군을 얻었다. 이에 바야흐로 화장을 지우고 반딧불이를 모아 학문에 힘쓰라고 권하였으니 풍류를 즐기고 방탕한 자와 비교할 것이 아니다.' 또 말하기를, '나는 삼협 안에 있으면서 고생스럽게 농사를 짓는데, 아직도 운우의 정을 대표하는 양대(陽臺)에서 양왕과 만나는 꿈을 꾸고 있다. 대개 정령(精靈)이 감동하면 금석도 뚫는다고 하니 사람이 참으로 여자를 그리워하는 감정이 없겠는가.' 이것은 장난삼아 말하여 그의 변호를 옹호한 것이다. 마지막에 말하기를, '설 판

관은 반드시 힘들게 시비를 변론할 필요가 없다. 다만 때를 놓치지 말고 공을 세워 스스로 영화를 이루면 된다. 사마상여와 같은 일은 꺼릴 일이 못된다.'"

㊀ 비체(比體)를 사용하였다. 작품의 시작이 초홀(超忽)하며, 또한 일찍 뒤에 보이는 꿈의 복선을 깔고 있다.

㊁ 이 부분은 그가 재주를 가지고도 지우를 받지 못함을 안타까워하고 있다.

㊂ 이 부분은 그의 신혼에 대해 서술하고 있으니, 묘사가 매우 운치있다.

㊃ 이 부분은 기주에서 나그네로 지내는 근황을 서술하면서 또한 아울러 신혼의 일을 투영하며 운치를 이루고 있다.

㊄ 이 단락은 설 판관을 위해 조롱을 풀어준 것이니, 바로 현신설법(現身說法)이다.

㊅ 이 부분은 그에게 때에 맞춰 공을 세우기를 권면하고 있으니, 도입부분과 서로 호응한다.

1 뜻을 얻지 못함을 말하고 있다.

2 주인은 두보 자신을 가리킨다.

3 배를 띄워 삼협을 나가려는 생각을 지닌 자신을 위로한다는 말이다.

4 서릉(徐陵)의 부에서, "슬픈 옥소리 새로운 소리에서 일어나고.(哀玉發於新聲)"라 하였다.

5 또한 서시(西施)의 일을 몰래 투영하고 있다.

6 공훈을 세우고저 하는 뜻이 있음을 말하고 있으니, 그것이 바로 시 속의 의미이다. 『후한서』에서 말하였다. "두헌(竇憲)이 계락산(稽落山)에서 북선우(北單于)를 대파하였다. 반고(班固)에게 명하여 연연산(燕然山)에 비명을 세우고 돌을 파서 공적을 기록하게 하였다."

7 한 고조가 뱀을 베어버린 고사를 인용하고 있다. 즉 그 재주는 임금의 날카로운 무기가 됨을 말하고 있다.

8 『서경잡기』에서, "조비연(趙飛燕)이 황후가 되니 여동생인 소의

(昭儀)가 운모병풍을 보내왔다."라 하였다.

9 「사마상여전」에서, "상여가 처음에 임공(臨邛)에서 노닐 때 거부인 탁씨의 딸 문군이 과부가 되었다. 그녀는 거문고를 잘 탔다. 상여가 거문고로 그녀를 흔들어 마침내 부부가 되었다."라 하였다.

10 「양홍전(梁鴻傳)」에서, "맹광(孟光)이 처음에 분을 바르고 먹을 그렸는데 뒤에 태도를 바꿔 머리를 묶고 베옷을 입어 물을 긷는 모습으로 양홍 앞에 나왔다."라 하였다.

11 『진서』에서, "차윤(車胤)은 집이 가난하여 등불을 계속 켤 수 없었다. 여름에는 베 주머니에 수십 마리의 반디를 담아 책에 비춰 읽었다."라 하였다.

12 『한서』「백관표(百官表)」에서, "모든 관리 가운데 녹봉이 이천 석 이상은 모두 푸른 인끈에 은 인장(印章)을 찬다."라 하였다. 인청(印靑)은 인장에 청형(靑熒)의 빛이 있음을 이른다.

13 『한관의(漢官儀)』에서, "상서랑이 입직하면 관에서 비단 이불, 비단 휘장, 방석, 가운데가 빈 베개 등을 제공한다."라 하였다.

14 포주(浦注)에서, "『시경』에서 '어찌 물고기를 먹는데, 반드시 황하의 방어라야 하는가.(豈其食魚 必河之魴)'라 하였는데 또한 아내를 취한 뜻을 일으켰다."라 하였다.

15 푸른 강물을 돌아보니 서글프다는 말이다.

16 '右'는 달리 '有'로 된 본도 있다.

17 『한무내전(漢武內傳)』에서, "서왕모가 이르자 새 같은 것들이 모여들었다. 어떤 것은 용과 호랑이를 멍에 하고, 어떤 것은 흰 기린을 탔다."라 하였다. 『예기』에서, "왼쪽은 청룡, 오른쪽은 백호"라 하였다.

18 『수경주』에서, "송옥이 천제(天帝)의 막내딸을 요희(瑤姬)라고 불렀다. 장성하지 못하고 죽자 무산의 누대에 묻었으니, 이른바 무산의 신녀, 고당의 여인으로 아침에는 지나는 구름이 되고 저녁에는 지나는 비가 된다."라 하였다.

19 '噀'의 음은 '蘇'와 '困'의 반절법이다.

20 『신선전』에서, "난파(欒巴)가 술을 뿜어서 비를 만들어 성도(成都)의 불을 껐다."라 하였다. '봉황령(鳳凰翎)'은 또한 진목공(秦穆公)의 딸 농옥(弄玉)의 고사를 사용하였다.

21 '박(薄)'은 '소(疏)'의 의미이다. 장협(張協)의 시에서, "방의 농에는 사람의 행적이 없네.(房櫳無行跡)"라 하였다.

22 『수신후기(搜神後記)』에서 말하였다. "정령위(丁令威)는 본래 요

동 사람이었다. 뒤에 학으로 변하여 고향으로 돌아와 성문의 화표주에 내려앉았다가 공중에서 배회한 뒤에 '집 떠난 지 천 년만에 지금 돌아오니 성곽은 변함없는데 사람은 다 변하였다.'라 하였다."

23 구주(仇注)에서, "양왕은 오간 자취가 드무니 이는 정감이 적은 자이며, 정령위가 집은 떠난 것은 더욱 심한 경우이다. 이는 신녀가 뒤미처 한하여 천년 만에 눈물을 닦은 것이다."라 하였다.

24 『한서』「광무기」에서, "정성(精誠)이 모인 곳에 금석도 뚫을 수 있다."라 하였다.

25 당시 토번이 영주와 빈주를 침입하자, 장안의 경계가 삼엄하였다.

26 '活'은 달리 '治'로 된 본도 있다.

27 『서경』에서, "문왕이 허름하게 입고."라 하였다. 『시경』에서, "훌륭한 많은 선비, 문왕이 이 때문에 편안하네.(濟濟多士 文王以寧)"라 하였다.

28 자기처럼 이곳에 머물지 말라는 의미이다. 은밀하게 10구의 '양령(揚舲)'과 호응한다. 『공자가어』에서 말하였다. "초의 소왕(昭王)이 강을 건너는데 한 말 정도 크기의 붉고 둥근 물건이 있었다. 그것을 끌어와 물으니, 공자가 '이것은 부평초의 열매입니다. 내가 옛날에 진(陳)을 지날 때 동요를 들었습니다. '초왕이 강물을 건너다 평실을 얻었네. 크기는 말통만 하고 붉기는 작렬하는 해와 같았네. 쪼개 먹어보니 감미롭기가 꿀과 같구나."라 하였다." 고사를 색다르게 변화시켜 원래 내용에 안주하지 않으니, 두보 시에 있어서는 이것이 한 풍격을 이룬다. 창려 한유가 이를 많이 본받았다.

46. 명부 적박제에게 보내다[1]

寄狄明府博濟

梁公曾孫我姨弟	양국공의 증손이며 내 이모의 자제로[2] 〔一〕
不見十年官濟濟	십 년을 보지 못했는데 벼슬길 창창하네.
大賢之後竟陵遲	대현의 후손이 끝내 쇠퇴한 것은
浩蕩古今同一體	아득한 고금에 똑같은 현상이네.
比看伯叔四十人	근래 백부와 숙부 마흔 명을 보니[3]
有才無命百寮底	재주 있으나 운명이 기박하여 백관의 아래에 있네.
今者兄弟一百人	지금 너의 형제 백여 명인데
幾人卓絶秉周禮	몇 사람이나 뛰어나 주례를 주관하는가.[4]
在汝更用文章爲	너는 다시 문장 익혀 벼슬하고
長兄白眉復天啓	큰형은 뛰어나 다시 하늘의 도움 열었네.[5]
汝門請從曾翁說	너의 가문의 증조부에 대해 이야기 해보리니[6]
太后當朝多巧詆[7]	측천무후의 조정을 비난하는 자가 많지.[8]
狄公執政在末年	적인걸 공이 재상이 된 것은 말년이었지
濁河終不汙淸濟	흐린 황하가 끝내 맑은 제수를 더럽히지 못하네.[9]
國嗣初將付諸武	국통(國統)을 처음에 무씨에게 주려 하였는데
公獨廷諍守丹陛	공이 홀로 조정에서 간쟁하여 궁궐을 지켰네.
禁中結冊[10]請房陵	대궐에서 책봉을 결정하러 중종에게 요청하자
前朝長老皆流涕	앞 조정의 노신들이 모두 눈물을 흘렸네.[11]
太宗社稷一朝正	태종의 사직이 하루아침에 바르게 되고
漢家威儀重昭洗	당나라의 위의가 다시 밝게 되었네.
時危始識不世才	시절이 위태로워야 비로소 세상에 드문 인재를 아니
誰謂荼苦甘如薺	누가 씀바귀 쓰다고 하나 냉이처럼 다는데.[12] 〔二〕

汝曹又宜列鼎食	너희들은 마땅히 솥을 벌여놓고 먹으며
身使門戶多旌棨	자신이 문에 깃발과 창을 벌여놓아야 하는데,[13]
胡爲飄泊岷漢間	어찌하여 민강과 한수 사이를 떠돌며
干謁侯王頗歷抵	제후들에게 청탁하며 이리저리 돌아다니는가.
況乃山高水有波	더구나 산은 높고 강물은 물결을 일으키며
秋風蕭蕭露泥泥	가을바람은 서늘하고 이슬은 맺혀 있구나.
虎之饑	호랑이가 굶주려
下巉岊	가파른 바위에서 내려오고,
蛟之橫	교룡이 출몰하여
出淸泚	맑은 강물에서 나오네.
早歸來	얼른 돌아가야 하니
黃土汙衣[14]眼易眯	누런 흙이 옷을 더럽히고 눈이 쉽게 어둡게 되니까.[15] ㊂

㊀ 작품을 시작하며 입을 열자마자 가문을 높이 내걸었으니 즉 중간 단락의 복선이 된다.

㊁ 장약육이 이르기를, "적인걸을 제대로 알아주는 말로, 적인걸도 이를 수긍하였을 것이다."라 하였다.

㊂ 두보는 재주 있는 사람 가운데 매번 번진 세력에게 고용된 사람을 보면 좋아하지 않았다. 앞의 소혜(蘇傒)에게 준 시의 내용도 이와 같은데, 더구나 적박제는 충신의 후손이 아닌가. 곁어에서 진정으로 사랑하는 것을 볼 수 있다.

1 포주(浦注)에서, "적박제는 아마도 조정에 뜻을 않고 번진의 절도사에게 붙으려고 한 것 같다. 그러므로 작품 말미에 이런 내용으로 풍자하였다."라 하였다.

2 「적인걸전」에서, "적인걸은 성력 3년에 죽었다. 중종이 즉위하자 사공(司空)을 추증하였고, 예종은 양국공(梁國公)에 봉하였다."라 하

였다.

3 적박제의 앞 세대 한 무리의 사람을 이른다.

4 적박제가 능히 집안의 명성을 무너뜨리지 않음을 말한다.

5 적박제의 맏형을 이른다. 『촉지』에서 말하였다. "마량(馬良)의 자는 계상(季常)으로 형제가 다섯 명인데 모두 재주와 명성이 있었다. 전해지는 말에 '마씨의 오상(五常) 가운데 가장 뛰어난 사람은 역시 흰 눈썹이다.'라 하였다. 마량은 눈썹에 하얀 털이 있었기 때문에 백미라고 불렸다."

6 증옹(曾翁)은 양국공을 이른다.

7 '詆'는 달리 '計'로 된 본도 있다.

8 하의문이 이르기를, "'다교저(多巧詆)'는 비판하기를 좋아하는 자들을 이른다. 여자 주군을 섬긴 것에 대해 비판하였다."라 하였다.

9 사조(謝朓)의 「시출상서성(始出尙書省)」에서, "어지러운 무지개가 아침 햇살을 어지럽히고, 흐린 황하가 맑은 제수를 더럽히네.(紛虹亂朝日 濁河穢淸濟)"라 하였으니, 두보의 시가 저본으로 삼은 것으로 아직까지 다른 해석서에서 언급하지 않고 있다.

10 '冊'은 달리 '策'으로 된 본도 있다.

11 『당서』에서, "측천무후가 당(唐)을 주(周)로 바꾸고 중종(中宗)을 폐하여 여릉왕(廬陵王)으로 삼아 방주(房州)로 옮겼다. 그리고 무삼사(武三思)를 태자로 삼으려고 하였다. 적인걸이 여러 차례 간하였다. '어머니와 아들, 고모와 조카 중 어디가 더 친합니까. 만약 무삼사를 세운다면 태묘에서는 고모를 합사하지 않을 것입니다.' 이에 그날로 중종을 맞이하여 환궁하였다."라 하였다.

12 즉 궁중의 일을 조정하면서 대단히 고심하였기에 반드시 사직이 안정되며, 비로소 통쾌하여 한스러움이 없을 것이다.

13 『한서』의 주에서, "계(棨)는 천이 달린 창으로 붉은색과 검은색의 비단으로 만든다."라 하였다. 사조의 시에서, "붓을 실어 임금의 의장을 모시네.(載筆陪旌棨)"라 하였다.

14 '衣'는 달리 '人'으로 된 본도 있다.

15 양(梁)나라 말기 동요에 '누런 먼지가 사람의 옷을 더럽히는데, 조협〔쥐엄나무〕을 요리하네.(黃塵汚人衣 皂莢相料理)'라 하였다. 『자림(字林)』에서, "미(眯)는 물건이 눈에 들어가 병이 된 것을 말한다."라 하였다. 『장자』에서, "키질한 쌀겨가 눈에 들어가면 천지사방이 뒤바뀌어 보인다."라 하였다.

47. 간의 한주에게 보내다

寄韓諫議注

今我不樂思岳陽　악양의 그대를 생각하니 지금 나는 즐겁지 않아[1]
身欲奮飛病在牀　몸은 날아오르고 싶지만 병으로 누워 있네.
美人娟娟隔秋水　어여쁜 그대는 가을 강 너머에 있으니
濯足洞庭望八荒　동정호에서 발 씻으며 천지를 바라보네.[2]
鴻飛冥冥日月白　기러기는 아득한 창공을 날고 해와 달은 밝은데[3]
青楓葉赤天雨[4]霜　푸른 단풍 붉게 물들고 하늘에선 서리 내리네.[5] [一]
玉京羣帝集北斗　옥경의 여러 천제 북두성을 받들어 모여드니[6]
或騎麒麟翳鳳凰　누구는 기린 타고 누구는 봉황 탔네.[7]
芙蓉旌旗烟霧落　부용 깃발에 연무가 떨어지고
影動倒景搖瀟湘　그림자는 거꾸로 비춰 소상강에 흔들리네.[8]
星宮之君醉瓊漿　성궁의 임금은 경장에 취하고[9]
羽人稀少不在旁　신선은 드물어 곁에 있지 않네.[10] [二]
似聞昨者赤松子　듣노니, 예전 적송자는
恐是漢代韓張良　아마도 한 시대의 한나라 장량이라 하네.[11]
昔隨劉氏定長安　옛날에 유방 따라 장안을 평정했는데
帷幄未改神慘傷　군막에서 받아주지 않으니 마음이 아프네.[12]
國家成敗吾豈敢　국가의 성패를 내가 어찌 감히 잊으랴[13]
色難腥腐餐楓[14]香　비린 고기 마뜩치 않아 단풍 향내를 먹네.[15] [三]
周南留滯古所惜　주남에서 지체함을 옛날에 안타까워했는데[16]
南極老人應壽昌　남극성 나타나 노인은 응당 수를 누리리라.[17]
美人胡爲隔秋水　그대는 어찌하여 가을 강물 너머에 있는가
焉得置之貢玉堂　어찌하면 옥당에 올려 조정에 둘까.[18] [四] [五]

시평 : 주학령이 말하기를, "한 간의란 인물은 고증할 수 없는데, 그 사람은 대단히 이필(李泌)과 비슷하다. 아마도 숙종이 장안을 수복할 때 비밀 모의에 참여하였다가 뒤에 형산(衡山)과 소상강에 숨어살며 신선으로 변하는 도술을 익혔을 것이니, 두보가 그를 그리워하여 시를 지었다. '사문(似聞)' 이하는 그의 공적이 군막에 있었으나 세상에서 멀리 숨은 것을 아름답게 여긴 것이다. '주남(周南)' 이하는 그가 가을 강가에 머무르면서 크게 쓰임을 받지 못함을 애석하게 여긴 것이다. 어떤 이는 '한 간의는 바로 한휴(韓休)의 아들 한굉(韓汯)인데 굉(汯)을 잘못 보고 주(注)로 기록하였을 것이라고 의심한다.'라 하였다. 또 이르기를, '이 작품은 이필(李泌)이 형산에 은거한 것을 위하여 지은 것이다.'라 하였는데, 그가 억지로 끌어 붙이려는 논의는 따르기 힘들다."라 하였다.

㊀ 첫머리에서 한주를 그리워하는 뜻을 지극히 표현하였다.

㊁ 당중언(唐仲言)이 말하기를, "'옥경(玉京)' 이하는 선관(仙官)을 빌려 조정의 고관을 비유하였다. 북두는 임금을 상징하고 군제(群帝)는 왕공(王公)을 가리킨다. '인봉정기(麟鳳旌旗)'는 말과 시종의 의장이 화려함을 이르고 '성군(星君)'은 황제를 가까이 모시며 은혜를 받은 이들을 가리키며 '우인(羽人)'은 서울을 떠나 멀리 떠도는 신하를 가리킨다."라 하였다.

㊂ 이 부분은 간쟁하다가 벼슬을 버린 이유를 거듭 밝히고 있다.

㊃ 포이전이 이르기를, "이 작품의 분위기는 『초사』를 본 떴는데, 한편 이백의 시체에 가깝다."라 하였다.

㊄ 마지막은 그가 노성하여 중망을 얻어 다시 벼슬길에 나와 세상을 구원하고 임금을 바로잡으리라 상상한 것이다.

1 사씨(師氏)의 주에서, "악주(岳州) 파릉군(巴陵郡)은 악주의 남쪽에 있다. 그러므로 악양(岳陽)이라 부르니, 군산(君山), 동정(洞庭), 상강(湘江) 등의 명승지가 있다."라 하였다.

2 악양과 동정은 한 간의가 거처하는 곳이다.

3 『법언(法言)』에서, "기러기가 아득한 하늘로 날아가는데 사냥꾼이 어찌 잡으리오."라 하였다. 즉 세상에서 숨은 한주를 비유하였다.

4 ‘우(雨)’는 거성이다.

5 포조의 시에서, “북풍이 기러기를 모는데 하늘에선 서리 내리네.(北風驅雁天雨霜)”라 하였다.

6 『영추금경내경(靈樞金景內經)』에서, “아래 띠끌 세상을 떠나니 상계인 옥경이다.”라 하였다. 원군(元君)의 주에서, “옥경은 무위(無爲)의 하늘이다. 동서남북 각각 여덟 개의 하늘이 있으니 모두 서른두 개의 하늘로 서른두 천제의 도읍이다.”라 하였다. 조언재의 주에서, “‘군제(群帝)’는 서른두 개의 하늘 천제와 같으니 비록 모두 천제라 칭하지만 대제(大帝)에 비하면 지위가 낮다. 이는 제후와 삼공을 천자와 비교한 것과 같다.”라 하였다. 『진서(晉書)』「천문지」에서, “북두칠성은 태미성의 북쪽에 있으니 임금을 상징하며 호령하는 군주에 해당한다.”라 하였다.

7 『집선록(集仙錄)』에서, “여러 신선들이 다 모였는데 지위가 높은 자는 난새를 타고 그 다음은 기린을 타고 그 다음은 용을 탄다.”라 하였다. 「감천부(甘泉賦)」에서, “봉황을 올라타니 아름다운 지초에 가리네.(登鳳凰兮翳華芝)”라 하였는데, 주에서 “‘예(翳)’는 가린다는 의미이다.”라 하였다.

8 사마상여의 「대인부(大人賦)」에서, “열결(대기 가운데 전기가 방전되어 번쩍이는 것)이 거꾸로 비추며 번쩍이고(貫列缺之倒景)”라 하였는데, 주에서 『능양자명경(陵陽子明經)』을 인용하면서 “열결(列缺)은 기운이 땅에서 2400리 떨어지고, 도경(倒景)은 기운이 땅에서 400리 떨어져 있다. 그 경관은 모두 거꾸로 비춰 아래에 있다.”라 하였다. 『한서』「교사지」에서, “저 멀리 거꾸로 비친 경관에 올라.”라 하였다. 여순(如淳)이 말하기를, “해와 달의 위에 있어 도리어 아래쪽부터 비추기 때문에 경치가 거꾸로 보인다.”라 하였다.

9 『초사(楚詞)』에서, “화려한 술잔 이미 펼쳐졌으니 경장도 있네.(華酌旣陳 有瓊漿些)”라 하였다. 『진고(眞誥)』에서, “선계의 아동이 경장을 받든다.”라 하였다.

10 『초사(楚詞)』에서, “선계인 단구로 신선을 따라 가.(仍羽人於丹丘)”라 하였는데, 주에서 “‘우인(羽人)’은 날아다니는 신선이다.”라 하였다.

11 한주는 신선을 배운 자로 본래 일찍이 황실에 공을 세운 사람이라는 말이다. 「장량전」에서, “원컨대 인간세상을 떠나 적송자를 따라 노닐고 싶습니다.”라 하였다. 『열선전』에서, “적송자는 신농 시기의 우사(雨師)로 불에 들어가 자신을 태울 수 있었다.”라 하였다. 『한서』에서, “장량의 자는 자방(子房)으로 선조는 한(韓)나라 사람이다.”라 하였다. 육기의 「고조공신송서」에서, “태자소부 유후(留侯)

문성후 한의 장량"이라 하였다.

12 「고조기(高祖紀)」에서, "군막 안에서 계략을 꾸며 천리 밖에서 승부를 결정 내는 것은 내가 자방의 공적보다 못하다."라 하였다. 이 구는 노련한 계책이 있지만 끝내 쓰이지 못함을 말한다.

13 나라 걱정하는 마음을 잊지 못하니 다스림과 어지러움에 대해 모른 체할 수 없음을 말하고 있다.

14 '楓'은 『학림옥로』에는 '風'으로 되어 있다.

15 혼탁한 세상을 싫어하고 장생불사의 선계를 동경한다는 말이다. 「등통전(鄧通傳)」에서, "황제가 태자에게 종기를 입으로 빨라고 하니 난색을 표하였다."라 하였다. 포조의 「승천행(升天行)」에서, "언제나 너희들과 함께 썩고 비린 것을 같이 삼키랴.(何時與爾曹 啄腐共呑腥)"라 하였다. 『이아』의 주에서, "단풍나무에는 기름이 있는데 향기가 난다."라 하였다. 살펴보건대 동방삭의 「십주기」에서, "취굴주(聚窟洲)는 서해에 있다. 그곳에는 큰 산이 있는데, 산에는 큰 나무가 많다. 단풍나무와 비슷한데 꽃잎은 수백 리까지 향기가 나니 반혼수라 불린다."라 하였다. 이 작품은 모두 신선에 관한 일을 말하였으니 풍향(楓香) 두 글자도 아마도 여기에서 나왔을 것이다. 또한 호남(湖南)에 단풍나무가 많기에 언급하였을 것이다. 옛날에는 불서를 인용하였는데 합당하지 않다. 또한 장원(張遠)의 주에서, "단풍나무 향기를 도가에서는 약에 섞는다. 그러므로 '찬(餐)'이라고 하였다."라 하였다. 다른 해설을 들어보면, 포주(浦注)에서, "중장통(仲長統)이 이르기를 '정기의 조화로움을 호흡하여 지인의 같아지기를 구한다.'라 하였으니, 충분히 '바람 향기를 먹는다(餐風香)'의 해석이 될 수 있다."라 하였다.

16 「사마천전(司馬遷傳)」에서, "천자가 처음으로 한나라의 봉(封) 제사를 드렸는데, 태사공은 주남에 머물러 있어서 그 제사에 참여하지 못하였다."라 하였다. 『후한서』의 주에서, "옛날의 주남은 지금의 낙양이다."라 하였다.

17 『진서』에서, "노인성은 호성(弧星)의 남쪽에 있으니, 달리 남극성이라 한다. 이 별이 나타나면 나라가 태평하고 임금이 오래 산다."라 하였다.

18 어찌하면 옥당에 올려 조정에 둘까라는 말이다. 또한 도구법(倒句法)과 연관이 있다.

48. 가을날 기부에서 감회를 읊어 감사 정심, 빈객 이지방에게 받들어 올리다[1]

秋日夔府詠懷奉寄鄭監審李賓客之芳一百韻

絶塞烏蠻北	변방은 오만의 북쪽이며[2] [一]
孤城白帝邊	외로운 성은 백제성 옆이네.
飄零仍百里	백리를 떠돌았으니[3]
消渴已三年	소갈병은 이미 삼년 앓았네.[4]
雄劍鳴開匣	웅장한 검은 열린 갑에서 울고[5]
羣書滿繫船	많은 책은 묶어 놓은 배에 가득하네.[6]
亂離心不展	난리에 마음은 근심에 젖고
衰謝日蕭然	늙어가매 날로 쓸쓸하네.
筋力妻孥問	근력은 어떤지 처자식이 묻는데
菁華歲月遷	정수는 세월 따라 말라가네.[7]
登臨多物色	높은데 오르매 경치 좋으니
陶冶賴詩篇	갈고 다듬어 시편으로 짓네. [二]
峽束滄江起	삼협은 푸른 강을 묶은 듯 끼고 솟았고
巖排古樹圓	바위는 늙은 나무를 둥글게 배치했네.
拂雲霾楚氣	높은 구름은 초의 기후를 어둡게 하고[8]
朝海蹴吳天	아침 바다는 오의 지역을 구르네.[9]
煮井爲鹽速	우물물 끓여 소금을 빨리 만들고[10]
燒畬[11]度地偏	따비밭 태워 궁벽진 땅도 경작하네.[12]
有時驚疊嶂	때로 첩첩한 봉우리에 놀라기도 하니
何處覓平川	어디에서 평평한 시내를 찾아볼까.[13] [三]
鸂鶒雙雙舞	뜸부기는 짝지어 춤추고

獼猴壘壘懸 원숭이는 가지마다 매달렸네.
碧蘿長似帶 넝쿨은 길어 허리띠 같고
錦石小如錢 아름다운 돌은 작아 동전 같네.
春草何曾歇 봄풀이 어찌 일찍이 시드랴[14]
寒花亦可憐 차가운 꽃도 또한 어여쁘네.[15]
獵人吹戍火 사냥꾼은 수루에서 불을 쬐고
野店引山泉 들판의 가게는 산의 물을 끌어오네.[16] [四]
喚起搔頭急 불러 깨우면 머리를 급하게 매만지고
扶行幾屐穿 붙잡아야 다니니 신발이 구멍이 날까.[17]
兩京猶薄產 두 서울에는 아직도 조금 재산이 있고[18]
四海絕隨肩 사해에 친구들은 점점 적어지네.[19] [五]
幕府初交辟 막부에 처음 불려갔을 때
郎官幸備員 낭관은 다행이 일상직이었네.
瓜時猶旅寓 임기 마칠 때까지 여전히 남의 집 살이니[20]
萍泛苦夤緣 줄곧 괴롭게 부평초처럼 떠돌았네.[21]
藥餌虛狼藉 약품은 부질없이 낭자하고
秋風灑靜便 가을바람은 상쾌하면서 고요하네.
開襟驅瘴癘 옷깃 풀어헤쳐 장려병도 내몰고
明目掃雲烟 눈이 밝아져 구름과 연기도 쓸어버리네. [六]
高宴諸侯禮 높은 잔치는 제후의 예를 갖췄고
佳人上客前 미인은 상객의 앞에 있네.
哀箏傷老大 슬픈 거문고는 노인을 울리고
華屋艷神仙 화려한 집에 신선이 아름답네.
南內開元曲 남내에서 개원의 곡조를[22]
當時弟子傳 당대의 악공들이 전하였네.[23]
法歌聲變轉 법가는 소리가 변주되어[24]

滿座涕潺湲　　자리 가득한 이들 눈물 쏟았네.[25] [七]
弔影夔州僻　　후미진 기주에서 나 자신을 위로하며
回腸杜曲煎　　두곡을 회상하니 애만 타네.[26]
卽今龍廐水　　지금 용구문의 물은[27]
莫帶犬戎羶　　견융의 비린내를 띠지 말아야 하는데.[28]
耿賈扶王室　　경엄과 가복은 왕실을 지탱했고[29]
蕭曹拱御筵　　소하와 조참은 궁정을 받들었네.[30]
乘威滅蜂蠆　　위엄 앞세워 오랑캐를 섬멸하고
戮力効鷹鸇　　힘을 합쳐 용맹한 매를 본받았네.
舊物森猶在　　전통은 완연히 아직도 남아 있는데[31]
凶徒惡未悛　　역적 무리의 흉악함은 고쳐지지 않았네.[32]
國須行戰伐　　나라는 모름지기 전쟁을 감행했어야 하니
人憶止戈鋋　　사람들은 전쟁을 멈춘 것만 기억하네.[33]
奴僕何知禮　　노복 안록산이 어찌 예를 알리오
恩榮錯與權　　총애하여 그릇 병권을 주었네.[34]
胡星一彗孛　　오랑캐 별이 한번 혜성처럼 움직이자
黔首遂拘攣　　백성들이 마침내 동원되었네.[35]
哀痛絲綸切　　애통에 젖은 조서는 간절하고
煩苛法令蠲　　가혹한 법령을 그치게 하였네.[36]
業成陳始王　　왕업의 완성은 처음 즉위할 때 아뢰고[37]
兆喜出於畋　　기쁜 조짐은 사냥할 때 나왔네.[38]
宮禁經綸密　　궁중에서의 경륜은 치밀하며
台階翊戴全　　삼공의 모심은 완전하네.
熊羆載呂望　　곰이란 점괘에 여망을 얻었으며[39]
鴻雁美周宣　　『시경』「홍안」은 주 선왕을 찬미하였네.[40] [八]
側聽中興主　　귀 기울여 듣노니, 중흥의 임금은

長吟不世賢	길이 세상에 드문 어진 이를 노래한다네.
音徽一柱數	편지는 문 앞에 자주 이르고[41]
道里下牢千	거리는 하뢰까지 천리라네.[42]
鄭李光時論	그대 두 분은 당대 여론이 높으며
文章並我先	문장은 모두 나보다 뛰어나네.
陰何尙淸省	음갱과 하손은 맑고 간략함을 숭상하고
沈宋欻聯翩	심전기, 송지문과 매우 나란하네.
律比崑崙竹	운율은 곤륜의 대나무와 비교되고[43]
音知燥濕絃	소리는 현의 건습에 따라 조절하네.[44]
風流俱善價	풍류는 둘 다 평판이 좋으며[45]
愜當久忘筌	통쾌한 문장은 오래전에 기존 법을 잊었네.[46]
置驛常如此	항상 말을 보내 사람을 맞이하니[47]
登龍蓋有焉	등용문이라 할 만한 게 있었네.[48]
雖云隔禮數	비록 예절과 거리가 있다고들 하지만
不敢墜周旋	인간관계까지 무너트리지 않았네.
高視收人表	기개가 높아 사람들의 모범이 되며[49]
虛心味道玄	마음을 비우고 오묘한 도를 음미하네.
馬來皆汗血	찾아오는 말들은 모두 한혈마이며[50]
鶴唳必青田	우는 학은 반드시 청전에서 왔네.[51]
羽翼商山起	태자의 우익은 상산에서 일어나고
蓬萊漢閣連	봉래각은 소감과 가깝네.[52]
管寧紗帽淨	관녕의 사모는 말쑥하고[53]
江令錦袍鮮	강총의 금포는 곱네.[54]
東郡時題壁	동군의 절벽에 때로 시를 쓰고[55]
南湖日扣舷	남호에서 날마다 배를 띄우네.[56]
遠游凌絶境	멀리 노닐어 변방을 섭렵하는데

佳句染華牋　　아름다운 시구는 화려한 종이를 적시네.[57] 九 十
每欲孤飛去　　매번 홀로 훨훨 떠나려고 하여도
徒爲百慮牽　　한갓 온갖 근심에 붙잡혀 있네.
生涯已寥落　　생애는 이미 쓸쓸하고
國步尙迍邅　　나라의 운명은 아직도 답답하네.
衾枕成蕪沒　　이불과 베개는 잡초에 덮였고
池塘作棄捐　　연못은 버림받아 황폐해졌네.[58]
別離憂怛怛　　이별하니 근심에 젖어 슬프고[59]
伏臘涕漣漣　　삼복과 납일에는 눈물이 줄줄 흐르네.[60]
露菊斑豐鎬　　이슬 젖은 국화는 풍과 호경에 얼룩져 있고[61]
秋蔬影澗瀍　　가을 채소는 간수와 전수에 비추네.[62]
共誰論昔事　　뉘와 함께 옛일을 이야기할까
幾處有新阡　　어느 곳에 새 무덤이 생겼나.
富貴空回首　　부귀에서 부질없이 고개 돌리고
喧爭懶著鞭　　시끄럽게 다투며 성취함에 게으르네.[63]
兵戈塵漠漠　　전쟁의 먼지 아득하게 피어오르고
江漢月娟娟　　강한의 달빛은 곱기도 곱네.
局促看秋燕　　시간에 쫓기는 가을 제비를 보며
蕭疏聽晚蟬　　적막한데 늦은 매미소리 듣네.[64]
雕蟲蒙記憶　　하찮은 문장을 기억해 주시고[65]
烹鯉問沈綿　　편지 보내 오래 병 든 이를 위문하네.[66] 十一
卜羨君平杖　　점치는 엄군평의 지팡이를 부러워하고[67]
偸存子敬氈　　훔쳐가도 왕헌지의 담요는 남아 있네.[68]
囊虛把釵釧　　주머니 텅 비어 장신구를 꺼내고
米盡拆花鈿　　쌀이 떨어져 꽃비녀를 뽑아내네.[69]
甘子陰涼葉　　그늘진 잎 아래 감귤이 많고[70]

茅齋八九椽	초가집은 여덟, 아홉의 서까래로 지었네.
陣圖沙北岸	팔진도는 모래밭 북쪽 기슭에 있고[71]
市暨瀼西巓	시가지 입구는 낭서의 북쪽이네.[72]
羈絆心常折	얽매인 삶에 마음은 항상 꺾이는데
棲遲病卽痊	느긋하게 지내니 병은 나으리라.
紫收岷嶺芋	붉은 민산의 토란을 수확하고[73]
白種陸池[74]蓮	흰 육씨 연못의 연꽃을 심네.[75]
色好梨勝[76]頰	빛깔 고운 배는 뺨보다 붉고[77]
穰多栗過拳	씨알 굵은 밤은 주먹보다 크네.[78]
敕廚惟一味	부엌에 한 가지 반찬만 올리라 하며
求飽或三鱣	가끔 세 마리 전어로 배불리 먹네.[79]
兒去看魚笱	아이가 가서 물고기 통발을 보고[80]
朋[81]來坐馬韉	벗이 와도 말안장에 앉네.[82]
縛柴門窄窄	사립문은 좁기도 하고
通竹溜涓涓	이어진 대나무로 물이 흐르네.
塹抵公畦稜	관의 과수원 두둑까지 땅 파 일구고[83]
村依野廟壖	마을은 들판 사당의 담으로 이어지네.[84]
缺籬將棘拒	구멍 난 담은 장차 가시나무로 막겠고
倒石賴藤纏	무너진 돌은 등나무에 걸려 있네.[十三]
借問頻朝謁	묻노니, 자주 조정에 배알한다 해도
何如穩醉[85]眠	깊이 술에 취해 조니 어찌하리오.
誰云行不達[86]	누가 처지가 막혔다고 이르는가
自覺坐能堅	이 때문에 더욱 견고함을 스스로 깨닫네.[87]
霧雨銀章澀	안개비에 은장은 손에 껄끄럽고[88]
馨香粉署姸	향기 풍기는 흰색 관청은 아름답네.[89]
紫鸞無遠近	붉은 난새는 원근을 가리지 않고 나는데[90]

黃雀任翩翾	꾀꼬리는 날개를 멈춰 쉬네.[91]
困學違從衆	모자란 나는 대중을 따르기도 어려운데[92]
明公各勉旃	명석한 공들은 각각 더욱 힘쓰시라.
聲華夾宸極	화려한 명성은 북극성을 에워싸니
早晩到星躔	조만간 삼태성에 이르리라.[93]
懇諫留匡鼎	정성으로 간하여 광정을 붙잡고[94]
諸儒引伏[95]虔	여러 선비들과 복건을 천거하네.[96]
不過輸鯁直	굳고 강직함을 다 바친다면
會是正陶甄	바로 이것이 올바른 정치라네.[97]
宵旰憂虞軫	임금은 아침부터 밤까지 노심초사하는데
黎元疾苦駢	백성들은 고통에 짓눌리네.
雲臺終日畫	운대에서 종일 초상화 그리며
青簡爲誰編	역사책은 누구를 기록하겠는가.[98] [圭]
行路難何有	행로에 어려움이 어디 있으랴
招尋興已專	불러주니 흥은 이미 높구나.
由來具飛檝	이에 나는 듯한 배를 마련하니
暫擬控鳴弦	잠시 우는 활시위를 당겨 보네.[99]
身許雙峯寺	몸은 쌍봉사에 허락하고[100]
門求七祖禪	법문은 칠조의 선을 구하네.[101]
落帆追宿昔	돛을 내리며 옛날을 추억하고
衣褐向眞詮	베옷 입고 참된 법문 찾네.
安石名高晉	안석 사안은 진에서 명성이 높고[102]
昭王客赴燕	소왕 때 세객(說客)은 연에 모여들었네.[103]
途中非阮籍	여행 도중에 완적처럼 곤궁하지 않으며[104]
査上似張騫	배에 오르니 장건과 비슷하네.[105]
披豁雲寧在	거침없이 헤쳐 가니 구름이 어찌 있으랴[106]

淹留景不延　　경치에 이끌려 오래 머물지 않으리.[107]
風期終破浪　　바람은 끝끝내 파도를 잠재우길 바라고[108]
水怪莫飛涎　　용은 풍랑을 일으키지 말기를.[109]
他日辭神女　　얼마 뒤면 무산의 신녀와 헤어질 테니
傷春怯杜鵑　　봄날 애상에 두견새 울음 두려워라.[110]
澹交隨聚散　　기주의 담담한 사귐은 이제 헤어지고
澤國遶迴旋　　수향(水鄕) 강릉으로 아득히 돌아가리.[111] [十四]
本自依迦葉　　본래 스스로 가섭의 불문에 귀의하였으니[112]
何曾藉偓佺　　어찌 일찍이 악전의 신선술에 의지하랴.[113]
爐峯生轉盼　　노봉은 눈동자 돌리니 나타나고[114]
橘井尙高褰　　귤정은 여전히 높이 걸려 있네.[115]
東走窮歸鶴　　동으로 달려 끝내 고향 돌아온 학이 되며[116]
南征盡跕[117]鳶　　남으로 솔개 떨어진 곳까지 가보리라.[118]
晩聞多妙敎　　만년에 오묘한 불교의 가르침 많이 들으니
卒踐塞前愆　　끝까지 실천하여 이전 허물을 갚으리라.
顧愷丹靑列　　와관사에 고개지의 그림이 벌여있고[119]
頭陀琬琰鐫　　두타사에 왕건의 아름다운 비석이 있네.[120]
衆香深黯黯　　중명향이 짙게 사방을 덮는데[121]
幾地肅芊芊　　수행하느라 많이 모여 엄숙하네.[122]
勇猛爲心極　　용맹정진하여 마음을 다 쏟으니[123]
淸羸任體孱　　몸은 파리한 상태로 놔두네.
金篦空刮眼　　금비로 부질없이 눈병을 긁어내지만[124]
鏡象未離銓　　거울의 형상을 저울질함에 벗어나지 못하네.[125] [十五]

시평 : 노덕수가 이르기를, "이 작품은 두보 문집 가운데 가장 장편의 시로, 또한 고금 백운시의 시조이다. 작품 안에서 보이는 기복(起伏)과 전절(轉折), 돈좌(頓挫)와 승체(承遞)는 끊어지는 듯하고 이어지는 듯하며 잠시 떠났다가 곧바로 합치하는데, 파란(波瀾)이 층첩하나 조금의 흔적

도 보이지 않으니 참으로 절세의 걸작이다. 원진과 백거이의 문집 가운데 가끔 보이는데 많음을 자랑하고 화려함을 다투나 기맥(氣脈)이 느슨하게 풀어져 있음을 면치 못한다."라 하였다. ○ 장상약이 이르기를, "이 작품은 재주가 크면서 학문이 이에 부합하였으니, 그러므로 마음먹은 대로 전환하거나 합치하여 곡절을 자유롭게 하였다. 문득 자신에 대해 서술하다가 문득 타인에 대해 서술하거나, 문득 경치를 말하다가 문득 정을 말하며, 문득 일을 기술하다가 문득 논의를 주장하며, 문득 현재를 서술하다가 문득 이전에 대해 언급하는데, 이 모든 것이 연결하는 흔적을 찾을 수 없지만 조응(照應)에 법을 가지고 있다."라 하였다. ○ 유서월이 말하기를, "세상은 어지러운데 중흥을 보좌할 인재를 얻지 못하였으므로 정심과 이지방에게 간절하게 바라고 있다. 자신은 늙어가면서 장차 세상을 벗어날 사람이므로 조계(曹溪)의 불법에 귀의하고픈 생각이 매우 깊다. 이것이 작품 전체의 대지(大旨)이다."라 하였다.

㈠ 왕서초(王西樵)가 이르기를, "작품을 일으키는 붓이 정숙(整肅)하니 마치 하늘거리는 깃발과 같다."라 하였다.

㈡ 첫 단락은 기부(夔府)에서 감회를 읊조리는 대의를 제시하고 있다.

㈢ 구창주가 이르기를, "이 단락은 구마다 그림에 들어갈 만하다."라 하였다. ○ 유수계가 이르기를, "촉 땅에서 이를 지으니 그러므로 웅장하고 아름다운 경관을 일깨운다."라 하였다.

㈣ 다음 단락은 범범하게 기주의 풍경을 서술하였다.

㈤ 포이전이 이르기를, "'양경(兩京)'의 구는 아래에 보이는 북쪽으로 돌아가지 못해 '이불과 베개는 잡초에 덮였고.(衾枕成蕪沒)'라는 단락의 복선에 해당한다. '사해(四海)'의 구는 아래에 보이는 두 공에게 가고 싶어 '불러주니 흥은 이미 높구나.(招尋興已專)'라는 단락의 복선에 해당한다."라 하였다.

㈥ 한가로운 파도가 흘러들어와 아랫면을 적시는 것처럼 서술하고 있는데, 조정의 일에서 경영함을 볼 수 있다. 한편 「북정」의 '푸른 구름은 깊은 흥취 일으키고.(青雲動高興)'라는 부분의 단락과 같은 오묘함을 지녔다.

㈦ 이 단락은 기주에 거처할 때의 대강의 모습을 서술하고 있으며, 아울러 기주로 온 이유도 말하고 있다.

八 이 단락은 장안에 있었을 때의 일을 추억하고 있으니, 이는 한걸음 더 나아간 것이다.

九 '정이(鄭李)' 이하 여덟 구는 그들의 시재(詩才)를 찬미한 것이며, '치역(置驛)' 이하 여덟 구는 그들의 기의(氣誼)를 서술하고 있으며, '우익(羽翼)' 이하 여덟 구는 그들의 벼슬에서의 자취를 서술하고 있다.

十 이 단락은 정심과 이지방 두 공을 칭송하고 있다.

十一 이 단락은 기주에 거주하는 근황을 서술하려고 하면서 우선 북쪽으로 돌아가지 못하는 실정을 그리고 있다.

十二 이 단락은 두 공이 편지를 보내 위문한 것으로 말미암아 의식주의 빈곤한 상태를 상세하게 서술하고 있으니, 이것이 바로 급히 삼협을 벗어나려는 까닭이다.

十三 이 단락은 두보 자신은 세상에 버림을 받은 것에 대해 달게 여기는데, 다만 두 공은 조정에 들어가 임금을 보좌하기를 바라고 있다.

十四 이 단락에서 자신은 장차 기주를 떠나 법문을 구할 것인데, 길을 따라가다 보면 두 공을 방문하게 될 것이니 오래지 않아 곧 강물을 따라 남쪽으로 내려갈 것을 말하고 있다.

十五 마지막 단락에서 거듭 선학을 배울 것을 말하여 읊조리는 감회를 마무리하고 있다.

1 앞 권14에 「추일기제정감호상정(秋日寄題鄭監湖上亭)」란 작품이 있다. 『구당서』에서, "광덕 원년에 이지방이 겸어사대부로 토번에 사신을 갔다가 붙잡혀 있었다. 2년에 돌아와 예부상서에 임명되었다가 다시 태자빈객으로 옮겼다."라 하였다.

2 『양익기(梁益記)』에서, "준주(雋州)의 준산(雋山)은 만(蠻)과 접경을 이룬다. 오만(烏蠻)과 백만(白蠻) 등이 있다."라 하였다.

3 운안(雲安)에서 이곳으로 온 것을 이른다.

4 운안에 있을 때와 기주에 있을 때를 모두 합친 것이다.

5 장대한 마음은 아직도 남아 있음을 이른다.

6 장차 기주를 떠나겠다는 말이다.

7 「경운가(卿雲歌)」에서, "정수가 이미 고갈되었으니, 치마를 걷고 떠나네.(菁華已竭 褰裳去之)"라 하였다.

8 즉 이른바 '고목에 등나무 우거져 해와 달이 희미하네.(古木蒼藤日月昏)'라는 의미와 같다.

9 이상 4구는 아름다운 경치를 말하였다.

10 『환우기』에서, “대녕염(大寧鹽)은 본래 기주 대창현의 앞 진계정(鎭溪井)이다. 산 정상 깎아지른 절벽에 염천이 솟아나는데 지역 사람들이 대나무로 샘물을 끌어와 솥을 놓고 끓이면 소금이 된다.”라 하였다.

11 ‘畬’의 음은 ‘詩’와 ‘遮’의 반절법이다.

12 『농서(農書)』에서, “형초(荊楚)에는 따비밭이 많다. 우선 불을 놓아 들과 산을 태운〔熂爐〕 뒤에 비가 내리면 씨를 뿌린다. 3년이 지나 땅의 기름기가 다하면 다시 옆 산에 불을 놓는다. 희(熂)는 불을 질러 풀을 태우는 것이며, 노(爐)는 불로 산을 태우는 것이다.”라 하였다. 두전(杜田)이 말하기를, “초의 풍속에 덤불을 태워 종자를 뿌린 밭을 ‘여(畬)’라 한다. 우선 칼로 나무를 베어내는 것을 ‘작여(斫畬)’라 하는데, 그 칼은 나무로 자루를 만들고 칼날을 굽은 안쪽으로 향하게 하니 ‘여도(畬刀)’라 부른다.”라 하였다.

13 이상 4구는 풍토를 말하였다.

14 기후가 온화한 것을 알 수 있다.

15 이상 6구는 이 지역의 물산을 말하였다.

16 두 구는 인사(人事)를 말하였다.

17 두 구는 쇠퇴한 모습을 서술하였다. 『세설신어』에서 말하였다. “완부(阮孚)가 일찍이 스스로 신에 밀랍을 칠하다가 탄식하기를 ‘이 생애에 몇 번이나 이 신발을 신을 줄 모르겠구나.’라 하였다.”

18 두보는 동경(東京, 낙양)의 언사(偃師)와 서경(西京, 장안)의 두릉(杜陵)에 모두 고업(故業)이 있다.

19 구주(仇注)에서, “윗구는 전원이 오랫동안 황폐해진 것을 이르고, 이 구는 친구들이 날로 타계한 것을 이른다.”라 하였다.

20 『좌전』에서 말하였다. “제후(齊侯)가 연칭(連稱)과 관지보(管至父)로 하여금 규구(葵邱)를 지키게 하였다. 오이가 익을 때쯤 떠났는데, 제후가 ‘내년 오이가 익을 때 교대해주겠다.’라 하였다.”

21 맹호연의 시에서, “모래 언덕이 새벽에 이어졌네.(沙岸曉夤緣)”라 하였다. 『운회(韻會)』에서, “인연(夤緣)은 이어져 있는 것이다.”라 하였다.

22 포주(浦注)에서, “흥경궁(興慶宮)을 남내(南內)라고 부르는데, 명황 현종이 항상 거주하였다.”라 하였다.

23 『당회요』에서, “개원 2년 주상이 이원(梨園)에서 스스로 법곡(法曲)을 가르쳤으며, 배운 이들을 황제의 이원 제자라고 불렀다.”라 하였다. 또한 “태상의 이원에서 특별히 원법가악장곡 등을 가르쳤다.”라

하였다.

24 수(隋) 이효정(李孝貞)의 시에서, "어려운 길은 여러 갈래인데, 변환되면서 또한 끝이 없네.(間關既多緒 變轉復無窮)"라 하였다.

25 원주(原注)에서, "도독 백무림(柏茂林) 중승에게 들으니 이원의 제자인 이선노(李仙奴)가 노래하였다고 한다."라 하였다.

26 두곡은 두보의 고향이다.

27 원주(原注)에서, "서경의 용구문(龍廐門)은 원마문(苑馬門)이다. 위수가 원문(苑門)의 안으로 흘러들어온다."라 하였다.

28 막(莫)은 하지 말라는 의미이다. 즉 토번이 장안을 함락했음을 이른다.

29 『후한서』에서, "경엄과 가복의 큰 업적을 논하라."고 하였다. 경가(耿賈)는 경엄(耿弇)과 가복(賈復)을 말한다.

30 영무(靈武)의 장수와 재상을 그리워한 것으로 이광필, 곽자의 등 여러 공신을 비유하였다.

31 『좌전』에서, "하의 조상을 제사하여 하늘에 배향하여 옛 일을 잃지 않았다."라 하였다.

32 안록산과 사사명 등 여러 항복한 장수를 이른다.

33 「동도부(東都賦)」에서, "창은 구름까지 솟았네.(戈鋋彗雲)"라 하였다. 연(鋋)은 작은 창이다. 『두시박의』에서, "두보는 대종(代宗)이 하북의 죄를 가서 묻지 않았으니 다만 전쟁을 그만 두게 만든 명성만을 부러워하여 화란(禍亂)을 키웠다고 여겼다. 그러므로 두 구에서 이렇게 말하였으니, 그런 사실을 안타깝게 여긴 것이다."라 하였다.

34 조언재가 말하기를, "노복은 응당 안록산을 가리킨다. 즉 마땅히 그에게 병권을 주지 말았어야 함을 말한다."라 하였다.

35 「서정부(西征賦)」에서, "우리들의 구속을 비루하게 여기네.(陋吾人之拘攣)"라 하였다. 이 구는 즉 군수(軍需)를 거둬들이는데 어려움을 이른다. 주주(朱注)에서, "'조영(弔影)'으로부터 여기까지는 토번이 난리를 일으킨 것과 중흥 이후에 남겨진 악을 섬멸하지 못한 것에 대해 서술하고 있다. '노복(奴僕)' 이하 4구는 난리의 근본을 미뤄 말한 것이니 '되놈이 천자 은혜 저버렸으니, 아! 안일함을 즐기던 사람들이여.(胡雛負恩澤 嗟爾太平人)'라는 의미와 같다."라 하였다. 노복은 정원진(程元振)을 가리킨다고 말하는 자들이 있는데, 옳지 않다.

36 『구당서』「대종본기(代宗本紀)」에서, "영태 원년 정월에 조서를 내려 자신에게 죄를 돌렸다. 2년 12월 크게 사면령을 내리고 연호를 바꿨으며 십묘세일법을 멈추었다."라 하였다. 두 구는 이 내용을 가리

킨다.

37 「시서(詩序)」에서, "「칠월(七月)」은 왕업을 서술한 것이다. 주공이 변란을 만나 후직과 그 이전 선조들의 교화가 말미암은 것과 왕업의 어려움을 서술하고 있다."라 하였다.

38 즉 문왕이 사냥을 나간 일을 인용하고 있으니, 능히 어진 이를 등용함을 이른다. 옛날의 주는 옳지 않다.

39 『용재수필』에서, "『사기』에서 서백(西伯)이 사냥 나가 태공을 만났는데, 그 복사(卜辭)가 용도 아니고 표범도 아니며 호랑이도 아니고 큰 곰도 아니라고 기록하고 있다. 최인(崔駰)은 「달지(達旨)」에서 『사기』를 인용하며 곰도 아니고 큰 곰도 아니라고 하였는데, 이를 두보시가 본떴다."라 하였다.

40 이상 8구는 대종이 처음 정치할 때의 훌륭함을 말하고 있다. 어진 재상을 얻어 중흥을 보좌하였는데, 정심과 이지방 두 공은 마침 그런 때를 맞이하였다.

41 정심의 편지가 자주 이른 것을 말한다.

42 이지방이 거처가 멀지 않음을 이른다. 원주(原注)에서, "정심은 강릉(江陵)에 있고, 이지방은 이릉(夷陵)에 있다."라 하였다. 하뢰는 기주와 협주의 입구에 있다.

43 『한지(漢志)』에서, "황제(黃帝)가 영윤(伶倫)으로 하여금 대하(大夏)의 서쪽으로부터 곤륜산(崑崙山)의 북쪽으로 가게 했는데 해계(嶰谿)의 골짜기에서 대나무를 취했다. 두 마디 사이를 잘라 불어 황종(黃鐘)의 궁음을 삼았다."라 하였다.

44 『한시외전(韓詩外傳)』에서, "기후는 건조한 때와 습한 때가 있으니, 이에 따라 현에 완급이 생겨 기러기발을 그에 따라 조정해야 하니 기러기발을 일정하게 표시할 수 없다."라 하였다. 두 구는 시율의 세밀함을 말하고 있다.

45 '선가(善價)'라는 말은 『논어』에서 출전하였으니, 이를 빌려 평판이 귀함을 말하고 있다.

46 「문부(文賦)」에서, "마음이 상쾌하고자 하는 이는 문장이 귀하다.(愜心者貴當)"라 하였다. 『장자』에서, "고기를 얻으면 통발은 잊어버린다."라 하였으니, 기존의 법에 거리끼지 않음을 볼 수 있다.

47 정당시(鄭當時)는 항상 장안의 여러 교외에 역마를 놓고 빈객을 맞이하였다.

48 『후한서』에서 말하였다. "이응(李膺)이 홀로 풍도(風度)를 견지하였다. 그의 추천을 받은 것을 등용문이라 하였다."

49 어진 이를 좋아하고 선을 즐기는 것을 말하고 있다. 『임언승집(任彦升集)』에서, "큰 스승으로 사람들의 표준이다."라 하였다.

50 『사기』에서, "천자가 대완의 한혈마(汗血馬)를 얻으니, 천마(天馬)라고 이름 지었다."고 하였다.

51 『영가군기(永嘉郡記)』에서, "목계야(沐溪野)에서 9리쯤 가면 청전(青田)이 있는데, 그곳에는 쌍백학(雙白鶴)이 있다. 해마다 새끼를 낳는데 크면 문득 떠나고 다만 부모 한 쌍만 남는다. 대단히 털이 희어 좋아할만 하니 많은 사람들이 신선이 기른 것이라고들 한다."라 하였다. 두 구는 인재들이 즐거이 그들에게 의지한다는 말이다.

52 조언재가 말하기를, "이지방은 태자빈객이므로 사호(四皓)의 고사를 인용하였다. 정심은 비서소감이므로 근무처가 봉래각과 가깝다."라 하였다.

53 『위지(魏志)』에서, "관녕(管寧)은 바닷가에 거주하였는데, 항상 검은 모자를 쓰고 베로 된 저고리와 바지, 치마를 계절에 따라 홑으로 또는 겹옷으로 입었다."라 하였다.

54 강총(江總)은 진(陳)에서 벼슬하여 상서령이 되었다. 그의 문집에 「산수납포부(山水衲袍賦)」의 서문에서, "황태자가 나라를 감독할 때 남은 인생을 부지런하고 겸손하게 지냈다. 잔치를 마칠 때 납포(衲袍)를 하사하라고 명령하였다."라 하였다. 금포(錦袍)는 화려함이 비단 같다는 말이다. 정심은 이미 벼슬에서 물러났기에 관녕의 사모에 비유하였고, 이지방은 바야흐로 조정에 있기에 강총의 금포에 비유하였다.

55 동릉군(東陵郡)은 기주의 동쪽에 있다. 그러므로 동군(東郡)이라 부른다.

56 남호(南湖)는 정 감사의 정자가 있는 곳이다.

57 두 공이 근래 형남(荊南)에 있으면서 때로 시를 짓고 경치 감상하는 즐거움을 누리고 있는 것을 말하고 있다. 인하여 자신은 가서 같이 노닐고 싶어도 그럴 수 없음을 말하였다.

58 원주(原注)에서, "평생 병이 많았으니 살 곳을 정하면서 소회를 풀어낸다. 두 구 모두 장안과 낙양의 살던 곳을 가리킨다."라 하였다.

59 아우와 누이동생을 슬퍼하였다.

60 조상을 그리워하였다.

61 서경에 있다.

62 동경에 있다.

63 벗들이 죽었기에 나 또한 세상에 나아가 성취하려는 것에 게으르

다는 말이다.

64 두 구는 또한 오래지 않아 이곳을 떠나려는 생각을 우의하였다.

65 『양자(楊子)』에서, "동자가 하는 조충전각의 문학을 장부는 하지 않는다."라 하였다.

66 『고시』에서 "아이 불러 잉어를 삶아보니, 뱃속에서 한 척의 비단 편지가 있네.(呼兒烹鯉魚 中有尺素書)"라 하였다.

67 채몽필이 말하기를, "지팡이 끝에 돈을 걸고 다닌 일은 바로 완선자(阮宣子)의 고사이다."라 하였다. 변환(卞圜)이 말하였다. "현재 도화에 전하는 엄군평(嚴君平)이 점을 치는 시책(蓍策)을 가지고 대나무 지팡이를 짚었는데, 또한 지팡이 머리에 백전(百錢)을 걸고 다녔다. 그러므로 잠삼의 「영군평복사(詠君平卜肆)」에서, '군평이 일찍이 점을 팔았는데, 점 집은 황폐한 지 이미 오래라. 지금 지팡이 머리의 돈은 지상에 때때로 있어라.(君平曾賣卜 卜肆荒已久 至今杖頭錢 時時地上有)'라 하였다."

68 유의경의 『세설신어(世說新語)』에서, "왕헌지(王獻之)가 밤에 침실에 누워 있는데, 도둑이 몰래 들어왔다. 왕헌지가 '푸른 담요〔青氈〕는 우리 집안에서 전해 내려오는 오래된 물건이니 그냥 놓고 가라."고 하였다.

69 '파차전(把釵鈿)'과 '탁화전(拆花鈿)'은 시장에서 바꾼 것을 말한다.

70 낭서의 과수원에 감귤이 많은 것을 말한다.

71 「환온전」에서, "처음에 제갈량이 어복포(魚腹浦)의 모래밭에 팔진도를 만들었다."라 하였다.

72 원주(原注)에서, "삼협 사람은 시가지 배가 정박하는 곳을 지목하여 시기(市暨)라 부른다. 강물이 옆으로 산의 계곡과 통하는 곳을 지역 사람들은 낭(瀼)이라고 한다."라 하였다.

73 「화식전」에서, "민산(岷山)의 아래에 기름진 들판이 천리다. 거기에 준치(蹲鴟)가 있으니 죽을 때까지 굶주리지 않는다."라 하였는데, 주에서 "준치(蹲鴟)는 토란이다."라 하였다.

74 '池'는 달리 '家'로 된 본도 있다.

75 『술이기』에서, "오중(吳中) 육씨 집에 흰 연꽃이 있고 고씨 집에 얼룩 대나무가 있다."라 하였다.

76 승(勝)의 음은 평성인데 뜻은 측성이다.

77 「촉도부」에서, "붉은 배가 윤기가 흐르네.(紫梨津潤)"라 하였다.

78 『서경잡기』에서, "역양(嶧陽)의 밤은 크기가 주먹만 하다."라 하

였다. 양(穰)은 풍년이 들어 곡식이 꽉 들어찬 것이다.

79 즉 이른바 '끼니마다 황어를 먹네.(頓頓食黃魚)'와 같은 의미이다. 「양진전(楊震傳)」에서, "관작(冠雀)이 세 마리가 각각 전어(鱣魚) 한 마리씩 입에 물고 강당(講堂) 앞에 모였다."라 하였다. 『후한서』의 주에서, "'鱣'의 음은 '선'으로, 선(鱓) 또는 선(鱔)과 통용한다. 뱀과 비슷한데 비늘이 없는 생선이다."라 하였다. 『이아』「석어(釋魚)」에서, "음은 '知'와 '然'의 반절법으로, 곧 황어이다."라 하였다. 두보가 말한 것은 본래 전유(鱣鮪)의 전(鱣)인데, 다만 '삼전(三鱣)'을 차용하였다.

80 『시경』 주에서, "'구(笱)'는 대로 만드는데, 물고기가 그 안으로 들어간다."라 하였다.

81 '朋'은 달리 '人'으로 된 본도 있다.

82 『옥편』에서, "'천(韉)'은 안장이다."라 하였다. 즉 '추운 날 손님에게 내올 담요도 없네.(坐客寒無氈)'라는 의미와 같다.

83 원주(原注)에서, "서울의 농부들은 원근의 계단식 논을 대부분 '두어 층〔幾稜〕'이라 부른다. 릉(稜)은 층〔岸〕으로, 거성이다."라 하였다. 장뢰(張耒)가 말하기를, "'공휴(公畦)'는 관이 운영하는 과수원이다."라 하였다.

84 「조조전(鼂錯傳)」에서, "태상황의 사당 바깥의 담."이라 하였는데, 안사고가 말하기를, "연(堧)이라는 것은 사당의 안쪽 담과 바깥쪽 담 사이의 유휴지이다."라 하였다.

85 '醉'는 달리 '晝'로 된 본도 있다.

86 '達'은 달리 '逮'로 된 본도 있다.

87 이것이 잠시 기주에서 편안한 까닭이라는 말이다.

88 오래 사용하지 않았기에 익숙하지 않다는 말이다.

89 자신은 이미 조정에 마음이 없는데, 다만 백색 분으로 칠한 관청의 아름다움을 상상한 것이다.

90 저들 두 공이 훨훨 날기를 바라고 있다.

91 깃들어 사는 자신을 비유하였다. 「초료부(鷦鷯賦)」에서, "펄펄 나는 비루한 몸을 기르네.(育翩翾之陋體兮)"라 하였다.

92 시의(時宜)에 합당하지 않음을 말한다.

93 '성전(星躔)'은 '삼태(三台)'라는 말과 같다. 정승을 가리킨다.

94 「광형전(匡衡傳)」에서 말하였다. "여러 선비가 말을 하기를 '『시경』에 대해 말하지 마라. 광형이 온다.'라 하였다." 장안(張晏)이 말하

기를, "광형의 어렸을 때 자는 정(鼎)인데, 장성하여 자를 치규(稚圭)로 바꿨다."라 하였다.

95 '伏'은 마땅히 '服'으로 지어야 한다.

96 『후한서』「유림전」에서, "복건(服虔)은 젊어서 가난하여 고생하였지만 의지는 굳셌다. 문장을 잘 지었으며 효렴으로 천거되었다."라 하였다.

97 '甄'의 음은 '堅'이다. 『양자(楊子)』에서, "천하를 잘 다스려 화평하게 하였다."라 하였다.

98 주주(朱注)에서, "즉 두 공은 마땅히 노력하여 재상의 직무를 수행해야 한다. 어진 선비를 끌어오고 올바른 말을 아뢰어 천하를 바로잡아야 한다. 지금 주상이 아침부터 밤까지 노심초사하는데 백성들은 고통에 신음하고 있다. 운대에 초상화 그려진 사람 가운데 누가 역사에 전해지겠는가. 이런 것들로 두 공에게 깊이 기대하고 있다."라 하였다.

99 생각지도 못한 일에 대비하며 길을 조심하면서 가겠다는 말이다.

100 『구당서』에서, "도신(道信)이 굉인(宏忍)과 함께 기주(蘄州)의 쌍봉산(雙峰山)의 동산사(東山寺)로 갔다. 그러므로 그 불법을 동산법문이라 이른다."라 하였다. 요관(姚寬)의 「서계총어(西溪叢語)」에서 「보림전(寶林傳)」을 인용하여 이르기를, "능대사(能大師)가 전한 법의가 조계(曹溪)의 보림사(寶林寺)에 있다. 보림사는 뒤로 쌍봉을 베고 있다. 함순 연간에 위무제의 원손 조숙량(曹叔良)이 쌍봉산의 보림사 왼편에 머물렀다. 사람들이 이를 쌍봉 조후계(曹侯溪)라 불렀으니, 즉 조계는 또한 쌍봉이라 부른다."라 하였다. 살펴보건대 조계는 영남(嶺南)에 있는데 이 뒤에서 이르길 '남으로 솔개 떨어진 곳까지 가보리라.(南征盡跕鳶)'라 하였으니 소주(韶州)의 쌍봉을 가리키는 것으로 보는 것이 옳다.

101 『구당서』에서, "달마(達磨)는 혜가(慧可)에게 전하고 혜가는 찬(璨)에게 전하고 찬은 도신(道信)에게 전하고 도신은 굉인(宏忍)에게 전하였으니 이를 진단오조(震旦五祖)라고 이른다. 굉인부터 그 아래는 남방에 능(能)과 북방에 수(秀)로 나뉜다. 남종과 북종의 제자가 각각 그 스승을 세워 육조라 하였다. 북종은 마침내 수(秀)의 제자 보적(普寂)을 높여 제칠조로 삼았다. 개원 연간에 하택(荷澤)의 신회공(神會公)이 곧바로 동도(東都)로 들어가 북조를 대면하여 상대한 뒤에 조계의 돈문(頓門, 남종선)을 널리 퍼트렸다. 보적의 문하는 성대하였다가 마침내 텅 비게 되었다. 능조(能祖)의 종풍이 이에 크게 떨쳐지게 되었다."라 하였으니, 즉 남종은 마땅히 하택(荷澤)으로 칠조를 삼는다. 두보의 시에서, '몸은 쌍봉사에 허락하고, 법문은 칠조

의 선을 구하네.(身許雙峯寺 門求七祖禪)'라 하였으니, 의도는 아마도 남종을 주로 삼겠다는 것이다.

102 원주(原注)에서, "정심은 고간(高簡)하여 태부 사안(謝安)의 기풍을 얻었다."라 하였다.

103 원주(原注)에서, "이지방은 황실의 종친으로 연나라 소왕(昭王)의 훌륭함을 지녔다. 연나라는 주(周)나라의 후손이다."라 하였다.

104 의지할 지주(地主)가 있으니 길 위의 곤궁은 걱정하지 않는다는 말이다. 『진서(晉書)』「완적전(阮籍傳)」에서, "완적은 마음대로 수레를 몰아 길이 아닌 곳으로 가기도 하였다. 그러다가 길이 끊기면 문득 통곡하다가 돌아갔다."라 하였다.

105 '도중(途中)'과 '사상(查上)'은 모두 두보 자신을 이른다. 『형초세시기』에서, "한 무제가 장건에게 명령을 내려 대하(大夏)로 사신 보내면서 황하의 근원을 찾게 하였는데, 뗏목을 타고 한 달을 지나니 어느 곳에 이르렀다."라 하였다.

106 『세설신어』에서 말하였다. "위관(衛瓘)이 악광(樂廣)을 보며 말하기를 '이 사람은 마치 운무를 헤치고 푸른 하늘을 보는 것 같다.'라 하였다."

107 이 구는 급히 기주를 떠남을 말한다.

108 『남사(南史)』에서 말하였다. "종각(宗慤)이 말하기를 '원컨대 긴 바람을 타고 만리의 파도를 깨치고 싶다.'라 하였다."

109 『공자세가』에서, "물의 요괴는 용과 망상(罔象)이다."라 하였다. 「강부(江賦)」에서, "갈기를 날리고 꼬리를 흔들며, 파도를 뿜어내면서 침을 흩날리네.(揚鬐掉尾 噴浪飛涎)"라 하였다.

110 두보는 오는 봄에 삼협을 벗어나려고 생각하였다.

111 포주(浦注)에서, "'선(旋)'자는 운이 중복되니 마땅히 파내고 '회연(洄沿)'으로 지어야 한다."라 하였다.

112 '葉'의 음은 '攝'이다. 『전등록』에서, "가섭은 마갈타국(摩竭陁國) 사람으로, 천축 25조(祖)의 으뜸이다."라 하였다.

113 『열선전』에서, "악전(偓佺)은 괴산(槐山)에서 약초를 캐던 사람이다. 솔잎을 먹으며 하늘을 날 수 있고 달리는 말을 좇을 수 있다."라 하였다. 주주(朱注)에서, "이는 불교를 배우고 신선을 배우지 않겠다는 말이다. 백락천의 시에서, '바다와 산은 내가 돌아갈 곳이 아니니, 돌아간다면 응당 도솔천으로 돌아가리라.(海山不是吾歸處 歸卽應歸兜率天)'라 하였으니, 곧 이 의미와 같다."라 하였다.

114 노봉은 여산(廬山)에 있다.

115 「신선전(神仙傳)」에서, "소탐(蘇耽)은 추현(郴縣) 사람이다. 어머니를 효성스럽게 봉양하다가, 어느 날 갑자기 어머니를 떠나면서 '본성이 신선에 가까우니 마땅히 어머니를 봉양하지 못하고 이만 떠나겠습니다. 내년 천하에 질병이 돌면 뜰의 우물과 처마 옆의 귤나무 잎을 팔면 생계를 유지할 수 있습니다.'라 하였다. 과연 그 때가 되자 병든 사람이 귤잎을 먹고 우물물을 마시고 병을 나았다."라 하였다. 「천태부(天台賦)」에서, "떠도는 기운이 높이 걸려 있네.(遊氛高褰)"라 하였는데, 건(褰)은 열다〔開〕의 의미이다. 귤정이 마령산(馬嶺山) 꼭대기에 있으므로 '높이 걸려 있다.〔高褰〕'라 하였다.

116 정령위(丁令威)의 고사를 사용하였다.

117 '跕'의 음은 '都'와 '牒'의 반절법이다.

118 「마원전」에서 말하였다. "마원이 교지를 격파하고 돌아오면서 '내가 낭박(浪泊)과 서리(西里) 사이에 있을 때 아래는 물이 차고 위는 안개가 끼어 독기가 피어오르는데 고개 들어 하늘을 나는 솔개를 보니 툭툭 물속으로 떨어진다.'라 하였다."

119 고개지(顧愷之)는 일찍이 와관사(瓦棺寺)에서 유마힐의 모습을 그렸다.

120 『성씨영현록(姓氏英賢錄)』에서, "왕건(王巾)의 자는 간서(簡栖)인데, 두타사의 비문을 지었다. 문사가 대단히 아름다워 세상에서 귀하게 여긴다. 비석은 악주(鄂州)에 있다."라 하였다. 『곤학기문』에서, "왕철(王屮)인데 '屮'의 음은 '徹'이다. 속세에서 왕건이라 함은 옳지 않다."라 하였다. 고개지의 그림과 왕건의 비석을 찾아본다는 것은 모두 동으로 유람하는 일을 상상한 것이다.

121 『법화경』에서, "대법고를 치고 중명향을 태운다."라 하였다.

122 「적전부(籍田賦)」에서, "푸른색 관복의 관원은 엄숙하니 많이 모였네.(碧色肅其芊芊)"라 하였다.

123 『능엄경』에서, "대용맹을 발하여 행하기 어려운 모든 법사를 실행한다."라 하였다.

124 『열반경』에서, "맹인이 눈을 치료하려면 양의(良醫)에게 찾아가야 한다. 양의는 금비로 그 눈의 꺼풀을 긁어낸다."라 하였다.

125 『원각경』에서, "여래들의 마음이 거기에 나타남이 마치 거울 속의 모습 같다."라 하였다. 『설문해자』에서, "'전(銓)'은 저울대이다. 달리 법도라고도 한다."라 하였다. 즉 금비는 비록 눈의 꺼풀을 긁어낼 수 있지만 거울의 형상을 고집하여 실제로 있다고 여긴다면 오히려 저울로 물건을 재는 상황을 벗어나지 못한다는 말이다. 주주(朱注)에서, "'가섭(迦葉)'부터 여기까지는 즉 불지(佛地)를 두루 다니며

불가의 이치를 정밀하게 수행하여 마침내 형상의 본질을 파악하여 허(虛)로 돌아갈 것을 기약하고 싶은 것을 말하고 있으니, 이른바 '법문은 칠조의 선을 구하네.(門求七祖禪)'라는 것이 이와 같다."라 하였다.

49. 섬주자사 유백화 사군에게 보내다[1]

寄劉峽州伯華使君四十韻

峽內多雲雨	삼협 안에 비구름이 많으니
秋來尙鬱蒸	가을이 와도 여전히 푹푹 찌네.
遠山朝白帝	먼 산은 백제성에 조회하고
深水謁[2]夷陵	깊은 물은 이릉에 배알하네.[3]
遲暮嗟爲客	만년에 아! 나그네가 되어
西南喜得朋	서남쪽에서 기쁘게도 벗을 만났네.[4]
哀猿更起坐	슬픈 원숭이는 다시 일어나 앉고
落雁失飛騰	뒤떨어진 기러기는 날아오를 줄 모르네.[5]
伏枕思瓊樹	베개에 누워 옥나무 같은 그대를 그리고[6]
臨軒對玉繩	난간에 기대 북두성을 바라보네.
青松寒不落	푸른 소나무는 추워도 지지 않고
碧海闊逾澄	푸른 바다는 아득하면서 더욱 맑네.[7] ⊟
昔歲文爲理	옛날에는 문으로 세상 다스리니[8]
羣公價盡增	여러 공들의 성가(聲價)는 매우 높아졌네.
家聲同令聞	우리 집의 명성도 그대 집의 명성과 같았으니
時論以儒稱	그 당시에 선비라고 칭송되었네.[9]
太后當朝肅	측천무후의 조정은 엄숙하였으니
多才接跡昇	많은 인재들이 잇따라 현달하였네.
翠虛捎[10]魍魎	푸른 하늘에서 도깨비에게 쫓겨났다가[11]
丹極上鯤[12]鵬	궁궐에 곤어, 붕새처럼 날아올랐네.[13]
宴引春壺酒	연회에서 봄날 술병을 잡아당기고
恩分夏簟冰	은혜로이 여름 대자리의 얼음을 하사받네.

雕章五色筆	오색 붓의 화려한 문장 지녔고[14]
紫殿九華燈	아홉 빛의 등불이 자전을 밝히네.[15]
學並盧王敏	학문은 민첩한 노조린과 왕발을 아우르고[16]
書偕褚薛能	글씨는 빼어난 저수량과 설직을 겸하였네.[17]
老兄眞不墜	노형은 참으로 가풍을 무너뜨리지 않았는데
小子獨無承	소자는 유독 명성을 잇지 못하였네.㊂
近有風流作	근래 풍류 읊은 시가 있어
聊從月峽[18]徵	에오라지 명월협 통해 보내주었네.[19]
放蹄知赤驥	내달린 발굽에서 붉은 천리마인줄 알고
振翅服蒼鷹	홰치는 날개에 푸른 매라 감탄하네.[20]
卷軸來何晚	시축(詩軸)이 왜 이리 늦게 왔는가
襟懷庶可憑	가슴속 회포를 풀어낼 수 있으니.
會期吟諷數	만날 때 여러 번 시를 읊조린다면
益破旅愁凝	나그네 근심을 깨트리고 편안해질 텐데.
雕刻初誰料	문장의 의장(意匠)을 누가 짐작이나 하랴
纖毫欲自矜	아주 작은 부분도 긍지를 가지네.[21]
神融躡飛動	정신이 녹아든 생동감은 넘치고
戰勝洗侵凌	다툼에서 이겨 비교당하기를 거부하네.[22]
妙取筌蹄棄	오묘함은 이전 법을 버리는데서 성취하였고[23]
高宜百萬層	뛰어남은 수백만 시인을 압도하네.
白頭遺恨在	흰머리에 풀지 못한 한이 남았지만
青竹幾人登	역사에 몇 사람이나 오르랴.[24] ㊂
回首追談笑	고개 돌려 담소했던 때를 추억하는데
勞歌跼寢興	기거가 불편함에 위로하는 노래 부르네.[25]
年華紛已矣	나이는 이미 어지럽게 많은데[26]
世故莽相仍	복잡한 세상일을 같이 겪고 있네.[27]

刺史諸侯貴	자사는 존귀한 제후인데
郎官列宿應	낭관은 수많은 별자리에 해당하네.[28]
潘安[29]雲閣遠	반악의 운각은 멀리 있고[30]
黃霸璽書增	황패에게 인서를 보태주었네.[31][四]
乳贙號攀石	젖먹이는 현은 으르렁대며 바위를 오르고
飢鼯訴落藤	굶주린 다람쥐는 넝쿨에서 떨어져 울어 대네.[32]
藥囊親道士	도사는 약주머니를 가까이 하고[33]
灰劫問胡僧	대겁(大劫)의 재는 호승에게 물어보네.[34]
憑久烏皮拆	터진 오피 안석에 오래 기대며[35]
簪稀白帽稜	각진 백사모에 비녀 숨었네.[36]
林居看蟻穴	숲에 살며 개미집 구멍 바라보고
野食待魚罾	들녘에서 먹으며 물고기 그물을 기다리네.
筋力交凋喪	근력은 갈수록 약해지는데
飄零免戰兢	떠돌아다니며 다툼은 면하네.[37]
皆爲百里宰	둘 다 백리의 관리가 되어야 하는데
正似六安丞	나만 육안현 승인 환담과 비슷하네.[38][五]
姹女縈新裹	진홍 타녀는 새 봉지에 싸고[39]
丹砂冷舊秤	단사는 옛 저울대에서 차갑네.
但求椿壽永	다만 참죽나무의 오랜 장수를 구하며[40]
莫慮杞天崩	기나라 하늘 무너질 걱정은 않노라.[41]
鍊骨調情性	뼈를 연마하고 마음을 가다듬는데
張兵撓[42]棘矜	병사 이끌고 반란군을 토벌하네.[43]
養生終自惜	양생은 끝내 만족스럽지 못하지만
伐叛[44]必全懲	역적 정벌은 완전히 쓸어버려야 하네.[45]
政術甘疏誕	백성 다스림은 우활하고
詞場愧服膺	문장은 추켜세움이 부끄럽네.

展懷詩誦魯	정회를 펼쳐 시로 그대를 칭송하며[46]
割愛酒如澠	나눠주고픈 것은 승수 같은 술이네.[47] 六
咄咄寧書字	쯧쯧 괴이하다고 차라리 글을 쓰며[48]
冥冥欲避矰	아득한 하늘로 주살을 피하고 싶네.
江湖多白鳥	강호에 흰갈매기 많은데[49]
天地有青蠅	천지간에 쇠파리도 있네.[50] 七

一 첫머리에서 유백화를 매우 그리워하는 감회를 그려내고 있는데, 빈주(賓主)를 아울러 서술하고 있다.

二 이 단락은 세교(世交)와 가학을 서술하고 있는데, 마지막 두 구는 쌍관(雙綰)으로 하나는 지금까지의 서술을 매조지하고 하나는 다음 단락의 시작을 제시하고 있으니, 필력이 중후하고 웅혼한 오묘함이 있다.

三 이 단락은 유백화의 시를 칭송하고 있다.

四 이 부분은 유백화의 벼슬살이를 칭송하고 있으니, '노형은 참으로 가풍을 무너뜨리지 않았는데.(老兄眞不墜)'라는 말을 이어받고 있다.

五 이 단락은 기주에서 떠도는 자신의 근황을 서술하고 있으니, '소자는 유독 명성을 잇지 못하였네.(小子獨無承)'라는 말을 이어받고 있다.

六 이 단락은 다시 빈주(賓主)를 뒤섞어 서술하고 있다. 자신은 세상을 떠난 것을 달게 여기지만 유백화는 공훈을 세우라고 권면하고 있다.

七 마지막 단락은 시를 보낸 의미를 서술하고 있는데, 아울러 자신 또한 장차 멀리 강호로 떠날 것을 말하고 있다.

1 『당서』에서, "섬주 이릉군(夷陵郡)은 산남동도(山南東道)에 속한다."라 하였다. 이 작품에 대한 옛날의 해석은 흐름의 맥이 자주 끊어져 일관성이 없었다. 이에 모두 바로 잡는다.

2 '謁'은 달리 '出'로 된 본도 있다.

3 조언재가 말하기를, "'알(謁)'은 '조(朝)'자에 비해 정밀하다."라 하

였다. 즉 백제성의 기주와 이릉의 삼협은 거리가 가깝다는 말이다.

4 『역경』에서, "서남에서 벗을 만난다."라 하였다. 기주는 중주(中州)의 서남쪽에 있다.

5 두 구는 자신을 비유하였다.

6 강엄(江淹)의 시에서, "얼굴이라도 한번 보면 좋으련마는, 곤륜산(崑崙山)의 옥나무처럼 너무도 멀리 있네.(願一見顔色 不異瓊樹枝)"라 하였다.

7 구주(仇注)에서, "푸른 소나무는 그의 굳센 절개를 비유하고, 푸른 바다는 그의 광대한 도량을 비유한다."라 하였다.

8 문(文)으로 세상을 다스림을 말한다.

9 『당서』에서, "유윤제(劉允濟)는 학식이 넓었으며 문장을 잘 지었다. 수공 4년에 「명당부(明堂賦)」를 소장 형식으로 올리니 측천무후가 손수 조서를 작성하여 권장하고 칭송하며 저작랑에 임명하였다."라 하였다. 의심컨대 유윤제가 유백화의 조부로 보인다. 두보의 조부 두심언도 측천무후 조정에서 두각을 나타내었다.

10 '捎'의 음은 '所'와 '交'의 반절법이다.

11 마융(馬融)의 「광성송(廣成頌)」에서, "망량(罔兩)을 물리치고 유광(游光)을 떨쳐낸다."라 하였으니 소(捎)는 쳐부수다는 의미이다.

12 '鯤'은 달리 '鵾'으로 된 본도 있다.

13 『장자』에서, "북쪽 바다에 물고기가 사는데 곤(鯤)이라고 부른다. 모양이 변하여 새가 되면 붕(鵬)이라고 부른다."라 하였다. 유윤제는 내준신(來俊臣)에게 폄적되었다가 뒤에 다시 저작좌랑이 되어 국사를 저술하고 봉각사인으로 자리를 옮긴다.

14 『삼국전략(三國典略)』에서 말하였다. "제소각(齊蕭慤)이 일찍이 가을밤에 시를 지었다. 형자재(邢子才)가 말하기를 '제소각의 이 문장은 수식을 일삼는 사이에 나왔다.'라 하였다." 『남사(南史)』에서, "강엄이 일찍이 꿈을 꾸었는데, 꿈속에서 자칭 곽박(郭璞)이라는 사내가 강엄에게 말하기를 '나에게 붓이 있었는데 그대에게 가 있은 지 여러 해 되었다. 이제 그만 돌려 달라.'라 하였다. 이에 강엄이 품속을 뒤져 오색필을 찾아 주었다."라 하였다.

15 『한무내전(漢武內傳)』에서, "7월 7일 서왕모가 이르자, 황제가 궁내를 청소한 뒤에 아홉 색깔의 등불을 밝혔다."라 하였다. 양왕추(梁王樞)의 「고의(古意)」에서, "향등이 아홉 빛깔을 밝히네.(香燈照九華)"라 하였다.

16 노조린(盧照隣)과 왕발(王勃)을 가리킨다.

17 저수량(褚遂良)과 설직(薛稷)을 이른다.

18 '峽'은 달리 '窰'로 된 본도 있다.

19 이릉주(夷陵州)에 명월협(明月峽)이 있다. 조언재가 말하기를, "석벽에 한 구멍이 있는데 둥글게 뚫려 있어 하늘을 볼 수 있다. 달처럼 밝기 때문에 명월협이라 이름 지었다."라 하였다.

20 '내달린 발굽〔放蹄〕'과 '홰치는 날개〔振翅〕'는 얽매임 없이 내달리는 유백화의 시를 비유하였다.

21 조금도 유감을 남기지 않는다는 말이다.

22 『두억』에서, "'신융(神融)'구는 문장에 생동감이 있음을 말하고, '전승(戰勝)'구는 문장에 적수가 없음을 말한다."라 하였다.

23 『장자』에서, "'전(筌)'은 물고기를 잡는 것인데 물고기를 잡은 뒤에 통발을 잊어버린다. '제(蹄)'는 토끼를 잡는 것인데 토끼를 잡은 뒤에 올무를 잊어버린다."라 하였는데, 주에서 "전(筌)은 물고기 통발이며, 제(蹄)는 토끼 올무로 발을 잡아채니 그러므로 제(蹄)라고 한다."라 하였다.

24 주주(朱注)에서, "이 부분 두어 구는 마땅히 「문부(文賦)」와 비교하여 살펴봐야 한다. '문장의 의장을 누가 짐작이나 하랴.(雕刻初誰料)'는 말은 '천지를 형상 안에 담고, 만물을 붓 끝에 담아낸다.(籠天地於形內 挫萬物於筆端)'와 비교된다. '아주 작은 부분도 긍지를 가지네.(纖毫欲自矜)'라는 말은 '아주 세밀한 것에서 우열을 따지고, 붓 끝에 버릴지 남길지를 정한다.(考殿最於錙銖 定去留於毫芒)'와 비교된다. '정신이 녹아든 생동감은 넘치고.(神融躡飛動)'라는 말은 '정신은 팔극을 내달리고, 마음은 만길 하늘에서 노닌다.(精騖八極 心遊萬仞)'와 비교된다. '다툼에서 이겨 비교당하기를 거부하네.(戰勝洗侵凌)'라는 말은 '바야흐로 천기가 날카롭게 내달리나, 어찌 분분하여 다스려지지 않으리오.(方天機之駿利 夫何紛而不理)'와 비교된다. '오묘함은 이전 법을 버리는데서 성취하였고.(妙取筌蹄棄)'라는 말은 '형상은 좇을 수 없고 음향은 묶어 맬 수 없다. 우두커니 우뚝하게 홀로서 있으니, 일반적인 소리로 엮을 수 없다.(形不可逐 響難爲繫 塊孤立而特峙 非常音之所緯)'와 비교된다. 유 사군이 시를 보내온 것을 기회로 시도(詩道)가 이처럼 어려움을 말하니 능히 역사책에 전할 수 있는 사람은 실로 매우 드물다고 말한다."라 하였다.

25 『문선』의 주에서, "『시경』 한(韓)나라의 시인 「벌목(伐木)」은 벗을 노래한 시이다. 「벌목」이 폐하면 붕우의 도리가 어그러진 것이니 위로하는 이가 그 일을 노래하였다. 시인이 벌목하며 그 일을 어렵게 여겼기에 작품으로 지었다."라 하였다.

26 자신과 유백화의 나이가 모두 늙었음을 이른다.

27 저와 내가 모두 촉 땅에 올 것을 생각지도 못하였다는 말이다.

28 『후한서』에서, "낭관은 위로 하늘의 별자리에 해당한다. 백리의 지방에 수령으로 나간다."라 하였다.

29 '安'은 달리 '生'으로 된 본도 있다.

30 반악(潘岳)의 「추흥부(秋興賦)」의 서문에서, "내가 태위연겸호분중랑장으로 산기성에 숙직할 때 고각이 구름에 잇닿았기에 햇볕이 들어오기 어려웠다."라 하였다.

31 한서』에서, "황패(黃霸)가 영천태수로 제수되자 모두들 신명(神明)하다고 칭송하였다. 뒤에 조정에 불려 들어가 승상이 되었다."라 하였다. 『한서』「순리전(循吏傳)」에서, "이천 석의 관리가 다스림에 효과가 있는 이들은 새서(璽書, 옥새가 찍힌 문서)를 보내 권장하였으며 품계를 높여주고 금을 하사하였다."라 하였다. 시의 의미를 자세히 살펴보면, 유백화는 아마도 성낭(省郎)으로 지방에 나와 자사가 된 자일 것이다. 두보가 습유가 되었을 때 그와 더불어 조정에서 같은 벼슬을 하였을 것이다. 옛날에는 낭관과 운관을 두보 자신에 대해 말하였다고 하였는데 지금 살펴보니 마땅히 유백화와 자신을 아울러 가리킨 말한 것이 옳다.

32 『이아』에서, "현(贙)은 힘이 세다."라 하였는데, 주에서 "현은 서해의 대진국(大秦國)에서 나온다. 개와 비슷한데, 젖을 먹이는 것은 힘이 세고 사납다."라 하였다. '유현(乳贙)' 이하는 모두 자신에 대해 말하였다. 권14 「팔애(八哀)」에서, '어찌하여 젖먹이는 현에게 던져졌는가.(胡爲投乳贙)'라 하였으니, 참소하는 사람을 가리킨다. 두 구는 비록 경(景)을 읊고 있지만 또한 참소를 입어 떠돌아다니는 처지를 은밀하게 우의하고 있다.

33 『후한서』「방술지(方術志)」에서 말하였다. "왕초평(王初平)은 도술을 좋아하였다. 그가 죽은 뒤에 책 백여 권과 약 몇 봉지가 남아 있었다. 후세 사람들은 그가 시체만 남겨두고 영혼이 빠져나가 신선이 되었다고〔尸解〕 하였다."

34 조비(曹毗)의 『지괴(志怪)』에서 말하였다. "한무제가 곤명지를 팔 때 가장 깊은 곳은 모두 재와 먹으로 다시 흙이 나오지 않았다. 동박삭이 말하기를 '서역의 호승(胡僧)에게 물어볼 수 있습니다.'라 하였다. 훗날 명제(明帝) 시절에 외국의 도인이 와서 '불경에 이르기를 천지의 대겁(大劫)이 다하면 겁이 타 버린다고 하였으니, 이것은 겁이 타고 난 나머지입니다.'라 하였다." 『고승전』을 살펴보니, 서역의 호승(胡僧)은 바로 축법란(竺法蘭, 중인도의 승려)이다. 포주(浦注)에서, "'약

낭(藥囊)'은 몸의 병을 안타까워한 것이며, '회겁(灰劫)'은 세상의 어지러움을 걱정한 것이다. 아래의 '차녀(姹女)' '단사(丹砂)' 등의 구와 함께 모두 자신에 대해 말한 것을 알 수 있다."라 하였다.

35 '拆'은 달리 '綻'으로 된 본도 있다. 두보의 시에서, "오피 안석 있으니 돌아가고 싶구나.(烏皮几在還思歸)"라 하였다.

36 『통전(通典)』에서, "송 이후에 덮개가 높다란 백사모를 만들었다."라 하였다.

37 즉 비록 오래 조정을 떠났지만 참으로 세상과 다툼이 없으니 기쁘다는 말이다. 마지막 4구의 의미도 이와 같다.

38 『한서』에서, "환담(桓譚)이 비결을 사용하는 것에 대해 간쟁하니 황제가 크게 화를 내었다. 이에 지방으로 나가 육안군(六安郡)의 승(丞)이 되었다. 그러자 기운이 꺾여 즐겁지 않다가 길에서 병들어 죽었다."라 하였는데, 주에서 "육안현(六安縣)의 옛 성은 지금 수주(壽州) 안풍현(安豊縣)의 남쪽에 있다."라 하였다. 주주(朱注)에서, "즉 나도 또한 일찍이 낭관이 되었으니, 응당 둘 다 지방에 나와 백리의 수령이 되어야 하는데 지금 버림을 받아 떠돌아다니니 육안현의 승(丞)으로 쫓겨난 환담과 비슷한 처지라는 말이다. 두보는 옛날에 좌습유로 지방인 화주(華州)의 사공(司工)이 되었다. 그러므로 환담으로 자신을 비유하였다."라 하였다.

39 『참동계』에서, "하상의 타녀는 가장 신령스럽다. 불을 만나면 하늘을 날고 세속의 먼지에 물들지 않는다."라 하였다. 『진일자주(眞一子注)』에서, "하상의 타녀는 즉 진홍(眞汞, 도가의 단약에 필요한 수은)이다." 도가의 「사상론(四象論)」에서, "서방의 경금(庚金)은 숙녀의 다른 이름이다. 그러므로 타녀라는 호칭이 있다."라 하였다. 「낙신부(洛神賦)」에서, "파도를 타고 걷지도 않으며(凌波微步)."라 하였다.

40 『장자』에서, "상고에 대춘(大椿)이 있었는데, 팔천 년으로 봄을 삼고 팔천 년으로 가을을 삼았다."라 하였다.

41 『열자』에서, "기국(杞國)에 하늘이 무너져 몸을 의지할 곳이 없어질까 걱정하는 사람이 있었다."라 하였다.

42 '撓'의 음은 '女'와 '教'의 반절법이다.

43 '긍(矜)'자는 38구의 긍(矜)자와 음은 같은데 뜻은 다르다. 「서락전(徐樂傳)」에서, "진섭(陳涉)이 낮은 신분에서 일어나 창[棘矜]을 휘둘렀다."라 하였는데, 안사고가 말하기를 "'극(棘)'은 창이오, '긍(矜)'은 창의 손잡이다."라 하였다. 앞 구는 자신을 이 구는 유백화를 말한다.

44 '叛'은 달리 '數'로 된 본도 있다.

45 ‘연골(鍊骨)’과 ‘양생(養生)’은 ‘춘수영(椿壽永)’을 이어받고, ‘장병(張兵)’과 ‘벌반(伐叛)’은 ‘기천붕(杞天崩)’을 이어받는다. 구주(仇注)에서, “나는 이미 세상 밖에 몸을 의탁하였는데, 다만 약을 복용하여 장수할 것만 구하며 기나라 사람의 걱정은 다시는 가지지 않는다. 유백화는 처지가 백성과 사직을 맡고 있으니 건강을 지키는 것은 마땅히 제대로 알아야 하지만 난을 다스리는 것이 더욱 힘써야할 직책이다. 이 당시 촉에 도적이 아직 다스려지지 않았기에 ‘장병(張兵)’과 ‘벌반(伐叛)’ 등의 언급을 하였다.”라 하였다.

46 주주(注注)에서, “두보가 시를 지어 준 것은 사극(史克)이 노후(魯侯)를 칭송한 것과 같다.”라 하였다.

47 원주(原注)에서, “평생 좋아하는 것은 소갈병이 그치는 것이다.”라 하였다. 『좌전』에서, “술이 승강의 물처럼 많다.”고 하였다.

48 『세설신어』에서, “은호(殷浩)가 벼슬에서 쫓겨나자 하루 종일 허공에 ‘쯧쯧 괴이할 일(咄咄怪事)’ 네 글자를 썼다.”라 하였다.

49 즉 「봉증위좌승장(奉贈韋左丞丈)」의 ‘흰 갈매기 너른 바다에 자맥질하는데, 만 리 유랑객을 누가 잡아 두리오.(白鷗沒浩蕩 萬里誰能馴)’라는 의미와 같다.

50 『모시(毛詩)』에서, “「청승(青蠅)」은 참소를 풍자한 시이다.”라 하였다. 두보는 본래 참소를 당하여 지방으로 나왔기에 이렇게 말하였다. 옛날의 주는 매우 지루하다.

杜甫 著
楊倫 編注

杜詩鏡銓 4

杜詩鏡銓卷十三　大歷中公居夔州作

峽中覽物

曾爲掾吏趨三輔（掾吏謂爲華州司功三輔京兆扶風馮翊也華屬扶風）憶在潼關詩興多巫峽忽如瞻華嶽蜀江猶似見黃河舟中得病移衾枕（謂自雲安遷夔）洞口經春長薜蘿形勝有餘風土惡幾時回首一高歌（回首謂北歸也）

憶鄭南

（舊作憶鄭南玭〔朱注〕鄭南謂華州鄭縣之南詳詩意只是憶鄭南寺舊遊耳玭字或訛或衍今從草堂本刪去）

鄭南伏毒寺（劉禹錫別集舅氏牧華州陪登伏毒寺即此）瀟灑到江心（謂寺在江中也）石影銜珠閣（閣有珠簾故曰珠閣）泉聲帶玉琴風杉曾曙倚雲嶠憶春

從崔敘起開手
疊用三喻

此段送崔還朝

臨萬里蒼茫水，龍蛇只自深。言峽水蒼茫，徒爲龍蛇窟穴，嘆不如鄭南江心之瀟灑也

贈崔十三評事公輔

飄飄西極馬，來自渥洼池。颯颯似立切寒山桂，唐韻：颯颯，大風也。謝靈運詩：南州實炎德，桂木凌寒山。低徊風雨枝。仇注：馬來渥洼，比崔之才俊；桂摧風雨，比崔之屈抑。我聞龍正直，浦注：龍正直，指君言。易所謂龍德而正中者也。道屈爾何爲。且有元戎命，元戎，謂羽林軍帥，即崔之舉主。悲歌識者知。官聯辭冗長，按：評事掌出使推按，不爲冗官。崔蓋以評事出爲外州幕僚，茲復以薦徵入補羽林軍職也。行路洗欹危。謂將出峽。脫劒主人贈，主人謂崔之幕主。去帆春色隨。陰沈鐵鳳闕，漢書：建章宮東則鳳闕，高二十餘丈。西都賦注：圓闕上作鐵鳳，令張兩翼。教練羽林兒。天子朝侵早，謂世亂多事。雲臺仗數移。謂乘輿播遷。分軍應供給。

此則有感時事

此謂元戎得以靖亂

此望崔以功業自顯

末贈別而致稱羨之意

考史時魚朝恩典神策軍分爲左右廂勢居北軍右百姓日支離。黠吏因封己。國語引黨以封己注封厚也
○句○打○動○雀○
公才或守雌。晉書孔愉有公才而無公望老子知其雄守其雌燕王買駿骨。事見戰國策
渭老得熊羆。活國名公在。名公卽元戎拜壇群寇疑。懼也冰壺
動瑤碧。張溍注瑤碧二玉名冰壺指朗鑑謂才士貴如珠玉而元戎能賞識之也野水失蛟螭。言群盜將見盪滅
入幕諸彥集。渴賢高選宜。騫騰坐可致。九萬起於斯。
復進出矛戟。祝其再遷而專閫昭然開鼎彝。會看之子貴。歎及
老夫衰。豈但江曾決。言向聞評事議論如江河之決還思霧一披。詳見一卷暗塵
生古鏡、拂匣照西施、言其先屈而後伸也應轉起處意舅氏多人物。崔係公中表
無慙困翮垂。

此詩獨作遊體句法亦多離奇開盧仝孟郊一種詩派然學之易入奧僻

奉寄李十五祕書文嶷二首

避暑雲安縣。秋風早下來。暫留魚復浦。同過楚王臺。寰宇記楚宮在巫山縣西二百步陽臺古城內即襄王所遊之地陽雲臺高一百二十丈南枕長江時祕書將適洪州公故約其至夔相會同下峽也猿鳥千崖窄。江湖萬里開。竹枝歌未好。舊注竹枝歌巴渝之遺音惟峽人善唱何宇度談資竹枝歌悽惋悲怨蘇長公云有楚人哀屈賈之遺聲焉畫舸莫遲回。促其早至而出峽也

行李千金贈。衣冠八尺身。飛騰知有策。意度不無神。班秩兼通貴。唐書祕書郎從八品上故曰通貴公侯出異人。文嶷係宗室玄成負文彩。漢書韋玄成韋賢之少子守正持重不及於父而文彩過之世業豈沈淪。

上章寄意已完此章但致頌禱

只是隨手寫出自覺十分淋漓

貽華陽柳少府（唐書華陽縣屬成都府）

繫馬喬木間問人野寺門柳侯披衣笑見我顏色溫（起處寫景如生）並坐石堂下俛視大江奔火雲洗月露（言火雲爲月露所洗）絕壁上朝暾（是夏天曉景）自非曉相訪觸熱生病根南方六七月出入異中原老少多暍（於歇切）死（漢紀元封四年夏六旱民多暍死暍傷暑也）汗踰水漿翻俊才得之子筋力不辭煩指揮當世事語及戎馬存涕淚濺我裳悲風排帝閽鬱陶抱長策義仗知者論吾衰病江漢但愧識璵璠文章一小技於道未爲尊（放低說身分愈高二句亦因柳以此尊已而言）起予幸斑白因是託子孫（仇注言少府長策足以匡濟當時則已之文章）

小技何關大道乎此所以有起予之歎也又因肝膽照人故欲以子孫相託

俱客古信州舊唐書夔州本梁信州隋爲巴東郡武德二年改夔州結廬依毀垣相去四五里徑微山葉繁時危挹佳士况免軍旅喧（寫出家人相待意）醉從趙女舞歌鼓秦人盆李斯書擊甕叩缶彈箏拊髀而歌嗚嗚快耳者眞秦之聲也楊惲書家本秦也能爲秦聲婦趙女也雅善鼓瑟酒後耳熱仰天拊缶而歌嗚嗚爾雅盆謂之缶子壯顧我傷我驩兼淚痕（結語甚悲）餘生如過鳥張協詩人生瀛海內忽如鳥過目故里今空村成都時有崔旰之亂而夔州免於軍旅故得相從歡宴但思餘生無幾而故里難歸仍不免相對淚下耳

雷

誌旱而空雷也以下數篇皆說旱

大旱山嶽焦密雲復無雨南方瘴癘地罹此農事苦封內必舞雩周禮司巫國大旱則率巫而舞雩注雩者呼嗟求雨之祭峽中喧擊鼓神農書祈雨不

蔣云趣甚亦暗譏當時詔事潘鎮者

軍興賦重人多愁怨乃致旱之由公故慷慨極言翻進一層正是探原之論

雨則暴巫暴巫而不雨則積薪擊鼓而焚山眞龍竟寂寞土梗空傴音呂俯土梗猶云泥塑木偶人也

亦暗用國策桃梗土偶語傴俯謂鞠躬以祈神也吁嗟公私病稅斂缺不補故老仰

面噓瘡痍向誰數暴尪或前聞禮記歲旱穆公召縣子而問曰天久不雨吾欲暴尪而奚若注尪者面向天覬天哀而雨之鞭巫非稽古請先偃甲兵處分聽人主萬

邦但各業一物休盡取水旱其數然堯湯免親覿漢鼂錯傳堯有九年之水湯有七年之旱上天鑠金石招魂十日代出流金鑠石羣盜亂豺虎二者存

一端愆陽不猶愈左傳春無愆陽按是時蜀亂羣帥交攻民不堪命故言救旱之道非祈神暴巫所能爲力舊說但概指方鎮未爲得旨

昨宵殷其雷風過齊萬弩復吹霾翳散虛覺神

至此方入題

收到自家作結

靈聚氣暍腸胃融汗溼衣裳污吾衰尤計拙失望築

公詩有近賦者亦出熟精選理

場閫。

火

（原注楚俗大旱則焚山擊鼓有合神農書）

此首開手○先揭出題○先○敘舉火之由○

楚山經月火大旱則斯舉舊俗燒蛟龍驚惶致雷雨爆（皮敎切）嵌（丘銜切）魑魅泣（嵌謂山穴故魑魅潛於其中）○低○處○崩凍嵐陰昈（西京賦赫昈昈以宏敞李善注埤蒼昈赤文也又廣韻明也言積凍之地爲火所崩廻故嵐陰皆有赤光）羅落沸百泓（言火燼周圍隕落泓水盡爲沸騰也）根源皆萬（一作太）古青林一灰燼雲氣無處所（高唐賦風止雨霽雲無處所）入

○高○處○以○上○言○日○中○之○火

言夜間○之火

夜殊赫然新秋照牛女（言火光燭天）風吹巨焰作河掉（動也一作漢）騰烟柱（與拄通）勢欲焚崑崙（書火炎崑岡玉石俱焚）光彌焮（香靳切）洲渚（左傳行火所焮一焮炙也）腥至焦長蛇聲吼纏猛虎神物已高飛不見石與

土（貫耳集）古傳龍不見石人不見風魚不見水言欲燒蛟龍致雨龍已遠去徒害他物所以曉愚民也爾寧要謗讟憑

此近熒侮（張溍注）見蛟龍神物非可力爭故焚山之舉似以謗毀要神其事近於熒惑狎侮不足憑信 薄關長吏 此言然

○火無救於旱○

憂甚昧至精主（朱注）言此固舊俗不經實因長吏薄於憂民不知以精誠為主盡祈救之道耳 遠遷誰撲

滅將恐及環堵（詩）將恐將懼 流汗臥江亭更深氣如縷

與三川觀水漲作同一刻劃盡致恐張南本孫知微畫筆不能逮也○獨以造字造句見奇韓孟聯句及歐蘇禁體諸詩皆源於此

熱三首

雷霆空霹靂雲雨竟虛無炎赫衣流汗低垂氣不蘇

乞為寒水玉（山海經）堂庭之山多水玉（注）水精也 願作冷秋菰何似兒童歲

二三結句各有出處

風涼出舞雩

瘴雲終不滅。瀘水復西來。〔後漢書注〕瀘水出旄牛徼外經朱提至僰道入江在今嶲州時有瘴氣閉戸人高臥。歸林鳥卻回。峽中都似火。江上只空雷。想見陰宮雪。〔繁欽暑賦〕雖託陰宮罔所避旃風門颯沓開。亦寓思君意兼有下情未悉之感朱李沈不冷。〔魏文帝書〕浮甘瓜於清泉沈朱李於寒水彫胡炊屢新。彫胡注見三卷因熱甚不能餐故屢炊也將衰骨盡痛。被暍味空頻。歘翕炎蒸景。飄颻征戍人。十年可解甲。正傷其未解也爲爾一霑巾。

七月三日亭午已後校同較熱退晚加小涼穩睡有詩因論壯年樂事戲呈元二十一曹長

今茲商用事。〔月令〕孟秋之月其音商律中夷則餘熱亦已末。衰年旅炎方。

生意從此活亭午滅汗流北鄰耐人聒晩風爽烏匼（遏合切【薛夢符】曰烏巾也）筋力蘇摧折閉目踰十旬大江不止渴退藏（追說）恨雨師健步聞旱魃（【神異經】南方有人長二三尺裸身而目在頂上走行如風名曰魃俗曰旱魃所見之國大旱）園蔬抱金玉（言貴如金玉）無以供採掇密雲雖聚散徂暑終衰歇（【詩】六月徂暑謂夏竟無雨）前聖眘（古慎字）焚巫（【左傳】僖二十一年夏旱公欲焚巫尫臧文仲曰非旱備也）武王親救暍（【帝王世紀】武王自孟津還見暍人王自左擁而右扇之）陰陽相主客時序遞回斡（借景渡下）灑落惟清秋昏霾一空闊蕭蕭紫塞雁（【古今注】秦築長城土色皆紫）南向欲行列欻思紅顏日霜露凍（泠也）堦闥胡馬挾雕弓鳴弦不虛發長鈚（音批）逐狡兔（【廣韻】鈚箭也）突羽當滿月（【趙曰】突羽言羽

此追論壯年樂事

以下戲呈

箭奔突當滿月言挽弓之滿如月箭當其間惆悵白頭吟。蕭條游俠窟。盧注此卽壯遊詩中放蕩齊趙間裘馬頗清狂呼鷹皂櫪林逐獸雲雪岡事也。臨軒望山閣山閣元曹長所居縹緲安可越。高人鍊丹砂。未念將朽骨。少壯跡頗疏。歡樂曾倏忽。承上段杖藜風塵際。老醜難翦拂。吾子得神仙。本是池中物。賤夫美一睡。方書云修眞者戒睡煩促嬰詞筆。杜臆曹長喜燒煉故末以此戲之謂其雖得仙術未能羽化猶是池中物而已之善睡不滅於仙遊也

牽牛織女

牽牛出河西。織女處其東。萬古永相望。七夕誰見同。神光竟難候。此事終朦朧。周處風土記七月七日夜灑掃於庭露施几筵設酒脯時果散香粉於筵上以

此段朱子取入女誡

祀河鼓織女言此二星辰當會少年守夜者咸懷私願或云見天漢中奕奕正白氣有光耀五色以此爲徵便拜而乞願爾雅河鼓謂之牽牛 颯然

精靈合何必秋遂逢一作通 亭亭新妝立指織女 龍駕具曾空謝朓七夕賦同龍駕之容裔 世人亦爲爾祈請走兒童稱家隨豐儉曰

屋達公宮膳夫翊堂殿謂陳設饌具 鳴玉凄房櫳浦注鳴玉當指環佩聲謂女人皆自房中出也 曝衣遍天下西京雜記太液池西有漢武曝衣樓七夕出后衣曝於樓上 曳月揚微風

蛛絲小人態曲綴瓜果中荊楚歲時記七夕人家婦女結綵縷穿七孔針陳瓜果於庭中以乞巧有蟢子網於瓜上者則以爲得巧 初筵裛重露日出甘所終言自夕至朝也 嗟汝未嫁女即就織女發論二句承竭

秉心鬱忡忡防身動如律竭力機杼中雖無舅姑事力以下俱申防身陪說 敢昧織作功明明君臣契咫尺或未容言尺寸不可踰越 義無

棄禮法恩始夫婦恭小大有佳期戒之在至公女失節必爲夫所棄猶臣失節必爲君所輕方圓苟齟齬九辯圜鑿而方枘兮吾固知其齟齬而難入丈夫多英雄

朱注言夫婦之義通於君臣近雖咫尺非佳期不合苟棄禮失身能不爲丈夫之所賤耶仇注牛女渡河說本荒誕舊俗乞巧更涉私情故以牛女無私會之事以興男女無苟合之道也

邵滄來曰七夕詩從來諸作不過寫儀從之盛會合之情別離之苦而已獨公此詩一起八句卽闕倒中十四句將乞巧正面陳列一番後一段發出大議論亦是翻案法而微言大義侃侃不磨自見獨開生面○或曰此託意君子進身之道故感牛女事而賦之

毒熱寄簡崔評事十六弟

大火運金氣大火心星也注見十一卷荊揚不知秋林下有塌翼謂熱不能飛

水中無行舟千室但掃地仇注欲臥地求涼也閉關人事休老夫

○張○云○避○熱○真景

轉不樂旅次兼百憂蝮蛇暮偃蹇空牀難暗投炎宵惡明燭況乃懷舊邱開襟仰內弟白帖舅之子爲內兄弟陸厥有答內兄顧希叔詩執熱露白頭束帶負芒刺接居成阻修何當淸霜飛會子臨江樓載聞大易義諷詠詩家流崔必長於易詩之學蘊藉異時輩檢身非苟求皇皇使臣體唐書評事掌出使推按信是德業優楚材擇杞梓喻崔使夔漢苑歸驊騮喻崔還京短章達我心理待識者籌言諸事皆待崔相商也

信行遠修水筒原注引泉筒公伐木詩序有隸人信行與本事關映

汝性不茹葷淸淨僕夫內秉心識本源於事少滯礙

雲端水筒坼林表山石碎石碎故筒坼觸熱藉子修通流與廚會往來四十里荒險崖谷大日曛驚未餐貌赤愧相對浮瓜供老病裂餅常所愛何曾裂餅十字文見王隱晉書於斯答恭謹足以殊殿最浦注浮瓜裂餅皆以分賜酬勞者見恩意特殊舊注非是詎要方士符汝南先賢傳葛元與吳大帝坐樓上見作請雨土人曰雨易得耳即書符著社廟中須臾大雨淹注平地水尺餘何假將軍佩舊作蓋東觀漢紀李貳師將軍拔佩刀刺山而泉飛出行諸直如筆仇注行諸猶云行乎呼其名也後魏古弼太武嘉其直而有用賜名曰弼以其頭尖時人呼為筆公用意崎嶇外申鳧盟曰日曛驚未餐貌赤愧相對公之體恤下情如是眞仁者之用心陶公云此亦人子也可善遇之兩賢一轍

催宗文樹雞柵宗文公長子樹柵織籠本奴僕事而課督之者則宗文也

張云寫雞形神俱出可發一笑

吾衰怯行邁旅次展崩廹任昉表無任崩廹之情言當有所藉以養生愈風傳烏
雞本草烏雌雞治風溼麻痺秋卵方漫喫趙注春卵可以抱育故秋卵方充食也自春生成者隨
母向百翮驅趁制不禁驅趁謂驅去仍來雖制之亦不能禁喧呼山腰宅課
奴殺青竹火炙竹去汗則不蠹以立柵也終日憎赤幘干寶搜神記安陽城南有亭一書生明術數入亭宿夜半有赤幘者來或問曰向赤幘者誰答曰西舍老雄雞也踏藉盤案翻塞蹊使之隔墻東

承赤幘句○承青竹句○

有隙一作問散地可以樹高柵避熱時未一作來歸問兒所為跡

織籠乃又○進一層

織籠曹其內曹羣處也令入不得擲稀間可一作苦突過觜爪一作距
還污席稀間言柵中稀疏有間突過污席明織籠之不可已也我寬螻蟻遭彼免狐貉厄

○是○佛○理○亦○是○王○道○

齊民要術雞棲宜椓地為籠內著棧安穩易肥又免狐狸之厄應宜各長幼自此均勍敵籠柵

末段明所以畜雞之由應轉起處

念有修近身見損益（朱注言因修此籠柵近譬諸身見損益之理莫不皆然）明明領處分一一當剖析不昧風雨晨亂離減憂慼（詩風雨如晦雞鳴不已喻君子世亂而不失其常度也故欲藉此以寬憂慼）其流則凡鳥其氣心匪石（詩我心匪石不可轉也言司晨有信）倚賴窮歲晏撥煩去冰釋未似尸鄉翁（列仙傳祝雞翁居尸鄉北山下養雞百年餘雞至千頭皆有名字欲取呼名則種別而至後昇吳山莫知所在）拘留蓋阡陌（阡陌即謂墻東隙地言祝雞翁任其飛走吾則未能故拘留而蓋之阡陌之間也末句乃自哂之詞）

盧文子曰雞柵本一小事杜公說來便見仁至義盡之意念其生成春卵不食仁也人禽有別驅諸柵能義也螻蟻可全狐狸亦免義中之仁長幼不混勃敵亦均仁中之義於課柵一事直抉出至理如許可謂善勖其子矣

驅豎子摘蒼耳（爾雅注卷耳或曰苓耳形似鼠耳叢生如盤陸璣詩疏葉似胡荽白花細莖可煮為茹按本草

邵云亦是髯蘇山谷濫觴

即今蒼耳

江上秋已分。林中瘴尤劇。畦丁告勞苦。無以供日夕。

即前園蔬抱金玉意

蓬莠獨不燋。野蔬瘖泉石。謂與蒼耳雜生者卷耳況療風。本草卷耳主療風溼周痺四肢拘攣童兒且時摘。侵星驅之去。○寫○頑○童○如○畫○亦○見○難○爛漫任遠

○摘

適。仇注晨去午歸避瘴熱也放筐亭午際。洗剝相蒙冪。舊注冪覆食巾謂洗其土剝其毛以巾覆之

登牀半生熟。牀謂食牀下箸還小益。加點瓜薤間。依稀橘奴跡。荊州記吳丹陽太守李衡於武陵種甘橘千株臨死勅其子曰吾洲裏千頭木奴歲可得絹千匹杜預七規綠以丹橘雜以芳鱗杜臆古人用橘以調和食味此以蒼耳當橘奴也○又○開○出○大○議○論○亂世誅求急。黎民糠籺窄。陳平傳亦食糠覈耳晉灼曰覈音紇京師人謂麁屑爲紇頭飽食復何心。荒哉膏粱客。富家廚肉臭。戰地骸

此等詩最得比興體製亦從三百篇出

骨白（謂多死於饑餓）寄語惡少年黃金且休擲（言一野蔬驅摘之難如此奈何不惜物力哉）

種萵苣 幷序

既雨已秋堂下理小畦隔種一兩席許萵苣向二旬矣而苣不甲拆獨野莧青青（本草莧有赤白二種或謂細莧俗謂之野莧）傷時君子或晚得微祿轗軻不進因作此詩（朱注萵苣公借以自喻序有晚得微祿句詞旨甚明）

陰陽一錯亂驕蹇不復理（蔡邕詩苦熱氣驕蹇邵注驕謂日色驕亢蹇謂雨水蹇澁）枯旱於其中炎方慘如燬植物半蹉跎嘉生將已矣（史記神降之嘉生注嘉生嘉穀也）雲雷忽奔命師伯集所使（師伯雨師風伯也）指揮赤白日

寫驟雨入神之筆

指揮亦暗用魯陽揮戈返日事赤白日言日色赤而漸白也句謂日光藏匿頹洞靑光起謂雲氣鬱蒸雨聲先以一作已風散足盡西靡謝朓詩森森散雨足言雨脚從風而靡也山泉落滄江霹靂猶在耳終朝紆颯沓信宿罷瀟灑叶洗堂下可以畦呼童對經始對謂對堂下苣兮蔬之常隨事蓺其子破塊數席間荷鋤功易止兩旬不甲拆空惜埋泥滓野莧迷汝來謂不知所從來也宗生實於此吳都賦宗生高岡族茂幽草此輩豈無秋所以警之亦蒙寒露委言當秋露寒凉不久亦當委落翻然出地速滋蔓戶庭毁毁謂遮塞路徑因知邪干正掩抑至沒齒賢良雖得祿守道不封已言君子守道異於小人之封已猶莴苣出地不蕃非若野莧之易蔓也擁塞敗芝蘭眾多盛荊杞二句又推類言

李云自古錯枉只在擧直於此見公經濟

之中園陷蕭艾〔世說〕寧爲蘭摧玉折不爲蕭敷艾榮老圃永爲恥登於白玉○所○以○愧○之盤藉以如霞綺〔謝朓詩〕餘霞散成綺〔趙曰〕古人每言綺饌蓋貴家以錦綺藉食莧也無所施胡顏入筐篚結意見邪終不能勝正也蕭艾陷苣老圃傷心然玉盤霞綺之間必苣始充用無有薦及野莧者是小人雖能掩抑君子而究不爲人之所貴也

雨

李云淡遠之甚然自盡致

峽雲行淸曉烟霧相徘徊風吹滄江去○二○句○恍○惚○從烟霧中○見雨灑舊作樹朱子改作去石壁來凄凄生餘寒○出○方○妙殷殷兼出雷白谷變氣候公詩西江白谷分叉白谷會深遊似是夔州地名〔杜臆〕謂卽白帝城之谷朱炎安在哉高鳥溼不下居人門未開楚宮久已滅幽佩爲誰哀〔神女賦〕搖佩飾鳴玉鸞侍臣書王夢

借巫山行雨事本地風光寫得飄緲

陶開虞曰此等雋淡處又似陶韋○雲厚方雨首二句有畫意

賦有冠古才冥冥翠龍駕朱注河東賦乘翠龍而超河兮此借以言行雨之龍也多自巫山臺

雨

行雲遞崇高飛雨靄而至潺潺石間溜汩汩松上駛亢陽乘秋熱百穀皆已棄皇天德澤降燋卷有生意應璩書頃者炎旱日更甚砂礫銷鑠草木燋卷前雨傷卒暴今雨喜容易不可無雷霆間作鼓增氣佳聲達中宵所望時一致清霜九月天髣髴見滯穗郊扉及我私我圃日蒼翠恨無抱甕力莊子漢陰一丈人方爲圃畦鑿隧而入井抱甕而出灌庶減臨江費謂臨江汲水之費

前起四寫急雨此寫綿雨

仇云前章憂吳楚之盜故恐遠

雨二首（浦注此與前兩首雨詩另爲一意時或有吳蜀寇警且似深秋久雨之作今亦從朱本類編）

青山澹無姿（全用江淹句）白露誰能數（仇注雲氣蒙故山常淡雨溼多故露難辨）片片水上雲蕭蕭沙中雨（蔣云四句連看似露似雲連山連水只沙上有聲知爲雨也寫狀入神）殊俗狀巢居（元稹詩自注巴人都在山坡架木爲居）曾臺俯風渚佳客適萬里沈思情延佇掛帆遠色外驚浪滿吳楚久陰蛟螭出寇盜復幾許（按此詩對雨懷人而慮其逢寇必有所指諸本俱未詳下章羣盜亦無考）

空山中宵陰微冷先枕席回風起清曙萬象萋已碧落落出岫雲渾渾倚天石（寫出一片迷漫）日假何道行（舊注日行有黃道赤道雨久陰晦故不知所行何道）雨含長江白連檣荆州船有士荷戈戟南防草

客難行此章憂峽中之盜故憐士卒勞役

張云驟雨後小雨他人傳寫不出

纖麗亦玉溪生粉本

鎮慘。（杜臆）草鎮地名疑即黃草峽蓋峽西有亂總戎調荆州兵以防之霑溼○赴○遠○役○羣○盜○下○辟○山○（唐書）渝州有壁山縣宋史作辟山隸重慶府疑即此地總戎備强敵水深雲光廓鳴艣○各○有○適○迷離中不認舟之多少故但以鳴艣爲驗漁艇自一作息悠悠夷歌負樵客留○滯○一老翁書時記朝夕○未見漁樵自得而歎已之留滯也

雨不絕

鳴雨既過漸細微映空搖颺去聲如絲飛階前短草泥○不○亂○院裏長條風乍稀○（仇注）草不沾污見雨之微風雖乍稀雨猶未止也舞○石○旋○應○將○乳○子○（羅含湘中記）石燕在零陵縣遇風雨則飛舞如燕止則爲石（水經注）燕山有石紺色狀燕其石或大或小及雷雨相薄則小者隨大者而飛如相將乳子之狀行○雲○莫○自○溼○仙○衣○行雲用神女事莫疑詞黃白山云石燕將子神女溼衣此巖滄浪所謂趣不關

（理者）眼前江舸何匆促。未待安流逆浪歸。

> 前半寫景如畫

晚晴

晚（一作返）照斜初徹。浮雲薄未歸。（承一）江虹明遠飲（張正見詩：鏡似臨峯月，流如飲澗虹。前漢燕王旦時，有大虹下於宮中，飲井水竭）峽雨落餘飛。（承二）（仇注：夕照映虹，有似下垂而飲；雨後雲過，尚帶餘點飄飛）鳧鶴終高去。（言喜晴飛遠。杜臆：鳧不高飛，字恐有誤）熊羆覺自肥。（言因雨久藏，鳥獸皆有自得之趣，以興己之久客未歸也）秋風客尚在。竹露夕微微。

> 李子德云：摹寫處具見大力，直是造化在手。

殿中楊監見示張旭草書圖

（唐書：殿中省監一人，掌天子服御之事）

斯人已云亡。草聖祕難得。及茲煩見示。滿目一悽惻。（旭爲公舊友，故云）悲風生微綃。萬里起古色。鏘鏘鳴玉動。落落（六句敘其書法神妙）

是夙昔相契徵情於篇末一逗

羣松直連山蟠其間（法書要錄）蕭思話行草如連岡盡望勢不斷絕溟漲與筆力（謝靈運詩）溟漲無端倪（仇注）玉動比其清和松直比其蒼勁連山狀其起伏溟漲狀其浩瀚有練實先書臨池真盡墨（衛恆書勢）弘農張伯英凡家之衣帛必先書而後染練之臨池學書池水盡黑韋仲將謂之草聖俊拔爲之主暮年思轉極未知張王後（王羲之傳）我書比鍾繇當抗行比張芝草猶雁行誰並百代則嗚呼東吳精（謂稟東吳之精氣（本傳）旭東吳蘇州人（李頎贈張顛詩）皓首窮草隸時稱太湖精）逸氣感清識（清識謂楊監）楊公拂篋笥舒卷忘寢食念昔揮毫端不獨觀酒德（劉伶有酒德頌公詩張旭三杯草聖傳盖旭善書多於醉後也）

六句贊其書學精深　以賞玩意結

楊監又出畫鷹十二扇（浦注）十二扇恐如今屏障之類

近時馮紹正能畫鷙鳥樣（名畫記）馮紹正開元中爲戶部侍郎善畫鷹鶻雞雉盡其形態嘴眼脚爪毛彩

李云詠畫忽寓興亡之感可稱高壯

末借眞鷹寄慨用意又別

俱妙曾於禁中畫五龍堂有降雲蓄雨之感明公出此圖無乃傳其狀朱注斷林畫評畫有傳移摹寫爲六法之一張彥遠曰顧愷之有摹搨妙法古時好搨畫十得七八亦有御府搨本謂之宮搨此蓋搨馮監畫本也殊姿各獨立清絕心有向疾禁平聲當也千里馬氣敵萬人將憶昔驪山宮冬移含元仗舊唐書東內曰大明宮正殿曰含元殿玄宗常以冬十月幸驪山天寒大羽獵此物神俱王當時無凡材百中去聲皆用壯津陽門詩注中王有高麗赤鷹岐王有北山黃鶻逸氣奇姿特異他等上每校獵必置於駕前目爲決勝兒公詩百中爭能恥下韝乃借用養由基事粉墨形似間識者一惆悵紹正乃開元間人故思及驪山校獵之盛不覺對畫而惆悵也干戈少暇日眞骨老崖嶂爲君除狡兔會是翻韝上遊獵不暇鷹老空山矣然其力能搏兔雖老猶可用也鶴注狡兔殆指崔盱輩

卽舂陵行詩意
語誠簡切

送殿中楊監赴蜀見相公　杜鴻漸也按史大歷元年二月杜鴻漸以黃門侍郎平章事鎮蜀故稱相公

興起

去水絕還波洩雲無定姿（仇注）洩雲雲之飄散者（鮑照詩）洩雲去不極馳波往不窮人生在世間聚散亦暫時離別重相逢偶然豈足期送子淸秋暮風物長年悲（淮南子）木葉落長年悲豪俊貴勳業邦家頻出師相公鎮梁益（初學記）劍南道禹貢梁州之域也自劍閣而南分爲益州軍事無孑遺言事無遺策解榻再見今（後漢徐穉傳）陳蕃爲太守惟穉來特設一榻去則懸之用材復擇誰況子已高位爲郡得固辭（朱注）按唐志殿中監從三品則其位已高得固辭言不得辭也意鴻漸是時辟楊爲蜀中郡守故云然下四句正告以爲郡之道難拒供給費愼哀漁奪私干戈未甚息紀綱

張云出遊爲生計所迫原非得

正所持（景帝紀二千石官長紀綱人倫）汎舟巨石橫登陸草露滋（言水陸道俱難行故在途必多淹久）山門日易久（一作夕山門謂夔峽間）當念居者思

贈李十五丈別（李十五郎前祕書文嶷）

已含送別意

峽人鳥獸居其室附層巔下臨不測江中有萬里船多病紛倚薄（謝靈運詩拙病相倚薄）少留改歲年絕域誰慰懷開顏喜名賢孤陋忝末親等級敢比肩人生意氣合相與襟袂連一日兩遣僕三日一共筵揚論展寸心壯筆過飛泉（曹植王仲宣誄文若春華思若湧泉）玄成美價存子山舊業傳（北周書庾信字子山父肩吾爲梁太子掌記室信爲抄撰學士父子在東宮文並綺麗玄成子山皆父子顯達以比李之家世通貴）不聞八尺軀

本色語自妙

一段敘李并交誼

笑接如波

已足今英雄短氣○觀此則前詩行李千金贈恐亦誇詞耳

○滿○怨○起常受衆目憐且爲辛苦行蓋被生事牽北迴白帝棹

南入黔陽天（黔陽注見十卷）汧公制方隅（舊注汧公李勉也宗室鄭惠王孫）迥出諸

○令○人○生○樂○土○之○思○

侯先封內如太古時危獨蕭然（肅宗初勉爲梁州都督後歷河南尹徙江西觀察使李十五自峽中往訪正勉在江西時上云南入黔陽天乃自黔陽取道之豫章也）

清高金莖露（一作掌露）正直朱絲絃（鮑照詩直如朱絲繩兼用後漢黨錮傳中直如弦語）

昔在堯四岳今之黃潁川（朱注按舊書稱勉坦率淡素好古尚奇清廉簡易爲宗室之表此數語蓋實錄）

一段敘李○之去依汧公○以下

贈○別

于邁恨不同所思無由宣山深水

增波解榻秋露懸（時勉按察江西故用陳蕃事）客遊雖云久主要月再

圓晨集風渚亭醉操雲嶠篇（王融詩結賞白雲嶠）丈夫貴知已歡

罷念歸旋（言李至豫章必有留連詩酒之興然爲歡易盡不可久遊而忘歸也）

結戲用刻畫無鹽語亦趣

白鹽山 水經注廣谿峽乃三峽之首山上有神淵淵北有白鹽崖高可千餘丈俯臨神淵土人見其高白故因名之

卓立羣峰外。蟠根積水邊。荊州記白鹽崖下有黃龍灘水最急沿泝所忌 他皆任厚地。爾獨近高天。白牓千家邑。白牓以白爲牓今懸額是也 清秋萬估船。山上 水中

詞人取佳句。刻畫竟誰傳。

灔澦堆

巨石水中央。江寒出水長。注見十二卷 沈牛答雲雨。沈牛即公靈湫詩所謂宗祝沈豪牛也水經江水又東逕廣谿峽注山上有神淵天旱燃木岸上推其灰燼下穢淵中尋則降雨峽中瞿唐灩澦灘上有神廟至靈驗商旅上下饗鷹不輟 如馬戒舟航。諺云灔澦如象瞿塘莫上灔澦如馬瞿唐莫下峽人以此爲水候 天意存傾覆。神功接混茫。言天意固特留此巨石以警戒冒險之人然當波濤洶湧干獨能屹立中央益見神功之同於造化也舊解俱未明 ○雄○渾○○五○承○四○六○承○三

邵云許警之作○不曰急江高峽而曰高江急峽自妙於寫此江此峽也

戈連解纜。言所止之處皆逢寇亂也時崔旰尚未平 行止憶垂堂。相如傳家有千金坐不垂堂行則憂險止則憂亂故無往不存戒心也

李長祥曰少陵夔蜀山水詩在劍閣以前皆五古瞿唐以後多五律各盡山水之奇每讀一句令人如目見山水而又得山水之所以然總由源本深厚窺見廣大意無有窮極耳

白帝

白帝城中雲出門。白帝城下雨翻盆。蔣云雲在城中出雨在城下翻已想見此城風景 高江急峽雷霆鬬。古木蒼藤日月昏。仇注江流助以雨勢故聲若雷霆之鬬樹木蔽以陰雲故昏霾日月之光前半寫雨景卽興下亂象 戎一作去馬不如歸馬逸。偶因所見言之 千家今有百家存。哀哀寡婦誅求盡。慟哭秋原何處村。

邵云氣格蒼老

黃草 此詩在夔遙慨蜀亂也末進一層情更廹切

黃草峽西船不歸。[益州記]涪州黃葛峽有相思崖今名黃草峽山草多黃故名[胡三省曰]黃草峽在涪州之西按公前詩連檣荊州船南防草鎮慘可與此互證 赤甲山下行人稀。[荊州圖經]魚復縣西北赤甲山東連白帝城西臨大江[水經注]山甚高大不生樹木其石悉赤土人云如人袒胛故謂之赤甲山[浦注]不歸行稀謂人多戍蜀也 秦中驛使無消息。[仇注]謂未聞朝命區處 蜀道兵戈有是非。萬里秋風吹錦水。誰家別淚溼羅衣。二句指遣戍家人臨風憶別之慘 莫愁劒閣終堪據。聞道松州已被圍。

朱鶴齡曰按史杜鴻漸至蜀崔旰與楊子琳柏茂林等各授刺史防禦而不正旰專殺主將之罪故有兵戈是非之語蓋言崔氏亂成都柏楊討之其是非不可無辨也然旰本建功西山郭英乂通其妾媵激之生變其罪有不專在旰者未幾釋甲隨鴻漸入朝而吐蕃則歲歲爲蜀患故末語又

十首亦竹枝詞體自是老境。前二首記形勝兼入感慨

此首作開筆領起下四首

不憂劒閣而憂松州也松州先爲吐蕃所陷此云已被圍必中間嚴武又收復

夔州歌十絕句 攄句

中巴之東巴東山。華陽國志劉璋分墊江以上爲巴郡居巴西巴東之中曰中巴唐書夔州本信州巴東郡江水開闢流其間白帝高爲三峽鎭瞿塘險過百牢關。唐書漢中郡西縣有百牢關圖經云孔明所建兩壁山相對六十里不斷漢江水流其間乃入金牛益昌路也

白帝夔州各異城。古白帝城在夔州城東蜀江楚峽混殊名。瞿塘峽舊名西陵峽與荊州西陵峽之名相亂英雄割據非天意霸王并吞在物情。朱注英雄割據謂公孫述劉焉輩霸王并吞如漢高以巴蜀收中國仇注竊據者逆天得民者致王見在德不在險也此亦借論古以警蜀寇

羣雄競起問前朝。謂前代據蜀者王者無外見今朝。比訝漁陽

此章記赤甲白鹽也

此章記瀼東瀼西也○李云生動處自見風流

結怨恨。〔朱浮責彭寵書〕奈何以區區漁陽結怨天子元聽舜日舊簫韶。舜日簫韶指明皇入蜀時二句言祿山亂後惟蜀中無恙也

赤甲白鹽俱刺七跡切天。閭閻繚繞接山巔。楓林橘樹丹○想○見○兩○邊○掩○映○之○妙○雙○是○畫○圖○青合複道重樓錦繡懸。〔盧注〕見夔州既庶且富也

瀼奴朗切東瀼西一萬家。見人烟之盛〔水經注〕白帝山城東傍瀼溪即以爲隍〔入蜀記〕夔人謂山澗之流通江者曰瀼居人分其左右謂之瀼東瀼西江南江北春冬花。見地氣之煖背飛鶴子遺瓊蘂。〔海賦〕鳧雛離褷鶴子淋滲〔王粲白鶴賦〕食靈岳之瓊蘂相趁鳧雛入蔣牙。〔蜀都賦〕攢蔣叢蒲〔注〕蔣菰名也

東屯稻畦一百頃。〔困學紀聞〕東屯乃公孫述留屯之所距白帝城五里田可百頃稻米爲蜀第一北有澗水通青苗。〔一統志〕青苗坡在瞿塘東嵌水溉田民得其利晴浴狎鷗分處處。雨隨神

此章記水次之便

上數首俱用實寫插此一首令前後都覺飛動

此章特記武侯祠

末首總結應前非專詠高唐也

女下朝朝。二句見澗水之不竭也

蜀麻吳鹽自古通萬斛之舟行若風長年三老長歌

裏白晝攤錢高浪中見不畏險意【黃生注】攤錢謂以錢攤撥於地即今之跌博也

憶昔咸陽都市合山水之圖張賣時巫峽曾經寶屏

見楚宮猶對碧峯疑言楚宮恍惚難尋疑其仍是畫中所見也

武侯祠堂不可忘中有松柏參天長干戈滿地客愁

破雲日如火炎天涼

李子德云此等直自作開山手於三唐絕句另爲一種

閬風玄圃與蓬壺閬風玄圃在崑崙蓬壺在東海中有高唐天下無【吳船錄】陽臺高

五詩訐謨壯彩與日月爭光○邵云秋興諸將同是少陵七律聖處沈實高華當讓秋興深渾蒼鬱定推諸將有謂諸將不如秋興者乃少年耳食之見耳

（唐觀在來鶴峯上言其爲仙靈之境故足與蓬閬相抗）借問夔州壓何處。峽門江腹擁城隅。

諸將五首

（俞瑒曰）自祿山背叛天下軍興久而未定公故作此詩以諷刺諸將也（顧宸曰）首章憂吐蕃責諸將之防邊者次章憤回紇責諸將之用胡者三章責大臣之出將者四章刺中官之出將者末章則身在蜀中而婉刺鎮蜀之將故其命題總曰諸將

漢朝陵墓對南山。（言其險固可守（長安志）終南山連亘藍田諸縣西漢諸陵及大臣墓多與之對）胡虜千秋尚入關。（後漢書劉盆子傳）赤眉入長安發掘諸陵取其寶貨言漢有此事不料千秋之後今復然也廣德元年吐蕃入寇太常博士柳伉上疏以爲犬戎犯關度隴不血刃而入京師劫宮闕焚陵寢詩所言當指此因不忍直斥故借漢爲言○極○傷○心○語○偏○寫○得工麗）昨日玉魚蒙（覆也）葬地（兩京新記）宣政殿初成每見數十騎馳突出高宗使巫劉明奴問所由鬼曰我漢楚王戊太子死葬於此明奴因宣詔欲爲改葬鬼曰改葬幸甚天子斂我玉魚一雙今猶未朽勿見奪也及發掘玉魚宛然）早時金盌出人間。。。。。。（昨日早時言變亂倏忽不可常保也（漢武故事）

鄴縣有一人於市貨玉杯吏疑其御物欲捕之忽不見縣送其器推問乃茂陵中物也霍光自呼吏問之說市人形貌如先帝南史沈炯經漢武通天臺表茂陵玉盌遂出人間正用此事也又搜神記載盧充與崔少府女幽婚崔與充金盌充詣市賣盌崔女姨母曰昔吾妹生女亡贈一金盌著棺中胡應麟曰此蓋以金盌字入玉盌語一句中事詞串用兩無痕跡如伯夷傳雜取經子錯綜成文正此老鑪錘妙處非獨以上有玉魚字故避重也按杜詩用事處多倣此

見愁汗馬西戎逼代宗紀永泰元年八月僕固懷恩引吐蕃寇奉天京師戒嚴曾閃朱旗北斗殷班固燕然山銘朱旗絳天公詩秦城北斗邊張溍注言閃朱旗而北斗皆赤見胡氛蔽天意多少材官守涇渭句憂兵力之弱危之也漢書材官蹶張涇渭在長安西北乃吐蕃入寇之路通鑑永泰元年九月回紇吐蕃合兵圍涇陽及暮二虜退屯北原將軍且莫破愁顏婉摯

此以吐蕃侵逼責諸將也吐蕃於廣德元年一陷京師上年永泰元年再逼京師最爲邇年大患故首及之上四援往事以惕之也吐蕃之禍至於辱及陵寢爲臣子者能自安乎下四言京畿之間近復告警雖暫行退去而出沒不常守禦者正當時時警戒未可一日安枕也

此與有感五首皆以議論爲詩其感憤時事處慷慨蘊藉反覆唱嘆而於每篇結末尤致丁寧所謂言之者無罪而聞之者足以戒與三百篇並存可也

韓公本意築三城 ○邵○云○通○首○一○氣○搏捖 舊唐書張仁愿傳景龍二年封韓國公神龍三年於河北築三受降城先是朔方與突厥以河爲界時默啜西擊娑葛仁愿乘虛奪漠南之地築三城首尾相應自是突厥不得度山放牧朔方無復寇掠新書中城南直朔方西城南直靈武東城南直榆林 擬絕天驕拔漢旌 淮陰背水之戰拔趙幟此當是絕胡人不令拔漢所建之旌也 豈謂盡煩回紇馬翻然遠救朔方兵 ○感○歎○愁○絕 至德初郭子儀領朔方軍以回紇兵討安慶緒 胡來不覺潼關隘 指回紇爲懷恩所誘與吐蕃連兵入寇 龍起猶聞晉水清 ○對○法○奇○變○不○測○有龍跳虎臥之觀 水經注晉水出晉陽縣西東入汾水一行并州起義堂頌我高祖龍躍晉水鳳翔太原冊府元龜高祖師次龍門縣代水清杜詩博議潼關失險害皆起於借兵興復然高祖龍興晉陽亦嘗請兵突厥內平隋亂其後突厥恃功直犯渭橋卒能以計摧滅之此不獨太宗之神武亦由英衛二公專征之力也故接下二句云云所以勉子儀者至矣 獨使至尊憂社稷諸君何以答昇平

此以借助於回紇責諸將也自回紇助順肅宗之復兩京雍王之討朝義皆用其兵力卒之恃功侵擾反合吐蕃入寇公故追感晉陽起義之盛而

仇云上二憶安史陷京下二言河北餘孼

開合動盪出化入神不復知為律體此境係少陵獨步後惟遺山善學之

歎諸將之不能為天子分憂也○或疑回紇收復功大不宜以借兵為非然公於北征詩卽有此輩少為貴句他如留花門遣憤等作皆深惡於回紇況此又伺叶蕃入寇之後乎若以胡來句為指祿山終於上下文氣不協

洛陽宮殿化為烽休道秦關百二重【漢紀】秦得百二焉【注】秦地險固二萬人足當諸侯百萬人【通鑑】天寶十四載十二月安祿山陷東京十五載六月破潼關

滄海未全歸禹貢指淄青等處薊門何處盡堯封指盧龍等處薊門注見三卷盡堯封如王制北不盡恆山南不盡衡山之盡時節度使李懷仙等收安史餘黨相與蟠據河北諸郡

朝廷袞職雖多預一作誰爭補【朱注】此用袞職與毛詩不同【後漢法眞傳】臣願聖朝就加袞職【注】袞職三公也唐諸鎭節度使多加中書令平章事兼領內銜

天下軍儲不自供唐府兵之制寓農於兵軍糧皆所自給今府兵法壞天下軍需皆仰給餽饟故云○邵○云○語○意○深○渾

稍喜臨邊王相國【舊唐書】廣德二年王縉拜同平章事其年八月代李光弼都統河南淮西山南東道諸節度行營事兼領東京留守歲餘遷河南副元帥

肯銷金甲事春農王縉黨附元載曰稍喜者亦不

前三首皆北望發歎此方及南中故用回首字

藩之詞

此責諸將坐視河北淪棄不修屯營之制而姑舉王縉以愧勵諸藩也按是時藩鎮各治兵完城自署將吏爲腹心之患關輔河淮等處皆須頓宿重兵自非經理屯種爲持久之計不可亦見公遠識過人處○何義門云諸侯不貢而畿內賦斂益急根本方撥何暇收復薊門屯田積穀農戰兼修則府兵可復居重馭輕安史餘孽削平可待矣此論尤爲透切

回首扶桑銅柱標 十洲記扶桑在碧海之中地此扶桑字特借指南海 南史林邑國南界馬援所植兩銅柱表漢界處也 冥氛祲未全銷 舊指明皇南詔之敗太遠 代宗紀廣德元年十二月宦官市舶使呂太一逐廣南節度張休縱兵大掠當指此 越裳翡翠無消息 越裳地接交趾 後漢賈琮傳交趾土多珍產明璣翠羽瑇瑁異香美木之屬 南海明珠久寂寥 嶺表錄異廉州有大池謂之珠池每年刺史修貢 殊錫曾爲大司馬總戎皆插侍中貂 唐書門下省侍中二人正二品掌出納帝命相禮儀與左右常侍中書令並金蟬珥貂 炎風朔雪 ○朔○雪○兼

○帶○上○章

天王地只在忠良翊聖朝 結句意若曰奈何令刀鋸之餘掌天下兵柄乎而語自渾含不露

此因南荒不靖而諷朝廷不當使中官爲將也開元中中官楊思勖將兵討安南五溪殘酷好殺而越裳不貢矣代宗初中官呂太一收珠廣南阻兵作亂而南海不靖矣李輔國以中官判元帥行軍司馬專掌禁兵又拜兵部尚書所謂殊錫也魚朝恩以中官爲天下觀軍容宣慰處置使程元振加鎭軍大將軍右監門衞大將軍充寶應軍使所謂總戎也若謂責諸將以不能殺邊公前後詩中並無此意五六但言名位益崇亦與上首衮職句犯複

○郡○云○好○起

錦江春色逐人來巫峽清秋萬壑哀 二句見在夔不如在蜀也 正憶往時嚴僕射共迎中使望鄉臺 望鄉臺在成都北公以幕僚故同往迎張云此句見武之謙愼尊君處 主恩前後三持節 嚴武一鎭東川再鎭劒南 ○慨○然○退○思 軍令分明數舉杯 惟軍令分明故得有餘閒舉杯相樂只七字而兵法整暇折衝樽俎之意已備 西蜀地形天下險安危須仗出

首章秋興之發

羣材

此言蜀中將帥也是時崔旰柏茂林等交攻杜鴻漸惟事姑息奏以節制讓旰茂林等各爲本州刺史上不得已從之鴻漸以三川副元帥兼節度主恩尤重然軍令分明有愧嚴武遠矣公故感今而思昔謂必如武出羣之材方可當安危重寄而惜鴻漸之非其人也又鴻漸入蜀以軍政委崔旰日與僚屬縱酒高會故曰軍令分明數舉杯追思嚴武之軍令實閒譏鴻漸之日飲不事事有愧主恩也八哀詩於嚴武云豈無成都酒憂國只細傾可以互相證明

秋興八首

潘岳有秋興賦因以名篇俞瑒云身居巫峽心憶京華爲八詩大旨曰巫峽曰夔府曰瞿塘曰江樓滄江關塞皆言身之所處曰故國曰故園曰京華長安蓬萊昆明曲江紫閣皆言心之所思此八詩中線索

玉露凋傷楓樹林巫山巫峽氣蕭森 水經注江水歷峽東逕新崩灘其下十餘里有大巫山其間首尾一百六十里謂之巫峽蓋因山爲名也三峽七百里中兩岸連山略無闕處自非亭午夜分不見曦月 承山 江間波浪兼

端也江間塞上狀其悲壯叢菊孤舟寫其悽緊末二句結上生下故以夔府孤城次之

此首言總看落日已復深更正見流光迅速總

承峽

天湧塞上風雲接地陰【顧注】波浪在地而曰兼天，風雲在天而曰接地，極言陰晦蕭森之狀。叢菊兩開他日淚，孤舟一繫故園心【朱注】公至夔州，已經二秋，時艤舟以俟出峽，故言兩見菊開，徒隕他日之淚；孤舟作繫，惟懷故園之心也。寒衣處處催刀尺，白帝城高急暮砧。

言外寓客子無衣之感

此

夔府孤城落日斜【舊唐書】貞觀十四年，夔州爲都督府，督歸夔忠萬涪渝南七州。天寶元年，改雲安郡。每依北斗望京華 秦城上直北斗，長安在夔州之北，故依北斗而望之。

八詩之骨

聽猿實下三聲淚【水經注】每至晴初霜旦，林寒澗肅，常有高猿長嘯，屬引淒異，故漁者歌曰：巴東三峽巫峽長，猿鳴三聲淚霑裳。【杜臆】謂聽猿墮淚，身歷始覺其眞也。奉使虛隨八月槎 奉使乘槎，用張騫事；八月槎，又參用博物志有人到天河事。【仇注】嚴武爲節度使，公曾入幕參謀，故有此句。虛隨者，言隨使節而成虛，仍未能一至京闕也。

承四

畫省香爐違伏枕【漢官儀】尚書省中皆以胡粉塗壁，紫青界之，畫古列士。尚書郎更直，給青縑白綾被，或錦被，幃帳氈褥，女侍史二人，執香爐燒薰，從入護衣服。

承三

山樓粉堞隱悲笳 山樓謂白帝城樓。

寓不歸之感故下章接言日日

沈云上章言夔州暮景此言夔州朝景

同學少年指長安卿相言謀國者用此等人宜乎如弈棊之無定算矣即起下章意

此首承上起下乃文章之過渡

前三章俱主夔州言此下五

對結無痕八首篇篇映帶秋意

請看石上藤蘿月已映洲前蘆荻花

千家山郭靜朝暉日日江樓坐翠微 言山繞樓前也 信宿漁人還泛泛清秋燕子故飛飛 漁人燕子即所見以況己之漂泊故飛飛即公詩秋燕已如客 匡衡抗疏功名薄 匡衡傳元帝初衡數上疏陳便宜遷為光祿大夫太子少傅 劉向傳經心事違 劉向傳宣帝初立穀梁春秋徵更生受穀梁講論五經於石渠成帝即位更名向詔領校中五經祕書公嘗疏救房琯不減匡衡而近侍移官一斥不復故曰功名薄劉向雖數奏封事不用而猶居近侍典校五經公則白頭幕府有愧平生故曰心事違 直是目空一世此公之狂不減乃祖 同學少年多不賤五陵衣馬自輕肥 西都賦北眺五陵注長陵安陵陽陵茂陵平陵也漢書徙吏二千石高貲富人豪俠并兼之家於諸陵

聞道長安似弈棊百年世事不勝悲王侯第宅皆新主 公在京往還如汝陽王璡鄭駙馬潛曜之類 文武衣冠異昔時 如諸蕃將封王反以魚朝恩判國子監事之類

章乃及長安也
前首慨身此首慨世皆是所以依斗望京之故

此思長安宮闕之盛而歎朝廷久違也

直北關山金鼓震謂回紇內侵子虛賦摐金鼓注金鼓鉦也征西車馬羽書馳謂吐蕃入寇

魚龍寂寞秋江冷水經注魚龍以秋日爲夜龍秋分而降蟄寢於淵故以秋爲夜也故國平居有所思三四言朝局之變更五六言邊境之多事當此時而窮老荒江了無所施其變化飛騰之術此所以回憶故國追念平居而不勝慨然也

蓬萊宮闕對南山唐會要大明宮龍朔三年號曰蓬萊宮北據高原南望終南山如指掌承露金莖霄漢間西京賦抗仙掌以承露擢雙立之金莖注金莖銅柱也西望瑤池降王母漢武內傳七月七日上齋居承華殿忽青鳥從西來集殿前東方朔曰此西王母欲來也東來紫氣滿函關關尹內傳關令尹喜常登樓望見東極有紫氣西邁曰應有聖人經過果見老君乘青牛車來顧注天寶元年田同秀見老君降於永昌街云有靈寶符在函谷關尹喜宅傍上發使求得之舊注以王母句比貴妃之冊爲太眞紫氣句指玄元之降於永昌雖記天寶承平盛事而荒淫失政亦略見矣今按西眺瑤池東瞰函關只是極言宮闕

前六句直下皆言昔之盛第七一句打轉筆力超勁○陳秋田云下四首不用句面呼吸一片神光動盪幾於無迹可尋

此思長安之曲江而傷亂也

氣象之宏敞而諷意自見於言外公詩每有此雙管齊下之筆

雲移雉尾開宮扇（儀衛志）唐制有雉尾障扇（唐會要）開元中蕭嵩奏朔望受朝宣政殿宸儀肅穆升降俯仰衆人不合得而見之請備羽扇上將出扇合坐定乃去扇　日繞龍鱗識聖顏（注）龍鱗謂袞衣之龍章　此憶獻三大禮賦事（仇）

一臥滄江驚歲晚　歲晚本言年老亦帶指秋深　幾回青瑣點朝班（舊注）樓鑰曰點與玷通（束晳補亡詩）鮮侔晨葩莫之點辱（陸厥答內兄詩）復點銅龍門多用此義（又焦竑曰王建詩）殿前傳點各依班不作玷字解較勝　何言立朝不久也（吳瞻泰云）此處拾遺移官事只用虛括他人當用幾許縈絮矣　○此○章○起○處○即○及○夔○州○法○變

瞿唐峽口曲江頭萬里風烟接素秋（梁元帝纂要）秋曰白藏亦曰素秋　花萼夾城通御氣（舊唐書）南內曰興慶宮宮西南隅有花萼相輝之樓開元二十年六月遣范安及廣花萼樓築夾城至芙蓉園（隋書天文志）天子氣內赤外黃天子欲有游往處其地先發此氣通御氣言自南內至曲江　俱爲翠華行幸處耳與敦倫勤政意無涉　芙蓉小苑入邊愁（漢書）蕭望之署小苑東門候　小苑宜春苑也（一統志）芙蓉苑即秦宜春苑地（舊注）祿山反報至帝欲遷幸登花萼樓置酒四顧

此思長安之昆明池而借漢以言唐也○昆明在唐屢為臨幸之地與曲江相類故次及之

悽愴二句言以御氣所通卽為邊愁所入正見奢靡為亡國之階耽樂乃危身之本下文又反覆唱歎言之

珠簾繡柱圍黃鵠○〔西京雜記〕昭帝始元元年黃鵠下建章太液池中帝作歌

錦纜牙檣起白鷗 回憶當日珠簾繡柱曲江殿宇之繁華錦纜牙檣曲江水嬉之炫耀宮室密故黃鵠之舉若圍舟檣多故白鷗之遊驚起

回首可憐歌舞地 公樂遊原歌曲江翠幙排銀牓拂水低回舞袖翻緣雲青切歌聲上詩所言當卽指此

秦中自古帝王州 ○吞○吐○意○在○言○外○ 〔班固西都賦〕漢之長安三成帝畿周以龍興秦以虎視言秦中本古帝王崛興之地今以歌舞之故而致遺陷沒亦甚可憐也已

昆明池水漢時功○〔漢書注〕越巂昆明國有滇池方三百里漢使求通身毒國為昆明所閉欲伐之故作昆明池象之以習水戰〔長安志〕昆明池在長安縣西二十里

武帝旌旗在眼中○〔平準書〕武帝大修昆明池治樓船高十餘丈旗幟加其上 ○二○句○池○畔○○○

織女機絲虛夜月 一作月夜〔曹毗志怪〕昆明臺仗虛修水戰船知明皇曾置船於此 甚壯〔仇注〕公寄賈嚴兩閣老詩無復雲

石鯨鱗甲動秋風 〔西京雜記〕昆明池刻玉石池作二石人東西相望象牽牛織女〔西都賦注〕作牽牛織女於左右以象天河

此思長安之渼陂也上三首皆言國事歸到自己憶舊遊作結

爲鯨魚每至雷雨常鳴吼鬐尾皆動

波漂菰米沈雲黑○二○句○池○中○○○圖經本草菰即茭白其臺中有黑者謂之茭鬱後結實彫胡米也庾肩吾詩黑米生菰葑釋文葑方用切菰根也西京雜記太液池邊皆是彫胡紫蘀綠節之類菰之有米者長安人謂爲彫胡菰之有首者謂之綠節趙注沈雲黑謂菰米之多一望黯黯如雲之黑也

露冷蓮房墜粉紅○○○○○○○爾雅荷芙蕖其實蓮其根藕其中的注蓮謂房也呂黎曲江荷花行問言何處芙蓉多撐舟昆明渡雲錦注云昆明池周回四十里芙蓉之盛如雲錦也昆明蓮花自昔當已有之邵注蓮初結子花蒂褪落故墜粉紅按中四句特就昆明所有清秋節物極寫蒼涼之景以致其懷念故國舊君之感言外淒然粉粉言盛言衰聚訟總覺無謂

關塞極○○○**天惟鳥道**○○○謂夔多高山

江湖滿地一漁翁○○○○○○○極天滿地乃俯仰興懷之意言江湖雖廣無地可歸徒若漁翁之飄泊昆明盛事何日而能再覩也哉

昆吾御宿自逶迤○昆吾御宿乃適渼陂所經羽獵賦序武帝廣開上林東南至宜春鼎湖御宿昆吾晉灼曰昆吾地名上有亭師古曰御宿苑在長安城南今之御宿川也三秦記樊川一名御宿川長安志昆吾亭在藍田縣境御宿川在萬年縣西南四十里

紫閣

峰陰入渼陂。長安志終南有紫閣峰通志其形上聳若樓閣然注詳見二卷 香稻一作紅豆啄餘一作殘鸚鵡粒公與源少府宴渼陂詩飯抄雲子白 碧梧棲老鳳凰枝二句言陂中物產之美 佳人拾翠春相問洛神賦或采明珠或拾翠羽又費昶詩芳郊拾翠人問卽毛詩雜佩以問之意句言士女嬉遊之盛 仙侶同舟晚更移後漢書李膺與郭泰同舟而濟衆賓望之以爲神仙陳廷敬注公城西陂泛舟詩青蛾皓齒在樓船橫笛短簫悲遠天所謂佳人拾翠春相問也又與岑參兄弟遊渼陂行船舷暝戛雲際寺水面月出藍田關所謂仙侶同舟晚更移也 綵筆昔曾干氣象公詩賦詩分氣象卽指集中渼陂行諸篇謂山水之氣象筆足凌之也 白頭吟望苦低垂陳注此望字與望京華相應既望而又低垂並不能望矣筆干氣象昔何其壯頭白低垂今何其憊詩至此聲淚俱盡故遂終焉

○此○首○復○借○春○景作反映

○俞○云○用○作○詩○意總結并八篇俱繳住眞○大○家○手○筆

郝楚望云八首才大氣厚格高聲宏眞足虎視詞壇獨步一世○陳眉公云雲霞滿空迴翔萬狀天風吹海怒濤飛湧可喻老杜秋興諸篇○王阮亭云秋興八首皆雄渾豐麗沈着痛快其有感於長安者但極言其盛而所感自寓於中徐而味之凡懷鄉戀闕之情慨往傷今之意與夫戎寇交

五詩詠古即詠懷一面當作兩面看其源出太冲詠史

倭小人病國風俗之非舊盛衰之相尋所謂不勝其悲者固已不出乎意言之表矣近日王夢樓太史云子美秋興八篇可抵庾子山一篇哀江南賦此論亦前人所未發○陳子端云八詩章法緒脈相承蛛絲馬跡分之如駭雞之犀四面皆見合之如常山之陣首尾互應其命意鍊句之妙自不必言

詠懷古跡五首

此五章乃借古跡以詠懷也庾信避難由建康至江陵雖非蜀地然曾居宋玉之宅公之飄泊類是故借以發端次詠宋玉以文章同調相憐詠明妃爲高才不遇寄慨先主武侯則有感於君臣之際焉或疑首章與古跡不合欲割取另爲一章何其固也

○自○敘○起○爲○五○詩○總冒　俞○云○二○句○作○詩○本○旨

支離東北風塵際支離猶流離之意飄泊西南天地間公避祿山之亂自東北而西南謂從陷賊竄上鳳翔旋棄官客秦州入蜀自乾元二年至此已八年矣因風塵故懷及先主武侯因飄泊故懷及庾宋明妃知非泛詠古跡三峽樓臺淹日月公詩殊俗狀巢居層臺俯風渚又峽人鳥獸居其室附層巔五溪衣服共雲

亦字承庾信來有嶺斷雲連之妙

山。此句見地之僻遠五溪注見九卷［後漢書］武陵五溪蠻皆槃瓠之後槃瓠犬也得高辛氏少女生六男六女織績木皮染以草實好五采衣服裁製皆有尾形［補注］五溪在湖廣辰州界正在夔南

羯胡事主終無賴下四句即庾自喻句承風塵祿山叛唐猶侯景之叛梁也詞客哀時且未還句承飄泊公思故國猶信之哀江南也庾信平生最蕭瑟暮年詩賦動江關［庾信傳］信在周雖位望通顯常有鄉關之思乃作哀江南賦其辭曰信年始二毛即逢喪亂狼狽流離至於暮齒燕歌遠別悲不自勝楚老相逢泣將何及又云將軍一去大樹飄零壯士不還寒風蕭瑟

李子德云五首託興最遠有縱橫萬古吞吐八極之概○庾信宋玉二首一點在末一點在起明妃首雖點在首二句而出落另是一法末二首咏先主即帶出武侯咏武侯又繳轉漢祚章法無一相同處

搖落深知宋玉悲［宋玉九辯］悲哉秋之爲氣也蕭瑟兮草木搖落而變衰［邵注］玉言此本懷亡國之憂也○流○水○對○一○往○情○深○風流儒雅亦吾師悵望千秋一灑淚蕭條異代不同時［顧注］謂與宋同

陶開虞云風流搖曳此杜詩之極有韻致者○王阮亭云青邱

一蕭條而隔於異代此所以悵望也 江山故宅空文藻趙曰歸州荊州皆有宋玉宅此當指在歸州者 雲雨

荒臺豈夢思宋玉高唐賦昔先王嘗遊高唐夢見一婦人曰妾巫山之女也王因幸之去而辭曰妾在巫山之陽高邱之岨旦爲

行雲暮爲行雨朝朝暮暮陽臺之下旦朝視之如言故爲立廟號曰朝雲漢書注宋玉此賦蓋假設其事諷諫淫惑也 最是楚宮俱

言外 意在

泯滅舟人指點到今疑

蔣紹孟曰此因宋玉而有感於平生著述之情也蓋謂自古作者用意之深類非俗人所解今思宋玉搖落之感具有深悲惜未得與同時一爲傾寫耳乃雲雨荒臺本爲諷諫而至今行舟指點徒結念於神女襄王玉之心將有不白於千秋異代者公詩凡若此者多矣故特於宋玉三致意焉

一說王嗣奭曰楚宮久沒而舟人過此尚疑神女之爲眞因文藻所留足以感動後人耳意卻似太淺

發地靈說入多少鄭重

羣山萬壑赴荊門生長明妃尚有村漢書注昭君本蜀郡秭歸人也石崇明君詞序

黃白山云入宮出塞只

明君本昭君觸晉文帝諱改焉一統志昭君村在荊州府歸州東北四十里 一去紫臺連朔漠別賦明妃去時仰天

專學此種

曰幸曰崩尊昭烈爲正統也是春秋書法

七字一語說盡

太息紫臺稍遠關山無極善曰紫臺卽紫宮也

獨留青塚向黃昏［歸州圖經］邊地多白草昭君塚獨青

畫圖省識春風面（承三）［西京雜記］元帝後宮既多使畫工圖形按圖召見宮人皆賂畫工昭君自恃其貌獨不與乃惡圖之遂不得見後匈奴來朝求美人爲閼氏上以昭君行及去召見貌爲後宮第一帝悔之窮按其事畫工皆棄市

環珮空歸月夜魂（承四）［朱注］畫圖之面本非眞容不曰不識而曰省識蓋婉詞月夜魂歸明其終始不忘漢宮也

千載琵琶作胡語［釋名］琵琶本胡中馬上所鼓也推手前曰琵引卻曰琶

分明怨恨曲中論［琴操］昭君在匈奴恨帝始不見遇乃作怨思之歌後人名爲昭君怨

李子德云只敘明妃始終無一語涉議論而意無不包後來諸家總不能及

蜀主窺吳幸三峽崩年亦在永安宮 二句溯廟祀之由［蜀志］先主忿孫權之襲關羽遂帥諸軍伐吳次秭歸章武二年敗於猇亭由步道還魚復改魚復爲永安三年四月先主殂於永安宮［寰宇記］宮在州西七里

翠華想

像空山裏玉殿虛無野寺中（原注）殿今爲臥龍寺廟在宮東 古廟杉松巢水鶴（抱朴子）千歲之鶴隨時而鳴能登於木其未千歲者終不能集於樹上（春秋繁露）鶴知夜半（注）鶴水鳥也夜半水位感其生氣則益喜而鳴 歲時伏臘走村翁武侯祠屋常鄰近（寰宇記）諸葛祠在先主廟西 一體君臣祭祀同

四聯皆一揚一抑

諸葛大名垂宇宙宗臣遺像肅清高（蜀志武侯傳注）張儼曰一國之宗臣霸王之賢佐 對筆奇險 三分割據紆籌策紆屈也卽謂先主廟詩志屈偃經綸意 萬古雲霄一羽毛（梁書劉遵傳）此亦威鳳一羽足以驗其五德言武侯才品之高如雲霄鸞鳳世徒以三分功業相矜不知屈處偏隅其胷中蘊抱百未一展萬古而下所及見者特雲霄之一羽毛耳說亦本（焦氏筆乘）舊解多支離 二語確是孔明身分具見論世卓識 伯仲之間見伊呂指揮若定失蕭曹（舊注）張輔葛樂優劣論孔明殆將與伊呂爭儔豈徒樂毅爲伍（後魏崔浩著論）亮不能爲蕭曹亞匹謂陳壽貶亮非爲失實公此詩以伊呂蕭

曹相提而論所以申張輔之說而抑崔浩之黨陳壽也 運移漢祚終難復志決身殲軍務勞 志決身殲卽所謂鞠躬盡瘁死而後已意 陳秋田云小視三分擡高諸葛一結歸之於天識高筆老而章法之變直橫絕古今

聽楊氏歌

佳人絕代歌獨立發皓齒滿堂慘不樂響下淸虛一作浮雲裏 便說劉文房輩佳句 通篇總形容歌聲之悽切無寓意 江城帶素月況乃淸夜起老夫悲暮年壯士淚如水玉杯久寂寞金管迷宮徵 沈約詩金管玉柱響洞房宋注 勿云聽者疲愚智心盡死 拍開發感 盧注老壯二句言聽其歌者爲之停杯不飮卽金管亦爲之失次而不能奏也智愚卽滿堂中人聽若疲而心欲死所謂慘不樂也 古來傑出士豈特一知已吾聞昔

秦青傾側一作側天下耳。列子薛譚學謳於秦青未窮青之技辭歸青餞之撫節悲歌聲振林木響遏行雲

宿江邊閣

即西閣也年譜大歷元年秋公寓夔之西閣此當係未移寓前先宿耳

暝色延山徑　高齋次水門　梁簡文帝詩寒潮浸水門杜臆名勝志載關者孫瞿塘關行記公所居即在關上

薄雲巖際宿　孤月浪中翻　仇注雲過山頭停巖似宿月浮水面浪動若翻三四分承一二

鸛鶴追飛靜一作盡　豺狼得食喧　不眠憂戰伐　無力正乾坤

李子德云寫時地毫無遺憾結正稷契分中語全詩雄健足以副之

西閣雨望

樓雨霑雲幔雲幔言閣之高　山寒著水城　二句帶起秋候

逕添沙面出　湍減石稜生　菊蘂淒疏放疏謂未全放　松林駐遠情　滂沱朱檻溼　萬

劉須溪云十字甚怨而不盡言開合盡之

慮倚簷楹。次聯言始得水落可通往來不意又値此滂沱也

西閣三度期大昌嚴明府同宿不到（唐書）大昌縣屬夔州

問子能來宿。今疑索故要。（朱注）（韻會）故古通作固言明府不來疑索我之固要而後至也 匣琴虛夜夜。手板自朝朝。（晉輿服志）八座執笏其餘卿士但執手板謂明府勤於參謁上官故期而不至 金吼霜鐘徹。（山海經）豐山有九鐘焉是知霜鳴（注）霜降則鐘鳴故言知也 花催蠟炬消。二句言久待夜深之景 早鳧江檻底。雙影謾飄颻。用王喬鳧舄事又以早來期之

西閣二首 二詩在西閣而詠懷也

巫山小搖落。因地氣暖故木不全落 碧色見松林。百鳥各相命。（登樓賦）鳥相鳴而舉翼（注）大戴禮夏小正云鳴也者相命也 孤雲無自心。（陶潛貧士詩）萬族各有託孤雲獨無依（又歸去來辭）雲無心以出岫

二句言人各有羣而已獨傷飄泊也 層軒俯江壁。要路亦高深。朱紱猶紗帽。朱注紗帽當時以爲隱居之服 新詩近玉琴。言此處江山險要昔人曾於此建立功名而我則雖仕猶隱但可清吟自賞而已

功名不早立。衰疾謝知音。哀世非王粲。終然學越吟。史記越人莊舃仕楚爲執珪有頃而病楚王曰舃今富貴矣亦思越不使人往聽之猶越聲也登樓賦莊舃顯而越吟言已才不如粲但同此思歸之興耳

懶心似江水。日夜向滄洲。神異經東海滄浪之洲 二句當承上思歸意 不道含香賤。漢官儀尚書郎握蘭含雞舌香奏事 其如鑷白休。南史鬱林王年五歲戲高帝旁帝令左右鑷白髮 經過凋碧柳。蕭瑟倚朱樓。畢娶何時竟。後漢書向子平男女嫁娶畢勑斷家事勿復相關 消中得自由。消中注見十一卷言心反以病而得閒也 豪華看古往。服食寄冥搜。古詩服食求神仙 言富貴多踐危機不如學仙之爲愈 詩盡人間興。兼須入海求。朱注公詩到今

黃白山云着一虛字方見落字之妙着一靜字方見侵字之妙

有遺恨不得窮扶桑又云蓬萊如可到衰白問羣仙末二語卽此意

宋張戒歲寒堂詩話王介甫只知巧語之爲詩而不知拙語亦詩也黃山谷只知奇語之爲詩而不知常語亦詩也杜牧之詩只知有綺羅脂粉李長吉詩只知有花草蜂蝶而不知世間一切皆詩也惟杜子美則不然在山林則山林在廊廟則廊廟遇巧則巧遇拙則拙遇奇則奇遇俗則俗一切物一切事一切意無非詩者故曰吟多意有餘又曰詩盡人間興誠哉是言

西閣夜

恍惚寒江暮逶迤白霧昏山虛風落石樓靜月侵門夜景幽微可想擊柝可憐子無衣何處村因己之寒而感及他人也時危關百慮盜賊爾猶存承四承三結意深

夜

清麗亦開義山

好起 二句情在景中

露下天高秋氣清空山獨夜旅魂驚疏燈自照孤帆宿羨行舟之可歸而於已無與也新月猶懸雙杵鳴楊慎丹鉛錄古人搗衣兩女子對立執杵如舂米然嘗見六朝人畫搗衣圖其制如此

體

南菊再逢人臥病即所謂叢菊兩開他日淚北書不至雁無情託怨雁是風人

步簷倚杖看牛斗楚辭大招曲屋步櫩顧注古者六尺曰步今之廊櫩大率廣六尺銀漢遙應接鳳城即每依北斗望京華意戴叔倫詩黑龍過飲渭丹鳳俯臨城趙曰秦穆公女吹簫鳳降其城因號丹鳳城其後言京城曰鳳城

二詩主文譎諫言語妙天下後惟李義山最得其意

張云以姹女代丹砂字以淩波代沈舟字語絶工巧當姹女淩波之日正神光

杜詩鏡銓卷十四

覆舟二首 大歷中公居夔州作

(浦注)此見採買丹藥之使舟覆峽江而作也肅宗之季從事齋房時或尚沿其習公故假此爲諷也

巫峽盤渦曉黔陽貢物秋 黔陽今辰州府地 丹砂同隕石 搭說 (本草)丹砂久服通神明不老輕身神仙能化爲汞 (衍義)云出辰州蠻洞老鴉井者最良 (韻會)汞謂丹砂所化爲水銀也 (左傳)隕石於宋五 翠羽共沈舟 (爾雅注)翠鷸似燕紺色生鬱林 (異物志)翡赤而翠青其羽可以爲飾 (鄒陽書)積羽沈舟 羇使空斜影 謂已沒也 龍宮閟積流 言龍宮積水之內貢物皆藏於此也 篙工幸不溺俄頃逐輕鷗

竹宮時望拜 (漢禮樂志)正月上辛用事甘泉圜丘夜常有神光集於祠壇天子自竹宮而望拜侍祠者皆肅然動心焉 桂館或求仙 (郊祀志)公孫卿曰仙人好樓居於是上令長安作飛廉桂館使卿持節設具而候神人 姹女淩波日 (參同契)河上姹女靈而最神得火則飛不染垢塵 (眞一子注)河上姹女即眞汞也 (道家四象論)西方庚金叔女之異名故有姹女之號 (洛神賦)淩波微步 神光

照夜之年深以見求仙之無益也○帝未必昇天而使者已獨上天矣可謂滑稽之雄

蔣云次句常語將首句配說便極尊嚴

仇云避暑在夏宵永屬秋還京須待冬雪敘次

照夜年徒聞斬蛟劍（呂氏春秋荆人佽飛得寶劍渡江中流兩蛟繞舟佽飛拔劍斬蛟乃得濟）無復爨犀船（晉書溫嶠㳂牛渚磯水深不可測世云其下多怪物嶠燃犀角照之須臾見水族覆火奇形異狀）使者隨秋色迢迢獨上天

奉漢中王手札

國有乾坤大王今叔父尊（瑀讓皇帝子代宗之叔父）剖符來蜀道歸蓋取荆門（王先貶蓬州時罷郡歸朝取道夷陵）峽險通舟過江長注海奔主人留上客（鶴注主人當指歸州太守）避暑得名園（四句書中語意）前後緘書報分明饌玉恩（吳都賦矜其宴居則珠服玉饌言如親從宴會）天雲浮絕壁風竹在華軒已覺良宵永何看駭浪翻（時蓋因浪險不能遠行）入期朱邸雪（玉海漢書注郡國朝

點題只此二句

江 峽 園

李云霜天鶴唳清切動人○一句一轉如珠走盤樂天排律多

宿之舍在京師者率名邸諸侯朱戶故曰朱邸朝傍一作望下不複與紫微垣六句蓋得書遙擬之詞枚乘文凡[illegible]段

賓○主○合○說章老枚乘注見九卷河間禮樂存。漢書景帝子河間獻王德學舉六藝被服儒術武帝時來朝獻禮樂在三雍宮悲

秋宋玉宅失路武陵源淹泊俱崖口東西異石根宋注悲秋謂漢中王失路公自謂也時王在歸州歸州在夔之東夷音迷咫尺鬼物傍黃昏犬馬

○相○思○不○相○見○中○又○得○此○苦○語

點綴○

誠爲戀晉栖表不勝犬馬戀主之情狐狸不足論張綱傳豺狼當道安問狐狸王昔當以讒譖而出從

容草奏罷宿昔奉清樽言王入朝草奏當念我之邀歡於夙昔蓋囑其去後勿忘也

奉漢中王手札報韋侍御蕭尊師亡

秋日蕭韋逝淮王報峽中少年疑柱史多術怪仙公。仇注柱下史得長年侍御以少年而亡故疑之蕭史跨鳳昇仙尊師學仙而亦亡故怪之一切官一切姓也不但時人惜祇

學此種

戲拈自成一體

應吾道窮。一哀侵疾病。相識自兒童。處處鄰家笛。[向秀思舊賦序]於時日薄虞淵。寒冰淒然。鄰人有吹笛者。發聲寥亮。追思曩昔遊宴之好。感音而歎。故作賦云。飄飄客子蓬。[曹植詩]轉蓬離本根。飄飄隨長風。類此客遊子。捐軀遠從戎。強吟懷舊賦。潘岳有懷舊賦。已作白頭翁。未更撫已而自危也。

存歿口號二首　原注四子皆游於藝。故甫志之。

席謙不見近彈棊。[梁冀傳]冀善彈棊格五。[注]藝經曰。彈棊兩人對局。白黑棊各六枚。先列棊相當。下呼上更相彈也。其局以石為之。[古今詩話]彈棊有譜一卷。唐賢所為。其局方五尺。中心高如盞。其顛為小壺。四角微起。李義山詩。莫近彈棊局。中心最不平。謂其中尊也。白樂天詩。彈棊局上事。最妙是長斜。謂持角長斜一發過半局。譜中具有此法。畢曜仍傳舊小詩。原注道士席謙。吳人。善彈棊。畢曜善為小詩。玉局他年無限笑。[搜神記]南谷山中有白玉棊局。白楊今日幾人悲。

李云玉局二句淡而悲天下二句哀而壯皆絕調也

鄭公粉繪隨長夜曹霸丹靑已白頭（原注）高士滎陽鄭虔善畫山水曹霸善畫馬

天下何曾有山水 歿固可惜言鄭外更無人也 人間不解重驊騮 存亦可憐

容齋續筆子美存歿絕句每篇一存一歿蓋席謙曹霸存畢曜鄭虔歿也魯直荆江亭卽事絕句十首其一云閉門覓句陳無已對客揮毫秦少游正字不知溫飽味西風吹淚古藤州乃用此體時少游歿而無已存也

月圓

孤月當樓滿寒江動夜扉 月光映江而動也 承一 委波金不定 承二 （郊祀歌）月穆穆以金波

照席綺逾依 （鄒陽酒賦）綃綺爲席（仇注）月注波中金光搖而不定月臨席上綺文依而愈姸將金波綺席四字拆開顚倒趙汸謂得詩家用古語之法

未缺空山靜高懸列宿稀故園松桂發萬里

共淸輝

結處思鄉意不說盡

偶然景拈出便成警句

中宵

西閣百尋餘中宵步綺疏（梁冀傳窻牖皆有綺疏注謂鏤爲綺文也）飛星過（平聲）水白落月動沙虛擇木知幽鳥潛波想巨魚親朋滿天地兵甲少來書

劉須溪云寫得婉至

不寐

瞿唐夜水黑（言月落也）城內改更籌翳翳月沈霧輝輝星近樓（惟月沈故覺星近二句是將曉景）氣衰甘少寐心弱恨容愁（弱字是抵他不過故恨容字謂寸心幾何能裝得許多愁也）多壘滿山谷桃源何處求

遠遊

江闊浮高棟，雲長出斷山。（仇注）日色映江，故水光浮棟；嶺腰雲截，故空處露山。塵沙連越嶲，越嶲注見九卷。風雨暗荆蠻。遥瞻越嶲，近望荆蠻，極寫遠字。雁矯銜蘆內，張華賦：又矯翼而增逝，徙銜蘆而避繳。猿啼失木間。二句謂羨雁之矯，同猿之悲也。敝裘蘇季子，歷國未知還。

垂白

垂白馮唐老，清秋宋玉悲。江喧長少睡，樓迥獨移時。多難身何補，無家病不辭。苦句。甘從千日醉，（搜神記）狄希中山人，能造千日酒，飲之一醉千日。未許七哀詩。曹植、王粲、張載皆有七哀詩，言哀時無益，不若冥心一醉也。

雨晴

雨晴(一作時)山不改(言尋常或雨或晴山容但覺仍舊)晴罷峽如新天路看殊俗(仇注天路猶云天邊)秋江思殺人有猿揮淚盡無犬附書頻(述異記陸機有犬曰黃耳機在洛久無家問爲書盛以竹筒繫犬頭即馳還家既得答仍馳還洛)故國愁眉外長歌欲損神

搖落

搖落巫山暮寒江東北流烟塵多戰鼓風浪少行舟鵞費羲之墨貂餘季子裘長懷報明主臥病復高秋

草閣

沉云二句連讀乃見其妙

草閣臨無地柴扉永不關魚龍迴夜水(言波平浪靜)星月動

秋山（沉注）迴夜水逢秋而蟄伏也動秋山映水而閃爍也久露晴初溼（久晴之露故下久而初霑溼）高雲薄未還（句借景寓意）泛舟慙小婦（邵注）蜀中多是婦人刺船飄泊損紅顏（浦注）結聯偶因見舟婦而自傷衰老言彼以小年飄泊猶損紅顏況我老而爲客其憔悴乃益堪自愧耳

江月

江月光於水高樓思殺人天邊長作客老去一霑巾玉露團（一作溥）清影銀河沒半輪（言河近月而光奪）誰家挑錦字（晉列女傳）竇滔妻蘇蕙字若蘭織錦爲迴文璇璣圖詩贈滔宛轉循環讀之詞甚悽惋凡三百四十字燭滅翠眉嚬（曹植詩）明月照高樓流光正徘徊上有愁思婦悲歎有餘哀所以寓思君之意也

江上

江上日多病蕭蕭荊楚秋高風下木葉永夜攬貂裘
勳業頻看鏡行藏獨倚樓時危思報主衰謝不能休五六含蓄無限宋眞宗嘗觀子美詩謂甫他作皆不逮此

中夜

李云極悲壯語而以樸淡寫之則悲壯在神情不在字面

中夜江山靜危樓望北辰長爲萬里客有愧百年身蔣云二句可知釀出一郤杜詩
故國風雲氣故國長安也風雲氣言變易無常高堂戰伐塵蔡注高堂指杜陵屋廬胡雛
負恩澤嗟爾太平人結句有追咎逸居召禍意祿山負恩作逆誰致其然乎正由當時公卿縱恣邊防而耽逸豫以至此耳

遣愁

後四太直致

李云文體蔚然在杜律中尤爲

養拙蓬爲戶。茫茫何所開。江通神女館。(寰宇記)神女廟在巫山縣治西北地隔望鄉臺。望鄉臺在成都故日地隔漸惜容顏老。無由弟妹來。兵戈與人事。回首一悲哀。

九日諸人集於林 詩云九日明朝是乃前一日作此題曰諸人集林與九日五首言獨酌不類應編大歷元年

九日明朝是。相要舊俗非。舊俗謂樊川故里二句言當此令節招邀惜在客中無興也老翁難早出。賢客幸知歸。想衆客約公登高未起至歸時乃來集耳舊采黃花賸。新梳白髮微。漫看年少樂。忍淚已霑衣。

返照

楚王宮北正黃昏。楚王宮在巫山縣西北(浦注)黃昏非指夜靜乃日落蒼黃時也白帝城西過

爲出
劉須溪云字字
著意

顧云次聯分承
風月與金華山
北春日春盤二
首同格本沈佺

雨痕返照入江翻石壁（日照入江故見石壁之影翻動）歸雲擁樹失山村衰年肺病惟高枕絕塞愁時早閉門不可久留豺虎亂（鶴注是時楊子琳攻崔旰未已公知子琳將變三年子琳果殺夔州別駕張忠據其城）南方實有未招魂（言在此屢遭寇亂旅魂已將驚散也）

黃白山云前半寫景可作詩中圖畫後半言情能淫紙上淚痕此爲七律正宗較白帝城詩更勝○年老多病感時思歸集中不出此四意而橫說豎說反說正說無不曲盡其情此詩四項俱見至結語云云尤足悽神戛魄

吹笛

吹笛秋山風月清誰家巧作斷腸聲風飄律呂相和切（笛賦律呂既和哀聲互降切謂其音悽切）月傍關山幾處明（樂府橫吹曲有關山月解題云傷離別也）胡騎

期龍池篇

黃白山云因鄭讁官故借秋草以託興與西掖梧桐一起俱妙

中宵堪北走。世說劉越石爲胡騎圍數重乘月登樓清嘯賊聞之悽然長嘆中夜奏胡笳賊皆流涕人有懷土之思向曉又吹之賊並棄圍奔走周弘讓長笛吐清氣詩胡騎爭北歸偏知越鄉苦 武陵一曲想南征。古今注武溪深乃馬援南征之所作也援門生爰寄生善吹笛援作歌以和之名曰武溪深二句雖用笛事正關合自家厭亂離鄉之意 故園楊柳今搖落 何得愁中卻盡生 舊唐書樂志梁樂府云上馬不捉鞭反拗楊柳枝下馬吹橫笛愁殺行客兒此歌元出北國之橫笛 趙大綱曰笛曲有折楊柳故翻其意作結謂故園楊柳至秋搖落今何得復生而可折乎蓋設爲怪嘆之詞以深致思鄉之感此則公之所爲斷腸者也

此詩句句詠物筆筆寫意用巧而不覺斯爲大家

秋日寄題鄭監湖上亭三首 鄭審爲祕書少監審湖亭在江陵

碧草違春意 別賦春草碧色違春意謂草至秋而黃落也 沅湘萬里秋 邵注沅水在辰州湘水在長沙

池要山簡馬 月淨庾公樓 晉書庾亮鎮武昌諸佐吏乘月共登南樓俄而亮至諸人將起避之亮徐曰諸

於發端

仇云此首從湖亭說到鄭監結處欲往與居中首章第六句之意

君且住老子於此興復不淺便據胡床談詠竟坐顧注樓在今武昌縣非郡治之南樓亭在荊州故山簡庾公皆引荊州事**磨滅餘篇**二句寫出懷思悠然**翰平生一釣舟**二句屬公自言乃所以寄題之故**高唐寒浪減**宋注據漢書注高唐在雲夢華容縣後人因巫山神女遂傳在巫峽此詩高唐寒浪減及夔州歌中有高唐天下無皆指在巫峽者言之神往**髣髴識昭邱**登樓賦北彌陶牧西接昭邱善曰荊州圖記云當陽東南七十里有昭王墓登樓則見所謂昭邱

新作湖邊宅還聞賓客過暗用鄭當時置驛請賓事**自須開竹徑誰道避雲蘿**王融詩蘿徑若披雲三輔決錄蔣詡竹下開三徑又張仲蔚所居蓬蒿沒人二句融化其意言鄭當開竹徑以迎賓非徒託雲蘿以避俗也**官序潘生拙**潘岳閒居賦序自弱冠涉於知命之年八徙官而一進階再免一除名一不拜遷者三而已矣雖通塞有遇抑亦拙者之效也**才名賈傅多**鄭時謫居江陵故以潘岳賈誼比之官拙才多言能淡榮利而敦風雅**捨舟應卜地**言已久有出峽之志**鄰接意如何**

此首從鄭監說到湖亭結處欲和其詩申首章第五句之意

暫阻一作住蓬萊閣（華嶠後漢書學者稱東觀爲老氏藏室道家蓬萊桓帝時始置祕書監）終爲江海人

○薄 ○云 ○別 ○有 ○解 悟 白 見 深 永

揮金應物理（漢書疏廣爲太傅歸鄉里數問其家所賜金餘尚有幾趣賣以具酒食請族人故舊娛樂張協詠二疏詩達人知止足遺榮忽如無揮金樂當年歲暮不留儲）拖玉豈吾身（西征賦飛翠緌拖鳴玉以出入禁門者衆矣仇注揮金乃物理當然則江海正可行樂拖玉於吾身無與則蓬閣不必久居三句申上二句）

羹煮秋蓴滑杯凝一作迎露菊新（陶潛詩秋菊有佳色裛露掇其英一觴雖獨進杯盡壺自傾此謂以菊釀酒也二句又遙想湖亭景物）

賦詩分氣象佳句莫頻頻（一作莫辭頻趙曰莫頻頻言莫不頻頻有之乎）

八哀詩 幷序

王嗣奭曰此八公傳也而以韻記之乃公創格所謂詩史也序

傷時盜賊未息興起王公李公（嚴公亦在）歎舊懷賢（舊則璡邕源虔賢則曲江）終於張相國八公前後存沒遂不詮次焉（朱注言不以存沒之前後爲次）

簡而該亦非後人所及

八哀詩亦杜公大著作意欲與太史公爭衡千古昌黎詩多學之葉石林謂漢魏以前長篇無過十韻初不以敘事傾倒爲工此固不可以律杜至欲芟去其半則又未免續鳧脛斷鶴脛耳

按曲江卒於開元二十八年八人中沒最先

贈司空王公思禮

司空出東胡童稚刷勁翮追隨燕薊兒穎脫物不隔　脫穎而出用毛遂語比其英風銳氣何云此句與張相國金璞無留鑛意同言遠人無資地以才自達也唐書王思禮高麗人也父虔威爲朔方軍將思禮少習戎旅入居營州

服事哥舒翰意無流沙磧　即談笑無河北意

未甚拔行間　點眼

犬戎大充斥　謂吐蕃

短小精悍姿屹然強寇敵　史記郭解爲人短小精悍

如見其人

唐書從王忠嗣至河西與哥舒翰同籍麾下及翰爲隴右節度使與中郎將周佖爲翰押衙

貫穿百萬衆出入由　古與猶通

大才語

咫尺馬鞍懸將首甲外控鳴鏑　鮮于注甲外軍陣之外也即遊騎掠軍離什伍者邵注鳴鏑髐箭也上句見能戰勝此句見能御虜

雄快語警絕

洗劍青海水刻銘天山石九曲非外蕃

邵云寫出大將。此四句本可與前短小四句運敘特插在此者正見功雖建而仍未展其用即潼關之敗不當以僨軍見罪也

其王轉深壁 唐書天寶十二載翰攻破吐蕃大漠門等城悉收九曲築神策宛秀二軍舊書思禮以拔石堡城功充關西兵馬使兼河源使 ○插○襯○二○喻○樂府體正起下偏裨句○○

飛兔不近駕 瑞應圖飛兔神馬行三萬里明君有德則至 鷙鳥資遠擊○ 言以思禮之才僅為邊將其實知勇兼全可當大任也

曉達兵家流 漢藝文志有兵家者流 飽聞春秋癖○ 晉書杜預為鎮南將軍有春秋左傳癖 ○說○入○大○學○問○○○○

胸襟日沉靜 肅肅自有適○ 潼關初潰散 萬乘猶辟易○ 項羽傳人馬辟易謂辟開而移易其處也 語帶回護

偏裨無所施 唐書哥舒翰守潼關思禮充元帥府馬軍都督 元帥見手格○ 謂被擒也東方朔傳手格熊羆安祿山事蹟翰至關津驛火拔歸仁率諸將叩馬請降祿山翰欲下馬遂以毛繩於馬腹連縛其腳控轡出驛翰怒握鞭自築其喉又被奪鞭擁馬就乾祐送於洛陽

太子入朔方 謂肅宗至靈武 至尊狩梁益○ 謂玄宗幸蜀

胡馬纏伊洛 中原氣甚逆○ 肅宗登寶位 塞望勢敦迫○ 世說昔安石在東山搢紳敦迫言肅宗即位靈武勉從勸進之請以塞人望也 不裰

公時徒步至 請罪將

其○實

厚責際會清河公。唐書房琯封清河郡公 間道傳玉册。天王拜跪畢。讜議果冰釋。謂受命以後因納讜言故思禮得釋也唐書翰敗潼關思禮走行在肅宗責不堅守將斬之會房琯自蜀奉上皇册命至諫以爲可收後效遂見赦 翠華卷飛雪。一作飛雪巾仇注時在二月故有飛雪 熊虎亘阡陌。謂將士衆盛 屯兵鳳凰山。圖經文王時鳳鳴岐山人亦呼爲鳳凰堆在鳳翔府 帳殿涇渭闢。謂肅宗至鳳翔 金城賊咽喉。金城縣屬京兆府即今興平縣 詔鎮雄所搤。與扼通馬援傳援擊五溪蠻進壺頭搤其咽喉唐書思禮除關內節度使守武功按武功與興平接壤 ○造○何○奇○偉○ 禁暴清無雙。爽氣春淅瀝。言常寓威於恩如春時而有秋氣也 巷有從公歌。野多青青麥。莊子青青之麥生於陵陂本傳思禮善守計持法嚴整士不敢犯從公歌謂令共率野多麥謂寇不侵 及夫哭廟後。復領太原役。舊唐書長安平思禮先入清宮遷兵部尚書封霍國公光弼徙河陽代爲太原尹北京留守河東節度使尋加守司空 ○平○生○忠○義○在○此○處○補○出○ 恐懼祿位高。悵望王土窄。

八詩皆於結處極致感吁以見哀情○諸篇中多重文學此獨於文苑有貶詞正相表裏亦各因其人以立論

不得見清時嗚呼就窀穸（乃作詩本旨）〔左傳注〕窀厚也穸夜也厚夜猶長夜也〔舊唐書〕上元二年四月以疾薨贈太尉諡武烈 永繫五湖舟 公雖在夔常思出峽 悲甚田橫客〔古今注〕薤露蒿里並喪歌也本出田橫門人橫自殺門人傷之爲作悲歌 千秋汾晉間 汾晉即太原 事與雲水白〔王洙注〕思禮鎮太原撫御功深故想見千秋之後當與雲水長留也 昔觀文苑傳豈述廉藺績（結用反襯）廉頗藺相如事見史記 嗟嗟鄧大夫士卒終倒戟〔左傳〕倒戟以禦公徒〔舊唐書〕思禮薨管崇嗣代爲太原尹數月召鄧景山代崇嗣景山以文吏見稱至太原檢覆軍吏隱沒者軍衆憤怨遂殺景山

首篇用四句起四句收前一段敘其隴右立功之事後兩段一敘其守武功而興復一痛其守太原而遂沒中敘潼關敗績事正惜當時之未即大用也

平敘中見串插補綴之妙

故司徒李公光弼〔朱注〕光弼己封王贈太保公詩止稱司徒者其功名著於司徒時蓋從時人所稱耳

李云倒瀉大漢雄排二京

洗兵馬亦云司徒淸鑒懸明鏡

徑入立功○事起

司徒天寶末北收晉陽甲。公羊傳晉趙鞅取晉陽之甲以逐荀寅舊唐書太原漢晉陽縣 胡騎攻吾城愁寂意不愜。謂賊破敗不得志也 人安若泰山薊北斷右脅。西域傳開玉門關通西域以斷匈奴右臂朱注太原在幽薊之西故曰右脅舊唐書郭子儀爲朔方節度薦光弼爲雲中太守充河東節度副使潼關失守授戶部尚書兼太原尹北京留守至德二載史思明等四僞帥率衆十餘萬攻太原拒守五十餘日伺其怠出擊大破之斬首七萬餘級加檢校司徒尋遷司空 語語稱司徒身分 朔方氣乃蘇黎首見帝業二宮泣西郊句謂上皇還京通鑑上皇至咸陽上備法駕迎於望賢宮上皇在宮南樓上望樓下馬趨拜上皇降樓撫上而泣按西郊乃自蜀回京之路 九廟起頹壓仇注當時安史稱亂祿山從河北而向潼關思明從山右以瞰秦隴自光弼西扼賊衝故朔方無虞而肅宗得起業靈武遂以收復長安也 未散河陵卒。時郭子儀等新收東京戍兵未撤 思明僞臣妾。通鑑至德二載十二月史思明以所部十三州來降 復

於思禮潼關之敗於光弼其敗其不朝皆極致回護爲賢者諱亦春秋之義也

自碣石來碣石在燕地乾元元年思明復反二年思明分軍四道濟河會汴西攻鄭州 火焚乾坤獵言焚掠如田獵也 奇句

高視笑祿山言思明自矜笑祿山之無成也 筆力有龍跳虎臥之奇 公又大獻捷唐書思明卽僞位縱兵河南代子儀爲朔方節度天下兵馬副元帥與思明戰中潬西大破之又收懷州擒安太清獻俘太廟 異王册崇勳異王異姓封王也舊唐書寶應元年五月光弼進封臨淮郡王

小敵信所怯魚朝恩趣光弼擊思明於邙山敗績光武紀劉將軍生平見小敵怯今見大敵勇甚可怪也 諱詞

擁兵鎭河汴通鑑上元二年五月復以光弼爲河南副元帥統八道行營節度出鎭臨淮 千里初妥貼

青蠅紛營營 風雨秋一葉謂功業凋零也李薨在七月故云 內省未入朝

死淚終映睫唐書北邙之敗朝恩羞其策謬深忌光弼程元振尤疾之日謀有以中傷者及來瑱爲元振譖死光弼愈恐吐蕃寇京師代宗詔入援光弼畏禍遷延不敢行廣德二年七月薨於徐州贈太尉諡武穆譚賓錄光弼懼朝恩之害不敢入朝田神功等不受其制愧恥成疾薨 插喩

大屋去高棟 長城掃遺堞宋書檀道濟被收脫幘投地曰壞汝萬里長城 平生白羽

仇云望是非於後世欲爲純臣表心足見公微顯闡幽之意後唐書本傳史官力爲表白皆公詩有以發之

扇裴啟語林諸葛武侯以白羽扇指揮三軍零落蛟龍匣注見十二卷杜臆羽扇零落惜不盡其用也雅望與英姿惻愴槐里接光弼神道碑窆公於富平縣先塋之東長安志槐里故城在興平縣東南十里漢武帝葬槐里之茂陵衛青霍去病墓去茂陵不三里光弼葬在馮翊與高祖獻陵中宗定陵相近故以此之亦見死猶戀主意三軍晦光彩國史補李太尉代領汾陽軍營壘旗幟精彩一變烈士痛稠疊直筆在史臣將來洗箱篋謂洗其未入朝之恨也盜○賊本意吾思哭孤冢南紀阻歸楫詩滔滔江漢南國之紀此傷扶顛永蕭條未濟失利涉疲苶乃結切作薾非竟何人莊子苶然疲役而不知所歸灑涕巴東峽

此篇前用實敘後用虛寫首段敘功業能舉其要員大手筆否則不勝鋪敘矣蓋守太原而靈武得以興帝業捷河南而思明不敢犯京師乃司徒功之極大者中段敘其勳爵崇高而卒以讒死以下專於其身後極致低徊惜其勳在王室而末路不終結就自己匡濟無能發慨尤見哀情迫切

將云奇造亦從生民崧高等詩脫出

○劉後村曰此詩平生白羽扇零落蛟龍匣語極悲壯又青蠅紛營營風雨秋一葉丙省未入朝死淚終映睫其形容臨淮憂讒畏譏不敢入朝之意獨見分曉

贈左僕射鄭國公嚴公武

鄭公瑚璉器華岳金天晶 [說文]晶精光也[舊唐書]玄宗先天二年封華岳神爲金天王言其秉山岳靈秀也[舊書本傳]武字季鷹華州華陰人 昔在童子日已聞老成名嶷然大賢後 ○二○句○ 復見秀骨清 [舊書]中書侍郎挺之子神氣雋爽敏於聞見幼有成人之風按[新書]挺之傳亦稱其姿質軒秀 開口取將相小心事友生閱書百紙一作氏盡落筆四座驚 [舊書]武讀書不甚究精義涉獵而已

○早○畫○出○嚴○武○便○欲入後感知之○根

歷職匪父任 [前漢汲黯傳]以父任爲太子洗馬[孟康注]大臣任舉其子弟匪父任言其才自可得官不盡由門蔭也 嫉邪嘗力爭 [舊書]武弱冠以門蔭策名哥舒翰奏充判官遷侍御史 漢儀尚整肅 當郎指侍御說

一句轉接○無痕

張云寫出忠憤氣魄

武於鎭蜀外無事業可表見故

胡騎忽縱橫。飛傳自河隴。逢人問公卿。不知萬乘一作乘輿出。雪涕風悲鳴。受詞劍閣道。謁帝蕭關城。朱注平涼府有蕭關縣西北鄰靈武舊書武傳至德初武仗節赴行在房琯以名臣子素重之至是首薦才略可稱累遷給事中按此詩云飛傳自河隴又云受詞劍閣道蓋祿山之亂武自河隴訪知乘輿所在趨赴劍閣然後玄宗遣詣行在亦如房琯張鎬之以玄宗命至自蜀郡也當據以補劉書之闕 寂寞雲臺仗。闕寫此處俱極淋漓 飄颻沙塞旌。江山少使者。笳鼓凝皇情。顏延之詩笳鼓震溟洲言肅宗志在滅賊仇注寂寞江山謂劍閣音阻塞旌笳鼓謂蕭關起事 壯士血相視。別賦抆血相視 忠臣氣不平。密論貞觀去聲體。唐藝文志吳兢有太宗貞觀政要一卷 揮發岐陽征。岐陽鳳翔也肅宗駐鳳翔武嘗贊議收復 感激動四極。聯翩收二京。西郊牛酒再。謂玄肅相繼回京 原廟丹青明。漢書叔孫通請立原廟注原重也先有廟今更立之 匡汲俄寵辱。匡衡傳衡數上疏陳便宜建昭

升沈始終只用數語撮敍梗概極見翦裁斷制於所歷官階仍一一帶及不至滲漏

三年代韋玄成爲丞相後有司奏衡專地盜土竟坐免（汲黯傳）召爲中大夫以數切諫不得久留內爲東海太守句謂武拜京兆後旋貶巴州刺史

衞。霍。竟。哀。榮。（衞青傳）天子使使者持大將軍印卽軍中拜青爲大將軍後尚平陽公主與主合葬起冢象盧山云（霍去病傳）以功封驃騎將軍秩與大將軍等元狩六年薨上悼之發屬國玄甲軍陳自長安至茂陵爲冢象祁連山句謂武以劍南節度沒也合後悵望龍驤塋句或武之葬制度崇侈又（張溍注）臣汲以比武之諫諍衞霍以比武之將略

四登會府地。（宋注）會府省會之府也（按史）嚴武長安武拜京兆少尹寶應元年拜京兆尹兩鎭劍南皆兼成都尹故云

三掌華陽兵。（禹貢）華陽黑水惟梁州武初出爲東川節度使後又兩充劍南節度使卽所謂主恩前後三持節也

京兆空柳色。（漢張敞傳）敞爲京兆尹走馬章臺街唐人詩有章臺柳

尚書無履聲。鄭崇事注見二卷（唐書）武後節度劍南加檢校吏部尚書

羣烏自朝夕。（宋博傳）御史府中列柏樹常有野烏數千棲集其上晨去暮來號曰朝夕烏武初以御史中丞出爲東川節度又嘗爲御史大夫

白馬休橫行。句謂諫諍無人也（舊注）後漢張湛爲光祿大夫常乘白馬光武每有異政輒曰白馬生且復諫矣（宋注）引侯景乘白馬渡江事於上句不協

另提追敘。

諸葛蜀人愛文翁儒化成公

李云寫鄭公忠勤大略絕不費力

來雪山重，公去雪山輕。〔仇注〕史稱嚴武在蜀用度無藝，峻掊亟斂，惟破吐蕃收鹽川爲當時第一功，此二語蓋實錄　帶入自家

記室得何遜〔梁書〕遜爲建安王記室，韜鈐延子荊。〔晉書〕孫楚字子荊，參石苞驃騎軍事。武嘗辟公爲參謀，故以何遜孫楚自比

四郊失壁壘，（承雪山二句）虛館開逢迎。（承記室二句）堂上指圖畫，公有奉觀嚴鄭公廳事岷山沲江畫圖詩　軍中吹玉笙。豈無成都酒，公詩酒憶郫筒不用沽　憂國只細傾。時觀錦水釣，謂武訪公草堂也，公詩幽棲眞釣錦江魚　問俗終相并。言雖閒遊必兼採風，見其留心民瘼

意待犬戎滅，人藏紅粟盈。時吐蕃未平，民苦饋餉　以茲報主願，庶或一作獲裨世程。烱烱一心在，沈沈二豎嬰。〔左傳〕晉侯疾病，求醫於秦，秦伯使醫緩爲之。公夢疾爲二豎子，其一曰：居肓之上，膏之下，若我何。　顏回竟短折，賈誼徒忠貞。武卒時年四十，故以顏賈比之　飛旐出江漢，孤舟轉荊衡。公前有送嚴僕射歸櫬詩，謂喪返華陰，路經江漢荊

公於嚴感知最深故結語較諸篇尤切摯

李云此篇以史公世家之體裁長卿上林之才眞雄作也○發端何等氣象眞可雄視百代

衡也

虛無一作橫馬融笛後漢馬融傳善鼓琴好吹笛又融有長笛賦覩上軍中吹玉笙句意嚴亦性好音樂今已杳渺不可得聞耳一說虛橫馬融笛謂武既死世無知音也恐與下賓客句文勢犯複悵望龍驤塋晉王濬傳濬爲龍驤將軍葬柏谷山大營塋域葬垣周四十五里空餘老賓客身上愧簪纓

首敘其家世才品次段及末段專檢大處詳敘至嚴生平履歷但用數句總敘中間又一章法○鎭蜀爲嚴公一生事業且知己之感存焉至扈從贊議事本可簡筆帶過以公於是時亦自陷賊謁上鳳翔觸着當時情景故不覺言之詳耳

贈太子太師汝陽郡王璡

汝陽讓帝子唐書讓皇帝憲本名成器睿宗立爲皇太子以玄宗有討平韋氏功懇讓儲位封寧王薨謚讓皇帝眉宇眞天人天人注見一卷唐書璡眉宇秀整善射虬髯似太宗酉陽雜俎太宗虬鬚嘗戲張掛弓矢色映塞外春宋注塞外少春色春色映於塞外極壯其眉宇藹然猶別張建封詩所云風神蕩江湖也昔者開元中主

張云借一事摹寫如生而上之恩禮王之忠愼俱出

恩覛遇頻出入獨非時禮異見羣臣愛其謹潔極言能

謹身潔己倍此骨肉親【羯鼓錄】汝陽秀出藩邸玄宗特鍾愛焉又以其聰悟敏慧妙達音旨每出游幸頃刻不舍從容聽

朝退一作後或在風雪晨忽思格猛獸苑囿騰清塵【相如諫獵書】犯屬車之清塵

羽旗動若一萬馬肅駪駪二句言行列嚴整詔王來射雁

序得詳細

拜命已挺身箭出飛鞚內上又回翠麟翠麟駿馬也言帝急回馬將助之射

雅集絕倫

翩然紫塞翮下拂明月輪言雁墮而拂弓也胡人雖獲多【長楊賦序】上將大誇胡人以多禽獸令胡人手搏之自取其獲上將臨觀焉

天笑不爲新王每中一物手自

又轉出一層史遷得意處

與金銀袖中諫獵書扣馬久上陳竟無銜橛虞【諫獵書】清道而行中路而馳猶時有銜橛之變【注】橛車之鉤心也馬銜或斷鉤心或出則致傾敗以傷人

聖聰矧多仁官免供給

費水有在藻鱗罷獵故官得休而物不傷匪惟帝老大皆是王忠勤晚

年務置醴門引申白賓漢書楚元王少與魯穆生白生申公俱受詩於浮邱伯元王敬禮申公等穆生不嗜酒元王嘗爲設醴舊唐書璡與賀知章褚廷誨等善爲詩酒之交道大容無能永懷侍芳茵好學

帶出自己

尚貞烈義形必霑巾公羊傳義形於色揮翰綺繡揚篇什若有

徑落

神川廣不可泝墓久狐兎鄰唐書璡以天寶九載卒贈太子太師宛彼漢中

郡文雅見天倫何以開一作慰我悲泛舟俱遠津仇注漢中王瑀汝陽弟俱遠津謂公在夔州漢中時在歸州也

應轉起處

溫溫昔風味少壯已書紳舊遊易磨滅

哀謝增酸辛

汝陽事蹟獨少前只借射獵一事寫其游從親暱並能懷忠納誨後叙交情處帶及其肝膽文學結到哀字并及其弟章法最爲簡直易明

王阮亭云起亦如蘇門清嘯逌然鸞鶴之音 邵云詞林有根柢方見文章本領今日文人通病正坐無根柢耳

贈祕書監江夏李公邕

(此獨於起處便見哀意法變)

長嘯宇宙間高才日凌替古人不可見前輩復誰繼(仇注古人概言前輩指李)

[一追遡] 憶昔李公存詞林有根柢聲華當健筆(謂健筆足副聲名)

灑落富清製風流散金石追琢山嶽銳(二句以邕所製碑文言之散謂刋布追琢謂鐫勒山嶽銳狀碑勢之巍峩)

情窮造化理學貫天人際干謁走其門(此句一段中之骨)

[挈碑] 碑版照四裔各滿深望還森然起凡例蕭蕭白楊路洞徹寶珠惠(言泉路幽昏得邕碑文如惠以寶珠之洞照也)

[寺廟] 龍宮塔廟湧(謂塔廟如龍宮湧出洛陽伽藍記永寧寺浮圖爲火所燒後有人從東萊來云見浮圖於海中光明照爛儼然如新海上民皆見之句當暗用此事)浩劫浮雲衞(浩劫注見十一卷言邕所撰碑文歷浩劫而浮雲常擁衞之也)

[學宮] 宗儒俎豆事 [遺愛] 故吏去思計眄睞

已皆虛跋涉曾不泥(去聲)向來映當時豈獨勸後世(朱注)言雖碑碣所垂轉盼皆成虛跡其跋涉來請者應之從無泥滯爍今傳後實深有賴其文耳(舊唐書)邕早擅才名尤長碑頌雖貶職在外中朝衣冠及天下寺觀多賫持金帛往求其文前後所製凡數百首豐屋珊瑚鉤(蕭詮詩)珠簾半上珊瑚鉤麒麟織成罽(漢書注)罽織毛若今毼及氍毹之類麒麟罽所織紫騮隨劍几義取無虛歲(舊唐書)邕受納饋遺多至鉅萬時議以爲鬻文獲財未有如邕者分宅脫驂間(吳志)周瑜推道南大宅以處孫策脫驂用晏子贖越石父事感激懷未濟(謂人多感激而心如未濟)衆歸賙給美擺落多藏穢(唐書)仇人告邕贓貸枉法許昌人孔璋上書救之曰斯人所能者拯孤卹窮救之賑惠積而使散家無私聚獨步四十年風聽九皐唳(唐書)玄宗東封回邕獻詞賦稱旨後因上計中使臨索其新文邕文章徹天聽故以九皐鶴唳比之嗚呼江夏姿(世系表)後漢會稽太守高陽侯徙居江夏遂爲江夏李氏其後元哲徙居廣陵元哲生善善生邕竟掩宣尼袂(公羊傳)西狩獲麟孔子反袂拭

特爲出脫

哀意一來就文

名說

張云李忽起忽逐得此寫出

面涕泣霑袍往者武后朝引用多寵嬖否臧太常議舊唐書韋巨源傳太常博士李處直議巨源謚曰昭邕再駁之文士推重面折二張勢唐書邕拜左拾遺中丞宋璟劾張昌宗兄弟反狀武后不應邕在階下大言曰璟所陳社稷大計陛下當聽后色解卽可璟奏衰俗凜生風傅玄傳玄除郎中貴游懾服臺閣生風排蕩秋旻霽爾雅秋曰旻天言邕之風節能使公道復昭也忠貞負冤恨宮闕深旒綴言多壅蔽也放逐早聯翩低垂困炎癘日斜鵩鳥入鵩鳥賦庚子日斜鵩集予舍魂斷蒼梧帝言不能近君也吳均詩依依望九疑欲謁蒼梧帝邕所貶多在南荒故用長沙蒼梧事榮枯走不暇星駕無安稅唐書本傳五王誅坐善張柬之貶富州司戶韋氏平召拜殿中侍御史岑羲等忌之貶崖州舍城丞玄宗卽位爲御史中丞姚崇疾邕險躁左遷括州司馬起爲陳州刺史帝封泰山還邕獻詞賦帝悅然頗自矜衒素輕張說與相惡會仇人告邕贓貸枉法下獄當死許昌男子孔璋上書請代邕得減死貶欽州遵化尉開元二十三年起爲括州刺史後歷淄滑二州刺史天寶初爲汲郡北海太守幾分漢

仇云論文以下槪論當世之文例及以下專論一家之詩

廷竹。漢書文帝三年初與郡守爲銅虎符竹使符師古曰各分其半右畱京師左以與之 夙擁文侯篲。阮籍奏記子夏
處西河之上而文侯擁篲舊唐書時皆以邕重義愛士古信陵之流 終悲洛陽獄後漢蔡邕傳下邕於洛陽獄 事近
哀意再束○就被誣說
小臣斃。左傳與犬犬斃與小臣小臣亦斃謂如申生之冤邕以杖死注見篇末 禍階初負謗。謂爲張說所搆發陳
州賊事
冷○語○痛○心○ 追遡○
易力何深嚌。說文嚌嘗也朱注言讒人排毀誠易爲力然何嚌禍之深一至此乎一說李因篤曰嚌當作擠 伊昔
臨淄亭酒酣託末契。臨淄郎濟南郡公有陪李北海宴歷下亭詩 重敘東都別。仇注公與
邕初遇於東都所謂李邕求識面也 朝陰改軒砌。謂坐久影移 論文到崔蘇。謂崔融蘇味道也唐
書融爲文華婉當時未有輩者味道九歲能屬辭與李嶠俱以文翰顯武后時 指盡流水逝。指盡謂屈指數盡劉楨詩逝者如流水
近伏盈川雄。唐書楊炯傳炯遷盈川令卒 未甘特進麗。李嶠傳神農三年加特進同中書門下三品張
說曰楊盈川文如懸河注水酌之不竭李嶠文如良金美玉無施不可朝野僉載李嶠崔融蘇味道杜審言爲文章四友世號崔李蘇杜故公詩并及之 是

於表揚先世處
尤致低徊見仁
人孝子之用心

情○此○愧○波一語微中　蔣○云

非張相國○謂張說也相扼一危脆○庾信崔說碑百齡危脆爭名古豈然○○○關

鍵通欻不閉老子善閉無關鍵而不可開言邕論文極公獨於張相國不無是非之隙遂至相扼而戕危說雖忌刻亦邕之露才揚己有以

取之例及吾家詩○曠懷掃氛翳○言非若張說之忌才慷慨嗣眞作○公祖

審言集有和李大夫嗣眞奉使存撫河東詩咨嗟玉山桂○晉書郄詵對武帝曰臣舉賢良對策爲天下第一猶桂林一枝崑山片玉

鍾律儼高懸○鯤鯨噴迢遞○趙注鍾律比聲之和雅鯤鯨比勢之雄壯言北海歎伏審言之詩如此坡

哀　意　三○東　就　身　後　說

隨青州血青州即北海郡蕪沒汶陽瘞○唐書北海郡置汶陽縣本傳天寶五載左驍衛兵曹參軍柳勣有罪

下獄邕嘗遺勣馬吉溫使引邕嘗以休咎相語陰賂遺宰相李林甫素忌邕因傅以罪詔刑部員外郎祁順之監察御史羅希奭就郡杖殺之時年七十哀

贈晩一作免蕭條○唐書代宗時贈邕祕書監恩波延揭巨列切厲○說文揭高舉也延揭厲言國恩之及尚待高揭

而揚厲之子孫存如綫○舊客舟凝滯○別賦舟凝滯於水濱言邕子孫既式微而已復老客遠方無能爲之昭雪也

蔣云少孤二字前幅眼目立身

君臣尚論兵時吐蕃未靖將帥接燕薊謂河北諸降將承安史之亂未奉朝命朗詠六公篇原注公有張桓等五王洎狄相六公詩五王謂張柬之桓彥範敬暉崔元暐袁恕已狄相則仁傑也憂來豁蒙蔽

文章中檢出大處作結　仍從

董逌書跋予見荊州六公詠石刻文既不刓詩尤奇偉豪氣激發如見斷鼇立極時宜老杜有云張潛曰時朝廷蒙蔽賢奸混淆李所詠六公皆正人也故曰豁蒙蔽

此詩亦四句起四句收中分三段首段專言文章於碑版之製特詳著其所長也次段序其負氣節而屢遭貶斥三段又因序交情而詳述論文各入哀其死意作收束章法又別結處感及時事卽從李詩觸起蓋六公皆力扶唐室者今安得復有其人以濟難乎○王嗣奭曰李才名甚盛而其死甚慘公痛之極故云竟掩宣尼袂又云事近小臣斃又云坡陀青州血不覺言重而詞複也其起語豪宕亦兼自寓

故祕書少監武功蘇公源明

武功少也孤徒步客徐兗唐書源明京兆武功人初名預少孤寓居徐兗讀書東岳

根柢李云蘇鄭深交覩其詩直淚溢行間然非此俊偉排宕二公豈遽與天壤並存

中十載考墳典時下萊蕪郭（舊唐書萊蕪縣屬兖州）忍饑浮雲巘負米晚為身（謂養不及親也家語子路為親負米百里之外）每食臉必泫夜字照爇薪（晉中興書范汪家貧好學燃薪寫書）垢衣生碧蘚庶以勤苦志報茲劬勞願（叶上聲）學蔚醖儒姿文包舊史善灑落辭幽人歸來潛京輦（袁紹書公族子弟生長京輦潛字見不馳騖）射君東堂策（晉書武帝詔諸賢良方正直言會東堂策問唐有尚書省東堂）宗匠集精選（仇注宗匠指衡文者）制可題未乾（蔡邕獨斷羣臣有所奏請尚書令奏之有制曰天子答之曰可若下某官云云亦曰詔書）乙科已大闡（言詔書方下聲名已遍也唐書諸進士試時務策五條帖一大經全得為甲第得四以上為乙第本傳源明工文詞有名天寶間及進士第）文章日目負吏祿亦累踐晨趨閶

（應徒步句）

闔內足踏宿昔趼（足胝曰趼言其起於貧賤也本傳更試集賢院累遷太子諭德）一麾出守還

正復說自家話於祕書抗賊大節寫得凜凜有生氣

顏延之詠阮咸詩屢薦不入官一麾乃出守黃屋朔風卷不暇陪八駿虜庭悲所遺謂賊遣充僞署平生滿樽酒斷此朋知展言陷賊之凄寂憂憤病二秋有恨石可轉詩我心匪石不可轉也言其忠貞不易唐書出爲東平太守召還爲國子司業祿山陷京師源明以病不受僞署肅宗復社稷得毋順逆辨范曄顧其兒宋書范曄臨刑其子藹取地土及果皮擲曄曄曰汝嗔我耶藹曰今日何緣嗔但父子同死不能不悲李斯憶黃犬史記李斯論腰斬咸陽市顧其子曰欲復牽黃犬俱出上蔡東門逐狡兔豈可得乎通鑑至德二載制陷賊官以六等定罪斬達奚珣等十八人陳希烈等七人賜自盡祕書茂松色世說張伯威歲寒之茂松幽夜之逸光再扈祠壇墠謂得與郊祀盛典唐書肅宗復兩京擢源明考功郎中知制誥後爲祕書少監卒前後百卷文枕籍皆禁臠言其文之可貴也晉謝混傳元帝始鎮建業每得豚以爲珍膳項下一臠尤美輒以薦帝呼爲禁臠唐書易元苞蘇源明傳又有源明前集三十卷制作一作篆刻揚雄流溟漲本末淺

蔣云慨然血灑離騷之音

蘇鄭二公乃公之畜友故帶及

青熒芙蓉劒。（越絕書寶劒篇揚其華如芙蓉始出）犀兕豈獨剸。（李尤劒銘陸剸犀兕水截鯨鯢朱注溟海見淺美其文之浩汗無涯劒光青熒美其文之鋒穎獨出）反爲後輩褻。予實苦懷緬煌煌。（於文字中提出一大事說）齋房芝事絕萬手搴（音蹇言此芝爲萬手所欲搴者而蘇竟能阻絕之漢書武帝大興祠祀元封中齋房生芝而作歌通鑑乾元二年上從王璵請立太乙壇於南郊之東舊唐書上元二年延英殿御座梁上生玉芝一莖三花上製玉靈芝詩）垂之示來者。正始徵勸勉。（晉書衛玠傳不意永嘉之末復聞正始之音按本傳肅宗時宰相王璵以祈禬進禁中禱祀窮日夜巾官用事給養繁靡源明數陳政治得失上疏切諫故此詩用齋房采芝事因言其持正之論可以訓將來而徵勸勉也）不要懸黃金（晉書周顗傳取金印如斗大繫肘）胡爲投乳贙。（音畎爾雅贙有力注出西海大秦國有養者似犬多力獷惡言蘇本清介自守乃竟以此觸貴倖之怒當時源明必因爲權奸忌嫉摧折故有此語）結交三十載。吾與誰游衍。（詩及爾游衍）滎陽復冥寞。罪罟已橫罥。（去聲）（滎陽鄭虔也公有哭鄭蘇詩因問一年俱蓋同以廣德二年卒）嗚

之亦倣史公合傳體胡夏客曰武功少孤忍饑爲官復以饑卒讀此不禁三歎

呼子逝日始泰則（一作卽）終蹇（始泰謂見肅宗中興終蹇謂沒於荒歲）長安米萬錢凋喪盡餘喘（卽前詩穀貴沒潛夫也按舊史廣德二年斗米千文一斛則萬錢矣）戰伐何當解歸帆阻清沔（山海經注漢水至江夏安陸縣入江卽沔水）尚纏漳水疾（劉楨詩予嬰沈痼疾竄身清漳濱）永負蒿里餞（古今注蒿里喪歌也人死精神歸於蒿里使挽者歌以送之）

此篇獨用順敘大抵亦多說文字而以忠孝二字作骨首段敘其孤貧好學次段敘其壯而出仕三段言其不污僞命四段敘文才兼表直節末段言其窮老以死而已復不得歸葬以致哀也

故著作郎貶台州司戶滎陽鄭公虔

（先用設喻又一起法）

鶢鶋至魯門不識鐘鼓饗（鶢鶋海鳥也莊子昔者海鳥止於魯郊魯侯御而觴之於廟奏九韶以爲樂具太牢以爲膳鳥乃眩視悲憂三日而死）孔翠望赤霄愁入（一作思）雕籠養（張華鷦鷯賦序孔雀翡翠或凌

郝楚望云李江夏之文藻鄭司戶之博綜必有少陵雋筆乃能曲盡其妙

赤霄之際然皆負繒嬰繳羽毛入貢四句言鄭本高逸不受罽位羈縛 滎陽冠衆儒。唐書虔鄭州滎陽人 早聞名公賞。原注往者公在疾蘇許公頲位尊望重素未相識早愛才名躬自撫問臨以忘年之契遠邇嘉之 地崇士大夫。況乃氣精爽。得無過譽 天然生知姿。學立游夏上。神農或闕漏。黃石愧師長。藥纂西極名。原注公著薈蕞等諸書之外又撰胡本草七卷 兵流指諸掌。唐書虔學長於地理山川險易方隅物產兵戍衆寡無不詳審嘗爲天寶軍防錄言典事該諸儒服其善著書朱注神農著本草黃石公授張良兵法此言虔所著之書爲神農黃石所不逮也 貫穿無遺恨。薈烏外切蕞在最切何技癢。封演聞見記天寶中協律郎鄭虔採集異聞著書八十餘卷人有竊窺其草藁告虔私修國史虔聞而遽焚之後更纂錄率多遺忘猶成四十餘卷書未有名國子司業蘇源明請名會稡取爾雅序會稡衆說也按稡與蕞同音皆釋聚字之義高允之荅甘錄謂蕞爲小者非射雉賦徒心煩而技懩徐爰注有技蓺欲逞曰技懩按懩與癢通 圭臬星經奧。蟲篆丹青廣。魚豢魏略邯鄲淳善蒼雅蟲篆仇注圭臬善地理星經識天文蟲篆工書

以上言其才學之富以下言其傾動一時

寫鄭公落拓不得志光景最爲傳神

巢句。

法丹青能繪畫子雲窺未遍方朔諧太枉。劉辰翁曰以比東方之諧則稱屈甚言虔之學識過於子雲之博覽虔之議論異乎方朔之詼諧也神翰顧不一。頂蟲篆句。神翰染翰之工也【陳書顧野王傳】蟲篆奇字無所不通又善丹青故曰不一體變鍾兼兩。【金壺記】鍾繇工三色書草隸八分最優虔善草隸故曰兼兩也【呂總續書評】虔書如風送雲收霞催月上文傳天下口大字猶在牓昔獻書畫圖新詩亦俱往滄洲動玉陛寡鶴誤一響【張協詩】寡鶴空悲鳴言其久屈而稍伸也三絕自御題四方尤所仰【唐書】虔嘗自寫其詩并畫以獻帝大署其尾曰鄭虔三絕嗜酒益疏放彈琴視天壤形骸實土木【嵇康傳】土木形骸不自藻飾親近惟几杖見其與俗隔絕未曾寄官曹突兀倚書幌【唐書】玄宗置廣文館以虔爲博士虔聞命不知廣文曹司何在訴宰相宰相曰上增國學置館以居賢者令後世言廣文博士自君始不亦美乎虔乃就職久之雨壞廡舍有司不復修完寓治國子館自是遂廢晚就芸香閣【魚豢魏略】芸香

敍陷賊事只二語同謾渾然

辟紙蠹故藏書臺稱芸臺 胡塵昏坱莽 反覆歸聖朝 點染無滌盪 點汚也 太史公報任安書 適足以見笑而自點耳 言無有洗其汚賊之跡者

老蒙台州掾 泛泛 一作遐泛 浙江槳 唐書 虔遷著作郎 安祿山反 劫百官置東都 僞授虔水部郎中 因稱風緩 求攝市令 潛以密章達靈武 賊平 免死貶台州司戶參軍事 後數年卒

履穿四明雪 謝靈運山居賦注 天台四明相接連 四明方石四面自然開牕 史記 東郭先生貧困 履行雪中 有上無下 人皆笑之

饑拾楢溪橡 天台賦 躡楢溪而直進 寰宇記 在臨海縣東三十五里 後漢李恂傳 時歲荒 徙居新安關下 拾橡栗以自資

空聞紫芝歌 謂埋跡深山 不見杏壇丈 謂久離博士 莊子 孔子遊乎緇帷之林 坐杏壇之上 禮 席間函丈 杏壇丈指廣文館師席

天長眺東南 秋色餘魍魎 天台賦 始經魍魎之塗 別離慘至今 斑白 ○二○句○束○上○起○下○

徒懷曩春深 秦山秀 葉墜清渭朗 劇談王侯門 野稅林下鞅 操紙終夕酣 時物集遐想 卽公贈虔詩所謂清夜沈沈動春酌 但覺高歌有鬼

神者也六句言在長安時與虞遊宴之樂〇云〇十〇字〇悲〇甚〇詞場竟疏闊平昔濫推一作吹奬百年見存〇王〇阮〇亭〇歿窂落吾安放蕭條阮咸在出處同世網他日訪江樓含悽述飄蕩（原注）著作與今祕監鄭君審篇翰齊價謫江陵故有阮咸江樓之句（按）審乃虔之姪 起所比體而鄭之性情品格俱見先敘其文才次敘其遭際以懷舊意作結帶及其姪與汝陽篇同

故右僕射相國一有曲江二字張公九齡

相國生南紀（朱注）唐書首上洛南逾江漢攜武當荊山至於衡陽乃東循嶺徼達東甌至閩中是謂南紀（按）九齡韶州曲江人曲江正嶺徼地故曰生南紀也 金璞無留礦古猛切與鑛同（仇注）郭璞賦其下則金礦丹礫（說文）礦銅鐵璞石也（唐紀）太宗謂魏徵曰金在鑛何足貴耶治鍛而爲器人乃寶之言其材當爲世用也 仙鶴下人間〇可〇想〇見〇曲〇江〇風〇度〇獨立霜毛整（九齡家傳）九齡母夢九鶴自天而下飛集於庭遂生九齡 矯然江海思復與雲路永寂寞想土階

浦云鶴立毛整領起歷官秉節江海路永領起寵政賦詩四句

全意俱攝俞云曲江罷而天寶之禍興八哀之所以終思曲江也於不詮次中自有意在

蔣云六句如代爲太息寫得深至

即致君堯舜意未遑等箕潁。上君白玉堂。西都賦注黃圖云未央宮有玉堂殿玉堂殿內十二門階陛皆玉爲之。

倚君金華省。注見十二卷唐書九齡擢進士第拜校書郎歷中書舍人祕書少監集賢院學士中書侍郎遷中書令。碣石歲崢嶸。碣石范陽地崢嶸高大貌言其勢浸盛也通鑑安祿山討奚契丹敗績張守珪奏請斬之執送京師上惜其才勅令免官張九齡曰失律喪師不可不誅且其貌有反相不殺必爲後患上曰卿勿以王夷甫識石勒枉害忠良竟赦之祿山得志自此始

天池日蛙黽。東方朔七諫蛙黽游乎華池注喻讒諛弄口得志也唐書李林甫無學術見九齡文雅爲帝知內忌之後因論牛仙客事帝不悅林甫進曰九齡文吏失大體

退食吟大庭。大庭古至治之世公詩滄樸憶大庭何心記榛梗。郭璞遊仙詩戢翼棲榛梗王洙注謂雖退食之間未嘗忘致治而不以猜嫌爲心也本事詩曲江與李林甫同列林甫疾之若仇曲江爲海燕詩以致意曰無心與物競鷹隼莫相猜亦終退斥

骨驚畏曩哲。別賦心折骨驚鬒變負人境。謝朓詩誰能鬒不變趙曰畏曩哲畏不逮於前賢負人境傷功名之不立

雖蒙換蟬冠。謂罷中書令舊唐書侍中中書令加貂蟬右地恧多幸。唐書九齡既戾帝旨固內

是賛曲江之詩下語不苟

懼恐遂爲林甫所危因帝賜白羽扇乃獻賦自況帝雖優答卒以尚書右丞相罷政事〔朱注〕言以林甫之忌猶得以右相罷閒憖憖爲多幸也 敢忘二疏歸。謂漢疏廣及兄子疏受 痛迫蘇耽井。〔神仙傳〕蘇耽郴縣人養母至孝忽辭母云受性應仙當違供養明年天下疫疾庭中井水簷邊橘樹可以代養至時病者食橘葉飲井水而愈〔唐書〕九齡遷工部侍郎乞歸養詔不許及母喪解職毀不勝哀有紫芝產坐側白鳩白雀巢庭樹二句又言九齡久懷引退惜不早許其歸養也 紫綬映暮年。荊州謝所領。〔唐書〕九齡嘗薦周子諒爲御史子諒劾奏牛仙客語援讖書帝怒杖於朝堂流瀼州道死九齡坐舉非其人貶荊州長史〔朱注〕按唐制大都督府長史從三品應紫綬 庾公興不淺。黃霸鎮每靜。賓客引調同。諷詠在務屏。〔唐書〕九齡雖以直道黜不戚戚嬰望惟文史自娛朝廷許其勝流〔舊書〕孟浩然還襄陽九齡時鎮荊州署爲從事與之唱和 詩罷地有餘。言其思力深厚 篇終語清省。〔文心雕龍〕士龍思劣而雅好清省 一陽發陰管。〔庾信玉律表〕節移陰管氣動陽鐘 淑氣含公鼎。〔趙注〕一陽發管言其詩可聽如黃鐘之律淑氣含鼎謂其詩可味如太羹之和 乃知君

○境○字○重○押○○

子心用才文章境。仇注惜其抱濟世之才不得已而托於此也 散帙起翠螭倚薄巫廬並。江賦巫廬嵬崫而比嶠謂巫山廬阜二句言開散曲江文帙神物欻起其高至上薄巫廬也 綺麗玄暉擁牋誄任昉騁。言其詩文並勝南史謝玄暉善於詩任彥昇工於筆 自我一作成 一家則。史記自序拾遺補闕成一家之言 未闕隻字警千秋。滄海南名繫朱鳥影。言才名著於南方當與列宿並垂也天官書南宮朱鳥索隱曰南宮赤帝其精爲朱鳥也 歸老守故林。戀闕悄延頸。波濤良史筆。舊唐書九齡嘗監修國史今文唐會要云六典九齡所上 蕪絕大庾嶺。恨賦終蕪絕於異域大庾嶺屬韶州言其人沒而史筆遂絕也唐書久之封始興縣伯請還展墓遂卒年六十八謚文獻 向時禮數隔。制作難上請。再讀徐孺碑。後漢書徐穉字孺子豫州南昌人稱南州高士九齡徐徵君碣有唐開元十五年忝牧茲邦風流是仰在懸榻之後想見其人有表墓之儀豈孤此地 猶思理烟艇。

末首亦在起處總攝全意次及其履歷文章亦用順敘法收到自家作結○浦二田云此篇爲八哀之殿須融會老杜一生心跡看識更卓意更微自來罕有窺測者開元唐業興衰之會也曲江以前姚宋張韓皆賢相曲江矜尚直節尤著丰采既得罪權歸林甫在庭專給唯諾有同仗馬相業治業自是俱隳曲江實身持其會公非有夙昔之雅如彼七公者獨以相國終篇懷賢專寄此觀世之卓識也玄宗公生平知遇之主也身雖未得官於其朝而一再獻賦待試叅選主上實心知而嚮用之由林甫居中嫉才卒以退斥有隱痛焉要其許身稷契再使俗淳即所云結想土階未遑箕潁者爾後蜀夔播越陶冶詩篇又所云君子之心用才文章者故於相國雖名位懸絕而被廢立言顯晦一致直借曲江作我前身因而序中特許爲賢詩中轉略其彰彰事跡專以憂讒寄興爲一篇宗旨此又寄懷之微意也太史公作史記杜公作詩都是借題抒寫彼曰成一家之言此曰自我一家則意在斯乎論者徒觀曲江本傳以爲能識祿山反相乃一生大節譏此詩不免挂漏不知如史記管晏列傳掛漏多少輕議古人恐不免蚍蜉撼樹之誚耳

壯遊

浦云此詩可續八哀乃公自爲列傳也一氣讀去極其蒼莽

此敘少年之遊

往昔十四五〔一作者〕出遊翰墨場。斯文崔魏徒〔原注崔鄭州尚魏豫州啟心。唐科名記崔尚擢久視二年進士。唐會要神龍三年才膺管樂科魏啟心及第〕以我似班揚〔一作比〕。○去　倒湖上

七齡思卽壯，開口詠鳳皇。九齡書大字，有作成一囊。性豪業嗜酒，嫉惡懷剛腸。脫略小時輩，結交皆老蒼。飲酣視八極，俗物多茫茫。

○公○幼○時○便○不○可○一○世○乃○爾

東下姑蘇臺〔越絕書闔閭起姑蘇臺高見三百里〕已具浮海航〔一作先〕。到今有遺恨，不得窮扶桑。

○波○平○敘○中○有○跌○宕

王謝風流遠〔王謝東晉時南渡名族〕闔閭丘墓荒〔越絕書闔閭冢在吳縣閶門外葬以磐郢魚腸之劍葬三日白虎踞其上號曰虎邱〕。劍池石壁仄〔一統志虎邱山上有劍池〕長洲荷芰香〔吳郡圖經長洲苑在縣西南七十里孟康曰以江水洲爲苑〕。嵯峨閶門北〔吳越春秋闔閭欲西破楚楚在西北故立閶門以通天氣復名破楚門〕清廟映迴塘〔吳郡志太伯廟東漢太守麋豹建於閶門外〕。

江山人物拉雜鋪寫自然宕逸多姿

此敘吳越之遊

〇暗〇對〇玄〇謂〇父〇子〇之〇間〇作〇慨

每趨吳太伯撫事淚浪浪蒸魚聞匕首〇〔刺客傳〕吳公子光具酒請王僚使專諸置匕首魚腹中進之以刺王僚僚死光自立是爲闔閭 除道哂要章〇〔說文〕腰本作要 二句舊在渡浙想秦皇下吳越事不應錯出今從仇本易轉〔朱買臣傳〕買臣嘗從會稽守邸者寄居飯食拜爲太守買臣衣故衣懷其印綬步歸郡邸直上計時吏方羣飲不視買臣少見其綬守邸怪之前引其綬視其印會稽太守章也坐中驚駭白守丞相推排陳列中庭拜謁又會稽聞太守至發民除道公用要章當指此舊引故妻事未合又〔按〕漢武時會稽郡屬吳地東漢方徙治山陰 上句感恩仇下句慨勢利也 枕〇戈〇憶〇勾〇踐〇渡浙想秦皇〇〔秦本紀〕始皇浮江過丹陽至錢塘臨浙江水波惡乃西百二十里從狹中渡 越女天下白〔李白越女詩〕玉面耶溪女 鏡一作鑑湖五月涼〇〔會稽記〕鏡湖在會稽山陰界〔述異記〕世傳軒轅氏鑄鏡因名磨鏡石尚存石畔常潔不生蔓草 剡溪蘊秀異〇〔九域志〕越州東南二百八十里有剡縣縣有剡溪 欲罷不能忘〇歸帆拂天姥〇天姥注見三卷 中歲貢舊鄉〇謂東京也公居在河南鞏縣 氣劘音摩屈賈壘〇〔左傳〕致師者御靡旌摩壘而還 目短曹劉

又是一幅遊俠少年圖寫壯字一字欲浮一大日

此敘齊趙之遊以上皆在開元時

牆忤下考功第獨辭京尹堂（唐書每歲仲冬州縣館監舉其成者送之尚書省舉選不由館學者謂之鄉貢皆懷牒自列於州縣既至省由戶部集閱而關於考功員外郎試之朱注按公以鄉貢下考功第當在二十四年之前）（妙不在意）放蕩齊趙間裘馬頗清狂春歌叢臺上（史記顏師古注叢臺本六國時趙王故臺在邯鄲城中）冬獵青邱旁（寰宇記青邱在青州千乘縣齊景公田於此）（四句申上一句）呼鷹皂櫪林逐獸雲雪岡（蔡夢弼曰皂櫪林雲雪岡皆齊地）射飛曾縱鞚引臂落鶖鶬（鶖鶬注見七卷）蘇侯據鞍喜（原注監門胄曹蘇預按預即源明也懷舊詩自注公前名預緣避御諱改名源明）忽如攜葛彊（晉山簡傳舉鞭問葛彊何如并州兒葛彊山簡愛將也時蘇侯與公同獵故以葛彊比公）快意八九年西歸到咸陽許與必詞伯（指岑參鄭虔輩）賞遊實賢王（指汝陽王璡）曳裾置醴地奏賦入明光（謂獻三大禮賦）天子廢食召（玄宗命待制集賢院）羣公會軒裳（軒裳謂車服之盛）

此敘長安之遊乃天寶間事

逗出苦語

脫身無所愛 謂授河西尉不拜 痛飲信行藏 黑貂寧免敝 斑鬢兀稱觴 言已年已老故有子弟稱觴也 杜曲換耆舊 四郊多白楊 二句幷慨老成凋謝 應前結交多老蒼句舊遊如夢 可勝憮然

坐深鄉黨敬 日覺死生忙 朱門務傾奪 赤族迭羅殃 解嘲 客欲朱丹其轂不知一跌赤吾之族 謂林甫國忠傾陷朝士 國馬竭粟豆 考工記 國馬之輈 謂明皇所養舞馬 明皇以奢侈致敗公詩屢言之

官雞輸稻粱 官雞謂鬬雞也 注詳十七卷 舉隅見煩費 言舉此一隅則衆費可知 引古惜興亡 仇注 上六自歎窮老此六有慨朝事

河朔風塵起 謂祿山起兵 岷山行幸長 謂玄宗幸蜀 兩宮各警蹕 萬里遙相望 謂玄肅父子異地 崆峒殺氣黑 謂肅宗至平涼收兵興復 少海旌旗黃 東宮故事太子比少海句當指靈武即位故曰旌旗黃 通鑑 天寶十五載七月太子即位於靈武二句朱注謂指東西皆用兵固混浦注即以少海指廣平亦非在靈武時廣平尚未立爲太子也 禹功亦命子 禹受舜禪復傳子故以比肅宗命子親征

仇云杜集中序天寶亂離事凡十數見而語無重複足見才力善於變化

此敘亂後奔赴鳳翔及收京從入朝事在肅宗初年

豕鹿親戎行。(以蚩尤比祿山也謂肅宗以廣平王俶爲天下兵馬元帥)翠華擁吳岳。(謂肅宗至鳳翔〔舊唐書〕至德二年改汧陽郡吳山爲西岳)螭虎噉豺狼。(〔杜篤論都賦〕虓怒之旅如虎如螭〔通鑑〕上至鳳翔隴右河西安西西域之兵皆會)爪牙一不中。(〔詩〕祈父予王之爪牙)胡兵更陸梁。(〔西京賦〕怪獸陸梁二句追說謂房琯陳濤斜之敗)大軍載草草。凋瘵滿膏肓。(謂郭子儀淸溝之敗〔通鑑〕賊游兵至太和關鳳翔大駭子儀將兵赴鳳翔賊以驍騎九千爲長蛇陣官軍擊之首尾爲兩翼夾擊官軍大潰子儀退保武功)備員竊補袞(公時謁上鳳翔拜左拾遺)憂憤心飛揚(李云悲壯)上感九廟焚下憫萬民瘡斯時伏靑蒲(注見六卷)廷諍守御牀君辱敢愛死赫怒幸無傷(〔年譜〕公疏救房琯上怒詔三司推問宰相張鎬救之獲免)(寫出一種忠愛之極)聖哲體仁恕宇縣復小康(謂收京以後)哭廟灰燼中鼻酸(淋漓入蜀事用渾敘)朝未央小臣議論絕老病客殊方鬱鬱苦不展羽翮

末段敘去官後久客之跡兼肅代兩朝事

結處壯心消盡仍是壯心消不盡

困低昂。謂暫用即斥 秋風動哀壑。碧蕙捐微芳。公以被讒譖而出二句即景寓意

之推避賞從。晉侯賞從亡者介之推隱於綿上公嘗扈從肅宗故云 漁父濯滄浪。屈原傳漁父鼓枻而去歌

曰滄浪之水云云之推漁父皆自況 榮華敵勳業。歲暮有嚴霜。亦應前朱○門傾奪意○ 吾觀鴟夷子。

貨殖傳范蠡適齊爲鴟夷子皮 ○轉○前○段○收○結○有○力○ 才格出尋常。四句言榮華勝於功業罕有能令終者故欲學范蠡之高蹈五湖也 ○挽○ 羣兇

逆未定。側佇英俊翔。

劉後村云此詩押五十六韻在五言古風中尤多悲壯語雖荊卿之歌雍門之琴高漸離之筑音調節奏不如是之跌宕豪放也內復揚字浪字二韻而意各不同。蔣弱六云後文說到極淒涼處未免衰颯卻正是烈士暮年壯心不已之意想見酒酣耳熱擊碎唾壺時題目妙只說得上半截

或謂前半不免有意誇張是文人大言要須看其反面有血淚十斗也

昔遊

邵云起手便似高李豈非化工

首敘昔日東遊之事

此記當時寵任邊將因東遊而并及之

末段又因用人意推及收到自

昔者與高李【原注】高適李白晚登單父臺【舊唐書】單父古邑屬宋州【寰宇記】子賤琴臺在縣北一里高三丈 便伏第二段意 寒蕪際碣石萬里風雲來桑柘葉如雨飛藿共一作去徘徊【阮籍詩】秋風吹飛藿【廣韻】藿大豆葉又草名 清霜大澤凍禽獸有餘哀是時倉廩實洞達寰區開謂道路無梗 猛士思滅胡將帥望三台 開寶間釀成祿山之亂只數語至今 君王無所惜駕馭英雄才幽燕盛用武【蔡注】謂祿山領范陽節度求平章事 有餘痛 供給亦勞哉吳門轉粟帛泛海陵蓬萊肉食三十萬獵射起黃埃 俱指祿山討奚契丹事注詳見第三卷後出塞詩 隔河憶長眺青歲已摧頹【陳子昂春臺引】遲美人兮不見恐青歲之遂遒 不及少年日無復故人杯賦詩獨流涕亂世想賢才有能市駿骨莫恨少龍媒商山

己

攜子亦暗應故

入不見

議得失。四皓調護太子得以不廢蜀主脫嫌猜。蜀志先主曰孤之有孔明猶魚之有水也初廣平王有大功張良娣忌而譖之賴李泌言保全呂尚封國邑。傅說已鹽梅。郭子儀賜爵汾陽王又嘗爲中書令四句向無的解今按上二句當指李鄴侯下二句當指郭汾陽時子儀爲魚朝恩所忌李泌尚隱衡山公意欲朝廷專用二公則將相得人不難易亂爲治而文意特似斷續不可了則所謂定哀多微詞也景晏楚山深。水鶴去低回。句亦帶興龐公任本性。攜子臥蒼苔。朱注市駿以下言人君果能求賢則四皓孔明太公傅說之流世豈少其人哉若我之漂泊楚山終當爲龐公之高隱耳

遣懷

昔我遊宋中。今河南歸德府惟梁孝王都。漢書梁孝王城睢陽一統志歸德漢睢縣屬梁國名今陳留亞。唐書汴州陳留郡屬河南道即今開封府史記酈生傳陳留天下之衝四通五達之郊也劇煩劇則貝魏俱。貝州今東昌府恩縣魏州今大名府地唐書俱屬河南道邑中九萬家。高棟照通衢。舟車

邵云知己勝游終身懷抱故屢形之篇什不厭其煩

半天下主客多歡娛白刃讐不義黃金傾有無殺人紅塵裏報答在斯須（言其邑浩穰而多俠士 劉禹錫汴州廳壁記 地爲四戰故其俗右武人具五都故其氣習豪）憶與高李輩論交入酒壚兩公壯藻思得我色敷腴（古樂府 顏色正敷腴言暢悅也）氣酣登吹臺（水經注 陳留風俗傳曰縣有蒼頡師曠城上有列仙之吹臺梁王增築 元和郡國志 吹臺在開封縣東南六里）懷古視平蕪（唐書本傳 甫從高適李白過汴州登吹臺慷慨懷古人莫測也）芒碭雲一去（漢書 高祖隱於芒碭山所居上常有雲氣 應劭曰芒屬沛國碭屬梁國 唐書 碭山縣屬宋州）雁鶩空相呼（西京雜記 梁孝王兔園有雁池池間有鶴洲鳧渚）先帝正好武寰海未凋枯猛將收西域（謂吐蕃如王忠嗣哥舒翰輩）長戟破林胡（通鑑注 契丹即戰國時林胡地如張守珪安祿山輩）百萬攻一城獻捷不云輸（言其蒙蔽邀功雖敗而不報也）組練棄如泥尺土負百夫

宗廟是一篇之主

負字似當作孤負意解言欲爭一尺之土而徒喪百夫之命也拓境功未已。元和辭大鑪。莊子以天地爲大鑪言政失共和平也亂離朋友盡。合沓歲月徂。吾衰將焉託。存沒再嗚呼。李以寶應元年卒高復以永泰元年卒蕭條病益甚。獨在天一隅。乘黃已去矣。凡馬徒區區。乘黃謂高李凡馬自謂不復見顏鮑。又以顏鮑比二公結見古人交誼繫舟卧荆巫。張載詩西瞻岷山嶺嵯峨似荆巫臨餐吐更食。常恐違撫孤。言努力加餐自恐客死不見兩家子孫也

李子德云宋中名地高李偉人配公此篇俱堪千古。意格俱與前篇相似蓋言之不足又長言之

往在

。祿山用詳。敍

往在西京日。胡來滿彤宮。中宵焚九廟。雲漢爲之紅。

說來令人髮上指冠亦涕泣不能仰視當時君臣見此尚能一刻安枕耶

此記天寶時祿山陷京之事

解瓦飛十里（亦見廟之高）繐帷紛曾空疚心惜木主一一灰悲風合昏排鐵騎（合昏黃昏也）清旭散錦驟（一作幪廣韻驢子曰驟祿山陷兩京以橐駝運御府珍寶於范陽故曰散錦驟又徐陵詩金鞍覆錦幪幪鞍帕也）賊臣表逆節相賀以成功（通鑑陳希烈以晚節失恩怨上與張均張垍等皆降於賊）是時妃嬪戮連爲糞土叢（王明君詞昔爲匣中玉今爲糞土英幸蜀記祿山令張通儒害霍國公主永王妃等八十餘人又害皇孫妃主三十六人）當亡陷玉座（謝朓詩玉座猶寂寞）白間剝畫蟲（景福殿賦皎皎白間善曰青瑣之側以白塗之師氏注白間黼衣也畫蟲畫雉以飾之）不知二聖處（謂玄宗肅宗）私泣百歲翁車駕既云還楹桷欻穹崇（左傳丹楹刻桷楹廟楹桷椽也）故老復涕泗（應上私泣句）祠官樹椅桐（詩椅桐梓漆舊注樹椅桐將復興禮樂也）宏壯不如初已見帝力雄前春禮郊廟（前春猶云前歲）祀事親聖躬（舊唐書肅宗紀）

此記至德初肅宗收京之事

此記廣德初吐蕃陷京之事

浦云此段安得二字直貫至末純是亂極思治之詞而當時鎮帥之驕府兵之廢官民之失業

乾元元年夏四月辛亥九廟成備法駕迎神主入新廟甲寅上親享九廟遂有事於圜丘 微軀忝近臣景從陪（帶入自家。）羣公登階捧玉冊峩冕聆金鐘 侍祠恧先露（朱注言已新進小臣得與侍祠之列故以先業恩露爲慚也）掖垣邇濯龍（後漢桓帝紀祠老子於濯龍宮言時爲拾遺出入掖垣其地密邇宮禁也）天子惟孝孫五雲起九重（董仲舒雨雹對雲五色而爲慶）鏡奩換粉黛翠羽猶葱朧（後漢陰后紀帝率百官上后陵伏御牀視太后鏡奩中物感動悲泣令易脂澤妝具）前者厭羯胡（謂祿山之亂）後來遭犬戎（謂代宗時吐蕃陷京師）俎豆腐羶肉罘罳行角弓（罘罳注見三卷）（吐蕃用簡○敘）（蔡注上句謂污漫祭器下句謂狼籍宗廟）安得自西極（西京也）申命空山東（統指河北諸鎮）盡驅詣闕下士庶塞關中主將曉逆順元元歸始終一朝自罪已萬里車書通鋒鏑供鋤犂征戍聽所從冗

君臣之奢玩俱已從對面反照出正非虛作期望而罷已一語又是轉亂爲治之本

京都句承前祿山一段涇渭句承後犬戎一段二句收盡全篇

官各復業土著直略切還力農杜臆時藩鎮多表授官僚朝廷雖設官而無事故欲冗官之復業各鎮選丁壯爲兵民皆棄本業而好亂故欲土著者力農君臣節儉足朝野懽呼同中興似國初繼體同太宗端拱納諫諍和風日沖融赤墀櫻桃仍說到宗廟萬壑歸源枝隱映銀絲籠千春薦靈寢永永垂無窮京都不再火涇渭開愁容涇渭乃吐蕃入寇之路歸號故松柏謂歸展墳墓老去苦飄蓬。

此詩只是因老去飄蓬思歸號故松柏不覺觸出九廟廢興一腔忠憤無限悽思作此一篇大文字結到自家是一詩緣起反從國事帶出章法之變不可端倪○盧文子曰篇中以孝治爲重故詳言宗廟廢興之由至其詳略間具有微意於肅宗收復略其治具於代宗收復詳陳圖治保安之道正見肅宗不能自振沿至代宗致再有吐蕃之禍若代宗收京後又不思省躬罪已任官務農節儉裕民聽言納諫恐幸蜀之轍不鑒於前奔陝之駕且相隨於後也

自起至此皆自敘大意謂己曾受恩朝廷故雖僻在遠方不敢

杜詩鏡銓卷十五 大歷中公居夔州作

夔府書懷四十韻

從頭敘起

昔罷河西尉初興薊北師天寶十四載公授河西尉不拜是歲祿山反不才名位二句又總括前後行踪晚敢恨省郎遲扈聖崆峒日崆峒山在平凉公謁肅宗於鳳翔未嘗至崆峒而云然者蓋以肅宗自平凉而至也端居灩澦時萍流仍汲引樗散尚恩慈謂嚴武表除員外郎遂阻雲臺宿宿直一宿也蔡質漢儀尚書郎入直臺中常懷湛露詩翠華森遠矣白首颯淒其拙被林泉滯生逢酒賦欺西京雜記梁孝王集諸遊士於兔園鄒陽作酒賦言為酒所困日溺於詞賦若為所欺也文園終寂寞漢書司馬相如拜為孝文園令後病免家居茂陵漢閣自磷緇漢閣用揚雄事謝靈運詩磷緇謝清曠言己雖名玷朝班而臥病峽中終歸淪落蓋以蜀中揚馬自方也病隔君臣

置國事於度外
也

一二句○東○上○起○下 劉○須○溪○云○奇○壯 少

議慙紆德澤私揚鑣驚主辱謂車駕幸陝拔劍撥年衰社稷

及○重追溯承前○屆聖句

經綸地風雲際會期血流紛在眼涕泗亂交頤言肅宗在鳳翔時安史之亂方盛四瀆樓船泛漢有樓船將軍中原鼓角悲二句言水陸皆用兵也賊壕連白翟漢匈奴傳晉文公攘戎狄居西河圁洛之間號曰赤翟白翟朱注按唐鄜延二州即春秋白翟地祿山反京畿鄜坊皆應之故曰連白翟戰瓦落丹墀光武紀大破莽兵於昆陽城西會大雷風屋瓦皆飛通鑑至德二載九月廣平王俶將朔方等軍與賊戰於長安城西自午至西斬首六萬級賊遂大潰大軍入西京先帝嚴靈寢梁宗廟登歌神宮肅肅靈寢微微先帝肅宗也嚴靈寢謂收京後先修寢廟宗臣切受遺宗臣謂郭子儀也按史寶應元年建卯月上不豫召子儀入臥內曰河東之事一以委卿所謂切受遺也恆山猶突騎遼海競張旗恆山遼海皆河北之地田父嗟膠漆孫武子膠漆之材車甲之奉日費千金行人避蒺藜六韜狹路微徑張鐵蒺藜呂祖謙曰膠漆所以為弓誅求之多則田父歎焉鐵蒺藜所以禦馬所在布地

早伏後賦斂○瘡痍一段意

此段前十句追述安史之亂後十句深慨藩鎭擁兵并帶及吐蕃回紇

插入句作中間頓宕束前起後無限文情

故行人避之 總戎存大體降將飾卑詞（朱注按通鑑史朝義死賊將田承嗣等降副元帥僕固懷恩恐賊平寵衰奏留田承嗣等分帥河北自爲黨援由是諸鎭桀驁不可制公詩總戎存大體降將飾卑詞正紀其事曰存大體爲朝廷隱也）楚貢何年絕（左傳管仲責楚曰爾貢包茅不入）堯封舊俗疑（卽諸將詩滄海未全歸禹貢薊門何處盡堯封也）長吁翻北寇一望卷西夷（亦承前翠華等句）（卽秋興詩直北關山金鼓振征西車馬羽書馳也杜臆昔從今逆故曰翻傾國而來故曰卷）不必陪玄圃（崑崙一曰玄圃注詳一卷）超然待具茨（莊子黃帝將見大隗於具茨之山至於襄城之野七聖皆迷遇牧馬童子問塗焉按代宗嘗出幸陝州故用周穆黃帝事）凶兵鑄農器（老子兵者凶器也家語鑄劍戟以爲農器）講殿闕書帷廟算高難測天憂實在茲（婉摯）形容眞潦倒答效莫支持（按是時閹宦擅權諸鎭各擁勁兵代宗懦弱不能致討雖命羣臣於集賢院待制宰相率常參官聽講國子監而於國事毫無裨益故言我豈必躬陪侍從乎但使朝廷能訪道求賢則凶兵可銷講殿可御治平誠不難致今廟算未知何如我之杞人憂天實在於此特以衰老無補爲

此段傷夔州民困

足歎也觀後有京觀且僵尸句則知此處銷兵進講當屬諷詞亦與大君先息
戰歸馬華山陽國須行戰伐人憶止戈鋋同義舊說以為須禱之詞未為得解

說到當下○承前端居句○令○諸○公○愧○死

使者分王命謂索餉之官羣公各典司謂牧民之吏恐乖均賦斂不
似問瘡痍萬里煩供給即前上白帝城詩所謂賦斂強輸秦也孤城最怨思孤城謂夔
州綠林寧小患後漢劉元傳諸亡命共聚藏於綠林中雲夢欲難追二句言民將為盜盧注左傳楚
昭王涉雎濟江入雲中盜攻之注雲中雲夢澤中也欲難追言追悔無及即事須嘗膽嘗膽注見十一卷蒼生可

○又○插○入○議○論

○應○前○病○隔○君臣

察眉列子晉有郄雍者能視盜眉睫之間而得其情仇注嘗膽謂痛懲前失察眉謂深察民情議堂猶集鳳後漢書鄧隲等
並奏朝請有大議詣朝堂與公卿參謀貞觀是元龜劉琨勸進表前事之不忘後代之元龜也言當如太宗之愛民處處

議句

為蒼生痛○哭

喧飛檄家家急競錐江淹書競刀錐之利蕭車安不定後漢蕭育傳南郡江中多盜賊
拜育為太守上以育耆舊名臣乃以三公使車載育入殿中受策蜀使下何之蜀使用相如事注見十卷言朝議多人奈何不法貞觀之

釣瀨至末復自敘客夔兩以除亂立功責之凡百有位焉

治致盜賊羣起誅求益急雖以蕭車安撫之猶恐不定彼蜀使頻下又何爲乎

釣瀨疏墳籍。耕巖進奕棋。釣瀨用嚴子陵事耕巖用鄭子眞事西京雜記杜陵杜夫子善奕棋爲天下第一二句言懶於讀書頗好游藝也地蒸餘破扇。冬暖更纖絺。二句言夔州風土豺遘哀登粲。王粲七哀詩西京亂無象豺虎方遘患登粲謂登樓之粲麟傷泣象尼。趙注傳載孔子之首象尼山衣冠迷適越。莊子宋人資章甫而適越越人斷髮文身無所用藻繪憶遊睢。音雖句言少時文采陳琳書遊睢渙者學藻績之采陳畱風俗傳襄邑縣南有睢水渙水睢渙之水出文章以奉宗服御服焉公少嘗遊宋州故曰憶遊睢賞月延秋桂。傾陽逐露葵。曹植書若葵藿之傾太陽二句謂以閒身而不忘憂國秋桂露葵并點入時令大庭終返樸。大庭古至治之世注見十二卷京觀且僵尸。左傳古者明王伐不敬取其鯨鯢而封之以爲大戮於是乎有京觀注積尸封土其上謂之京觀時朝政專尚姑息公故欲其申天討以振國威高枕虛眠晝。哀歌欲和誰。言欲和者誰人乎南宮載勳業。後漢書永平中圖畫

結處且譏且勉

一味狂呼十分悲切

中興二十八將於南宮雲臺凡百愼交綏。。。。左傳晉人秦人出戰交綏注古名退軍爲綏秦晉志未能堅戰短兵未致爭而兩退故曰交綏李衞公曰綏六轡總也交綏而退猶云交馬而還黃曰二句深戒大臣及諸將功成圖像當以交綏爲愼勿使志之不堅而後可也當時吐蕃陷京官吏奔散諸鎭不赴援故特言之公詩致君堯舜付公等早據要路思捐軀卽此意

李子德云具喪亂之始終哀行藏之無據旣參家乘兼補國書蓋以子長敘述之才而騁爲韻語也○浦二田云此首書懷歎老嗟卑之意輕主憂臣辱之思切在江湖而憂魏闕所謂每飯不忘者也藩鎭旣多擅强西北又多不靖兵不得休故餉不得省而民重困意思本自一串苦餉單就夔言者誌目擊耳首末兩段著自身說所懷在己中間兩段著時事說所懷在國而中八句虛寫感歎之意以爲上下關捩大槩局段如此而前半篇先己後國是追憶追憤後半篇先國後己是在夔言夔則所謂夔府書懷者心傷在後半之民窮而病源在前半之世亂也又首段之自敘以揚鑣拔劍振起國是末段之自敘以反樸僵尸收到國恤以此知歎己輕憂國切也可謂洋洋大篇緜緜入扣

哭王彭州掄

仇注公初到成都時有王侍御掄許攜酒至草堂詩王蓋先以御史罷官後在嚴武幕中又遷彭州

仇云新文二句稱其才品北部四句記其婚宦

劉須溪云挽詩有此盛麗

先詳履歷

次及交情

刺史而卒也

執友嗟淪沒。斯人已寂寥。新文生沈謝。沈約謝靈運 異骨降松喬。赤松王子喬 北部初高選。魏志武帝年二十舉孝廉爲洛陽北部尉言掄初授官得京畿尉也 東牀從杜臆舊作堂 早見招。坦腹東牀用王逸少事掄必締姻宗室故下有鸞鳳句 〇二〇句〇分〇承〇 蛟龍纏倚劍。〇警〇句〇〇〇 越絕書薛燭曰當造劍之時蛟龍奉爐天地裝炭 鸞鳳夾吹簫。亦用蕭史事 歷職漢庭久。承歷職句 中年胡馬驕。承中年句 謂祿山之亂 兵戈闇兩觀。東京賦建象魏之兩觀 寵辱自三朝。謂玄宗肅宗及代宗也 蜀路江干窄。彭門地里遙。彭門注見六卷 解龜生碧草。謝靈運詩解龜在景平注解龜解去所佩龜印也漢表中二千石銀印龜紐生碧草謂印滋生苔也柳宗元詩印文生綠經旬合即此意舊注非 諫獵阻青霄。諫獵用相如事亦切蜀地二句蓋惜其以侍御罷官未能有所建白也 頃壯戎麾出。謂嚴武鎮蜀 叨陪幕府

此段哀而兼慰

慨到自己作結

要。謂同辟參謀 將軍臨氣候。氣候用兵之氣候劉歆七略有氣候孤虛二十卷 猛士塞風颷。卽大風歌意 井渫泉誰汲。烽疏火不燒。趙曰軍旅所在必先淪井泉凡有警急必頻擧烽燧今上佐軍機下鍊士卒則智略過人矣井泉不汲烽火不燒則邊境無事矣皆其籌畫所致 前籌自多暇。隱几接終朝。翠石俄雙表。雙表以施之墓者潘岳懷舊賦巖巖雙表列列松楸 寒松竟後凋。贈詩焉敢墜。謂掄贈公之詩 染翰欲無聊。再哭經過罷。趙曰再哭言昔嘗哭掄之死今櫬過夔州再哭之 離魂去住銷。之官方玉折。顏延之祭屈原文蘭薰而摧玉縝則折 寄葬與萍漂。想先曾在蜀厝葬 曠望渥洼道。霏微河漢橋。舊注渥洼道天馬所來屬下令子河漢橋烏鵲所駕屬下夫人 夫人先卽世。令子各淸標。巫峽長雲雨。秦城近斗杓。說文杓斗柄春秋運斗樞北斗七星第一至第四爲魁第五至第七爲杓合而爲斗朱注按天官書魁枕參首杓自華以西南是秦

城正上直斗杓也

馮唐毛髮白歸興日蕭蕭掄之喪必歸葬京師故因以流滯自傷也

王嗣奭曰前云異骨降松喬後云寒松竟彫王蓋以壽考終者且有令子故公哭之而詩不甚悲特以執友淪亡不能忘情耳

偶題

邵云此篇中語亦惟作者知之

文章千古事得失寸心知作者皆殊列名聲豈浪垂騷人嗟不見漢道盛於斯前輩飛騰入餘波綺麗爲後賢兼舊制歷代各清規杜臆少陵一生精力用之文章始成一部詩集此篇乃一部杜詩總序而起二句乃其所託胎者文章千古事便須有千古識力得失寸心知則寸心具有千古此文章家祕密藏為古今立言之標準也作者殊列名不浪垂此二句又千古文人之總括謂其所就雖不同然寸心皆有獨知者在也三百篇乃詩家鼻祖而騷體則裔孫也騷人不見則雅頌可知自蘇李輩倡為五古漢道於斯而盛此又詩之大宗也前輩如建安黃初諸公飛騰而入至六朝尚綺麗亦其餘波不可少者也法自儒家有張遠注云公祖審言以

首敘詩學源流兼收中自有區別當與戲為六絕句別裁僞體轉益多師語參看

此歎詩學莫傳

以下備述漂蕩之跡歎不得盡心於文章故用末二句作結

詩名家故云儒家有即所謂詩是吾家事也 心從弱歲疲。永懷江左逸。多謝一作病鄴中奇。趙曰江左逸如嵇阮鮑謝之徒鄴中奇如建安七子之類 騄驥皆良馬。典論今之文人孔融陳琳王粲徐幹阮瑀應瑒劉楨茲七人者於學無所遺於辭無所假咸自以騁騄驥於千里仰齊足而並馳 騏驎一作騏麟帶好兒。謂曹家父子 二句即借鄴中句相形起下 車輪徒已斲。莊子輪扁對齊桓公曰夫斲輪不疾不徐得之於手應之於心臣不能以喻臣之子臣之子亦不能受之於臣是以行年七十而老斲輪 堂構惜仍虧。漫作潛夫論。後漢書王符字節信隱居著書三十餘篇以譏當時失得不欲章顯其名故號曰潛夫論 虛傳幼婦碑。魏略邯鄲淳作曹娥碑蔡邕題其後曰黃絹幼婦外孫虀臼楊修讀之即解曹操行三十里乃悟曰黃絹色絲絕字也幼婦少女妙字也外孫女子之子好字也虀臼受辛之器辭字也乃絕妙好辭言斲輪雖巧肯構無人我之著作竟莫爲繼述矣 一語承上○起下乃全篇過脈 緣情慰漂蕩。陸機賦詩緣情而綺靡 抱疾屢遷移。經濟慚長策。飛棲假一枝。塵沙傍蜂蠆。江峽繞蛟螭。六○句先述寓蜀○ 二句言蜀多寇亂 蕭瑟

唐虞遠聯翩楚漢危（趙曰治化莫盛於唐虞戰爭莫急於劉項故並舉爲言）聖朝兼盜賊異俗更喧卑（舞鶴賦厭人寰之喧卑）

六句從頭說起由所歎所遇之窮

鬱鬱星辰劍蒼蒼雲雨池（朱注星辰劍用張華事雲雨池用周瑜語自喻在夔失所如寶劍之埋獄而未出如蛟龍之在池而未躍也）兩都開幕府萬寓（宇同）插軍麾南海殘銅柱（謂粵寇初平）東風避月支（謂吐蕃數寇月支西域國名注見二卷亦暗用左傳南風不競語意）音書恨烏鵲號怒怪熊羆稼穡分詩興柴荊學士宜故山迷白閣秋水憶皇陂（舊作黃非白閣皇陂注俱見二卷）不敢要佳句愁來賦別離

末更詳言世亂重歎懷鄉

仍結到作詩住

蔣弱六云前半說文章後半說境遇得失甘苦皆寸心知者前語少而意括後語詳而情綿公一生心跡盡是矣

贈高式顏

（高適有宋中送族姪式顏詩云惜君才未遇愛君才若是）此世上五百年吾家一千里（按詩用黃公酒壚事自

劉須溪云起語突兀在晚唐則人中對矣

適沒後作諸本皆失編今從單復編夔州詩內

○二○句○含○多○少○今○昔○之○感○

昔別是何處相逢皆老夫故人還寂寞削跡共艱虞（莊子孔子削跡於衛）

○下○半○二○一○片○神○行○

自失論文友（指高適也）空知賣酒壚（晉書王戎傳嘗經黃公酒壚下過顧謂後車客曰吾昔與嵇叔夜阮嗣宗酣暢於此竹林之遊亦與其末自嵇阮云亡吾便為時之所羈紲今日視之雖近邈若山河又公遣懷詩憶與高李輩論交入酒壚）

平生飛動意見爾不能無

李潮八分小篆歌

（周越書苑李潮善小篆師李斯嶧山碑見稱於時趙明誠金石錄唐慧義寺彌勒象碑李潮八分書也潮書初不見重當時獨杜詩盛稱之）

此韓蘇之祖

蒼頡鳥跡既茫昧（衛恆書勢黃帝之史沮誦蒼頡眺彼鳥跡始作書契）字體變化如浮雲陳倉石鼓又（一作文）已訛（元和郡縣志石鼓文在鳳翔天興縣南石形如鼓其數有十蓋紀周宣王田獵之事

卽史籀大篆也鶴注鳳翔府寶雞縣本陳倉縣王厚之石鼓文考正石鼓粗有
鼓形字刻於傍石質堅頑類今碓磑韓愈以爲宣王鼓韋應物以爲文王鼓宣
王刻程大昌雍錄亦云是成王鼓

大小二篆生八分。衛恆書勢宣王太史籀著大篆十五篇與古文或異時人卽謂
之籀書秦李斯作蒼頡篇趙高作爰歷篇胡母敬作博學篇皆取史籀式或頗
省改所謂小篆者也周越書苑八分者秦羽人上谷王次仲飾隸書爲之鍾繇
謂之章程書蔡文姬別傳云臣父邕言割程邈隸字八分取二
割李斯小篆二分取八故名八分又云皆似八字勢有偃波

秦有李斯

漢蔡邕。張懷瓘書斷李斯小篆入神大篆入妙伯喈八分飛白入神大小篆隸書入妙

中間作者絕不聞。

嶧山之碑野火焚。棗木傳刻肥失眞。封演聞見記嶧山始皇刻石其文李斯小篆後
魏太武登山使人排倒之然而歷代摹搨以爲楷則邑人疲於奔命聚薪其下
因野火燒之由是殘闕不堪摹寫然猶求者不已有縣宰取舊文勒於石碑之
上凡成數片置之縣廨須則搨取今人間有嶧山碑
皆新刻之碑也今公詩曰棗木傳刻當是又翻刻者

苦縣光和尚骨立。

一作力金石錄苦縣老子銘舊傳蔡邕文并書劉思敬臨池漫記老子苦人也
今爲亳州眞源縣縣有明道宮宮有漢光和年所立碑蔡邕書馬永卿贊字畫遒

先敘篆書源流

勁書貴瘦硬方通神惜哉李蔡不復得吾甥李潮下

又以今入韶形

筆親尚書韓擇木舊唐書肅宗紀上元二年四月右散騎常侍韓擇木爲禮部尚書宣和書譜韓擇木昌黎人工隸兼作八分風流閑媚世謂邕中興焉騎曹蔡有鄰竇泉述書賦衞包蔡鄰工夫亦到出於人意乃近天造書史會要有鄰邕十八代孫

官至右衞率府兵曹參軍工八分書書法險勁開元以來數八分潮也奄有二子成三人況潮小篆逼秦相快劍長戟森相向八分一字

復用草

直百金蛟龍盤拏肉屈倔通強劍戟相向蛟龍盤拏卽所謂瘦硬通神者吳郡張顛

書作襯極五花八門之致

誇草書草書非古空雄壯豈如吾甥不流宕言草書失之流宕篆書八分則不然

此稱李潮書法

丞相中郎丈人行叶下浪切匈奴傳漢天子吾丈人行言前後行輩也巴東一作江逢

尾聲如歌之有

李潮逾月求我歌我今衰老才力薄潮乎潮乎奈汝

亂極謳賞歎

此章見形勝而悲世亂也三四申峽口之景五六申控蠻之勢

此章遡往事而傷羈旅也上四明治亂之由下四言客變之況

何〔趙曰〕退之石鼓歌少陵無人謫仙死才薄將奈石鼓何倣此詩末二語也

峽口二首

即瞿塘峽口也何云峽口在荊門虎牙二山之間楚之西塞

峽口大江間。西南控百蠻。〔唐志〕劍南諸蠻九十二無城邑椎髻皮服 城欹連粉堞。岸斷更青山。開闢當天險。防隅一水關。〔舊注〕峽口有關斷以鐵鎖〔仇注〕山形斜側故城堞皆欹傍多疊嶂故岸斷見山天險如此而又設關水上眞足控制全蜀矣 亂離聞鼓角。秋氣動衰顏。

時淸關失險。世亂戟如林。即承上首後半說 去矣英雄事。荒哉割據心。郤云感慨深渾豈是書生眼孔〔仇注〕英雄承時淸如光武昭烈之平蜀是也割據承世亂如公孫述李特之僭蜀是也 蘆花留客晚。楓葉坐猿深。疲苶煩親故。諸侯數賜金。〔原注〕主人柏中丞頻分月俸

首記天地形勝

次記天池景物

末致卜居之意

天池（全蜀總志）天池在夔州府治東巫山縣治亦有之

天池馬不到（仇注）在山頂 嵐壁鳥纔通（寫出奇景）百頃青雲杪曾波白石中鬱紆騰秀氣蕭瑟浸寒空直對巫山峽兼疑夏禹功疑爲禹所鑿也（用意俱切天池）魚龍開闢有菱芡古今同閒道奔雷黑（郭璞詩）迅駕乘奔雷 初看浴日紅（就本地點染）飄零神女雨斷續楚王風（宋玉風賦）楚襄王遊於蘭臺之宮有風颯然而至 欲問支機石（集林）昔有人窮河源見婦人浣紗問之曰此天河也乃與一石而歸問嚴君平曰織女支機石也（荊楚歲時記）載作張騫事 如臨獻寶宮注見十一卷 九秋驚雁序萬里狎漁翁更是無人處誅茅任薄躬厭夔俗之惡薄故欲來此無人之境也

李子德云寫山則有崢兀之風寫水則盡幽窅之致

南極［黃希曰］此用爾雅四極中之南極夔在長安之極南也

南極青山衆西江白谷分［杜臆］西江至白谷而分此楚蜀之交也古城疏落木荒戍密寒雲歲月蛇常見風飇虎或聞近身皆鳥道殊俗自人羣睥睨登哀柝［古今注］女牆城上小牆也亦名睥睨言於城上睥睨人也蝥弧照夕曛［左傳］鄭伐許潁考叔取鄭伯之旗蝥弧以先登亂離多醉尉愁殺李將軍［李廣傳］廣屏居藍田南山中嘗夜出還至亭灞陵尉醉呵止廣廣騎曰故李將軍尉曰今將軍尚不得夜行何故也宿廣亭下公爲故官恐人見欺故云［按］公詩云命須屈色又小吏最相輕醉尉事必有所感

浦二田云前四峽中風景中四峽中土俗後四峽中時事亦厭居南土撫景感懷之作也

瞿唐兩崖

結語更奇並劇出高險兩面

三峽傳何處雙崖壯此門入天猶石色穿水忽雲根三言峽之峻四言崖之深猱玃鬚髯古述異記猿五百歲化為玃蛟龍窟宅尊惟山高水險故物得以久據深藏二句分頂羲和冬馭近愁畏日車翻淮南子日乘車駕以六龍羲和為之馭李尤九歌安得壯士翻日車

李子德云詩莫難於用奇舍此亦何由見杜之大奇而不失為樸不可能也且愈奇而愈見其清何可能也

此及前篇皆極意刻畫之作而此尤高渾

瞿唐懷古集外詩見吳若郭知達黃鶴本

用字奇

西南萬壑注勍敵兩崖開勍敵猶抵當意地與山根裂承二江從月窟來承一黃生注山附於地裂乃地勢使然必地與山以裂而後江水得從此來便含下陶鈞意削成當白帝空曲隱陽臺疏鑿功雖美江賦巴東之峽夏后疏鑿陶鈞力大哉

邵云極有元氣

夜宿西閣呈元二十一曹長

城暗更籌急樓高雨雪微（雨雪微則漸霽矣）稍通綃幕霽（說文帷在上曰幕綃幕以綃爲之也）遠帶玉繩低（謂疏星未沒謝朓詩玉繩低建章）門鵲晨光起檣烏宿處飛（天曉舟已行也）寒江流甚細有意待人歸（浦江由夜雪而曉霽出啟門而望檣遠見安流如催發櫂逐層卸下所以表出峽之思）

西閣口號呈元二十一

山木抱雲稠寒空（一作江）繞上頭（繞即指雲言）雪崖纔變石風幔（鍊句）不依樓社稷堪流涕安危在運籌看君話王室感動幾銷憂（元必亦有心濟世者）

閣夜

二四正從宵霽後見出

吳瞻泰云人事綰上野哭夷歌音書綰上天涯三峽關鎖極密

題前寫一句

歲暮陰陽催短景（影同）天涯霜雪霽寒宵五更鼓角聲悲壯（鼓角天晴則聲更亮）三峽星河影動搖（蔣云三峽最湍激處加霜雪照耀故見星河動搖又在聲悲壯裏覺得足令人驚心動魄）野哭千家聞戰伐夷歌是（一作幾）處起漁樵臥龍躍馬終黃土（諸葛公孫皆因夔州有祠廟而及之）人事音書漫寂寥（言賢愚同歸於盡則寂寥何足計哉末二句乃借古人以自解也）

蘇東坡曰七律之偉麗者子美之旌旗日暖龍蛇動宮殿風微燕雀高五更鼓角聲悲壯三峽星河影動搖爾後寂寞無聞歐陽永叔云蒼波萬古流不盡白鳥雙飛意自閑又萬馬不嘶聽號令諸蕃無事樂耕耘可以並驅爭先矣小生亦云令嚴鐘鼓三更月野宿貔貅萬竈烟又露布朝馳玉關塞捷書夜到甘泉宮亦庶幾焉耳

瀼西寒望（瀼西注見十三卷浦注此詩爲居瀼後起蓋西閣之寓險絕人區久欲去此他適後登瀼上堂云頗免崖石擁

又曰山田麥無隴可以就坦而資生知此詩意有屬也

水色含羣動朝光切太虛寒朝水色空明上連太虛故水中物象無所不見羣動即指下猿鷗等年侵一作終頻悵望興遠一蕭疏二句妙寫物情猿掛時相學謝靈運遊名山志觀掛猿下飲百丈相連鷗行炯自如瞿唐春欲至定卜瀼西居

李子德云胷無一物故萬象效靈然非好學深思心知其故當從何處下手

白帝樓

漠漠虛無裏連連睥睨侵言城高上極天也樓光去日遠峽影入江深仇注日照水而其光上映惟樓高故去日遠峽臨江而其影下垂惟水落故峽影深臘破思端綺古詩客從遠方來遺我一端綺春歸待一金漢書一金直萬錢言臘盡春歸正可製春服而具行資也去年梅柳意

五六用事不覺著二虛字有化工肖物之妙

杜詩每不拘對偶

還欲攬邊心。

白帝城樓

江度寒山閣（閣謂閣道）城高絕塞樓。翠屏宜晚對。（天台賦）搏壁立之翠屏白谷會深遊。急急能鳴雁（莊子）莊子舍於故人之家令豎子殺雁烹之豎子曰其一能鳴其一不能鳴請奚殺主人曰殺不能鳴者輕輕不下鷗（列子）海上有人每旦從鷗鳥遊鷗鳥之至者百數其父曰汝取來吾玩之明日鷗鳥舞而不下也二句亦見雁鷗而動春興夷陵春色起（夷陵謂峽州在夔外）漸擬放扁舟。

曉望白帝城鹽山（方輿勝覽）白鹽山在城東十七里

徐步攜斑杖。看山仰白頭。翠深開斷壁。紅遠結飛樓。（仇注）斷壁開處見其深翠飛樓結處見其遠紅用倒裝法日出清江望。暄和散旅愁。春城見

松雪。始擬進歸舟。

西閣曝日　張云曝日○歸興景

凛冽倦玄冬。負暄嗜飛閣。義和流德澤。顓頊愧倚薄。月令孟冬之月其帝顓頊言日氣煖而寒氣不能侵之 毛髮具自和。肌膚潛沃若。詩注沃若潤澤貌趙曰言煖如湯沃然 太陽信深仁。衰氣欻有託。欹傾煩注眼。言展轉向日而臥也 容易收病脚。公客居詩臥愁病脚廢 瀏灘一作流灘木杪猿、翩翻山巔鶴。此因閣前所見以興自得之趣 後又入峽、 朋知苦聚散。哀樂日已作。即事會賦詩。人生忽如昨、古來遭喪亂。賢聖盡蕭索。胡爲將暮年。憂世心力弱。言卽此片刻逍遙他姑可弗計耳

行止問之西閣奇

此又代答得奇

一片無賴

不離西閣二首［杜臆］題曰不離有厭居西閣意

江柳非時發江花冷色頻 正見不全是冷色借頻字反映出地煖 地偏應有瘴臘近已含春 四句即景起見遠方氣候之殊 失學從愚子無家任老身不知西閣意肯別定留人［趙］曰言西閣之意肯令我別乎抑定留人也

句山谷尤愛其深遠閒雅　結

西閣從人別人今亦故亭［復古編］云亭停通用言非西閣留人人則自留耳 江雲飄素練石壁斷空青 惟雲飄故山斷二句閣上近景 滄海先迎日銀河倒列星［仇注］曉登樓而海日先迎夜臨牕而星河倒列二句閣上遠景倒列星即沈佺期詩天河入戶低意 平生耽勝事吁駭始初經 言昔所以卜居者特爲耽此勝景耳其如久而不去何哉正寫欲離不離之意朱注非

三謝　集中佳句

覽柏中丞兼子姪數人除官制詞因述父子兄

弟四美載歌絲綸（杜詩博議年譜公至夔州時柏中丞爲夔州都督公爲作謝上表相都督乃柏茂林中丞其兼官也按林一作琳　朱注公有蜀州柏二別駕將中丞命詩柏二當即四美之一）

紛然喪亂際見此忠孝門蜀中寇亦甚柏氏功彌存（言之慨然）（崔旰殺郭英乂茂林以邛州牙將起兵討旰）深誠補王室戮力自元昆（指中丞）三止錦江沸（當指柏中丞與崔旰相攻時事）獨清玉壘昏高名入竹帛新渥照乾坤（朱注茂林以杜鴻漸奏授邛州刺史充邛南防禦使尋升爲節度使元末幾廢按邛南節度既廢茂林不聞他除當是即拜夔州都督也）（見子弟分作兩層敘）十弟先卒伍芝蘭疊璵璠同心注師律灑血在戎軒絲綸實具載紱冕已殊恩奉公舉骨肉誅叛經寒溫金甲雪猶凍朱旗塵不翻（二句言目前景）每聞戰場說欻濆懦氣奔

聖主國多盜賢臣官則尊（言遭逢寇亂益顯功業）方當節鉞用（茂林自節度除都督為失職故此詩云方當節鉞用又觀宴詩幾時來翠節蓋惜之也）必絕祲沴根吾病日迴首雲臺誰再論作歌挹盛事推轂期孤騫（馮唐傳上古王者遣將跪而推轂時崔旰專制西川故欲朝廷重任茂林也）

覽鏡呈柏中丞

渭水流關內終南在日邊膽銷豺虎窟（謂崔旰亂蜀）淚入犬羊天（時吐蕃屢為邊患）起晚堪從事行遲更學仙（舊注凡仕者必早起起晚矣尚堪從事乎學仙者必身輕步疾行遲矣更可學仙乎二句即衰謝意）鏡中衰謝意萬一故人憐

陪柏中丞觀宴將士二首

起突兀笑中有淚

將云前首後四句談笑祝頌此四句感慨願望故不犯複

極樂三軍士。誰知百戰場。無私齊綺饌。承綺饌 何遜詩玉盤傳綺食饌無異等見與士卒同甘苦意 久坐密金章。金章當即指柏坐久相近言其能忘分適情也 承金章 醉客霑鸚鵡。嶺表錄異鸚鵡螺旋尖處屈而朱如鸚鵡嘴故以名殼裝爲酒盃奇而可翫 佳人指鳳凰。唐會要延載元年內出繡袍賜文武官三品以上其袍文宰相飾以鳳凰尚書飾以對雁 鄰云設色新 幾時來翠節。特地引紅妝。繡段裝簷額。仇注如今結綵之類 金花貼鼓腰。宋書蕭思話年十餘歲打細腰鼓 一夫先舞劍。浦注言將士醉後起舞爲樂 百戲後歌樵。趙曰戲作夔峽樵歌之音也正見無樂不有 江樹城孤遠。雲臺使寂寥。謂策功之使臣 漢朝頻選將。應拜霍嫖姚。

奉送蜀州柏二別駕將中丞命赴江陵起居衛尚書太夫人因示從弟行軍司馬位 別駕中丞之弟 舊唐書代宗紀

三四賓主流對五六時地兼舉浦云次聯爲嘉隆間人嚼爛遂覺可厭在杜不害爲莊重也荊楚白碧亦用折句對法

大歷元年五月加荊南節度使衛伯玉檢校工部尚書

中丞問俗畫熊頻。後漢輿服志三公列侯車倚鹿較伏熊軾黑轓張溍注問俗頻故不暇親往而遣人致問愛弟傳書綵鷁新。遷轉五州防禦使。唐書方鎮表廣德二年置夔忠涪都防禦使治夔州原領夔峽忠歸萬五州隸荊南節度柏中丞時蓋自都督遷防禦也起居八座太夫人。初學記唐以六尚書左右僕射合爲八座後漢岑彭傳大長秋以朔望問太夫人起居注漢法列侯之母方稱太夫人也 造句近晚唐楚宮臘送荊門水。白帝雲偷碧海春。毛奇齡云楚宮白帝以蜀州言荊門碧海以江陵言江漢本通海也錢借指衞夫人仙居之意言楚宮臘月凍釋流迅快看舟下荊門白帝雲晴水天一色早覺春生碧海即所謂臘近已含春意報與惠連詩不惜。宋書謝惠連能屬文族兄靈運嘉賞之云每對惠連輒得佳句知吾斑鬢總如銀。顧注言向來鬢白本以苦吟之故今非不欲別寄一詩也一詩兩用正緣老不能多作耳

荊南兵馬使太常卿趙公大食刀歌仇注夔州隸荊南節度趙太常

浦云短衣拔鞘先一層出色翻風四句正面出氣滿色鬼物三句後空一層出色

邵云怪怪奇奇非意所至

刮寇至此當在永泰元年崔旰反時公過趙時想尚未歸也朱注大常卿趙之兼官舊唐書大食本在波斯之西兵刀勁利其俗勇於戰鬬

太常樓船聲嗷嘈仰人馬明生詩嗷嘈天地間顯聲安得附問兵刮削也寇趨下牢下牢在夔峽口牧出令奔飛百艘謂官吏候迎猛蛟突獸紛騰逃比盜賊御走白帝寒城駐錦袍玄冬示我胡國刀壯士短衣頭虎毛憑軒拔鞘所交切天爲高謂刀光上閃翻風轉日木一作水怒號謂殺冰翼雲一作雪澹傷哀猱仇注翼即飛字意勢迴風日色薄冰雲極言刀之利也鐫錯碧罌音英鸊鵜音匹題膏鐫刻也錯磨也罌長頸瓶所以盛膏爾雅注鸊鵜似鳧而小膏中瑩刀劍按鸊鵜膏至毒故用傅刀劍鋩鍔已瑩虛秋濤言鋒鍔瑩如秋水鬼物撇捩辭坑壕撇捩奔逸也辭坑壕越壕塹而去也蒼水使者捫赤絛搜神記秦時有人夜渡河見一人丈餘手横刀而立叱之乃曰吾蒼水使者也赤絛以赤色絲爲繩

此蓋狀胡刀之鎣利
刀飾也

龍伯國人罷釣鼇列子龍伯之國有大人舉足不盈數步而暨五州之所一釣而連六鼇朱注言此刀鋒鍔磨瑩愈明鬼物見之無不驚逸如蒼水使者甫把刀而釣鼇之人亦爲辟易也重敘起補腦芮公回首顏色勞舊注芮公荊南節度使也舊唐書衞伯玉傳廣德元年拜江陵尹充荊南節度大曆初再爲節度二年封陽城郡王或由芮公進封陽城史不詳耳分閫救世用賢豪趙公玉立高歌起桓溫書抗節玉立誓不降辱攬環結佩相終始攬環結佩言攬刀環而佩服之似銘語萬歲持之護天子得君亂絲與君理謝承後漢書方儲爲郎中章帝以繁亂絲付儲使理儲拔刀三斷之曰反經任勢臨事宜然又北齊書神武使諸子理亂絲文宣抽刀斬之曰亂者必斬言荊南芮公以西顧爲憂任賢濟世於是趙公起而應之欲終始佩服此刀除亂萌以安王室蜀江如線如針水舊注蜀江至瞿唐爲峽所束如線荊岑彈丸心未已登樓賦蔽荊山之高岑奇語賊臣惡子休干紀魑魅魍魎徒爲耳妖腰亂領敢欣喜用之不高亦不庳射雉

其言可以寒亂賊之膽

此言趙公能用刀戡亂

以期望趙卿作結

超得奇崛森聳先一層形容手法最高語出意外若有神助

賦撲懸刀騁絕技如幰如軒不高不埤注埤短也埤與庳古字通用**不似長劍須天倚**宋玉大言長劍耿耿倚天外言趙公此刀以平區區剸蜀之梗無足難者彼賊以誅斬其履領高下不差豈似倚天長劍但爲夸大之詞哉**吁嗟光祿英雄弭**光祿趙公或先嘗爲此官英雄弭言其雄略足以弭亂**大食寶刀聊可比丹青宛轉麒麟裏光芒六合無泥滓**八刀並收復將

蔣弱六云如百寶裝成滿紙光怪造字造句在昌黎長吉之間公特偶有意出奇然骨力氣象仍非他人所能及○逐句用韻是柏梁體卻又用轉韻自成一格

王兵馬使二角鷹角鷹注見九卷王當亦是承荊南之命治兵來夔者

悲臺蕭颯石巃嵷曹植詩高臺多悲風**哀壑杈枒浩呼洶**謂樹夾泉聲其聲洶湧也○邵云滔字奇陷字尤警**中有萬里之長江迴風滔**一作陷**日孤光動**迴風滔日即滔天之滔王兵馬

落角鷹隨插入將軍節拍甚緊

杜詩多有韻轉而意不轉意轉而韻不轉者如此種是也

以鷹比王又以王比鷹筆意極

軍帳必在臺上故先從呼鷹之地說起黃生注起便爲角鷹作勢見江山黯淡日色慘悽皆若助其肅殺之氣也 角鷹翻倒壯士臂將軍玉帳軒翠一作勇氣○句蒙上段 玉帳注見九卷甘泉賦颺翠氣之宛延善曰言宮觀之高故翠氣宛延在其側趙注言壯士臂鷹於前軒開玉帳之翠氣也 二鷹猛腦條徐墜言將舉也 目如愁胡視天地愁胡注見一卷天地謂上下不定 杉雞竹兔不自惜臨海異物志杉雞頭有長黃毛冠頰正青常在杉樹下竹兔小如野兔食竹葉 孩一作溪虎野羊俱辟易孩虎猶云乳虎本草山羊即爾雅羱羊一名野羊善鬬至死 韝上鋒棱十二翮傅玄鷹賦左目若側右視如領勁翮二六機連體輕 將軍勇銳與之敵將軍樹勳起安西安西注見首卷王必曾立功西域 崑崙虞泉入馬蹏淮南子日入於虞淵唐諱淵故云泉○句○不○嫌○其○複○ 白羽曾肉三狻先丸切猊爾雅狻猊如虦猫食虎豹注獅子也肉狻猊言得而肉之也 勇決豈不與之齊荆南芮公得將軍亦如角鷹下翔一作朔

其變幻

隨咏一物必及時事是杜詩熱境

雲惡鳥飛飛啄金屋（亦指權奸）安得爾輩開其羣驅出六合梟鸞分（拚命論梟鸞不接翼）

王嗣奭曰此詩突然從空而下如轟雷閃電風雨驟至令人駭愕以下將王兵馬配角鷹說忽出忽入莫知端倪而意止用互顯至其通首警拔無一字懶散豈不雄視千古

見王監兵馬使說近山有白黑二鷹羅者久取竟未能得王以爲毛骨有異他鷹（六字傳神）恐臘後春生騫飛避暖勁翮思秋之甚眇不可見請余賦詩二首

雪（一作雲）飛玉立盡清秋（雪玉比毛色之白）不惜奇毛恣遠遊（二句言其盡以

盧德水曰一生二句可以想鷹之有品而不苟

清秋時來自塞外即庾所謂勁翮思秋也酉陽雜俎漠北白者身長且大五觔有餘細斑短項鷹內之最生沙漠之北不知遠近向代州中山飛又有房州白漁陽白東道白

在野只教心力破。言虞人心力徒勞庾所謂羅者久取竟未能得也

於人何事網羅求。一生自獵知無敵庾信詩野鷹能自獵江鷗解獨漁朱注鷹所以獵今野鷹故云自獵

百中爭能恥下韝言其不受人役東觀漢紀太守桓虞曰善吏如使良鷹下韝命中

○結○語○狀○出

鵰礙九天須卻避後幽明錄楚文王好獵有人獻一鷹文王見其殊常故為獵於雲夢毛羣羽族爭噬競搏此鷹遠瞻雲際俄有一物凝翔鮮白便竦翮而升矗若飛電須臾羽墮如雪血下如雨有大鳥墮地兩翅廣數十里時有博物君子曰此大鵬雛也

○神○異

兔藏三窟莫深憂漢張綱謂豺狼當道安問狐狸末聯意正如此一說李因篤云雖兔藏三窟亦能制之而獲不足憂也

李子德云二詩無一語不奇於布帛菽粟中有龍吟虎嘯水立山鳴之致○顧修遠云黃石識子房於圯橋而退老穀城德公拜孔明於牀下而長隱鹿門殆所謂一生自獵知無敵百中爭能恥下韝者乎魏武欲以游說致公瑾而不能奪其知己之感桓溫欲以豪傑招景略而不能解其共國

之嫌殆所謂虞羅自覺施虛巧春雁同歸必見猜者乎千古高人奇士性情出處從二十八字拈出可想老杜胸中全史

黑鷹不省人間有，度海疑從北極來。正翮摶風超紫塞，張綖注紫塞雁門也其山高出雲漢雁飛不能踰從兩山斷處而過故謂之雁門惟此鷹能超越之也玄冬幾夜宿陽臺。虞羅自覺虛施巧，春雁同歸必見猜。月令季冬之月雁北鄉序所謂臘後春生鷙飛避暖也以黑鷹異狀故猜萬里寒空祗一日，金眸玉爪不凡材。法○出○黑○鷹○獨○異○處

舊説以鷹况王兵馬不如作自寓爲得以篇中亦露遠客北歸意也○二鷹在山本非王監所有亦非公所親見自不應在毛色上著想只就羅取未得勁翮思秋上摹寫其迅捷英奇不沾沾分别黑白杜臆謂二詩勝人在氣魄雄偉不落纖巧家數良然

浦云公老矣尚作爾許語可謂倔强猶昔

何義門云此詩筆筆轉○張玉

縛雞行

小奴縛雞向市賣，雞被縛急相喧爭。家中厭雞食蟲

元白皆學此而不能到

蟻。不知雞賣還遭烹。蟲雞於人何厚薄。吾叱奴人解其縛。雞蟲得失無了時。注目寒江倚山閣。

俞云結語有昂頭天外之致

陳後山云謂雞蟲得失不如兩忘而寓於道結句寄託深遠　趙次公曰一篇之妙在乎落句黃魯直書酬池寺書堂云小黠大癡螗捕蟬有餘不足夔憐蚿退食歸來北窗夢一江風月趁魚船可與言詩者當自解也

折檻行

漢朱雲傳雲請尚方斬馬劒斷佞臣一人頭以厲其餘上問誰也對曰安昌侯張禹帝大怒命御史將雲下殿雲攀殿檻檻折注檻軒前欄也

嗚呼房魏不復見。房玄齡魏徵　秦王學士時難羨。唐書武德四年太宗為天策上將軍寇亂稍平乃作文學館收聘賢才凡分三番遞宿閣下號十八學士在選中者天下所慕向謂之登瀛洲　青衿冑子困泥

塗。謂爲朝恩所辱白馬將軍若雷電。魏志龐德常乘白馬謂爲白馬將軍。朱注按是時魚朝恩爲監門衛大將軍兼神策軍使若雷電言其勢燄驚人千載少似朱雲人至今折檻空嶙峋。容齋續筆至今宮殿正中一間獨不施欄楯謂之折檻蓋自漢以來相傳如此。李云令人神往婁公不語宋公語婁公謂婁師德宋公宋璟也尚憶先皇容直臣

永泰元年三月命左僕射裴冕右僕射郭英乂等文武之臣十三人於集賢館待制以備詢問蓋亦倣太宗瀛洲學士之意然是時閹宦恣橫次年八月國子監釋奠魚朝恩率六軍諸將聽講子弟皆服朱紫爲諸生朝恩遂判國子監事而集賢待制諸臣噤口不一救正故作此詩以譏之首二句歎待制之臣不及貞觀盛時也青衿二句言教化凌夷而中人子弟得以橫行也當時大臣鉗口飽食效師德之退遜而不能繼宋璟之忠讜故以折檻爲諷言集賢諸臣自無魏宋輩耳未可謂朝廷不能容直臣如先皇也

立春

邵云老境

方虛谷云起十字已盡梅花次第

春日春盤細生菜。（摭言東晉李鄂立春日命以蘆菔芹芽爲菜盤相餽貺四時寶鏡立春日春餅生菜號春盤黃生注生菜韭也故曰青絲）忽憶兩京梅發時。盤出高門行白玉（高門通指富貴之家莊子高門懸薄無不走也）菜傳（經也）纖手送青絲。（菜縷極細故切須纖手）巫峽寒江那對眼。杜陵遠客不勝悲。此身未知歸定處。（對兩京說）呼兒覓紙一題詩。

江梅。

梅蕊臘前破。梅花年後多。絕知春意好。（一作早）最奈客愁何。雪樹元同色。江風亦自波。故園不可見。巫岫鬱嵯峨。

李云微入毫芒

邵云淺淺語自好

李子德云不貪寫梅從江上着眼是爲高手○春江微波正與梅相漾發五六對句正以不粘煞爲佳

庭草

楚草經寒碧（以地暖故）庭春入眼濃舊低收葉舉新掩卷牙重（顧注言草之舊屬黃萎低垂者今則既收之葉復舉低垂者見其興起矣草之新經風雨掩敗者今則方卷之牙重發掩敗者見其再生矣上二字須略讀）步履宜輕過開筵得屢供（言草色亦足以供清玩）看花隨節序不敢強爲容（朱注言庭草花開自隨節序獨我憔悴之身不堪強爲容耳末二句蓋自歎其不如庭草也）

王十五前閣會（是王閣非西閣）

楚岸收新雨春臺引細風情人來石上（鮑照詩醽酌待情人）鮮鱠出江中鄰舍煩書札肩輿強老翁病身虛俊味何幸

飫兒童。蒲注當雨收風細之時王君設鱠石上之闕而致札迎輿并霑童稚意思款曲如此故詩以誌之

老病詩曰稽留楚客中應屬大歷二年作

老病巫山裏稽留楚客中藥殘他日裏花發去年叢夜足霑沙雨春多逆水風合分雙賜筆注見十二卷猶作一飄蓬。

崔評事弟許相迎不到應慮老夫見泥雨怯出必愆佳期走筆戲簡

江閣邀賓許馬迎午時起坐自天明浮雲不負青春色細雨何孤白帝城身過花間霑溼好醉於馬上往

來輕虛疑皓首衝泥怯實少銀鞍傍晚行

愁（原注）强戲爲吳體戲者明其非正律也（杜臆）公胸中有抑鬱不平之氣每以拗體發之

江草日日喚愁生春一作巫峽泠泠非世情盤渦鷺浴底心性獨樹花發自分明（浦注）日日而長者既恐其形我憔悴泠泠而淡者又惱其對我寂寞愁人所觸無一而可故於鷺浴花發皆怪之謂不類人之知愁也下乃自言愁之故十年戎馬暗南國異域賓客老孤城渭水秦山得見否人今疲病虎縱橫（張遠曰）虎縱橫謂暴斂也時京兆用第五琦什畝稅一法民多流亡

蔡寬夫詩話子美以盤渦鷺浴底心性獨樹花發自分明爲吳體家家養烏鬼頓頓食黃魚爲俳諧體以江上人家桃樹枝爲新句雖若爲戲然不害其格力也

邵云七律變調氣自蒼莽大家正須有此

晝夢

二月饒睡昏昏然，不獨夜短晝分眠。桃花氣暖眼自醉，春渚日落夢相牽。吳注：二月昏昏多睡，不獨夜短而思晝眠，止因暖氣倦神，故日落而夢猶未醒耳。故鄉門巷荊棘底，中原君臣豺虎邊。安得務農息戰鬬，普天無吏橫索錢。顧注：下四正睡覺憂思之詞。公閉眼是夢，開眼即是愁，至此又耿耿不成寐矣。

遣悶戲呈路十九曹長 集外詩，員氏所收

江浦雷聲喧昨夜，春城雨色動微寒。黃鸝並坐交愁溼，古樂府：烏生八九子，端坐秦氏桂樹間。此坐字所本。白鷺羣飛太劇乾。邵注：鶯畏雨而坐，若交愁其溼；鷺乘雨而飛，甚難於得乾。公身滯雨中，故對之增悶。晚節漸於詩律細，誰家數去酒杯寬。

邵云曰穩曰細總見此老苦心

邵云疏放有老氣

惟君最愛清狂客。百遍相過一作看意未闌。仇滄柱云公嘗言老去詩篇渾漫與此言晚節漸於詩律細何也律細言用心精密漫與言出手純熟熟從精處得來兩意未嘗不合即所謂意愜關飛動也

暮春

臥病擁塞在峽中。杜臆公本欲初春下峽病至暮春則舟不可行矣故有慨於臥病擁塞也瀟湘洞庭虛映空。楚天不斷四時雨。巫峽常吹萬一作千里風。沙上草閣柳新暗。城邊野池蓮欲紅。暮春鴛鷺立洲渚挾子翻飛還一叢。對擁塞朱注說文叢聚也一叢言鴛鷺與子叢聚而飛也

即事

三四恰切暮春景

暮春三月巫峽長。皛皛（胡了切）行雲浮日光。（雲浮日光而過乃雷雨將作之候）雷聲忽送千峯雨。花氣渾如百和香。（邵注 漢武帝時月支國進百和香 謂雨過而花香也）黃鶯過水翻迴去。（畏雨故翻迴）燕子銜泥溼不妨。飛閣捲簾圖畫裏。虛無只少對瀟湘。（末句謂未能出峽也）

懷灞上遊（灞上地名在長安東三十里）

悵望東陵道。（顧注 即長安東門 秦東陵侯種瓜處）平生灞上遊。春濃停野騎。夜宿敞雲樓。（二句正對峽中深窨悶人而言）離別人誰在。經過老自休。眼前今古意。江漢一歸舟。（言閱歷既久萬事都灰只有歸心如箭耳）

晴二首

新晴妙景如畫

久雨巫山暗。新晴錦繡文一作紋。碧知湖外草。紅見海東雲。竟日鶯相和。摩霄鶴數羣。野花乾更落。風處急紛紛。

二句遠景　四句近景

嘑烏爭引子。鳴鶴不歸林。下食遭泥去久雨乍晴故泥尚溼。高飛恨久陰。烏亦如已之謀食已不如鶴之高飛即興起末二句。雨聲衝塞盡。日氣射江深。迴首周南客。馳驅魏闕心。

承一　承　二　五字警

雨

始賀天休雨。還嗟地出雷。驟看浮峽過。密作渡江來。

巫、山、事、翻、用又、

牛馬行無色公秋雨詩去馬來牛不復辨。蛟龍鬭不開。干戈盛陰氣。未

必自陽臺。

月三首

斷續巫山雨。天河此夜新。若無青嶂月。愁殺白頭人。俊爽似太白

魍魎移深樹。明處 蝦蟆沒半輪。暗處是上弦之月 故園當北斗。直指照西秦。

併照巫山出。新窺楚水清。亦言是雨後 羈棲愁裏見。二十四迴明。三四直下格 言客夔已兩年 必驗升沈體。如知進退情。不違銀漢落。亦伴玉繩橫。銀漢至天曉始沒二句言玩月常至終夜也

萬里瞿唐月。春來六上弦。亦通兩年計之舊注誤 時時開暗室。故故

首四句新晴見月而吾結早爲羈棲引端。李云樸老中自見風流非他家所及

此通計兩年之月

此專指上弦之月

滿青天爽合風襟靜高當淚臉懸南飛有烏鵲夜久落江邊結用魏武詩意正是羈棲之感

晨雨

小雨晨光內初來葉上聞霧交纔灑地風折旋隨雲李云看去只在眼前然非公卻拈不出暫起紫荊色輕霑鳥獸羣麝香山一半寫山間雨意如畫

夔州圖經麝香山在州東南一百五十五里山出麝香故名亭午未全分

入宅三首年譜大歷二年春公自西閣遷居赤甲鶴注赤甲瀼西皆在奉節縣北三十里

奔峭背赤甲斷崖當白鹽顧注以二山之形勢明宅之向背客居愧遷次首章誌赤甲之勝春色漸多添花亞欲移竹仇注以花壓竹枝愛花故須移竹鳥窺新捲簾

次章又觸動鄉思

風急浪高見此間仍不可居矣此不久卽有瀼西之遷與

衰年不敢恨勝槩欲相兼 王貽上慣學此等句

亂後居難定春歸各未還水生魚復浦 [邵注]赤甲城本魚復縣舊名[地志]夔治魚復灔澦風濤雹射巨魚卻不得上故名魚復浦 雲暖麝香山半頂梳頭白過眉拄杖斑 [仇注]半頂言髮之少過眉言杖之長 相看多使者一一問函關 王應麟曰潼關至函谷關歷陝華二州之地俱謂之桃林塞時周智光據華州反

宋玉歸州宅雲通白帝城 見相去不遠 吾人淹老病旅食豈才名 言已未能如宋玉也 峽口風常急江流氣不平 邵云氣字奇警 只應與兒子飄轉任浮生

赤甲

此詩頗唐之甚

卜居赤甲遷居新兩見巫山楚水春（自去春至夔）炙背可以君、獻天子美芹由來知野人、（嵇康絕交書野人有快炙背而美芹子者欲獻之至尊雖有區區之意亦已疏矣事本出列子顧注言當此春日山居無事惟有炙背之樂可獻天子美芹之味野人白知此外無所有也正見所居荒陋意）二句思

二句懷友

荊州鄭薛寄詩近（謂鄭審薛據）蜀客郄（音隙）岑非我鄰、（謂郄昂岑參朱注太白集有送郄昂謫巴中詩又巴州碑云郄昂有陪嚴使君武幕春五言二首在南龕詩甚典麗當亦公之故舊也時岑嘉州在鴻漸幕府故云蜀客）笑接郎中評事飲（趙曰評事必崔評事郎中無考）病從深酌道吾眞

卜居（此自赤甲將遷瀼西作）

歸羨遼東鶴（丁令威事注見八卷）吟同楚執珪（莊舃事注見十二卷二句言不忘故鄉也）未成遊碧海著處覓丹梯（三言東遊未遂四謂寓舍亟遷）雲嶂寬江北春耕破

浦云五詩於定居伊始曲寫身世之悲蓋有不得已而託於此者○此首就暮春說起總領大意

次首明所以卜居瀼西之故

瀼西（言其地寬平故可耕種破破土也）桃紅客若至定似昔人迷

暮春題瀼西新賃草屋五首

（年譜大歷二年三月公遷居瀼西〔朱注〕宋費士戣漕司高齋記公在夔各隨所寓而賦高齋後人即其處各肖像以高齋名之今東屯白帝城像具存瀼西居後廢〔按〕圖經所載漕廨即其故地也）

久嗟三峽客再與暮春期（值也）百舌欲無語繁花能幾時（神傷言表）谷虛雲氣薄波亂日華遲（〔仇注〕谷內雲升春晴故薄波中日漾春長故遲）戰伐（結進一步爲後兩章伏脈）何由定哀傷不在茲（言春光易逝誠可哀矣然世亂方殷則所傷尚不在此也）

此邦千樹橘不見比封君（〔史貨殖傳〕封者衣租稅千戶之君歲率二十萬蜀漢江陵千樹橘其人皆與千戶侯等言地產貧瘠而託居於此不過爲養拙全生計耳）養拙干戈際全生麋鹿羣畏人江北草旅食瀼西雲（蔣云江北草微而背陰瀼西雲往來無定故以託興）萬里巴渝曲三

三首方及新賃草屋

張惕菴云此等結句山谷多效之

末二首言懷乃題字之意應前戰伐何由定三句

年實飽聞。

綵雲陰復白。言作雨作晴 錦樹曉來青。言紆稀綠暗二句屋前春景 身世雙蓬鬢。乾坤一草亭。意甚悲 哀歌時自惜。醉舞爲誰醒。而語自壯 細雨荷鋤立。江猿吟翠屏。入畫

壯年學書劍。他日委泥沙。事主非無祿。浮生即有涯。吞吐嗚咽 非無祿謂前曾授官即有涯謂後無餘望 高齋依藥餌。絕域改春華。二句點題 喪亂丹心破。王臣未一家。此首申明上首

欲陳濟世策。已老尚書郎。承三 不息豺狼鬭。空慙鴛鷺行。承四 時危人事急。風逆羽毛傷。落日悲江漢。中宵淚滿牀。

杜晚年七律多頹然自放

江雨有懷鄭典設　唐書東宮官有典設郎四人

春雨闇闇塞峽中。早晚來自楚王宮。暗用朝雲暮雨事亂波紛披已打岸。弱雲狼籍不禁風。寵光蕙葉與多碧。點注桃花舒小紅。谷口子眞正憶汝。岸高瀼滑一作闊限西東。

遣句似晚唐

時公在瀼西鄭必在瀼東也

熟食日示宗文宗武　舊注秦人呼寒食爲熟食節以禁烟火預辦熟物食之

消渴遊江漢。羈棲尚甲兵。幾年逢熟食。萬里逼清明。寒食在清明前二日松柏邙山路。元和郡縣志北邙山在河南府偃師縣北二里楊佺期洛城記邙山古今東洛九原之地也公先塋在洛流寓不能展省故有此句風花白帝城。汝曹催我老。回首淚縱橫。

因祖宗並思及弟妹亦老人情感所必然

末二句所感甚深非徒歎祭掃乏人虛子孫長大白髮相催己亦將爲松柏中人矣卽起下章意

又示兩兒

○情○深○語○痛

令節成吾老，他時見汝心。劉辰翁曰他時見汝思親之心謂身後寒食 浮生看物變物謂節物，爲恨與年深。長葛書難得舊唐書長葛縣屬許州隋分許昌縣置，江州涕不禁。江州潯陽郡屬江南西道本九江郡天寶元年更名 趙曰長葛江州必公弟妹所在 團圓思弟妹，行坐白頭吟。

得舍弟觀書、自中都已達江陵、今茲暮春月末、行李合到夔州、悲喜相兼、團圓可待、賦詩卽事、情見乎詞、唐書至德二載以西京爲中京

邵云諸懷弟詩情事切至總有一片眞氣流注其間便覺首首都絕

爾到（一作過）江陵府，何時到峽州。亂離生有別，聚集病應瘳。颯颯開啼眼，朝朝上水樓。老身須付託，白骨更何憂。

喜觀即到復題短篇二首（計來路即預伏末句）

劉須溪云情事驚痛語得傾至

巫峽千山暗，終南萬里春。病中吾見弟，書到汝爲人。（前此尚不知生死若何也）意答兒童問，（杜臆開書時想其子在側）來經戰伐新。（盧注是年郭子儀討周智光命大將渾瑊李懷光軍渭上所謂來經戰伐新也）泊船悲喜後，（不及到屋裏）款款話歸秦。承一

蔣云人情至此眞化工之筆

待爾嗔烏鵲，拋書示鶺鴒。（欲問來時消息）枝間喜不去，原上急曾經。承二

江閤嫌津柳，（嫌其遮望眼也）風帆數驛亭。應論十年事，撚

李云蒼雄淡宕苦而能和非老於宮商者不辦

此等五古頗似樂天

絕始星星(謝靈運詩星星白髮垂想弟年亦近老矣)

送惠二歸故居(一作聞惠二過東溪集外詩見吳若本其人未詳當是入世未遇者)

惠子白駒瘦歸溪惟病身皇天無老眼空谷滯斯人崖蜜松花熟(崖蜜乃蜂醸松花所成)山杯(一作村醪)竹葉春(張華詩蒼梧竹葉淸乃酒名也)柴門了無事黃綺未稱臣(黃生注黃綺尚多一出惠乃未稱臣之黃綺寫得其人甚高)

寄薛三郎中據(韓愈薛公達墓誌父據爲尚書郎中贈給事中仇注時薛在荊州將北歸京師而寄詩贈之也)

人生無賢愚飄颻若埃塵自非得神仙誰免危其身與子俱白頭役役常苦辛雖爲尚書郎(公與據皆嘗爲郎官)不及村野人憶昔村野人其樂難具陳藹藹桑麻交公侯

首段賓主合敘言所以遇亂作客之故

次段賓主分敘就白頭役役中又分出衰旺彼若可羨此越可傷耳

爲等倫天未厭戎馬我輩本長貧（即所謂甲卒身貴書生道殊意）子尚客（開○下、、、、○承滯江濱○）

荆州我亦滯江濱峽中一臥病瘧癘終冬春春復加

肺氣此病蓋有因早歲與蘇鄭（蘇源明 鄭虔）痛飲情相親二

公化爲土嗜酒不失眞余今委修短豈得恨命屯（言修短尚所弗計至分貧富益可置之度外矣）（承客荆州○老人倔强○）

聞子心甚壯所過信席珍上馬不用扶（如見）

每扶必怒嗔賦詩賓客間揮灑動八埏乃知蓋代手（○自○謂○○○）（○極○贊○毋○乃○）

才力老益神（商璠曰據爲人骨鯁兼有氣魄其文亦爾）靑草洞庭湖（二湖俱在荆州南）東浮

滄海漘君山可避暑（一統志君山在洞庭湖中）況足采白蘋子豈無扁

舟往復江漢津我未下瞿唐空念禹功勤（蔡注言禹功雖勤尚不能鑿三

後段賓主錯敘言出峽歸朝已俱不能從而尚以乘時有爲望之辭也

李云秀而不浮足追康樂

峽使江流平易也

聽說松門峽。杜臆 返照詩松門似畫圖蓋在夔江下流 吐藥攬衣巾。高秋卻東帶。鼓枻視青旻。仇注 松門峽險爲之驚心吐藥必深秋水落方可鼓枻東行耳 鳳池日澄碧。濟濟多士新。余病不能起。健者勿逡巡。袁紹傳 董卓欲廢立紹勃然曰天下健者豈惟董公 上有明哲君。下有行化臣。以慰勉作結住法嫣然

晚登瀼上堂

故躋瀼岸高。頗免崖石擁。開襟野堂豁。繫馬林花動。寫景宛然 雉堞粉似雲。山田麥無隴。謂高低星散 春氣晚更生。江流靜猶湧。首敘瀼上春景 四序嬰我懷。羣盜久相踵。黎民困逆節。天子渴垂拱。所思注東北。以漂泊西南故 深峽轉修聳。衰老自成病。郎

官未爲冗凄其望呂葛(呂望諸葛)不復夢周孔濟世數嚮時(○次○敘○)

(○登○高○感○懷○)

斯人各枯冢(指房琯張鎬嚴武之流公所相期濟世者身既老而救世之人亦亡是以歎也)楚星南天黑(結處仍收)

到晚望

蜀月西霧重(二句亦況言亂象)安得隨鳥翎迫此懼將恐(憂羣盜也)

醉爲馬墜羣公攜酒相看

甫也諸侯老賓客罷酒酣歌拓金戟(庾信詩醉來拓金戟)騎馬忽憶少年時(謂忘卻老也)散蹏迸落瞿唐石白帝城門水雲外低身直下八千尺(謂白城門馳下瞿唐)粉堞電轉紫遊韁(晉中興書太和中鄯下童謠青青御路楊白馬紫遊韁謂粉堞經過紫韁疾如電轉)東得平岡出天壁(平岡在天壁之下故近江村而凌紫陌)江村野堂爭入眼垂鞭嚲(典可切)鞚凌紫陌(廣韻嚲下垂貌)向來皓

(先敘醉後馳馬之狀)

此壁馬見傷而歎也

承少年句跌出下文

首驚萬人自倚紅顏能騎射 食亦切言騎馬自幼習慣故雖老而不懼 安知決臆

追風足 決臆縱意也 朱汗驂驔 潭音 猶噴 本作歕普悶切 玉 謂弁悍難馭也盧照鄰詩琱弓夜宛轉鐵

騎曉驂驔 穆天子傳 天子東遊於黃澤使宮樂謠曰黃之澤其馬歕沙皇人威儀黃之澤其馬歕玉皇人壽穀 按 踏岸則噴沙激水則噴玉皆言馬勢之雄猛

見道語

不虞一蹶終損傷人生快意多所辱職當憂戚伏衾

枕況乃遲暮加煩促朋知來問腆我顏杖藜強起依

詼諧瀟灑名士風流

僮僕語盡還成開口笑提攜別掃淸谿曲酒肉如山

朋知語

又一時初筵哀絲動豪竹共指西日不相貸 言流光迅速意 喧

語朋知

呼且覆杯中淥何必走馬來爲問君不見嵇康養生

被殺戮 嵇康著養生論後刑東市言禍患之來亦有以安居無事而得者不必定以此爲戒也

邵楚望云題有景致詩寫得露足詞藻風流情興感慨無不佳

承聞河北諸道節度入朝歡喜口號絕句十二首（朱注）按史大歷二年正月淮南節度使李忠臣入朝三月汴宋節度使田神功來朝八月鳳翔等道節度使李抱玉入朝河北入朝事史無明文疑公在夔州特傳聞之而未實然耳

二首在題前一戒一勸直可作露布讀

祿山作逆降天誅為其子慶緒所殺更有思明亦已無首提安史誌禍本也

大聲喚醒羣迷一言帶十斗血淚

洶洶人寰猶不定時時戰鬬欲何須

社稷蒼生計必安蠻夷雜種錯相干（舊唐書）安祿山營州柳城雜種胡人也本無姓名軋犖山史思明本名窣干營州甯胡州突厥雜種胡人也

周宣漢武今王是漢武謂光武孝子忠臣後代看

此首入題末句急入自家方見關切

此首承上追痛跌出下首

此首是歡喜口號正文若移作結便庸

上首極力贊頌急露出憂盛危明心事具見忠悃

喧喧道路多歌謠。河北將軍盡入朝。始是乾坤王室正。卻教江漢客魂銷。趙注自傷流落不得還朝也

不道諸公無表來。茫然庶事遣人猜。言河北諸道前時不朝爲可疑也擁兵相學干戈銳。使者徒勞萬里一作百萬迴。與有感詩諸侯春不貢使者日相望二句同意便含末二首意。

鳴玉鏘金盡正臣。取其舍逆歸順也首句正轉與上章緊相呼應修文偃武不無人。興王會靜妖氛氣。聖壽宜過一萬春。

英雄見事若通神。聖哲爲心小一身。言不爲天下以自奉也燕趙休矜出佳麗。宮闈不擬選才人。通鑑大歷元年十月上生日諸道節度使獻金帛器服珍玩駿馬爲壽共值緡錢二十四萬常袞請卻之不聽燕趙才人乃因珍玩等推類言之按玄肅兩朝貴妃良娣皆以女戎致禍公故首舉爲戒

又說到自家此首東上起下

下三首俱極意鋪張以志喜慰亦是題曰正文

此並開導諸鎮之叛卒

抱病江天白首郎。空山樓閣暮春光。衣冠是日朝天子。草奏何時入帝鄉。惜未能人賀也

澶市連切漫山東一百州。（西京賦）澶漫靡迤作鎮於近山東即河北道謂太行山之東也削成如案抱青邱。削成如案言已平也青邱注見十五卷苞茅重入歸關內。王祭還供盡海頭。（浦注）此指淄青軍言淄青東臨渤海

東蹹遼水北滹沱。大小遼水皆經今遼東境滹沱源出山西代州經直隸保定府星象風雲氣共和紫氣關臨天地闊。（趙注）紫氣關即函谷關黃金臺貯俊賢多。（上谷郡圖經）黃金臺在易水東南十八里燕昭王置千金於臺上以延天下之士此指盧龍成德等軍言

壯句

漁陽突騎邯鄲兒。漁陽突騎注見九卷（唐書）磁州有邯鄲縣屬河北道洒酣並轡金鞭

此以河北入朝歸功李光弼也

此以戡亂致治推崇郭子儀也○末後君臣濟美極淋漓頌揚之致其所以感動藩臣者至矣

垂意氣即歸雙闕舞雄豪復遣五陵知〔王洙注〕漢之五陵乃豪俠所聚之地

昔爲賊黨者今爲國用所以鼓舞其來歸之興也

李相將軍擁薊門〔朱注〕光弼在玄肅朝嘗加范陽節度使又嘗兼幽州大都督府長史於廣德二年己歿此蓋追美之

○史○筆○

白頭惟有赤心存竟能盡說諸侯入〔舊唐書〕光弼輕騎入徐州田神功遽歸河南尚衡殷仲卿來瑱皆相繼赴闕知有從來天子尊

二句總括禍亂始終作大結束

十二年來多戰場自天寶十四載至大歷二年天威已息陣堂堂〔孫子〕無擊堂

○結○歸○君○相○皇○皇○大○文○

神靈漢代中興主功業汾陽異姓王〔郭子儀傳〕寶應元年二月進封汾陽郡王

朱鶴齡曰河北諸將擅命不朝久矣素所深慮故聞其入朝喜而作詩首舉祿山思明聳動之以周宣漢武勸勉之以孝子忠臣而末二章則舉李郭

二公以爲表儀其立意深遠若此○浦二田云十二首竟是一大篇議論夾敘事之文與紀傳論贊相表裏前人所謂敦厚雋永來龍遠而結脈深是也若章章而求句句而摘半爲塵羹土飯矣

淸空如話

王右仲曰五六語帶仙靈氣

杜詩鏡銓卷十六 大歷中公居夔州作

過客相尋

窮老眞無事江山已定居地幽忘盥櫛客至罷琴書掛壁移筐果呼兒問一作間煮魚時聞繫舟楫及此問吾廬

豎子至 公有示獠奴阿段詩又東渚耗稻詩遣豎子阿段往問知此豎子卽阿段也

樝莊加切梨纔綴碧本草樝子似梨而澁梅杏半傳黃小子幽園至輕籠熟柰香蜀都賦朱櫻春熟素柰夏成本草今名頻婆山風猶滿把野露及新嘗欹枕江湖客提攜日月長江湖客公自謂補注末語正應一二謂園果以次而熟可以逐時攜送也

上四赴園之景
下四赴園之故

園　仇注園隔瀼西之溪別有茅舍此自瀼西泛艇行視小園也

仲夏流多水清晨向小園碧溪搖艇闊朱果爛枝繁　承水　承園

始爲江山靜終防市井喧公詩而暨瀼西巔蓋瀼西居近市故別買果園以資偃息畦蔬繞

茅屋自足媚盤飧

歸　此自園而歸也

東帶還騎馬東西卻渡船甘林詩有入林解我衣句歸則當東帶騎馬又卸馬渡船也林中

纔有地峽外絕無天以下句形上句卽平地一川穩高山四面同意虛白高人靜莊子虛室生白

喧卑俗累牽他鄉悅遲暮不敢廢詩篇言此地寬平可居但以近市喧雜歎其不如高人惟可藉作詩以遣興耳

邵云韓蘇極學此種而有青出於藍之妙

本是憤園官侵尅食料卻入此大感慨得詩人諷誡之旨○此詩與種萵苣篇大旨相似

園官送菜

并序（朱注）按送菜詩云常荷地主恩送爪詩云柏公鎮夔國則知地主即柏都督都督乃茂琳也

園官送菜把本數日闕矪苦苣馬齒掩乎嘉蔬傷小人妬害君子菜不足道也比而作詩（杜臆）當時武夫健卒倖功得官而陵侮志士幽人者不少小人殆指此輩言之只在篇末戎軒二字露意詩人愼言如此

清晨送菜把。常荷地主恩。守者愆實數。略有其名存。

苦苣刺如針。（本草）苦苣即野苣也野生者一名褊苣 馬齒葉亦繁。（圖經本草）馬齒莧雖名莧類而苗葉與人莧輩都不相似亦可食少酸

青青嘉蔬色。埋沒在中園。園吏未足怪。世事因堪論。嗚呼戰伐久。荆棘暗長原。乃知苦苣輩。傾奪蕙草根。小人塞道路。爲態何喧喧。又如馬齒盛。

氣擁葵荏昏葵荏嘉蔬馬融廣成頌桂荏鳧葵爾雅疏蘇一名桂荏葉下紫色氣甚香點染不易虞絲麻雜羅紈喻中喻一經器物內永挂麄刺痕言苦苣馬齒一點染器物則麄刺永存小人可畏亦如此也志士採紫芝放歌避戎軒畦丁負籠至感動百慮端

園人送瓜

李曰本色足賞首八著送瓜之由

江間雖炎瘴瓜熟亦不早柏公鎮夔國滯務茲一掃食新先戰士共少及溪老共少猶云分甘宋文帝紀謝弘微曰分多共少不至有乏傾筐蒲鴿青師氏注蒲鴿貍首瓜之名謂青瓜色如蒲鴿也滿眼顏色好竹竿接嵌竇嵌竇巖泉也引注來鳥道沈浮亂水玉水玉即水精也公詩瓜嚼水精寒愛惜如芝草

次入詳食瓜之事以慰勞其人作結

秦少游謂少陵詩冠古今而無韻者幾不可讀如此序是也然亦自有古拙之趣

廣雅土芝瓜也晉嵇含瓜賦其名龍膌其味亦奇是謂土芝 落刃嚼冰霜。開懷慰枯槁。許以秋蒂除。仍看小童抱。更抱秋瓜來送也 東陵跡蕪絕。楚漢休征討。言已成往事 園人非故侯。種此何草草。詩勞人草草注草草勞心也按草字重韻韻同意異公詩每用之

課伐木 并序

課隸人伯夷辛秀信行等入谷斬陰木周禮仲冬斬陽木仲夏斬陰木鄭玄注陽木生山南陰木生山北 人日四根止維條伊枚詩注枚曰條幹曰枚 正直挺然晨征暮返委積庭內我有藩籬是缺是補載伐篠簜禹貢注篠箭竹簜大竹 伊仗支持則旅次於小安山有虎知禁若謂虎

鍾伯敬云此等詩處家常瑣悉事有滿腔化工全副王政

恃爪牙之利必昏黑摚一作搪突夔人屋壁容齋隨筆黃魯直宿舒州太湖觀音院詩云相戒莫浪出月無虎夔藩字蓋言抵觸之義而莫究所出及閱杜工部課伐木詩序云云乃知魯直用此然杜公時在夔府作詩所謂夔人者述其土俗耳本無抵觸之義魯直蓋誤用耳列一作例樹白蔄一作菊鏝爲牆浦注列樹蓋植以爲柱以竹編之而加之塗墁也實以竹示式遏詩式遏寇虐爲與虎近混淪乎無良賓客憂害馬之徒莊子去其害馬者而已嘗因卽指虎爲是苟活爲幸可默息已言藩籬補而旅次安庶可靜默而寧息也作詩示宗武誦殆欲使知作客甘苦

長夏無所爲。客居課奴僕。清晨飯其腹。持斧入白谷。青冥曾巔後。十里斬陰木。人肩四根已。亭午下山麓。尙聞丁丁聲。功課日各足。蒼皮見一作成委積。素節相照

爓（蒼皮指木素飾謂竹）藉汝跨小籬當仗苦虛竹（朱注伐木爲籬杙又以苦竹遮護之序所云載伐篠蕩伊杖支持也）空荒咆熊羆乳獸待人肉不示知禁情豈惟干戈哭城中賢府主處貴如白屋蕭蕭理體淨（理體治體也治字避高宗諱）蜂蠆不敢毒（蜂蠆指盜賊）虎穴連里閭隄防舊風俗（仇注盜不犯境見柏公新政惟虎窺籬落尚須隄防耳）

四句善爲斡旋

泊舟滄江岸久客慎所觸舍西崖嶠壯雷雨蔚含蓄（謂虎藏於此）牆宇資屢脩衰年怯幽獨爾曹輕執熱爲我忍煩促秋光近青岑季月當泛菊（風俗記重陽相會登山飲菊花酒謂之登高會又謂之泛菊）報之以微寒共給酒一斛

末歸功隸人結得風趣

柴門（浦注時以事出遊峽間舟迴瀼西作是詩也前半從登岸後回寫峽勢之奇險後半由息足餘自述身謀之止足有見險息機

浦云前半無窮奇險寫得極震盪正與下文安閒自在一段光景反映

之思主意在後半故題曰柴門篇眼目

泛舟登瀼西回首望兩崖瞿塘兩崖也東城乾旱天仇注白帝城在夔州之東故云東城其氣如焚柴山瘴值旱如此長影沒窈窕謂連山爲旱氣所蔽餘光散谽谺舊作唅呀上林賦谽呀豁閜注谽呀洞谷空大貌與谽谺同言日光返照散映於谽谺之間也大江蟠嵌根集韻嵌岸歁峻也歸海成一家下衝割坤軸竦壁攢鏌鋣鏌鋣劒名言山峽之聳如之蕭颯灑秋色氛昏霾日車峽門自茲始最窄容浮查禹功翊造化疏鑿就欹斜水經江水又東逕廣谿峽注斯乃三峽之首也峽中有瞿塘黃龍二灘白昔禹鑿以通江巴一作巨渠決太古水經注清水出巴渠縣東北巴嶺南獠中即巴渠水也西南流至其縣又西入峽衆水爲長蛇風煙渺吳蜀舟楫通鹽麻夔州居荆蜀之中吳鹽蜀麻所會我

郤云秀句

兩用回首字失檢

此所謂一飯不忘者也在杜公出於至性不得以習氣少之

今遠遊子飄轉混泥沙萬物附本性約身不願奢茅（二句有素位之意）

棟蓋一牀清池有餘花濁醪與脫粟在眼無咨嗟山（妙語）

荒人民少地僻日夕佳貧窮（一作賤）固其常富貴任生涯（至此乃正點柴門字）

老於干戈際宅幸蓬蓽遮石亂上雲氣杉清（一作青）延月

華賞妍又分外理愜夫何誇足了垂白年敢居高士（句綴轉前半）

差（差輩也仇注義從差等之差韻從本音）書此豁平昔迴首猶暮霞

槐葉冷淘（張溍注槐葉味涼苦冷淘已熟麪名以槐葉汁和麪爲之）

青青高槐葉採掇付中廚新麪來近市汁滓宛相俱

入鼎愁過熟加餐愁欲無（杜臆蒸淘過熟其質消滅故加餐愁其易盡）碧鮮俱照

杜公晚年五古多有此蹇澁沈

箸。碧鮮言其色也【吳都賦】玉潤碧鮮【注】碧石之青美者　香、飯、兼、苞、蘆。【朱注】【說文】盧飯器也亦作籚此籚字必簋字誤苞如管子道有遺苞之苞言取冷淘兼香飯苞裹之飯器中欲以贈人耳舊注以苞蘆爲蘆笋既與香飯無下於上下意亦欠融洽　經齒冷於、點、染、雅、

。傷、、、、、。雪。勸人投比珠。願隨金騕褭注見十卷走置錦屠蘇。謂天子之屋居蘇本作廜廝【服虔通俗文】屋平曰廜廝【蕭子雲雪賦】沒屠蘇之高影是也【廣韻】又酒名元日飲之可除溫氣又大帽形類屋亦名屠蘇【晉志】謠曰屠蘇障日覆兩耳此言馳貢當用屠蘇本義。路遠思恐泥、去聲。興深終不渝、。獻芹則小小。薦藻明區區。萬里露寒殿注見八卷開冰清玉壺。君王納涼晚此味亦時須。

上後園山脚

朱夏熱所嬰。清旭一作旦步北林。小園背高岡。挽葛上崎

滯之筆朱子比之掃殘毫穎如種誠不可學

崟曠望延駐目飄颻散疏襟潛鱗恨水壯去翼依雲深〔朱注〕二句以況隱淪之士須在幽深故下言九州雖大不若此山之陰可以避世也勿謂地無疆劣於山有陰山北曰陰石榠音原遍天下〔沈存中云〕石榠木名子如芎藭其皮可禦飢〔浦注〕此當即本山所產遍天下謂遍及於天下也水陸兼浮沈自我登隴首公之作客自乾元二年客秦州始十年經碧岑劒門來巫峽倚薄浩至今故園暗戎馬骨肉失追尋時危無消息老去多歸心志士惜白日久客藉黃金敢爲蘇門嘯〔阮籍傳〕籍常於蘇門山遇孫登還半嶺聞有聲如鸞鳳之音乃登嘯也庶作梁父吟殆取不求聞達意後半因上山腳而感及歷年跋涉道路遂動老而不歸之嘆也

奉送王信州崟北歸

首敘王守夔治績

次述自己惜別之情

朝廷防盜賊，供給愍誅求。下詔遷郎署，傳聲典信州。蒼生今日困，天子嚮時憂。井屋有烟起，瘡痍無血流。言王守夔之後民困遂甦壞歌惟海甸，畫角自山樓。白髮寐常早，荒榛農復秋。二句自敘容夔之況解龜踰臥轍，解龜注見十五卷後漢書侯霸為臨淮太守被徵百姓相攜號哭遮使者車或當道而臥遣騎覓扁舟。用劉惔覓張憑事注見八卷徐榻不知倦，潁川何以酬。潁川陳氏郡名以陳蕃比王信州也言王今罷郡歸覓舟下榻加禮不倦我將何以酬之耶塵生彤管筆，言郎官已謝寒膩黑貂裘。高義終焉在，斯文去矣休。別離同雨散，王粲詩風流雲散一別如雨行止各雲浮。林熱鳥開口，江渾魚掉頭。帶點時景亦似影時政尉佗雖北拜，漢書高祖使陸賈賜尉佗印為南越王賈說佗郊迎北面稱臣奉漢約尉佗北拜當是指崔旰輩時旰請入朝太史

末以入朝功業祝之仍應轉前幅意

兩人用一惜一誇語簡而意到

尙南留。公自嘆留滯也軍旅應都息。寰區要盡收。九重思諫諍。八極念懷柔。徙倚瞻王室。從容仰廟謀。故人持雅論。絕塞豁窮愁。復見陶唐理。甘爲汗漫遊。[淮南子]若士謂盧敖曰吾與汗漫遊於九垓之外王蓋入爲朝官故望其建言以致治也

季夏送鄉弟韶陪黃門從叔朝謁[唐書]杜鴻漸以黃門侍郎同平章事鎮蜀大曆二年六月自蜀還朝

一句說韶

令弟尙爲蒼水使。[原注]韶比兼開江使通成都外江下峽舟船[吳越春秋]禹登衡嶽夢見赤繡衣男子自稱蒼水使者曰聞帝使文命於此故來候之

三句說黃門。此句作渡

名家莫出杜陵人。莫出莫出其右也比來相國兼安蜀。歸赴朝廷已入秦。

一句陪

捨舟策馬論兵地。韶出峽後當從陸道歸京師故曰捨

策馬 拖玉腰金報主身 一句朝調 莫度清秋吟蟋蟀 二句送 聖主得賢臣頌蟋蟀俟秋吟 仇注詔行在六月蠲其勿逗遛中途而聽蟋蟀秋吟也 早聞一作開黃閣畫麒麟

送十五弟侍御使蜀

喜弟文章進添余別興牽數杯巫峽酒百丈內江船 舊注水自渝上合州者謂之內江自渝由戎瀘上蜀者謂之外江楊用修謂外水即岷江內水即涪江 未息豺狼鬭 謂崔旰輩相攻 空催犬馬年歸朝多便道搏擊望秋天 顧注公恨不能身討亂賊故欲弟歸朝而彈擊之

王阮亭云眞有萬夫之稟頓挫

灔澦

灔澦既沒孤根深西來水多愁太陰 楊泉五湖賦太陰之所毙言雨多陰慘令人愁

悲壯兩有之

仇云此章從水樓說起結歸終

也下二句卽太陰之象江天漠漠鳥雙去風雨時時龍一吟舟人漁子歌回首估客胡商淚滿襟舟人漁子不畏風濤故旣出而自幸估客胡商則見險而悲也兩句用意各別寄語舟航惡舟字複年少休翻鹽井擲黃金[朱注]翻鹽井以逐厚利必有沈溺之患故公以戒之

[石林詩話]詩下雙字極難須五言七言之間除去五字三字外精神興致全見於兩言方爲工妙必如老杜無邊落木蕭蕭下不盡長江滾滾來江天漠漠鳥雙去風雨時時龍一吟等句乃爲超絕近世王荊公詩新霜浦溆綿綿白薄晚園林往往青與蘇子瞻詩浥浥爐香初泛夜離離花影欲搖春皆可以追配前作

七月一日題終明府水樓二首

高棟曾軒已自涼秋風此日灑衣裳翛然欲下陰山

明府

此章從終明府說起結歸水樓○山谷每祖此格

蔣云覩面千里自訝自笑感慨處極含蓄

雪廣志代郡陰山五月猶宿雪不去非無漢署香言水樓之涼遠勝含香粉署所以留此不去者以樓上見聞絕勝故耳

○何○云○雲○過○松○鳴○皆○從○秋○風○句○生○來○

絕壁過雲開錦繡疏松隔水奏笙簧看君宜著王喬履言此去仙境不遠眞賜還疑出尙方原注終明府功曹也兼攝奉節令故有此句佇觀奏郎眞也王喬事注見一卷

宓子彈琴邑宰日呂氏春秋宓子賤治單父身不下堂彈鳴琴而治之終軍棄繻英妙時漢書終軍年十八步入關關吏與軍繻軍問以此何爲吏曰爲復傳還當以合符軍棄繻而去後爲謁者行郡國建節東出關關吏曰此乃前棄繻生也繻帛邊也裂繻頭合爲符信西征賦終童山東之英妙

承家節操尙不泯爲政風流今在茲可憐賓客盡傾蓋何處老翁來賦詩

承一

妙○境○繪○

楚江巫峽半雲雨清簟疏簾看弈棊

○書○不○到○

李子德云寫水樓可謂一字不移然自無迫隘之病

此少陵田家詩也亦自整秀但不及王儲之高妙耳

何義門云清新可愛

行官張望補稻畦水歸 朱注簡書行官是行田者韓文公答孟簡書行官自南迴過吉州蓋唐時有此名目

東屯大江北 一作枕大江東屯住見十三卷 百頃平若案 六月青稻多 千畦碧泉亂 插秧適云已 引溜加溉灌 更僕往方塘 決渠當斷岸 公私各地著 漢食貨志理民之道地著為本注謂安土也 浸潤無天旱 張云稻秧如繪 主守問家臣 家臣即行官張望 分明見溪畔 此從問中見之 芊芊炯翠羽 籍田賦碧色肅其芊芊 剡剡生銀漢 鷗鳥鏡裏來 關山雪邊看 上二言苗色之青葱此二言畦水之明淨 秋菰成黑米 注見十三卷 精鑿傳白粲 左傳注凡舂米一石得三斗為精得四斗為鑿言以菰米 究其後事

松公婢僕亦見於詩

傳合白粲而炊之。玉粒足晨炊紅鮮任霞散。一鮮于注江淛人謂紅米爲紅鮮終然添

作苦字合列補水

旅食作苦期壯觀。壯觀謂收穫之富遺穗及衆多我倉戒滋蔓

朱鶴齡日及衆多利於人也戒滋蔓嗇於己也古人之用意如此

秋行官張望督促東渚即東屯秏一作刈稻向畢淸晨遣

女奴阿稽豎子阿段往問舊注秏損也謂蒲稗之能爲禾害者盡除去之

見道語

東渚雨今足佇聞秔稻香上天無偏頗蒲稗各自長

人情見非類田家戒其荒功夫競搰搰除草置岸傍

從春耕說來

穀者命之本客居安可忘青春具所務勤墾免亂常

吳牛力容易世說滿奮曰臣猶吳牛見月而喘注水牛也竝驅紛遊場豐苗亦已

穊（几利切一作漑漢書深耕穊種注穊稠也）雲水照方塘有生固蔓延（蔓延謂蒲稗之屬）靜一資隄防督領不無人提攜頗在綱（書若網在綱浦注兼用左傳紀綱之僕意）荆揚風土暖肅肅候微霜尙恐主守疏用心未甚臧清朝遣婢僕寄語踰崇岡西成聚必散不獨陵我倉（籍田賦我倉如陵我庾如坻）豈要仁里譽感此亂世忙北風吹蒹葭蟋蟀近中堂荏苒百工休（月令霜降百工休）鬱紆遲暮傷（結四句因向畢則務閒歲晚遂自傷遲暮也）

合到本題

末復擬秋成後情事

兪犀月云詩亦瀟灑淸眞是陶公一派而微加沈鬱之思故自不同○黃白山云信行脩水筒詩極其獎賞此詩乃云尙恐主守疏用心未甚臧則二人之賢否見矣

杜詩好用恐泥字卻不佳

此嘆不得歸瀼西

阻雨不得歸瀼西甘（柑同下倣此）林〔浦注〕甘林卽瀼西果園時暫往白帝城而阻雨也

三伏適已過。驕陽化爲霖。欲歸瀼西宅。阻此江浦深。

壞舟百板坼。峻岸復萬尋。篙工初一棄。恐泥勞寸心。

（四句言無舟可渡也）佇立東城隅。悵望高飛禽。草堂亂玄圃（謂瀼西草堂）

不隔崑崙岑。昏渾衣裳外（昏渾謂雨氣）。曠絕同層陰（同層陰謂層陰一片）。

〔盧注〕草堂咫尺非比玄圃崑崙其如水氣侵衣層陰隔絕何　園甘長成時。三寸如黃金〔南史劉義康傳〕

取甘大三寸者供御　諸侯舊上計〔漢書〕計偕〔注〕計者上計簿也。厥貢傾千林〔唐書〕夔州歲貢柑橘

邦人不足重。所迫豪吏侵〔趙注〕言柑本供御而邦人反不以爲重者苦豪吏之侵奪故耳。客居

暫封殖。日夜偶瑤琴〔蔡注〕謂聽其風韻如鼓瑤琴。虛徐五株態〔詩〕其虛其邪音徐爾

此遙憶甘林景物

邵云高曠忽似太白

雅作徐側塞煩胸襟言甘樹爲風雨掩塞故胸襟因之煩悶安得輟雨足杖藜出嶇

〇二、句、雙、綰〇

欹條流數翠實劉孝儀綠李賦綠珠滿條流謂枝條之上果實流動也偃息歸碧潯翠實指甘碧潯指瀼水拂拭烏皮几喜聞樵牧音雨則樵牧不出令兒快搔背脫我頭上簪

又上後園山脚

〇以〇山〇頂〇對〇山〇脚渉筆成趣

昔我遊山東憶戲東嶽陽窮秋立日觀泰山記西巖爲仙人石門東巖爲介邱東南巖名日觀矯首望八荒朱注按開元末公遊齊趙有望嶽詩此云憶戲東嶽陽窮秋立日觀則後又嘗登岱頂矣朱崖著毫髮漢書武帝定越地置珠崖郡在南海中一曰朱崖著毫髮言遠視甚微也碧海吹衣裳十洲記東有碧海廣狹浩汗與東海等水不鹹苦正作碧色蓐收困用事玄冥蔚強梁時蓋在秋冬之交蓐收金神西方也

於望中忽入大感慨亦與昔遊遣懷二詩同意

玄冥水神北方也窮秋之時蓐收方退而玄冥方來喻長安漸凋敝而祿山方强梁於范陽也 逝水自朝宗鎮石各其方 [舊注]鎮石卽周禮九州之鎮山 平原獨憔悴 平原猶言中原 農力廢耕桑非關風露凋曾是戍役傷 [仇注]水石如故而中原獨被以民傷戍役故耳 於時國用富足以守邊疆朝廷任猛將遠奪戎馬場到今事反覆故老淚萬行龜蒙不可見 可感 龜蒙二山近東嶽 況乃懷舊鄉肺痿屬久戰 病咳而身戰也 骨出熱中腸憂來杖匣劒更上林北岡瘴毒猿鳥落峽乾南日黃秋風亦以起江漢已如湯登高欲有往蕩析川無梁哀彼遠征人去家死路傍不及父祖塋纍纍塚相望 託征人乃自寄蓋因漂泊而幷憂客死也

劉須溪云本上後園山腳耳卻從昔登東岳俯望中州轉及時事情緒闊遠故收拾悲慟

甘林

前半亦陶句

舍舟越西岡入林解我衣青芻適馬性好鳥知人歸晨光映遠岫夕露見日晞遲暮少寢食清曠喜荊扉經過倦俗態在野無所違試問甘藜藿未肯羨輕肥

首敘歸林情景

喧靜不同科出處各天機勿矜朱門是陋此白屋非仇注藜藿白屋靜而處也輕肥朱門喧而出也明朝步鄰里長老可以依時危賦斂數脫粟爲爾揮浦注揮而與之憐其貧也卽耗稻詩豈要仁里譽感此亂世忙意相攜行豆田秋花靄菲菲子實不得喫子實言豆子成實貨市送王畿盡添

此歸後感慨時事

逼似陶語入後又近古樂府

軍旅用迫此公家威主人長跪問（主人卽長老）戎馬何時稀

我衰易悲傷屈指數賊圍（謂自天寶亂後）勸其死王命愼勿遠

奮飛（謂逃亡遠去張云誅求急則民逃天下事乃大不可問矣末二句勸民急公亦以戒貪吏也）

朱鶴齡曰按舊書大歷元年三月稅青苗地錢命御史府差使徵之又用第五琦什畝稅一法編戶流亡二年九月吐蕃寇靈州邠州詔郭子儀率師鎭涇陽京師戒嚴故有時危賦斂數及貨市送王畿戎馬何時稀等句

暇日小園散病將種秋菜督勤耕牛兼書觸目

不愛入州府畏人嫌我眞及乎歸茅宇旁舍未曾嗔

老病忌拘束應接喪精神江村意自放林木心所欣（所以散病）

秋耕屬地溼山雨近甚匀冬菁飯之半（南都賦秋韭冬菁注菁蔓菁也陳藏

詩依題作三截寫

器本草蕪菁北人名蔓菁蜀人呼為諸葛菜比諸蔬其利甚溥牛力晚來新浦注菜之功半可敵飯故須督牛耕種也深耕種數畝未甚後四鄰嘉蔬既不一名數頗具陳荆巫

下皆是與序所謂兼書觸目法也

非苦寒採擷接青春飛來兩白鶴暮啄泥中芹雄者左翮垂損傷已露筋一步再流血尚驚矰繳勤三步

出奇

六號叫志屈悲哀頻鸞凰不相待側頸訴高旻杖藜俯沙渚為汝鼻酸辛仇注園前之鶴垂翅哀號不為鸞凰所顧而惟上訴於天旅人流落有似於此故見之而酸辛也蔡曰古樂府豔歌何嘗行一名飛鵠行飛來雙白鵠乃從西北來十十五五羅列成行妻卒被病行不能相隨五里一反顧六里一徘徊我欲銜汝去口噤不能開我欲負汝去毛羽何摧頹樂哉新相知憂來生別離躊躇顧羣侶淚下不自知此詩全用豔歌行四解之意

雨

浦注此對雨舒悶之作

起四寫微雨作開作冥之景繪畫不到

山雨不作泥江雲薄爲霧承江晴飛半嶺鶴承山〔仇注〕禽經云鶴愛陽而惡陰因晴暫飛見雨中止故飛在半嶺風亂平沙樹明滅洲景微隱見巖姿露拘悶出門遊曠絕經目趣消中日伏枕臥久塵及屨豈無平肩輿莫辨望鄉路干戈浩未息蛇虺反相顧悠悠邊月破〔沈佺期詩〕別離頻破月鬱鬱流年度針灸音究阻朋曹糠粃對童孺語語苦境實情一命須屈色新知漸成故言人情久而厭故窮荒益自卑飄泊欲誰訴尫羸愁應接俄頃恐乖迕接得超曠浮俗何萬端幽人有高步龐公竟獨往向子終罕遇〔高士傳〕向子平勅斷家事與禽慶俱遊五嶽名山不知所終宿留洞庭秋〔郊祀志〕宿留海上注宿留謂有所須待也天寒瀟湘素杖策

此首全是實寫

邵云作律詩讀轉覺高老○此

可入舟送此齒髮暮

秋風二首 上首傷蜀亂下首動鄉思也特借秋風起興

秋風淅淅吹巫山上牢下牢脩水關 十道志三峽口地曰峽州上牢下牢楚蜀分畛 舊注上牢巫峽下牢夷陵 吳檣楚柁牽百丈 百丈注見十二卷 暖向成都寒未還 浦注吳檣楚柁當是饋運遣戍之舟暖時過水關而西寒猶未還亂未已也 要路何日罷長戟戰自青羌連白蠻 通鑑注青羌羌之一種 水經注青衣縣故有青衣羌國唐書嘉州本梁青州州有青衣水白蠻注見十二卷時忠渝之間每多山賊煽動羌蠻亦乘釁而擾 中巴不得消息好 中巴注見十三卷 暝傳戍鼓長雲間 雲間言鼓聲之高

秋風淅淅吹我衣東流之外西日微 杜臆水東流日西墜雖即景起詠亦嘆年華逝

首全是虛寫筆端變化不可捉搦最屬老杜勝場

邵云流麗稱情此爲咏物上乘○黄白山云見字中去來聚散高下遠近一一寫出

波柔榆景迫意天淸小城搗練急石古細路行人稀不知明月爲誰好早晚孤舟他夜歸會將白髮倚庭樹故園池臺今是非又恐故園荒廢不存也○四句○三層○轉折○見心○口○緊○迴○之○妙○

趙次公曰二詩寫眼前景宛轉含蓄不盡悽感之意

見螢火

巫山秋夜螢火飛疏簾巧入坐人衣浦注坐人衣謂坐人之衣也舊注非螢無能坐之理時方垂簾夜坐猝見螢火入衣故下用忽驚字忽驚屋裏琴書冷復亂簷前星宿稀因入來之螢出外更看到羣飛之螢卻繞井闌添箇箇謂影照井中也偶經花蕊弄輝輝螢光乍開乍合明滅不定弄字工於肖物滄江白髮愁看汝來歲如今歸未

歸。

溪上

峽內淹留客。溪邊四五家。古苔生迮（一作窄）地。秋竹隱疎花。塞俗人無井。山田飯有沙。西江使船至。時復問京華。

（顧注）俗無井見溪水可以供飲飯有沙賴溪水可以淘淨 末二句更喜此溪直連大江所以淹留而未忍遽去也

樹間

（補注）樹在瀼西草屋間若果園之廿則不止雙樹矣

岑寂雙柑樹。婆娑一院香。交柯低几杖。垂實礙衣裳。滿歲如松碧（松碧交柯之色）。同時待菊黃（菊黃垂實之時）。幾迴霑葉露。乘月坐胡牀。

（演繁露）今之交牀本自虜來始名胡牀隋爲交牀唐時又名繩牀

白露（公有甘園此朝往暮歸必愛甘往檢査也特取首二字爲題）

白露團甘子。清晨散馬蹄。圃開連石樹。船渡入江溪。（浦江連石樹連石之樹隔溪已見也入江溪入江之溪到園而登也）憑几看魚樂。迴鞭急鳥棲。（言日已夕）漸知秋實美。幽徑恐多蹊。（言恐有人竊取）

雨

萬木雲深隱。連山雨未開。風扉掩不定。水鳥過仍迴。鮫館如鳴杼。（〔江賦〕鮫人構館於懸流）樵舟豈伐枚。（〔詩〕伐其條枚〔注〕枝曰條幹曰枚鳴杼伐枚皆形容雨聲以極寫雨勢之猛舊作實解未合）清涼破炎毒。衰意欲登臺。

黃白山云杜詩吟風之句如風扉掩不定風幔不依樓風簾自上鈎風前竹逕斜皆畫風手也

黃白山云五六點簇濃至正與寥落之景反襯通首用倒敘法

夜雨

[浦注]此與下首連讀亦因雨而動出峽北歸之興也

山雨夜復密。迴風吹早秋。野涼侵閉戶。江滿帶維舟。

[仇注]野氣驟涼而侵戶見秋風之早江水添滿而繫舟見夜雨之密

通籍恨多病。爲郎忝薄遊。天寒出巫峽。醉別仲宣樓。

在夔則思出峽往荊又思別樓意在急於北歸也

更題

只應踏初雪。騎馬發荊州。直怕巫山雨。眞傷白帝秋。

此申前章未盡之意言本欲踏雪到荊即發荊北歸耳而竟阻雨巫山秋深白帝乎

羣公蒼玉佩。

[禮記]大夫佩水蒼玉而純組綬

天子翠雲裘。

[宋玉諷賦]主人之女翳承日之華被翠雲之裘

同舍晨趨侍。胡爲此滯畱。

數其時計其地丁寧往復言下藹然

前本欲作歸秦計此更思與弟卜居江陵客子萍蓬無定不勝淒感

舍弟觀歸藍田迎新婦送示二首（觀前來夔省公此送其回秦接眷訂出峽之會）

汝去迎妻子高秋念卻回（預計回期也）即今螢已亂好與雁同來東望西江水（朱注蜀江從西來夔為楚上游正蜀江盡處故曰西江水）南遊北戶開（吳都賦開北戶以向日時觀歸藍田必東出瞿塘峽又將卜居江陵江陵在藍田之南故言我送汝東下但見西江之水待汝南來當為北戶之開望之之切也當與後寄觀詩參看）卜居期靜處會有故人杯（仇注時荊州有故人可依故欲卜居其地）

楚塞難為路（一作別）藍田莫滯留衣裳判（拚通）白露鞍馬信（任也）清秋滿峽重江水（鮑照賦重江複閣之隩蜀江非一故曰重江）開帆八月舟（衣裳鞍馬謂弟從陸路而來江滿帆開謂公自水程而往）此時同一醉應在仲宣樓

李云情眞語悲亦面面俱徹○語可謂至悲然終不病其寒儉非獨胸藏之博亦由手筆之高

第五弟豐獨在江左近三四載寂無消息覓使寄此二首

亂後嗟吾在羇棲見汝難草黃騏驥病沙晚鶺鴒寒（洗注草黃句承亂後自憐貧老沙晚句承羇棲傷弟飄零）楚設關城險（後漢郡國志巴郡魚復縣有扞關謂己不能往）吳吞水府寬（謂弟不可知）十年朝夕淚衣袖不曾乾

聞汝依山寺杭州定越州（唐書杭州餘杭郡越州會稽郡俱屬江南西道言汝依杭州山寺耶抑定是越州耶）風塵淹別日（句追想方亂而別）江漢失淸秋（言無心對秋景也）影著啼猿樹魂飄結蜃樓（史天官書海傍蜃氣象樓臺廣野氣成宮闕趙曰上是己所在之處故曰影著下是豐所在之處故曰魂飄又號猿樹以比己之哀腸欲斷結蜃樓以況兄弟蹤跡渺茫亦非泛下）（前結湖其前○此結要其後○）明年下春水東盡白雲求

前半寫懷末致惜別之意○詩格亦近襄陽

送李功曹之荆州充鄭侍御判官重贈[補注]疑先有贈詩今遂去

曾聞宋玉宅每欲到荆州[水經注]宜城城南有宋玉宅此地生涯晚遥悲水國秋此地謂夔水國指荆言在夔生涯甚難年已晚暮故欲卜居江陵遥望而悲也孤城一柱觀落日九江流注俱見七卷使者雖光彩青楓遠自愁

送王十六判官

目斷去程起勢突兀

客下荆南盡君今復入舟買薪猶白帝鳴櫓已沙頭[舊注]江陵吳船至泊於郭外沙頭[方輿勝覽]沙頭市去江陵城十五里二句卽千里江陵一日還意衡霍生春早[爾雅注]衡山一名霍山瀟湘共海浮王蓋自江陵而適湖南也春來水發故瀟湘如海荒林庾信宅[余知古渚宮故事]庾信因侯景之亂自建康遯歸江陵居宋玉故宅宅在城北三里爲仗主人留主人指王先到卽爲地主也時公亦欲下峽

難寫景寫得出南北三五句中自對一星多處又兩句互對見用法變化處

送李八祕書赴杜相公幕 朱注按史鴻漸還朝仍以平章事領山劍副元帥故稱相公幕

青簾白舫益州來 卷遊錄劉濬白舫百棹皆綉帆青簾此謂官舟也按益州即成都 巫峽秋濤天地迴石出倒聽楓葉下 謂舟過懸崖之下但聞石上楓落聲而不見樹也 櫓搖背指菊花開 毛奇齡云石崖横出則落葉之聲在上故曰倒聽飛櫓迅行則菊岸之移忽後故曰背指上句作上下兩層說下句作前後兩際說

貪趨相府今晨發恐失佳期後命催 杜臆三四狀舟行之疾五六明疾行之故

南極一星朝北斗五雲多處是三台 毛云漢天文志南極星在益州分野觜參之傍而三台三公又在北斗傍時杜相還朝李從益州來赴京故言南極而向北者以三公在北斗傍也

贈李八祕書別三十韻 補注祕書先自鳳翔扈肅宗復國公與同朝後曾訪公於夔時從杜鴻漸入京而公贈以此詩也

二句終屬、著解

往時中補右〔舊注〕公肅宗初拜左拾遺李泌書必於是時官右補闕中者右補闕屬中書省也 扈蹕上元初謂扈蹕於主上之初元年指肅宗年號 反氣凌行在 妖星下直廬其時鳳翔寇警迭報 六龍瞻漢殿 萬騎略姚一作嫣墟〔漢書世本〕嫣虛在漢中郡西城縣西北舜之居〔帝王世紀〕安原謂之嫣虛或謂之姚虛肅宗駐蹕鳳翔鳳翔與漢中接境 元朔迴天步肅宗先卽位靈武靈武在朔方故曰迴天步 神都憶帝車〔魏李沖傳〕鄴神都以延王業〔史天官書〕斗爲帝車運於中央臨制四方憶帝車言都人皆憶乘輿所在也 一戎纔汗馬 百姓免爲魚 通籍蟠螭印〔蔡邕獨斷〕璽者印也印者信也天子璽以玉螭虎紐古者尊卑共之 差肩列鳳輿謂同官侍從 事殊迎代邸〔仇注〕肅宗以恢復入京非由繼統嗣位故與代邸迎立者有異 喜異賞朱虛〔漢文帝紀〕羣臣奉天子法駕迎代王於代邸入未央宮卽皇帝位益封朱虛侯二千石賜金千斤〔蔡曰〕朱虛侯乃齊悼惠王之子李泌書必宗室故以比之蓋惜其不得殊擢也 寇盜方歸順 乾坤欲晏如謂兩京初復 不才

首敘肅宗初元同官扈從

同補袞奉詔許韋裙鴛鷺叨雲閣秋興賦序余以太尉掾兼虎賁中郎將寓直於散騎之省高閣連雲陽景罕曜騏驎滯石渠三輔故事天祿閣石渠閣並在未央宮北以藏祕書叨雲閣公自謂滯石渠謂李祕書蓋李自右補闕遷祕書省也李云二句揔蓋中間多少坎壈炎涼詞偏意厚文園多病後中散舊交疏二句指棄官以後飄泊哀相

見平生意有餘風烟巫峽遠臺榭楚宮虛記時虛字重韻韻同意異觸目非論故言無可與道故者新文尚起予清秋凋碧柳別浦落

紅蕖消息多旗幟經過歎里閭歎其凋敝也戰連脣齒國軍工對急羽毛書魏武帝奏事若有急則插羽於檄謂之羽檄指崔旰與楊柏及張獻誠相攻幕府籌頻問原注山劒元帥杜相公初屆幕府參籌畫相公朝謁今赴後期也山家藥正鋤原注祕書比卧青城山中台星入朝

謁使節有吹噓台星使節皆謂杜鴻漸祕書當因鴻漸表薦入朝故下皆言奏對之事西蜀災長弭

次敘在夔相遇喜其隨幕主入朝而欲以時艱入告

末更敘情作結慰彼邀恩而自

南翁憤始攄〔舊注〕南翁南楚老人也 對敭揚同 抗吾音切 士卒〔陸機集〕對敭帝祉〔上林賦〕抗士卒之精費府庫之財〔注〕抗損也

○特○含○糊○得○妙

乾沒費倉儲〔張湯傳〕始爲小吏乾沒〔正義〕謂無潤及之而取他人也

○句○法○別○語○

勢藉兵須用

功無禮忽諸 言祕書入對當以師老財匱爲言但全蜀之勢今方藉兵不得不用且加有功於無禮之人其可忽之而不問乎

御鞍金騕褭宮硯玉蟾蜍〔西京雜記〕廣川王發晉靈公冢得玉蟾蜍一枚大如拳腹空容五合水光潤如新玉取以盛水滴硯

承宮硯句○承御鞍句○

拜舞銀鉤落恩波錦帕舒 錦帕卽錦幪馬鞍飾言祕書此行將承恩賜馬有錦帕之舒且入直侍書會見銀鉤之落也

○挽○轉○前○幅○

此行非不濟 言非不足以濟時

艮友惜相於〔焦貢易林〕患解憂除艮友相於

去棹依顏色沿流想疾徐 想像其行舟之疾徐也

沈綿疲井臼〔馮衍傳〕兒女常自操井臼

倚薄似樵漁乞去聲 米煩佳客鈔詩聽小胥 小吏也

○李○

杜陵斜晚照潏水帶寒淤〔方言〕水中可居者曰洲三輔謂之淤杜陵潏水公故居所在

莫話

湯流寓也

劉須溪云磊落眞率語短而暢

○云○結○淡○而○悲○○○

清溪髮蕭蕭白映梳

黃白山云時諸將連兵討崔旰勝負未決杜鴻漸以節度使讓旰而使諸將各罷兵公蓋深憤此事故於詩中吐露之曰西蜀災長弭南翁憤始攄雖爲稱頌之詞其實災未嘗弭憤未嘗攄也功無禮忽諸用季文子誅無禮於君之言旰殺主將而叛罪在當誅今乃與諸將同拜朝命功罪不明於文子之言無乃忽諸公於贈李詩中寓詞告杜蓋深諷其處事之草草也

別李祕書始興寺所居

李矻有得於禪學者所居乃其靜修處也

○ ○二○句○已○徹○禪○

不見祕書心若失及見祕書失心疾安爲動主理固然我獨覺子神充實公詩應接喪精神可與此反看重聞西方止觀經黃希曰摩訶止觀陳隋間國師天台智者所說凡十卷楊愼曰佛經云止能捨藥觀能離苦今按止觀當屬收視反聽之義方與上二句意相合老身古寺風冷冷妻兒待米且歸去明日杖藜來細聽

○門○完○旨○○○○○○ ○不免粘帶正復○洒然○○

李云古意

邵云如話四句極其頓挫

君不見簡蘇徯（想蘇係有才人故公勉以出仕）

君不見道邊廢棄池君不見前者摧折桐百年死樹中琴瑟（庾信擬連珠龍門死樹尚抱咸池之曲）一斛舊水藏蛟龍丈夫蓋棺事始定君今幸未成老翁何恨憔悴在山中深山窮谷不可處霹靂魍魎兼狂風（浦注結腦用招魂意）

贈蘇四徯（時蘇欲下荊揚而公贈以此詩與下首另爲一意浦注牽合非是）

異縣昔同遊各云厭轉蓬別離已五年尚在行李中戎馬日衰息乘輿安九重（時聞河北諸將入朝）有才何棲棲將老委所窮（言因窮委之於命也）爲郎未爲賤其奈疾病攻子何面黧

後半痛陳世情冷暖而欲其砥節以自全公爲蘇徯父執故諄切如此

李云情意眞氣象大

○先致惓惓情○

黑焉得豁心胷四句言已則已矣以蘇之才而不免淪落故尤代爲鬱鬱耳○巴蜀倦剽劫下愚成土風蒲注時多山賊不獨指崔旰之亂○幽薊已削平荒徼尚彎弓斯人脫身來豈非吾道東倒敘○出欣慰之情○謂蘇至夔州也馬融傳鄭玄辭歸融曰鄭生今去吾道東矣○乾坤雖寬大所適裝囊空肉食哂菜色少壯欺老翁況乃主客間古來偪側同君今下荆揚獨帆去聲如飛鴻二州豪俠場人馬皆自雄一請甘饑寒再請甘養蒙甘饑寒則無慕肉食以取輕甘養蒙則不爭少壯以取忌吳齊賢云○言○外○失○身○之○戒○令○人○凜○然○

別蘇徯原注赴湖南幕

故人有遊子故人指徯父棄擲傍天隅他日憐才命居然屈

首傷蘇○久○困○抑○

前結欲其善斂此結欲其善發意正相表裏

起四意深而筆極夭矯律帶古

壯圖（言往日即惜其不遇今乃依然濩落也）十年猶塌翼（【陳琳檄】忠義之徒垂頭塌翼）絕倒爲驚呼消渴今如此提攜愧老夫（謂己無力振拔）豈知臺閣舊（指湖南主人其人亦必與從父及公有舊）先拂鳳凰雛得食翻蒼竹棲枝把翠梧（言其有所依託）

次○喜蘇遂知己○

北辰當宇宙南嶽據江湖國帶烟塵色兵張虎豹符（考史大歷元年九月吐蕃寇靈州邠州京師戒嚴時湖南或有調兵之舉【漢書音義】銅虎符第一豹第五發兵則遣使者至郡合之）數論封內事揮發府中趨（【古樂府】盈盈公府步冉冉府中趨）

此勉其及時○有爲

贈爾（一作汝）秦人策（【左傳】秦伯使士會行繞朝贈之以策【注】策馬撾也）莫鞭（猶爲字意）轅下駒（【漢灌夫傳】上怒內史曰今日廷論局趣效轅下駒）

結出送別之意

別崔潩因寄薛據孟雲卿（【原注】內弟潩赴湖南幕職）

志士惜妄動知深難固辭（【補注】潩想係有志節不輕出者故有起二句）如何久磨

王右仲云行李誅茅亦用借對法

礪但取不磷淄夙夜聽憂主飛騰急濟時仇注三四承首句諷其硜硜獨善五六承次句勸其汲汲有為

荆州過薛孟為報欲論詩

巫峽敝廬奉贈侍御四舅別之澧朗一統志澧州今屬岳州府朗州今為常德府

江城秋日落山鬼閉門中極寫寂寞正見侍御相訪有空谷足音之喜行李淹吾舅誅茅問老翁庾信小園賦誅茅宋玉之宅謂訪公卜居之地也赤眉猶世亂西漢末樊崇號赤眉賊青眼只途窮舊以青眼屬自言今按公詩相見眼終青亦主別人說言非無知己無能相援也傳語桃源客人今出處同言已猶秦人之避世也桃源在朗州故有末句

孟氏公有過孟十二倉曹十四主簿兄弟詩

李云一幅隱君子養母圖正寫得極情盡致

眞朴之作寫得其人甚高

用此體起得超忽亦早爲後夢

孟氏好兄弟養親惟小園承顏胼手足坐客强盤飧負米夕葵外讀書秋樹根卜鄰慙近舍訓子學先一作訨門末使孟母擇鄰事

吾宗原注衞倉曹崇簡

句領下

吾宗老孫子質朴古人風耕鑿安時論衣冠與世同在家常早起憂國願年豐語及君臣際經書滿腹中

張上若云人情乖戾由於好異家貧由懶世亂由荒中四句極眞而大末又稱其通經術知大義當仕而惜其隱也

奉酬薛十二丈判官見贈

忽忽峽中睡悲風方一醒西來有好鳥爲我下青冥

張本

此惜其有才未遇

此敍其新婚之事寫得韻甚

羽毛淨白雪慘澹飛雲汀。言其未得志也既蒙主人顧夫人自指舉翮

唳孤亭持以比佳士及此慰揚舲言慰己揚舲出峽之懷也清文動哀

玉注見七卷見道發新硎欲學鵾夷子亦暗影西子事待勒燕山銘言其

志在立功也當卽詩中意（後漢書）竇憲大破北單于於稽落山命班固作燕然山銘勒石紀功誰重斷蛇劍用漢高祖斬蛇事言其才

爲人主之利器致君君未聽志在麒麟閣無心雲母屏先作冋䕶（西京雜記）趙飛燕爲

后女弟昭儀遺雲母屏風卓氏近新寡豪家朱門扃相如才調逸銀漢

會雙星（司馬相如傳）相如初遊臨邛富人卓氏女文君新寡善琴相如因以琴心挑之遂爲夫婦客來洗粉黛（梁鴻傳）孟

光初傅粉墨後更爲椎髻著布衣操作而前日暮拾流螢用車胤事注見一卷不是無膏火勸

郎勤六經老夫自汲澗野水日泠泠我歎黑頭白君

此自敘客夔近況亦俱與新婚映射成趣

看銀印青（注見十二卷印青謂印有青熒之色）臥病識山鬼爲農知地形誰矜坐錦帳（漢官儀尚書郎入直官供錦綵被錦帳幃茵褥通中枕）苦厭食魚腥（浦注詩豈其食魚必河之魴亦興娶妻意）東西兩岸坼橫水注滄溟碧色忽惆悵（言顧碧水而惆悵）風雷搜百靈空中右（一作有）白虎（漢武內傳王母至也有似鳥集或駕龍虎或乘白麟禮記左青龍右白虎）赤節引娉婷自云帝季女（水經注宋玉謂天帝之季女名曰瑶姬未行而亡封於巫山之臺所謂巫山之女高唐之姬朝爲行雲暮爲行雨）噀（蘇困切）雨鳳凰翎（神仙傳欒巴噀酒爲雨滅成都火鳳凰翎兼用秦穆公女弄玉事）襄王薄行跡（薄跡也張協詩房櫳無行跡）莫學令威丁（注見八卷）千秋一拭淚夢覺有餘馨（仇注襄王稀跡此寡情者令威去家尤其甚矣此神女追恨而千年拭淚也）人生相感動金石兩青熒（漢光武紀精誠所加金石爲開）丈人但安坐休辨渭與涇龍蛇

此段爲薛解嘲乃現身說法

此勸其乘時立功與起處相應

尙格鬬灑血暗郊垌時吐蕃冦靈邠州京師戒嚴吾聞聰明主活一作治國用輕刑銷兵鑄農器今古歲方寧文王日儉德俊乂始盈庭書文王卑服詩濟濟多士文王以寧榮華貴少壯豈食楚江萍言不若己之遇滯也暗與前揚舲相應家語楚昭王渡江有一物大如斗圓而赤取之以問孔子曰此萍實也吾昔過陳聞童謡曰楚王渡江得萍實大如斗赤如日剖而食之甜如蜜

離奇變化不主故常在杜詩中另是一格昌黎多祖之○馮班曰此詩初似不可解再四讀之畧得其旨首言好鳥西來言薛判官有贈詩之及也淸文以下序薛來詩之意言方欲學鴟夷伯越勒銘燕然惜利器如斷蛇之劒不爲時君所知然志在立功豈溺情於雲母屛之樂者哉疑薛有臨邛之遇致詩於公以自明故爲序其意如此下遂言薛有相如之逸才得卓女於豪家方洗粉黛拾流螢相勉以勤學非風流放誕者比也又言我在峽中辛苦爲農猶不免結夢陽臺有襄王之遇蓋精靈感動金石爲開人固能無情乎特戲言以解之耳未言薛不必苦辨淸濁但當乘時立功自致榮華而已相如

開口揭出即伏中段之根

之事不足諱也

寄狄明府博濟［蒲注］博濟必不得志於朝而欲干藩鎮者故篇末以此諷之

梁公曾孫我姨弟［狄仁傑傳］仁傑聖曆三年卒中宗即位贈司空睿宗又封梁國公不見十年官濟濟大賢之後竟陵遲浩蕩古今同一體比看伯叔四十人謂博濟前一輩人有才無命百寮底今者兄弟一百人幾人卓絕秉周禮言能不墜其家聲在汝更用文章為長兄白眉復天啟謂博濟之兄［蜀志］馬良字季常兄弟五人並有才名諺曰馬氏五常白眉最良良眉中有白毛故以為稱汝門請從曾翁說曾翁謂梁公太后當朝多巧詆一作計何云多巧詆謂好議論者譏其事女主也一語說盡狄公當時狄公執政在末年濁河終不污清濟［謝朓始出尚書省詩］紛虹亂朝日濁

將云知己之言梁公首肯

公於有才人每不樂其爲藩鎮所用前贈蘇徯詩意亦如此況狄又忠臣之後乎結語具見相愛眞切

河穢清濟乃是詩所本向未引及

國嗣初將付諸武公獨廷諍守丹陛禁中決册一作策請房陵前朝長老皆流涕唐書武后革唐爲周廢中宗爲廬陵王遷於房州欲以武三思爲太子仁傑數諫且曰子母姑姪孰親若立三思廟不祔姑后悔悟即日迎中宗還宮太宗社稷一朝正漢家威儀重昭洗時危始識不世才誰謂荼苦甘如薺言調劑之間極費苦心必社稷獲安而始快然無憾也汝曹又宜列鼎食身使門戶多旌棨漢書注棨有衣之戟以赤黑繒爲之謝朓詩載筆陪旌棨邵云結有騷人之遺胡爲飄泊岷漢間干謁王侯頗歷抵況乃山高水有波秋風蕭蕭露泥泥虎之饑下巘崿蛟之横出清泚早歸來黃土污衣人一作眼易眯梁末童謠黃塵污人衣皂莢相料理字林眯物入眼爲病也莊子簸糠眯目則天地四方易位矣

浦云源本楚騷亦近太白首致懷思韓君之意唐仲言曰自玉京以下乃借仙官以喻朝貴也北斗象君羣帝指王公麟鳳旌旗言騎從儀衛之盛星君比近侍之霑恩者羽

寄韓諫議注

開口便有神遊羽御之意

今我不樂思岳陽師氏注岳州巴陵郡在岳之陽故曰岳陽有君山洞庭湘江之勝身欲奮飛病在牀美人娟娟隔秋水濯足洞庭望八荒岳陽洞庭乃諫議所居鴻飛冥冥日月白法言鴻飛冥冥弋人何篡焉以比韓之遯世青楓葉赤天雨霜雨去聲鮑照詩北風驅雁天雨霜玉京羣帝集北斗靈樞金景內經下離塵境上界玉京元君注玉京者無爲之天也東西南北各有八天凡三十二天蓋三十二帝之都也趙注羣帝如三十二天之帝雖皆稱帝而於大帝爲卑猶諸侯三公之於天子也晉天文志北斗七星在太微北人君之象號令之主或騎麒麟翳鳳凰集仙錄羣仙畢集位高者乘鸞次乘麒麟次乘龍甘泉賦登鳳凰兮翳華芝注翳蔽也芙蓉旌旗烟霧落影動倒景搖瀟湘相如大人賦貫列缺之倒景注引陵陽子明經曰列缺气去地二千四百里倒景气去地四千里其景皆倒在下漢郊祀志登遐倒景如淳曰在日月之上反從下照故其景倒星宮之

人比遠臣之去國者

此中明諫議去官之故

末想其老成宿

君醉瓊漿[楚詞]華酌既陳有瓊漿些[眞誥]羽童捧瓊漿羽人稀少不在旁[楚詞]仍羽人於丹邱[注]羽人飛仙也似聞昨者赤松子恐是漢代韓張良言此學仙者本嘗立功帝室也[張良傳]願去人間事從赤松子遊耳[列仙傳]赤松子神農時雨師能入火自燒[漢書]張良字子房其先韓人也[陸機]高祖功臣頌序太子少傅留文成侯韓張良昔隨劉氏定長安帷幄未改神慘傷[高祖紀]運籌帷幄中決勝千里外吾不如子房與○句○功句言有老謀而不能終用國家成敗吾豈敢言其不忘憂國非敢置理亂於不問色難腥腐餐楓香鶴林玉露作風聞厭濁世而慕長生也[鄧通傳]太子齰癰而色難之[鮑照]升天行何時與爾曹啄腐共吞腥[爾雅注]楓有脂而香[按]東方朔十洲記聚窟洲在西海中洲上有大山山多大樹與楓木相類而花葉香聞數百里名爲反魂樹此詩皆言神仙事楓香二字或當出此又湖南多楓故云舊引佛書事未合又[張遠注]楓香道家以之和藥故云餐一說[浦注]仲長統云噓吸清和求至人之彷彿可作餐風香之解周南留滯古所惜注見八卷南極老人應壽昌[晉書]老人一星在弧南一曰南極見則治平主壽昌美人

望每出而濟世臣君也

王西樵云起筆整肅如悠悠旆旌

首段摠挈夔府詠懷大意

胡爲隔秋水焉得置之貢玉堂 謂焉得貢玉堂而置之朝廷之上耶亦係倒句法

朱鶴齡曰韓諫議不可考其人大似李泌必肅宗收京時曾與密謀後屏居衡湘修神仙羽化之道公思之而作似聞以下美其功在帷幄翛然遠引周南以下惜其留滯秋水而不得大用也或疑韓諫議乃韓休之子汯訛作注又云此詩爲李泌隱衡山而作其說牽合難從

秋日夔府詠懷奉寄鄭監審李賓客之芳一百韻

前有秋日寄題鄭監湖亭詩在十四卷舊唐書廣德元年李之芳兼御史大夫使吐蕃被留二年乃得歸拜禮部尚書改太子賓客

絕塞烏蠻北 烏蠻注見十二卷 孤城白帝邊 飄零仍百里 謂自雲安來此 消渴已三年 統計在雲安在夔 雄劍鳴開匣 謂壯心猶在 羣書滿繫船 亂離心不展 謂將去夔也 衰謝日蕭然 筋力妻孥問 菁華歲月遷 卿雲歌菁華已竭褰裳去之 二句插下 登臨多物色陶冶賴詩篇峽束滄江

仇云此段句句入畫○劉須溪云蜀地賦此故覺雄勝

次段泛述夔州風景

浦云兩京句伏下不得北歸義枕成無沒一段意四海句伏下

起巖排古樹圓拂雲霾楚氣郎所謂古木蒼藤日月昏也朝海蹴吳天（壯句 承巖樹 承峽江）四句言形勝

煮井爲鹽速寰宇記大寧監本夔州大昌縣前鎮溪井山嶺峭壁之中有鹽泉湧出土人以竹引泉置鑊煮鹽

燒畬詩遮切度地偏農書荊楚多畬田先縱火熂爐後經雨下種歷三歲土脈竭復熂旁山熂㸌火燎草爐火燒山界也杜田曰楚俗燒榛種田曰畬先以刀芟治林木曰斫畬其刀以木爲柄刃向曲謂之畬刀有時驚疊嶂何處覓平川四句言風土

鸂鶒雙雙舞獼猴壘壘懸碧蘿長似帶錦石小如錢春草何曾歇見地氣之暖寒花亦可憐六句言物產

獵人吹戍火野店引山泉二句言入事（接入自家）

喚起搔頭急扶行幾屐穿二句述衰頹之狀世說阮孚嘗自蠟屐因嘆曰未知此生能著幾兩屐

兩京猶薄產東京偃師西京杜陵皆有故業四海絕隨肩仇注上句謂田園久荒此句謂故交日替

幕府初交辟郎官幸備員瓜時仍旅

欲就二公招尋興已專一段意借問波渡入下面朝事最見經營與北征詩青雲動高興一段同妙
此段述居夔大概并來夔之由

寓【左傳】齊侯使連稱管至父戍葵邱瓜時而往曰及瓜而代萍泛苦貧緣【孟浩然詩】沙岸曉貧緣【韻會】貧緣連絡也藥餌虛狼籍秋風灑靜便開襟驅瘴癘明目掃雲烟高宴諸侯禮佳人上客前哀箏傷老大華屋豔神仙南內開元曲【浦注】興慶宮謂之南內明皇常居之當時弟子傳【唐會要】開元二年上於梨園自教法曲號皇帝梨園弟子又太常梨園別教院法歌樂章曲等法歌聲變轉【隋李孝貞詩】間關既多緒變轉復無窮滿座涕潺湲【原注】都督柏中丞筵聞梨園弟子李仙奴歌弔影夔州僻回腸杜曲煎杜曲公故里○二句○東○上○起○下○法○力○渾○響即今龍廄水【原注】西京龍廄門苑馬門也渭水流苑門內莫帶犬戎羶莫得毋也謂吐蕃陷京師耿賈扶王室【後漢書論】耿賈之洪烈謂耿弇賈復也蕭曹拱御筵追思靈武將相比李郭諸功臣乘威滅蜂蠆戮力效鷹鸇舊物森猶在【左傳】祀夏配天不在舊物凶徒惡未悛謂安

此段追憶長安時事是宕開一步

（史諸降將）國須行戰伐。人憶止戈鋋。（東都賦戈鋋彗雲鋋小矛也杜詩博議八以代宗不能往問河北之罪而但慕止戈之名養成禍亂故二句云云蓋傷之也）奴僕何知禮。恩榮錯與權。（趙曰奴僕當指祿山言不當付以兵柄）胡星一彗孛。黔首遂拘攣。（西征賦陋吾人之拘攣謂困於單需征斂也朱注弔影至此敘吐蕃爲難及中興之後餘惡未殄奴僕四句又推言亂本與胡雛負恩澤嗟爾太平人同意有謂指程元振者非）哀痛絲綸切。煩苛法令蠲。（舊紀永泰元年正月下制罪已二年十二月大赦改元停什畝稅一法二句指此）業成陳始王。（詩序七月陳王業也周公遭變陳后稷先公風化所由致王業之艱難也）兆喜出于畋。（即用文王出獵事謂能用賢也舊注非）宮禁經綸密。台階翊戴全。熊羆載呂望。（容齋隨筆史記載西伯出獵而遇太公其卜辭乃非龍非彲非虎非羆崔駰達旨引史記作非熊非羆乃杜詩所本）鴻雁美周宣。（八句言代宗初政之美將得賢輔以佐中興而二公適當其時也）

綸字複。

轉入鄭李。

側聽中興主。長吟不世賢。音徽一柱數。（言鄭書頻至）道

仇云鄭李八句美其詩才置驛八句稱其氣誼羽翼八句述其官跡

里下牢千。謂李居不遠原注鄭在江陵李在夷陵 鄭李光時論。文章並我先。

何尚清省。沈宋欻連翩。律比崑崙竹漢志黃帝使伶倫去大夏之西崑崙之陰取竹嶰谷斷兩節而吹之以爲黃鐘之宮。音知燥溼絃韓詩外傳夫天時有燥溼絃有緩急徽指推移不可記也二句言其詩律之細。

風流俱善價。善價出論語借言聲價之貴 愜當久忘筌。文賦愜心者貴當莊子得魚而忘筌見非泥於成法

切姓

置驛常如此。鄭當時置驛通賓客 登龍蓋有焉。後漢書李膺獨持風裁被容接者名爲登龍門

帶入自家

雖云隔禮數。不敢墜周旋。高視收人表。言其好賢樂善任彥升集經師人表

虛心味道玄。馬來皆汗血。鶴唳必青田。二句言人才樂歸也汗血青田注皆別見

羽翼商山起。蓬萊漢閣連。趙曰李爲太子賓客故用四皓事鄭係祕書少監故近蓬萊閣 管寧

紗帽淨。注見九卷 江令錦袍鮮。江總仕陳爲尚書令集有山水衲袍賦序曰皇儲監國餘辰勞謙終宴有令以衲袍降賜

此段稱頌鄭李二公

此段因欲述居夔近狀而先敘不得北歸之情

仍如到詩文

（錦袍言其麗如錦也鄭已退居故比管寧紗帽李方在朝故比江令錦袍）東郡時題壁（夷陵郡在夔州之東故曰東郡）南湖

日扣舷（南湖即鄭監湖亭）遠遊凌絕境佳句染華牋（言二公近在荊南時有吟賞之）

又渡入書懷恰好承上起下

（樂因言己欲往從之而不能也）每欲孤飛去徒爲百慮牽生涯已寥落國

步尙迍邅衾枕成蕪沒池塘作棄捐（原注平生多病卜築遺懷俱指兩京故里）別

離憂怛怛（悲弟妹）伏臘涕漣漣（思祖父）露菊斑豐鎬（在西京）秋蔬影

跌宕

澗瀍（在東京）共誰論昔事幾處有新阡富貴空回首喧爭

懶著鞭（言故人凋謝故己亦懶於進取）兵戈塵漠漠江漢月娟娟局促看

插入二公正所以寄詩

秋燕蕭疏聽晚蟬（二句亦寓不久將去意）雕蟲蒙記憶（揚子童子雕蟲篆刻壯夫不爲）烹

緣起自此至末皆可作答書讀

鯉問沈綿（古詩呼兒烹鯉魚中有尺素書）卜羨君平杖（蔡曰杖頭乃阮宣子事卜圖謂今世圖畫所傳嚴君

平挾著策擕筇竹杖亦掛百錢於杖頭故岑參詠君平卜肆詩云君平曾賣卜卜肆荒已久至今杖頭錢時時地上有偷存子敬氈注見一卷囊虛把釵釧米盡拆花鈿把釵釧拆花鈿言市易之也甘子陰涼葉瀼西果園多甘茅齋八九椽句中對陣圖沙北岸桓溫傳初諸葛亮造八陣圖於魚復瀟平沙之上市暨瀼西巔原注峽人目市井泊船處曰市暨江水橫通山谷處方人謂之瀼羇絆心常折棲遲病卽痊紫收岷嶺芋貨殖傳岷山之下沃野千里下有蹲鴟至死不飢注蹲鴟芋也白種陸池一作家蓮述異記吳中有陸家白蓮種顧家斑竹色好梨勝音平義仄頰蜀都賦紫梨津潤穰多栗過拳西京雜記嶧陽栗大如拳穰豐穰也敕廚惟一味求飽或三鱣卽所謂頓頓食黃魚也楊震傳有冠雀銜三鱣魚飛集講堂前後漢書注鱣音善與鱓鱔通乃魚似蛇無鱗者爾雅釋魚音知然反卽黃魚也公所言本指鱣鮪之鱣特借用三鱣字耳兒去看魚笱詩注笱以竹爲之魚入其中朋一作人來坐馬韉玉篇韉鞍也卽坐客寒無氈意縛柴

此段因二公有書見問而詳述居食貧困之況此所以急於出峽也

此段言己甘心

門窄窄通竹溜涓涓壍抵公畦稜（原注京師農人指田遠近多云幾稜稜岸也音去聲張耒曰公畦官園也）村依野廟堧（龍錯傳鑒太上皇廟堧垣師古曰堧者內垣外遊地）缺籬將棘拒倒

窮○窮○況○韻○甚○

得○此○流○走○句○章○法○方○靈

石賴藤纏借問頻朝謁何如穩醉（一作晝）眠誰云行不遠（一作遥）

自覺坐能堅（此所以暫安於夔也）霧雨銀章澁（因久不服之故澁）馨香粉署妍（言己已無意朝謁徒想粉署之妍華而已）紫鸞無遠近（祝彼鸞飛）黃雀任翩翾（喻己棲息鷦鷯）

又從自己○遊入二公

（賦育翩翾之陋體兮）困學違從眾（言不合時宜）明公各勉旃聲華夾宸極早晚到星躔（猶云三台）懇諫留匡鼎（匡衡傳諸儒爲語曰無說詩匡鼎來張晏曰衡少時字鼎長乃易字稚圭）諸儒引伏（當作服）虔（後漢儒林傳服虔少以清苦建志善著文舉孝廉）不過輸鯁直會是正陶甄（音堅揚子甄陶天下在和）宵旰憂虞軫黎元疾苦駢雲臺終日

反○句○跌○

廢棄惟望二公人朝以佐主

畫青簡爲誰編（朱注）言二公當勉爲公輔之業引賢士進讜言以匡正天下今上有宵旰民多疾苦雲臺中人誰足傳青史乎蓋深以此期二公也　又轉到自家

行路難何有招尋興已專由來具飛楫暫擬控鳴弦謂戒塗以行也身許雙峯寺（舊唐書）道信與弘忍並住蘄州雙峯山東山寺故謂其法爲東山法門（姚寬）西溪叢語引寶林傳云能大師傳法衣在曹溪寶林寺寶林後枕雙峯咸淯中魏武帝玄孫曹叔良住雙峯山寶林寺左人呼爲雙峯曹侯溪則曹溪亦稱雙峯矣按曹溪在嶺南下云南征盡站爲似當指韶州之雙峯爲是門求七祖禪（舊唐書）達摩傳慧可慧可傳僧璨僧璨傳道信道信傳弘忍此謂震旦五祖自弘忍而下則有南能北秀之分二宗弟子各立其師爲第六祖而北宗遂尊秀之弟子普寂爲第七祖開元中荷澤會公直入東都面抗北祖大播曹溪頓門致普寂之門盈而後虛能祖宗風於斯大振則南宗當以荷澤爲第七祖公詩曰身許雙峯寺門求七祖禪意蓋主於南宗也落帆追宿昔衣褐向眞詮安石名高晉（原注）鄭高簡得謝太傅之風昭王客赴燕（原注）李宗親有燕昭之美燕周之裔途中非阮籍言有地主不患途窮也查上似張

此言己將去夔以求法門得順道過訪二公不久便順流南下也

鶱途中查上皆公自謂披豁雲寧在世說衛瓘見樂廣曰若披雲霧而睹青天借對淹留景不延句言急於去夔風期終破浪南史宗慤曰願乘長風破萬里浪水怪莫飛涎孔子世家水之怪龍罔象也江賦揚鬐掉尾噴浪飛涎他日辭神女傷春怯杜鵑公擬以來春出峽澹交隨聚散澤國遶迴旋浦注旋字韻複當刊作洄沿本自依迦葉音攝傳燈錄迦葉摩竭陀國人爲天竺二十五祖之首何曾藉偓佺列仙傳偓佺槐山采藥父也食松葉能飛行逐走馬朱注此言學佛而不學仙也白樂天詩海山不是吾歸處歸即應歸兜率天即此意爐峯生轉盼爐峯在廬山注詳見十七卷橘井尚高褰蘇耽橘井注見十四卷天台賦遊氛高褰褰開也橘井在馬嶺山上故曰高褰東走窮歸鶴用丁令威事南征盡跕墊牒切鳶馬援傳援擊交趾還曰我在浪泊西里閒下潦上霧毒氣薰蒸仰見飛鳶跕跕墮水中晚聞多妙教卒踐塞前愆顧愷丹青列顧愷之嘗於瓦棺寺畫維摩詰像頭陀琬琰鐫姓氏英賢錄王巾字簡栖

末段中言學禪以終詠懷之意

為頭陀寺碑文詞巧麗為世所重碑在鄂州困學紀聞以為王屮音徹俗作巾非顧畫王碑皆想像東遊之事衆香深黯黯法華經擊大法鼓燒衆名香幾地肅芊芊籍田賦碧色肅其芊芊勇猛為心極楞嚴經發大勇猛行諸一切難行法事

應○轉○颿○零○消○泯○意○至○此○眼○前身○世○交○遊○一○齊刊落

清羸任體孱金篦空刮眼注見九卷鏡象未離銓圓覺經諸如來心於中顯現如鏡中象說文銓衡也一日度也言金篦雖可刮去眼膜而執鏡象以為實有則猶未離銓量之間也朱注迦葉至此言欲遍詣佛地精修佛理而終期於攝象以歸虛所謂門求七祖禪者如此

盧德水云此集中第一首長詩亦為古今百韻詩之祖其中起伏轉折頓挫承遞若斷若續乍離乍合波瀾層疊無絲毫痕跡眞絕作也元白集中往往叠見不免誇多鬬靡氣緩而脈弛矣○張上若云此詩才大而學足以副之故能隨意轉合曲折自如其忽自敘忽敘人忽言景忽言情忽紀事忽立論忽述見在忽及已前皆過接無痕而照應有法○俞犀月云世亂而不得中興之佐故望於鄭李之心甚切垂老而將為出世之人故皈依曹溪之念特深此其通篇之大旨也

首致思念之懷
賓主兼敘

寄峽州劉伯華使君四十韻（唐書峽州夷陵郡屬山南東道此詩舊解多斷續不貫今並正之）

（上二記時下二記地）

峽內多雲雨，秋來尚鬱蒸。遠山朝白帝，深水謁（一作出）夷陵。（用易恰好）（趙曰謁對朝字爲工言夔峽相去之近）

遲暮嗟爲客，（承爲客句）西南喜得朋。（易西南得朋夔在中州之西南）（承得朋句）

哀猿更坐起，落雁失飛騰。（二句自況）伏枕思瓊樹，（江淹詩願一見顏色不異瓊樹）臨軒對玉繩。青松寒不落，碧海闊逾澄。（仇注青松比其勁節碧海比其弘量）

昔歲文爲理，（謂以文治天下也）羣公價盡增。家聲同令聞，時論以儒稱。（唐書劉允濟博學善屬文垂拱四年奏上明堂賦則天手制褒美拜著作郎疑即伯華之祖又公祖審言亦顯於武后朝）太后當朝肅，多才接跡昇。翠虛捎（所交切）魍魎，（馬融廣成頌捎罔兩拂游光捎擊也）

此段追敘世交家學末二雙綰郎東郎提有印泥畫沙之妙

丹極上鯤一作鵾鵬莊子北溟有魚名曰鯤化而爲鳥名曰鵬允濟以來俊臣搆貶後復爲著作佐郎修國史遷鳳閣舍人宴引春壺酒恩分夏簟冰雕章五色筆三國典略齊蕭愨嘗於秋夜賦詩邢子才曰蕭之斯文可謂雕章間出南史江淹嘗夢一丈夫自稱郭璞謂淹曰吾有筆在卿處多年可見還淹乃探懷中得五色筆以授之紫殿九華燈漢武內傳七月七日西王母至帝掃除宮內然九光之燈梁王樞古意香燈照九華學並盧王敏盧照鄰王勃書兼褚薛能褚遂良薛稷老兄眞不墜小子獨無承近有風流作聊從月峽一作巘徵夷陵州有明月峽趙曰石壁有一竅圓透見天其明如月故名放蹏知赤驥捩翅服蒼鷹放蹏捩翅喻剗詩之馳騁不羈卷軸來何晚襟懷庶可憑會期吟諷數益破旅愁凝雕刻初誰料纖毫欲自矜杜論詩處多自道得力卽所謂毫髮無遺恨也神融躡飛動戰勝洗侵凌杜臆神融句謂文有生氣戰勝句謂文無敵手妙取

此稱劉君之詩

此稱劉君之官承老兄眞不墜

句中對

筌蹏棄【莊子】筌者所以取魚得魚而忘筌蹏者所以取兔得兔而忘蹏【注】筌魚笱也蹏兔罥也係其脚故云蹏　高宜百萬層　白頭遺恨在　青竹幾人登【朱注】此數句當與文賦參看雕刻初誰料卽籠天地於形內挫萬物於筆端也纖毫欲自矜卽考殿最於錙銖定去留於微芒也神融躡飛動卽精騖八極心遊萬仞也戰勝洗侵凌卽方天機之駿利夫何紛而不理也妙取筌蹏棄高宜百萬層卽形不可逐響難爲繫塊孤立而特峙非常言之所緯也因劉使君以詩來寄而言詩道之難如此能傳青簡者實鮮其人也　回首追談笑　勞歌跼寢興【文選注】韓詩伐木廢朋友之道缺勞者歌其事詩人伐木自苦其事故以爲文　年華紛已矣謂已與劉年俱老也　世故莽相仍不料彼此俱來蜀地　刺史諸侯貴　郎官列宿應【後漢書】郎官上應列宿出宰百里　潘安一作生雲閣遠注見十六卷　黃霸璽書增【漢循吏傳】二千石有治理效者輒報璽書勉勵增秩賜金詳詩意劉蓋以省郎而出爲刺史者公爲拾遺時曾與之同官於朝舊以郎官雲閣屬自言今按當并指劉爲是　乳贙號攀石　飢鼯訴落藤乳贙以下皆自敘入哀詩胡爲投乳

此自敘咨嗟近況承上小子獨無承

此段復賓主交

賛指讒人也二句雖屬郎景亦隱寓被讒流落意 藥囊親道士。注見六卷灰劫問胡僧。曹毗志怪漢武帝穿昆明池極深悉是灰墨無復土東方朔曰可問西域胡僧後漢明帝時外國道人來曰經云天地大劫將盡則劫燒此劫燒之餘也按高僧傳西域胡人乃竺法蘭蒲注藥囊憐身病灰劫變世亂知與下姹女丹砂等句俱屬自言 憑久烏皮折。一作綻公詩烏皮几在還思歸簪稀白帽稜。通典宋以後制高屋白紗帽 林居看蟻穴。野食待魚罾。筋力交凋喪。飄零免戰兢。言雖久離朝六正喜與世無爭郎末四句意 皆爲百里宰。正似六安丞。漢書桓譚諫用讖帝大怒出爲六安郡丞意忽忽不樂道病卒注六安縣故城今在壽州安豐縣南宋注言我亦曾爲郎官應皆出宰百里今飄零見棄御似六安丞之貶斥耳公昔以左拾遺出爲華州司功故以桓譚自比 姹女縈新裹。姹女注見十四卷 丹砂冷舊秤。承藥 但求椿壽永。莊子上古有大椿者以八千歲爲春八千歲爲秋 莫慮承杞天崩。灰劫 列子杞國有人憂天地崩墜身無所寄 鍊骨調情性。張兵撓女教切棘矜。矜字韻同

敘自甘遺世而
訓劉以有爲
末敘寄詩之意
因言已亦將遠
泛江湖矣

意與徐樂傳陳涉起窮巷奮棘矜師古曰棘戟也矜者棘之把**養生終自惜伐叛**一作叛**必全懲**錄音養生承椿壽永張兵伐叛承杞天崩仇注言我已託身世外但求服藥長年不復懷杞人之慮劉身任民社則衞生固所宜講而懲亂尤其職分也時蜀寇未靖故有張兵伐叛等語〇仍挽轉前段〇**政術甘疏誕詞場愧服膺展懷詩頌魯**朱注公作詩以贈猶史克之頌魯侯**割愛酒如澠**原注平生所好消渴止之**咄咄寧書字**用殷浩事注見三卷**冥冥欲避矰江湖多白鳥**即白鷗沒浩蕩萬里誰能馴意**天地有青蠅**毛詩青蠅刺讒也公本以遭讒而出故云舊注支甚

杜詩鏡銓　卷十六